Gütersloher Taschenbücher Siebenstern 505

Ökumenischer Taschenbuchkommentar
zum Neuen Testament
Band 4/1
Herausgegeben von
Erich Gräßer und Karl Kertelge

Jürgen Becker

Das Evangelium nach Johannes

Kapitel 1–10

Dritte, überarbeitete Auflage

Gütersloher Verlagshaus
Gerd Mohn

Echter Verlag

Die Deutsche Bibliothek – CIP-Einheitsaufnahme

Ökumenischer Taschenbuchkommentar zum Neuen Testament /
hrsg. von Erich Grässer und Karl Kertelge. – Orig.-Ausg. –
Gütersloh : Gütersloher Verl.-Haus Mohn ; Würzburg : Echter-Verl.
(Gütersloher Taschenbücher Siebenstern ; ...)

Orig.-Ausg.
Bd. 4. Becker, Jürgen: Das Evangelium nach Johannes. – Orig.-Ausg.
1. Kapitel 1 – 10. – 3., überarb. Aufl. – 1991

Becker, Jürgen:
Das Evangelium nach Johannes / Jürgen Becker. – Orig.-Ausg.
– Gütersloh : Gütersloher Verl.-Haus Mohn ; Würzburg :
Echter-Verl.
(Ökumenischer Taschenbuchkommentar zum Neuen Testament ; Bd. 4)

Orig.-Ausg.
1. Kapitel 1 – 10. – 3., überarb. Aufl., – 1991
(Gütersloher Taschenbücher Siebenstern ; 505)
ISBN 3-579-00505-7
NE: GT

Originalausgabe

ISBN 3-579-00505-7
3., überarbeitete Auflage 1991

Satz: ICS Communikations-Service GmbH, Bergisch Gladbach
Druck und Bindung: Clausen & Bosse, Leck
Umschlaggestaltung: Dieter Rheder, B-Kelmis
Printed in Germany

Vorwort der Herausgeber

Das Taschenbuch als literarisches Hilfsmittel hat im heutigen Wissenschaftsbetrieb längst seinen festen Platz. Mit dem vorliegenden Band, der eine neue Kommentarreihe zum Neuen Testament fortsetzt, soll nun auch für diesen wichtigen Zweig exegetischer Arbeit das Taschenbuch zur Veröffentlichung und Verbreitung genutzt werden. Wir hoffen, daß wir damit einer wachsenden Nachfrage von Studenten, Lehrern, Pfarrern und interessierten Laien entgegenkommen, die sich über den heutigen Stand wissenschaftlicher Exegese des Neuen Testaments in zuverlässiger Weise und in faßlicher und leicht zugänglicher Form informieren wollen. Bisher hatten Studenten, Lehrer und Pfarrer eigentlich nur zu wählen zwischen einem großen Kommentarwerk mit sehr detaillierten Ausführungen, das kostspielig war, und einer allgemeinverständlichen Auslegung mit zu knappen Textanalysen, die dafür dann preiswerter war. In diesem neuen Kommentarwerk wird angestrebt, die modernen exegetischen Erkenntnisse zu den einzelnen Schriften des Neuen Testamentes auf der Grundlage historisch-kritischer Auslegung so zur Darstellung zu bringen, daß das Zuviel und das Zuwenig gleicherweise vermieden werden.

Eine alte Tradition ist auch insofern durchbrochen, als die Mitarbeiter nicht mehr nur aus *einem* konfessionellen Lager kommen. Zu diesem Kommentarwerk haben sich Exegeten evangelischen und katholischen Bekenntnisses zusammengefunden, weil sie überzeugt sind, daß es neben dem Glauben an den gemeinsamen Herrn der Kirche vor allem die Heilige Schrift ist, die sie verbindet. Allzu lange hat die Bibel des Alten und Neuen Testamentes eher zur konfessionellen Abgrenzung und Selbstbestätigung herhalten müssen, als daß sie als verbindendes Element zwischen den Kirchen, christlichen Gruppen und theologischen Schulen empfunden wurde. Natürlich dürfen auch die konfessionell gebundenen Auslegungstraditionen in der heutigen Exegese nicht übersehen und überspielt werden. Vielmehr gilt es, die aus der Kirchengeschichte bekannten Kontroversfragen hinsichtlich der Auslegung der Heiligen Schrift heute neu zu bedenken und – vielleicht – in einer entspannteren, gelasseneren und daher sachlicheren Form einer exegetisch verantwortlichen Lösung näherzubringen. Zu besonders relevanten Texten oder Schriften sollen diese Fragen daher in kurzen Erklärungen oder in Exkursen dargestellt und diskutiert werden. Dabei geht es darum, nicht den Schrifttext und die Lehrtradition gegeneinander auszuspielen, sondern die Probleme der Lehrtradition im Lichte der Schrifttexte zu erhellen und im exegetischen Gehorsam gegenüber der Schrift Verstehensschwierigkeiten, die sich oft aus einer zu starren Handhabung der Lehrtradition ergeben, zu überwinden. Hierdurch besonders, aber grundsätzlich auch schon durch die methodisch sachgerechte Auslegung der neutestamentlichen Schriften hoffen wir, einen Dienst für die Verständigung von Christen verschiedener Bekenntnisse untereinander und für das allen Christen aufgegebene Werk ökumenischer Vermittlung und Einheitsfindung leisten zu können.

Die Herausgeber

Inhalt

VERZEICHNIS DER EXKURSE ZU JOH 1–21

Vorwort des Verfassers zur ersten Auflage

Obwohl ich seit Jahren an der Diskussion über die Auslegung des vierten Evangeliums beteiligt bin, habe ich beim Arbeiten am Kommentar immer mehr gemerkt, vor wie große Probleme das Joh die Interpreten stellt. Hinzu kommt die schwierige exegetische Gesprächslage zum Joh seit ca. 15 Jahren, in der die verschiedensten Erklärungsmodelle angeboten werden und teilweise noch nicht einmal klar ist, wo die entscheidenden Probleme liegen, die für ein Verständnis des Joh notwendigerweise einer Lösung zugeführt werden müssen. In dieser Situation empfand ich es als hilfreich, vor allem immer wieder auf die drei großen Kommentare von R. Bultmann, R. Schnackenburg und R. E. Brown zurückgreifen zu können.

Der Kommentar stellt ein eigenes Erklärungsmodell zur Diskussion. Dabei wünscht er sich Leser, die dieses Modell als Hilfe für den Zugang zum Text selbst benutzen. Das Modell hat dienende Funktion und gehört zu den widerlegbaren Wahrheiten, so sicher sein Autor überzeugt ist, dieses hypothetische Modell komme der Wirklichkeit recht nahe.

Ein Kommentar kann nicht ohne fremde Hilfe entstehen. Den herzlichen Dank für diese Hilfe spreche ich gern aus. Da waren zunächst die Zusammenkünfte der Mitautoren am Kommentarwerk, die die beiden Verlage ermöglichten, sodann die Gespräche im Kreis der Kollegen und Freunde, die sich in jedem Semester als Sozietät der norddeutschen Neutestamentler treffen. Darüber hinaus gilt mein Dank den Studenten, die in verschiedenen Lehrveranstaltungen mit am Joh arbeiteten. Meine Hilfskraft, Herr stud. theol. K. Grunwald, hat sich um die Literatursuche und beim Korrekturlesen verdient gemacht. Mit besonderer Sorgfalt und Umsicht hat sich Frau H. Meyer der mühevollen Arbeit unterzogen, pünktlich ein zuverlässiges Manuskript zu erstellen.

Kiel, den 11. 12. 78 *Jürgen Becker*

Vorwort des Verfassers zur dritten Auflage

Ein gutes Jahrzehnt ist vergangen, seit die erste Auflage des Kommentars erschien. Da in der sehr bald notwendigen zweiten Auflage nur einige Druckfehler verbessert wurden, bedeutet dies, daß in der vorliegenden Überarbeitung die erfreulich lebendig geführte Diskussion zum Joh, freilich in der gebotenen Auswahl und Begrenzung, zu berücksichtigen war. Dadurch sind beide Bände umfangreicher geworden. Dies ließ sich nicht vermeiden, obwohl ich mich aufgrund meiner beiden Forschungsberichte in ThR 1982 und 1986 entlastet fühlte, dort Ausgeführtes wiederholen zu müssen.

Als Ziele der Neubearbeitung habe ich mir gesetzt, erstens den Kommentar auf den neuesten Stand der Fachdiskussion zu bringen, zweitens die jetzt vorliegende Textebene stärker zu betonen und drittens durch weitere Exkurse das Verstehen joh Probleme durch Überblicke noch mehr zu fördern. Dabei wird der Leser feststellen können, daß ich meinen methodischen Ansatz zur Deutung und mein Entstehungsmodell für das Joh nicht aufgegeben habe. Ich denke, dazu besteht auch kein Grund, und nach meinen Ausführungen in ThR 1986 wird das wohl auch keiner erwarten. Gerade weil das so ist, bekräftige ich nochmals ausdrücklich, was im Vorwort zur ersten Auflage dazu gesagt ist.

Nach getaner Arbeit denen zu danken, die geholfen haben, ist eine angenehme Sache. Wiederum möchte ich die Studenten meiner Lehrveranstaltungen an erster Stelle nennen. Meine Frau, Frau C. P. Peter und Frau B. Müller haben sich bei der Überprüfung der Literatur und beim Korrekturlesen Verdienste erworben. Frau H. Meyer hat mit Geduld und Sorgfalt über viele schwierige Etappen eine vorzügliche Druckvorlage erstellt.

Kiel, den 12. 2. 91 *Jürgen Becker*

Literaturauswahl

Die Literaturauswahl berücksichtigt nur Werke, die häufig benutzt werden. Spezialliteratur wird darüber hinaus jeweils an Ort und Stelle angegeben. Bei den Quellen sind mit Rücksicht auf den Leserkreis Übersetzungen genannt, über die man die Originalausgaben finden kann.

1. Angaben zu nicht biblischen Texten

Barrett, C. K.: Die Umwelt des Neuen Testaments, WUNT 4, 1959.

Charles, R. H.: The Apocrypha and Pseudepigrapha of the Old Testament, 2 Bde, Oxford 1913 (mehrere Nachdrucke).

Charlesworth, J. H. (Hg.): The Old Testament Pseudepigrapha, New York, I 1983; II 1985.

Cohn, L. – J. Heinemann – M. Adler – W. Theiler: Philo von Alexandria. Die Werke in deutscher Übersetzung, 6 Bde, Berlin 1909-1938, Neudruck 1962.

Fischer, A. – K. Wengst – H. Kraft: Schriften des Urchristentums, 3 Bde, Darmstadt 1963f.

Goldschmidt, L.: Der Babylonische Talmud, 12 Bde, Berlin ²1964-1967.

Schneemelcher, W. (Hg.): Neutestamentliche Apokryphen I, Tübingen ⁵1987.

Kautzsch, E. (Hg.): Die Apokryphen und Pseudepigraphen des Alten Testaments, 2 Bde, Tübingen 1900 (Nachdruck Darmstadt 1975).

Knopf, R. – W. Bauer – H. Paulsen – H. Windisch – M. Dibelius: Die Apostolischen Väter, HNT Ergänzungsbände 1–3, 1920; 4, 1923; 2, ²1985.

Kümmel, W. G. (Hg.): Jüdische Schriften aus hellenistisch-römischer Zeit, 5 Bde, Gütersloh 1973ff.

Leipoldt, J. – W. Grundmann (Hg.): Umwelt des Urchristentums II, Berlin ³1972.

Leipoldt, J. – H.-M. Schenke: Koptisch-gnostische Schriften aus den Papyrus-Codices von Nag-Hamadi, ThF 20, 1960.

Lohse, E.: Die Texte aus Qumran, Darmstadt 1964 (²1971).

Maier, J.: Die Texte vom Toten Meer, 2 Bde, München 1960.

Michel, O. – O. Bauernfeind: Flavius Josephus, Der jüdische Krieg, 3 Bde, Darmstadt 1959-1969.
Rießler, P.: Altjüdisches Schrifttum außerhalb der Bibel, (1928) Darmstadt ²1966.
Unnik, W. C. van: Evangelien aus dem Nilsand, Frankfurt 1960.

2. Literatur- und Forschungsberichte, Literaturanthologien

Bauer, W.: Johannesevangelium und Johannesbriefe, ThR (1929) 135–160.
Becker, J.: Zur gegenwärtigen Auslegung des Johannesevangeliums, Ev Erz 33 (1981) 169–184.
– Aus der Literatur zum Johannesevangelium (1978–1980), ThR 47 (1982) 279–301.305–347.
– Das Johannesevangelium im Streit der Methoden, ThR 51 (1986) 1–78.
Behm, J.: Der gegenwärtige Stand der Erforschung des Johannesevangeliums, ThLZ 73 (1948) 21–30.
Belle, G. van: Johannine Bibliography 1966–1985, BETL 82, 1988.
Beutler, J.: Literarische Gattungen im Johannesevangelium. Ein Forschungsbericht 1919–1980, ANRW II 25.3 (1984) 2506–2568.
Braun. F.-M.: Où en est l'étude du quatrième évangile, EThL 32 (1956) 535–546.
Braun, H.: Qumran und das Neue Testament, Bd I–II, Tübingen 1966.
Haenchen, E.: Aus der Literatur zum Johannesevangelium 1929–1956, ThR 23 (1956) 295–335.
Howard, W. F. – C. K. Barrett: The Fourth Gospel in Recent Criticism and Interpretation, London ⁴1955.
Jonge, M. de (Hg.): L'Évangile de Jean, BEThL 42, 1977.
Käsemann, E.: Zur Johannesinterpretation in England, in: Exegetische Versuche und Besinnungen II ⁴1965, 131–155.
Kysar, R.: The Fourth Evangelist and his Gospel, Minneapolis, 1975.
– The Fourth Gospel. A Report on Recent Research, ANRW II 25.3 (1984) 2389–2480.
Malatesta, E.: St. John's Gospel 1920–1965, AnBib 32, 1967.
Martyn, J. L.: The Gospel of John in Christian History, New York 1978.
Menoud, Ph.-H.: Les Études johanniques de Bultmann à Barrett, in: L'Évangile de Jean (Recherches Bibliques 3) Louvain 1958, 11–40.
Mollat, D.: Rassegua di lavori cattolici su S. Giovanni dal 1950 al 1960, Riv Bib 10 (1962) 64–91.
Metzger, B. M.: Index to periodical Literature on Christ and the Gospels, NTTS 6. 1966.
Metzger, H.-O.: Neuere Johannes-Forschung, VF 12,2 (1967) 12–29.
Rengstorf, K. H.: Johannes und sein Evangelium, WdF 82, Darmstadt 1973.
Schnackenburg, R.: Neuere englische Literatur zum Johannesevangelium, BZ NF 2 (1958) 144–154.

– Zur johanneischen Forschung, BZ NF 18 (1974) 272–287.
Thyen, H.: Aus der Literatur zum Johannesevangelium, ThR 39 (1974) 1–69; 222–252; 289–330; 42 (1977) 211–270; 43 (1978) 328–359; 44 (1979) 97–134.
– Johannesevangelium, TRE 17 (1988) 200–225.
Wagner, G.: An Exegetical Bibliography on the Gospel of John, Bibliographical Aids 8, Rüschlikon – Zürich 1975.

3. Einleitungen

Fuller, R. H.: A Critical Introduction to the New Testament, London 1966.
Klijn, A. F. J.: An Introduction to the New Testament, Leiden 1967.
Köster, H.: Einführung in das Neue Testament, Berlin – New York 1980.
Kümmel, W. G.: Einleitung in das Neue Testament, Heidelberg ^{20}1980.
Marxsen, W.: Einleitung in das Neue Testament, Gütersloh ^{4}1978.
Schelkle, K.-H.: Das Neue Testament. Seine literarische und theologische Geschichte, Kevelaer ^{3}1966.
Schenke, H.-M. – K. M. Fischer: Einleitung in die Schriften des Neuen Testaments I·II, Gütersloh 1978. 1979.
Vielhauer, Ph.: Geschichte der urchristlichen Literatur, Berlin und New York 1975.
Wikenhauser, A.: Einleitung in das Neue Testament, Freiburg, Basel und Wien ^{6}1973.

4. Neuere Kommentare in Auswahl

Barrett, C. K.: The Gospel according to St. John, London 1962; ^{2}1978 (jetzt auch deutsch: Das Evangelium nach Johannes, KEK Sonderband, 1990).
Bauer, W.: Das Johannesevangelium, HNT 6, ^{3}1933.
Bernard, J. H.: A Critical and Exegetical Commentary on the Gospel according to St. John, ICC, ^{6}1962/63.
Blank, J.: Das Evangelium nach Johannes, Geistliche Schriftauslegung 4/1–4/3, Düsseldorf 1977. 1981.
Boismard, M.-E. – A. Lamouille: L'évangile de Jean, Editions du Cerf, Paris 1977.
Brown, R. E.: The Gospel according to John, AncB 29.29A, 1966. 1970. (Nachdruck London 1978).
Bruce, F. F.: The Gospel of John, Grand Rapids 1983.
Büchsel, F.: Das Evangelium nach Johannes, NTD 4, ^{17}1962.
Bultmann, R.: Das Evangelium des Johannes, KEK, ^{19}1968 (mit Ergänzungsheft).
Gnilka, J.: Johannesevangelium. Die Neue Echter-Bibel, Würzburg 1983.
Haenchen, E.: Das Johannesevangelium, Tübingen 1980.

Heitmüller, W.: Das Johannes-Evangelium, in: Die Schriften des Neuen Testaments 4, Göttingen ^{3}1918.
Hirsch, E.: Das vierte Evangelium, Tübingen 1936.
Hoskyns, E. C. – E. N. Davey: The Fourth Gospel, London ^{2}1947.
Lagrange, M.-J.: Le quatrième évangile, EtB ^{8}1948.
Lindars, B.: The Gospel of John, The New Century Bible Commentary, London 1977.
Loisy, A.: Le quatrième évangile, Paris ^{2}1921.
Meyer, H. A. W.: Kritisch-exegetisches Handbuch über das Evangelium des Johannes, KEK, 1862.
Morris, L.: The Gospel according to John, The New London Commentary on the New Testament, London 1971.
Odeberg, H.: The Fourth Gospel, Uppsala 1929 (Nachdruck: Amsterdam 1968).
Porsch, F.: Johannes-Evangelium, Stuttgarter Kleiner Kommentar, NT 4, Stuttgart 1988.
Schlatter, A.: Der Evangelist Johannes, Stuttgart 1930 (Nachdruck ^{3}1960).
Schnackenburg, R.: Das Johannesevangelium, Teil I–III, HThK IV, (1965. 1971. 1975) ^{5}1981. ^{2}1977. ^{4}1982.
Schneider, J.: Das Evangelium nach Johannes, ThHK Sonderband, ^{4}1988.
Schulz, S.: Das Evangelium nach Johannes, NTD 4, ^{2}1975.
Strathmann, H.: Das Evangelium nach Johannes, NTD 4, ^{4}1959.
Tillmann, F.: Das Johannesevangelium, Bonn ^{4}1931. –
Weiß, B.: Das Johannesevangelium, KEK, ^{2}1902.
Wellhausen, J.: Das Evangelium Johannis, Berlin 1908.
Westcott, B. F.: The Gospel according to St. John, London ^{3}1958.
Wikenhauser, A.: Das Evangelium nach Johannes, RNT 4, ^{3}1961.
Zahn, Th.: Das Evangelium des Johannes, KNT IV, ^{6}1921.
Hinweis: Für ältere Kommentare vgl. die Angaben bei Schnackenburg IV 1, S. XII-XIV.

5. Ausgewählte Monographien und Aufsätze zum gesamten Joh

Appold, M. L.: The Oneness Motif in the Fourth Gospel, WUNT 2/1, 1976.
Bailey, J. A.: The Traditions common to the Gospels of Luke and John, NT.S 7, 1963.
Barrett, C. K.: Der Zweck des 4. Evangeliums, ZSTh 22 (1953) 257-273.
– Das Johannesevangelium und das Judentum, Stuttgart 1970.
– Essays on John, Plymouth 1982.
Baumbach, G.: Qumran und das Johannes-Evangelium, Berlin 1958.
Becker, H.: Die Reden des Johannesevangeliums und der Stil der gnostischen Offenbarungsrede, FRLANT 68, 1956.
Bergmeier, R.: Glaube als Gabe, BWANT 1980.

Beutler, J.: Martyria, FTS 10, 1972.
Billerbeck, P.: Kommentar zum Neuen Testament aus Talmud und Midrasch, 4 Bde, München 1926 (Nachdruck 1956).
Bittner, W. J.: Jesu Zeichen im Johannesevangelium, WUNT 2.26, 1987.
Bjerkelund, C. J.: Tauta Egeneto, WUNT 2.40, 1987.
Blank, J.: Krisis, Freiburg 1964.
Borgen, R. E.: Logos was the True Light and Other Essays on the Gospel of John, Trondheim 1983.
Braun, H.: Qumran und das Neue Testament, 2 Bde, Tübingen 1966.
Brown, R. E.: Ringen um die Gemeinde, Salzburg 1982.
Bühner, J.-A.: Der Gesandte und sein Weg, WUNT 2/2, 1977.
Bull, K.-M.: Gemeinde zwischen Integration und Abgrenzung, masch. Diss. theol., Rostock 1990.
Corell, A.: Consummatum est. Eschatology and Church in the Gospel of St. John, London 1958.
Cross, F. L. (Hg.): Studies in the Fourth Gospel, Oxford 1957.
Cullmann, O.: Der johanneische Gebrauch doppeldeutiger Ausdrücke als Schlüssel zum Verständnis des 4. Evangeliums, ThZ 4 (1948) 360–372.
–Der johanneische Kreis, Tübingen 1975.
–Urchristentum und Gottesdienst, AThANT 3, ^{4}1962.
Culpepper, R. A.: The Johannine School: An Evaluation of the Johannine-School Hypothesis, Michigan and London 1974.
– The Anatomy of the Fourth Gospel, Philadelphia 1983.
Dauer, A.: Johannes und Lukas, FzB 50, 1984.
Dodd, C. H.: The Interpretation of the Fourth Gospel, Cambridge 1953 (^{6}1963).
– Historical Tradition in the Fourth Gospel, Cambridge ^{2}1965.
Dupont, Dom J.: Essais sur la christologie de S. Jean, Brügge 1951.
Fortna, R.: The Gospel of Signs, MSSNTS 11, 1970
– Christology in the Fourth Gospel, NTS 21 (1975) 489–504.
Gardner-Smith, P.: St. John and the Synoptic Gospels, Cambridge 1938.
Glasson, T. F.: Moses in the Fourth Gospel, London 1963.
Grundmann, W.: Zeugnis und Gestalt des Johannes-Evangeliums, Stuttgart 1960.
Gyllenberg, R.: Die Anfänge der johanneischen Tradition, in: Neutestamentliche Studien für R. Bultmann (BZNW 21) 1954, 144–147.
Haacker, K.: Die Stiftung des Heils, AzTh I/47, 1972.
Haenchen, E.: Gott und Mensch, Tübingen 1965.
Hahn, F.: Christologische Hoheitstitel, FRLANT 83, ^{3}1966.
Hartingsveld, L. van: Die Eschatologie des Johannesevangeliums, Assen 1962.
Hartmann, L. – B. Olsson (Hg.): Aspects on the Johannine Literature, CB.NT 18, 1987.
Heise, J.: Bleiben, HUTh 8, 1967.
Higgins, A.J.B: Menschensohn-Studien, Stuttgart 1965.
Hinrichs, B.: »Ich bin«, SBS 133, 1988.

Hirsch, E.: Studien zum vierten Evangelium, Tübingen 1936.
Hoffmann, G.: Das Johannesevangelium als Alterswerk, Gütersloh 1933.
Holwerda, D.E.: The Holy Spirit and Eschatology in the Gospel of John, Kampen 1959.
Howard, W.F.: Christianity according to St. John, London 1943 (Nachdrucke).
Ibuki, Y.: Die Wahrheit im Johannesevangelium, BBB 39, 1972.
Jervell, J.: Jesus in the Gospel of John, Minneapolis 1984.
Käsemann, E.: Exegetische Versuche und Besinnungen, 2 Bde, Göttingen 1960, 1964 (Nachdrucke).
– Jesu letzter Wille nach Johannes 17, Tübingen [4]1980.
Kohler, H.: Kreuz und Menschwerdung im Johannesevangelium, AThANT 72, 1987.
Kotila, M.: Umstrittener Zeuge, AASF.DHL 48, Helsinki 1988.
Kragerud, A.: Der Lieblingsjünger im Johannesevangelium, Oslo 1959.
Kügler J.: Der Jünger, den Jesus liebte, SBB 16, 1988.
Kuhl J.: Die Sendung Jesu und die Kirche nach dem Johannesevangelium, SJM 11, 1967.
Kundsin, K.: Topologische Überlieferungsstoffe im Johannes-Evangelium, FRLANT NF 22, 1925.
– Charakter und Ursprung der johanneischen Reden, Riga 1939.
Kysar, R.: John's Story of Jesus, Philadelphia 1984.
Langbrandtner, W.: Weltferner Gott oder Gott der Liebe, BET 6, 1977.
Lattke, M.: Einheit im Wort, StANT 41, 1975.
Leroy, H.: Rätsel und Mißverständnis, BBB 30, 1968.
Loader, W.: The Christology of the Fourth Gospel, BET 23, 1989.
Lorenzen Th.: Der Lieblingsjünger im Johannesevangelium, SBS 55, 1971.
Lütgert, W.: Die johanneische Christologie, Gütersloh [2]1916.
Martyn, L.J.: History and Theology in the Fourth Gospel, New York 1968; Abingdon [2]1979.
Meeks, W.A.: The Prophet-King, NT.S 14, 1967.
– The Man from Heaven in Johannine Sectarianism, JBL 91 (1972) 44–72, Deutsch in: *Ders. (Hg.):* Zur Soziologie des Urchristentums, ThB 62, 1979, 245–283.
Miranda, J.P.: Der Vater, der mich gesandt hat, EHS.T 7, 1972, [2]1976.
– Die Sendung Jesu im vierten Evangelium, SBS 87, 1977.
Mlakuzhyil, G.: The Christocentric Literary Structure of the Fourth Gospel, AnBib 117, 1987.
Moloney, F.J.: The Johannine Son of Man, BSRel 14, [2]1978.
Müller U.B.: Die Geschichte der Christologie in der johanneischen Gemeinde, SBS 77, 1975.
– Die Menschwerdung des Gottessohnes, SBS 140, 1990.
Mußner, F.: Zoe. Die Anschauung von »Leben« im vierten Evangelium, München 1952.
Neyrey, J.H.: An Ideology of Revolt, Philadelphia, 1988.

Nicholson, G.: Death as Departure, SBS.DS 63, 1983.
Nicol, W.: The Semeia in the Fourth Gospel, NT.S 32, 1972.
Noack, B.: Zur johanneischen Tradition, Kopenhagen 1954.
Onuki, T.: Gemeinde und Welt im Johannesevangelium, WANT 56, 1984.
Percy, E.: Untersuchungen über den Ursprung der johanneischen Theologie, Lund 1939.
Pollard, T.E.: Johannine Christology and the Early Church, MSSNTS 13, 1970.
Porsch, F.: Pneuma und Wort, FTS 16, 1974.
Rebell, W.: Gemeinde als Gegenwelt, BET 20, 1987.
Reim, G.: Studien zum alttestamentlichen Hintergrund des Johannesevangeliums, MSSNTS 22, 1972.
Richter, G.: Studien zum Johannesevangelium, BU 13, 1977.
Robinson J.M.: Die johanneische Entwicklungslinie, in: J. M. Robinson – H. Köster: Entwicklungslinien durch die Welt des frühen Christentums, Tübingen 1971, 223–250.
Robinson, J.A.T.: The Destination and Purpose of St. John's Gospel, NTS 6 (1959/60) 117–131.
Ruckstuhl, E.: Die literarische Einheit des Johannesevangeliums (Freiburg 1951) NTOA 5, 1987.
– Jesus im Horizont der Evangelien, Stuttgarter Biblische Aufsatzbände 3, 1988.
Ruiz, M.R.: Der Missionsgedanke des Johannesevangeliums, FzB 55, 1987.
Schlatter, A.: Sprache und Heimat des vierten Evangelisten, Gütersloh 1902.
Schnelle, U.: Antidoketische Christologie im Johannesevangelium, FRLANT 144, 1987.
Schniewind, J.: Die Parallelperikopen bei Lukas und Johannes (Leipzig 1914) Nachdruck: Darmstadt ³1970.
Schottroff, L.: Der Glaubende und die feindliche Welt, WMANT 37, 1970.
Schulz, S.: Untersuchungen zur Menschensohnchristologie im Johannesevangelium, Göttingen 1957.
– Komposition und Herkunft der johanneischen Reden, BZNW 81, 1960.
Schweizer, E.: Ego eimi, FRLANT 56 (1939) ²1965.
Segovia, F.Fr.: Agape/agapan in 1. John and in the Fourth Gospel, Ann Arbor 1981.
Smalley, St.: John. – Evangelist and Interpreter, Exeter 1978.
Smith, D.M.: The Composition and Order of the Fourth Gospel, London 1965.
– Johannine Christianity, Edinburgh 1987.
Stauffer, E.: Probleme der Priestertradition, ThLZ 81 (1956) 135–150.
Taeger, J.–W.: Johannesapokalypse und johanneischer Kreis, BZNW 51, 1988.
Thüsing, W.: Die Erhöhung und Verherrlichung Jesu im Johannesevangelium, NTA XXI, 1–2, ³1979.

Unnik, W.C. van: The Purpose of St. John's Gospel, in: Studia Evangelica, TU 73 (1959) 382–411.

Untergaßmair, F.G.: Im Namen Jesu, FzB 13, 1973.

Wagner, J.: Auferstehung und Leben, BU 19, 1988.

Wead, D.: The Literary Devices in John's Gospel, Basel 1970.

Wengst, K.: Bedrängte Gemeinde und verherrlichter Christus, BthSt 5, 1981; München [3]1990.

Whitacre, R.A.: Johannine Polemic, SBL.DS 67, 1980.

Wilkens, W.: Die Entstehungsgeschichte des vierten Evangeliums, Zollikon 1958.

– Zeichen und Werke, AThANT 55, 1969.

Windisch, H.: Johannes und die Synoptiker, Leipzig 1926.

Wöllner, H.: Zeichenglaube und Zeichenbuch, Diss. theol. Leipzig 1988.

Wrede, W.: Charakter und Tendenz des Johannesevangeliums, Tübingen [2]1933.

Abkürzungen

1. Zitierung der Literatur

Die Abkürzungen bei Literaturangaben richten sich nach: *Schwertner, S.:* Theologische Realenzyklopädie. Abkürzungsverzeichnis, Berlin und New York 1976. In der Regel verweist im Kommentar nur noch der Name auf die Literatur (z. B.: »Bultmann«). Bei Benutzung von mehreren Werken eines Autors wird durch ein dem Namen nachgestelltes Stichwort (z. B.: »Miranda, Sendung«, bzw.: »Miranda, Vater«) oder etwa bei Aufsätzen auch durch Fundortangabe (z. B.: »Käsemann, ZThK«) differenziert. Wird auf sehr Spezielles hingewiesen, erfolgt zur Hilfe die Seitenangabe aus dem Werk (z. B.: »Nicol 95«). Auf Kommentare wird nur durch Autorennamen verwiesen, wenn der Verweis sich auf dieselbe Stelle im zitierten Kommentar bezieht.

2. Biblische Bücher

AT: 1/2/3/4/5Mose Jos Ri Ruth 1/2Sam 1/2Kön 1/2Chr Esr Neh Est Hi Ps Spr Pred Hhld Jes Jer Hes Dan Hos Jo Am Ob Jon Mi Nah Hab Zeph Hag Sach Mal

NT: Mt Mk Lk Joh Apg Röm 1/2Kor Gal Eph Phil Kol 1/2Thess 1/2Tim Tit Phlm 1/2Petr 1/2/3Joh Hebr Jak Jud Offb

3. Außerbiblische Quellen

Act Thom	Thomasakten
Apk Abr	Apokalypse Abraham
Apoc Joh	Apokryphon des Johannes
Arist	Aristeasbrief
Asc Jes	Ascensio Jesaiae
Ass Mos	Assumptio Mosis
äth Hen	äthiopischer Henoch

Barn	Barnabasbrief
CD	Damaskusschrift
CH	Corpus Hermeticum
1/2Clem	1 / 2 Clemensbrief
Did	Didache
3/4Esr	3 / 4 Esra
Ev Th	Evangelium des Thomas
Ev Ver	Evangelium Veritatis
gr Bar	griechische Baruchapokalypse
gr Hen	griechischer Henoch
Herm m / s / v	Hermas mandata / similitudines / visiones
Ign	Ignatius
Eph	Brief an die Epheser
Magn	Magnesier
Phld	Philadelphier
Pol	Brief an Polykarp
Röm	Brief an die Römer
Sm	Smyrnäer
Trall	Trallianer
JA	Joseph und Aseneth
Jos ant	Josephus Antiquitates
bell	Bellum Judaicum
Jub	Jubiläen
Jud	Judith
Justin	
Apol	Apologie
Dial	Dialogus cum Tryphone
3/4Makk	3 / 4 Makkabäerbuch
NHC	Nag Hammadi Codex
Od Sal	Oden Salomos
Or Sib	Oracula Sibyllina
Past	Pastoralbriefe
Philo	
Op Mund	De Opificio Mundi
Leg All	Legum Allegoriae
Deus im	Quod Deus immutabilis sit
Conf Ling	De Confusione Linguarum
Abr	De Abrahami
Vit Mos	De Vita Mosis
Dec	De Decalogo
Spec Leg	De Specialibus Legibus
Virt	De Virtutibus
Ps Sal	Psalmen Salomonis
4QFlor	Florilegium von Qumran
1QH	Hymnenrolle von Qumran
4QHen	Henochfragmente

1QM	Kriegsrolle von Qumran
1QS	Sektenrolle von Qumran
1QSa	Zusatzregel von Qumran
1QSb	Buch der Segnungen von Qumran
1QpH	Habakukkommentar von Qumran
Sir	Sirach
slav Hen	slavischer Henoch
Sus	Susanna (Zusatz zu Dan)
syr Bar	syrische Baruchapokalypse
Test XII	Testamente der 12 Patriarchen
TAs	Testament Asser
TBen	Benjamin
TDan	Dan
TGad	Gad
TIss	Issachar
TJos	Joseph
TJud	Juda
TLev	Levi
TNaph	Naphthali
TRub	Ruben
TSeb	Sebulon
TSim	Simeon
Test Abr	Testament Abraham
Tob	Tobit
Vit Ad	Vita Adae et Evae

Die Rabbinica werden wie bei Billerbeck zitiert.

4. Sonstige Abkürzungen

(soweit sie nicht allgemein üblich sind)

Art	Artikel (eines Lexikons)
AT	Altes Testament
atl	alttestamentlich
Bd(e)	Band / Bände
Diss theol	theologische Dissertation
E	Evangelist
f./ff.	(der/die) folgende(n) (Verse)
FS	Festschrift
(G)	(nach Textangaben:) Grundstock
hrgg	herausgegeben
Hg.	Herausgeber
Hs Hss	Handschrift(en)
joh	johanneisch
Kom.	Kommentar
KR	Kirchliche Redaktion

Lit.	Literatur
LXX	Septuaginta
MT	Masoretischer Text
NF	Neue Folge
NS	Neue Serie
NT	Neues Testament
ntl	neutestamentlich
par(r).	Parallele(n)
PB	Passionsbericht
Q	synoptische Logienquelle
SQ	Semeiaquelle
u. v. a.	(nach Autorenangaben) und viele andere

Einleitung

1. Einführung in den Forschungsstand

Trotz der kaum noch überschaubaren Thesenproduktion zum joh Schrifttum (Joh; 1–3 Joh) ist und bleibt das Joh spätestens seit Beginn des vorigen Jahrhunderts bis in die Gegenwart das »Schmerzenskind« der ntl Wissenschaft. Die forschungsgeschichtlichen Überblicke können das jedermann sehr schnell vor Augen führen. Man darf behaupten, daß diese Schrift dem Interpreten noch allzu viele offene Fragen aufgibt, als daß sie auch nur annähernd in der vorliegenden Kommentierung beantwortet werden könnten, schon gar nicht mit der Hoffnung auf einen allgemeinen Konsens. Wer sich die Mühe macht, die Forschungsberichte in der ThR von Bauer, Haenchen, Thyen und Becker und die Artikel in den drei Auflagen der RGG von Bousset, Dibelius und Bultmann zu vergleichen, bekommt ein recht anschauliches Bild, wie sich Forschungstrends, Aporien und Lösungspotentiale dabei verändern und wie sich auch Grundprobleme immer wieder mit Penetranz melden, sich jedoch einer endgültigen Lösung bisher entziehen.

Die hauptsächlichen Dauerprobleme der joh Forschungsarbeit sind zusammengefaßt vier: Die Verfasserfrage oder auch Echtheitsfrage, die literarische Problematik des Werkes (Umstellungen, Quellen, Verhältnis zu den Synoptikern), die religionsgeschichtliche Einordnung des Joh und endlich die theologische Absicht seines Verfassers (oder der einzelnen Stufen der Entwicklung des Joh). Diese Aufzählung spiegelt in etwa auch die Reihenfolge wider, in der diese Probleme in der Forschung herausragendes Interesse hatten und die Leitfrage abgaben für die Beschäftigung mit dem Joh. Solche Schwerpunktbildungen sorgten dann zugleich dafür, daß andere Dauerprobleme unbeachtet liegenblieben.

Die kritische Forschung im 19. Jahrhundert war (allzu lange) an der Echtheitsproblematik orientiert, die man mit der Verfasserfrage beantworten wollte (Hat der Zebedäide Johannes das Joh geschaffen?). So setzt z. B. noch Bousset – obwohl schon längst auf einem anderen Stand der Forschung – in seinem RGG-Artikel mit der Verfasserfrage als Basisproblem ein. Einige Jahrzehnte später hat man dieser Frage überhaupt jede Bedeutung absprechen können (Bultmann), freilich nicht ohne Widerspruch zu ernten.

Kurz nach der Jahrhundertwende blühte die literarkritische Frage auf: Vor allem in England diskutierte man Umstellungsversuche (vgl. Howard), und in Deutschland suchte man auf literarkritischem Wege nach dem Grundevangelium (Wellhausen u. a.). Auf

Bultmann, der dann später Neuordnung und Literarkritik wohl am extensivsten verwendete, folgte zunächst eine Zeit, in der man eher (oft resignativ) dazu neigte, im Joh wieder den »ungenähten Rock« Christi zu sehen (vgl. Joh 19,23). Zur Zeit gibt es erneut mehrere literarkritische Versuche am Joh, die von der Schichtung des Werkes auf eine theologiegeschichtliche Entwicklung der joh Gemeinden schließen lassen (Becker, Boismard, Brown, Gnilka, Haenchen, Kotila, Langbrandtner, Martyn, Richter, Segovia u. a.). Andere wiederum gehen mit Nachdruck von der literarischen Einheit des Joh aus (vgl. Becker, ThR 1986).

Die religionsgeschichtliche Frage ist in ihrem ersten Stadium durch die Namen Bousset, Bauer und Bultmann geprägt. In der Tat, wer die Einheit des Joh nicht mehr durch die Verfasserfrage darstellen konnte und wem außerdem die literarische Einheit aufgrund von Quellenscheidung nicht mehr gegeben war, der konnte im religionsgeschichtlichen Milieu der Gnosis den einheitlichen Wurzelboden joh Theologie sehen. Allerdings blieb diese religionsgeschichtliche These nicht unwidersprochen und ist gerade in den letzten Jahren wieder hart umkämpft.

Die Frage nach dem Grundkonzept joh Theologie ist besonders durch den Streit zwischen Bultmann und Käsemann zur jüngsten Hauptfrage der Johannesforschung geworden. Man kann diese Diskussion knapp charakterisieren als Streit um die Stellung und Aussage von Joh 1,14 im Rahmen des Joh (Bultmann, Kom. zu Joh 1,14; Käsemann, Wille). Allerdings haben die Akzente sich indessen deutlich verlagert. Die Diskussion hat dazu geführt, daß die joh Theologie, wie sie sich als Christologie des Gesandten bekundet, eingezeichnet in ein dualistisches Weltbild und dargestellt als Selbstoffenbarung des Sohnes, auf eine breitere Basis gestellt wurde. Trotz aller Kontroverse scheint sich hier doch ein neuer und tragfähiger Konsens abzuzeichnen, der den Rahmen und die Basis der vielfältigen Erörterungen abgibt.

Anfang der achtziger Jahre gesellte sich dann zu diesen vier, an inhaltlichen Problemen orientierten Dauerfragen eine neu entfachte Methodendiskussion. Sie entstand nicht am Joh, wohl aber wurde das vierte Evangelium in dieser Zeit ein besonders beliebter Gegenstand für die Erörterung der Methodenfrage. Vor allem vom Strukturalismus und von literaturwissenschaftlichen Fragen herkommend, ging man von dem (absoluten) Vorrang der synchronen Textebene aus, verstand diesen Ansatz allzu schnell als sachliche Vorgabe für eine postulatorisch gesetzte Texteinheitlichkeit eines Werkes und gab einer diachronen Textanalyse keine oder nur geringe Bedeutung. Es sieht allerdings indessen so aus, daß maßgebliche Arbeiten im Zusammenhang dieser Diskussion gezeigt haben, daß man Synchronie und Diachronie nicht alternativ setzen darf und daß die oft an den Pranger gestellte Subjektivität der diachronen Analyse auch die in Theoriebildung und Einzelergebnissen nicht minder variantenreiche synchrone Textauslegung zutiefst prägt. So ist heute eher die Tendenz zu einem pragmatischen Miteinander dominant. Sie mag noch nicht der Weisheit letzter Schluß sein, hat allerdings den Vorzug, daß man die Stärken beider methodischer Ansätze verbinden kann und damit der komplexen Wirklichkeit eines Textes am ehesten gerecht wird. Diese Diskussion ist indessen in Gestalt eines Literaturberichtes beschrieben worden (Becker, ThR 1986).

Diese kurz skizzierten Grundprobleme joh Forschung deuten hoffentlich etwas an, wie jede Fragestellung und jeder Exeget seinen geschichtlichen Ort hat und wie beim Wandel von Problemstellungen und Lösungsverhalten eben einige Grundprobleme sich nicht ausklammern lassen.

Leider zeigt diese Skizze auch, daß es verwehrt ist, die gegenwärtige Situation durch einen eindeutigen Orientierungsrahmen zu kennzeichnen. Denn nachdem Bultmanns großer Kommentar jedenfalls in der protestantischen Exegese einmal breite Zustimmung fand und im englischen Sprachraum die Achse Dodd – Barrett tonangebend war, besteht heute eher eine Orientierungsdiffusion. In ihr gewinnt bei manchen eine Lösung an Gewicht, die sich als These so äußert, daß man im Rückblick auf die Forschungsgeschichte deren Ertragsbilanz negativ einschätzt und daraus den Schluß zieht, es müsse nun wieder von einem Verfasser, einem einheitlichen Werk und einem religionsgeschichtlichen (jüdischen) Hintergrund gesprochen werden, weil sich angeblich alle anderen Erklärungsversuche des Joh als zu hypothetisch erwiesen haben. Sicherlich, keine Hypothese hat die Wahrheit ganz auf ihrer Seite, und sie alle sind nur Hilfsmittel, um die vom Text selbst gestellten Probleme einer denkbaren und geschichtlich wahrscheinlichen Lösung zuzuführen. Jedoch darf nicht vergessen werden, daß solche Einheitsthesen auch nur Hypothesen sind. Wer meint, das Joh dann angemessen zu verstehen, wenn er Probleme des Textes verharmlost oder etwa generelle Vorurteile gegen literarkritische Fragestellungen hat oder mit Wortstatistik, nur formalen Strukturaufweisen und angeblich tieferen Sinngehalten von Widersprüchen die Textprobleme löst oder gar kritische Anfragen an den Text von ihm ferngehalten wissen will, weil sie nur »modernem« Denken entstammen, der kommt der Wahrheit zweifelsfrei nicht näher. Andere gestehen generell zu, hinter dem jetzigen Text stehe eine Geschichte, betonen aber dann, daß – ungeachtet solcher Spuren – vom jetzigen Text als einer Einheit ausgegangen werden sollte, denn Ziel der Exegese sei es, den jetzigen Textbestand als ein Ganzes zu begreifen. Hier wird stillschweigend das Gewordene in seinem letzten status quo sanktioniert. Aber man kann geschichtlich Gewordenes nur in dem Maße wirklich begreifen, wenn man wenigstens ansatzweise in sein Werden hineingesehen hat. Auch sollte wenigstens prinzipiell offengehalten werden, daß ein Endstadium auch eine eigentlich nicht ehedem intendierte Veränderung darstellen kann.

Die historisch-kritische Forschung war aufgebrochen, um u. a. auch am Joh solche eben genannten Grundsätze sich bewähren zu lassen. Sie ist zweifelsfrei auch manchen Irrweg gegangen und die Validität ihrer Ergebnisse entsprach nicht immer höchsten Ansprüchen. Aber sie hat durchaus zu vernünftigen Teilergebnissen geführt und in jedem Fall das Problembewußtsein wachgehalten. Sie bleibt der Weg, auf dem die geschichtliche Angemessenheit joh Auslegung vergrößert werden kann. Diesen Weg begeht auch der vorliegende Kommentar, der durch die Exegese die theologiegeschichtliche Entwicklung der Texte und der joh Gemeinde in den Blick nehmen will und so der theologischen Bedeutung des Joh heute dienen möchte.

2. Die literarische Gestalt

a) Probleme des Aufbaus

Im Makrobereich zeigt das Joh einen leicht erkennbaren und sinnvollen Aufbau. Dem Prolog (1,1–18) folgt ein erster Hauptteil (1,19–12,50), der die Offenbarung des Sohnes vor der Welt beschreibt. Er setzt ein mit dem traditionellen Anfang (also mit Johannes dem Täufer) und schließt einerseits mit der Hellenenrede ab (12,20ff.), deren Thema zur Passion überleitet. Er hat andererseits einen redaktionellen Abschluß (12,36bff.), der auf die öffentliche Wirksamkeit Jesu zurückblickt. Ein zweiter Hauptteil ist angeschlossen (13,1–20,29). Er konzentriert sich auf die Offenbarung des Gesandten vor den Seinen. Dementsprechend steht das letzte Mahl Jesu am Anfang, in dessen Mittelpunkt die Fußwaschung (13,1–30) berichtet ist. Diese typische Abschiedsszene wird in den Abschiedsreden (13,31–16,33) fortgesetzt und endet im Gebet des scheidenden Erlösers (Joh 17). Passionsgeschichte (18f.) und Auferstehungserzählungen (Joh 20) schließen sich an und bilden den Abschluß wie in den anderen Evangelien. Ein Epilog (20,30f.) beendet das vierte Evangelium. Joh 21 gehört nicht mehr zum ursprünglichen Evangelium und ist Nachtrag, der nach der Erstellung des Joh angefügt wurde.

Diese schon beim ersten Überblick leicht erkennbare Gestalt täuscht aber zunächst über die erheblichen Gliederungsprobleme beim Blick auf die feinere Struktur hinweg. Wie soll man sich die Offenbarungsrede 3,31–36 am Schluß einer Täuferrede vorstellen? Muß nicht Joh 5 nach Joh 6 zu stehen kommen, weil 6,1 die geographische Situation von 4,43–54 voraussetzt und 7,1 vor sich Joh 5 (vgl. speziell 5,18) erwarten läßt? Gehört nicht 7,15–24 nach 5,47? Wer wollte im Ernst behaupten, 10,1–18 stünden nicht abrupt und kontextungebunden an ihrem Ort? Wirkt 12,44–50 nicht ähnlich am Schluß des ersten Hauptteils nachgetragen wie etwa Joh 21? Wem machen die zwei Deutungen der Fußwaschung in Joh 13 keine Probleme? Stehen nicht Joh 15–17 nach dem Abschluß 14,25–31, der 18,1 aufgegriffen wird, deplaziert? Dies sind nur einige typische und längst bekannte Fragen an das Joh, die seine literarische Gestalt betreffen. Sie sind leicht vermehrungsfähig (vgl. die Auflistung bei Thyen, TRE, 203–205). Sie erweisen eindrücklich, daß das Joh weder seine Gliederung noch seine ursprüngliche Gestalt problemlos zeigt. Beides muß in exegetischer Arbeit erst gesucht werden.

Nur wer diese ausgewählte Liste der Anfragen an die jetzige literarische Gestalt des Joh (man nennt sie gern die Aporien des vierten Evangeliums) wirklich zur Kenntnis nimmt und für sie eine begründete Lösung vorschlägt, darf den Anspruch erheben, die vorliegende Textebene ernsthaft bedacht zu haben. Wer die Einheitlichkeit des Joh postularisch setzt, muß sich gefallen lassen, an dem Umgang mit diesen Stellen gemessen zu werden. Es ist leicht, Stücke wie z. B. Joh 3,1–21 von der vorliegenden Textebene her als sinnvolle Einheit zu begreifen. Aber es ist verfehlt, von solchen in der Tat vorhandenen einheitlichen und funktional gut in das Joh eingebauten Textabschnitten auf das ganze Joh zu schließen. In bezug auf die Einheitlichkeit zeigt die jetzige Textebene ein Janusgesicht. Diese komplexe Wirklichkeit gilt es wahrzunehmen und zu erklären. Bei der Suche nach guten Erklärungen sind drei Fragestellungen hilfreich: Ist nach Abschluß des Werkes durch E das Evangelium eventuell in Unordnung geraten? Wie steht es mit möglichen Quellen, die E benutzte? Hat das vierte Evangelium eine nachträgliche Überarbeitung erfahren? Diesen Fragen soll nun eingehender nachgegangen werden.

b) Das Problem der Unordnung

Literaturauswahl: Aland, K.: Glosse, Interpolation, Redaktion und Komposition in der Sicht der neutestamentlichen Textkritik, in: Apophoreta (FS E. Haenchen), BZNW 30, 1964, 7–31. – *Brunner, H.:* Grundzüge einer Geschichte der altägyptischen Literatur, Darmstadt 1966, 18.101. – *Haenchen, E.:* Johannesevangelium 48–57. – *Howard, W. F.:* Gospel, 125–141. – *Koch, K.:* Sabbatstruktur der Geschichte, ZAW 95 (1983), 405. – *Milik, J. T.:* The Books of Enoch, Oxford 1976, 6. – *Sauer, G.:* Jesus Sirach, JSHRZ III 5, 1981, 486. – *Schlechta, K.:* Friedrich Nietzsche. Werke in drei Bänden, Bd. III: Philologischer Nachbericht, München 1966, 1383–1432. – *Schulz, S.:* Untersuchungen, 41–43. – *Schweizer, E.:* Ego, 109–111. – *Uhlig, S.:* Das Äthiopische Henochbuch, JSHRZ V 6, 1984, 708. – *Vielhauer, Ph.:* Geschichte, 423.

Unordnungen in Hss des Altertums sind des öfteren mit Sicherheit belegt. So steht z. B. in der LXX Sir 33,16b–36,13a an falscher Stelle (Sauer). Im äthHen muß die Abfolge der Zehnwochenapokalypse 93,1–10; 91,11–17 lauten, wobei der Text aus Kp 91 nach Kp 93 zu stellen ist, wie jetzt 4 QHen[g] beweist (Milik, vgl. Koch; Uhlig). In den vielfachen Überlieferungen des Phahhotep und den Lebenslehren des Anii sind Umstellungen mit großer Freiheit vorgenommen worden (Brunner). Weitere Beispiele sind aufzählbar (Schweizer). Unordnungsprobleme beim Nachlaß neuzeitlicher Schriftsteller wie z. B. bei Nietzsche (Schlechta) und R. Musil (Vielhauer) dürfen ebenfalls als Analogien herangezogen werden. Solche Unordnungen können vornehmlich drei Ursachen haben: Es kann mechanisch und zufällig Blattvertauschung vorliegen. Nachlaßverwalter oder Schüler standen vor einem opus imperfectum des Autors, der an sein Werk nicht mehr letzte Hand anlegte. Tradenten haben aus nicht mehr aufhellbaren Gründen nachträglich umgestellt. Welche Erklärungsweise man bevorzugt, hängt von den jeweiligen einzelnen Umständen ab. In jedem Fall: Es ist in bezug auf das Joh eines, eine Unordnung zu konstatieren, ein anderes, durch eine Hypothese ihren Ursachen nachzugehen. Dementsprechend gilt es zunächst, am überlieferten Text selbst die Unordnung aufzuweisen, d. h. die jetzige Textabfolge als unsinnig oder unmöglich herauszustellen. Sodann ist darzustellen, daß der

Neuordnungsversuch die Textprobleme löst und offensichtlich der primär gewollten Ordnung des Autors entspricht. Dabei sind andere Erklärungsmöglichkeiten wie etwa eine literarkritische Lösung auszuschließen. Erst danach ist es sinnvoll, auch noch zu fragen, wie eine Unordnung möglicherweise zustande kam. Wird dieser methodische Weg eingehalten, reduzieren sich die Stellen, an denen Umstellungen im Joh diskutabel sind, auf wenige Fälle.

Bei der Erklärung des Joh hat man schon sehr früh Umstellungen vorgenommen. Schon im 2. Jahrhundert hat Tatian Joh 5 und 6 umgetauscht. Im vorigen Jahrhundert standen Neuordnungsversuche vornehmlich in England hoch im Kurs (Howard). Die Dislokationstheorie ist dann von Bultmann extrem umfangreich ausgenützt worden. Andere neuere Interpreten wollen von solchen Experimenten nichts mehr wissen (z. B. Barrett).

Die vorliegende Auslegung rechnet nur in einem Fall mit einer doppelten Unordnung, die am häufigsten angenommen wird. Es wird – den Spuren Tatians folgend – vermutet, daß die ursprüngliche Ordnung 4,1–54; 6,1–71; 5,1–47; 7,15–24; 7,1ff. gewesen ist, also Joh 5 und ein Teil aus Joh 7 an falscher Stelle stehen. Die Begründung dazu wird bei den Einführungen zu II C und II D gegeben. Nun ist längst beobachtet, daß in Joh 5 die Buchstabenzahl 5 × 759 beträgt und das andere Stück in Joh 7,14–24 1 × 763 Buchstaben enthält (Schweizer). Daraus kann man hypothetisch schließen, 5 + 1 = 6 Blätter mit nahezu gleichem Umfang sind durch eine einzige Unordnung vertauscht worden. Diese Blattvertauschungshypothese, die in LXX Sir ihre beste, weil dort paläographisch überprüfbare Analogie hat, aber die beim Joh ein »Notbehelf« (Kotila 35) bleibt, weil sie nur vermutet, nicht jedoch nachgewiesen werden kann, hat allerdings Probleme: Wie es kein Exemplar des Joh ohne den Nachtrag Joh 21 gibt (doch vgl. das Indiz bei der Exegese von 20,30f.), so existiert auch keine Handschrift ohne die jetzige Ordnung in Joh 5–7. Die Unordnung muß vor der Erstellung des Urahns der heute bekannten Textüberlieferung entstanden sein. Sie kann in diesem Frühstadium so entstanden sein, daß – entgegen der überprüfbaren Textüberlieferung auf Doppelblättern (Aland) – das Joh noch auf Einzelblättern stand. Denkbar ist auch eine mechanische Verletzung einer Doppelblattüberlieferung, die versehentlich fehlerhaft repariert wurde. Weiter: Fällt es nicht auf, daß die vertauschten Blätter mit vollständigen Sätzen anfingen und endeten? Auch das ist natürlich denkbar, ja dieser Umstand könnte mit dazu beigetragen haben, daß sich der Neuordner täuschen konnte. Jedenfalls hat niemand bisher eine bessere Erklärung gefunden, wie die unbefriedigende Ordnung zustande kam. So erklärt man entweder den Jetztzustand einfach für gewollt (z. B. Barrett) oder hat zu komplizierte Erklärungen (Kotila). Im ersten Fall nimmt man bestimmte Textaussagen nicht ernst, im zweiten Fall bedient man sich sehr hoher Hypothetik. Abschließend gilt es noch zu bedenken: Es macht auch einen Unterschied aus, ob man einmal eine Dislokation konstatiert oder diese Möglichkeit durch fundamentale Neuordnung überstrapaziert (wie Bultmann).

c) Die Frage nach den Quellen

Literaturauswahl: Vgl. die Forschungsberichte, Einleitungen und Kommentare, die Angaben im Exkurs 1 und beim PB. – *Becker, H.:* Reden. – *Becker, J.:* Aufbau, Schichtung und theologiegeschichtliche Stellung des Gebetes in Joh 17, ZNW 60 (1969) 58–83. – *Ders.:* Die Abschiedsreden Jesu im Johannesevangelium, ZNW 61 (1970) 215–246. – *Ders.:* Beobachtungen zum Dualismus im Johannesevangelium, ZNW 65 (1974) 71–87. – *Brown, R. E.:* »Other Sheep not of this fold«: The Johannine Perspective on Christian Diversity in the late first Century, JBL 97 (1978) 5–22. – *Ders.:* Ringen. – *Hinrichs, B.:* »Ich bin«. – *Hirsch, E.:* Studien zum vierten Evangelium, Tübingen 1936. – *Kotila, M.:* Zeuge. – *Kysar, R.:* The Source Analysis of the Fourth Gospel. A Growing Consensus? NT 15 (1973) 134–152. – *Langbrandtner, W.:* Gott. – *Lindars, B.:* Behind the Gospel, London 1971, 27–42. – *Richter, G.:* Studien. – *Ruckstuhl, E.:* Einheit. – *Schenke, H.-M.:* Einleitung, 168–185. – *Schweizer, E.:* Ego. – *Segovia, F. Fr.:* Agape. – *Smith, D. M.:* The Sources of the Gospel of John, NTS 10 (1963/64) 336–351. – *Wilkens, W.:* Entstehungsgeschichte.

Quellenbenutzung und nachträgliche Bearbeitung eines Werkes sind im Altertum an der Tagesordnung. Man kann zugespitzt sagen: Die Einheitlichkeit eines Werkes ist eher seltener als seine literarische Schichtung. Diese freilich überzogene Aussage soll deutlich machen: Jedes Werk muß seine Einheitlichkeit oder Schichtung beweisen. Beide Möglichkeiten sind immer gegeben. Schon das AT kennt eine große Zahl mehrschichtiger Werke. Die Qumranliteratur zeigt ein ähnliches Bild. Diese Apokalyptik von Dan bis syrBar lebt als Traditions- und Bearbeitungsliteratur. Auch in der jüdisch-hellenistischen und gnostischen Literatur gibt es entsprechende Beispiele. Mk hat wie Joh 21 einen nachträglich unechten Abschluß erhalten (Mk 16,9–20). Mt und Lk verarbeiten Mk und Q. Der 2. Kor ist schwerlich eine Einheit. Diese Beispiele mögen hier hinreichen. Sie machen deutlich: Diese Benutzerkreise verstehen literarische Werke eines Autors nicht primär als individuelles privates Eigentum der Verfasser. Sie eignen sich ihre Werke vielmehr durch Bearbeitung an, wie jeder Autor auch schon selbst eventuell andere Werke in seines eingearbeitet haben mag. Nicht das geistige Eigentum einzelner wird geschützt, sondern für das soziologische Kontinuum (Gruppe, Schule, Gemeinde usw.) repräsentiert deren Literatur ein der Gruppe gemeinsames Erbe und eine lebendige Überlieferung, die mit der Geschichte der Gruppe wächst.

In einem solchen Zusammenhang ist für das soziologische Kontinuum nicht einfach die innere bruchlose Einheitlichkeit eines Werkes von Gewicht. Die interne einheitliche Struktur, die Widerspruchsfreiheit im Text und die harmonische Funktionalität seiner Teile im Ganzen sind hierbei vielmehr durchaus zu vernachlässigende Aspekte. Entscheidend ist, ob für den Trägerkreis das religiöse Repertoire an Grundüberzeugungen, die als Konsens feststehen oder sich durchsetzen sollen, aus dem Text gelesen werden kann. Ein solcher Kreis übersieht gleichsam Brüche, Disfunktionalitäten, Unstimmigkeiten, ja vermehrt sie noch durch seine Bearbeitung, weil für ihn nicht das Werk als isoliertes literarisches Produkt Bedeutung hat, sondern nur sein die Gemeinschaft stabilisierender Charakter, also seine Fähigkeit, bestimmten Zwekken zu dienen. Erst wo das Werk dieser zunächst konstitutiven Gemeinschaftsbeziehung enthoben ist – wie das Joh heute von seinem ursprünglichen Trägerkreis –, dort kann aus der Distanz das Werk auf seine inneren Verhältnisse hin beobachtet werden und gestattet so Einblicke in seinen Entstehungsprozeß, weil es zumindest einen Teil seiner Benutzerspuren noch erkennen läßt.

Für die joh Gemeinde stand am Ende der literarischen Produktion offenbar ein Kanon aus vier Schriften (vier ist die Zahl der Vollkommenheit): Ein Evangelium und drei Briefe. Man kann dazu Marcions Kanon (Lk als Evangelium und 10 Paulusbriefe) vergleichen. Dabei ist das Joh sicherlich nicht aus einem Guß. In jedem Fall ist am Schluß Joh 21 nachgetragen und Joh 7,53–8,11 nach Ausweis der handschriftlichen Überlieferung eine ganz späte Ergänzung. Hier endet jedoch schon die breite Einigkeit in der Forschung. Man hat alles andere E zugewiesen, der entweder alles aus einem Guß niederschrieb, oder nicht mehr letzte Hand an sein Werk legen konnte, oder der sein Werk stufenweise schuf, oder der Homilien als Traditionsmaterialien zur Grundlage seines Werkes nahm. Oder man sucht nach einem Grundevangelium, das zum

Teil in erheblichem Maße überarbeitet wurde. Oder man orientiert sich an einem Modell, nachdem E Quellen verarbeitete und sein Werk dann später nochmals ergänzt wurde. Diese drei Möglichkeiten sind im einzelnen nochmals recht variantenreich ausgestaltet worden. Auch gibt es daneben noch andere Erklärungsversuche, die sich aber keine breitere Anerkennung verschaffen konnten.

Die erste Position, die die literarische oder personbezogene Einheitlichkeit von Joh 1–20 vertritt, argumentiert im Falle der literarischen Variante in der Regel mit dem Urteil, es gäbe keine wirklich durchschlagenden Gründe, die gegen die Annahme der Einheitlichkeit sprächen. Dieses Argument ist in der Regel ein zusammenfassendes subjektives Urteil und läßt sich nur durch Einzelexegese entkräften. Doch ist die Einheitlichkeit daneben auch durch eine positive Theorie begründet worden, und zwar mit stilstatistischen Mitteln (Schweizer, Ruckstuhl). Dabei geht man davon aus, daß ein einheitlicher Stil auf einen Verfasser schließen lasse und rühmt darüber hinaus die vorurteilslose Objektivität der statistischen Methode. Seit einigen Jahren denkt man hier grundlegend anders: Geschlossenheit und relative Einheitlichkeit des Stils sind keineswegs selbstverständlich Kennzeichen nur eines Autors, sondern lassen sich viel besser soziologisch erklären, d. h. als Sprachgemeinsamkeit einer relativ geschlossenen Gemeinschaft. Auch die statistische Objektivität ist längst entthront (vgl. die Diskussion bei Haenchen, ThR 1955). Im übrigen vermochte diese Theorie gerade das nicht zu erklären, was immer wieder Anlaß zu Quellenscheidungen gab, nämlich die Widersprüche, Unebenheiten und situationsgelösten Stücke wie auch die theologischen Unterschiede im Joh.

Dem tragen innerhalb dieser ersten Position diejenigen Rechnung, die die Einheitlichkeit nur noch in der einen Person des Autors sehen, aber sonst sich in verschiedener Weise dessen eigene mehrfache Bearbeitung seines Werkes vorstellen (z. B. Wilkens, Lindars). Doch auch mit dieser Annahme sind die Probleme nicht zu lösen: Warum soll ein individueller Autor so gestuft und mit einem so ungeschickten Endergebnis als Ertrag gearbeitet haben? Wo gibt es dafür im Altertum Analogien? Kann man wirklich einem Autor solche theologischen Kurskorrekturen zutrauen, wie man es jetzt nach dem Endzustand des Joh seinem Verfasser unterstellen müßte?

Die zweite Position, die auf der Suche nach einem Grundevangelium ist und tiefgreifende Erweiterungen auf einer zweiten Entwicklungsstufe annimmt, beruft sich auf Wellhausen. Sie hatte ihre erste Blütezeit bei den Literarkritikern vor dem Ersten Weltkrieg (vgl. später Hirsch). Neuerdings erlebt sie einen zweiten Frühling (Brown, Langbrandtner, Richter, L. Schenke, Wagner u. a.). Das grundlegende Recht dieser Position besteht in der Annahme, das Werk von E habe umfangreiche Erweiterungen erfahren, die sich auch theologiegeschichtlich von E abheben, so daß theologiegeschichtliche Entwicklungen der joh Gemeinde ins Blickfeld geraten. Diese Entwicklung wird bei den genannten Autoren nicht selten so verortet, daß speziell die Christologie entwicklungsgeschichtlich betrachtet wird. Diese Übereinstimmung kann aber nicht darüber hinwegtäuschen, daß im einzelnen in der literarkritischen Schichtenbestimmung und in den christologischen Entwicklungslinien erhebliche Differenzen bestehen. Von diesen Einzelheiten abgesehen, die der exegetischen Erörterung im Kommentar vorbehalten bleiben, liegt das Problematische dieser Position in der Suche nach einem Grundevangelium. Dazu muß man die Wundererzählungen und den joh PB als eine vorgegebene literarische Einheit betrachten, wenn anders man ein Opus rekonstruieren will, das im formalen Umfang den Synoptikern gleicht und darum den Namen eines Evangeliums rechtmäßig tragen kann. Gerade so wird aber übersehen, daß Wundererzählungen und PB sich literarisch und theologisch voneinander abheben, so daß man hier mit zwei verschiedenen schriftlichen bzw. mündlichen Überlieferungskomplexen rechnen muß.

Das führt zur dritten Position, zu der sich auch dieser Kommentar zählt. Er rechnet mit zwei E vorgegebenen Quellen, der SQ (vgl. Exkurs 1) und dem PB (vgl. den Kom zu Joh 18f.). E hat außerdem verschiedene kleine mündliche Einheiten (u. a. auch den Hymnus in Joh 1,1–18) aufgegriffen, die er in die von ihm komponierten Reden einarbeitete. Das Werk von E ist dann nach seiner Fertigstellung noch erweitert worden. Diese Position versteht sich als Variante zur Mehrquellentheorie von Bultmann, der mit drei Quellen (SQ, Redenquelle, PB) und einer nachevangelistischen kirchlichen Redaktion rechnet. Vermieden wird damit die Annahme einer Redenquelle, die in der Forschung mit Recht kaum Anklang fand (vgl. jedoch H. Becker; Vielhauer, Geschichte; H.-M. Schenke; Köster). Bultmann hatte ferner dem Redaktor vergleichsweise wenig zuerkannt (vor allem 5,28f.; 6,51c–58 und kleinere Zusätze) und demzufolge deplaziert stehendes Material wie z. B. Joh 15–17 durch Umordnung in andere Zusammenhänge eingefügt. Hier wird nun mit Nachträgen gerechnet und so die Stärke der zweiten Position in die eigene Theoriebildung einge-

fangen. Diese Theorie ist schon in mehreren Aufsätzen begründet worden (Becker, NTS 16; ZNW 60; 61; 65). Schnackenburg (Kom. III, 463f. und passim) vertritt neuerdings eine analoge Meinung, nachdem er zuvor (in Kom. I) die Existenz einer SQ als möglich zugestand, aber sonst literarkritische Zurückhaltung übte. Auch sonst erfreut sich diese Position mancher Zustimmung (vgl. die Kommentare von Haenchen, Gnilka und Porsch. Unter den sonstigen Autoren vgl. z. B. Kotila, Taeger, Weth).
Zur Orientierung ist es gut, sich insbesondere noch die Arbeit der Redaktion zu verdeutlichen. In der Annahme einer umfassenden Redaktion sind sich dabei nicht nur die Autoren einig, die ihre Gesamtansicht im Sinne der zweiten und dritten Position offengelegt haben, sondern viele Exegeten, die nur begrenzte Textabschnitte im Joh untersuchten (vgl. die Angaben zu Joh 13–17; 21). Sie alle vertreten eine entsprechende letzte Redaktion, weil sie damit an vielen Stellen die Probleme einer Lösung zuführen, die Bultmann durch Umstellungen zu beherrschen trachtete, und weil sie erkannt haben, daß in diesen Fällen sich auch die theologische Aussage verändert hat. Was kennzeichnet diese Abschnitte?
Einmal werden Materialien an Stellen ergänzt, die man als Abschlüsse von Teilen empfand. Man verfährt also so, wie man es prinzipiell an Joh 21 studieren kann. Typisch für solche Nachträge nach Abschlüssen sind: 3,31–36; 10,1–18; 12,44–50; 15–17. Diese blockartigen Zusätze fallen durchweg aus dem erkennbaren Aufbau heraus und enthalten über ihre literarische Sonderstellung hinaus auch meist theologische Verschiebungen zu E. Durchweg werden hierbei traditionelle Aussagen der joh Gemeinde, die E vernachlässigt oder nicht vertritt oder uminterpretiert, erneut in ihr Recht gesetzt: Dies war offenbar notwendig, wenn das Joh allgemein im joh Gemeindeverband als anerkannte Autorität gelten wollte (Joh 21,23f.). Darum verwundert es auch nicht, wenn die gesamte redaktionelle Arbeit im ganzen oft den Johannesbriefen nahesteht.

Zum anderen korrigiert die KR mitten im Duktus einer Rede oder Erzählung durch kleinere Zusätze zu vorhandenen Aussagen. Typische Beispiele sind etwa 1,29b; 5,28f.; 6,51c–58 usw. Oder sie fügt Joh 15–17 nicht als einen Block sondern etappenweise ein. Auch kann man manchmal beobachten, daß ein Stück nicht einfach isoliert eingefügt wird (wie z. B. Joh 10,1–18). Es wird vorbereitet (Beispiel: die Lieblingsjüngertexte als Hinführung zu Joh 21), oder Blöcke werden untereinander verzahnt wie in Joh 15–17. So kann man verschiedene Hände der KR noch erkennen. Allerdings gelingt es nicht mehr, alle der KR zuerkannten Abschnitte einigen wenigen Schichten zuzuweisen. Zumindest wird die Hypothetik dabei dann zu groß. Leichter ist es hingegen zu begründen, warum sich die Arbeit der KR vor allem auf Joh 13ff. konzentrierte. Hier konnte sie aufgrund der schon von E gestalteten Abschiedssituation ihre Anliegen, die sich vor allem auf die Zeit der Kirche konzentrierten, unterbringen.

Hebt man das redaktionelle Material ab, erkennt man ein gut gestaltetes Werk, dessen Verfasser eine profilierte Theologie vertritt. Die Redaktion hingegen geht – wie schon beschrieben – nicht auf eine Hand zurück, so sicher sie gemeinsame theologische Grundpositionen vertritt. Sie ist Zeichen der Annahme und lebendigen theologiegeschichtlichen Auseinandersetzung mit E und Aktualisierung des Joh für nachevangelistische Gemeindeprobleme. Sie geschieht in dem Kreis, dem auch E zuzuordnen ist und aus dem auch E seinerseits seine Materialien erhielt. Dieser lebendige Aneignungsprozeß muß in etwa mit der Kanonisierung des Joh im joh Gemeindeverband beendet worden sein. Danach ließ die Autorität des Joh eine Veränderung kaum noch zu. Zugleich setzte mit diesem Datum die regelmäßige Verwendung des Joh im Gottesdienst der joh Gemeinden ein. Das führte zu der Notwendigkeit, das Joh zu vervielfältigen. Die Vermehrung des einen Exemplars setzte also ein, als das Joh schon überarbeitet war. Darum spiegelt sich dieser Prozeß auch nicht in der handschriftlichen Überlieferung wider (Ausnahme: Joh 7,53–8,11).

d) Das Verhältnis zu den Synoptikern

Literaturauswahl: Bailey, J. A.: Traditions. – *Dauer, A.:* Die Passionsgeschichte im Johannesevangelium, StANT 30, 1972. – *Ders.:* Johannes und Lukas, FzB 50, 1984. – *Gardner-Smith, P.:* John. – *Haenchen, E.:* Gott, 78–113. – *Kümmel, W. G.:* Einleitung, § 10,3. – *Lee, E. K.:* St Mark and the Fourth Gospel, NTS 3 (1956/57) 50–58. – *Mohr, T. A.:* Markus- und Johannespassion, AThANT 70, 1982. – *Neirynck, F.:* Jean et les Synoptiques, BETL 49, 1979. – *Noack, B.:* Tradition. – *Schnackenburg, R.:* Kom. I,15–32. – *Schnider, F. – Stenger, W.:* Johannes und die Synoptiker, BiH 9, 1971. – *Schniewind, J.:* Parallelperikopen. – *Sabbe, M.:* The Arrest of Jesus in Jn 18,1–11 and its Relation to the Synoptic Gospels, in: M. de Jonge (Hg.): L' Évangile de Jean, BEThL 44, 1977, 203–234. – *Smith, D. M.:* John and the Synoptics: Some Dimensions of the Problem, NTS 26 (1980) 425–444. – *Solages, Mrg. de:* Jean et les Synoptiques, Leiden 1979. – *Windisch, H.:* Johannes und die Synoptiker, Leipzig 1926.

Lange Zeit hat man den Wert des Joh auf doppelte Weise sichern wollen. Man machte im Gefolge von Irenäus den Zebedäussohn Johannes zum Autor und erklärte die sichtbaren Differenzen zu den Synoptikern damit, daß man E die Synoptiker ergänzen ließ. Auch die Ergänzungsthese geht schon auf die Kirchenväter zurück (Nachweis bei Schnackenburg, Kom. I,15). Wie wenig eindeutig allerdings ein solches Urteil ist, geht schon daraus hervor, daß man denselben Tatbestand auch so deutete, E wolle die Synoptiker überbieten oder gar verdrängen (Windisch). Im übrigen vernachlässigte man dabei überhaupt das Phänomen der gesamten Evangelienproduktion in der alten Kirche. Wie diese vor sich ging, wirft doch auch ein Licht auf Joh! Dasselbe gilt von den Ausführungen des Papias, der zumindest Mt und Mk kannte, aber der mündlichen Überlieferung mehr Autorität zuerkannte. Man wird also davon auszugehen haben: Zur Zeit der Entstehung des Joh galt im allgemeinen noch der Vorrang der Tradition vor den schriftlichen Evangelien. Wer also das Verhältnis Joh und die Synoptiker auf die literarische Frage der Benutzung eingrenzt, hat die historische Wirklichkeit gegen sich.

Doch erweist sich ein Vergleich: hier die Synoptiker, dort das Joh überhaupt als zu grob. Ist denn so sicher, daß E alle drei Synoptiker kannte? Und stellt sich bei Mehrschichtigkeit des Joh nicht die Frage auf jeder der Ebenen neu? Endlich lernte man, die Art möglicher Kenntnis der Synoptiker verschieden aufzufassen: Hat E eines der drei oder alle drei synoptischen Evangelien als literarische Quellen benutzt? Oder ist das Joh in einem Raum entstanden, in dem es noch kein Evangelium gab, wohl aber teilweise traditionsgeschichtliche Kenntnis einzelner auch den Synoptikern bekannter Stoffe (Gardner-Smith, Schniewind, Noack)?

Die letzte These beherrschte etwa seit dem zweiten Weltkrieg zunächst die Diskussion nicht zuletzt, weil zwei große Kommentare sich ihr anschlossen (Bultmann, Dodd). Doch seit gut einem Jahrzehnt mehren sich wieder die Stimmen, die literarischen Synoptikereinfluß für Joh behaupten (Barrett, Neirynck u. a.). Meistens wird diese These verbunden mit literarkritischer Abstinenz bei Joh.

Dieses Hin und Her in der Forschungsgeschichte spiegelt natürlich auch Forschungstrends wider. Doch in jedem Fall gilt: Das Vergleichsmaterial bleibt dasselbe, und auch die Beschreibung des Befundes führt kaum noch zu neuen Erkenntnissen im einzelnen. Wenn die einen dieselben Phänomene traditionsgeschichtlich, die anderen literarisch erklären, dann ist zu fragen, ob es nicht an der

Zeit ist, statt immer wieder dieselben Mücken durchzusieben, beide Deutungsmodelle selbst einer Kritik zu unterziehen. Ein solcher kritischer Vergleich fällt nun eindeutig zugunsten der traditionsgeschichtlichen These aus, weil der Beweis literarischer Abhängigkeit viel schwerer zu führen ist und zu erheblichen Folgeproblemen führt.

Zunächst zu den Schwierigkeiten eines solchen Beweises: Das Joh folgt in keinem Fall einem der Synoptiker so wie z. B. Mt und Lk sich Mk als Basis ihres Werkes bedienen. Es gibt keine fast ganz wörtlichen Parallelen zwischen Joh und den Synoptikern wie zwischen z. B. Mt 3,7–10 und Lk 3,7–9. Warum kommt bei möglicher Benutzung aller drei Synoptiker bei Joh etwas im Vergleich mit z. B. Mk 16,9–20 oder Tatians Diatessaron in der Struktur so Grundverschiedenes heraus? Wie soll man sich die partielle Nähe und zugleich beidseitige Stoffverschiedenheit in Fällen vorstellen wie den Wundern, wobei Joh wenige Wunder mit den Synoptikern parallel bietet, zugleich eigenständige Wundererzählungen besitzt und die meisten synoptischen Wunder übergeht? Andere Stoffbereiche dieser Art sind etwa die Traditionen zum Liebesgebot oder die Leidensankündigungen oder die Täuferstoffe.

Die Folgeprobleme sind nicht weniger gravierend. Wer literarische Abhängigkeit postuliert, muß folgende Phänomene erklären. Warum hat Joh gezielt alle Q-Stoffe (also u. a. die Bergpredigt) praktisch übergangen? Warum fehlt die sog. große Einschaltung aus Lk 9,51–18,14 ganz? Wie kommt es, daß ganze Stoff- und Gattungsbereiche bei Joh ausgefallen sind wie z. B. die mt und lk Kindheitsgeschichten, die Gleichnisreden, die Konfliktfälle wie Mk 2,1–3,6 parr., die Stoffe in Mk 13; Mt 24f.; Lk 17, ja (bis auf den Sonderfall Joh 3,3.5) die ganze Gottesreichspredigt Jesu?

Wer diese vermehrbare Problematik der Annahme literarischer Abhängigkeit sieht und nicht mit guten Antworten beherrschbar machen kann, wird einer traditionsgeschichtlichen Abhängigkeit des jetzigen Joh von den Synoptikern das Wort reden. Wer zudem die Entstehung des Joh durch eine literarkritische These erklärt, wird darüber hinaus die Nähe zu einem oder allen Synoptikern für alle Schichten je einzeln bedenken. Dies versuchen die folgenden kurzen Angaben anzudeuten.

Fragt man zunächst nach dem Verhältnis der SQ zu den Synoptikern, so ergibt sich, daß die Themenfolge eingangs der Quelle, die Akoluthie der Stoffe in Joh 6 und die Abfolge einer galiläischen und judäischen Periode des Lebens Jesu Verwandtschaft mit Mk zeigen.

Diese Verwandtschaft ist offenbar traditionsgeschichtlicher Art. Die SQ zeigt nirgends ein direktes literarisches Abhängigkeitsverhältnis zu einem der Synoptiker (Haenchen). Dies gilt auch dort, wo relativ enge einzelne Formulierungen an Mk erinnern (vgl. Joh 5,8 mit Mk 2,11 Joh 6,7 mit Mk 6,37; Joh 6,20 mit Mk 6,50). Diese geringen engen Einzelbeziehungen können angesichts des gesamten Stoffes der SQ keine Basis für ein Urteil abgeben, die Wunderquelle benutze z. B. Mk direkt.
Der PB wiederum enthält besondere Nähe zu Lk, wie schon oft herausgestellt wurde (vgl. Schniewind und den Kom.). Allerdings gilt dies nicht nur für die Vorlage von E, sondern für viele Traditionen in Joh 12–21 im allgemeinen (Schniewind, Bailey, Schnackenburg, Kom. I,20f.). Es bewährt sich hier die These, die folgendes annimmt: Der joh PB gehört in das Milieu einer vorlukanischen Passionstradition. Aus diesem Bereich hat der joh Gemeindeverband nicht nur seinen PB, sondern darüber hinaus Stoffe, die E und die spätere Redaktion verarbeiten. Dabei ist es gut möglich, daß der joh PB vor seiner Literarisierung unter Quereinfluß der Evangelien gestanden hat (Dauer).
Überblickt man – abgesehen von der SQ und dem PB – die Nähe zu den Synoptikern, so gibt es zwei Erzählungen und vereinzelte wenige Sprüche, die zu beachten sind. Dabei mag es sein, daß die eine oder andere Überlieferung für manche Forscher auch noch dem PB angehörte. Da jedoch solcher Entscheid, im Kommentar vorgetragen, in der bisherigen Diskussion umstritten ist, sei hier mit Tradition gerechnet. Die beiden Erzählungen liegen in Joh 2,13–17 und 12,1–11 vor (vgl. zu ihnen Mk 11,15–17 parr.; 14,3–9 parr.). Als den Synoptikern verwandte Sprüche seien angeführt: Joh 2,19 (vgl. Mk 14,58 par.); 3,3.5 (vgl. Mk 10,15 parr.); 3,35 (vgl. Mt 11,27 par.); 4,44 (vgl. Mk 6,4 parr.); 12,25f. (vgl. Mk 8,34f. parr.); 13,16; 15,20 (vgl. Mt 10,24 par.); 13,20 (vgl. Lk 10,16; Mt 10,40); 16,23 (vgl. Mt 7,7 par.); 16,32 (vgl. Mk 14,27). Allen diesen Stellen ist gemeinsam: Die teilweise Nähe zu den Synoptikern ist gekoppelt mit großer Freiheit in der Wiedergabe und Deutung. Sie haben auch durchweg im Joh einen anderen kontextuellen Ort als bei den Synoptikern. Weder einzeln noch zusammen reichen sie aus, ein direktes literarisches Abhängigkeitsverhältnis zu einem der Synoptikern zu begründen, zumal es sich im ganzen um Randphänomene im Joh handelt. Besonders deutlich zeigen die Sprüche, wie die Reden des Joh durch ganz andere Traditionen und Aussagen bestimmt sind. Die beste Analogie zu diesem Sachverhalt ist zweifelsfrei die paulinische Mahnung:

Begegnen hier ab und an Herrenworte, so sind sie weder Zitat aus einer Quelle noch für den Gesamtcharakter der Abschnitte typisch. Vielmehr ist damit zu rechnen, daß mündlich umlaufende Herrenworttradition anklingt. So wird also die joh Tradition im geringen Maße aus den Synoptikern bekanntes Gut als mündliche Einzelüberlieferung aus einem breiten Strom von Jesustradition gekannt haben. Diese Kenntnis beschränkt sich übrigens nicht nur auf E und seine Quellen, sondern auch auf die Redaktion (vgl. 16,23.32).

So ergibt sich als Gesamtthese: Der joh Gemeindeverband besitzt offenkundig auf keiner theologiegeschichtlichen Stufe auch nur eines der synoptischen Evangelien. Das vierte Evangelium auf allen Ebenen ist nicht geschaffen, die Synoptiker zu ergänzen oder zu verdrängen. Seine Quellen und es selbst samt seiner Redaktion sind unabhängig von den ersten drei Evangelien konzipiert. Dabei zeigen jedoch die beiden Quellen traditionsgeschichtlich besondere Affinität, sei es zu Mk (so die SQ), sei es zu Lk (so der PB).

e) Das Joh als Evangelium

Literaturauswahl: Culpepper, R. A.: Anatomy. – *Dormeyer, D. – H. Frankemölle:* Evangelium als literarische Gattung und theologischer Begriff, ANRW II 25.2, 1984, 1543–1704. – *Ders.:* Evangelium als literarische und theologische Gattung, EdF 263, 1989. – *Hahn, F. (Hg.):* Der Erzähler des Evangeliums, SBS 118/119, 1985. – *Vorster, W. S.:* Der Ort der Gattung Evangelium in der Literaturgeschichte, VuF 29 (1984), 2–25.

Evangelium ist ursprünglich kein Begriff für eine Textsorte, sondern bezeichnet im Rahmen der mündlichen Tradition primär das Geschehen der Wortverkündigung, durch das Gott die Gemeinde unter die Gnade Christi ruft (vgl. Röm 1,2.16f.; Gal 1,6–9; 1 Thess 1,4f. + 9f.). Evangelium ist dabei seinem Inhalt nach Auslegung des Heilshandelns Gottes in Christus. Darum kann die bekenntnishaft zusammengefaßte Heilsbotschaft Jesu Christi auch selbst Evangelium heißen (vgl. Röm 1,1 + 1,3f.; 1 Kor 15,2 + 15,3f.; Gal 1,6f. + 1,1b.4a). Dieser Sprachgebrauch ist in jedem Fall für das syrisch-antiochenische Christentum sowie für Paulus und seine Missionsgründungen typisch. Mk, der erste Evangelist, entstammt wahrscheinlich diesem syrischen Christentum und führt in der nachpaulinischen Zeit den Begriff in die synoptische Tradition ein, also in die Überlieferung der Worte und Taten Jesu (vgl. etwa Mk 1,14f.; 8,35; 10,29; 13,10). Dem Begriff eignet dabei noch nahezu durchweg der Charakter der mündlichen Verkündigung. Nur eventuell in Mk 1,1; 14,9 ist die These diskutabel, ob das literarische Werk des Mk selbst Evangelium genannt ist. Wie neu dieser markinische Sprachgebrauch ist, zeigen Mt und Lk als Seitenreferenten des Mk. Mt übernimmt nur in reduzierter Form den Begriff, und Lk gibt ihm im Evangelium keinen Platz. Mk jedoch wird durch sein Werk zum Schöpfer der einzigen urchristlichen Textsorte, die beanspruchen darf, bei partiellen Analogien neu zu sein. Im Blick auf diese Textsorte und ihre Typik erhält er Gefolgschaft von Mt und Lk.

Auch das Joh benutzt den Begriff Evangelium sowie den ganzen Wortstamm (Ausnahme: 16,25 KR) nicht. Da auch 1–3 Joh den Begriff Evangelium nicht verwenden, darf man vermuten, daß er den joh Gemeinden nicht geläufig war. Vielleicht zeigen 1 Joh 1,2f.; 2,25, daß anstelle von Evangelium für die Zusammenfassung der Wortverkündigung *epangelia* verwendet wurde und in verbaler Formulierung auch *apangellein.* Allerdings gibt es dafür nur diese wenigen Belege.

Dennoch hat es guten Grund, mit der späteren kirchlichen Überlieferung auch das vierte Evangelium ein Evangelium zu nennen, und zwar seiner Textsorte nach. Seine typische Formgebung entspricht den anderen Evangelien, ist also insofern ein Nachfahre des Mk. Alle vier Evangelien beginnen – von Vorgeschichten und Prologen abgesehen – mit Johannes dem Täufer, differenzieren zwischen galiläischem und judäischem Auftreten Jesu, geben dem ganzen öffentlichen Auftreten Jesu ein Itinerar und ordnen den Stoff dabei teils nach sachlichen, teils nach chronologischen Gesichtspunkten. Bei primär kerygmatischer Ausrichtung haben sie alle nebenbei auch ein geschichtlich-biographisches Interesse. Von Anfang an werden Tod und Auferstehung Jesu in der Darstellung vorbereitet und alles zielt ab auf die letzten Jerusalemer Tage Jesu, wie sie im PB festgehalten werden. Das Evangelium wird abgeschlossen mit dem Auferstehungszeugnis. Selbst die Abschiedsreden Jesu im Joh haben in Lk 22 eine formgeschichtliche Parallele.

E hat die Textsorte Evangelium insofern selbständig gestaltet, als im Joh noch über Mt hinaus die Reden den Hauptakzent tragen, erstmals in einem Evangelium programmatisch zum Einstieg ein Hymnus verwendet wird (1,1–18), die Zäsur zwischen öffentlichem Auftreten Jesu und Jüngerbelehrung abseits der Öffentlichkeit (vgl. Joh 12f.) scharf herausgestellt und am Schluß der Zweck

des Evangeliums deutlich ausformuliert ist (20,30f.). Vor allem aber hat E in einer ungeheuren Konzentration seine gesamte Darstellung in der endzeitlichen Gegenwart des Gesandten, der sich selbst und damit den Vater kundtut, fluchten lassen. So erhält das vierte Evangelium eine Dichte und Geschlossenheit, die die Synoptiker noch nicht kennen. Zu erwähnen ist darüber hinaus, daß kein Evangelium sonst so entschieden die irdische Wirklichkeit Jesu vom Status des Erhöhten her zeichnet. Dazu paßt auf der anderen Seite, daß die irdische Wirklichkeit im Vergleich zu den Synoptikern mit viel mehr Freiheit gestaltet wird: Ganz allgemein geht E mit Szenen sehr sorglos um (Beispiele Joh 3; 8; 12). Jesus muß auch entgegen der synoptischen Typik mehrfach zwischen Jerusalem und Galiläa hin- und herwandern. Dies fällt um so mehr auf, als die SQ für E noch den Ablauf: erst Galiläa, dann Judäa und Jerusalem parat hatte. Ebenso springt in die Augen, daß E z. B. die Tempelreinigung – bei den Synoptikern eingangs der Passion lokalisiert – schon in 2,13ff. bringt.
Woher kennt E die Textsorte Evangelium? Wenn er keines der synoptischen Evangelien unmittelbar benutzt hat, muß man davon ausgehen, daß E, durch seine Vorlagen SQ und PB bestimmt, die Textsorte nochmals im Rahmen des joh Traditionskreises konstituierte. Er war also ein zweiter Mk. Dies ist E darum zuzutrauen, weil er auch sonst ein herausragender Theologe und literarischer Gestalter ist. Durch die sich von allein anbietende Nacheinanderschaltung von SQ und PB waren im übrigen die Grundelemente der Textsorte gegeben.

3. Die geschichtliche Situation

a) Joh Schule und Gemeindeverband

Literaturauswahl: Becker, J.: Joh 3,1–21 als Reflex johanneischer Schuldiskussion, in: Das Wort und die Wörter (FS G. Friedrich), Stuttgart 1973, 85–95. – *Berger, K.:* Exegese des Neuen Testaments, UTB 658 ([2]1984) 226–234. – *Bousset, W.:* Jüdisch-christlicher Schulbetrieb in Alexandria und Rom, FRLANT 6, 1915. – *Brown, R. E.:* Kom. XXXIV–XXXIX. – *Ders.:* Johannine Ecclesiology – the Community's Origin, Int 31 (1977) 379–393. – *Ders.:* »Other Sheep not of this Fold«: The Johannine Perspective on Christian Diversity in the late First Century, JBL 97 (1978) 5–22. – *Conzelmann, H.:* Paulus und die Weisheit, in: *Ders.:* Theologie als Schriftauslegung, BEvTh 65, 1974, 167–176. – *Cullmann, O.:* Kreis. – *Culpepper, R. A.:* School. – *Fiorenza, E. S.:* The Quest for the Johannine

School: The Apocalypse and the Fourth Gospel, NTS 23 (1976/77) 402–427. – *Heitmüller, W.:* Zur Johannes-Tradition, ZNW 15 (1914) 189–209. – *Jansen, H. L.:* Die spätjüdische Psalmdichtung, ihr Entstehungskreis und ihr »Sitz im Leben«, SNVAO.NF 3, 1937. – *Käsemann, E.:* Wille. – *Kretschmar, G.:* Christlicher Gnostizismus, RGG³ II, 1656–1661. – *Lebram, J.:* Die Theologie der späteren Chokma und häretisches Judentum, ZAW 77 (1965) 202–211. – *Ludwig, H.:* Der Verfasser des Kolosserbriefes. Ein Schüler des Paulus, Diss. theol. Göttingen, 1974. – *Martyn, J. L.:* Glimpses into the History of the Johannine Community, in: M. de Jonge (Hg.): L'Évangile, 149–175. – *Meeks, W. A.:* The Man from Heaven in Johannine Sectarianism, JBL 91 (1972) 44–72; deutsch: *Ders. (Hg.):* Zur Soziologie des Urchristentums, ThB 62, 1975, 245–283. – *Rau, E.:* Kosmologie, Eschatologie und die Lehrautorität Henochs, Diss. theol. Hamburg, 1974. – *Richter, G.:* Studien. – *Rudolph, K.:* Die Gnosis, Göttingen ²1986, 219–348. – *Schweizer, E.:* Matthäus und seine Gemeinde, SBS 71, 1974. – *Scroggs, R.:* The Earliest Christian Communities as Sectarian Movement, in: J. Neusner (Hg.): Christianity, Judaism and other Greco-Roman Cults (FS M. Smith), Leiden 1975, 1–23. – *Smith, D. M.:* Johannine Christianity: Some Reflections on its Charakter and Delineation, NTS 21 (1974/75) 222–248. – *Stendahl, K.:* The School of St. Matthew and its Use of the Old Testament, Lund 1954. – *Taeger, J.-W.:* Der konservative Rebell, ZNW 78 (1987) 267–287.

Die Ausführungen im voranstehenden Abschnitt führen zur Frage, wem sich die Produktion der joh Literatur und die dahinter stehende Traditionsbildung verdankt. Mit Recht hat dabei die These breite Resonanz gefunden, die joh Literatur entstamme einer Schule mit Traditions- und Lehrbetrieb. Diese Annahme reicht bis ins 19. Jahrhundert zurück (vgl. Culpepper, 5–53). Nachdem sie dann vor allem eingangs unseres Jahrhunderts (Heitmüller, Bousset) begründet wurde, hat sie erst wieder in den letzten Jahren breite Beachtung und Zustimmung erfahren. In der Tat erklärt die Hypothese, hinter der joh Literatur stehe, soziologisch gesehen, eine Schule und diese wiederum sei eingebettet in den Zusammenhang des relativ selbständigen joh Gemeindeverbandes, die allgemeine geschichtliche Situation am besten. Ein Gemeindeverband, der wie der joh im Vergleich mit dem Jesusgut der Synoptiker eine eigene Jesustradition besaß, der im Vergleich eine eigene Theologie vertritt, wie sie besonders im joh Dualismus, der Christologie, Eschatologie und Ekklesiologie erkennbar ist, und der kirchenorganisatorisch im Rahmen des Urchristentums ein erkennbares abgegrenztes Eigenleben führte, bedurfte zweifelsfrei eines besonderen Traditions- und Lehrbetriebes, um existieren zu können. Eine Gruppe von Gemeinden kann dies nicht insgesamt leisten.

Dazu war ein spezieller »Theologenstand« notwendig. E – wie alle, die an der joh Literatur mitwirkten (mündliche Tradition, literarische Produktion und Redaktion) – gehörte dieser Schule an. Sie ist das soziologische Kontinuum für die theologische Entwicklung. Ihr verdanken die Gemeinden den joh Kanon.

Für solche Schulbildungen gibt es zahlreiche Analogien. Innerhalb des Urchristentums kann man zumindest eine paulinische (Conzelmann, Ludwig) und eine matthäische (Stendahl, Schweizer) Schule gut erkennen. Auch dürfen z. B. Antiochia, Ephesus (Paulusschule), Alexandria und Rom (vgl. Bousset) als Zentren urchristlicher Schulbildung gelten. Schulbildungen kennt darüber hinaus das Altertum überhaupt: Die deuteronomistische Schule, Prophetenschulen, Weisheitsschulden (Jansen, Lebram) und apokalyptische Kreise (Rau), die Essener, das Haus des Hillel und die Schule Philos (Culpepper), Philosophenschulen und gnostische Schulen (Kretschmar, Rudolph) lassen sich namhaft machen. Eine soziologische Typologie dieser Schulen führt zu dem Ergebnis, daß sich die joh Schule darin gut einordnen läßt (Culpepper).

Ebenso wichtig ist es, die Tragfähigkeit der These am joh Textbestand selbst zu begründen (Becker, Reflex; Meeks, Man; Culpepper). Dazu seien aus der Diskussion wenigstens einige Beobachtungen gesammelt. Voraussetzung ist dabei die unbestrittene Tatsache eigener abgrenzbarer Geschichte und Theologie des Gemeindeverbandes und die Aufstellung eines eigenen autoritativen Kanons. Dies markiert die Eigenständigkeit im Rahmen des Christentums. Deutlich darüber hinaus ist die harte Abgrenzung zum Judentum mit den Zügen aktueller, geschichtlich unvertauschbarer Feindschaft (Joh 8,30–59; 9,22f.; 12,42f.; 15,18–16,4). So lebt man relativ abgegrenzt und kontaktarm dem Christentum gegenüber und zugleich in Antistellung zum Judentum. Man hat eine eigene Sprache, die sich von den Synoptikern und Paulus ebenso abhebt wie von der sonstigen urchristlichen Literatur. Dieser Gemeindeverband lebt im Innenverhältnis theologisch von seiner Schule und ihrer geistigen Führung.

Für die Geschichte von Schulen ist das Lernen, Schreiben und Lehren typisch, wobei die Traditionspflege (schriftlich und mündlich) sowie die lebendige weitere Ausgestaltung der Tradition kennzeichnend sind. Ausgangstraditionen werden nicht scholastisch bewahrt, sondern mit großer, durchaus auch kontroverser Variabilität weiterentwickelt. Eben dies zeigt auch das Joh: E verarbeitet Traditionen und prägt ihnen den Stempel seiner Theologie auf. Die Mitbrüder der Schule machen dasselbe mit dem Werk von

E. So ist das Joh ein zu Literatur gewordener Dialog innerhalb der joh Schule, der sich über Jahrzehnte hinzog. Elemente solchen Schuldialogs kann man noch in den literarischen Dialogen des Joh erkennen (vgl. Joh 3; 14; dazu Becker, Reflex).

Typisch für eine Schule sind herausragende Bezugspersonen wie z. B. wirkliche oder fiktive Gründer oder geistige Väter. Hier hat zweifelsfrei die Gestalt des Lieblingsjüngers ihren Platz (vgl. unter 3d). Auch E wird ein herausragender Lehrer der Schule gewesen sein.

Eine Schule hat eine sie legitimierende Theorie. Elemente solcher Theoriebildung finden sich im Joh: Einmal wird der Lieblingsjünger in die unmittelbare Nähe Jesu gerückt. Dadurch wird besondere Autorität ausgedrückt. Zum anderen beschreiben die Aufgaben des Parakleten (Joh 14,16f.26) diese Theorie. Der Jüngerkreis ist aufgrund des Parakleten im ständigen Besitz der Wahrheit und der Anwesenheit des göttlichen Geistes. Dieser ist Lehrer, der den erhöhten Herrn auf Erden vertritt. Er lehrt durch Erinnerung an Jesus, hält also die Jesustradition lebendig. Da Geist und Jesus in einer Art Identitätsverhältnis stehen (14,16–24), kann man in der Schule im Ich-Stil Jesu, also im Stil der Offenbarungsreden sprechen. Dabei fällt auf, daß dem Geist nie wie in Korinth (1 Kor 12–14) ekstastische Phänomene zugeordnet sind. Er ist vielmehr interpretiert auf Verbalisation und Weitergabe von Tradition hin. Auch Joh 2,22 zeigt, wie Schriftauslegung und Jesustradition Aufgaben der Schule sind.

Im einzelnen ließe sich darüber hinaus noch vieles benennen, was die Theorie einer Schule im joh Gemeindeverband stützt (vgl. ausführlicher Becker, Culpepper, Meeks, Rudolph). Hier mögen diese Ausführungen ausreichen, um die These als Arbeitsmittel zur Aufhellung exegetischer Probleme im Joh eingeführt zu haben. Dabei sollte die Aufhellung von Schichtung im joh und die These der joh Schule immer zusammengesehen werden, denn beide gemeinsam sind Ausdruck derselben Wirklichkeit, die sich in der joh Literatur ein geschichtliches Denkmal gesetzt hat.

b) Die Schriften der joh Gemeinden

Literaturauswahl: Bergmeier, R.: Zum Verfasserproblem des II. und III. Johannesbriefes, ZNW 57 (1966) 93–100. – *Bonsack, B.:* Der Presbyteros des dritten Briefes und der geliebte Jünger des Evangeliums nach Johannes, ZNW 79 (1988) 45–62. – *Conzelmann, H.:* »Was von Anfang war«, in:

Ders.: Theologie als Schriftauslegung (BEvTh 65), 1974, 207–214. – *Klein, G.:* »Das wahre Licht scheint schon«. Beobachtungen zur Zeit- und Geschichtsauffassung einer urchristlichen Schule, ZThK 68 (1971) 261–326. – *Müller, U. B.:* Die Offenbarung des Johannes, ÖTK 19, 1984. – *Schnelle, U.:* Christologie. – *Strecker, G.:* Die Anfänge der johanneischen Schule, NTS 32 (1986) 31–47. – *Ders.:* Die Johannesbriefe, KEK 14, 1989. – *Taeger, J.-W.:* Der konservative Rebell, ZNW 78 (1987) 267–287. – *Ders.:* Johannesapokalypse. – *Thyen, H.:* Johannesbriefe, TRE 17 (1988) 186–200. – *Vouga, F.:* Die Johannesbriefe, HNT 15/III, 1990. – *Wengst, K.:* Der erste, zweite und dritte Brief des Johannes, ÖTK 16, 1978. – *Ders.:* Gemeinde.

Es wird heute kaum noch bestritten, daß der joh Gemeindeverband eine Geschichte erlebte, deren Konturen zumindest in Umrissen noch erkennbar ist. Dabei verfährt man in den überwiegenden Fällen so, daß man das Joh mit seiner Vorgeschichte an den Anfang stellt und sich dann den 3 Johannesbriefen in der kanonischen Reihenfolge zuwendet. Diese Reihenfolge und Quellenbegrenzung gibt guten Sinn und ist auch in diesem Kommentar vorausgesetzt. Allerdings ist dieser Entscheid nicht unbestritten. So ist die Frage, was mit der Offb geschehen soll, und es ist zu erörtern, ob die Abfolge Joh; 1 Joh; 2/3 Joh historisch zutrifft.

Seit Irenäus das vierte Evangelium, die Briefe und die Offb dem Apostel und Zebedäussohn Johannes zuschrieb (Adversus Haereses I 16,3; III 16,5.8), ist diese Annahme zwar auch schon vor der Aufklärung hier und da bestritten worden, aber erst die aufkommende historische Kritik hat aufgrund der Beobachtungen zu den unterschiedlichen theologischen Anschauungen im Joh und in der Offb der Erkenntnis Bahn gebrochen, daß eine gleiche Autorschaft nicht mehr sinnvoll vertreten werden könne. Doch kann der Standpunkt des Irenäus mit anderen Mitteln in modifizierter Weise aufrechterhalten werden: Man läßt die Offb aus demselben joh Kreis kommen, dem die anderen joh Schriften zugeordnet werden (Bousset; Dibelius; Lohmeyer; F.-M. Braun; Barrett; Prigent; Böcher; S. Schulz u. a. Einzelnachweis bei: Taeger, 2–20). Insbesondere zeigen differenzierte traditionsgeschichtliche Untersuchungen etwa zur Lebenswasser-Thematik, daß Zusammenhänge zwischen Joh und Offb nicht einfach geleugnet werden können (Taeger). Ob sie allerdings ausreichen, die Offb zur joh Schule zu rechnen (so auch Taeger), wird man hinterfragen können: Sprache, Weltbild, Christologie und Gemeindeverfaßtheit (vgl. Müller, Offenbarung 46–61) sind zwischen den joh Schriften im engeren Sinn und der Offb – gerade auch, wenn man für Einzelbereiche Konvergenzen zugesteht – so unterschieden, daß man die nicht zu leugnenden Verbindungen viel angemessener auf der Basis getrennter Gemeindebereiche erklärt. Die Beobachtungen an der Offb gehören zu einem Kapitel über die Einflüsse joh Sprach- und Denkweise auf andere Gemeinden, dürfen jedoch nicht vorschnell so erklärt werden, daß man bei Annahme breitgestreuter theologischer Positionen innerhalb der joh Schule auch die Offb zu diesem Kreis hinzurechnet.

In der Johannesforschung ist schon fast alles bestritten worden, um das Gegenteil zu behaupten. Eine der wenigen ehrwürdigen und nur ganz selten bestrittenen Überzeugungen der Exegeten ist dabei die Annahme, die Abfolge der joh Schriften entspräche der im Kanon enthaltenen Reihung. Natürlich weiß jeder, daß die Abfolge im Kanon aus ganz anderen Gründen zustande kam, nämlich so, daß das 4. Evangelium bei den drei anderen Evangelien zur Kanoneröffnung stehen mußte, daß die drei Briefe mit anderen Briefen zusammen nur den Paulusbriefen nachfolgen konnten und nach ihrer Länge geordnet wurden. Jedoch entnahm man meistens dem inneren Zeugnis dieser Schriften, daß die kanonische Reihenfolge zufällig und ungewollt auch die historische sein muß.

Dieser erfreuliche Konsens der Forschung ist neuerdings wieder bestritten worden, indem man einer Abfolge 2 Joh; 3 Joh, 1 Joh und Joh das Wort redet (Strecker, Schnelle). Daß diese Umkehrung erhebliche Konsequenzen für die Skizzierung einer Geschichte des joh Gemeindeverbandes nach sich ziehen muß, liegt auf Hand. Aber die Annahme ist ein Gewaltstreich, dem einfach zu parieren ist. Das Joh läßt sich nicht als Nachhall einer antidoketischen Diskussion verstehen, wie sie im 1 Joh geführt wird (vgl. Exkurs 15). Wenn Anfang und Ende des 1 Joh Anfang und Ende des Joh interpretierend aufgreifen (vgl. 1 Joh 1,1f. mit Joh 1,1.4.14 und 1 Joh 5,13 mit Joh 20,30f.), dann kann das nicht nur als Benutzung gemeinsamer Tradition verstanden (so Strecker), sondern muß als Nachahmung und bewußter Rekurs auf den literarischen Text des Joh gedeutet werden. Ebenso sollte es dabei bleiben, daß die Geistaussagen aus der joh Schule in Joh 14,16.26 durch die Parakletaussagen gedeutet werden und dieses Stadium der Entwicklung in 1 Joh 20,20f.25f. nochmals interpretiert wird. Auch eine Stelle wie 1 Joh 3,14 fußt auf einem von E (Joh 5,24) neu formulierten Satz (weitere Beispiele bei Vouga). Insgesamt bewährt sich auch sonst diejenige Sicht der Dinge, die im 1 Joh eine theologiegeschichtliche Weiterentwicklung des Joh sieht (Conzelmann; Klein; Wengst; Taeger u. a.), wobei man offenlassen muß, inwieweit der 1 Joh schon in vollständiger Form das Joh vorliegen

hatte. Es ist sicherer zu vermuten, der Verfasser des 1 Joh habe das Werk von E in einem Stadium vorgefunden, als es gerade sukzessive erweitert wurde, dieser Prozeß aber noch nicht abgeschlossen war. So ist es gut denkbar, daß z. B. Joh 21 (mit den dazu gehörenden Stücken) noch nicht an Joh 20,30f. angefügt war, weil der Verfasser des 1 Joh offenkundig in 1 Joh 5,13 den Abschluß seines Joh aufgriff (auch 1 Joh 5,14–21 sind Nachtrag, vgl. Wengst z.St.).
Auch für die Abfolge: erst 1 Joh, danach 2 Joh gibt es nach wie vor gute Gründe (Wengst; Bergmeier; anders freilich Thyen 187f.): Wer zudem 2 Joh 7 nicht wie üblich als Nachhall des christologischen Streites aus dem 1 Joh erklärt, muß den Vorteil der inneren Evidenz solcher Deutung aus der Theologiegeschichte der joh Gemeinden aufgeben und einen hohen Preis zahlen, nämlich eine eigenständige Polemik mit einem ganz anderen »Thema« in den Text hineinlegen (so Strecker). So muß es dabei bleiben: Die klassische Reihenfolge Joh; 1 Joh; 2/3 Joh ist die gut begründete. Auf ihr fußt auch dieser Kommentar.

c) Zur Geschichte der joh Gemeinden

Literaturauswahl: Vgl. die Lit. zu 3a und 3b. *Barrett, C. K.:* Johannesevangelium. – *Becker, J.:* Beobachtungen zum Dualismus im Johannesevangelium, ZNW 65 (1974) 71–87. – *Berger, K.:* Einführung in die Formgeschichte, UTB 1444, 1987, 188–184. – *Brown, R. E.:* Ringen. – *Horbury, W.:* The Benediction of the Minim and Early Jewish-Christian Controversy, JThSt 33 (1982) 19–61. – *Käsemann, E.:* Versuche Bd. 1, 168–187. – *Klauck, H.-J.:* Gemeinde · Amt · Sakrament, Würzburg 1989, 195–222. – *Klein, G.:* »Das wahre Licht scheint schon«, ZThK 68 (1971) 261–326. – *Müller, U. B.:* Geschichte. – *Renner, G. L.:* The Life-World of Johannine Community, Ann Arbor 1985. – *Richter, G.:* Studien. – *Schäfer, P.:* Studien zur Geschichte und Theologie des rabbinischen Judentums, AGA JU 15, 1978, 45–64. – *Schnackenburg, R.:* Kom. I, 138–153. – *Schrage, W.:* Art. *aposynagogos,* ThW NT VIII, 845–850. – *Thyen, H.:* Entwicklungen innerhalb der johanneischen Theologie und Kirche im Spiegel von Joh 21 und der Lieblingsjüngertexte des Evangeliums, in: Jonge, M. de: »L'Évangile, 259–300. – *Wagner, J.:* Auferstehung, 457–462. – *Wengst, K.:* Gemeinde. – *Wiefel, W.:* Die Scheidung von Gemeinde und Welt im Johannesevangelium, ThZ 35 (1979) 212–227. – *Wilson, B.:* A Typology of Sects, London 1969.

Die joh Gemeinden und ihre Schule haben zweifelsfrei eine längere

Geschichte erlebt, die – je nach Einschätzung der joh Literatur – über zwei bis drei Generationen in groben Zügen nachgezeichnet werden kann. Dies bezeugen die theologiegeschichtlichen Entwicklungen vom Joh zum 1Joh und den beiden kleinen Briefen. Dies zeigt sich auch, wenn man das Joh nicht nur flächig liest, sondern auf seinen literarischen und traditionsgeschichtlichen Hintergrund achtet. Das Selbstbewußtsein der joh Gemeinden bestätigt diese Sicht: Es weiß von seinem Anfang, der zurückliegt (1 Joh 1,1f.; Joh 2,22; 7,39) von einem theologischen Erkenntnisfortschritt seit Ostern (Joh 2,22; 16,13) und um die Notwendigkeit stetiger Traditionsbewahrung (14,26).
Allerdings sind geschichtliche Daten, die den Orientierungsrahmen für eine Geschichte und Theologiegeschichte der joh Gemeinden abgeben könnten, nicht gerade zahlreich. Es macht im ganzen weniger Mühe, eine relative Abfolge theologiegeschichtlicher Beobachtungen zu rekonstruieren, als konkret geschichtliche Fakten aufzuspüren. Das liegt nicht zuletzt an den Quellen selbst. Sie sind nicht geschrieben, um für die Nachwelt einen Einblick in die Geschichte der Gemeinde zu dokumentieren. Sie geben vielmehr nur nebenbei und indirekt dafür etwas kund. Immer ist dabei der Sprung von der literarischen Welt in die Historie mit Hypothetik belastet, mag diese im günstigsten Fall auch gut zu kalkulieren sein. Wer die erzählte literarische Welt und die erlebte Geschichte unterscheidet, wird z. B. kaum (mit Brown) die Erzählfolge aus Joh 1–4 recht unmittelbar als Widerhall der Frühgeschichte des joh Kreises deuten, zumal hier die jetzt vorliegende Textebene nicht flächig gelesen werden kann, sondern mehrschichtig ist. Aber er wird dennoch auf Textsignale achten, die als indirekte Reflexe aus der Geschichte verstanden werden können.
Natürlich liegt, aufs ganze gesehen, auf der Geschichte der joh Gemeinden für den heutigen Historiker ein recht dichter und dunkler Schleier. Dieser Tatbestand ist nicht besonders auffällig, begegnet vielmehr innerhalb des Urchristentums dem Exegeten sehr häufig. Nur ganz selten kennen wir Einzelereignisse von Gemeinden oder ganzen Kirchenprovinzen aus der Frühzeit des Christentums. Selbst urchristliche Zentren wie Jerusalem, Antiochia, Ephesus, Korinth oder Rom – alles klangvolle Namen für die Anfänge des Christentums – lassen es nur bedingt und punktuell zu, daß über sie eine Geschichte ihrer christlichen Gemeinden geschrieben wird. Bei Licht besehen, kann sich die – freilich geringe – Kenntnis der Geschichte der joh Gemeinden sehr wohl daneben sehen lassen. Was wissen wir also von ihr?

Da sind zunächst die Anfänge dieser Gemeinden. Jedenfalls muß zumindest ein wesentlicher Teil des joh Christentums ursprunghaft mit der Täufergemeinde zusammenhängen. Dies läßt sich aufgrund einer Doppelbeobachtung annehmen: In keinem der Evangelien wird die Konkurrenzsituation zwischen Jesus und seinem Anhang einerseits und dem Täufer und seinen Jüngern andererseits so stark hervorgehoben wie im Joh (vgl. nur Joh 1,8.20–23; 3,28; 10,41f.). Im Aufbau der SQ (vgl. Exkurs 1) sind die beiden Eingangsteile und partiell der Schluß von dieser Spannung bestimmt. E hat nichts Eiligeres zu tun, als den Täufer sofort im Prolog so einzubauen (vgl. die Auslegung zu Joh 1,1–18), daß er auf eine ganz bestimmte, dem Christentum dienende Zeugenfunktion polemisch begrenzt wird. Dieser Grundzug der Konkurrenz bei der Deutung des Täufers ist nun praktisch immer mit einem Zwillingsaspekt verbunden: Der Täufer wird in positiver Weise – und zugespitzter als bei den Synoptikern – vorangehender Zeuge für Jesus (Joh 1,7.15.23.26f.29–34; 3,29f.). Er ist der einzige und wahre »vorchristliche« Zeuge für Jesus eingangs des Evangeliums, so wie es, mit der Passion beginnend, der Lieblingsjünger als herausragender christlicher Zeuge für Jesu Rückkehr zum Vater und für Jesu bleibende Bedeutung für die Gemeinde ist (vgl. Exkurs 9).

Innerhalb dieser ihm zugewiesenen positiven Aufgabe sind drei Einzelbeobachtungen von besonderem Gewicht: Der Täufer läßt es erstens zu, daß von seinem Anhang Jünger zu Jesus gehen (Joh 1,19ff.) – ein ganz singulärer Zug im Blick auf die synoptischen Jüngerberufungen. Ja, er kann zweitens den Zulauf, den Jesus hat, ausdrücklich gutheißen: »Jener muß wachsen, ich jedoch abnehmen« (3,30). Drittens wird geschildert, wie das jüdische Volk ausdrücklich zwischen Johannes und Jesus vergleicht und wählt (10,41f.). Dieses Syndrom joh Besonderheiten läßt sich wohl doch relativ gut in eine historische These umsetzen: Zumindest eine der Wurzeln der joh Gemeinden führt in die Täuferkreise, wie sie sich nach dem Tod des Täufers sammelten. So wie sich nach 1 Joh 2,19 eine joh Gruppe aus dem joh Gemeindeverband löste, entstand der joh Kreis offenbar (u. a.) durch eine Abwanderung aus den Täufergemeinden. Darum ist auch insbesondere die erste Phase der joh Gemeindegeschichte durch die Abgrenzung und Konkurrenz zu den Täufergemeinden bestimmt, die nicht einfach einem glatten Konfrontationskurs huldigt, sondern »ja, aber« sagt, nämlich die betonte Konkurrenz mit einer begrenzten Hochschätzung des Täufers verbindet. Für diese These gibt es eine Gegenprobe. Die KR und die Johannesbriefe interessieren sich für die Täuferproble-

matik nicht mehr. Das Thema ist offenbar nicht mehr aktuell und wird von neuen, nun wichtigen Themen zurückgedrängt.
Wahrscheinlich ist damit auch etwas über die geographische Lage dieser ersten joh Gemeinde(n) gesagt. Die Orte, an denen nach der SQ auf der literarischen Ebene Positives geschieht (vgl. Exkurs 1), liegen in Samaria, dem Jordantal und in Perea, also am östlichen und nördlichen Rand von Judäa. Das ist wiederum im Blick auf die Synoptiker ungewöhnlich, zumal die joh Gemeinden noch darum wissen, daß sie in Samaria schon Anfänge christlicher Mission vorfanden (vgl. zu Joh 4,39–42), wohl solche des Stephanuskreises, also der Hellenisten. Daraus kann man kombinieren: Das joh Christentum hatte seine Anfänge in synagogal gebundener, also judenchristlicher Mission, die in etwa parallel zur Mission der Hellenisten geschieht. Es ist eine Mission am Rande Palästinas. Nimmt man die SQ und den Logoshymnus als Zeugen, die in etwa die theologische Hauptlinie dieser Mission kennzeichnen, dann ist es eine hellenistisch-judenchristliche Mission. Sie ist nicht heidenchristlich und weltweit orientiert wie vor allem die paulinische (vom Heidenchristentum ist erst in einer späteren Schicht in Joh 10,16; 11,51f.; 17,20f. gesprochen), sondern synagogal eingebunden und zugleich randständig gegenüber dem offiziellen Judentum, das man insbesondere auch für Jesu Tod verantwortlich macht (PB, vgl. Exkurs 13) und mit dem man Gesetzesproblematik ausficht (Joh 5; 9 im Grundbestand nach der SQ).
Freilich, dieses Wissen um den eigenen Ursprung ist jetzt von einem anderen, wie ein Trauma aufgearbeitetem Ereignis überdeckt, dem Synagogenausschluß, von dem Joh 9,22; 12,42; 16,2 sprechen. Mit ihm ist gemeint, daß die joh Gemeinden als Häretiker aus dem Judentum ausgeschlossen wurden. Dieser Vorgang wird mit Recht allgemein mit der »Verfluchung der Häretiker« (*Birkath ha-Minim)* in Beziehung gebracht. Sie ist ein durch Rabbi Gamaliel II zwischen 80 und 90 n. Chr. in das Achtzehngebet des Judentums aufgenommener zusätzlicher Abschnitt (Schrage, Schäfer, Horbury). Mit seiner Einfügung in das Gebet der Synagoge ist die Endphase erreicht, in der die christlichen Gruppen aus der Synagoge herausgedrängt wurden. Sicherlich galt diese Erweiterung des Achtzehngebetes nicht nur den synagogal gebundenen judenchristlichen Gruppen, war es doch eine Maßnahme, die überhaupt dem frührabbinischen Judentum helfen sollte, zur allein bestimmenden jüdischen Richtung zu werden. Aber einmal galten die Judenchristen schon längst als Problemfall im Judentum, und zum anderen konnte kein Judenchrist im Synagogengottesdienst

mit dem erweiterten Achtzehngebet sich selbst verfluchen. So traf also die Judenchristen diese Maßnahme hart.
Die Geschichte anderer judenchristlicher Gemeinden zeigt, daß die zweite urchristliche Generation zwischen sich und der Synagoge eine Verschärfung der Spannungen erlebte (vgl. z. B. Mk 13,9; Mt 5,11; 10,12–42; 24,9–12 usw.). Schon die Verhältnisse, die Paulus gegen 58 n. Chr. bei Abgabe der Kollekte in Jerusalem anzutreffen erwartet (vgl. nur Röm 15,31) sind unerquicklich. Das hängt mit dem zelotischen Aufstand zusammen, der langsam eskalierte und 70/71 n. Chr. in einer Katastrophe, nämlich der Zerstörung Jerusalems, endete. Es hängt aber auch mit der Ausbreitung des Heidenchristentums zusammen, die viele Juden Apostaten werden ließ und die stets die kultische Reinheit der Synagoge gefährdete, insofern das Judenchristentum sich nicht vom Heidenchristentum einfach trennen wollte. So wird man auch für die joh Gemeinden annehmen dürfen, daß ihr offizieller Synagogenausschluß nur der Schlußpunkt einer längeren negativen Entwicklung war.
Allerdings stürzte die Trennung von der Synagoge die joh Gemeinden in eine Orientierungskrise. Diese hat mit den Stellen Joh 6,67f.; 9,21f.; 19,38 wohl eine literarische Verarbeitung gefunden, so daß man vermuten darf: Einige (oder eine größere Zahl?) verließen die christliche Gemeinde und reintegrierten sich wieder voll ins Judentum. Allgemein herrschte bei den Christen Angst vor der Synagoge. Familien wurden zerstört. Man war theologisch und gesellschaftlich isoliert. An eine Mission unter den jüdischen Brüderen war kaum noch zu denken, so daß es nicht verwundert, wenn der Missionsgedanke auf der Ebene von E und der KR – vorsichtig formuliert – allenfalls zurückhaltend Erwähnung findet (vgl. z. B. die Ausführungen zu Joh 17 und zu 20,21). Die späten Hinweise auf das Heidenchristentum, die schon oben erwähnt wurden, reden von ihm wie von einer anderen Größe, deren Berechtigung nicht bestritten wird. Eine aktive missionarische Zuwendung als Auftrag wie z. B. Mt 28,19 enthalten sie ohne Zweifel nicht. Doch die Abstoßung durch das Judentum hat offenbar auch auf die dualistische Weltsicht der joh Gemeinden eingewirkt (vgl. Exkurs 3). Endlich besaß die Trennung von der Synagoge wohl eine förmliche rechtsprozeßliche Seite, wie sie ihren literarischen Niederschlag indirekt in den Rechtsstreiten gefunden hat, die der Gesandte des Vaters nun mit den Juden führt (vgl. dazu Joh 5,31ff.). Solche Gerichtsverhandlungen erlebten nicht nur joh Christen (vgl. z. B. Mk 13,9; Mt 10,17f.; Apg 6,12f.).

Manche Forscher meinen, man könne aus den joh Äußerungen zum Synagogenausschluß noch mehr gewinnen, nämlich die genaue politische Situation unter Agrippa II gegen 90 n. Chr. in der Gaulanitis, die östlich und nordöstlich vom See Genezareth liegt (Wengst). Falls die These sich erhärten ließe, wäre es natürlich faszinierend, so konkret den historischen Ort der joh Gemeinden bestimmen zu können. Aber so beeindruckend diese These auf den ersten Blick sein mag, sie überzieht die Angaben der Texte erheblich. Indem sie die Typik und Traditionsgebundenheit vor allem von Joh 16,2f. außer acht läßt, überschätzt sie die Möglichkeit, von der literarischen Ebene so konkret auf die Historie zu schließen. Die Texte sind – etwa analog zu den paulinischen Angaben zu seiner Verfolgertätigkeit – eine theologische Aufarbeitung einer geschichtlichen Situation, sie geben aber nicht die politisch und rechtshistorisch präzisen Angaben wieder, die man für eine solche Präzisierung benötigt, wie sie mit der Herrschaft Agrippas II in der Gaulantis vorgeschlagen wird. Historische Konkretheit zu erreichen, ist ein lohnendes Ziel der Forschung. Aber die Grenzen, solches Ziel zu gewinnen, sind für die Geschichte des Urchristentums im allgemeinen sehr eng.

Man kann also festhalten: Die joh Gemeinden sind in der Zeit der Konsolidierung des Judentums nach der Tempelzerstörung 71 n. Chr. und im näheren Zusammenhang mit der Verbreitung des erweiterten Achtzehngebets langsam unter schmerzlichen Erfahrungen gegen ihren Willen aus der Synagoge ausgeschlossen worden. Dabei mag es auch Todesfälle gegeben haben (Joh 16,2). Man kann auf die vergleichbare Geschichte der mt Gemeinden verweisen. Auch diese entstammen dem Judenchristentum, werden nach 70/71 n. Chr. verfolgt (vgl. die oben angegebenen Stellen), wobei Todesfälle jedenfalls literarisch genannt sind (Mt 10,17–22; 24,9–12), und gewinnen dann sogar einen missionarisch-heidenchristlichen Standort (24,14; 28,19), der den joh Gemeinden in dieser Deutlichkeit in jedem Fall fehlt.

Den nächsten Fixpunkt in der joh Geschichte bietet dann der 1 Joh, wenn er davon berichtet, daß aufgrund eines christologischen Streites eine Spaltung in der Gemeinde stattfand (vgl. 1 Joh 2,19 und Exkurs 15). Dieses Ereignis muß schon jenseits des Joh liegen, denn in ihm ist davon noch nichts zu erkennen. Dasselbe gilt für die Ereignisse aus dem 2 und 3 Joh. Danach verliert sich die Geschichte der joh Gemeinden ganz im dunkeln.

In dieses Koordinatensystem lassen sich nun der Lieblingsjünger (vgl. Exkurs 9) und E einzeichnen. Es spricht vieles dafür, den

Lieblingsjünger zum Gründer der joh Schule und/oder zur maßgeblichen Autorität der joh Schule zu machen. Damit gehört er historisch zumindest in die Zeit bald nach der Entstehung der Gemeinden. Mit ihm mögen auch die Anfänge der speziellen joh Sprache, des Dualismus und der besonderen joh Christologie verbunden gewesen sein. So erklärt sich am besten seine hohe und fraglose Autorität, die er bei der KR des Joh besitzt. E wird man sich am ehesten als einen selbständigen Schüler des Lieblingsjüngers vorstellen sollen. Er schreibt nach dem Synagogenausschluß (Joh 9,22; 12,42) und so zugespitzt, daß sein Werk ohne die KR nicht kanonisiert werden konnte.

Mit einer Orientierung an diesen geschichtlichen Fixpunkten läßt sich auch die theologische Entwicklung der joh Gemeinden, wie sie z. T. schon anklang, in groben Zügen skizzieren. Solche Darstellung kann sich an den christologischen Aussagen orientieren (Richter, Brown, Müller, Langbrandtner u. a.) oder noch umfassender bei dem allgemeinen Verständnis der Wirklichkeit, also konkret beim Dualismus, ansetzen (Becker). Beides muß sich dabei keinesfalls ausschließen. Wohl aber dürfte der Weg – vom missionarisch-judenchristlichen Ansatz ohne Dualismus, über den christologisch orientierten Dualismus, hin zum verkirchlichten Dualismus – als umfassendere Rahmenbedingung joh Theologie besser geeignet sein, alle theologischen Modifikationen umgreifen zu können. Von diesen Entwicklungslinien wird vor allem in den Exkursen des Kommentars zu reden sein.

Um dem Leser eine erste Orientierung für die Benutzung des Kommentars zu geben, sei der Rahmen skizziert, in dem sich die joh Theologiegeschichte abspielte (vgl. die Skizze S. 60).

Die Skizze setzt ein beschränktes Eigenleben des joh Gemeindeverbandes mit einer eigenen theologischen Entwicklung voraus. Dies ist soweit heute zugestanden. Um dieses Urteil zu präzisieren, hat man das joh Christentum darüber hinaus mit dem derzeit häufiger verwendeten Reizwort »Sekte« gekennzeichnet. Allerdings wird dabei dieser Begriff auf recht verschiedene Weise gebraucht. Der Sache nach wurde er in die Diskussion eingeführt, um ein dogmengeschichtliches Urteil zu fällen und zugleich Sachkritik an der joh Christologie zu üben (Käsemann: naiver Doketismus). Hierbei wird aber wohl doch ein späteres dogmengeschichtliches Etikett zurückprojiziert, ganz abgesehen davon, ob die Exegese Käsemanns im Recht ist (vgl. die Auslegung zu Joh 1,14–18). Heute wird der Begriff Sekte auch meistens primär soziologisch verwendet, um Strukturen religiöser Gemeinschaftsbildung zu beschrei-

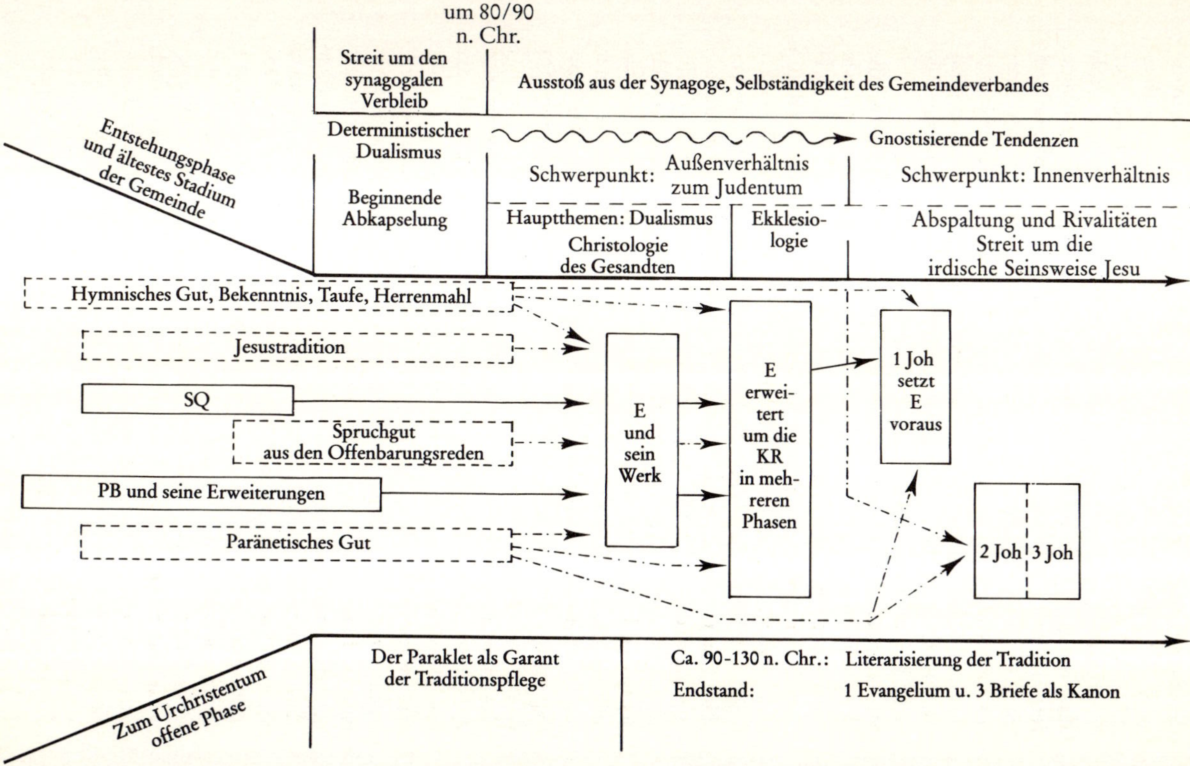
um 80/90
n. Chr.
Streit um den synagogalen Verbleib
Ausstoß aus der Synagoge, Selbständigkeit des Gemeindeverbandes
Entstehungsphase und ältestes Stadium der Gemeinde
Deterministischer Dualismus
Gnostisierende Tendenzen
Schwerpunkt: Außenverhältnis zum Judentum
Schwerpunkt: Innenverhältnis
Beginnende Abkapselung
Hauptthemen: Dualismus
Christologie des Gesandten
Ekklesio-logie
Abspaltung und Rivalitäten
Streit um die irdische Seinsweise Jesu
Hymnisches Gut, Bekenntnis, Taufe, Herrenmahl
Jesustradition
SQ
Spruchgut aus den Offenbarungsreden
PB und seine Erweiterungen
Paränetisches Gut
E und sein Werk
E erweitert um die KR in mehreren Phasen
1 Joh setzt E voraus
2 Joh
3 Joh
Zum Urchristentum offene Phase
Der Paraklet als Garant der Traditionspflege
Ca. 90-130 n. Chr.: Literarisierung der Tradition
Endstand: 1 Evangelium u. 3 Briefe als Kanon

ben (Culpepper, Meeks, Scroggs, Smith, Wilson u. a.). So spricht man von einer Sekte, wenn z. B. die Interaktion zwischen joh Kleingruppe und der übrigen Welt durch Abkapselung bei der joh Gemeinde charakterisiert ist und Konfrontation das Verhältnis derselben nach außen bestimmt. Außerdem kann der Begriff dazu dienen, das Verhältnis des joh Christentums zur übrigen christlichen Kirche zu kennzeichnen. Zu solchem kirchensoziologischen Urteil gesellt sich dann schnell auch ein theologisches (Meeks). Endlich kann man konstatieren, die frühe Christenheit überhaupt sei im Rahmen ihrer damaligen Umwelt und nach Ausweis ihrer ersten Organisationsform eine Art Sekte gewesen und insofern das joh Christentum auch. Wie man verfährt, hängt weitgehend von der Definition ab und von der Frage, welche Relationsbezüge man gerade thematisieren will.

Zur Orientierung seien hier folgende Elemente genannt, die auf den Gebrauch des Begriffs Sekte definitorischen Einfluß haben sollen: Es soll kirchensoziologisch sich um eine Minorität handeln, die zu einer bestehenden Allgemeinheit in Konfrontation steht, die gekennzeichnet ist durch Freiwilligkeit und Liebesgemeinschaft (charismatische Bruderschaft) mit zumindest wenig Amt (Hierarchie) und institutioneller Organisation sowie ohne staatsrechtliche Vertragsregelungen (wie sie z. B. das Judentum im römischen Reich besaß), die theologisch ein relativ exklusives Erwählungsbewußtsein artikuliert und darum Ausschließlichkeitsansprüche gegenüber anderen äußert, verbunden mit äußerer Abkapselung. Im Rahmen solcher Definition wird man beim Verhältnis der joh Gemeinde zum Judentum, dem es entstammt, die Kennzeichnung als Sekte heranziehen dürfen. Dieses Urteil sollte um so eher gelten, als der joh Gemeindeverband neben der Täufergemeinde Randsiedler des Judentums war. Nun wird das Judentum im Joh verstanden als besonderer Repräsentant der ungläubigen Welt, und insofern wird man des joh Christentum in seinem gesamten Außenverhältnis mit der Kennzeichnung als Sekte belegen können. Viel schwieriger und brisanter ist die Frage, wie das Verhältnis des joh Christentums zum sonstigen Christentum zu beschreiben ist. Ob allerdings hier das Etikett Sekte wirklich hilfreich ist, ist doch sehr die Frage. Es fällt nämlich auf, daß dieses Verhältnis in der joh Literatur nicht unmittelbar thematisiert wird. Doch ist sehr erwägenswert, ob nicht z. B. die Petrustexte 1,40–42; 6,66–71; 20,1–20; 21,1–23 gerade angesichts der joh Sonderstellung ein gesamtkirchliches Interesse wachhalten wollen. Nirgends grenzt sich im übrigen joh Erwählungsbewußtsein von anderen nicht joh christlichen Gruppen ab (der innerjoh Streit in 1 Joh ist ein anderes Problem!). Die de facto vorhandene Sonderstellung joh Christentums innerhalb des sonstigen Christentums mag geographische und auch theologische Gründe (z. B. Dualismus) haben, hat aber nicht zu einem Antagonismus mit Abgrenzung geführt, vielmehr dürfte die christliche Einheit Voraussetzung der joh Gemeinden gewesen sein.

d) Das Problem des Verfassers

Die Verfasserfrage ist die alte joh Frage im engeren Sinn. Um sie haben frühere Generationen erbittert gekämpft, die einen, weil sie die Autorität des Joh so sichern zu können meinten, die anderen, weil sie die Brüchigkeit und Kargheit der historischen Zeugnisse zu diesem Thema zu deutlich vor Augen hatten. Heute ist diese Frage mit Recht im allgemeinen eine Randfrage. Die Autorität des Joh kann nur inhaltlich begründet werden, somit ist die historische Erörterung der Verfasserfrage unbelastet und für das Verständnis des Joh von allenfalls geringer Bedeutung. Darum wird das Problemfeld hier nur kurz skizziert.
Nach der altkirchlichen Überlieferung ist der Zebedäide Johannes der Verfasser des Joh und zugleich der Lieblingsjünger. So bezeugt es Irenäus (Adversus Haereses III 1, 1–2; vgl. Euseb, Kirchengeschichte V 8,4). Diese Annahme wird bald nachignatianisches Allgemeingut. Seit dem 19. Jahrhundert wird sie in ihrem historischen Wert bezweifelt. Der Zebedäide ist wohl schon frühzeitig als Märtyrer gestorben, wie Mk 10,35–40 vermuten läßt. Seine Spuren verwischen sich mit dem Apostelkonvent (48 n. Chr.; vgl. Gal 2,9). Hingegen ist das Joh mit Sicherheit nicht schon in der ersten Generation des Urchristentums verfaßt (vgl. unten 3e).
Wer den indirekten Schluß aus dem Mk-Text anzweifelt, muß dann vor allem die sachlichen Differenzen zwischen den Synoptikern und Joh erklären, sofern er Irenäus Glauben schenken will. Diese sind gravierend und lassen sich nicht mit dem oft verwendeten Urteil des Origines, die Synoptiker seien »leibliche« Evangelien, das Joh sei das »geistliche« Evangelium, bewältigen. Schon die äußere Abfolge der Ereignisse ist nicht in Einklang zu bringen. Vor allem aber sind die theologischen Unterschiede tiefgreifend. So fehlt die Verkündigung von der nahen Gottesherrschaft bei Joh ganz (zu vernachlässigende Ausnahme: Joh 3,3.5), umgekehrt kennen die Synoptiker den joh Dualismus, die Christologie des

Gesandten und den Offenbarungsstil der joh Reden nicht. Diese partielle Aufzählung ließe sich sehr schnell vervollständigen. Dieser Tatbestand ist nur so zu deuten: Die synoptische Überlieferung steht der Verkündigung und dem Leben Jesu viel näher als die joh, darum kann das Joh nicht von einem Augenzeugen stammen. Wer z. B. mit Recht die Botschaft von der nahen Gottesherrschaft mit den Synoptikern als Zentrum der Verkündigung Jesu ansieht, kann den joh Verkündigungstyp nur innerhalb der Theologiegeschichte des Urchristentums einordnen, nicht aber zur Rekonstuktion der Verkündigung Jesu benutzen. Außerdem bewährt sich bei der Analyse des Joh immer wieder die These, daß hinter der joh Tradition ein längerer Traditionsprozeß steht. Der Zebedäide kann also nicht Autor des Joh sein.

Auf der Suche nach diesem konnte man ferner eine Notiz des Euseb über Papias aufgreifen (Kirchengeschichte III 39,3f.). Danach hat Papias u. a. von einem »Alten Johannes« Kenntnisse über Jesustradition erhalten. Dieser »Alte» ist – mit Hilfe weniger umstrittener anderer Zeugnisse – als der ephesinische Presbyter Johannes mit dem Verfasser des Joh identifiziert worden. Doch hier handelt es sich um eine freie neuzeitliche Kombination, die durch keine altkirchliche Tradition gedeckt ist. Darum sollte man diese These ganz zu den Akten legen, zumal die Gestalt des »Alten« in den Texten wenig konkret und eher nebulös ist.

Dann gibt es als konkreten Hinweis auf die Autorschaft des Joh nur noch die Lieblingsjüngergestalt, die ab Joh 13 sicher nicht nur als fiktive, rein literarische Person auftritt (zum ganzen vgl. den Exkurs 9). Doch so sicher der Lieblingsjünger für die joh Tradition und den Gemeindeverband herausragende Bedeutung besessen haben wird, bleibt seine Anonymität voll gewahrt, unbeschadet der Annahme, daß die Gemeinde ihn näher kannte. Nur im Nachtragkapitel Joh 21,23f. ist er als Autor des Evangeliums angegeben, der zur Zeit des Nachtrags selbst schon gestorben ist. Abgesehen von allen möglichen literarkritischen Problemen der Lieblingsjüngerstellen in Joh 13–20, wird der Lieblingsjünger außerdem vor Joh 21 nirgends mit E identifiziert. Vielmehr bemüht sich Joh 1–20 um die Verfasserfrage überhaupt nicht, und kein einziger Wink ist gegeben, E und den Lieblingsjünger zusammenzusehen. Es handelt sich also in Joh 21,23f. um eine isolierte Angabe. Nimmt man nun an, der Lieblingsjünger sei Garant der joh Tradition und die Primärautorität des joh Kreises, dann ist leicht verständlich, daß unter seine Autorität nachträglich die Abfassung des Joh gestellt wurde, um die Kanonisierung des Joh im Gemeindeverband zu sichern. So ist das Ergebnis karg und eindeutig: E ist dem Namen und der Person nach unbekannt und auch nicht indirekt identifizierbar. Dieses Ergebnis braucht nicht zu überraschen, ist es doch im Altertum durchaus möglich, daß Autoren ihre Werke namenlos hinterlassen und erst später die Anonymität durch fiktive Autorenangaben aufgehoben wird.

e) Entstehungsort und Abfassungszeit

Literaturauswahl: Vgl. die im Literaturverzeichnis unter 3 und 4 genannten Einleitungen und Kommentare. Außerdem: *Schmidt, A.:* Zwei Bemerkungen zu P. Ryl. III 457, APF 35 (1989) 11f. – *Wallace, D. B.:* John 5,2 and the Date of the Fourth Gospel, Bib. 71 (1990) 177–205.

Die altkirchliche Überlieferung kennt zum Ort der Entstehung zwei Angaben. Irenäus läßt Johannes im kleinasiatischen Ephesus weilen (Adversus Haereses III 1,1; II 22,5; III 3,4). Diese Tradition ist weit verbreitet. Ephraim der Syrer gibt in seinem Kommentar zu Tatians Diatessaron an, Johannes habe im syrischen Antiochien gelebt, als er sein Evangelium schrieb. Diese Meinung ist singulär. Der Syrer Ephraim will seiner Hauptstadt offenbar eine glorreiche Vergangenheit beschaffen. Aber auch Irenäus' Angabe ist bezweifelbar: Sie hängt offenbar damit zusammen, daß er als Verfasser den Zebedäussohn annimmt. Diese Angabe wurde schon verworfen (vgl. oben 3c).

So ist man auf Vermutungen allgemeinerer Art angewiesen, um den Ursprungsort zu bestimmen. Neuere Autoren plädieren für Kleinasien oder Syrien, seltener für Ägypten oder Palästina. Man kann dann noch spezifizieren: Westliches Kleinasien oder nördliches Syrien, oder in Syrien entstanden, in Kleinasien redigiert. Allen diesen Angaben haftet viel Arbiträres an. Mit Vorsicht darf man vielleicht Syrien den Vorzug geben und wegen der Abgegrenztheit der Gemeinde nicht gerade an die Hauptstadt Antiochia denken. Für Syrien läßt sich anführen: Die Distanz zu Palästina (die Ortstraditionen sind ohne eigene Anschauung genannt; palästinische Sitte wird erklärt, hebräische Namen übersetzt; die pauschale Bezeichnung »die Juden« ist Palästina fern; der jährliche Wechsel im Hohenpriesteramt nach 11,51 ist unjüdisch, wohl aber hellenistisch) bei gleichzeitig längerer Partizipation am Synagogenverband (vgl. 3b); die Antithese zum Judentum als dem Gegner schlechthin; das semitisierende Griechisch; die Polemik gegen die Täuferbewegung; endlich auch die Kenntnis joh Tradition und Sprache bei

Ignatius von Antiochia. Dies alles zusammen ist wohl am ehesten in der Zeit des ausgehenden 1. Jahrhunderts n. Chr. in Syrien denkbar. Für die Bestimmung der Abfassungszeit ist es nützlich, sich zunächst an eine allgemeine Beobachtung zu erinnern: Für die Synoptiker ist die Zerstörung Jerusalems durch Titus 70/71 n. Chr. das zeitgeschichtliche Ereignis, das sie theologisch verarbeiten. Der 1 Petr und die Offb kennen (wahrscheinlich) ein anderes Problem: die (begrenzte) »Christenverfolgung« in der Asia unter der Regierung Domitians. Ein analoges, tief in die Geschichte des joh Gemeindeverbandes eingreifendes Ereignis ist für das Joh der Synagogenausschluß (vgl. oben 3c), von dem im ntl. Kanon nur das Joh berichtet. Von der Zerstörung Jerusalems erfährt man im Joh nichts. Das mag damit zusammenhängen, daß das Joh nicht in Palästina entstanden ist, kann aber auch bedeuten, daß das jüngere Geschehnis die Gemeinde z. Z. der Entstehung des Joh viel vitaler berührte. Die domitianischen Ereignisse aus der Asia mögen darum im joh Schrifttum fehlen, weil die joh Gemeinden nicht in der Asia lebten. Wie immer man sich dies zurechtlegt, mit dem Synagogenausschluß ist der terminus ante quem non gegeben, denn vor ihm kann das Joh nicht entstanden sein. Dazu kann man noch eine Vermutung äußern. Der joh Gemeindeverband lebt im mäßigen Abstand zum Ausschluß aus der Synagoge, denn Joh 16,1f. steht schon in gewisser Distanz zu dem Ereignis selbst, wobei die Adressaten jedoch noch erlebnisgeprägte Erinnerung daran haben.

Der terminus ad quem läßt sich so abklären: Selbst wenn der Papyrus P^{52} nicht schon ±125 n. Chr., sondern erst nach 150 n. Chr. anzusetzen sein sollte (vgl. zum Diskussionsstand: Wallace, 177f.; zuletzt Schmidt), bleibt er für die Erörterung wichtig. Er ist der älteste Papyrus des NT und gehört nach Ägypten. War damals schon Joh in Ägypten bekannt, dann liegt die Entstehungszeit deutlich früher, denn P^{52} ist weder das Original des Joh, noch ist Ägypten die Heimat der joh Gemeinde. Diese Erwägungen erhalten eine Stütze, wenn man auf die Bezeugung des 1 Joh, der nach Joh geschrieben wurde (vgl. oben 3b), achtet. Wenn nämlich der 1 Joh wegen seiner Bezeugung bei Polykarp kaum nach 110 n. Chr. verfaßt sein kann, muß das Joh älter sein. Nun erwähnen außerdem die Johannesbriefe den Synagogenausschluß nicht mehr. Die Gemeinde hat sich längst selbstredend außerhalb der Synagoge etabliert und quält sich mit einer Abspaltung herum, die vor kurzem wegen eines christologischen Streites (vgl. dazu Exkurs 14) erfolgte. Man muß also das Joh (wohl noch ohne die letzte Redaktion mit Joh 21) eine gute Zeit vor dem 1 Joh ansetzen.

Diese zeitlich relativen Markierungen lassen sich bei einem Unsicherheitsfaktor von wenigen Jahren in die absolute Chronologie umsetzen: Es macht guten Sinn – und so geschieht es heute auch in der Regel –, das Entstehungsdatum des Joh zwischen 90 und 100 n. Chr. anzusetzen. Das Joh gehört also in die Anfänge der dritten urchristlichen Generation.

Neuerdings ist wieder ernsthaft diskutiert worden, aus dem beschreibenden Präsens in Joh 5,2 auf das Abfassungsdatum des Joh vor 70 n. Chr. zu schließen (Wallace). In der Tat, falls der Erzähler die verbale Gegenwartsform im Sinne vorhandener Faktizität verstanden haben wollte, die er selbst noch so sah, müßte die Aussage in diesem Sinn gedeutet werden. Aber diese früher öfters diskutierte Möglichkeit ist schon längere Zeit mit Recht zu den Akten gelegt worden. Bei der Ortsbeschreibung in Joh 5,1ff. liegt überhaupt eine Verwechslung vor (vgl. die Auslegung z. St.). Auch ist es methodisch sicherlich höchst zweifelhaft, eine mehrdeutige Präsensform zum Ansatz für die Datierung einer Schrift zu nehmen.

Wenn bei dieser Erörterung zur Orts- und Zeitbestimmung das Joh als Einheit betrachtet wurde, obwohl bei ihm mit Schichtung zu rechnen ist, so hat dies guten Sinn: Wie immer man sich die Entstehungsphasen des Joh vorstellt, für eine schichtenspezifische Erörterung dieser Fragen gibt es keine wirklich brauchbaren Hinweise.

4. Das religionsgeschichtliche Problem

Literaturauswahl: Baumbach, G.: Qumran und das Johannesevangelium, Berlin 1958. – *Becker, J.:* Das Heil Gottes, StUNT 3 (1964) 217–237. – *Ders.:* Beobachtungen zum Dualismus im Johannesevangelium, ZNW 65 (1974) 71–87. – *Ders.:* Johannesevangelium, ThR 51 (1986) 56–65. – *Bergmeier, R.:* Studien. – *Betz, O.:* Das Problem der Gnosis seit der Entdeckung der Texte von Nag Hammadi, VF 21 (1976) Heft 2, 46–80 (Lit.). – *Braun, H.:* Qumran (Lit.). – *Broer, J.:* Noch einmal: Zur religionsgeschichtlichen »Ableitung« von Joh 2,1–11, SNTU 8 (1983) 103–123. – *Bühner, J.-A.:* Gesandte. – *Bultmann, R.:* Der religionsgeschichtliche Hintergrund des Prologs zum Johannes-Evangelium, in: Ders.: Exegetica, Tübingen 1967, 10–35. – *Langbrandtner, W.:* Gott. – *Meeks, W. A.:* Prophet. – *Miranda, J. P.:* Vater. – *Rudolph, K.:* Gnosis und Gnostizismus, ThR 34 (1969) 121–175. 181–231. 358–361; 36 (1971) 1–61. 89–124; 37 (1972) 289–360; 38 (1973) 1–25 (Lit.). – *Ders.:* Die Gnosis, Göttingen [2]1984. – *Ders. (Hg.):* Gnosis und Gnostizismus, WdF

262, 1975. – *Schenke, H.-M.:* Die Gnosis, in: J. Leipoldt – W. Grundmann (Hg): Umwelt des Urchristentums I, Berlin 1971, 371–415. – *Schmithals, W.:* Gnosis und Neues Testament, VF 21 (1976) Heft 2, 22–46 (Lit.). – *Ders.:* Neues Testament und Gnosis, EdF 208, 1984. – *Schnackenburg, R.:* Kom. I, 101–131 und die Exkurse 1; 6. – *Schottroff, L.:* Glaubende. – *Schulz, S.:* Untersuchungen. – *Ders.:* Komposition. – *Tröger, K.-W. (Hg.):* Gnosis und Neues Testament, Berlin 1973. – *Ders.:* Judentum – Christentum – Gnosis, Kairos 24 (1982) 159–169.

a) Zur Methodenfrage

Wegen der auffälligen Besonderheiten des Joh hatte man seit dem ausgehenden vorigen Jahrhundert den Weg eingeschlagen, Sprache und Theologie des Joh unmittelbar religionsgeschichtlich abzuleiten. Der herausragendste Vertreter dieses Weges ist zweifelsfrei Bultmann, der das Joh als unmittelbaren kritischen Dialog mit der ihm vorgegebenen mythologischen Gnosis ansah. So sicher gerade beim Joh die religionsgeschichtliche Frage grundlegende Bedeutung hat, weil niemand die Sonderstellung des Joh im Urchristentum ohne religionsgeschichtliche Erörterung erklären kann, so ist diese Fragestellung in der geschilderten Form einer exklusiven und unmittelbaren Ableitung aus der Religionsgeschichte methodisch bedenklich.

Zunächst sollte man auf den allgemeinen kulturgeschichtlichen Zusammenhang achten, dem natürlich auch das Joh verbunden ist. Daß solche Beobachtungen zu brauchbaren Ergebnissen führen, ist jüngst am Beispiel joh Christologie gezeigt worden: Eine ganze Reihe von Elementen der joh Sendungschristologie verdanken sich solchem allgemeinen Zusammenhang (Bühner).

Sodann hat das joh Christentum selbst schon eine eigene Geschichte, die im Gesamtzusammenhang der Geschichte des Urchristentums steht. So sicher dieser Gesamtzusammenhang zur Zeit von E relativ locker war, hat doch Beachtung zu verdienen, daß ein ganzer Teil joh Aussagen sich nicht unmittelbar einem außerchristlichen religionsgeschichtlichen Einfluß verdanken, sondern als Entwicklungsstadien joh Theologiegeschichte zu verstehen sind, die ihrerseits natürlich auch wiederum religionsgeschichtlichen Einflüssen unterliegen können. Außerdem ist damit Ernst zu machen, daß das Joh in die dritte Generation des Urchristentums gehört und mit dieser Generation ganz bestimmte Lebensbezüge und Anschauungen teilt.

Endlich: Ist dieses gesehen, muß freilich nun auch die religionsgeschichtliche Frage erörtert werden. Dabei sind zwei Weisen der Aufarbeitung dieser Problematik tunlichst zu vermeiden. Nämlich einmal die Meinung, als sei religionsgeschichtliche Beeinflussung allenfalls formal und peripher, denn der Versuch, das Joh allein aus innerchristlicher Entwicklung zu verstehen, wirft mehr Fragen auf als beantwortbar sind. Zum anderen sollte die religionsgeschichtliche Erörterung sich vor vorschnellen und unfruchtbaren Alternativen hüten, als seien z. B. nur die Gnosis und nicht auch bestimmte jüdische Traditionen in Rechnung zu stellen, oder als könne man mit Qumrananalogien das ganze religionsgeschichtliche Problem lösen und damit auch der Gnosisproblematik quitt sein. Man muß vielmehr davon ausgehen, daß zur Zeit der erkennbaren Geschichte der joh Gemeinden der Synkretismus tonangebend und die Verschmelzung und gegenseitige Beeinflussung von ehedem selbständigen Religionsphänomenen weit fortgeschritten war. Dies hat gerade auch für den syrischen Raum zu gelten, aus dem wahrscheinlich das Joh kommt. Dabei ist natürlich klar, daß für erkennbare theologiegeschichtliche Stufen joh Geschichte die religionsgeschichtliche Frage je für sich gestellt werden muß.

b) Zur religionsgeschichtlichen Frage des Joh

Das joh Christentum entwächst dem Judentum und ist eine beträchtliche Zeit seiner Geschichte im Synagogenverband. Von daher ist es selbstverständlich, daß joh Traditionen ihren Wurzelboden im Judentum haben. Dabei zeigt die Rivalität zur Täufersekte, daß eine Nachbarschaft zu Randgruppen des Judentums besteht. Auch die Samaritanermission, die in einer bestimmten Zeit joh Geschichte Bedeutung gehabt haben wird (Joh 4,40–42), läßt erwarten, daß weniger das offizielle, vornehmlich pharisäisch und dann frührabbinisch orientierte Judentum auf die Geschichte der joh Gemeinden Einfluß nahm. So gibt es also – unbeschadet der Diskussion über die Einzelergebnisse – zunächst ein prinzipielles Recht, wenn gegenwärtig von vielen Seiten in diesem Umfeld gearbeitet wird, um Licht in die joh Geschichte zu bringen (Bergmeier, Bühner, Meeks u. a.).
Doch sollte zugestanden sein, daß man die theologiegeschichtliche Position der joh Gemeinden nicht allein mit Hilfe z. B. essenischer oder anderer jüdisch-außerrabbinischer Quellen aufhellen kann. Ein gutes Beispiel, wie jüdisch orientiertes Material einem auffällig

starken Hellenisierungsprozeß unterlag, ist die SQ (Exkurs 1). Ein weiteres Exempel, wie ursprünglich jüdisch-»heterodoxe« Vorstellungen stark hellenisiert wurden, ist offenbar der joh Dualismus (Becker, Dualismus).

Doch wäre es völlig ungenügend, wollte man z. B. bei der Auslegung des joh Dualismus bei dem allgemeinen Begriff Hellenismus stehen bleiben, vielmehr muß hier das kontroverse Problem der Gnosis diskutiert werden. Wer die beiden konträren Berichte von O. Betz und W. Schmithals (VF 1976) liest, wird schnell begreifen, wie gegensätzlich hier die Positionen in der Forschung zur Zeit sind. Die eigene Stellungnahme in diesem Streit geht davon aus, daß zunächst geographisch Syrien als die vermutliche Heimat des Joh zu den gut bezeugten Ursprungsländern der Gnosis gehört; daß sodann das Hineinwachsen nicht offizieller jüdischer Kreise in gnostisierendes Denken gut bezeugt ist; daß endlich die ersten gnostischen Systeme rund eine Generation nach Entstehen des Joh literarisch anzutreffen sind und daß es nach allgemeiner religionsphänomenologischer Beurteilung Sinn hat anzunehmen, etwa eine Generation eher entstehen unliterarische Tendenzen auf solche Religionsphänomene wie die Gnosis hin. Dies alles bedeutet: Es hat – unabhängig vom exegetischen Befund im Joh selbst – guten historischen Sinn, religionsgeschichtlich gnostische Tendenzen im Joh anzunehmen. Für diese Annahme sprechen die OdSal und Ignatius, die offenbar beide geographisch und religionsgeschichtlich Joh nahestehen. Eine jüngst erschienene, auch dem Nichtfachmann verständliche Darstellung der Geschichte und des Wesens der Gnosis mag darüber hinaus weitere Auskunft zur gnostischen Problematik geben (Rudolph, Die Gnosis; vgl. Schenke).

Unter diesen Voraussetzungen muß nun die Exegese prüfen, wieweit Gnosis im Joh präsent ist. Sicherlich geht es dabei nicht an, alle je bezeugten gnostischen Gedanken zu einem Idealbild der Gnosis zu vereinen und für Joh zu supponieren. Auch wird man zumindest nicht von vornherein unterstellen dürfen, E oder seine Gemeinde reagiere auf ein voll ausgebildetes, mythologisch-gnostisches System. Vielmehr muß konkret am joh Text aufgewiesen werden, inwieweit die Aussage in verwandte Anschauungen der Gnosis hineinwächst. Ist Gnosis zur Zeit der Entstehung des Werkes von E im Werden, dann partizipiert offenbar joh Theologie an diesem Prozeß.

Was aber veranlaßt inhaltlich den Exegeten, Joh gnosisnahe zu interpretieren? Es fällt auf, daß – abgesehen vom Prolog – E nirgends Schöpfungsaussagen theologisch einsetzt. Die von ihm kom-

ponierten Reden orientieren sich vielmehr an einem (indessen veränderten) Dualismus, der zwischen der oberen Licht- und Lebenswelt Gottes und dem unteren Kosmos als der Finsternis- und Todeswelt, die dem Teufel als Lebensverneiner verfallen ist, unterscheidet. Erlösung geschieht durch Befreiung vom Kosmos und durch Anteilhabe an der göttlichen oberen Welt. Sie betrifft den einzelnen Glaubenden, ist also individuell und nicht gesamtkosmisch ausgerichtet. In dieser durch einen horizontalen Schnitt bestimmten dualistischen Weltsicht kommt der Erlöser als Gesandter des Vaters. Sein Werk geschieht in der Einheit mit dem Vater als einziger Lebensquelle.
Diesen Vater offenbart der Sohn als den bisher unbekannten Gott, indem er sich selbst als Gesandten des Vaters kundtut. Dementsprechend erwartet er Glauben an und Erkennen in diesen Offenbarungsvorgang. So bringt er Erlösung, d. h. Anteil am göttlichen Leben. Sein Lebenswerk ist jedoch nicht nur das Kommen zur Offenbarung, sondern auch seine Erhöhung und Rückkehr zum Vater gehören dazu, denn nur als Erhöhter kann er die Glaubenden zu sich ziehen. Natürlich sind in diesem Gesamtzusammenhang Einzelelemente nicht immer an sich gnostisch, doch gilt es, diese Einheit von Dualismus, Christologie und Erlösungslehre (Eschatologie) zu interpretieren. Diese Gesamtsicht ist gnosisnahe. Dann muß man im Zusammenhang joh Theologiegeschichte voraussetzen, daß diese gnostisierende Theologie die joh Gemeinden bestimmte, als E sein Werk schrieb, so sicher das nicht das früheste Stadium joh Denkweise war, aber freilich das für E und die Zeit nach ihm bestimmende.

5. Die theologische Absicht von E

Literaturauswahl: Bultmann, R.: Theologie des Neuen Testaments, UTB 630, [8]1980 (hrgg. O. Merk). § 41–49 (Lit.). – *Conzelmann, H.:* Grundriß der Theologie des Neuen Testaments, Tübingen [4]1987, § 41–48. – *Dautzenberg, G.:* Die Geschichte Jesu im Johannesevangelium, in: J. Schreiner (Hg): Gestalt und Anspruch des Neuen Testaments, Würzburg 1969, 229–248. – *Käsemann, E.:* Wille. – *Kümmel, W. G.:* Einleitung, 194-200. – *Ders.:* Die Theologie des Neuen Testaments, NTD Ergänzungsreihe 3, [4]1986, 227–285. – *Leroy, H.:* Jesusverkündigung im Johannesevangelium, in: Jesus in den Evangelien, SBS 45 (1970) 148–170. – *Lohse, E.:* Grundriß der neutestamentlichen Theologie, Theologische Wissenschaft 5, [3]1984, § 29–34. – *Schnackenburg, R.:* Kom. I, 134–153. – *Vielhauer, Ph.:* Geschichte, 427-444.

In der Regel versucht man, E von Joh 1,14 her zu deuten. Dieser Ansatz ist aber wohl darum aufzugeben, weil E Joh 1,14 ohne Kommentar mit dem ihm vorgegebenen Logoshymnus übernimmt. Auch später kommt er auf diese Inkarnationsaussage nicht zurück. Sein Thema ist vielmehr die Christologie des gesandten Sohnes, der bei irdisch »normaler« Herkunft sich als vom Himmel herabgestiegen und vom Vater gesandt verkündigt (vgl. nur 6,42). Die Gesandtenchristologie und die Logos- bzw. Inkarnationschristologie haben nicht nur traditionsgeschichtlich verschiedene Wurzeln, sondern E benutzt für sich die erstere und außerhalb von 1,1–18 die zweite nicht. Also ist nicht von 1,14 her E zu verstehen, sondern von der Gesandtenchristologie her der Prolog im Sinne von E auszulegen.

Angemessen erscheint es weiter, die theologische Absicht von E aus dem Epilog 20,30f. zu entnehmen. Jedenfalls muß es einen Grund haben, daß E diese abschließenden Verse aus der SQ an den Schluß auch seines Evangeliums stellt. Wahrscheinlich ist der Grund der, daß E sein Anliegen in den eng verzahnten beiden Themenbereichen von Christologie und Glauben wiedererkennt. Aber dieses Urteil ist nur zu begründen, wenn man bereits weiß, wo E theologisch steht. Für sich kann 20,30f. wegen seines quellenhaften Charakters nicht Basis sein, um E theologisch angemessen zu verstehen.

Nahe liegt es endlich, die joh Ich-bin-Worte zu sammeln und sie als Summe der Theologie von E zu begreifen. Das Recht dieses Vorgehens liegt zweifelsfrei darin, daß die Ich-bin-Worte im Joh eine herausragende Stellung einnehmen und in der Tat auch E in einigen von ihnen seine Theologie gut aufbewahrt sehen wird. Doch wiederum gilt: So sicher sie teilweise Ausdruck joh Theologie sein können, hat E nur wenige von ihnen selbständig formuliert wie etwa 11,25f., ein Teil ist Tradition, die er gern verarbeitet hat (6,35; 8,12; 14,6), andere sind seinem Werk überhaupt erst nachträglich einverleibt worden und sind mit seinem Standpunkt nicht einfach identisch (vgl. 10,1–18; 15,1–17). So ist dieser Weg nicht zu empfehlen.

Es sollte vielmehr Einigkeit darüber erzielt werden können, daß aus den Reden Joh 3,1–21; 5,19–30; 6,25–71; 12,30–36; 13,31–14,31, in der Gestalt wie E sie hinterließ und ohne die kleineren redaktionellen Einschübe, die Theologie von E am sichersten erhoben werden kann. E hat nicht nur überhaupt die Reden in seinem Werk zum eigentlichen Zentrum seiner Aussageabsicht gemacht, sondern insbesondere in diesen genannten Stücken programmatisch gesprochen, wie meist schon die kompositorische Stellung derselben anzeigen kann. Im übrigen ist auch vom Umfang her diese Auswahl eine repräsentativere als in den zuvor besprochenen Fällen. Auch gewährleistet sie, daß genügend differenziert auf E eingegangen werden kann.

Aus diesen Reden wird oft klar, E schreibt für Insider. Das Joh ist in gar keinem Fall so etwas wie eine Missionsschrift. Das Ziel von E ist es, bestimmte theologische Entwicklungen in seinem Gemeindeverband neu auszulegen und auch zu korrigieren. Dabei gelingt es ihm, einen theologisch durchreflektierten und geschlossenen Gesamtentwurf vorzulegen. Darum ist immer wieder mit Recht das vierte Evangelium als das theologischste unter den vier Evangelien des ntl Kanons angesprochen worden.

Alles ist nun bei E ausgerichtet auf das Heilsziel des ewigen Lebens (typisch sind dafür z. B. 3,16; 5,25; 6,35.68; 11,25f.; 12,32; 14,6). Diese Strukturierung ist E vorgegeben durch den theologiegeschichtlichen Ort seiner Gemeinde. Diese fragt z. B. nicht: Wie können wir Anteil erhalten am kommenden Gottesreich? Oder: Wie erlangt der Mensch vor Gott Rechtfertigung? Diese jesuanische und paulinische Grundfrage ist weder terminologisch noch sachlich für die joh Theologiegeschichte konstitutiv. Vielmehr wird die Welt und das Leben in ihr ihrem Wesen nach als todgeweiht und vergänglich erfahren, und darum fragt man nach Weltüberwindung als Teilhabe am ewigen Leben. Dieses ewige Leben wird dabei als so fremd empfunden und so fern von der erfahrbaren Welt und Menschheit, daß man sich in der joh Gemeinde in einer dualistischen Grundkonzeption ausspricht.

E gibt nun auf diese Frage nach dem ewigen Leben eine Antwort, die grundlegend bestimmt ist vom erhöhten Herrn und vom Geist, der die Gegenwart des Erhöhten für die Gemeinde bedeutet. Dies ist für E so konstitutiv, daß er es in seiner ersten und letzten Redekomposition (Joh 3; 14) ausdrücklich thematisiert. Sicherlich ist auch das Jesusbild der Synoptiker vom Auferstandenen her durchdrungen, aber keiner hat so dezidiert wie E ein Evangelium geschrieben, das den Irdischen schon als Erhöhten zeichnet und die nachösterliche Geisterfahrung (3,6–8; 14,16f. 25f.) mit ihren christologischen Erkenntnissen in das Erdenleben Jesu einträgt. Im Lichte dieses Geistzeugnisses werden Irdischer und Erhöhter eins wie zwei übereinander projizierte Dias auf einer Leinwand. Dies ist durchaus beabsichtigt, denn es wird ja nicht gefragt, ob es einmal eine Zeit gab, in der ewiges Leben geoffenbart wurde, sondern zur Beantwortung steht an: Unter welchen Bedingungen ist jetzt der

Zugang zum göttlichen Leben möglich? Darum kann E nicht nur die Szenen und das Itinerar in seinem Werk oft so sorglos gestalten, sondern darum wird auch der Irdische mit soviel göttlicher Hoheit ausgestaltet, daß man ihn als über die Erde schreitenden Gott charakterisieren konnte (Bousset, Käsemann). Doch E will durch nachösterliche wesenhafte Zusammenschau von Irdischem und Erhöhtem aufzeigen, wie dieser eine Sohn des Vaters allein wahrhaft Leben geben kann, ja selbst dieses Leben ist.

Welche Bedingungen nennt E zur jetzigen Lebenserlangung? Es ist eindeutig, daß sich für E hier alles auf die Relation von Wort und Glaube konzentriert. Diese Relation wird thematisiert in einer streng und exklusiv christologischen Weise. Das Wort ist die Selbstoffenbarung des gesandten Sohnes. Er lebt in der Einheit mit dem Vater (vgl. 5,17f.; 10,30; 14,8–11), darum ist er Leben und kann Leben spenden (5,26). Diese Selbstoffenbarung ist für die Gemeinde präsent im Geist, so ist auch der Geist Leben (6,63). Diese Einheit von Vater und Sohn ist für E so exklusiv und singulär, daß es für ihn vor Jesus keine wirkliche Gotteserkenntnis gab (1,18; 5,37f.); denn Gott kennen, heißt Leben haben, und das hatte vor dem Kommen des Gesandten niemand. Dieser Sohn vollbrachte sein Werk in Sendung und Erhöhung zur Rettung der Menschheit (3,16), jedoch widerfährt dem einzelnen Rettung nur, wenn er der nur aus sich selbst heraus legitimierbaren Botschaft des Sohnes glaubt und so erkennt, wie durch sie allein Leben zu haben ist. In der dem Tod geweihten Welt bleibt das Leben immer so radikal das Fremde, daß es nicht anders begriffen werden kann als in ihr unausgewiesen. Zum Glauben gehört darum die Überwindung dieses Anstoßes.

Die exklusive Konzentration auf die Christologie bedeutet nicht nur, daß vorher kein Offenbarungsanspruch Geltung haben kann, sondern auch, daß es darüber hinaus keine weitere Hoffnung auf eine Offenbarung gibt. Dies arbeitet E dadurch heraus, daß er die Sendung des Sohnes als das endzeitliche Gericht versteht (3,17f.; 5,24). So dient die traditionelle eschatologische Erwartung der Auslegung der Sendung des Sohnes (11,24–26). Dies ist im Konzept von E auch sachgemäß, denn wenn das ewige Leben bereits im gekommenen Sohn zu haben ist, kann es darüber hinaus keine weitere Heilserwartung geben. Für den Glaubenden ist der Tod – so wird nun die Zukunftserwartung individualisiert – wesenlos geworden (11,25f.), denn er gehört nicht mehr unter den Teufel als dem Lebensverneiner (8,44; 12,31; 14,30). Für ihn ist der Sohn im Kreuz erhöht und zum Vater zurückgekehrt, damit er die Seinen in ihrem Tod zu sich ziehen kann (12,32 und der Duktus von 14,1–24). So vollzieht sich die Heilsverwirklichung in der himmlischen Einheit von Vater, Sohn und Gemeinde – vorbei am ungläubigen Kosmos.

Mit Absicht wurde nur thesenartig die Grundposition von E aufgewiesen, um einen Einstieg in den Kommentar zu bieten. Natürlich läßt sich nicht nur die Position von E differenzierter darstellen, vielmehr läßt sich vor allem auch ein viel präziseres Bild von der vor- und nachevangelistischen Arbeit am Joh aufweisen. Dies sollen der Kommentar und seine Exkurse erbringen.

6. Zur ältesten Wirkungsgeschichte des Joh

Literaturauswahl: Bludau, A.: Die ersten Gegner der Johannesschriften, Freiburg 1925. – *Casurella, A.:* The Johannine Paraclete in the Church Fathers, BGBE 25, 1983. – *Haenchen, E.:* Johannesevangelium, 2–21. – *Maurer, Ch.:* Ignatius von Antiochien und das Johannesevangelium, Zürich 1949. – *Loewenich, W. von:* Das Johannes-Verständnis im zweiten Jahrhundert, BZNW 13, 1932. – *Pagels, E. H.:* The Johannine Gospel in Gnostic Exegesis, SBLMS 17, 1973. – *Sanders, J. N.:* The Fourth Gospel in the Early Church, Cambridge 1943. – *Schnackenburg, R.:* Kom. I, 171–196. – *Schneemelcher, W.:* Zur Geschichte des neutestamentlichen Kanons, in: Ders. (Hg): Neutestamentliche Apokryphen I. Evangelien, Tübingen ^{5}1987, 7–40, – *Unnik, W. C. van:* The »Gospel of Truth« and the New Testament, in: The Jung Codex, London 1955, 79–129, speziell 115–121.

Daß die Wirkungsgeschichte einer Schrift und einzelner Abschnitte oder Themen aus ihr zum Verständnis derselben wesentliche Perspektiven abgeben, ist in neuerer Zeit in der hermeneutischen Diskussion wieder gebührend beachtet worden. Allerdings ist die Wirkungsgeschichte ein sehr weites Arbeitsfeld, und es fehlt hier noch an vielen Detailuntersuchungen. Im Rahmen dieser Einleitung kann darum auch nur auf einen besonders wichtigen und mehrfach bearbeiteten Teilaspekt joh Wirkungsgeschichte eingegangen werden, nämlich den der Rezeption des Joh im Verlauf der Alten Kirche.

Als besonders aufregend galt schon immer die Beobachtung, daß die erste Blütezeit des Joh in gnostischen Kreisen zu suchen ist. Hier liegen sogar die ältesten uns erhaltenen zuverlässigen Zeugnisse erster Benutzung. Mit Sicherheit kann z. B. festgehalten werden, daß das Evangelium Veritatis (um 140–150) und das

Philippus-Evangelium das Joh kennen (van Unnik, Schnackenburg). Beide gehören in den Kreis valentinianischer Gnosis, dem auch der erste Kommentar zum vierten Evangelium entstammt (Herakleon). Daneben haben Marcioniten und Montanisten sich auf den joh Parakleten berufen (Casurella 16).

Sucht man die ältesten Zeugnisse für den großkirchlichen Gebrauch des Joh auf, so ist bisher vor Ignatius kein anerkannter Beleg zu finden. Denn Stellen mit Mt 11,27 par.; Mk 13,32 par. sind zwar in Sprache und Geist der joh Tradition gehalten, aber natürlich keine frühen Zeugen für eine Zitierung des Joh. Jedoch auch beim antiochenischen Bischof (gestorben bald nach 110 n. Chr.) wird man eher dazu neigen, joh Tradition anzunehmen, als auf eine literarische Benutzung abzuheben (vgl. IgnPhld 7,1 und Joh 8,14; 9,1 und 10,7.9; IgnRöm 7,1 und Joh 6,26ff.). Noch bei Iustins Apologie, die ein rundes halbes Jahrhundert später anzusetzen ist, ist sichere Verwendung des Joh keinesfalls eindeutig. Man kommt auch hier mit der Annahme glatt durch, Iustin habe Gemeindeüberlieferung benutzt, die joh eingefärbt war. Als Beispiel mag Apol 61,4f. = Joh 3,3.5 dienen. Da hier ein Einzelspruch vorliegt, ist keine Gewähr gegeben, Iustin zitiere (in veränderter Form) das Joh.

Erst die wohl nach 170 n. Chr. entstandene Evangelienharmonie des Tatian ordnet das Joh im Rang den anderen Evangelien gleich. Theophilus von Antiochien zitiert wenig später den joh Prolog, und die Epistula apostolorum (um 180 n. Chr.) benutzt dann das Joh reichlich. Auch Papyrus Egeston 2 (Schneemelcher 82–85) und das »geheime Evangelium« nach Markus (Schneemelcher 89–92) sollte man in diesem Zusammenhang erwähnen. Eindeutig wird gegen 200 n. Chr. der Vier-Evangelien-Kanon von Irenäus, Tertullian, Clemens und dem Kanon Muratori als selbstverständlich bezeugt (Schneemelcher 28).

Damit ergibt sich: Die erhaltenen Quellen bezeugen seit Ignatius begrenzte Kenntnis joh Tradition, und erst gegen 170–180 n. Chr. wird das Joh nachweislich zitiert. Die zugängige gnostische Rezeption ist älter, und zwar um eine runde Generation. Ist das Joh also ein von Gnostikern geliebtes, von der Großkirche nur zögernd und spät anerkanntes Evangelium? Wer die Frage bejaht, kann weiter erörtern: Ist dann das Joh selbst gnostischen Ursprungs? Doch bleibt zu bedenken: Wie zufällig ist die Quellenlage? Sind nicht auch andere kanonische Schriften ähnlich spät sicher bezeugt (Lk, Apg, Past, Jak)? Hatte es das Joh nicht eventuell schwer, sich durchzusetzen, weil es einem Christentum entstammt, das relativ für sich lebte? Hat es sich darum schwer durchsetzen können, weil man die Pluralität der Evangelien als Problem ansah? Oder noch spezieller: Weil die Harmonisierung der drei ersten Evangelien leichter gelang als die der Synoptiker und Joh? Ist ein christliches Joh vielleicht darum nur zögernd benutzt worden, weil es allzu schnell gnostisch mißbraucht wurde und darum seine Auslegung umstritten war? Naturgemäß gibt es hier mehr Fragen als gute Antworten. Wie immer man dabei die späte kirchliche Bezeugung beurteilen mag, der gnostische Zuspruch wirft ein Licht auf Joh selbst. Es muß gnostische Affinität besessen haben. Allerdings hätte die Großkirche das Evangelium wohl kaum aufgenommen, wenn sie aus ihrer Sicht auf gnostischen Ursprung erkannt hätte. So scheint sich die unter 4b vorgetragene These zu bewähren.

Vielleicht ist die Lage im Antimontanistenstreit im ausgehenden 2. Jahrhundert nochmals ähnlich. Der Montanismus bemächtigt sich der joh Parakletlehre und kirchliche Antimontanisten verwerfen daraufhin das Joh selbst (vgl. Irenäus, Adversus Haereses III 11,12). Doch hatte das Joh indessen einen festen, anerkannten Platz in der Kirche, so daß Irenäus solche Verwerfung als Randphänomen abtun kann. Für ebenso abwegig galt allgemein die Behauptung, der Gnostiker Kerinth sei der Verfasser des Joh. Sie wurde von einer Randgruppe, den Allogern, vertreten, um das Joh verwerfen zu können (Epiphanius, Panarion 51).

In der Alten Kirche zeigt sich dann später eine gewisse Hochschätzung des Joh. Dies bezeugen u. a. Kommentare von Origenes (in Auseinandersetzung mit Herakleon), Chrysostomus, Theodor von Mopsuestia, Cyrill von Alexandria und Augustinus. Im trinitarischen und christologischen Streit nimmt naturgemäß Joh 1 eine herausragende Schlüsselstellung ein. Seitdem gehört der Prolog zu den klassischen Zitaten in den Dogmatiken. Vor allem die Inkarnationslehre mit ihrem Ziel, das »Wahrer Gott und wahrer Mensch« in der Person Christi zu denken, hat immer wieder Joh 1,14 dazu herangezogen. Auch die Exegeten haben unter diesem Einfluß bis in die neuere Zeit von Joh 1,14 her das ganze Joh zu verstehen gesucht – und das wohl zu Unrecht (vgl. den Kom. zu 1,14). Weniger geläufig ist, daß antijudaistische Äußerungen aus der Alten Kirche (mit Folgen bis in die Neuzeit) sich u. a. auf das Joh beriefen und damit wohl noch nicht einmal die Grundhaltung des Joh so ganz falsch einschätzten (vgl. zu Joh 8).

So zeigt hoffentlich dieser kurze Einblick in die Wirkungsgeschichte des Joh in der Alten Kirche, wie solche Rezeption auch rückwirkend Licht auf das Joh selbst wirft.

Kommentar

I. Der Prolog 1,1–18

1 Am Anfang war der Logos,
und der Logos war bei dem Gott,
und ein Gott war der Logos.

2 Dieser war am Anfang bei dem Gott.

3 Alles ist durch ihn geworden,
und ohne ihn ist nichts geworden.

Was geworden ist, 4 in dem war er Leben,
und das Leben war das Licht der Menschen.

5 Und das Licht scheint in der Finsternis,
aber die Finsternis hat es nicht in Besitz genommen.

6 Ein Mensch trat auf, von Gott gesandt, sein Name war
Johannes. 7 Dieser kam zum Zeugnis, um über das Licht
Zeugnis abzulegen, damit alle durch ihn zum Glauben
kämen. 8 Er war nicht (selbst) das Licht, sondern damit er
über das Licht Zeugnis ablege (, dazu war er gesandt). 9 Es
war das wahre Licht, das jeden Menschen erleuchtet, der in
die Welt kommt. 10 Er (der Logos) war in der Welt, und die
Welt ist durch ihn geschaffen, doch die Welt hat ihn nicht
erkannt.

11 Er (der Logos) kam in das Seine,
aber die Seinen nahmen ihn nicht auf.

12 Wieviele ihn aber aufnahmen,
denen gab er Ermächtigung,
Gottes Kinder zu werden.

(Das sind die,) die an seinen Namen glauben, 13 die nicht
aus Blut noch aus Fleischeswillen noch aus Manneswillen,
sondern aus Gott gezeugt sind.

14 Und der Logos wurde Fleisch
und wohnte unter uns.
Und wir sahen seine Herrlichkeit,

eine Herrlichkeit wie die des Einzigerzeugten beim Vater,

voll Gnade und Wahrheit.

15 Johannes legte Zeugnis von ihm ab, rief aus und sprach: »Dieser war es, von dem ich sprach: ›Der nach mir Kommende ist eher als ich gewesen, denn er war vor mir.‹«

16 Denn aus seiner Fülle haben wir alle empfangen, und zwar Gnade um Gnade.

17 Denn das Gesetz wurde durch Mose gegeben, die Gnade und die Wahrheit sind durch Jesus Christus geworden.
18 Niemand hat Gott je gesehen. Der Einzigerzeugte, Gott (von Art), der an der Brust des Vaters ist, der hat (von ihm) Kunde gebracht.

Literaturauswahl: Aland, K.: Über die Bedeutung eines Punktes. Eine Untersuchung zu Joh 1,3.4; ZNW 59 (1968) 174–209; Nachdruck in: Neutestamentliche Entwürfe, ThB 63, 1979, 351–391. – *Becker, J.:* Beobachtungen zum Dualismus im Johannesevangelium, ZNW 65 (1974) 71–87. – *Berger, K.:* Zu »Das Wort ward Fleisch« (Joh 1,14), NT 16 (1974) 161–166. – *Ders.:* Exegese des Neuen Testaments, UTB 658, 1977, 27–29. – *Boismard, M. E.:* Le prologue de saint Jean, Paris 1953. – *Borgen, P.:* Observations on the targumic Character of the Prologue of John, in: Logos was the true Light, Trondheim 1983, 13–20. – *Demke, Chr.:* Der sogen. Logos-Hymnus im johanneischen Prolog, ZNW 58 (1967) 45–68. – *Eltester, W.:* Der Logos und sein Prophet, in: Apophoreta (FS E. Haenchen), BZNW 30 (1964) 109–134. – *Fennema, D. A.:* John 1,18: »God the only Son«, NTS 31 (1985) 124–135. – *Feuillet, A.:* Le prologue de quatrième évangile, Paris 1968. – *Gese, H.:* Der Johannesprolog, in: Ders.: Alttestamentliche Vorträge zur Biblischen Theologie, München 1977, 152–201. – *Habermann, J.:* Präexistenzaussagen im Neuen Testament, EHS XXIII/362 (1990) 317–414. – *Hamerton-Kelly, R. G.:* Pre-existence, Wisdom and the Son of Man, Cambridge 1973. – *Hofius, O.:* Struktur und Gedankengang des Logos-Hymnus in Joh 1,1–18, ZNW 78 (1987) 1–25. – *Ders.:* »Der in des Vaters Schoß ist« Joh 1,18, ZNW 80 (1989) 163–171. – *Hofrichter, P.:* Nicht aus Blut, sondern monogen aus Gott geboren, FzB 31, 1978. – *Ders.:* Im Anfang war der »Johannesprolog«, BU 17, 1986 (Lit.). – *Ders.:* Wer ist der »Mensch, von Gott gesandt« in Joh 1,6? BU 21, 1990. – *Ibuki, Y.:* Lobhymnus und Fleischwerdung, AJBI 3 (1977) 132–156. – *Jervell, J.:* ›Er kam in sein Eigentum‹. Zu Joh 1,11, STL 10 (1957) 14–27. – *Käsemann, E.:* Versuche II, 155–180. – *Lausberg, H.:* Der Johannes-Prolog, NAWG.PH 1984. – *Mack, B. L.:* Logos und

Sophia, StUNT 10, 1973. – *Müller, U. B.:* Geschichte, 13–52. – *Ders.:* Menschwerdung, 40–83. – *Osten-Sacken, P. von der:* Der erste Christ, ThViat 13 (1975/76) 155–173. – *Painter, J.:* Christology and the Fourth Gospel, ABR 31 (1983) 45–62. – *Richter, G.:* Studien, 149–198. – *Ridderbos, H.:* The Structure and Scope of the Prologue to the Gospel of John, NT 8 (1966) 180–201. – Rochais, G.: La formation du prologue (Jn 1,1–18), ScEs 37 (1985) 5–44.161–187 (Lit.). – *Schmithals, W.:* Der Prolog des Johannesevangeliums, ZNW 70 (1979) 16–43. – *Schottroff, L.:* Der Glaubende, 228–245; 271–289. – *Theobald, M.:* Im Anfang war das Wort, SBS 106, 1983 (Lit.). – *Ders.:* Die Fleischwerdung des Logos, NTA 20, 1988 (Lit.). – *Thyen, H.:* Literatur, Abschnitt 3, ThR 39 (1975) 53–69; 222–252. – *Vellanickal, M.:* The Divine Sonship of Christians in the Johannine Writings, AnBib 72 (1977) 105–162. – *Weder, H.:* Der Mythos vom Logos (Johannes 1), in: H. H. Schmid (Hg.): Mythos und Rationalität, Gütersloh 1988, 44–75. – *Wengst, K.:* Christologische Formeln und Lieder des Urchristentums, StNT 7, 1972, 200–208. – *Ders.:* Häresie und Orthodoxie im Spiegel des ersten Johannesbriefes, Gütersloh 1976. – *Zimmermann, H.:* Christushymnus und johanneischer Prolog, in: Neues Testament und Kirche (FS R. Schnackenburg), Freiburg 1974, 249–265.

Durch Mk wurde der Anfang der Gattung Evangelium mit dem Täufer (Täuferpredigt und Taufe Jesu) besetzt. Noch Lk, der in Lk 1–2 eine Vorgeschichte komponiert, weiß davon (vgl. Apg 1,22; 10,37; 13,24). Auch E setzt diese Tradition im Prinzip fort, wenn er das Auftreten des Täufers (1,19–34) und die Gewinnung der Jünger (1,35–51) dem Wirken Jesu (2,1–12) unmittelbar vorordnet. Allerdings hat er der Überlieferung vom Täufer einen Prolog (1,1–18) vorangestellt. Dieser ist also keine spätere redaktionelle Ergänzung (gegen Rochais und Theobald, Menschwerdung). Er hat die Funktion, das Evangelium zu eröffnen. Er steht wie eine Sphinx am Eingang und hat bis heute manches Geheimnis noch nicht preisgegeben, obwohl zu keiner Stelle des Joh eine stattlichere Literaturliste erstellt werden kann.

Sicher ist, daß dem Prolog ein Gemeindelied zugrunde liegt, das sich durch Form und Inhalt von seiner Umgebung abhebt, mag die genaue Rekonstruktion des Hymnus auch zu verschiedenen Lösungen geführt haben. An diesem Ansatz ist festzuhalten, selbst wenn neuerdings wieder versucht wurde (Berger, Exegese), den Prolog als einheitliche Abfolge von drei Blöcken (V 1–8; Gegensatz Logos – Täufer; V 9–13: Gegensatz Jesus – Kosmos: V 14–18: Gegensatz Jesus Christus – Mose) zu verstehen oder auf andere Weise die Einheitlichkeit des Textes zu begründen (vgl.

Eltester; Ridderbos; Theobald, Fleischwerdung; dagegen: Müller, Menschwerdung, 52f.).

Auf der Suche nach dem Umfang des Liedes setzt man immer noch am besten bei 1,6–8.15 ein (soweit richtig: von der Osten-Sacken u. a.). Diese Verse zerstören den Zusammenhang. Sie heben sich durch ihr gemeinsames Thema (Täuferaussagen) vom Kontext ab: V 9f. müssen erst ausdrücklich zu V 1–5 zurücklenken, um den mit V 5 verlassenen Gedanken wieder aufzugreifen. Dabei entfalten V 5.9–12 ein Verhältnis zwischen Logos und Menschheit, das den Täufer übergeht und überflüssig sein läßt. Eigentlich ist der Logos längst vor dem Täufer in der Welt, so daß dieser zu spät kommt, um ihn anzukündigen. Noch ungeschickter steht V 15 zwischen V 14 und 16 (gegen Käsemann). Ist es schon schwer erträglich, daß der Täufer ein Selbstzitat bringt, das vorher noch nicht Erwähnung fand (vgl. später 1,30, doch auch 1,27 und Mt 3,11 par), so unterbricht der Vers die Aufnahme von *»voll* Gnade und Wahrheit« durch das »aus seiner *Fülle* ...«. Auch das bekennende Wir in V 14.16 kennt V 15 (Ich-Stil) nicht. Weiter kann V 16 inhaltlich nur V 14 begründen, nicht aber V 15. Der Täufer, der nun auch V 16 sagen muß, muß nicht nur aus dem Ich ins Wir fallen, sondern ist in jeder Weise ein unglücklicher Bekenner für eine Aussage, die die Erfahrung der Gemeinde wiedergibt, aber nicht seine eigene sein kann, wenn anders er nicht Jünger Jesu ist (vgl. 1,19ff.). Löst man V 6–8.15 gemeinsam aus dem Zusammenhang heraus, wird der Text glatter und erhebliche Schwierigkeiten entfallen. Oder soll man auch V 16 als Erläuterung zu V 15 verstehen und erst in V 17 die Fortsetzung des Hymnus sehen (Kotila)? Doch dagegen spricht, daß V 17 das bekennende Wir der Gemeinde aus V 14 nicht fortsetzt, und nicht erklärt ist, warum zwischen V 15 und 17 dann der Täufer überhaupt in den Wir-Stil fällt, der ihn zum Christen macht, der er nicht ist. Auch der Aufbau, der sich für V 14.16 ergibt (s. u.) spricht gegen solche Operation.

Nachträglich kann festgehalten werden: V 6–8.15 sind erzählende Prosa. Der Kontext bietet berichtendes Lob im proklamatorischen Er-Stil (V 1–5.9ff.) oder im bekenntnishaften Wir-Stil (V 14.16). Er folgt der semitischen Poesie, indem er sich (Ausnahmen s. u.) in etwa gleich lange Parallelglieder aufteilen läßt, die wiederum meistens je zwei tontragende Wörter enthalten, wobei das letzte tontragende Wort der einen Zeile das erste der nächsten Zeile abgibt (Stufenparallelismus):

»Am *Anfang* war der *Logos*,
und der *Logos* war bei dem *Gott*,
und ein *Gott* war der *Logos* ...«

Außerdem ist die syntaktische Zuordnung der Glieder einfach (vorherrschende Parataxen mit »und«), während z. B. V 6–8 ein komplexes syntaktisches Gebilde ist (Weiteres bei Zimmermann). So zeigt auch der Stil: Der Prolog besteht aus einem Hymnus und seiner nachträglichen Interpretation.
Hymnus und Bearbeitung lassen sich noch präziser trennen: So erfreut sich die Annahme breiter Übereinstimmung, nach der V 17f. dem Hymnus abzusprechen sind (ausführlich zuletzt Hofius, Struktur). V 17 ist eine prosaische Aussage, die sich schon syntaktisch durch das dritte »denn« (V 15c.16.17a) verdächtig macht. Sie bringt mit der Gegenüberstellung von Mose und Jesus Christus einen Aspekt ein, von dem der Text bisher nichts wußte. Auch der Hoheitstitel Jesus Christus ist kontextfremd und begegnet im Joh nur noch in einer Glosse 17,3. Weiter ist die Aussage inhaltlich geschlossen, führt eine neue Zuordnung von Gesetz und Gnade ein und verläßt den Wir-Stil aus V 16. Dieser Vers wiederum wird leicht als Abschluß des Hymnus erkannt. Auch V 18 ist nicht nur Prosa, repräsentiert den Stil der Offenbarungsrede und hat die nächsten Parallelen in 5,37f.; 6,46, sondern läßt sich auch keinesfalls an V 16 anschließen. So hat zu gelten: V 17f. sind Kommentar zu V 16, wobei V 17 Tradition ist und V 18 neu formuliert wurde.
Zwei Zusatzbemerkungen lassen sich auch V 12c–13 ausmachen: Die Apposition V 12c »die an seinen Namen glauben« klappt nach, ist grammatisch dem »denen« in V 12b verbunden und will etwas verspätet V 12a interpretieren. Formal ähnlich verhält es sich mit V 13. Wieder ist der syntaktische Anschluß verunglückt, weil unabhängig von V 12c nun auf V 12a (»wieviele«) Bezug genommen wird. Stilistisch gleicht der Satz einer Glosse, die die neue Ursprungsbestimmung der Kinder Gottes im Gegensatz zum natürlichen Ursprung umschreibt, also ein Stichwort aus V 12b erläutert.
Weitere Operationen am Text sind umstrittener, so sicher der Restbestand noch nicht zufriedenstellt. Wahrscheinlich ist V 2 eine »unterstreichende Wiederholung« (Käsemann, zuletzt Rochais). Der Anfang erinnert formal an V 7a (Weiteres bei Schnackenburg). Außerdem durchbricht V 2 die Kettung der Glieder und V 3a kann gut nach V 1c stehen.

Schwierigkeiten macht die Abfolge V 5.9f.: Während V 5 schon von der Ablehnung des Logos redet, orientiert sich V 9 noch an dem Zustand von V 4. Umgekehrt setzen V 10f. den Gegensatz aus V 5 fort. Man kann demzufolge V 5 der Vorlage aberkennen (Schnackenburg) und dabei darauf verweisen, daß der Gegensatz Licht – Finsternis unvorbereitet auftritt. Oder man nimmt V 9 heraus (Käsemann; Rochais) und sieht darin eine nach dem Einschub V 6–8 notwendige Rücklenkung zum Thema des Hymnus. Aber damit sind noch nicht alle Probleme gelöst. Zunächst: V 5 weist eine mit V 4 gut geglückte Kettung der Glieder auf. Die Schwierigkeit mit der nicht näher begründeten Ablehnung des Logos unmittelbar nach Schilderung der »heilen Welt« in V 1–4 würde sich bei Streichung von V 5 nur auf V 10f. verlagern. Weiter: V 9 ist Prosa. Ihm fehlt zudem die Kettung der Glieder. Auch fehlen Relativsätze und Partizipialkonstruktionen sonst im Hymnus, begegnen hingegen des öfteren in den Zusätzen (V 6.9.12c.15.18). Ist ferner vom »wahren« Licht gesprochen, so ist diese Näherbezeichnung von V 7f. verstehbar, jedoch nach V 1–5 schwer zu erklären. Also: V 9 ist Wiederholung von V 4 unter den neuen Bedingungen von V 6–8.

Aber auch V 10 enthält noch Probleme. Formal fehlt den drei kurzen Sätzen eine Kettung der Glieder und ein zweites tontragendes Substantiv. Der erste Satz ist auffällig kurz und repetiert V 5a. Der zweite Satz kommt mit seiner Schöpfungsaussage zu spät und greift auf V 3a zurück. Der erste und der dritte Satz bilden ohne den mittleren eine Antithese, die sachlich Dublette zu V 5 und 11 ist. Dreimal hintereinander dasselbe zu sagen, ist für einen Hymnus wohl schwer annehmbar. So nimmt sich die Annahme besser aus, V 10 sei Wiederholung von V 5 (und V 3), um V 11 dort anschließen zu lassen, wo der Vers ursprünglich Fortsetzung war, nämlich an V 5. Für diese Verbindung spricht noch eine Beobachtung zu V 5.11.12. Es wird kaum ohne Absicht sein, daß im Griechischen die Verbalformen: »nicht in Besitz nehmen«, »nicht aufnehmen«, »aufnehmen« gut aufeinander abgestimmt sind. Endlich begegnet nur V 9f. der Begriff »Welt« *(Kosmos)*. Der Hymnus benutzt V 3 und 11 dieses Wort nicht. Ebenso ist der Gegensatz von »glauben« (V 7.12c) und »nicht erkennen« (V 10) dem Lied fremd. Es redet auch hier eine andere Sprache (V 5.11.12). Mit dieser Lösung läßt sich wohl auch noch ein offenes, mißliches Problem klären: In V 9 ist das Subjekt des ersten Satzes wegen der Beziehung zu V 8 das Licht (»Es, d. h. das Licht war ...«). Mit V 10 vollzieht sich jedoch ein stillschweigender Subjektwechsel,

denn das Objekt in V 10 (»ihn«) kann nur den Logos meinen. So wird man annehmen: V 6–9 sind der Täuferabschnitt, mit V 10 kehrt E zum Logoslied zurück.
Oder soll man auch noch V 11 zum eingeschobenen Block V 6–11 rechnen (Schmithals, Kotila)? Aber das macht Probleme: V 12 schließt schlecht an V 5 an, weil der Übergang von nichtanthropologischer Rede zur anthropologischen unvermittelt kommt. Er ist mit V 11 durch ein Wortspiel (das Seine – die Seinen) elegant gelöst. Statt »wieviele ihn aufnahmen« sollte man dann auch »wieviele es (nämlich das Licht) aufnahmen« erwarten. Endlich will die für die gesamte joh Tradition ungewöhnliche Aussage in V 11, daß die Seinen ihn nicht aufnahmen, erklärt werden. Dies geschieht immer noch am besten so, daß man V 11 zur Vorlage stellt.
Letztlich ist ernsthaft erwägenswert, ob nicht in V 14 die Apposition: »eine Herrlichkeit wie die des Einziggezeugten beim Vater« Nachtrag ist (Müller, Geschichte). Jetzt ist der Text durch zwei Appositionen überladen und die zweite syntaktisch schlecht angeschlossen. Die erste steht mit dem absoluten Gebrauch von »Vater« und dem Korrespondenzbegriff »der einziggezeugte (Sohn)« (vgl. 1,18; 3,16.18) im Gegensatz zum sonstigen Hymnus, der von Gott und Logos (V 1.11f.14) spricht.
Nach diesen Erörterungen ergibt sich, daß alle Zusätze Erläuterungscharakter haben. Sie sind als Kommentare zu einer Vorlage verstehbar: Drei Stellen reflektieren die enge Beziehung von Gott und Offenbarer (V 2.14d.17f.). Zwei bringen das Thema des Täufers ein (V 6–10.15). Eine zwiegestaffelte erläutert die Heilssituation der Gotteskindschaft (V 12c.13). Als Restbestand verbleibt ein Logoslied, das sich nun im Nachherein zwanglos in 3 Strophen einteilen läßt:

1. Strophe: *Die Schöpfungsmittlerschaft des Logos*
Am Anfang war der Logos,
und der Logos war bei dem Gott,
und ein Gott war der Logos [V 2].
Alles ist durch ihn geworden,
und ohne ihn ist nichts geworden.
Was geworden ist, in dem war er Leben.
Und das Leben war das Licht der Menschen.

2. Strophe: *Die Heilsmittlerschaft des Logos*
Und das Licht scheint in der Finsternis,
aber die Finsternis hat es nicht in Besitz genommen [V 6–10].

Er (der Logos) kam in das Seine,
aber die Seinen nahmen ihn nicht auf.
Wieviele ihn aber aufnahmen,
denen gab er Ermächtigung,
Gottes Kinder zu werden [V 12c–13].

3. Strophe: *Die Fleischwerdung des Logos*
Und der Logos wurde Fleisch
und wohnte unter uns.
Und wir sahen seine Herrlichkeit [V 14d]
voll Gnade und Wahrheit [V 15].
Denn aus seiner Fülle haben wir alle empfangen,
und zwar Gnade um Gnade [V 17f.].

Da dieser Hymnus (ungefähr) in diesem Umfang ein ehedem selbständiges Gemeindelied war, muß er zunächst für sich ausgelegt werden. Eine sofortige Vereinnahmung im Sinne der Theologie von E ist methodisch unstatthaft (gegen Schottroff). Allerdings taucht bei der Auslegung sofort das Problem auf, wie sich die zweite und dritte Strophe zueinander verhalten. Dieses Verhältnis wird in der Literatur in der Regel so diskutiert, daß man die Parallelität von V 5ff. und V 14ff. erörtert (Bultmann, Käsemann, Demke). In der Tat steht man hier vor einem störenden Konkurrenzverhältnis: V 5.11.12a.b bedürfen in bezug auf das Heilsziel keiner Ergänzung, vielmehr kommt die Heilsfunktion des Logos in V 12a.b zu ihrem Ziel. Ab V 5 handelt der Logos bereits in der Welt zum Heil der Menschen (duratives Präsens), so daß seine Fleischwerdung V 14 damit konkurriert. Auch das Weltbild ist V 5ff. verschieden: Im ersten Fall trifft der Logos in einer durch Licht und Finsternis charakterisierten Situation auf Ablehnung. Die Annahme bleibt Ausnahme. Im zweiten Fall gibt es noch das Schauen der Herrlichkeit des Inkarnierten in einer für solche göttliche Epiphanie offenen Welt. Endlich wechselt mit V 14ff. der Stil von der Beschreibung (Er-Stil) zum Bekenntnis (»Wir«), die parallelen Glieder tragen eine andere Form (der zweite Teil ergänzt jeweils den ersten, die Kettung fehlt zum Teil), und auch das Vokabular von V 14.16 ist im Joh singulär (z. B. Fleisch werden, wohnen, schauen als irdisches Offenbarungsmedium, voll, Fülle, Gnade und Wahrheit, und zwar ... um). Daraus ist zu schließen: Ursprünglich endete das Logoslied mit V 12b und V 14.16 sind eine Ergänzung (vgl. Rochais). Diese Erweiterung geht aber nicht mit V 14–18 im ganzen auf das Konto von E (Käsemann), weil V 14.16 und V 15.17f. sich wie Vorlage und Kommentar verhalten (s. o.)

und V 14.16 gerade auch für E Fremdstoff ist (statt von der Fleischwerdung redet er z. B. von der Sendung). Auch geht es nicht an, V 14ff. erst nachevangelistischer Redaktion zuzuweisen (Richter, Thyen), weil V 15.17f. als Kommentar zu V 14.16 von E stammen (s. u.). Dann ergibt sich: Man muß in Joh 1,1–18 mit vier Stufen rechnen: Mit einem selbständigen Logoslied (1,1.3–5.11.12a.b), seiner Ergänzung in der Gemeinde (1,14.16), einer literarischen Bearbeitung durch E (1,2.6–10.12.14d.15.17f.) und einer nachevangelistischen Ergänzung (V 13) durch die KR (s. u.).

Die Interpretation des Logosliedes (Grundstock V 1–12) kann davon ausgehen, daß neuere Arbeiten (z. B. Mack, Hamerton-Kelly) gezeigt haben, wie sich Weltbild, Motivik und Sprache des Liedes der weitverzweigten jüdisch-hellenistischen Weisheitsspekulation verdanken: Hier finden sich die Vermischung von Logos und Weisheit, die Präexistenzaussage und die Schöpfungsmittlerschaft derselben, der mythisch-hypostatische Charakter von Weisheit und Logos, das Durchwalten der Schöpfung mit Licht und Leben, duale Aspekte (Licht – Finsternis), um Heil und Unheil derer, die die Weisheit annehmen bzw. ablehnen, zu beschreiben, und endlich die Verleihung der Sohnschaft als Heilsziel. Auch die strukturelle Zweiteilung der Beschreibung der Weisheit als Schöpfungs- und Heilsmacht wie in den beiden ersten Strophen des Logosliedes ist hier zu finden. Aufgrund dieser Ergebnisse besteht keine Veranlassung mehr, für das Lied gnostischen Hintergrund anzunehmen (Bultmann), denn gerade typisch gnostische Aussagen fehlen: Wenn anders z. B. gnostische Heilsverwirklichung in der Ablösung des Ichs als besserem Teil des Menschen von der Welt und in seiner Aufnahme im oberen himmlischen Bereich besteht, so zeigt das Logoslied eine dazu sperrige Ansicht: Es wird nicht von der Welt, sondern im Rahmen der guten Schöpfung zu einem logosgemäßen Leben in der Gotteskindschaft erlöst.

Im einzelnen macht die *erste Strophe* des Logosliedes folgende Aussagen: Zunächst wird in drei zusammengehörigen Sätzen (V 1a.b.c) geklärt, daß der Logos – das »Wort« – nicht zur Schöpfung, sondern auf die Seite Gottes gehört. »Am Anfang« (vgl. Spr 8,22f.; Sir 24,9) ist beabsichtigte Aufnahme von 1 Mose 1,1. Die Aussage orientiert sich am Schöpfungsbeginn, nicht an einem Uranfang vor der Schöpfung. Darum fehlt jede Aussage darüber, was Gott und Logos-Weisheit vor der Schöpfung taten (z. B. miteinander »spielen« wie Spr 8,30). Hinter die Zeit des Schöpfungsbeginns wird nicht zurückgefragt. Es wird vielmehr von der Schöpfung her konstatiert: Die Welt, die wir kennen (V 3), verdankt sich der Schöpfungsmittlerschaft des Logos, der schon bei der Weltentstehung »war«. Wahrscheinlich ist auch in Erinnerung an die Erschaffung durch das Wort (1 Mose 1), eventuell vermittelt durch Zwischenglieder wie SapSal 9,1f., die weibliche Weisheit durch das männliche Substantiv »Logos« ersetzt worden. Denn dem Gott Israels eine weibliche Gottheit zur Seite zu stellen (vgl. aber SapSal 8,1ff.; 9,4) ist ungewöhnlich.

Verhalten sich Schöpfung und Wort so, daß dieses jener gegenüber präexistent ist, so bleibt für den Logos vor der Schöpfung nur die Zuordnung zu Gott (Joh 1,1b). Auch SapSal 6,19 hält fest: Die Unsterblichkeit der Weisheit bedeutet Nähe zu Gott. Weisheitlich sind auch die christologischen Aussagen in Phil 3,6f., wonach Christus »göttliche Gestalt« und Gottgleichheit besaß (vgl. Hebr 1,3a). Diese Zuordnung zu Gott wird Joh 1,1b konstatiert und wiederum nur mit einem schlichten »war« beschrieben: Der Logos ist nicht selbständige oder gar widergöttliche Macht, sondern der präexistente Logos war schon immer Gott zugeordnet.

Doch auch diese Aussage birgt immer noch Gefahren für einen Monotheismus. Darum wird Joh 1,1c dieses Sein bei Gott als Relationsbestimmung von Gott und Logos noch näher beschrieben, indem wohl eine philonische Differenzierung zwischen »dem Gott« und dem Logos als »Gott« (ohne Artikel) Verwendung findet (Barrett, Haenchen). Das soll wohl heißen: Im Verhältnis zu dem einzigen, wahren Gott steht der Logos auf untergeordneter Stufe. Ihm gebührt das Prädikat Gott (vgl. als Vorstufe Sir 24,1f.; SapSal 7,26; 9,4), also ist auch er göttlicher Art (vgl. Müller, Menschwerdung 40f.), aber sein Sein bei Gott macht ihn noch nicht »dem« Gott gleichrangig. Er ist göttliche Person und zugleich nur Mittler des einen Gottes. (Diese Subordination kennt sachlich auch der Evangelist, vgl. 5,26; 7,16–18.28f.; 14,16.26 u. ö.).

Durch diesen Mittler ist »alles« geworden. Im Unterschied zu 1 Mose 1 »wird« die Schöpfung nicht unmittelbar durch Gott, sondern durch den Logos. Das entspricht dem Weisheitsmythos (Hi 28,27; Spr 3,19; 8,30; SapSal 7,12; 8,6; 9,9). Am Logos vorbei gibt es kein Geschaffenes. Die Gesamtheit alles Geschaffenen ist sein Werk.

Dabei entsteht ein syntaktisches Gliederungsproblem in V 3.4. Man kann die Satzteile so ordnen: »... und ohne ihn ist nichts geworden, was geworden ist. In ihm (d. h. dem Logos) war (dafür) Leben ...« (Haenchen u. a.). Oder: »... und ohne ihn ist nichts geworden. Was geworden ist, (dafür) war in ihm Leben ...« (Bultmann, Aland). Die erste Form wirkt sachlich und im Blick auf die sonst kürzeren Versteile überladen. Die zweite Form macht die Kettung der Glieder deutlicher. Der Anfang von V 4 läßt sich darüber hinaus nochmals verschieden auffassen: »Was geworden ist, in ihm (dem Logos) war (dafür) Leben«, oder: »Was geworden ist, in dem war er (der Logos) Leben.« Die zweite Lösung ist grammatisch etwas einfacher.

Inhaltlich ist gesagt: Alles Geschaffene verdankt sich nicht nur einmalig dem Logos, sondern hat auch kontinuierlich nur Existenz durch ihn. Er gewährt immerfort Leben. Er ist in allem die Kreativität und die Ordnung der Dinge. Wo er sich versagt, ist Tod (vgl. Ps 104,29; Bar 3,28). Allerdings wird nicht einfach nur allgemein vom Leben, sondern im qualifizierten Sinn vom eigentlichen Leben gesprochen. Dies ist dadurch angezeigt, daß »Leben« und »Licht« miteinander verbunden sind (vgl. SapSal 7,10). Leben kann sich verfehlen oder erfüllt sein: Es kann scheitern, versagen, ins Böse pervertieren oder heilvoll, gut, vollkommen sein. Dabei werden Lebensverfehlung und Lebenserfüllung vom Logos her definiert. Insofern er Leben und Licht ist, ist der Lebenssinn das schöpfungsgemäße Leben unter dem Logos bzw. Gott. So stehen sich Gottlosigkeit und logosgemäßes Menschsein gegenüber. Schöpfungsziel ist nicht einfach nur das biologische Leben, sondern ein in der Relation zu Gott sinnerfülltes Leben im Einklang mit der geschöpflichen Ordnung und ihrem Ziel. Eben dies intendiert das Wirken des Logos in der Schöpfung. Als Schöpfungsmittler und Gewährer von Schöpfungskontinuität ist er zugleich Lebenslicht, also Eröffner von Leben im qualifizierten Sinn im Rahmen der Schöpfung. Ewiges Leben jenseits der Schöpfung ist im Unterschied zum Evangelisten nicht im Blick.

So sicher bisher die Schöpfung als »heile Welt« beschrieben wurde, so war indirekt schon angedeutet, daß sich Leben in der Schöpfung auch nicht logosgemäß verhalten, d. h. verfehlen kann. Dies wird eingangs der *zweiten Strophe* (V 5), die die Heilsmittlerschaft des Logos besingt, ausdrücklich entfaltet: Das Licht scheint in der Finsternis. Ganz analog der Abstinenz in V 1, wo die Entstehung des Logos nicht beschrieben wird, verliert der Logoshymnus kein Wort über die Herkunft der Finsternis. Daß die Menschen sich dem Logos als Licht verweigern und demzufolge der Logos auf Ablehnung stößt, ist einfach als gängige Erfahrung vorausgesetzt. Ebenso muß man erschließen, daß Finsternis Beschreibung des Zustandes ist, in dem sich der Mensch Gott und Logos = Licht verweigert – also nicht dem göttlichen Ziel der Schöpfung gemäß lebt. So entsteht Finsternis als Negation des Lichtes. Wo immer das

Licht scheint, konstituiert sich Finsternis als menschliche Existenzweise und als Ablehnung des Logos. Dies entspricht auch sachlich dem Motiv der »abgelehnten Weisheit« im Zusammenhang der hellenistisch-jüdischen Weisheitsspekulation. In diesem Zusammenhang können auch sonst die Begriffe Licht und Finsternis Verwendung finden (Mack). Es ist hier also keine Rede von einem der Geschichte vorgegebenen und sie immer schon bestimmenden Dualismus, der die obere göttliche Welt von der bösen unteren Welt trennt (Gnosis), noch von einem Dualismus aufgrund prädestinatianischer Setzung Gottes, nach dem die Menschheit schon vor Eintritt in die Geschichte in zwei feindliche Gruppen gegliedert ist und damit zum Spiegelbild desselben Dualismus wird, der auch die Engelwelt durchzieht (Qumran), sondern Licht und Finsternis sind aufgrund menschlicher Entscheidungsmöglichkeit geschichtliche Qualifikation des Menschen. Finsternis ist dort, wo man sich dem Licht verweigert. So interpretiert V 11 aufs beste V 5. Der Logos kommt in »sein Eigenes«, also in die von ihm geschaffene Welt, aber die Menschen – als Teil der Schöpfung sein Eigentum – nehmen ihn, seine Eröffnung zu qualifiziertem Leben, nicht an, nehmen nicht »Besitz« von ihm als Heilsgut (V 5). Diese Parallelität spricht dafür, in V 5 nicht – wie grundsätzlich philologisch möglich – eine Kampfsituation zwischen Licht und Finsternis einzutragen, indem man übersetzt: »aber die Finsternis hat es (das Licht) nicht überwältigt.« Religionsgeschichtlich spiegelt sich in V 5.10 das Motiv der abgelehnten Weisheit. Ein dualistisch orientierter Kampf ist außerhalb des Darstellungskonzeptes.

Generell stößt der Logos innerhalb der Geschichte der Schöpfung auf Ablehnung. So unverständlich dies ist – Schöpfung und Mensch sind doch vom Ursprung her Eigentum des Logos! –, gibt es nur als Ausnahme Wenige, die ihn aufnehmen; ihnen bringt er Gotteskindschaft (V 12a; vgl. SapSal 2,13. Der Logos ist bei Philo, Conf Ling 146 Mittler der Sohnschaft). Vielleicht ist es Absicht, daß »Gott« erneut keinen Artikel bei sich führt, so daß damit angezeigt werden soll, daß die Menschen zu Kindern des Logos werden, der »Gott« ist. In jedem Fall, die Gotteskindschaft ist das Ziel der Schöpfung. Mit Absicht steht dies als positive Aussage mit Achtergewicht am Schluß. Nicht Resignation ist die Stimmung von V 12 – wie oft gedeutet wird (z. B. Müller, Menschwerdung) –, vielmehr kommen mit den wenigen Söhnen Gottes diejenigen ins Spiel, die sich als kleine, aber qualifizierte Gruppe verstehen und den Logos aufgrund ihrer Erleuchtung preisen.

Damit endet die zweite Strophe sachlich wie die erste, wenn diese das auf den Menschen gerichtete Ziel der Schöpfung beschreibt als die durch das Licht qualifizierte Lebensmöglichkeit. Jenseitiges Heil, das die Welt hinter sich läßt, kommt nicht zur Sprache. Heil als Gotteskindschaft ist schöpfungsgemäßes Leben. Dies entspricht einem breiten Strom weisheitlicher Tradition, so sicher man eigentlich in der joh Tradition anderes erwartet. Aber bei konsequenter Auslegung des Hymnus aus sich selbst kann nur so interpretiert werden: Wie Schöpfungsmittler und Heilsmittler identisch sind, so verwirklicht sich Heil als Durchführung des Schöpfungszieles gegenüber der Möglichkeit seiner Verneinung: Heilvolles Leben ist Verwirklichung guter Schöpfung, Gotteskindschaft logosgemäße Existenz.

Gern hat man in dem Logoslied das Wegschema der joh Christologie wiedergefunden, wie es am kürzesten Joh 16,28 ausgesprochen ist. Aber auch hier liegt eine illegitime Vermischung verschiedener Aussagen vor. Der Logoshymnus kennt keine Erhöhung des Logos in den Himmel. Auch die Herabkunft, die man in V 5.11 fand, steht dort nicht. Dem Lied sind überhaupt räumliche Bezeichnungen fremd, die eine obere und untere Welt als Vorstellung enthalten. Wenn anders seit Beginn der Schöpfung nur im Logos die Welt Leben hat (V 4), dann ist er schon immer in der Schöpfung gegenwärtig, dann ist das präsentische Scheinen (V 5) Zustandsbeschreibung für die gesamte Geschichte der Schöpfung und das Kommen in sein Eigentum (V 11) mit der Schöpfungsentstehung gesetzt, also seither eine Gegebenheit mit durativer Geltung. So ist die Geschichte überhaupt definiert als sich ständig vollziehende Ablehnung oder Aufnahme des in der Schöpfung präsenten Logos. Damit ergibt sich: Das christologische Wegschema fehlt im Logoshymnus.

Hat man die Eigenart des Liedes erkannt, ist die Frage unausweichlich, ob es christlich sei. Dies ist verneint und als Entstehungsort die Täufergemeinde vorgeschlagen worden (Bultmann, Thyen). Aber so sicher das Lied kein christliches Element enthält, hat die Zuweisung an die Täufergemeinde nur den Wert einer modernen biographischen Legende. Es gehört ganz allgemein in den Strom hellenistisch-jüdischer Weisheitstraditionen (so jetzt auch Painter), die ja auch sonst vom Christentum rezipiert wurde. Dies geschah ja nicht nur so, daß weisheitliche Sprache zur Deutung von Welt und Heil christlich aufgegriffen wurde – bis hin zum Hymnus in Kol 1,15–20. Dies geschah auch speziell so, daß weisheitliche Texte verchristlicht wurden, wofür es bis hin zu der christlich-gnostischen Bibliothek von Nag-Hammadi Beispiele gibt. Besonders nahe steht dabei dem Vorgang in Joh 1 das Weisheitsgedicht in Bar 3,9ff., das offenkundig in Bar 4,38 eine zu Joh 1,14 recht analoge christliche Ergänzung erhielt.

Nun kann man den jüdischen Standort des Liedes auf den Logos noch etwas näher kennzeichnen. Zunächst scheidet sprachlich eine semitische Fassung aus (gegen Bultmann). Es gibt nämlich keine zwingenden Semitismen (Barrett, Dodd). Die wohl beabsichtigte dreimalige Verwendung des Stammwortes »nehmen« (V 5.11.12) ist so nur im Griechischen denkbar. Sodann sollte sachlich klar sein: Das Lied identifiziert nicht wie z. B. Sir 24,23 Weisheit und jüdisches Gesetz. Was Sirach durch identifizierende Konkretisierung nachträglich mit der ursprünglich in Sir 24,1–22 geschilderten Schöpfungsweisheit tut, macht formal analog dann Joh 1,14ff. mit seiner Christologisierung des Grundstocks aus Joh 1,1–13. In diesem Lied ist das Wirken des Logos auch universal konzipiert, was der alten Vorstellung von der Weisheit entspricht (z. B. Hi 28; Sir 1,9f.; 24,6 usw.). Darum kommt in dem Hymnus auch nur ein moderater jüdisch-partikularer Standpunkt zur Geltung. Natürlich ist er am Monotheismus in V 1 erkenntlich. Natürlich kommen in den »Söhnen Gottes« V 12 stillschweigend hellenistisch-jüdische Weisheitskreise zur Geltung, die mit dem Logoslied ihrem Gottes- und Weltverständnis ein Denkmal setzten. Aber im übrigen ist Israels besonderer Erwählungsglaube nicht eingebracht (gegen Gese, richtig Hofius u. a.). Denn die Weisheit findet nicht einfach im Unterschied zu den Völkern allein in Israel ihre unumstrittene Wohnung: Selbst wer V 11 nicht von V 5 her schöpfungsorientiert deutet, muß sich dem Inhalt von V 11 stellen, wonach nämlich die Seinen den Logos gerade nicht annehmen (anders Sir 24,6–8). Es ist also ein weltoffenes hellenistisches Judentum, was im Hymnus zur Geltung kommt. Es hält an der allgemeinen Gegenwart der Weisheit in der Schöpfung fest und schließt auch nicht aus, daß Nichtjuden sie finden können.

Wendet man sich aufgrund dieser Einsichten der *dritten Strophe* zu, so hat zu gelten: Sie repräsentiert die christliche Rezeption. Dafür spricht die Inkarnationsaussage (Käsemann) zwar nicht als solche (vgl. Ibuki; Müller, Menschwerdung), wohl aber in ihrer Konkurrenz zur Anwesenheit des Logos in der Welt. Aber welche joh Gemeinde redet? Jedenfalls noch nicht die, die ein dualistisches Weltbild vertritt. Denn V 14.16 greifen nicht nur auf die für eine dualistische Weltsicht naheliegende Möglichkeit zurück, von V 5 her dualistisch zu reden, sondern zeigen etwa durch den neutral verwendeten Begriff »Fleisch«, der noch nicht dualistisch abwertend wie Joh 1,13; 3,6; 6,63 gebraucht ist, daß eine dualistische Weltsicht noch nicht am Horizont auftaucht. In welchem Sinn will dann V 14.16 Verchristlichung des Logosliedes sein? Hier hilft ein Blick z. B. auf den Hymnus in Kol 1,15ff. weiter. Nach ihm ist Christus sowohl Schöpfungsmittler (1. Strophe) wie auch Erlöser (2. Strophe ab V 18b). Die christliche Gemeinde, die V 14.16 anfügte, wollte eine analoge Christologie vertreten: Der, den wir als unseren Erlöser bekennen, ist kein der Schöpfung Fremder, sondern sie entstand durch ihn. Dann gibt es im Rahmen der Geschichte dieser Schöpfung die Möglichkeit vorinkarnatorischer Präsenz des Logos-Christus und die Spezialoffenbarung in der Fleischwerdung. Die erste steht allen immer offen, so sicher sie im allgemeinen auf Ablehnung stößt, doch gibt es (wenige) vorchristliche Gotteskinder. Außerdem wählte der Logos noch eine einmalige Weise der Offenbarung: Er wurde selbst Geschöpf, um so seine Herrlichkeit kundzutun. Seither gibt es eine christliche Gemeinde, die von dieser Gnade lebt. Man kann also sagen: Die christliche Gemeinde überwindet den Anstoß, ihr Bekenntnis beruhe auf zufälliger, mit dem Prädikat der Neuheit versehener Gotteserfahrung mit dem Verweis, in Christus begegne der Schöpfungsmittler.

Ist damit die Intention der dritten Strophe beschrieben, muß klar sein: So redet nicht E mit seinem Dualismus und seiner Penetranz, mit der er davon schweigt, daß die Welt göttliche Schöpfung ist. Nirgends außer im Logoslied und nebenbei im Nachtrag Joh 17,5.24 stößt man im Joh sonst auf Schöpfungsaussagen. Ebenso gilt es zu erkennen: Nirgends greift E auf die Inkarnation zurück. Redet er von derselben »Sache«, so spricht er von der Sendung des Sohnes (vgl. zu 3,16f.). Auch hat für ihn die Erhöhung und Verherrlichung Christi so zentrale Bedeutung, daß man verwundert ist, davon in V 14.16 nichts zu finden. Endlich sind Sprache und Vokabular in 1,14.16 von E reichlich unterschieden. Man wird also in den Versen die christliche Ergänzung des ehedem jüdischen Liedes sehen, daß E nun als christlichen Hymnus insgesamt benutzt. E hat insbesondere durch V 15.17f. seine Auslegung der Vorgabe angegeben. Darum scheidet auch die Möglichkeit aus, in V 14ff. eine Ergänzung erst der KR zu sehen (gegen Richter u. a.).

Diese christliche Strophe aus der Gemeinde vor E hat einen geschlossenen und dreitaktigen Aufbau (Müller, Menschwerdung). Die erste Doppelzeile beschreibt die göttliche Epiphanie als »Fleisch«, d. h. als einen individuellen Menschen. Dieses Erscheinen war nicht für kurze Zeit (vgl. Apg 14,11), sondern dauerhaft (vgl. 1 Tim 3,16), nämlich lebenslang als Jesus von Nazareth. Die zweite Doppelzeile (Joh 1,14c.e) gibt an, was mit der Inkarnation zu den Menschen kam, nämlich die göttliche Fülle (vgl. Kol 1,19). In Unterscheidung zu Phil 2,7 findet dabei beim Eintritt in die Menschheit keine Entäußerung statt, sondern ganz so wie es später 1 Joh 1,1f. deutet, wohnt die göttliche Lebensfülle in Jesus. Die dritte Doppelzeile (Joh 1,16a.b) endlich spricht von der empfangenen Heilsfülle als Gnade und formuliert parallel zu V 12, dem Abschluß des jüdischen Liedes, nun als christliche Deutung das Heilsziel und den Empfang desselben durch die Gemeinde. Damit ist wiederum alles gesagt. Die dritte Strophe ist also nicht Fragment.

Die Einsicht in die Aussagestruktur hat dies inhaltliche Verständnis zu leiten. Besonders wichtig ist dabei, daß der Umbruch vom beschreibenden Er-Stil zum Wir der Gemeinde (ab V 14b) signalisiert, daß der Akzent auf der das Heil annehmenden Gemeinde ruht. Darum ist auch das V 16 abschließende Zeugnis das Ziel der Strophe. Die Inkarnationsaussage ist nur Voraussetzung und Durchgangsaussage hin zu V 16. Natürlich soll die Fleischwerdung V 14a im Unterschied zur allgemeinen und unspezifischen Gegenwart des Logos in der Welt nach der zweiten Strophe unterscheidend festhalten, daß Jesus von Nazareth und der Logos inkarnatorisch zusammengehören. Aber darüber hinaus enthält V 14 keinen besonderen Akzent. Von einer polemischen Spitze gegen eine doketische Christologie ist keine Spur vorhanden (gegen Richter, Schnelle u. a.). Sie als versteckten Hintergrund zu vermuten, ist darum ganz unangemessen, weil V 14a nur als notwendige und unproblematische Bedingung für den Heilsempfang eingeführt ist, der seinerseits das zentrale Thema der Strophe ist. Im übrigen sind unproblematische Inkarnationsaussagen mit einer gewissen Variationsbreite damals nichts Besonderes (vgl. Röm 8,3; Phil 2,7; 1 Tim 3,16; wohl auch Gal 4,4). Auch das religionsgeschichtliche Material ist in diesem Sinne eindeutig (Müller, Menschwerdung).

Besonderer Erklärung bedarf noch das Doppelgespann »die Herrlichkeit« des Offenbarers »schauen« und so »Gnade« empfangen. Bei der Deutung wird man davon auszugehen haben, daß sich dieser Zusammenhang dem dynamistischen Bereich göttlicher Wunderkraft verdankt, wie sie im Wundertäter offenbar wird (Müller, Geschichte). So ist die Ursprungsform von V 14.16 die Akklamation am Schluß von Wundererzählungen. Allerdings ist dieser begrenzte Erfahrungsbereich göttlicher Nähe bei den Menschen nur noch im Hintergrund. Der Logos ist ja mit der gesamten Wirklichkeit in Beziehung gesetzt. Seine Inkarnation als Logos hebt insbesondere auf die Worthaftigkeit der Offenbarung ab. Jesus mit seinem gesamten Leben ist diese Offenbarung. Darum wird man daran erinnern, daß die göttliche »Herrlichkeit« Inbegriff theophaner Beschreibung ist (Lk 2,9; Apg 7,2) und »Wahrheit« (vgl. 2 Kor 11,10; 2 Tim 2,15) und »Gnade« (Apg 6,8; Röm 5,12.20; 1 Kor 15,10; Gal 1,6; 5,4) Globalbezeichnungen für das christliche Heil geworden sind. So skizziert die dritte Strophe ein Gesamtverständnis des christlichen Heils. Da die Gemeinde es regelmäßig im Gottesdienst singt, sind die Schauenden und Empfangenden auch nicht einfach die historischen Zeugen zur Zeit Jesu, die Jesu Botschaft annahmen, sondern ebenso die nachösterliche Gemeinde. Die einmalige Inkarnation ist also als Heilsgabe bei der Gemeinde nach wie vor gegenwärtig.

Die erweiterte Form des Hymnus wählt *E* als *Eingang des Joh.* Damit nimmt er eine neue Gattung in die Rahmengattung des Evangeliums auf, wie es auf andere Weise auch Lk in Lk 1–2 tut. Kein anderer aus dem Urchristentum bekannter Hymnus hätte so gut eingangs eines Evangeliums stehen können. Denn alle anderen zielen auf Christi jetzige Erhöhung und Herrschaft ab, gehören also gleichsam im Rahmen des Evangeliums dorthin, wo Joh 20–21 stehen, nämlich zur österlichen Wirklichkeit Christi. Nur der Logoshymnus, der von Kreuz und Auferstehung bzw. Erhöhung ganz schweigt, ist in V 12.14.16 offen für eine sich unmittelbar anschließende Darstellung des Irdischen, weil das Gekommensein Jesu in die Welt die Grundstruktur der Aussage abgibt.

Diese Grundstruktur enthält auch den Generalnenner, unter dem E inhaltlich den Hymnus aufgreift: Der Jesus, von dem das Joh berichtet, ist der vom Vater Gesandte. Diese ständige Selbstaussage Jesu ist seine kontinuierliche Legitimation. Vor dieses Selbstzeugnis stellt E das bekennende Zeugnis der Gemeinde. Ihr Bekenntnis besagt: Sie hat dies Selbstzeugnis Jesu angenommen. So schreibt E aus der Gemeinde und von ihrem Bekenntnis her.

Zur Zeit der Entstehung des Joh ist es theologiegeschichtlich weit verbreitet, Christologie konstitutiv in der Schöpfungslehre zu verankern: So verfährt z. B. Kol, wenn er den Hymnus in 1,15ff. zur Basis seiner christologischen Ausführungen macht. In ihm ist Christus Ebenbild des unsichtbaren Gottes, Erstgeborener der Schöpfung und Schöpfungsmittler. Analog beginnt Hebr, wenn dort programmatisch in 1,2f. im Rückgriff auf das Bekenntnis der Sohn Schöpfungsmittler, Abglanz göttlicher Herrlichkeit und

Ebenbild göttlichen Wesens ist sowie das Weltall durch sein Wort trägt. Wenn also E mit dem Logoshymnus beginnt, folgt er einer vorherrschenden Tendenz der dritten urchristlichen Generation. Doch unterscheidet er sich zugleich von dieser Tendenz: Nirgends im Joh begegnet man nochmals ausformulierten Schöpfungsaussagen über Gott oder Christus. Nur im Nachtrag Joh 17 (vgl. V 5.24) ist vom »Anfang der Welt« gesprochen. Dabei ist indirekt Gott als Schöpfer gedacht. Gesagt ist es nicht. Das Ziel der Sätze ist es in gar keinem Fall, Schöpfungsaussagen zu machen. Joh 1,1–4 ist also, zugespitzt formuliert, ein erratischer Block. Offenbar kommt E aus einem dualistischen Milieu gnostisierender Art, in dem Schöpfungsaussagen aufgrund des Dualismus verdrängt waren (vgl. Einleitung 4). Durch die betonte Eingangsstellung der Schöpfungsaussage versucht er, Gott, Christus und Schöpfung mit Hilfe des Hymnus wieder zusammenzusehen. Analog weitet er auch in der Soteriologie den Horizont von dem im Rahmen des Gemeindedualismus allein Erwählten auf die ganze Menschheit aus (vgl. zu 3,16), was wohl schon 1,7.12 als Konsequenz der kosmischen Dimension zur Geltung kommen soll. Doch führt dies noch nicht zu der These, das Joh vertrete Schöpfungstheologie. De facto rezipiert E dann Joh 1,1–4 nur als Möglichkeit, die Weltüberlegenheit des Gesandten auszusagen (s. u.), aber nicht, um das Thema Schöpfung eigenständig zu entfalten.
Gern hat man durch den Hymnus die joh Theologie als Inkarnationstheologie bestimmt: Jesus Christus, der inkarnierte Schöpfungsmittler. Aber E hat mit keinem Wort angezeigt, daß er sich um 1,14a überhaupt gekümmert hat. Würde das Thema V 14 nicht im Joh stehen, würde niemand etwas vermissen. Denn für E ist es typisch, daß Gottes Gesandter seinen Anspruch, göttlicher Herkunft zu sein, angesichts einer »normalen« Herkunft (z. B. 6,42) erhebt, wobei der Eintritt in die Welt überhaupt kein besonderes Thema ist. V 14 ist für E nur eine traditionelle unproblematische Aussage, die er sich als einen möglichen Ausdruck der Sendung aneignen kann. Darum kann es übrigens zu seiner Zeit über diese Aussage noch keinen Streit gegeben haben. Überhaupt hat man sich allzu schnell darauf eingelassen, Prolog und Evangelium über die Themen Schöpfung und Inkarnation zusammenzusehen, statt den methodisch gewiesenen Weg zu gehen, die interpretierenden Zusätze von E als bestes Mittel zur Erhärtung seiner Verarbeitung des Hymnus zu nehmen. Diese Zusätze sollen nun Beachtung erhalten.
E beginnt seine Kommentierung mit einem kleinen Sätzchen:

»Dieser war am Anfang bei Gott« (V 2). Das betonte »dieser« meint wohl den der Gemeinde bekannten Offenbarer überhaupt und nicht nur ihn in der Funktion als Schöpfungsmittler. Sonst wäre der Satz eine reine Wiederholung von V 1. Seine nächsten Analogien erhält er in 1.14d.15.18. Später wird sich der irdische Jesus noch dahingehend äußern, daß er etwa vor Abraham war (8,58). Alle diese Aussagen dienen dem Offenbarungsgedanken und nicht einer selbständigen Thematik, die Jesu Funktionen vor und neben seinem Eintritt in die Welt spekulativ beschreiben will, als ginge es darum, diese Aufgaben gesondert von seinem Sendungsauftrag zu definieren. Vielmehr helfen sie nur, diesen richtig zu erfassen. So will auch V 2 festhalten: Der Gesandte des Vaters steht bei seinem Offenbarungshandeln unter einer Doppelbestimmung, nämlich der Weltüberlegenheit, dokumentiert durch »am Anfang«, und der einzigartigen Gottunmittelbarkeit, festgehalten durch »bei dem Gott«.

Dieses Verständnis erhält eine Stütze, blickt man auf die Auslegung von V 1–5 im Kommentar V 6ff. Da der Täufer nur den gesandten Sohn ansagen kann, ergibt sich zwangsläufig, daß im Sinne von E ab V 5 »Licht« und »Logos« den Inkarnierten meinen. Auch die Definition der Gotteskindschaft durch E in V 12c macht dies evident, insofern sie vorbereitet, was der Gesandte Joh 3 als Beschreibung seiner Heilsaufgabe ausführen wird. Dann sind V 5ff. und V 14ff. für E Parallelaussagen, die das Handeln des Irdischen beschreiben. So werden Aussagen wie: »Das Licht scheint in der Finsternis« (V 5) oder: »Der Logos ward Fleisch« (V 14a) zu gleichrangigen Mitteln, das Gesandtsein des Sohnes zur Sprache zu bringen. Also: das Gesandtsein, nicht die spezielle Form der Inkarnation sind E wichtig. Ebenso sind die Aufnahme Jesu (V 11), die Ermächtigung, Gottes Kinder zu werden (V 12), das Schauen der Herrlichkeit (V 14c) und das Empfangen der Gnade (V 16) ein und derselbe Vorgang, den E V 7 als ein »zum Glauben kommen« beschreibt (vgl. V 12: »an seinen, d. h. des Logos, Namen glauben«; 3,18; 1 Joh 5,13).

Sind für E die zweite und die dritte Strophe des Hymnus deckungsgleiche Parallelaussagen, ist die Frage, ob sich nicht für V 1–4 eine gleiche Auslegung nahelegt (Schottroff): V 1–4 wären dann dekkungsgleich zu V 5ff. als reine Wesensaussage des Inkarnierten zu verstehen. Doch wird hier eine joh Denken unangemessene Alternative zwischen Zeit- und Wesensaussagen konstruiert (gegen Schottroff, Thyen). Im Unterschied zur zeitlichen Koinzidenz der Ereignisse in V 5ff. und V 14ff. bleibt zwischen V 1ff. und V 5ff.

die zeitliche Differenz durch das zweimalige »am Anfang« (V 1.2) markiert. Auch die Aufgabe des Logos ist V 1ff. als Schöpfungsmittlerschaft von der Erlösertätigkeit V 5ff. noch verschieden. Dennoch muß deutlich sein, daß E an der ihm vorgegebenen ersten Strophe nur Interesse hat, insofern die von ihm mit V 2 gesetzte Funktionsanweisung auf sie zutrifft. Für E haben V 1–4 nur Bedeutung als ein Aspekt der Sendung: Der Gesandte war schon immer in der Einheit mit dem Vater. In der Tat springt E vom Anfang der Schöpfung unmittelbar zum Täufer und zu Jesus. Er verwirft damit jeden Gedanken an eine selbständige Schöpfungslehre und Heilsgeschichte zwischen Schöpfung und christlicher Erlösung. Nach V 18 gibt es für ihn vor Christus überhaupt keine Gotteserkenntnis. So sichert V 1ff. die Qualität der Offenbarung in Christus, beschreibt aber nicht selbständig eine »Uroffenbarung«. Hatte der vorchristliche Hymnus die Schöpfungsoffenbarung und das Heilswirken des Logos in der gesamten Geschichte aussagen wollen, so kommt E von seinem Weltbild her also zu einer Neudeutung.

Man kann nunmehr den Weg des Hymnus in Stichworten in folgendem Dreitakt beschreiben: Auf der vorchristlichen Stufe hatte der Hymnus zwei Aussagezentren: die Schöpfungsmittlerschaft und die beständige Heilsmittlerschaft des Logos in der Schöpfung. Die christliche Rezeption vermittels der dritten Strophe macht den Inkarnierten zur eigentlichen und endgültigen Offenbarung. Die allgemeine Offenbarung in der Schöpfung gerät unter den Aspekt der Vorläufigkeit. E will von einer Doppeloffenbarung nichts mehr wissen und läßt die allgemeine Offenbarungsschilderung einfach in die einzige Offenbarung des Gesandten aufgehen, so daß es nur noch dessen Offenbarung gibt. Gleichzeitig wird die Schöpfungsmittlerschaft so der Offenbarung zugeordnet, daß sie zum Mittel wird, auch noch diese zu charakterisieren.

Der nächste Zusatz V 5–9(10) leitet wie in den anderen Evangelien Jesu Kommen durch den Täufer ein. Aber Johannes ist nicht der, der Jesus tauft, auch nicht der Vorläufer (wie in den Synoptikern), sondern nur Zeuge in einem speziellen Sinn: Er kennt kraft göttlicher Offenbarung das Identifikationszeichen für Jesus, nämlich die durch Gott vollzogene unmittelbare Geistbegabung Jesu (1,33); oder präziser, da Jesus präexistent ist, die in Gestalt der Taube einmal sichtbare Verbindung von Vater und Sohn. Er weiß, Jesus weilt schon unter den Zeitgenossen (1,10a.29), aber niemand – auch er selbst nicht (1,33a) – kennt ihn. Erst der herabkommende Geist als Taube ermöglicht ihm – und nur ihm – die

Identifikation. So ist er unvertretbarer Zeuge, durch dessen Vermittlung erst allen der Glaube ermöglicht wird, so sicher andererseits Jesus selbst dies Zeugnis des Täufers nicht benötigt (5,34).
Der Täufer bezeugt aber nicht nur Jesus als Heilsperson, sondern analog zu 1,19ff. wehrt E zugleich ab, Johannes selbst sei Heilsperson (1,7f.). Dieses Abwehren ist nur aus aktueller Polemik verständlich. Da sich auch in 3,22ff. Rivalitätsverhältnisse zwischen Täuferjüngern und Jesusgruppe zeigen, hat diese Annahme die Historie auf ihrer Seite. Allerdings grenzt sich der Täufer in 1,19ff. nirgends gegen die Bezeichnung als »Licht« ab. Da weiter das »Licht« in V 5 zum Hymnus gehört, ist es wahrscheinlich, daß E nur von dort her Johannes die Lichtfunktion abspricht.
V 9 birgt noch besondere Probleme. Zunächst ist klar: Nicht der Täufer, sondern das Licht, von dem er Zeugnis ablegt, ist das wahre Licht. Es allein – nicht der Täufer, sonst besäße er ja Heilsfunktion – kann jeden Menschen erleuchten. So wird die mit Joh 1,1–5 vorbereitete universale (»jeden«) und alleinige (»wahres Licht«) Heilsbedeutung Jesu (wie 1,17f.) festgehalten. Aber wie ist V 9c anzuschließen? Soll man in Kenntnis der Aussagen aus 3,19; 6,14; 9,39 usw. übersetzen: »Es war das wahre Licht ..., das in die Welt gekommen ist« (Schottroff)? Doch dann müßte wie bei allen diesen anderen Stellen der Satz unmittelbar bei seinem Bezugswort stehen. Oder soll man den letzten Satz als begleitenden Umstand auslegen: »... wenn (es) in die Welt kommt« (so zuletzt Theobald, Anfang)? Jedoch erleuchtet das Licht nicht nur bei seinem Kommen, sondern fortwährend. Dann bleibt eine letzte Möglichkeit: »Es war das wahre Licht, das jeden Menschen erleuchtet, der in die Welt kommt« (Bultmann). Dies ist grammatisch die zweifelsfrei beste Lösung. Aber ist dann nicht der Schlußsatz banal? Viel schöner wäre es, er fehlte ganz. Nun lehrt ein Blick in V 13, daß hier der irdischen Zeugung die Zeugung aus Gott gegenübersteht, so wie die irdische Herkunft und die Erleuchtung in V 9 benannt sind. Wer nun V 13 der KR zuweist (s. u.), kann darum versuchsweise auch ihr den Schlußsatz in V 9 zutrauen, zumal V 9a.b ohne den jetzigen Abschluß gut verständlich sind. Dann hat die KR in V 9c.13 für jeden natürlich geborenen Menschen die Taufe als zusätzliche geistliche Geburt im Sinne der Tradition aus Joh 3,3.5 als heilsnotwendig erklären wollen. Sie hat in Joh 1 auf das Taufsakrament wie in Joh 6 auf das Herrenmahl verwiesen.
Abschließend ist zu V 6–9 zu erwähnen, daß E mit diesem Einschub den Begriff Kosmos (Welt) einführt und neu vom Glauben aller redet. Dies führt zum nächsten Kommentar in V 12c: Gottes-

kindschaft beruht auf Glauben. Dies wird also gleich zweimal herausgestellt (V 7.12c). Man wird im Sinne von E dies so verstehen: Aus dem gottlosen Kosmos (8,23; 9,39) erlöst das jenseitige Licht (V 9.18) über den Glauben zum ewigen Leben. War für den jüdischen Hymnus das schöpfungsgemäße Leben Inhalt der Sohnschaft, so wird dieses Heils- und Weltverständnis nun revidiert: Heil ist ewiges Leben. Dieses ist nur beim Vater und seinem Sohn in der oberen Welt beheimatet (5,21.26). Der Vater ist der Welt unbekannt (1,18), nur der Sohn, der in die untere Welt herabkommt und wieder zum Vater zurückkehrt (3,13–16; vgl. 16,28), bringt der Welt fremde unverfügbare Gotteserkenntnis und damit Leben, indem er die an ihn und den Vater Glaubenden nach seiner Erhöhung zu sich in die Höhe zieht (12,31f.).
Im allgemeinen läßt man weiter V 13 als Hinweis von E auf Joh 3,1–5 gelten. Aber zwischen V 12c und V 13 liegt nicht nur ein syntaktischer Bruch, sondern die Sprache ist für E ungewöhnlich: Nur in 1 Joh 2,29; 3,9f. usw. begegnet in stereotyper Form dieselbe Rede von der Geburt »aus Gott«. Joh 3,1–5 redet E gerade anders. Auch sonst ist die umständliche Rede von der natürlichen Geburt in V 13 ohne Analogie bei E. Hat E in Joh 3, mit der Tauftradition V 3.5 einsetzend, die »Geburt von oben« anschließend unsakramental als Ermöglichung zum Glauben ausgelegt, so ist der Weg von 1,12c zu 1,13 gerade umgekehrt: Der Glaubensaussage folgt der Verweis auf die sakramentale Geburt aus Gott. Diese steht also als letztes Wort genauso da wie in Joh 5,28f. die futurische Eschatologie (KR) nach der präsentischen (E). Darum wird man 1,13 der KR zuschreiben (so mündlich Kotila). Sie hat von Johannes dem Täufer und seiner Taufe her assoziiert, daß die christliche Taufe noch eine ganz andere Qualität besitzt (vgl. 1,33). Sie allein vermittelt Heil, darum ist sie heilsnotwendig und muß zum Glauben (V 12c) hinzukommen.
Der Zusatz von E in V 15 steht in derselben polemischen Situation wie V 6–8: Der Täufer muß in geistgewirkter Rede (das Verb »ausrufen« hat prophetischen Klang) bezeugen, daß er vor Jesus auftrat, dieser aber vor ihm war. Die geschichtliche Priorität soll gerade nichts über den Rang aussagen, wie wohl die Johannesgemeinde behauptete. Wegen seiner Präexistenz gebührt Jesus allein die Heilsmittlerschaft. V 15 ist eine Variante zu Mt 3,11 par. und begegnet nochmals in 1,30. An beiden Stellen (1,15.30) wird es als Selbstzitat des Täufers eingeführt. Vom Ursprungskontext des Wortes berichtet E nichts. Er setzt also seine Kenntnis voraus. Diese wird nicht durch die Synoptiker gegeben sein, sondern muß

mit der polemischen Situation zusammenhängen. In ihr bekam ein solches Einzelwort für die christliche Gemeinde höchste Bedeutung zur Abwehr von Ansprüchen der Täufergemeinde.
Abgrenzend redet E auch in V 17f. Dabei greift der Doppelbegriff »Gnade und Wahrheit« auf V 14 zurück. Allerdings fehlt dort der Gegensatz zum Gesetz des Mose. Die Antithetik von Gesetz und Gnade ist joh Sprachbereich ebenso fremd wie sie der antiochenisch-paulinischen Tradition geläufig ist. Auch die Titulatur Jesus Christus begegnet im Joh nur noch in einer sekundären Glosse in 17,3. Dabei ist zu beachten, daß sie dort ihren frühen Haftpunkt hat, wo Kreuz und Auferstehung als Heil »für uns« formelhaft zur Sprache kommen (1 Kor 15,3b–5; Röm 5,6; 14,15; 1 Petr 3,18 usw.), also die »Gnade« genannt ist, in der die Christen stehen (Röm 5,2; 6,14; Gal 1,6; 5,4). Zudem ist, sieht man vom einleitenden »denn« ab, der Satz aus sich verständlich und weist einen symmetrischen Aufbau aus, wenn man »und Wahrheit« vorsichtshalber E als Rückgriff auf V 14 zuschreibt. Läßt man »Gnade und Wahrheit« unberührt, weil das Begriffspaar auch traditionell ist, ändert sich prinzipiell nichts:

> Das Gesetz ist durch Mose gegeben worden,
> die Gnade (und die Wahrheit) ist (sind) durch Jesus Christus geworden.

Diese Gegenüberstellung von Gesetz des Mose und Gnade Jesu Christi ist so zu verstehen, daß Gott durch Mose das Gesetz gab (vgl. Gal 3,21, auch 3,19) und durch Christus Gnade werden ließ. Er ist also das indirekte Subjekt beider Aussagen, so daß sich alles auf die Frage konzentriert, was die beiden Vermittler Unterschiedliches als Offenbarung brachten. Diese Unterscheidung wird am besten so erklärt, daß man von der Beobachtung ausgeht, daß der Vers keine Differenzierung macht in bezug auf die Adressaten. Offenbar ist darum vorausgesetzt, daß mit diesem Satz ein innerchristlicher Streit geklärt werden soll. Die christliche Gemeinde soll wissen: Mose und Gesetz gehören zusammen. Die Gnade ist nicht auf der Seite des Mose zu verbuchen. Sie gehört zu Jesus Christus, der wiederum nicht Gesetzgeber ist. So stehen Christen unter der Gnade, nicht unter dem Gesetz. Das erinnert an Aussagen wie z. B. Gal 2,16; 5,6; 6,15, in denen übrigens auch auf der gnadenhaften Heilsseite »Jesus Christus« als Titel dominiert. Zugleich zeigt sich der Abstand dieser Antithese zu E. Für ihn sind Gesetz und Gnade kein innerchristlicher Streitfall mehr. Er kann gerade so zwischen beiden differenzieren, daß er bei den Adressaten unterscheidet: Das Gesetz ist nur der Juden Gesetz (7,19; 8,17; 10,34). Christen hingegen sind der Gesetzesreligion längst entwachsen (4,20ff.).

Klären diese Erwägungen die Herkunft von V 17, so bleibt die Frage, warum E mit dieser Tradition redet. Darauf antwortet V 18. Dieser Vers deutet V 17b im Sinne von E, wobei dies Verständnis für E Rückwirkungen auf die Auslegung von V 17a hat. Wenn nämlich V 18 exklusiv der Sohn als Offenbarer des Vaters hingestellt wird, dann sind Mose und sein Gesetz, also die jüdische Religion, abgewertet. Von der Offenbarung des Vaters im Sohn her wird deutlich: Der Sprung von der Schöpfung unmittelbar zum Gesandten des Vaters unter Negation der Heilsgeschichte (vgl. zu V 6ff.) geschah nicht zufällig. Dieses Denken wird konsequent auf Mose und Judentum angewendet. So ist V 17 erster Hinweis auf den grundsätzlichen Gegensatz zwischen »den Juden« und Jesus im Joh. Doch ist der Gedankengang noch präzisierbar: Johannes ist Jesus unterlegen, weil nur Jesus präexistent ist (V 15). Mose ist Jesus unterlegen, weil nur Jesus »an der Brust des Vaters« ist (V 18). Für E bedeutet es dasselbe, ob er Jesu Überlegenheit auf der Linie zeitlicher Erstreckung (Präexistenz) oder räumlicher Vorstellung (oben bei Gott) ausdrückt, weil beide Male klar wird: Ausschließlich Jesus gehört zur Welt Gottes. E lebt in einem dualistischen Weltbild, nach dem die obere Welt Gottes allein ewiges Leben besitzt, die untere hingegen »Finsternis« ist (1,5 im Verständnis des Evangelisten!), wenn nur der Sohn in der unteren Welt alleiniger Repräsentant der oberen ist, kann nur er Gott »auslegen«, d. h. ewiges Leben geben (Joh 5; 6). Also ist jeder andere Zugang zu Gott, jede andere Möglichkeit des Lebenserwerbs entwertet. Es besteht Veranlassung, in dieser Absolutheitsaussage und Einzigkeitsbestimmung ein Hauptziel zu sehen, um dessentwillen E den Prolog an den Anfang stellt. Allein und ausschließlich der Sohn kann Gott und damit Leben offenbaren – das wird als Thema des Joh vermittels 1,1–18 gesetzt.

Die Aussage von V 18 ist im Joh auch sonst verarbeitet (5,37f.; 6,46). Daß niemand Gott je gesehen hat, ist eine ebenso verbreitete wie vielfältig verstandene Ansicht (Bultmann). Hier liegt ein spezieller Sinn vor. »Sehen« steht (vgl. das Hören 5,37) für »Zugang haben«, nicht für ein visuelles Schauen der Gottheit (wie z. B. 2 Mose 24,10f.; Jes 6,1ff.). Das Sehen meint das glaubende Erkennen. Also außer Jesus hat überhaupt keiner Zugang zu Gott, d. h. nur über Jesus ist Gott erkennbar (14,6). Dies entspricht dem

Sprung von E von der Schöpfung direkt zu Jesus (s. o.). Auch das Erkennen Gottes nur über Jesus ist in einer speziellen Weise zu verstehen, nämlich als Heilserkenntnis. Diese ist für E immer nur gegeben im Erwerb ewigen Lebens. So ergibt sich: Gott kennen bedeutet, ewiges Leben haben, denn Gott allein hat Leben in sich selbst (5,21.26). Er gab dem Sohn ebenso die Fähigkeit, Leben in sich zu haben (5,26). Dasselbe sagen Angaben, daß Jesus präexistent ist (1,1.15), daß er »an der Brust des Vaters« ist (1,18), daß er »von oben« ist (3,31). Demgegenüber hat kein Mensch Zugang zu diesem Leben, weil sie alle »von der Erde« (3,31) und natürlicher Abkunft sind (1,13), also keinen Zugang zu Gott haben (1,18a). So kann nur der Sohn von Gott Kunde geben (1,18; 3,32) und Tote lebendig machen (5,21; 11,25f.). Darum hat allein, wer an ihn glaubt, ewiges Leben (3,16f.; 6,35; 11,25f.). War als die eine Hauptaussage des Prologs im Verständnis von E die christologische Exklusivitätsaussage herausgestellt worden, so kann – abermals mit Hilfe von V 18 – das zweite Hauptziel hinzugefügt werden: E macht dem Leser klar, daß das »Wort« seit je das Verhältnis Gottes zur Welt konstituiert und der, der das »Wort« ist, Gott im »Wort« auslegt. So sind Gottesoffenbarung und Selbstoffenbarung des Gesandten identisch und beides in der Wortoffenbarung eine Einheit. Diese Offenbarung führt zum Glauben (V 12f.). So sichert der Prolog für das Verständnis von E die unverrückbare Vorrangigkeit von Wort und Glaube. Dementsprechend sind die Reden im Joh quantitativ und qualitativ vorrangig.

Anzumerken ist noch, daß in V 18 die Bezeichnung Jesu in den Handschriften wechselt zwischen der »Einziggezeugte«, der »Einziggezeugte, Gott (von Art)« und der »einziggezeugte Sohn«. Die erste Lesart kann sich auf V 14d berufen. Die zweite bildet mit 1,1; 20,28 zusammen den Bogen vom Eingang des Joh zu seinem Schluß. Die dritte kann für sich anführen, daß der Korrespondenzbegriff zum »Vater« der »Sohn« ist. Handschriftlich ist die zweite Lesart am besten bezeugt. Sie ist zudem die schwierigere Lesart, wobei der »Einziggezeugte« eben der Sohn ist und »Gott« seine besondere Joh 1,1 ausgesprochene Würde rekapituliert (vgl. weiter Fennema).

Schwierigkeiten macht auch noch der Satz »der an der Brust des Vaters ist«. Man kann auch übersetzen: »auf dem Schoß des Vaters«. Die erste Übersetzung ist mit Joh 13,23 sinngleich und hat im Hintergrund das Freundschaftsverhältnis (vgl. 15,15). Die andere Deutung kann z. B. auf die Weisheit in Prov 8,30 verweisen, wobei das Vater-Kind-Verhältnis sinnkonstituierend wirkt.

Aber weder ist Jesus Kleinkind noch Freund zu Gott. Darum wird man (wie Joh 1,51) nur eine übertragene und ganz abgeblaßte Aussage anzunehmen haben, die von der dauerhaften (»ist«) innigen Gemeinschaft zwischen Vater und Sohn redet.
Am Ende der Auslegung des Prologs seien noch einmal die vier entscheidenden Brücken skizziert, die davon zeugen, daß E den Prolog bewußt literarisch-kompositionell zum Erschließungstext für sein Evangelium machte. Weitere Zusammenhänge zwischen Prolog und Evangelium sind vorhanden, aber nicht so grundlegend. An diesen vieren fällt der Entscheid gegen die Annahme, der Prolog sei Zeuge der Nachgeschichte des Evangeliums (so Rochais, Theobald; dagegen Hofrichter, Mensch): 1. Die Joh 1,1.18 herausgearbeitete Gottgleichheit Jesu wird über die Zentralaussagen 5,26; 8,58; 10,33; 14,6–12 ausdrücklich am Ende in 20,28 festgehalten: Der gottgleiche Sohn, der sich zum Inhalt der Offenbarung macht und so Gott offenbart, wird mit diesem Zeugnis ausdrücklich angenommen. 2. Die Exklusivität der Christusoffenbarung, wie sie im worthaften Selbstzeugnis des Gesandten ergeht und 1,18 gezielt den Abschluß des Prologs bildet, ist Thema aller Reden des joh Christus. So erweist sich V 18 als Basisaussage joh Christologie. Sie steht insbesondere 5,37; 6,46; 14,6.9 nahe. Der Prolog soll auf diese Grundaussage einstimmen. 3. Die 1,7.12c vertretene These, der Gesandte des Vaters ermögliche Glauben und der Glaube habe diesen Gesandten zum Objekt, wird insbesondere Joh 3 zum Thema erhoben, das zudem in keiner Rede fehlt. Mit diesem Leitmotiv schließt E sein Werk ab (20,31). So ist auch dieses Thema Grundthema des Evangeliums und zugleich kompositorisch durch den Bogen vom Prolog zu 20,31 ausgestaltet. 4. Für E ist der Täufer nur Zeuge für Jesus. Diese zugespitzte Aussage steht im polemischen Zusammenhang, in dem der Täufer ausdrücklich alle eigenen Heilsansprüche ablehnt (1,19ff.). Genau dieses Täuferbild vermittelt 1,6–8.15 und bereitet damit den Textabschnitt vor, der unmittelbar dem Prolog folgt.

II. Die Offenbarung des Sohnes vor der Welt 1,19–12,43(50)

A. Täuferzeugnis, erste Jünger und erstes Wunder 1,19–2,12

Wer den von E beabsichtigten Aufbau des Joh erkennen will, kann zunächst davon ausgehen, daß 1,1–18 den Prolog und 20,30f. den Abschluß des vierten Evangeliums bilden (Kp 21 ist Nachtrag). Sodann ist 12,37–43 (50) vor 13,1ff. deutlich die Zäsur am Ende des öffentlichen Wirkens Jesu. Innerhalb von 1,19–12,43 lassen sich weitere Abschnitte aufzeigen. Allerdings tauchen dabei Unsicherheitsfaktoren auf, so daß die Ausleger verschiedene Vorschläge machen. Man kann zuerst in 1,19–2,12 einen Abschnitt sehen: Er wird durch die Tagesangaben (1,29.35.43; 2,1.12) zusammengehalten, kennt noch keine Auseinandersetzung Jesu mit dem Judentum wie der nächste Abschnitt 2,13–3,30 (36) und behandelt Jesu Anfang: Das Zeugnis des Täufers samt der Geistbegabung Jesu (1,19–34), die Gewinnung der ersten Jünger (1,35–51) und Jesu erste Tat speziell für die Jünger im galiläischen Kana (2,1–11). Den Abschluß bildet die Notiz 2,12, die von einem kurzen Moratorium in Galiläa spricht, bevor die erste Konfrontation in Jerusalem beginnt (2,13ff.). Geographisch spielt der Abschnitt in Transjordanien (1,28), dann in Galiläa (1,43; 2,1.11.12), also nicht in Judäa wie der nächste Abschnitt, der den Ortswechsel eingangs mit einem jüdischen Fest motiviert (2,13). Steht das Zeugnis des Täufers in 1,19–2,12 programmatisch am Anfang, so noch einmal im nächsten Abschnitt am Ende: 3,22–30 (36). Auch zum Ende des dritten Abschnitts im Hauptteil 1,19–12,43 (50) gibt es einen wohl beabsichtigten Bezug: Die Jüngerschaft – in 1,19–2,12 noch ohne Bewährung – gerät in die Krise, es bleiben die Zwölf übrig (6,66–71).

1. Das Zeugnis des Täufers für Jesus 1,19–34

19 Dies nun ist das Zeugnis des Johannes, als die Juden aus
Jerusalem zu ihm Priester und Leviten sandten, um ihn zu
befragen: »Wer bist du?« 20 Er bekannte und leugnete
nicht, und er bekannte: »Ich bin nicht der Christus.« 21 Da
fragten sie ihn: »Was dann? Bist du Elia?« Er antwortete: »Ich
bin es nicht.« »Bist du der Prophet?« Er antwortete:
»Nein«. 22 Sie sagten nun zu ihm: »Wer bist du? Damit wir
denen, die uns gesandt haben, Antwort geben können. Was
sagst du über dich selbst?« 23 Er sprach: »Ich (bin) ›Stimme
eines Rufenden in der Wüste: Macht den Weg des Herrn

eben!‹ Wie Jesaja, der Prophet, redete.« 24 Sie jedoch waren von den Pharisäern abgesandt.
25 Da fragten sie ihn und sprachen zu ihm: »Warum taufst du denn, wenn du nicht der Christus bist, noch Elia, noch der Prophet?« 26 Johannes antwortete ihnen so: »Ich taufe mit Wasser. Mitten unter euch steht (der), den ihr nicht kennt, 27 der nach mir kommt, dem ich nicht würdig bin, ihm den Schuhriemen zu lösen.« 28 Das geschah in Bethanien jenseits des Jordan, wo Johannes taufte.
29 Am darauffolgenden Tag sieht er Jesus zu sich kommen und sagt: »Siehe, das Lamm Gottes, das die Sünde der Welt wegträgt. 30 Dieser ist es, von dem ich gesagt habe: ›Nach mir kommt ein Mann, der vor mir gewesen ist, denn er war Erster vor mir.‹ 31 Und ich kannte ihn nicht. Aber damit er Israel offenbar werde, deshalb kam ich und taufte mit Wasser.«
32 Und Johannes bezeugte, indem er sagte: »Ich habe den Geist als eine Taube vom Himmel herabkommen sehen und auf ihm bleiben. 33 Und ich kannte ihn nicht. Der mich jedoch sandte, mit Wasser zu taufen, der sprach zu mir: Auf wen du den Geist herabkommen und auf ihm bleiben siehst, der ist es, welcher mit dem heiligen Geist tauft. 34 Und ich habe (dies) gesehen und bezeuge: Dieser ist der Auserwählte (der Sohn) Gottes.«

Literaturauswahl: Barrett, C. K.: The Lamp of God, NTS 1 (1954/55) 210–218. – *Becker, J.:* Johannes der Täufer und Jesus von Nazareth, BSt 63 (1972) 41–62. – *Berger, K.:* Zum traditionsgeschichtlichen Hintergrund christologischer Hoheitstitel, NTS 17 (1970/71) 391–425. – *Ders.:* Die königlichen Messiastraditionen des Neuen Testaments, NTS 20 (1974) 1–44. – *Beutler, J.:* Martyria, 237–253. – *Braun, H.:* Entscheidende Motive in den Berichten über die Taufe Jesu von Markus bis Justin, in: *ders.:* Gesammelte Studien zum NT und seiner Umwelt, Tübingen [2]1967, 168–172. – *Cullmann, O.:* Die Christologie des Neuen Testaments, Tübingen [4]1966, 50–81. – *Hahn, F.:* Hoheitstitel, 351–404. – *Iersel, B. M. F. van:* Tradition und Redaktion in Joh 1,19–36, NT 5 (1962) 245–268. – *Jeremias, J.: Pais (theou)* im Neuen Testament, in *ders.:* Abba, Göttingen 1966, 191–216. – *Jonge, M. de:* Jewish Expectations about the ›Messiah‹ according to the Fourth Gospel, NTS 19 (1972/73) 246–270. – *Glasson, T. F.:* Moses in the Fourth Gospel, SBT 40, 1963. – *Lentzen-Deis, F.:* Die Taufe Jesu nach den Synoptikern, FTS 4, 1970. – *Lichtenberger, H.:* Täufergemeinden und frühchristliche Täuferpolemik im letzten Drittel des 1. Jahrhunderts, ZThK 84 (1987) 36–57. – *Lührmann, D.:* Das

Markusevangelium, HNT 3 (1987) 31–40. – *Meeks, W. A.:* Prophet-King. – *Miranda, J. P.:* Vater, 308–386. – *Molin, G.:* Elijahu, Jud 8 (1952) 65–94. – *Porsch, F.:* 19–51. – *Richter, G.:* Studien, 1–41; 288–314; 315–326. – *Sahlin, H.:* Zwei Abschnitte in Joh I rekonstruiert, ZNW 51 (1960) 67–69. – *Schenke, L.:* Die literarische Entstehungsgeschichte von Joh 1,19–51, BN 46 (1989) 24–57. – *Teeple, H. M.:* The Mosaic eschatological Prophet, JBL MS 10, 1957. – *Wink, W.:* John the Baptist in the Gospel Tradition, MSS NTS 7, 1968.

In bezug auf seine Grobstruktur macht 1,19–51 einen guten Einruck: V 19a nimmt auf 1,6–8.15 Bezug, wie überhaupt die Ausrichtung des ganzen Abschnitts auf das Zeugnis des Täufers mit den entsprechenden Einschüben im Prolog bestens harmoniert. V 34 und V 51 markieren mit ihrem christologischen Zeugnis einen ähnlichen Abschluß wie 1,18 und später z. B. 2,11. Das dreimalige »am nächsten Tag« in V 29.35.43 nimmt Gliederungsfunktion wahr. So ergibt sich folgende Aufteilung: 1a V 19–28 (Abschluß V 28); 1b. V 29–34 (Abschluß V 34); 2a V 35–42 und 2b V 43–51. Auch inhaltlich heben sich beide zweigeteilten Abschnitte voneinander ab: In V 19–34 geht es um das Täuferzeugnis und in V 35ff. um die Gewinnung der Jünger. Dies entspricht insoweit auch dem Aufriß in Mk 1,1–20.

Wendet man sich im einzelnen dem Abschnitt 1,19–34 zu, so verwischt sich der erste gute Eindruck. Der Text gehört zu den Stücken, die eine besonders komplizierte Geschichte hinter sich haben: So reiben sich die Personenangaben in V 19 (die Juden) und 24 (Pharisäer). Der Frage am Ende von V 19 fehlt eine Einleitung. V 20 ist eingangs störend redundant und keine Antwort auf die Frage V 19 (Johannes wird nicht gefragt, wer er nicht ist, sondern wer er ist). V 22a steht nach der unerwarteten Antwort in V 20f. wieder dort, wo V 19c schon war. Die Antwort in V 22f. ist von V 20f. ebenso unabhängig, wie V 26f. es gegenüber der Wiederaufnahme von V 20f. in V 25 ist. In V 26f. scheint einiges gestört zu sein (darum haben einige Hss mit Hilfe von Mt 3,11 am Schluß mit »jener wird euch mit heiligem Geist und Feuer taufen« aufgefüllt). V 29f. stehen zwei unabhängige Antworten, wobei die erste (V 29 = V 36!) unmotiviert, die zweite eine Dublette zu V 15 (zum Teil auch zu V 27) ist. Parallel stehen teilweise V 31 und 33, ebenso V 32 und V 33. Solche Probleme des Textes sind noch vermehrt aufzählbar (Bultmann, Richter 288ff., Schenke). Um sie zu erklären, gibt es verschiedene Modelle: Man kann mit zusammengearbeiteten Varianten rechnen. Z. B. sind dann V 22–24 Dublette zu

V 25–28 und beides Varianten zu V 19–21. Davon gehört dann die zweite zur Grundschrift und die erste zur Redaktion (Wellhausen). Daß man so noch nicht die Geschichte des Abschnittes erklären kann, zeigt die komplizierte Lösung Bultmanns. Er geht von folgendem Grundbestand von E aus: V 19–21.25.26b.31.33 (gekürzt) 34.28.29.30. Dieser Text geriet nach ihm in Unordnung, wurde redigiert und an die Synoptiker angeglichen (KR). An dieser These stört, daß trotz ihrer Kompliziertheit der vermutete Ausgangstext keineswegs glatt ist. Neuere Kommentatoren rechnen darum nur noch thetisch mit einer längeren Geschichte und trauen E das jetzige Endstadium zu, so schwierig es auch ist (z. B. Dodd, Schnackenburg). Aber das ist eine Kapitulation vor der Aufhellung der Textgeschichte. Der wohl rigoroseste Vorschlag weist 1,22f.26b.27.29–34 einem Redaktor zu und erkennt im Restbestand die Hand von E (Langbrandtner). Aber dies ist eher ein Gewaltstreich als eine akzeptable Lösung. Vor allem sind 1,29–34 kaum im ganzen redaktionell. Neuerdings ist vorgeschlagen worden, sämtliche Synoptikeranklänge E zuzuweisen, der die anderen Evangelien literarisch benutzte und als Vorlage einen gegenüber den Synoptikern unabhängigen Text besaß (Schenke). Aber auch dieser Lösungsversuch macht Probleme: Warum sind alle drei Synoptiker bekannt, aber kein Täufermaterial aus Q herangezogen? Die rekonstruierte Vorlage muß mit sehr viel Texteingriffen und mit Umstellungen rechnen und wirkt keineswegs glatt, so daß man rückfragen muß, ob die konsequente Herausnahme des synoptischen Gutes nicht der falsche Weg der Analyse ist.

Die eigenen Erwägungen gehen von der Beobachtung aus, daß die den Synoptikern nahen Aussagen in 1,19ff. genau mit Mk 1,2ff. übereinstimmen (vgl. Lührmann), so daß die Beobachtungen der Nähe zu Mk in bezug auf die Makrostruktur durch den Einzelvergleich gut ergänzt werden. Es entsprechen sich nämlich: Mk 1,3 und Joh 1,23; Mk 1,7f. und Joh 1,26f.; Mk 1,9 und Joh 1,29; Mk 1,10 und Joh 1,32f., endlich auch Mk 1,11 und Joh 1,34. Diese Akoluthie kann nicht Zufall sein. Sie läßt sich noch näher beschreiben: Der joh Text kennt keine Q-Tradition (vgl. Mt 3,7–10 par), auch keine spezifisch mk Eigenheiten, denn zu Mk 1,1f.4.–6.12–15 fehlen Analogien. Das Joh setzt also eine vormarkinische Erzähltradition voraus, die schon den Mk und Joh noch je eigenen zweiteiligen Aufbau besaß (1. Person und Zeugnis des Täufers, 2. Der Täufer tauft Jesus). Dieses Ergebnis gewinnt an Kraft durch die Beobachtung, daß bei dem Vergleich zwischen Mk und Joh keine Umstellungen nötig waren und das aus beiden

Evangelien sich so ergebende Erzählgerüst einen sinnvollen Ablauf der Erzählung erkennen läßt. Außerdem besteht zwischen beiden Texten eine eigentümliche Nähe und Ferne zugleich. Es gibt wörtliche Übereinstimmungen bei gleichzeitig frei formulierten Variationen. Der noch erkennbare Basistext gehört also alter mündlicher Tradition an, dessen noch nicht ganz feste Einzelgestalt in Mk und im Joh je eigenen Eingang fand.

Diese Tradition hat E allerdings nicht direkt aufgenommen, sondern schon in der Zuordnung zu einem größeren Textzusammenhang vorgefunden. Für ihn ist z. B. die Verbindung »Priester und Leviten« (1,19) ganz ungewöhnlich. Auch findet die auf den Täufer in 1,23 bezogene Weissagung in dem Christusbekenntnis 1,45 eine Entsprechung, so daß beide, der Täufer und Christus, Personen sind, an denen prophetische Ankündigung sich erfüllt. Dazu paßt die für E auffällige Aussage, daß die Taufe des Johannes dafür sorgt, daß Jesus »Israel« offenbar wird (1,31). Diese vom judenchristlichen Standort her formulierte Angabe findet wiederum in 1,43–49 ihre Fortsetzung. Diese Indizien führen zu der These, daß der E vorliegende Text aus der SQ (vgl. Exkurs 1) stammt. Zu ihr gehört das Kana-Wunder in 2,1–12. Es setzt eine Jüngerberufung voraus und eignet sich schlecht als Anfang eines Buches. So liegt es nahe, 1,35ff. im Grundstock der SQ zuzuweisen. Dieser Text bedarf wiederum eines Textes wie 1,19ff., dessen Verbindungslinien ja auch auf 1,35ff. weisen. Außerdem setzt das Stück 10,40–42 (SQ) eine Täuferperikope für die SQ voraus.

Wer diesen Weg beschreitet, kann nun so weiterdenken: Die SQ ist an christologischen Titulaturen und Bekenntnissen ausgerichtet. Eben dieses trifft nun auch für 1,19ff. und 1,35ff. zu. Dies gilt aber nicht nur für 1,34.41.45.49, sondern auch für die ablehnenden Aussagen des Täufers in 1,20f.25. Da im übrigen von Elias im Joh nur an diesen beiden Stellen die Rede ist, wird man für sie kaum E beanspruchen, zumal auch die Trias: der Christus, Elias und der Prophet im Joh ungewöhnlich bleibt. Auch die Beobachtung, daß die Reihenfolge: Predigt des Täufers, Taufe Jesu, Jüngerberufung und erstes Auftreten Jesu in Galiläa im Prinzip dem Aufriß des Mk gleicht, stützt diese Zuordnung. Die SQ folgt damit einem festen Schema (vgl. Apg 10,37–39). Endlich zeichnet sich die SQ durch besondere Ortstraditionen aus. Dem fügt sich Joh 1,28 ein.

Weiter kann man einige typische Hinweise auf E benennen: So ist das Zeugnisablegen des Täufers (1,6–8.15) für ihn charakteristisch (1,19a.32a.34). Er arbeitet die Überlegenheit Jesu über den Täufer durch dessen Präexistenz heraus (V 15 und V 30). Zu ihm paßt, daß Jesus nur an dem göttlichen Zeichen (V 32f.) erkannt wird, und der Täufer nur dazu da ist, den auch ihm wie allen anderen in seiner Würde vorher Unbekannten aufgrund des göttlichen Zeichens zu bezeugen (1,26c.31.33a.; vgl. 5,31ff.). E und nicht die SQ spricht von »den Juden« (V 19) durchweg so pauschal. Da erst durch ihre Einführung die Spannung zu V 24 entsteht, fällt es um so leichter, hier E am Werk zu sehen.

Damit ist der Grundrahmen zur Analyse gegeben und man kann festhalten: Schon die SQ betreibt Polemik gegen den Täufer. Sie bekämpft diese Konkurrenz mit der Aberkennung von Würdeprädikaten für Johannes. Zu Johannes gehört nur die Wassertaufe. Messiastum und Geisttaufe gehören zu Jesus allein (vgl. Apg 19,1ff.). Sie wird dann auch aus dem Zitat Jes 40,3 = Mk 1,3 eine Selbstaussage des Täufers gemacht haben (Joh 1,23), so daß schon vor E diese besondere Anlage des Gesamttextes in 1,19ff. jedenfalls im Ansatz entstand.

E führt den Konkurrenzkampf zum Täufer mit anderen Mitteln weiter: Johannes hat zwar geschichtliche Vorrechte, aber der zeitlich spätere Jesus ist ihm wegen seiner Präexistenz überlegen. Dafür ist Johannes Zeuge. Darum wird auch seine Taufe als Zeichen seiner Selbständigkeit und Ursache seiner messianischen Deutung nahezu ganz verschwiegen. So läßt E die in der SQ wohl vorhandene Schilderung der Tauftätigkeit des Johannes und die Taufe Jesu (vgl. Lk 3,21ff.) fort. Elemente davon verwendet er in 1,32f., wo der Täufer (wie in 1,29ff. überhaupt) nur noch indirekt von Jesu Taufe berichtet, indem E den Zeugen Johannes davon reden läßt. Das Zurückdrängen der Taufe Jesu entspricht z. Z. von E auch einer allgemeinen Tendenz (Braun).

Damit ist schon gesagt, daß V 29–34 weitgehend von E umgestaltet sind. Er läßt in V 29–31 den Täufer Jesus identifizieren (V 30: Dieser ist ...) und greift dieselbe Einzeltradition auf wie 1,15. Solche Doppelbenutzung ist für ihn auch sonst bezeugt (3,3.5; 8,52f.; 14,21.23 usw.). Der Verweis darauf, daß der Täufer so schon zuvor gesprochen habe, läßt sich zwar nicht mit 1,15 zufriedenstellen, weil hier dasselbe Phänomen vorliegt, wohl aber mit der Annahme, daß E voraussetzen kann, daß man ganz allgemein solche Täufertradition kennt. Im übrigen geht gerade E häufig mit der Szenerie sorglos um (vgl. etwa Joh 3). In einem zweiten Abschnitt, der im Kontrast zu 1,19.28 keine rechte Szene bildet, sondern situationslos wirkt (vgl. schon 1,29, wo die konstitutiven Zuhörer ungenannt bleiben), wird nachträglich begründet, mit welcher Legitimation Johannes solche Identifikation vornahm

(V 32–34). Durch diese Nachordnung entsteht die Dublette V 32 = 33.
Läßt man dann Elemente aus V 32f.34 (s. o.) aus der SQ stammen, so bleibt nur noch V 29b zu erklären. Der Satz: »Siehe das Lamm Gottes, das die Sünde der Welt wegträgt«, ist in seinem Kontext nicht nur überflüssig (V 30f. sind die kontextgemäßere und von V 29b unabhängige Antwort) und thematisch fremd (im Unterschied zu Mk 1,4 hat der Täuferstoff im Joh nirgends einen Hinweis auf das Thema Sündenvergebung), sondern in seiner ersten Hälfte nochmals in V 36 anzutreffen und in bezug auf seine zweite Hälfte mit Aussagen wie Joh 6,51c; 10,11.15; 11,51f.; 15,13; 17,19; 1 Joh 1,7; 2,2; 3,5.16; 4,10 zusammenzusehen (vgl. Wagner 143ff.). Diese Stellen, die Christi Tod als Heilstod für die Sünde der Menschen (Sühneopfer- und Stellvertretungsgedanke) verstehen, gehören der joh Gemeindetheologie an und nicht zu E. Also hat in V 29b die KR gearbeitet, für die das Gestalten mit vorhandenen Textelementen typisch ist (vgl. 2,17; 6,51c–58 u. ö.).
Nach diesem Versuch, die Geschichte des schwierigen Textes aufzuhellen, kann nun sein Inhalt bedacht werden. Das Zeugnis des Täufers für Jesus geschieht zunächst – durch 1,6–8.15 vorbereitet – in Abwesenheit Jesu angesichts einer offiziellen Gesandtschaft des repräsentativen Judentums (1,19–28). Johannes tauft »jenseits des Jordans« und weilt in Bethanien (V 28). Diese Ortsangabe gehört zur Sonderüberlieferung der SQ. Eine sichere geographische Lokalisation ist nicht möglich. Doch bleibt es am ehesten denkbar, daß am Ostufer des Jordan der Quellort des *Wadi el charrar*, der in den Jordan läuft, gemeint ist (Schnackenburg). Es ist möglich, daß Johannes hier wirklich taufte, ebenso vorstellbar – ohne daß dies sich gegenseitig ausschließen muß –, daß hier eine Täufergemeinde existierte. Hierher senden die »Juden« »Priester und Leviten» aus Jerusalem, weil diese in bezug auf die Taufe, also in rituellen Fragen als kompetent galten.
Die dem Täufer gestellte Frage, wer er sei, zielt nach Ausweis der szenischen Anlage und speziell der Antwort des Täufers auf seine Legitimation als endzeitlicher Heilsmittler. Überraschend erklärt er zunächst, wer er nicht ist: der Christus, Elias, der Prophet. Nun ist deutlich, daß umgekehrt gerade die SQ Jesus mit einer Fülle von Hoheitsprädikaten versieht. Im bewußt geplanten Kontrast wird sogleich in der nächsten Szene 1,35ff. Jesus mehrfach bekenntnisartig mit vergleichbaren Aussagen bedacht (1,36.41.45.49). Darunter befindet sich V 41 auch gerade der Messias-Titel (= Christus, d. h. der Gesalbte) und später V 49 nochmals die Bezeichnung

»Sohn Gottes« zusammen mit »König Israels«. Ebenso wird Jesus 6,14 als »der Prophet« akklamiert, und man will ihn zum »König« machen (6,15). Nur die Elia-Bezeichnung wird nirgends direkt auf Jesus angewendet. Aber umgekehrt weist auch Johannes nicht alle Heilsprädikate ab, die Jesus in der SQ sonst erhält. Der Umgang mit einer solchen Fülle von Titeln und Heilsgestalten, die zudem noch je einzeln aus eigenen Vorstellungsbereichen stammen, macht deutlich, daß sie indessen ein traditionsgeschichtliches Spätstadium gegenseitiger Vermischung vertreten und primär in der christlichen Gemeinde für Jesus verwendet werden, nicht aber unmittelbar mit der Wirklichkeit des historischen Täufers und seiner späteren Gemeinde identisch sein müssen. Ihre Funktion in V 21.25 ist zunächst, das Konkurrenzverhältnis zwischen Jesus und Johannes zugunsten Jesu zu entscheiden.

Auf der gleichen Ebene und in derselben Funktion stehen zwei weitere Kontrastpositionen: Der Täufer tauft nur mit Wasser, hat also keine geistvermittelnde Qualität. Jesus hingegen hat den Geist unmittelbar von oben, und zwar bleibend bei sich, wie auch er mit dem heiligen Geist tauft (1,26f.31f.33). Diese Abgrenzung gegenüber dem Täufer und seiner Gemeinde war offenbar sachlicher Abschluß der Szene 1,19–28 in der SQ, diente dann auch E zur Abgrenzung (1,29ff.) und ist wohl überhaupt allgemein urchristlich (Apg 19,1ff.; Mk 1,8 parr.). Die letzte Kontrastposition besagt: Jesus ist der Wundertäter schlechthin (vgl. nur 20,30f.). Johannes tat keine Wunder (10,41). Stehen alle drei Kontrastschemata (Titel, Geistbesitz, Wunder) für dieselbe Sache, nämlich innerhalb der Konkurrenz zwischen Täufergemeinde und Gemeinde der SQ Jesu und seiner Gemeinde alleinige Legitimität zu begründen, ist Vorsicht geboten, darin unmittelbar die Situation der Täufergemeinde wiederzufinden. Zwar wird der Täufer tatsächlich keine Wunder getan und seine Gemeinde ihm wohl solche auch nicht beigelegt haben, aber beim Geistbesitz wird es schon problematischer. Johannes wird als Prophet den Geist natürlich für sich beansprucht haben und dann wohl auch seine Gemeinde.

Schwieriger ist es in bezug auf die Frage der Heilsgestalten. Soweit erkennbar, hat der Täufer selbst keinen Hoheitstitel für sich beansprucht, wohl aber eine heilsmittlerische Funktion ausgeübt, insofern als er die Taufe am Täufling selbst vollzog (Becker). Daß die Gemeinde des Johannes nach seinem Tod ihn mit einer oder mehreren Heilsgestalten interpretierte, ist angesichts von Lk 3,15; Joh 1,21.25; 3,22ff. wahrscheinlich. Bevor man dies im einzelnen bedenkt, gilt es auch noch zu beachten, daß Mk 6,14–16 parr. an

Jesus von Außenstehenden herangetragen wird, er sei der auferstandene Johannes oder Elias oder ein Prophet. Diese Vorstellungen benutzt Mk nochmals zur Einleitung des Petrusbekenntnisses in Mk 8,28. Jeweils sind diese Deutungen sich gegenseitig ausschließende und selbständige, die nach der Meinung des Mk auch für Jesus nicht zutreffen, sondern Mk 8,29 durch den Christustitel von Petrus ersetzt werden. Diese Stellen zeigen, daß es durchaus grundsätzlich möglich und üblich war, z. B. Gestalten wie Jesus und Johannes mit Hilfe atl Heilserwartung zu interpretieren. So identifizierte z. B. auch Rabbi Akiba zur Zeit des zweiten jüdischen Aufstandes Bar Kochba mit dem Messias (132 n. Chr.).

Bei der Frage, wie die Johannesgemeinde mit der Täuferdeutung verfuhr, beginnt man am besten mit der Erwartung des *wiederkommenden Elia* (vgl. dazu Hahn, Molin, Becker). Dabei ist davon auszugehen, daß die wunderbare Entrückung Elias in 2 Kön 2,1ff. und die Deutung des Boten in Mal 3,1 auf den wiederkommenden Elia (Mal 3,23f.) der literarisch faßbare primäre Anlaß waren, warum das Judentum in dem Elia redivivus einen erwarteten Endzeitpropheten sah, der unmittelbar vor Gottes richterlichem Kommen auftreten soll, um eine Reinigung Israels zu vollziehen. Nach Sir 48,10 (vgl. Jes 49,6) gehört zu seinen Aufgaben die Umkehrpredigt und die Restitution der zwölf Stämme. Bei den Synoptikern ist Elia dann der Vorläufer des Messias. Dieses Interpretationsmodell wird benutzt, um den Täufer zum Vorläufer Jesu zu degradieren (vgl. Mt 11,14; Mk 9,11–13 parr.). Wenn es auch wahrscheinlich schon im Judentum die Nebenvorstellung gab, Elia komme vor dem Messias, so blieb doch daneben die ursprüngliche Annahme bestehen, er gehe dem göttlichen Gericht voran. Diese letzte Erwartung steht wohl hinter Joh 1,21.25, denn das Bestreiten, der Täufer sei Elia, hatte dann keinen Sinn, wenn Johannes durch den wiederkommenden Elia dem Christus untergeordnet wäre, war aber nötig, wenn des Täufers endzeitliche Funktion damit als selbständig zu gelten hatte, also für einen Messias keinen Platz ließ. Daß die Täufergemeinde ihren Johannes nachträglich mit dem Elia redivivus als Vorläufer Gottes gleichsetzte und so sein endzeitliches Prophetentum definierte, lag nahe: Der Bußruf angesichts des drohenden göttlichen Endgerichts als gemeinsamer Nenner lag auf der Hand. Umgekehrt wird Jesus im Joh nirgends mit dem Elia redivivus identifiziert. Denn selbst wenn man unwahrscheinlicherweise in Joh 6,11ff.; 11,1ff. überhaupt Assoziationen an Eliataten aus 1 Kön 17,7ff.17ff. sehen würde (Fortna), wäre die personale Identifikation Jesu mit dem kommenden Elia noch keineswegs ausgesprochen, und die Aussage des Philippus in 1,45, man habe den gefunden, von dem Mose im Gesetz und von dem die Propheten sprachen, ist viel zu allgemein, als daß man dabei speziell an Mal 3 denken dürfte (Bultmann). Wenn aber diese Erwartung nicht christologisch benutzt wurde, ist sie vielleicht am ehesten für die Täufergemeinde typisch, denn warum wird sie sonst gerade in

Joh 1,21.25 mit dem Täufer verbunden? So erklärt sich vielleicht auch am besten, warum die Synoptiker ihrerseits Johannes zum Vorläufer des Messias machten.

Außerdem wird Johannes in den Mund gelegt, nicht *»der Prophet«* zu sein. Im Unterschied zu der allgemeinen Bezeichnung »ein Prophet« oder »einer der Propheten« (vgl. Mk 6,15; 8,28) ist damit an die Erwartung eines Endzeitpropheten gedacht. Neben dem Elia redivivus kommt dafür vor allem die Hoffnung auf einen Propheten wie Mose nach 5 Mose 18,15ff. in Betracht (vgl. dazu Teeple, Hahn, Becker). Dieser Prophet wie Mose gilt bei den Essenern und den Samaritanern als Aufrichter des Gesetzes und als sein letzter Interpret, ist aber im offiziellen Judentum zur Zeit des NT aus antisamaritanischer Tendenz verdrängt worden. Die SQ spricht Johannes den Titel ab und Jesus zu (6,14): Nach der Brotvermehrung erkennt das Volk in Jesus »den Propheten«. Assoziiert man zur Brotvermehrung das Mannawunder des Mose (2 Mose 16), liegt es nahe, in 6,14 eine Anspielung auf »den Propheten wie Mose« zu sehen (so u. a. Meeks, Miranda). Aber hier entstehen Probleme: Die SQ deutet nirgends an, daß die Brotvermehrung als endzeitliche Wiederholung des Mannawunders gesehen wird. Generell könnte in ihr 6,14 auch nach jedem anderen Wunder stehen. Erst die Rede von E in 6,26ff. bezieht sich auf das Mannawunder, aber so, daß der Titel »der Prophet« nun ungenutzt liegenbleibt und überhaupt die Gaben des Mose und des Sohnes entgegengesetzt werden, nicht aber die Personen Mose und Christus typologisch verbunden sind. Natürlich kann man auch wieder den allgemeinen Schriftverweis in 1,45 für 5 Mose 18,15ff. reklamieren, aber die Rechtmäßigkeit solcher Annahme bleibt ebenso umstritten wie bei der Festlegung auf Mal 3.
Nun ist der Jesus der SQ vornehmlich durch seine Wunder charakterisiert. Das läßt fragen, ob nicht der Typ der Exodus-Propheten (Becker), die sich als Wiederholer von Auszugs- und Landnahmewunder verstehen, hier bei »dem Propheten« in Rechnung zu stellen ist. Von ihnen berichtet Josephus, daß sie durchweg politische Aufrührer sind und durch Wiederholung z. B. der Spaltung der Jordanwasser (Josua-Wunder) oder der Schleifung der Mauern Jerusalems (Analogie zu Jos 6) die Heilszeit herbeiführen wollen. So erwartet syrBar 29,4-8 auch für die Heilszeit die Wiederholung des Mannawunders neben vielen anderen Wundern. Bei einem Teil solcher Propheten muß auch mit messianischen Ambitionen gerechnet werden. Aber weder ist der Jesus der SQ in einem vergleichbaren politisch-nationalen Rahmen gezeichnet, noch könnte unter diesen Voraussetzungen die Täufergemeinde Johannes so bezeichnet haben, da er der Wundergabe ja ermangelt (10,41). Auch bleibt offen, ob diese Exoduspropheten die Bezeichnung »der Prophet« überhaupt auf sich zogen, denn ihre Typologie lief nicht über personale Identifikation mit Mose oder Josua, sondern über die von ihnen angekündigten Wunder. Eben da entsteht das letzte Problem: die SQ schweigt sich über typologische Assoziationen zu atl Wundern aus. So kommt man bei der Suche nach dem Hintergrund der Bezeichnung »der

Prophet« in 1,21.25 nicht recht weiter. Es muß damit gerechnet werden, daß der Titel schon formalisiert Verwendung findet. Da er sinngemäß vom Elia redivivus unterschieden wird (sonst wäre die dritte Frage 1,21 sinnlos), ist er wohl schon zur allgemeinen Bezeichnung eines endzeitlichen Heilbringers erstarrt. Das fügt sich in das sonstige Bild der SQ. Ob die Täufergemeinde Johannes ihrerseits so titulierte und dann wohl am ehesten damit den wiederkommenden Elia meinte, ist offenzulassen.

Der Titel *»der Christus«* endlich stellt vor ebenfalls schwierige Fragen. Am einfachsten wäre es, man könnte die Bezeichnung der Propheten als Geistgesalbte (z. B. CD 2,12) hier anführen (Berger). Aber einmal ist bisher kein sicherer vorchristlicher Beleg vorhanden, daß titulares »der Christus« zur Bezeichnung des eschatologischen Propheten diente, um seine prophetische Geistbegabung auszusprechen. Zum anderen weiß zumindest E noch davon, daß der Christustitel den politisch-messianischen Endzeitkönig aus Davids Geschlecht meint (z. B Joh 7,42), und Joh 6,15 scheint auch auf das endzeitliche Herrscheramt, nicht auf prophetische Geistbegabung abzuheben. Der politische davidische Messias (z. B. PsSal 17; 18) ist aber ebenfalls nur bedingt geeignet, Johannes oder Jesus zu kennzeichnen, es sei denn, er sei schon christlich umgeprägt. Für diesen Fall muß die christliche Traditionsgeschichte des Begriffs vorausgesetzt und aus der vorliegenden Antithetik zwischen Jesus und Johannes in der SQ erklärt werden, daß Johannes den Titel in 1,21 von sich weist.

Eine andere Differenzierung zwischen Jesus und Täufer geschieht in 1,22f. über die Tradition, die auch Mk 1,2 parr. bekannt ist: Johannes ist nur Stimme eines Rufenden in der Wüste, die nach Jes 40,3 dem Herrn (christlich: Jesus!) den Weg bereitet. Dabei wird der Jesajatext in anderer Form, also unabhängig von den Synoptikern zitiert und dem Täufer in den Mund gelegt, während er in Mk 1,2 christlicher Kommentar zum Auftreten des Täufers ist.
Diese alleinige Ausrichtung des Auftrags des Täufers auf die Wegbereitung für Jesus kommt endlich auf andere Weise auch 1,26f. zur Geltung: Die Taufe des Johannes ist nicht nur reine Wassertaufe ohne Geistvermittlung und ohne Heilsgabe – wie auch schon der Täufer durch die ihm vorenthaltenen Heilsbezeichnungen ohne heilsvermittelnde Rolle dasteht –, sie ist auch ohne Bedeutung in bezug auf die Täuflinge im allgemeinen und nur mit einem Sinn noch bedacht: Sie ist die Handlung, in deren Rahmen Johannes Jesus identifizieren soll.
In der nächsten (V 29ff.) nur noch unzureichend skizzierten Szene sind die Gesandten aus Jerusalem verschwunden. Johannes steht am nächsten Tag mit dem auf ihn zukommenden Jesus (woher?)

allein da und soll doch gerade jedermann den Präexistenten präsentieren. Jedenfalls sollen im Sinne von E V 26f. so durch V 30f. eine direkte Fortsetzung erhalten. Nachgetragen ist jedoch redaktionell (s. o) das Wort vom Lamm Gottes, das offenbar dem Sachgehalt nach der liturgischen Tradition der joh Gemeinde entstammt. Man hat es vornehmlich auf doppelte Weise zu erklären versucht: Einmal erinnert man daran, daß im Aramäischen »Lamm« und »Knecht« ein Wort sind, so daß Joh 1,29 eine Doppeldeutigkeit vorliegen kann (z. B. Jeremias, Cullmann), also der Gottesknecht aus Jes 53 gemeint sei. Aber warum steht dann »das Lamm Gottes«? Eine Doppeldeutigkeit ist unbegründbares Postulat, auch »trägt« der Knecht Jes 53 die Sünden, Joh 1,29 nimmt er die Sünden der Welt fort (vgl. 1 Joh 3,5). Darum ist die zweite Möglichkeit vorzuziehen, die davon ausgeht, daß nach 1 Kor 5,7f.; Joh 19,36; 1 Petr 1,18f. Jesus als das wahre Passahlamm gilt (Bultmann, vgl. Schnackenburg): Das von Gott gestiftete Passahlamm ist also Jesus, und sein Tod schafft stellvertretend Sühne für die Sünde (Weiteres zu 1,36).

Da E die Taufe Jesu ausblendet, muß der Täufer Jesus nach der Taufe, die als Tradition vorausgesetzt ist, mit einem Selbstzitat identifizieren. Er weist ihn als Präexistenten aus (V 30): Jesus aus Nazareth, dessen Eltern bekannt sind (1,45; 6,42), ist in der Eigenschaft als Gesandter Gottes, mit seiner Herkunft aus der himmlischen Welt (1,15.18), zunächst für die Juden (1,26) und für Johannes (1,31.33) unbekannt. Johannes hat den Juden nur eines voraus: Er kennt das von Gott festgesetzte Erkennungszeichen. Mit ihm legitimiert er dann auch seine Befähigung zur Identifikation (V 32f.). Das Motiv der Ausstattung mit dem Geist, das der Taufe Jesu traditionellerweise angehört (Mk 1,10), wird zunächst in der SQ auf die Begabung des Mannes Jesu (9,11; 1,45; 7,2-5) zur Inszenierung der Wunder bezogen, und darum wird auch aus dem Kommen des Geistes (Mk) der bleibende Geistbesitz, der sachlich an Jes 11,2; 42,1 erinnert (Porsch), ohne daß kenntlich gemacht ist, ob die SQ solche Beziehung intendierte. E benutzt das Motiv nur noch als Erkenntnismittel: Der Präexistente hat es nicht nötig, noch gesondert mit Geist ausgestattet zu werden, wie er nach 1,51 auch im fortdauernden Kontakt mit der himmlischen Welt steht. Der Geist in der sinnlich wahrnehmbaren Gestalt der Taube – das Motiv der herabschwebenden Taube ist traditionell (Mk 1,10) – erlaubt das Zeugnis des Täufers, diese göttliche Wundertat sei Ausweis dafür, daß Jesus »der Auserwählte Gottes« oder nach anderer Lesart »Sohn Gottes« ist. Der Titel »Sohn Gottes« erweist

sich nach den Synoptikern (Mk 1,11 parr.) als typisch für die Taufe Jesu und begegnet auch sonst im Joh oftmals (vgl. nur 1,49). »Der Auserwählte Gottes« ist im Joh singulär und im NT nur noch Lk 23,35 belegt. Nach der Regel, daß das Besondere leicht an das Übliche angeglichen wird, verdient die Lesart »der Auserwählte Gottes« den Vorzug (Schnackenburg, Porsch). Sie könnte im Rahmen der SQ an Jes 40,1 erinnern (Porsch), aber wie beim Geistbesitz bleibt das Vermutung. Allerdings wird der Evangelist an der atl Assoziation kaum Interesse gehabt haben. Für ihn ist V 34 der Abschluß des Identifikationsvorgangs: Jesus ist als der Präexistente der bisher unbekannte Auserwählte.
In 1,1ff. hatte zunächst die joh Gemeinde und der Täufer, in 1,19ff. dann der Täufer allein von Jesus gesprochen. 1,29 tritt nun Jesus erstmals auf. Dieser Auftritt ist nicht gekennzeichnet durch das Hören der Täuferbotschaft und der Taufe durch Johannes (so bei den Synoptikern), vielmehr kommt er, um als der Präexistente (1,2f.15.30) vom Täufer identifiziert zu werden. Der Täufer bestätigt damit das Zeugnis des Vaters für seinen Gesandten (1,32f.; vgl. 5,31ff.). Danach bleibt ihm – wiederum im Kontrast zu den Synoptikern – nur noch die Aufgabe, Jesus durch sein Bekenntnis die eigenen Jünger zuzuführen (1,35ff.). Mit 1,43ff. geht dann die Handlungsinitiative endgültig (vgl. schon V 29) auf Jesus über. Er wird nach Abschluß des Berufungsvorganges nicht nur sich sofort seinen Jüngern offenbaren, sondern auch den Jerusalemern, die sich nach dem Täufer erkundigten (1,19), aber, vor lauter Interesse an ihm, nicht nach dem fragten, auf den der Täufer verwies, in Jerusalem selbst und initiativ eine Kostprobe geben, wer er ist (2,13ff.).

2. Die ersten Jünger in der Nachfolge Jesu 1,35-51

35 Am nächsten Tag stand Johannes und zwei seiner Jünger wiederum da. 36 Da richtete er seinen Blick auf Jesus, der vorbeiging, und sagt: »Siehe, das Lamm Gottes.« 37 Die beiden Jünger hörten ihn reden und folgten Jesus nach. 38 Jesus wandte sich um, sah sie nachfolgen und sagte zu ihnen: »Was sucht ihr?« Sie sprachen zu ihm: »Rabbi (das heißt übersetzt: Lehrer), wo bist du zuhause?« 39 Sagt er zu ihnen: »Kommt und seht!« Da kamen sie und sahen, wo er wohnt; und sie blieben den Tag bei ihm. Das war um die zehnte Stunde.

40 Andreas, der Bruder des Simon Petrus, war einer von den
Zweien, die Johannes zugehört hatten und ihm nachgefolgt
waren. 41 Dieser findet zuerst seinen Bruder Simon und sagt
ihm: »Wir haben den Messias gefunden (das heißt übersetzt:
Christus).« 42 Er führte ihn zu Jesus. Als Jesus ihn erblickte,
sprach er: »Du bist Simon, der Sohn des Johannes. Du wirst
Kephas (das ist übersetzt: Petrus) genannt werden.«
43 Am nächsten Tag wollte er nach Galiläa weggehen und
findet Philippus. Da sagt Jesus zu ihm: »Folge mir nach!« 44
Philippus stammte aus Bethsaida, aus dem Ort des Andreas
und Petrus.
45 Philippus findet den Nathanael und sagt zu ihm: »Der, von
dem Mose im Gesetz schrieb und die Propheten, den haben
wir gefunden, Jesus, den Sohn Josephs aus Nazareth.« 46
Und Nathanael sagte zu ihm: »Kann aus Nazareth etwas Gutes
kommen?« Philippus sagt zu ihm: »Komm und sieh!« 47
Jesus sah Nathanael zu sich kommen und sagt über ihn:
»Siehe, ein echter Israelit, an dem kein Falsch ist!« 48 Natha-
nael sagt zu ihm: »Woher kennst du mich?« Jesus antwortete
und sprach zu ihm: »Bevor Philippus dich rief, sah ich dich
unter dem Feigenbaum.« 49 Nathanael antwortete ihm:
»Rabbi, du bist der Sohn Gottes, du bist König Israels!« 50
Jesus antwortete und sprach zu ihm: »Weil ich dir sagte: ›Ich
sah dich unter dem Feigenbaum‹, glaubst du? Du wirst Größe-
res als dieses sehen.«
51 Und er sprach zu ihm: »Wahrlich, wahrlich ich sage euch:
Ihr werdet den Himmel offen sehen, und die Engel Gottes auf-
und absteigen über dem Menschensohn.«

Literaturauswahl: Barrett, C. K.: The Lamb of God, NTS 1 (1954/55) 210-218. – *Betz, O.:* »Kann denn aus Nazareth etwas Gutes kommen?«, in: Wort und Geschichte (FS K. Elliger), Neukirchen 1973, 9-16. – *Cullmann, O.:* Petrus. Jünger – Apostel – Märtyrer, Zürich [2]1960. – *Dodd, C. H.:* Interpretation, 302-312. – *Hahn, F.:* Die Jüngerberufung Joh 1,35-51, in: Neues Testament und Kirche (FS R. Schnackenburg), Freiburg 1974, 172-190. – *Higgins, A. J. B.:* Menschensohn-Studien, Stuttgart 1965, 25-38. – *Hulen, A. B.:* The Call of the Four Disciples in John 1, JBL 67 (1948) 153-157. – *Kragerud, A.:* Lieblingsjünger, 19-21. – *Kuhn, H.-J.:* Christologie und Wunder, BU 18, 1988 (Lit.). – *Lentzen-Deis, F.:* Das Motiv der »Himmelsöffnung« in verschiedenen Gattungen der Umweltliteratur des Neuen Testaments, Bib 50 (1969) 301-327. – *Lorenzen Th.:* Lieblingsjünger, 37-46. – *Maynard, A. H.:* The Role of Peter in the Fourth Gospel, NTS 30 (1984) 531-548. – *Moloney, F.:* Son of Man, 23-41. – *Neyrey, J.*

H.: The Jacob Allusions in John 1,51, CBQ 44 (1982) 586-605. – *Schenke, L.:* Die literarische Entstehungsgeschichte von Joh 1,19-51, BN 46 (1989) 24-57.

Der Abschnitt macht im ganzen einen gut durchkomponierten Eindruck. Die Tageseinteilung (V 35.43), die je zwei verkettete Berufungsvorgänge (V 35-39 und V 40-42.43f. und 45-50) einleitet, entspricht der Tagesgliederung in 1,29 und wird 2,1 fortgesetzt. Der Eingang V 35f. verkoppelt die Berufungen mit der Szene 1,29f. Der Abschluß 1,51 als erstes Selbstzeugnis Jesu weist nicht nur auf Kommendes, sondern steht an analoger Stelle wie das Gemeindebekenntnis 1,18 und wie das Täuferzeugnis 1,34. Dies alles weist auf die ordnende Hand von E hin.

Aber nun zeigen gerade 1,35f.43.51, daß sie mit dem Text nicht in Harmonie stehen. V 51 setzt mit dem überflüssigen »und er sprach zu ihm« neu ein, obwohl Jesus schon V 50 zu Nathanael redet. Es herrscht Stichwortanschluß (»sehen«), wobei beide Ankündigungen Jesu (V 50c und 51) für sich verständlich und dublette Gattungselemente (Verheißung) sind. Auch ist die Menschensohnaussage V 51 vom Hoheitstitel und Inhalt her unvermittelt angeschlossen und das einleitende: »Wahrlich, wahrlich, ich sage euch ...« typisch für den Stil der Offenbarungsreden von E. Endlich verläßt V 51 die Szene, denn Nathanael ist nur formal angeredet, die eigentlichen Adressaten sind die Jünger bzw. die Leser (vgl. 1,14.16; 3,11f.). Das alles weist auf E (Wellhausen, Bultmann, neuerdings Kuhn).

Noch schwerwiegender sind die Beobachtungen zu 1,43. Nach dem Schema aus V 40f. 45 müßte Philippus von einem anderen als von Jesus »gefunden« werden, so wie es auch V 37 geschieht, wenn dort der Täufer die beiden ungenannten Jünger zu Jesus gehen läßt. Auch ist V 43 auffällig formal und kurz, wenn man beachtet, daß sonst der Berufungsablauf inhaltsreicher und in sachlich gleicher Abfolge geschieht: 1. Johannes oder ein Jünger stehen bzw. treten in Kontakt zu Personen, die ihnen vertraut sind, aber Jesus noch nicht kennen. 2. Diese bekennen jenen, wer Jesus ist. 3. Jene kommen mit Jesus zusammen und werden Jünger. Weiter werden die beiden unbekannten Jünger V 37 nur zum Teil der Namenlosigkeit entrissen, wenn der eine V 40 ausdrücklich mit Andreas identifiziert wird, wobei das V 41 eingeflochtene »zuerst«, unter dessen Bedingung Andreas Petrus findet, keine Fortsetzung erhält. Schwierig wird nun auch die Angabe des Philippus (1,45): » ... wir haben gefunden ...« (Kuhn), wo er doch noch V 43 nicht fand, sondern gefunden wurde. Alles löst sich gut auf, läßt man V 43 von E eingefügt sein (Wellhausen, Schnackenburg, gegen Hahn), weil dieser den Weg nach Galiläa (2,1) vorbereiten wollte. Nun erst geschieht die Berufung von Philippus und Nathanael ungeschickterweise beim Aufbruch, und Philippus kann nicht der andere Jünger sein, der aus V 37 noch unbekannt ist. Daß er doch der zweite Jünger ist, zeigt die strukturelle Parallelität zwischen V 40 und 44 und das gemeinsame Auftreten beider Jünger in 6,5ff.; 12,21f. Jetzt wird auch der Fortgang der Erzählung klarer: Johannes führt zwei Jünger zu Jesus, beide werden nacheinander genannt und bringen je einen weiteren Verwandten bzw. Bekannten zu Jesus, »zuerst« Andreas, danach (von E wegen V 43 getilgt) Philippus.

Nun sind die drei Bekenntnisse V 41.45.49, die E vorfand, so wesentliche Strukturelemente der Vorlage, daß sie wie der Grundstock von 1,19ff. auf die SQ weisen. Diese setzt auch 2,2.12 die Jünger voraus. Auch ist es nach dem Bekenntnis des Täufers in 1,21.25-27.34 nur natürlich, daß Johannes seine Jünger Jesus zuführt (V 37): Da er selbst keine Heilsbedeutung hat, ist es konsequent, wenn er keinen Jüngerkreis, keine Gemeinde bildet und dem von ihm angekündigten Heilbringer seine Anhänger überläßt (vgl. 3,29f.). So spricht der Verfasser der SQ der Johannesgemeinde ihre Existenzberechtigung ab (E setzt die polemische Linie fort). Auf die SQ deutet weiter die doppelte Kostprobe Jesu über sein übernatürliches Vorherwissen (V 42.47f.), zumal wenn mit solchem Wunder glaubendes Bekennen verursacht wird (V 49; vgl. nur 20,30f.). Weiter erklärt sich so am besten, daß E weder anläßlich des Petrusbekenntnisses in 6,66ff. noch bei den Ostererscheinungen (Joh 20) die angekündigte neue Namensgebung für Petrus Wirklichkeit werden läßt. Endlich sind die personalen und geographischen Sonderangaben in V 42.44 besonders gut in der SQ unterzubringen.

Sind 1,37-42.44-50 der SQ zugehörig, dann bleibt zu klären, ob auch eingangs der Perikope in V 35f., wo E zumindest mit am Werke war, Reste der SQ anzutreffen sind. Dafür spricht die Erzählstruktur des Bekenntnisses. Aber die Bezeichnung »Lamm Gottes«, für die kein traditionsgeschichtlicher Hintergrund erschlossen werden kann (Kuhn), soll offenbar im Sinne von E auf Jesu Tod als den des wahren Passahlammes vorbereiten (19,36). Dies bleibt jedenfalls die noch am besten kalkulierbare Annahme. Dabei ist im Unterschied zu 1,29 in 1,36; 19,36 keine sündentilgende Heilsbedeutung des Todes Jesu ausgesprochen, wohl aber gesagt, wie Jesu Tod das Passah – also den jüdischen Kult – überholt (vgl. 4,20ff.). Erst die KR, die in 1,29 das Bekenntnis zum Lamm Gottes reproduziert (s. o.) und dabei 1,36 zur Wiederholung degradiert, führt solchen Gedanken der Heilsbedeutung ein. Ist diese Funktion von 1,36 erkannt, ist die Zuweisung an die SQ verwehrt. Sie hat keinen sicheren Bezug zum PB und gibt keinen Hinweis zur Bedeutung der nicht titularen Verbindung »Lamm Gottes«. Da ferner mit 1,37 der Abschnitt gut einsetzen kann, sollte man 1,35f. ganz dem Evangelisten zuweisen (Wellhausen), den die Tageseinteilung (vgl. zu 1,29) und die szenische Sorglosigkeit (vgl. zu 1,29-34) verraten. Diese Annahme läßt sich abstützen: Die drei Bekenntnisse in 1,41.45.49 entfalten offenbar Jesu Messiastum und bilden damit einen guten Zusammenhang, der von 1,49 auch zu 1,34 zurückweist. Wahrscheinlich fand die SQ eine analoge Tradition wie Mt 16,13ff. vor, nach der Messiasbekenntnis und Kephasname zusammengehörten (1,41f.). Dies wurde die Keimzelle für die dann geschaffene große Berufungsszene, in der das Messiasbekenntnis noch zweimal variiert wurde, nämlich 1,45 mit allgemeinem Bezug auf das AT (vgl. Lk 16,29; Apg 26,22) und 1,49 mit indirektem Bezug auf Ps 2,6f. Wie sich nun schon 1,51 wegen des Titels Menschensohn davon abhob und E zugesprochen wurde, so gehört auch das »Lamm Gottes« nicht zur Kennzeichnung des messianischen Herrschers. Es ist in solchem Sinn vorchristlich gar nicht belegt und erhält die Herrscherfunktion in Offb 5,6 (usw.) erst sekundär als geschlachtetes Lamm (Barrett, gegen Dodd).

Wer 1,35f.43.51 als Anfang, Mitte und Schluß der Perikope E zuweist, wird seiner Hand auch die für griechische Leser bestimmten Erklärungen in V 38.41-42 zuerkennen. Hier wie noch in 9,7; 20,16 wird ein in der griechischen Erzählsprache ohne besonderes Signal eingeflochtener semitischer Ausdruck mit Hilfe eines nachgestellten Nebensatzes griechisch erklärt. D. h. der Erzähler nimmt Rücksicht auf Leser, die die semitische Nebensprache nur noch allenfalls recht gebrochen beherrschen. Das aber kann man erst als gegeben voraussetzen, als die joh Gemeinde außerhalb der Synagoge lebte (vgl. die Einleitung 3b). Diese Fälle sind von Aussagen in 5,2; 11,16; 19,13.17; 20,24; 21,2 zu unterscheiden. Nach diesen Stellen weiß man, daß die in griechischer Sprache erzählte Welt eigentlich eine semitisch sprachige Welt ist. Eben das vermerkt der Erzähler selbst. Damit kann die Analyse so zusammengefaßt werden: E strukturiert eine Vorlage aus der SQ um (Tageseinteilung) und gibt ihr teilweise neue Funktionen (1,35f.51). Dabei ist V 35f. szenisch ebenso sorglos gestaltet wie V 29. E liegt

allein an der christologischen Aussage: Wie 1,1f. in 20,28 aufgenommen wird, so bilden auch 1,36 und 19,36 eine Klammer. Man darf zu 1,35-37 nicht fragen: Woher kommt Jesus, warum redet der Täufer gerade zu zwei seiner Jünger, wo spielt die Szene sich ab, was motiviert die Jünger, die ohne den Passionsbericht unverständliche Deutung Jesu als Lamm Gottes zu akzeptieren? Wichtig ist allein, daß das 1,19ff.; 3,26ff. formulierte Verhältnis von Johannes und Jesus szenisch ausgestaltet wird. Die Fortsetzung in V 38f. redet vordergründig nur von einem ersten eintägigen Besuch der Jünger in Jesu derzeitigem Quartier. Doch ist V 40(.43) vorausgesetzt, daß sie dauerhaft Jünger sind. So wird das Nachfolgen in V 37f. im tieferen Sinn die Jüngernachfolge implizieren. Doch gilt es zu beachten, daß im Unterschied zu synoptischen Berufungsgeschichten eine eigentliche Beauftragung der Jünger durch Jesus überhaupt unterbleibt: Die Berufungssituation tritt zugunsten der in den Bekenntnissen enthaltenen Christologie zurück, so sicher die Jünger später (vgl. nur 2,2.11f.) wie selbstverständlich nachfolgen. Einen geheimnisvollen Sinn hat man gern der Zeitangabe (»um die zehnte Stunde«) V 39 beigelegt, aber außer phantasievoller Raterei bleibt nur die Auskunft, daß so hinreichend Zeit zum gemeinsamen Gespräch und zur Abendmahlzeit bleibt (Hahn). Ebensowenig darf man aus der Anrede: »Rabbi« herauslesen, die Jünger erwarteten (etwa im Sinne von V 45) Schriftauslegung (Schnackenburg), denn »Rabbi« ist im Joh allgemeine respektvolle Anrede (vgl. 1,49; 3,2.26; 4,31; 6,25; 9,2; 11,8).
Andreas, einer der ehemaligen Johannesjünger, findet seinen Bruder Petrus und führt ihn zu Jesus, motiviert durch das Messiasbekenntnis. Jesus sieht ihn an, weiß seinen Namen, ohne daß er ihm genannt wird, und weissagt Simon einen neuen Namen (der »Fels«, vgl. Mt 16,16-18). Auch die joh Gemeinde (vgl. Joh 21,16) kennt also die nachösterliche Vorrangstellung des Petrus in der Urgemeinde (1 Kor 15,5; Lk 24,34), obwohl in ihr selbst Ämter keine Rolle spielen und auch die kirchliche Aufgabe des Petrus nicht genannt wird. Hier wird der Name des Petrus nur eingeführt, um – wie später bei Nathanael (1,47ff.) – Jesu übernatürliches Wissen zu demonstrieren, aufgrund dessen Petrus glaubender Jünger wird. In Differenz zu Mt 16,17 wird in einer Sonderüberlieferung, die für die SQ typisch ist, Petri Vater nicht als Jonas, sondern als Johannes (vgl. Joh 21,15-17) angegeben.
Die Strukturierung der Szene durch E in V 43 führt Philippus neu ein, so daß dieser nun nicht mehr – wie in der SQ – der andere in V 35.37 genannte Jünger sein kann. Dadurch bleibt der Jünger

namenlos. Man hat erwogen, ob so nicht der ab Joh 13 begegnende namenlose Lieblingsjünger eingeführt werden soll (Kragerud, Kuhn). Aber das ist unwahrscheinlich, weil man die Typik des Lieblingsjüngers allenfalls in den Text hineinlesen kann (Dodd, Bultmann). Kein Leser des Joh kommt ohne vorherige Kenntnis von Joh 13 auf die Idee, in 1,43 den Lieblingsjünger zu sehen. Da umgekehrt auch Joh 13 keine Lesehilfe enthält, die nachträglich 1,43 im Sinne der Lieblings-Jüngertexte verstehen hilft, wird man den unbekannten Jünger in 1,43 ohne Identifikation stehen lassen (Kügler). Mit V 43 folgt E in etwa dem Aufbau synoptischer Berufungsgeschichten (Schnackenburg, Hahn), allerdings fehlt nach der Situationsbeschreibung und dem Berufungsort der Vollzugsbericht (vgl. Mk 1,16-20 parr.; 2,14 parr.). Man darf sich auch nicht – etwa durch V 43 veranlaßt – verleiten lassen, die synoptischen Berufungen und Joh 1,35ff. zu harmonisieren. Zunächst sind beide Erzähltypen stilisiert und reflektieren nicht unmittelbar Historie. Sodann ist bei den Synoptikern der Täufer nicht in den Berufungsvorgang verwickelt, die Initiative liegt allein bei Jesus, der in Galiläa ihren Beruf ausübende (junge) Männer in die Nachfolge ruft. Im Joh werden die Jünger – zum Teil als Johannesjünger – Jesus über christologische Bekenntnisse zugeführt. Das Ganze spielt in der Gegend von Bethanien (1,28). Auch sind die Namen der Berufenen und ihre Reihenfolge nicht gleich.

Nun sagt 1,44, daß die ersten Jünger, nämlich Andreas, Philippus und Petrus, aus dem galiläischen Fischerdorf Bethsaida stammen, das auf der Ostseite an der Einflußstelle des Jordans in den See Genezareth liegt. Auch Nathanael kommt nach Joh 21,1 aus Kana in Galiläa, wo Jesus alsbald (2,1ff.) sein erstes Zeichen vollzieht. Wieso werden ausgerechnet nur galiläische Jünger in Bethanien berufen? Für die ehemaligen Johannesjünger ist das erklärlich, sie hielten sich bei ihrem Meister auf, aber die anderen? Zeigt sich hier eine indirekte Bestätigung zugunsten der synoptischen Tradition (Berufung in Galiläa)? Jedoch bleibt ein weiterer Unterschied: nach Mk 1,29 wohnen Petrus und Andreas in Kapernaum, von Bethsaida ist keine Rede.

Die Berufung des Nathanael (V 45-50) beginnt analog zu V 41: Philippus findet Nathanael und bekennt Jesus als den vom AT Verheißenen – also als Messias. Jesus, der Sohn Josephs, kommt aber aus Nazareth. Weder wird Josephs natürliche Vaterschaft problematisiert (das joh Schrifttum kennt z. B. wie Paulus die Vorstellung von der Jungfrauengeburt nicht), noch wird Bethlehem (vgl. Joh 7,42) als Davidstadt Nazareth entgegengehalten, wohl aber wird an dem unbedeutenden Nazareth als solchem Anstoß genommen. »Komm und sieh!« ist die Antwort. Nathanael soll auf dieselbe Weise sich sein Urteil bilden und mit Jesus Erfahrung sammeln wie in 1,38f. die beiden Erstberufenen. Nur durch »Kommen und Sehen« wird Glaube geweckt (vgl. 2,11; 20,30f.). Wie Petrus durch die Kostprobe des wunderbaren Vorherwissens Jesu überzeugt wurde, so wird es nun Nathanael. Jesus kennt ihn als wahren Israeliten (vgl. Ps 32,2), bevor Nathanael ihm vorgestellt wird. Nun folgt der ungläubigen Zurückhaltung: »Was kann aus Nazareth Gutes kommen?« die erstaunte Frage: »Woher kennst du mich?« Diese ist Zwischenstation auf dem Weg zum gläubigen Bekenntnis V 49, das bestätigt, was Philippus sagte. Den Weg dahin ebnet Jesus mit der Feststellung, er kannte Nathanael schon, bevor Philippus ihn rief, als er unter dem (schattigen) Feigenbaum saß. Dadurch gibt Jesus – für Nathanael überprüfbar – den konkreten Ort an, wo ihn Philippus (in Abwesenheit Jesu!) ansprach. Der Feigenbaum ist also nicht als Ort des Schriftstudiums oder symbolisch als paradiesischer Baum der Erkenntnis (1 Mose 2,17) bzw. als Ort messianischen Friedens (vgl. Mich 4,4; Sach 3,10) verstanden, sondern einzig Mittel zur Überzeugung Nathanaels.

Die Aufforderung: »Komm und sieh!« ist mit V 49 zum positiven Ergebnis gekommen, das Philippus erreichen wollte. Zugleich ist mit dem Bekenntnis V 49 der gesamte Berufungsvorgang V 35ff. abgerundet. V 50 ist in der SQ Überleitung zu den Wundern, die danach geschildert werden: Aufgrund einer kleinen Kostprobe wunderbaren Wissens glaubt Nathanael schon? Er kann Größeres sehen! Nämlich Wunder wie die Weinspende in Kana (2,1ff.) oder gar die Totenauferweckung des Lazarus (Joh 11). So wird das zweimal demonstrierte übernatürliche Wissen Jesu (1,42.48) Auftakt für die Wunder Jesu. Wie die Erfahrung des wunderbaren Wissens zu Glaube, Bekennen und Nachfolgen führte, so werden es bald auch die Wunder Jesu bewirken.

E war mit solchem Schluß unzufrieden. Er will das verheißene »Sehen« in seinem Sinne festlegen (V 51). Der Vers erinnert jedoch formal an den Visionsstil in Apg 7,55f.; Mk 14,62. Da zudem Angelophanien im Joh nirgends erwähnt werden, hat man in V 51 einen ehedem selbständigen Spruch gesehen (Schulz) und für ihn sogar angenommen, der Menschensohn befinde sich im Himmel und die Engel stiegen von der Erde dann zu ihm herauf und von ihm herab (Higgins). Doch ist zu fragen, ob V 51 nicht als redaktionelle Aussage von E voll verständlich ist. Die Ankündigung des

Sehens hat nach ihrer jetzigen Aufgabe nicht visionären, sondern kompositorischen Sinn, nämlich auf Joh 2ff. zu weisen (Moloney). Der Himmel ist nicht geöffnet, damit man den oben thronenden Menschensohn sehen kann, sondern ist entweder konkret als Himmelstor für die Engel gedacht (vgl. 3 Makk 6,18; Apg 10,11) oder noch wahrscheinlicher im allgemeinen Sinn Öffnung der himmlischen Dimension, die dem Menschen sonst unzugänglich ist (Lentzen-Deis). Nimmt man das »auf/über den Menschensohn« genau, ist er unten, und die Engel sind Zeichen der Verbindung zwischen dem auf Erden weilenden Menschensohn und Gott. Daß die Engel »hinauf- und herabsteigen« – nicht, wie eigentlich zu erwarten, herab- und hinaufsteigen – erklärt sich als Anklang an den Jakobstraum in 1 Mose 28,12 mit dem Sinn, daß der auf Erden weilende Menschensohn nicht erst eine Verbindung zu Gott von oben her eingerichtet erhält, sondern schon immer als gesandter Präexistenter in direkter Dauerverbindung mit Gott steht. Man kann also 1,51 als redaktionelle, unter Verwendung traditioneller Motive gebildete Aussage von E verstehen. Er will so ausdrücken, daß der Irdische in nie unterbrochener Unmittelbarkeit zu seinem Vater steht, so daß alles, was er tun wird, bedeutet: »Wer mich gesehen hat, hat den Vater gesehen« (14,9). So läßt E das erste Selbstzeugnis Jesu die inhaltlich eng verwandten Aussagen über Jesus (1,18.34) aufnehmen und das öffentliche Auftreten Jesu eröffnen, das ja seinem Wesen nach überhaupt im strengen Sinn Selbstzeugnis des Gesandten ist.

3. Die erste Selbstoffenbarung im Weinwunder zu Kana 2,1–12

2,1 Und am dritten Tag fand eine Hochzeit zu Kana in Galiläa statt. Auch die Mutter Jesu war dort. 2 Zur Hochzeit geladen waren auch Jesus und seine Jünger. 3 Da ging der Wein aus, und seine Mutter sagt zu ihm: »Sie haben keinen Wein.« 4 Jesus spricht zu ihr: »Frau, was haben wir miteinander zu schaffen? Meine Stunde ist noch nicht gekommen.« 5 Seine Mutter sagt zu den Dienern: »Was er euch sagt, das tut.« 6 Nun standen dort sechs steinerne Wasserkrüge gemäß der Reinigung(svorschrift) der Juden, die faßten zwei bis drei Metreten. 7 Jesus sagt zu ihnen: »Füllt die Krüge mit Wasser.« Und sie füllten sie bis oben. 8 Da sagt er zu ihnen: »Schöpft jetzt und bringt (davon) dem Speisemeister!« Sie

brachten ihm. 9 Als aber der Speisemeister das Wasser gekostet hatte, das zu Wein geworden war – er wußte nicht, woher es kam; die Diener jedoch, die das Wasser geschöpft hatten, wußten es –, da ruft der Speisemeister den Bräutigam 10 und sagt zu ihm: »Gebt jedermann zuerst den guten Wein. Wenn sie trunken sind, den schlechteren. Du hast den guten Wein bis jetzt zurückgehalten.«
11 Dies vollbrachte Jesus als Anfang der Zeichen zu Kana in Galiläa. Und er offenbarte seine Herrlichkeit, und seine Jünger glaubten an ihn. 12 Danach zog er hinab nach Kapernaum, er selbst, seine Mutter, die Brüder und seine Jünger. Und sie verweilten dort wenige Tage.

Literaturauswahl: Boismard, M.-É.: Du baptême à Cana (Jean 1,19–2,11), Le Div 18, 1956. – *Broer, I.:* Noch einmal: Zur religionsgeschichtlichen »Ableitung« von Jo 2,1–11, SNTU 8 (1983) 103–123. – *Busse, U. – May, A.:* Das Weinwunder von Kana (Joh 2,1–11), BN 12 (1980) 35–61. – *Clark, D. K.:* Signs in Wisdom and John, CBQ 45 (1983) 201–209. – *Cullmann, O.:* Urchristentum, 65–71. – *Derrett, J. D.:* Water into Wine, BZ NF7 (1963) 80–97. – *Fuller, R. H.:* Die Wunder Jesu in Exegese und Verkündigung, Düsseldorf 1967, 98–117. – *Jeremias, J.:* Jesus als Weltvollender, Gütersloh 1930. – *Loos, H. van der:* The Miracles of Jesus, NT.S 9, 1965, 590–618. – *Lütgehetmann, W.:* Die Hochzeit von Kana (Joh 2,1–11), BU 20, 1990 (Lit.). – *Michel, O.:* Der Anfang der Zeichen Jesu, in: Die Leibhaftigkeit des Wortes (Festgabe A. Köberle) Hamburg 1958, 15–22. – *Noetzel, H.:* Christus und Dionysos, AzTh 1, 1960. – *Olsson, B.:* Structure and Meaning in the Fourth Gospel, CB.NT 6 (1974) 18–114. – *Räisänen, H.:* Die Mutter Jesu im Neuen Testament, Helsinki 1989, 156–173. – *Rissi, M.:* Die Hochzeit in Kana, in: Oikonomia, (FS O. Cullmann) Hamburg 1967, 76–92. – *Schmidt, K. L.:* Der johanneische Charakter der Erzählung vom Hochzeitswunder in Kana, in: Harnack-Ehrung, Leipzig 1921, 32–43. – *Schneider, J.:* Doxa. Gütersloh 1932. – *Schürmann, H.:* Jesu letzte Weisung, in: Ursprung und Gestalt, Düsseldorf 1970, 20–28. – *Smitmans, A.:* Das Weinwunder von Kana, BGBE 6, 1966. – *Theißen, G.:* Urchristliche Wundergeschichten, StNT 8, 1974. – *Walter, N.:* Die Auslegung überlieferter Wundererzählungen im Johannesevangelium, in: Theologische Versuche II, Berlin 1970, 93–107. – *Wilkens, W.:* Zeichen, 30–33.

Die wunderbare Verwandlung des Wassers in Wein ist den Geschenkwundern (Theißen, anders Lütgehetmann) zuzuordnen, in denen ein Mangel an materiellen Gütern spontan durch ein Wunder behoben wird: Der bei der Feier ausgegangene Wein wird in überdimensionaler Menge und besonderer Güte neu beschafft.

Dabei kann man die Art des Wunders unterscheiden: Joh 6,1ff. ereignet sich ein Geschenkwunder durch Vermehrung, 2,1ff. durch Metamorphose. Typisch ist der Aufbau. Die Exposition V 1–2 nennt handelnde Personen, Zeit, Ort und Umstände. V 3–5 wird die Vorbereitung des Wunders geschildert (Konstatierung der Notlage, indirekte Bitte, Verweigerung des Wundertäters und stillschweigende Hoffnung auf ihn). In V 6–8 steht die indirekte Schilderung des Wunders, und V 9f. wird es konstatiert. V 11 kann als redaktionelle Deutung gelten, und endlich bringt V 12 eine szenische Überleitung.

Daß E die Wundergeschichte vorgefunden hat, ist sicher: 2,1–12 gehört zu den Stücken des Joh, die kaum joh Spracheigentümlichkeiten enthalten (Schweizer). Auch die auffällige Schwierigkeit, die joh Deutung des Wunders zu erheben, läßt auf Tradition schließen. Außerdem sind 2,11 und 4,54 miteinander durch eine Zählung der Wunder gekoppelt. Diese harmoniert nicht mit 2,23; 4,45, weil danach in der Zwischenzeit Jesus weitere Wunder tut. Daher ist mit Recht der Schluß gezogen worden (Bultmann u. v. a.), daß 2,1ff. und 4,43ff. ursprünglich quellenmäßig zusammengehörten, hingegen die Angaben in 2,23; 4,45 von E stammen. Man kann dieser These nicht entgehen, indem man 2,11; 4,54 nur speziell auf zwei Kana-Wunder aufmerksam machen läßt, so daß kein Widerspruch zu den Jerusalemer Wundern in 2,23; 4,45 entstünde. Das ist schon angesichts der sprachlichen Nähe zu 12,37; 20,30 unwahrscheinlich. Dann müßten vor allem auch die geographischen Angaben in 2,11; 4,54 stimmig sein (4,54 erwähnt Kana gar nicht), in 2,11 vom ersten Wunder, statt von einem »Anfang der Wunder« gesprochen werden und die Ortsangaben in 2,11; 4,54 dicht bei den Zählungen stehen (jetzt kennzeichnet die Zählung den Wundertäter, nicht den Ort). So zeigt die Zählung also deutlich einen literarischen (vgl. 20,30) Zusammenhang, nämlich den der SQ (vgl. Exkurs 1).

Wo ist die kommentierende Hand von E anzutreffen? Zunächst in der Tagesangabe 2,1, die mit 1,29.35.43 zusammengehört. Man hat erwogen, ob E damit eine Woche gliedern wollte. Das bleibt unsicher, weil dann stillschweigend 1,40–42 als gesonderter Tag zu zählen wäre, ohne daß E dies kenntlich macht.

Wenn weiter in V 4b Jesus seine (vorläufige) Weigerung begründet, seine Stunde sei noch nicht gekommen, so läßt dies an die für das Joh typischen Aussagen über die Stunde Jesu als seine Todesstunde denken (7,30; 8,20; 12,23.27; 13,1; 17,1). Will E an sie auch 2,4 erinnern? Das ist unwahrscheinlich, selbst wenn dies immer wieder behauptet wird. Vom Kontext her würde kein Leser darauf kommen. Auch Maria würde im Rahmen der Szene solchen Sinn kaum erkennen können: Wieso sollte Jesus – durch Marias Frage veranlaßt – sich genötigt sehen, den Wunsch eines vorzeitigen Kommens seiner Todesstunde zurückzuweisen (Schnackenburg)? Marias Äußerungen in V 3.5 geben vielmehr zu erkennen, daß hier die Stunde des Wundertäters gemeint ist: Seine Stunde zum Wunder hat er allein zu bestimmen (Bultmann, Fuller u. a.). Diese von Menschen unabhängige Selbstbestimmung Jesu ist Kennzeichen der SQ (5,6; 6,5ff.; 7,6ff.; 11,6ff.). Genau wie Jesus 11,11ff. (vgl. 7,10) dann doch aus freien Stücken ein Wunder inszeniert, so ist es auch 2,5ff. vorausgesetzt.

Sicher ist es jedoch, die Erklärung, warum die sechs Krüge dort stehen (V 6), E zuzuweisen (»nach der Reinigungsvorschrift der Juden«). E pflegt solche Erklärungen zu geben, manchmal – wie hier – ohne großes Geschick: Da die Krüge leer sind, ist fraglich, ob sie wirklich zur rituellen Reinigung benutzt wurden. Zu diesem Zweck müßten sie auch vor dem Hause stehen, was gleichfalls im Text nicht gesagt ist. Des weiteren weist die Parenthese in V 9b auf E (vgl. 6,6; 12,16; 20,9 als formale und 3,8; 4,11; 7,27f. usw. als sprachliche Parallelen). Häufig wird erwogen, ihm noch Anteil an V 11 zu geben (Bultmann, Schnackenburg, Fortna). Aber das ist für den Kern des Verses nicht ratsam, weil der Vers die Theologie der SQ wiedergibt (Exkurs 1), hingegen E kaum so direkt und ungeschützt dem Wunderglauben das Wort reden würde. Natürlich kann die offenbare Herrlichkeit in V 11b mit 1,14d (E) in Beziehung gebracht werden, aber das Verb des Offenbarens in 2,11b stand vorher auch gerade in 1,31b (SQ), und 2,11 liegt der einzige ntl Beleg vor, bei dem des irdischen Jesu Herrlichkeit anläßlich einer Einzeltat oder eines Wunders aufleuchtet. Ist es nicht Gottes Herrlichkeit (wie z. B. 11,4), sondern die des Wundertäters, so erinnert das an hellenistische Aussagen (Schneider), also an den Zusammenhang, aus dem das Kana-Wunder kommt (s. u.).

E hat sich also mit geringfügigen Mitteln (in V 1.6.9) die SQ angeeignet. Darum fällt es schwer, seine Deutung zu erheben. Bevor dies versucht wird, soll der Text im einzelnen betrachtet werden.

Die Zeitangabe V 1 macht deutlich, E rechnet mit einer längeren Wegstrecke von Bethanien (1,28) nach Kana (wohl *Khirbet Kana* 13 km nördlich von Nazareth). Wer die Zeitangaben 1,29.35.43 mit 2,1 unter Hinzuzählung von 1,40–42 zu einer Woche vereint,

kann symbolischen Sinn suchen: Schöpfungswoche und Woche der Neuschöpfung sind gegenübergestellt (Boismard). Auch kann man an die beiden Tagesangaben der Sinaioffenbarung erinnern, die vom dritten Tag (2 Mose 19,10f.16) und siebenten Tag (2 Mose 24,16) sprechen: Beide Zeitangaben fallen dann Joh 2,1 zusammen (Lütgehetmann). Oder: Ist der dritte Tag Erinnerung an den Ostersonntag (eine Kombination mit V 4 ist möglich), dann wird das Kanawunder Sinnbild der österlichen Verherrlichung Jesu (Dodd). Aber solche Deutungen haben im Text keinen Anhalt. Die jeweils entscheidenden Hinweise für die eine oder andere Deutung sind immer erst dem kargen Text unterstellt: Die Zeitangabe ist nur Indiz, daß sich 1,50f. bald erfüllte (Schnackenburg).
Die Mutter Jesu, deren Name Maria im Joh nirgends erwähnt ist, wird wohl wegen V 3–5 vorweggenannt. Man sollte dem Text nicht entnehmen, in ihrer Großfamilie würde Hochzeit gefeiert, oder Jesus und seine Jünger seien erst nachträglich geladen bzw. träfen erst im Verlauf der Hochzeitsfeier ein, die in der Regel sieben Tage dauerte (vgl. z. B. JA 21,8; 14 Tage sind Tob 8,18 genannt). Stilgemäß ist die Exposition nur mit den nötigsten Angaben gestaltet. Darum erfährt man nichts von den Brüdern (V 12) oder von Jesu Vater (1,45). Ebenso bleibt offen, wieviele Jünger mitfeiern: Nach 1,35ff. sind es vier (SQ) bzw. fünf (E). Aber später setzt die SQ (vgl. 12 Körbe, 6,13) zwölf voraus. Darum kann dies auch für 2,1ff. gelten (Bultmann). Jedoch läßt E sich den Zwölferkreis erst später bilden (6,60.66–70): Wächst für E der Jüngerkreis von fünf auf eine große Zahl, um sich dann bei zwölf zu stabilisieren? Oder darf man bei E so präzise gar nicht fragen? Endlich hat man vorgeschlagen (Wellhausen, Fortna), in V 12 die Jünger als sekundär zu erklären – weil sie erst nach den Verwandten Jesu genannt sind – und dementsprechend in V 2 (und 11) sie durch die Brüder zu ersetzen. Aber dies ist nach 1,50 unwahrscheinlich: Gerade die Jünger sollen Zeugen des Wunders sein!
V 3 beginnt aufs knappste die Mangelsituation zu nennen. Wiederum ist wichtig zu sehen, was nicht gesagt ist: daß z. B. die Brautleute arm waren, die Gäste viel tranken, das Fest sich schon dem Ende zuneigte, oder Jesu unerwartetes Kommen die Gastgeber in Verlegenheit brachte. Die Notsituation, die nicht geleugnet werden sollte (gegen Theißen), hat ihren Ort in der »Vorbereitung des Wunders« und dient allein der Hinführung auf das Wunder. Wein ist typisches Hochzeitsgetränk (JA 21,8). Wird er knapp, ist die Hochzeitsfreude gestört. Die Mutter Jesu – sie ist gewählt wegen ihrer Verwandtschaft mit Jesus und ist szenisch ersetzbar

(vgl. 9,2; 11,3) – macht auf die Not aufmerksam. Sie stellt keine Bitte, doch hat ihre Feststellung die Funktion einer indirekten Bitte, so daß der Leser auf Jesus verwiesen ist, von dem man nicht grundlos (1,42.47ff.50f.) Abhilfe erwarten kann. Er aber verweigert sich solchem Ansinnen: »Frau, was haben wir mit einander zu schaffen?« Die Anrede ist nicht respektlos, ja gegenüber unbekannten Frauen üblich (vgl. 4,21), wohl aber bei der eigenen Mutter Zeichen der Distanziertheit. Maria, die aus verwandtschaftlicher Nähe geeignet schien, Jesus auf den Mangel anzusprechen, erfährt, daß der Wundertäter Blutsbande nicht achtet. Dabei ist die Frage eine feststehende Redewendung, die eine schroffe Abwehr ausdrücken kann (vgl. Mk 1,24f.; ausführlich: Lütgehetmann). Diese ist wegen der distanzierten Anrede hier auch beabsichtigt. So gehört der Satz zum Motiv des Sich-Entziehens des Wundertäters (Theißen, vgl. Mk 6,48; 7,27; Joh 4,48; 11,6).

Dazu ist weiter der Satz zu stellen, der von Jesu Stunde spricht. Er gibt an, warum Jesus Maria abweist. Dann ist der Satz eine Aussage. Vor allem katholische Exegeten wollen den Satz jedoch als Frage verstehen (Diskussion bei Schnackenburg): Ist meine Stunde etwa noch nicht gekommen? Dann wäre damit gesagt: Maria braucht Jesus nicht erst (indirekt) zu bitten; sie sollte wissen, daß Jesu Stunde zum Wunder längst gekommen ist. Gegen diese Deutung spricht, daß alle anderen Wunder im Joh Jesus unerwartet bestimmen lassen, wann und wie er handelt. Er steht dabei so distanziert zu allen Menschen, daß ein Vorwurf, Maria müsse von seiner Zeit zu handeln wissen, unmotiviert wäre. Als begründende Aussage hingegen fügt sich der Satz gut in die SQ (7,3–6) und zu der vorangehenden Frage: Als Wundertäter bestimmt er den möglichen Zeitpunkt seines Handels ganz allein. Dabei ist auch nicht gesagt, daß die Stunde in des Vaters Willen verankert ist (gegen Schnackenburg). Maria ignoriert die Abweisung Jesu (V 5). Das mag psychologisch ein Widerspruch sein, doch danach fragt die Komposition nicht. Vielmehr sorgt das Beharrungsvermögen der Abgewiesenen (vgl. Mk 7,28) für den Fortgang der Handlung. Marias Worte erinnern an 1 Mose 41,55, doch ist diese Aufforderung so allgemein, daß man einen bewußten biblischen Bezug nicht annehmen kann.

Nunmehr ist es für die Erzählung Zeit, das Wunder zu schildern (V 6–8). Bei Geschenkwundern tritt die Wundertechnik, ja jede direkte Schilderung des wunderbaren Vorganges zurück. Umgekehrt: Heilungen durch Exorzisten sind lebensnaher und viel eher erfahrbar, darum konnten die üblichen Praktiken z. B. von Medizinmännern bei Heilungswundern motivisch verarbeitet werden. Geschenkwundern fehlt als Hintergrund eine vergleichbare Lebenspraxis, darum ist für sie die Verborgenheit des Wundervorgangs typisch (Theißen). Das Wunder wird V 6 eingeleitet mit dem Verweis auf sechs bereitstehende Steinkrüge. Die Angabe ihres Fassungsvermögens (1 Metretes = rund 40 Liter, also fassen sie zusammen 480–720 Liter) soll die übergroße Fülle des späteren Weines angeben. Fragen nach einer Verschwendung oder einer Anstiftung zum Vollrausch sind unangemessen. Die menschlichen Folgen sind ausgeblendet, weil das Wunder ausschließlich christologisches Interesse hat (V 11).

Jesus läßt die Krüge von Dienern füllen (V 7). Dann geschieht das Wunder lautlos und verborgen, denn unmittelbar nach dem Einfüllen sollen die Diener dem Speisemeister (wohl ein Sklave; er begegnet nur im hellenistischen Kulturraum) als dem Verantwortlichen für die Durchführung des Festes zu kosten bringen (V 8). Sein Urteil über den Wein fällt gut aus. Dies Konstatieren des Wunders ist szenisch eingefangen in der Anrede an den Bräutigam (V 10). Diese sog. joh »Weinregel« gibt es sonst nicht. Der Erzähler will klarstellen, die unvorstellbare Weinmenge hat ausgezeichnete Qualität. Mit etwas derbem Humor stellt der Tafelmeister den Bräutigam zur Rede, er habe offenbar den besseren Wein seinen Gästen bisher absichtlich vorenthalten.

Auf den ersten Blick ist das ein abrupter Schluß. Aber alles Notwendige ist gesagt. Die Antwort des Bräutigams oder die Kenntnisnahme des Wunders durch die Festgesellschaft sind überflüssig, so überflüssig wie die Braut, die trotz ihrer Unentbehrlichkeit auf ihrer Hochzeit nicht auftritt! Auch Jesu Mutter hat mit V 3–5 ihre Schuldigkeit getan. Ihre Reaktion ist ebenfalls unwichtig. Aussageziel ist allein: Jesus hat in freier Selbstbestimmung auf einer Hochzeit zu Kana aus Wasser eine unvorstellbar große Menge besten Weines gemacht. Damit offenbarte er seine Herrlichkeit, d. h. seine göttliche Wundermacht. So ließ er erstmals 1,50 in Erfüllung gehen. Wie schon aufgrund seines Vorherwissens (1,42.47f.), so glaubten seine Jünger daraufhin an ihn (V 11).

V 12 leitete schon in der SQ zur nächsten Erzählung über. Er ist vor der jetzigen Jerusalemreise (2,13) funktionslos (Schnelle). Von den Brüdern Jesu ist im Joh nur noch 7,3.5.10 (SQ und E) die Rede. Das gute Verhältnis Jesu zu seiner Familie, das V 12 andeutet, steht im Kontrast zu Mk 6,1–6 parr. und Joh 4,44 (KR); 7,5 (E). Daß die Familie Jesu sich in Kapernaum aufhielt oder hier sogar ansiedelte, ist abermals eine Sonderüberlieferung der SQ, die

im übrigen davon weiß, daß Jesus aus Nazareth stammt (1,45f.). Jesu (kurzer) Aufenthalt in diesem Fischerort am oberen Nordwestufer des Sees Genezareth ist auch im Mk-Aufriß nach der Jüngerberufung die erste Wirkungsstätte Jesu (Mk 1,21ff.).
Der Sinn des Wunders in der SQ ist durch V 11 und durch analoge Stellen wie 6,14; 9,32f.; 20,30f. gesichert: Die in dem normalerweise unvorstellbaren Wunder sichtbare Herrlichkeit des Wundertäters, also seine Göttlichkeit als Fähigkeit zum Wunder, ist für die Jünger Anlaß, an ihn zu glauben. So sollen alle Leser der Quelle zum Glauben geführt werden. Das Geschenkwunder wird zu einer Epiphanie der Göttlichkeit des Wundertäters. Diese soll jedermann schaubar sein, damit Glauben an Jesus entsteht und wächst. Solche missionarische Werbung mit dem Wunder deutet auf Konkurrenzsituation, die in bezug auf den Täufer direkt ausgesprochen wird (10,41). Aber er war keinesfalls der einzige Konkurrent. Fragt man nach Analogien zur Verwandlung von Wasser in Wein, stößt man weit und breit nur auf den Dionysoskult (Broer, Lütgehetmann; gegen Haenchen). Daß man in Syrien bzw. Kleinasien beim Erzählen von Joh 2,1ff. nicht an den Weingott Dionysos dachte, ist kaum vorstellbar. Da zudem das Weinwunder stofflich im Rahmen der ntl Wunderüberlieferung isoliert steht, wird man diese Beziehungen nicht leugnen dürfen. Wenn man darauf hinweist, daß AT und Judentum den Wein in seiner Fülle als Zeichen der messianischen Heilszeit kennen (Noetzel, Schnackenburg), so ist in 2,1ff. selbst mit keinem Wort solche heilsgeschichtliche Linie angedeutet und von einem Verwandlungswunder in diesen Traditionen auch keine Rede.
Welche Bedeutung hat E dem Wunder beigelegt? Hierzu gibt es viele Angebote: Man versteht den Wein als Symbol der Heilszeit (Jeremias) oder erinnert an die Vorstellung vom messianischen Hochzeitsmahl (Billerbeck). Aber jede heilsgeschichtliche Andeutung fehlt im Text. Weiter offeriert man eine sakramentale Deutung (Cullmann, Strathmann): Der Verweis auf die Todesstunde deutet an, daß die Weinfülle – parallel zur Brotspende (Joh 6) – die nie versiegende Gabe des Herrenmahles darstelle. Aber 2,4 ist nicht die Todesstunde gemeint, eine Verbindung zu Joh 6 ist nicht angedeutet und ein sakramentaler Sinn ist in 2,1ff. nicht erkennbar. Ebenso fraglich ist es, läßt man mit V 6 die Überwindung der jüdischen Religion ausgesagt sein (Schürmann, Lütgehetmann). Auch hier sind Gedanken aus dem weiteren Kontext, vor allem aus 4,20ff. eingetragen. Nach anderen hat das Wunder die Aufgabe, Jesu Anteil an der göttlichen Schöpfungsmacht zu zeigen,

und ist Epiphanie der neuen Schöpfung (Wilkens). Wiederum: das Thema Schöpfung fehlt im Text. Ist dann für E das Wunder kein wirkliches wunderbares Ereignis mehr, sondern nur noch Symbol, durch das die Göttlichkeit des Offenbarers dem Glauben sichtbar wird (Bultmann)? Da E den anstößig massiven Wundervorgang nicht abmildert, wird man einem symbolischen Charakter kaum das Wort reden können. Richtig gesehen ist an dieser Deutung jedoch, daß es nicht gilt, einzelne Elemente der Erzählung mit tieferem Sinn zu versehen, sondern das Wunder insgesamt, und zwar christologisch zu verstehen. Hier ist nun zunächst der Verweis auf 1,51 wichtig (Schnackenburg), weil E hier selbst eine Aussage über die nachfolgende Darstellung macht: Die himmlische Dimension des Gesandten – dort ebenso hoch mythisch ausgedrückt wie 2,1ff. massiv wunderhaft – wird freigelegt. So geht es um Jesu göttliche Herkunft und Einheit mit dem Vater (Schnakkenburg, vgl. 5.17f.36; 10,25).

Wenn weiter die Gliederungsangaben zu 1,19–2,12 die Absicht von E richtig wiedergeben (s. o.), dann will E mit 2,1–11 die Festigung der Jüngerschaft zum Abschluß bringen: Jüngerglaube beruht auf der Erkenntnis der Einheit Jesu mit dem Vater. Weil für E Wunder selbstverständlich zum Offenbarer gehören, können Jünger ihren Glauben (1,25ff.) dadurch zu weiterer Erkenntnis führen. Insofern mag E beabsichtigen, daß der Leser bei 2,11 an 1,14 denkt (s. o.). Dabei ist die Distanz zur SQ unübersehbar: E setzt die Jünger in 6,66–71 aufgrund der Anstößigkeit der Brotrede noch einmal betont der Krise aus. Jüngernachfolge mag sich auch am christologisch gedeuteten Wunder festigen, jedoch ist solcher Glaube nicht von dem Ärgernis der Offenbarung verschont. Er ist so fragil, daß er wie bei Nikodemus (Joh 3) im ungläubigen Unverständnis enden kann. Geht das Wunder schon gar nicht in der irdischen Dimension auf (die materielle Gabe als Ziel des Wunders), so ist auch sein Hinweis auf die himmlische Dimension (die christologische Einsicht als die Einheit zwischen Jesus und Gott) noch keine unproblematische Möglichkeit: Die sachbedingte Anstößigkeit der Offenbarung muß noch erst überwunden werden. So ist auch gerade 2,13ff. für E der notwendige Kontrapunkt zu 2,1ff.

Exkurs 1: Die Semeiaquelle

Literaturauswahl: Becker, J.: Wunder und Christologie, NTS 16 (1969/70) 130–148 (Lit.). – *Berger, K.:* Hellenistische Gattungen im Neuen Testament, ANRW II 25.2 (1984) 1031–1432. – *Betz, H. D.:* Jesus as Divine Man, in: Jesus and the Historian (FS. E. C. Colwell), Philadelphia 1968, 114–133. – *Betz, O.:* Das Problem des Wunders bei Flavius Josephus im Vergleich zum Wunderproblem bei den Rabbinen und im Johannesevangelium, in: Josephus-Studien (FS. O. Michel), Göttingen 1974, 23–44. – *Bieler, L.:* Theios Aner. Wien 1935, Nachdruck 1967. – *Bittner, W. J.:* Jesu Zeichen im Johannesevangelium, WUNT 2,26, 1987. – *Blackburn, B. L.:* Theios Aner and the Markan Miracle Traditions, WUNT 2/40, 1990. – *Corrington, G. P.:* The »Divine Man«, American University Studies 7/17, 1986. – *Fortna, R. T.:* Gospel. – *Fuller, R. H.:* Die Wunder Jesu in Exegese und Verkündigung, Düsseldorf [2]1968. – *Georgi, D.:* Formen religiöser Propaganda, Kontexte 3, Stuttgart 1966, 105–110. – *Habicht, Chr.:* Gottmenschentum und griechische Städte, München [2]1970. – *Haenchen, E.:* Gott, 78–113. – *Haufe, G.:* Hellenistische Volksfrömmigkeit, in: J. Leipoldt – W. Grundmann: Umwelt I, 68–100. – *Heekerens, H.-P.:* Die Zeichenquelle der johanneischen Redaktion, SBS 113, 1984. – *Hofbeck, S.:* Der Begriff des ›Zeichens‹ im Johannesevangelium unter Berücksichtigung seiner Vorgeschichte, Münsterschwarzbach 1966. – *Holladay, C. H.:* Theios Aner, JBhMS 40, 1977. – *Jonge, M. de:* Signs and Works in the Fourth Gospel, Miscellanea Neotestamentica II, Leiden 1978, 107–125. – *Käsemann, E.:* Wille. – *Kee, H. C.:* Aretalogy and Gospel, JBL 92 (1973) 402–422 (Lit.). – *Köster, H. – J. M. Robinson:* Entwicklungslinien durch die Welt des frühen Christentums, Tübingen 1971, 173–179.201–204.223–241. – *Kuhn, H.-J.:* Christologie und Wunder, BU 18, 1988 (Lit!). – *Kundsin, K.:* Überlieferungsstoffe. – *Léon-Dufour, X.:* Autour du sémeion johannique, in: Die Kirche des Anfangs (FS. H. Schürmann) Leipzig 1978, 363–378. – *Lips, H. von:* Anthropologie und Wunder im Johannesevangelium, EvTh 50 (1990) 296–311. – *Luz, U.:* Das Jesusbild der vormarkinischen Tradition, in: Jesus Christus in Historie und Theologie (FS. H. Conzelmann), Tübingen 1975, 347–374, hier: 355–357.360–367. – *Mack, B. L.:* Imitatio Mosis, Studia Philonica 1, Leiden 1972. – *Martitz, W. von:* Art. *yios,* ThWNT VIII (1967) 334–340. – *Nicol, W.:* Semeia. – *Osten-Sacken, P. von der:* Leistung und Grenzen der johanneischen Kreuzestheologie, EvTh 36 (1976) 154–176, hier: 161f. – *Pesch, R.:* Das Markusevangelium I. Teil, HThK II, 1976, 55–59.277–281 (Lit.). – *Petzke, G.:* Die Traditionen über Apollonius von Tyana und das Neue Testament, StCH 1, 1970. – *Reim, J.:* Studien, 207–216. – *Rengstorf, K. L.:* Art. *Semeion,* ThWNT VII (1964) 241–257 (Lit.). – *Richter, G.:* Studien, 281–287. – *Schüßler-Fiorenza, E.* (ed.): Aspects of Religious Propaganda in Judaism and Early Christianity, London 1976. – *Smith, D. M.:* The Milieu of the Johannine Miracle Source: A Proposal, in: Jews, Greeks und Christians (Essays in Honour of W. D. Davies), StJLA 21

(1976) 164–180 (Lit.). – *Smith, R. H.:* Exodus Typology in the Fourth Gospel, JBL 81 (1962) 329–342 (Lit.). – *Schnackenburg, R.:* Kom. I, 344–356. – *Schnelle, U.:* Christologie (dazu: *Becker, J.*, ThRv 84 (1988) 370–372). – *Schottroff, L.:* Glaubende, 245–268. – *Schottroff, W. – Betz, H. D.:* Art. Gottmensch, RAC 12 (1983) 155–312. – *Speyer, W.:* Der numinose Mensch als Wundertäter, in: ders.: Frühes Christentum im antiken Spannungsfeld, WUNT 50, 1989, 369–394. – *Stolz, F.:* Zeichen und Wunder, ZThK 69 (1972) 125–144. – *Theißen, G.:* Urchristliche Wundergeschichten, StNT 8, 1974. – *Tiede, D. L.:* The Charismatic Figure as Miracle Worker, SBL Dissertation Series 1, 1972. – *Wagner, J.:* 396–414. – *Wetter, G. P.:* Der Sohn Gottes, Göttingen 1916. – *Wilkens, W.:* Zeichen. – *Wöllner, H.:* Zeichenglaube. – *Ziener, G.:* Weisheitsbuch und Johannesevangelium, Bib 38 (1957) 396–418.

Keine der literarischen Grundfragen des Joh ist in jüngster Zeit so häufig bearbeitet worden wie die Analyse der joh Wundererzählungen (grundlegend sind: Bultmann, Haenchen, Fortna, Nicol, Appold, zuletzt Wöllner). Außerdem hat keine der literarischen Hypothesen so schulunabhängige und internationale Zustimmung erfahren wie die, daß die Wundererzählungen einer gemeinsamen Quelle entstammen. Natürlich ist daneben die Ablehnung auch nicht verstummt (z. B. Heekerens, Bittner, Schnelle). Diese greift allerdings zu kurz, wenn man die literarischen Probleme des Joh bagatellisiert und die SQ nur als hermeneutisches Kontstrukt Bultmanns und seiner Schule erklärt (so Berger 1230f.). Diese literarische (vgl. 20,30f.) Quelle wird allgemein wegen der für sie typischen Bezeichnung der Wunder (*semeia* = Zeichen) Semeiaquelle (SQ) genannt. Die hauptsächlichen Begründungen für die Existenz der Quelle sind folgende: a) Der Abschluß 20,30f. ist nicht nur seinem Stil nach ein Abschluß eines literarischen Werkes, sondern verfehlt mit dem zusammenfassenden Stichwort »Zeichen« den jetzigen Charakter des Joh. Dieses ist von der kompositorischen Stellung, vom Umfang und vom theologischen Gewicht her durch die Reden geprägt (gegen Bittner), die nie als *Semeia* bezeichnet werden. Ebenfalls steht zwischen dem letzten Wunder in Joh 11 und dem Abschluß Joh 20,30f. der große Abschnitt der Passionsereignisse, der mit dem Zeichenbegriff nicht in Verbindung gebracht wird. Paßt diese zusammenfassende Charakteristik also nicht zum Werk von E (vgl. als Möglichkeit für E Mk 6,30; Lk 24,19; Apg 1,1 usw.), so eignet sie sich ausgezeichnet als Abschluß einer Quelle, deren Ziel es war, vornehmlich Jesu Wunder zu thematisieren (Bultmann). b) In keinem der anderen Evangelien sind die Wunder so massiv gesteigert und zugleich ihr Wert für den Glauben hinterfragt. Diese Dissonanz führt zur Vermutung, die Wunder seien nachträglich kritisch bearbeitet worden (Bultmann). c) Überhaupt läßt sich durchweg bei den in Frage kommenden Stücken zwischen Vorlage und Bearbeitung trennen (Bultmann, Haenchen). d) Die Quelle intendierte offenbar eine Zählung der Wunder. Jedenfalls deuten dies Joh 2,11 und 4,54 (SQ) an, die im Widerspruch zu 2,23; 4,45 (E) stehen (Bultmann).

Dabei braucht die Quelle nicht fortlaufend gezählt zu haben (gegen Bultmann), weil jeder Leser selbst bis sieben zählen konnte. So sind z. B. auch 2 Mose 4 (vgl. 4,8f.) die Anfangszeichen gezählt und so gegenüber der sicherlich nicht zufälligen Zahl der Plagen in 2 Mose 7–14 herausgestellt. Auch sonst zeigt die SQ ein auffälliges Interesse an Zahlen (vgl. nur 1,37.39f.; 2,6; 4,6.52f.; 5,5; 6,7.9f.13.19; 11,6.17). e) Die Wunder können E nicht einzeln vorgelegen haben, weil es Verbindungen zwischen ihnen gegeben hat, bevor E ans Werk ging (z. B. 2,12). Diese Verknüpfungen sperren sich jetzt gegen den Aufriß von E. Dies gilt auch für die auffälligen Ortsangaben, die das Konzept eines eigenen Itinerars erkennen lassen, das der mk Abfolge: Galiläa – Jerusalem entspricht, aber das E durch das mehrfache Hin- und Herwandern Jesu zwischen Galiläa und Jerusalem zerstört (Fortna). f) Die Quelle hat eine erkennbare Struktur und theologische Konzeption (Becker, Fortna, Nicol). g) Es fällt auf, daß in diesen Quellenstücken der joh Dualismus, der Stil und Gehalt der Offenbarungsreden, eschatologische Aussagen und vor allem auch die joh Gesandtenchristologie fehlen (Becker). Diese Hauptargumente mögen hier als Zusammenfassung der im Kommentar gegebenen Einzelanalyse genügen. Sie führt zu dem Ergebnis, daß jeweils der Grundstock aus 1,19–34; 1,35–51; 2,1–12; 3,22–30; 4,1–42; 4,43–54; 6,1–21; 7,1–13; 5,1–18; 9,1–34; 10,40–42; 11,1–44.54; 12,37–43; 20,30f. dieser Quelle zuzuweisen ist.
Sicherlich – ähnlich wie Q – läßt sich die SQ nicht mehr ganz vollständig oder sogar wortwörtlich rekonstruieren. Aber wesentliche Konturen und Details sind doch gut erkennbar. Man wird kaum bezweifeln, daß 1,19ff. ein sachlich guter Anfang ist und 20,30f. der Abschluß. Die Siebenzahl der Wunder spricht auch für Vollständigkeit. Außerdem hat die Quelle ein noch intaktes Itinerar aufzuweisen. Viele ihrer Stücke sind an titular geprägten Bekenntnissen und Akklamationen orientiert, die ganze Abschnitte strukturieren (vgl. z. B. 1,19ff.35ff.; 4,1ff.; 9,1ff.). Immer wieder wird das Verhältnis von Wundertäter und Glauben thematisiert. Grundlegend und sachlich stets gleich verhandelt ist ebenfalls das Verhältnis zur konkurrierenden Täufergemeinde (1,19ff.35ff.; 3,22ff.; 10,40–42). Auch die besonderen Ortstraditionen (Kundsin) im Joh gehören in der Regel dieser Quelle an.
Wichtig ist auch die Einsicht, daß sich die SQ klar vom joh PB und verwandten Einzeltraditionen abhebt. Damit ist sichergestellt, daß E kein Grundevangelium vorlag (vgl. die Einleitung unter 2 c): a) Die SQ hat im Unterschied zum PB keine besondere Nähe zur lk, sondern zur mk Tradition (vgl. die Einleitung unter 2d). b) Die SQ kommt nirgends auf Jesu Passion, der PB nirgends auf Jesu Wunder zu sprechen. c) Der für die SQ typische Titel »Sohn Gottes« fehlt im PB. Umgekehrt benennt dieser Jesus als »König der Juden« und »Kyrios«, was beides in der SQ fehlt. d) Im PB werden Tod und Auferstehung Jesu nicht als *Semeion* verstanden, damit entsteht die Dissonanz zu 20,30f. und der SQ überhaupt. e) SQ und PB verweisen weder gegenseitig auf sich, noch liegt, 11,45ff. eine vor E bestehende Brücke zwischen beiden vor (gegen Wagner). Sie haben je

eine selbständige Thematik, die sie mit unterschiedlichen Mitteln durchführen, was vor allem an der Christologie deutlich wird. f) Beide sind endlich auch von der Gattung her eindeutig unterschieden.
Die SQ besteht aus Einzelerzählungen, vornehmlich novellistisch ausgestalteten Wundern, die in der Rahmengattung einer Wunderanthologie episodisch zusammengestellt sind. Sammlungen von Wundererzählungen unter bestimmten redaktionellen Gesichtspunkten hat es auch schon im AT (Mosewunder in 2Mos 7–12, Eliaswunder in 2Kön 4,18–5,27) und in der synoptischen Tradition gegeben (vgl. Theißen 208f.) und sind auch aus der außerkanonischen Evangelienproduktion bekannt. Ähnlich wie in Q vornehmlich Spruchgut, also von der Gattung her relativ homogenes Material gesammelt wurde, so wurden im Urchristentum offenbar auch Wunderstoffe zusammengestellt, hatten sie doch nicht nur das wunderbare Ereignis gemeinsam, sondern in der Regel auch den missionierenden Grundsinn, durch das Wunder auf Jesu Besonderheit aufmerksam zu machen.
Der Verfasser der SQ gab den Stoffen durch Kommentierung und Rahmung klare Aufgaben, die sich u. a. im Aufriß der Quelle widerspiegeln. Dieser ist fünfteilig, wobei Teil 1–3 vornehmlich an Galiläa und Teil 4 an Judäa orientiert sind:

1. Jesus als der vom Täufer angesagte Sohn Gottes a) 1,19–34(G) b) 1,35–51(G) c) 2,1–11(G) d) 2,12
2. Der Täufer tritt ab und Jesu Wirksamkeit wächst a) 3,22–30(G) b) 4,1–42(G) c) 4,43–54(G)
3. Der Prophet Jesus gilt nichts in seiner Heimat Galiläa a) 6,1–15(G) b) 6,16–21(G) c) 7,1–13(G)
4. Ablehnung in Jerusalem und Glaube bei den Jüngern a) 5,1–18(G) b) 9,1–34(G) c) 10,40–42(G) d) 11,1–44.54(G)
5. Der Abschluß der SQ a) 12,37–43(G) b) 20,30f.(G)

Der erste Teil mit seiner formalen Analogie zum Eingang des Mk beginnt mit dem Täufer, der die an ihn gestellten Heilserwartungen zugunsten Jesu von sich weist und seine Jünger Jesus zuführt. Jesus, im Kontrast zum Täufer, kann durch Allwissenheit und Wundertätigkeit Jünger zum Glauben führen. Der zweite Teil beginnt wiederum mit dem Täufer-Jesus-Thema. Nochmals muß der Täufer an ihn gestellte Erwartungen ablehnen und auf Jesus lenken, der seinerseits in Samaria und beim Königischen – abermals durch wunderbare Kenntnisse und aufgrund von Heilung – Glaubende gewinnt. Im dritten Teil wird Jesu Ablehnung in seiner galiläischen Heimat geschildert: Das Brotwunder wird mißverstanden, der Seewandel dient nur zur Festigung des Jüngerglaubens, und das Gesamtergebnis in Galiläa ist negativ. Der vierte Hauptteil spielt, nachdem der Hauptschauplatz bisher abseits von Judäa in Galiläa und Samaria lag, in Jerusalem und Umgebung: Zwei Wunder führen dazu, daß das offizielle Judentum Jesus um des Gesetzes willen ablehnt. Er zieht sich zurück nach Transjordanien, dem ehemaligen Täuferort, womit nochmals Gelegenheit gegeben ist, zum Verhältnis des Täufers zu Jesus zugunsten von Jesus Stellung zu nehmen. Dann folgt das letzte und größte Wunder, dessen Massivität kaum noch Steigerungen zuläßt, am Rande von Jerusalem. Danach zieht sich Jesus mit seinen Jüngern wiederum zurück. Der Verfasser zieht dann zum Abschluß ein doppeltes Fazit: Die Ablehnung des offiziellen Judentums ist das eine Thema; der Jüngerglaube, der aus den Wundern erwächst und durch die SQ selbst gefördert werden soll, das andere. Dieser Einblick in die Quelle zeigt, wie in jedem Abschnitt das positive Darstellungsziel der Glaube an Jesus als Wundertäter ist (1,35ff.; 2,1ff.; 4,1ff.; 4,43ff.; 6,16ff.; 9,1ff.; 11,1ff.; 20,30f.). Jüngerschaft in diesem Sinne unterliegt aber Gefährdungen und Anfeindungen, die ebenfalls stets bei dem Glaubensthema genannt sind: Da ist zunächst die Gefahr eines mißverstandenen Täufers, die offenbar von der Täufergemeinde her unmittelbar die christliche Gemeinde bedroht. Dieses Thema wird besonders häufig verfolgt (1,19f.; 3,22ff.; 10,40f.). Dann ist die Distanz in Galiläa (6,1ff.) und vor allem die Feindschaft in Jerusalem (Teil 4 und 5a) deutlich erkennbar. Man hat den Eindruck, Jesus gewinnt Jünger nur aus dem Täuferkreis (1,35ff.), in Samaria (4,1ff.) und in einem Fall sogar bei Heiden (4,43ff.). Wenige andere kommen hinzu (vgl. etwa 11,1ff.). Ebenso fällt auf, daß die Orte, an denen im Sinne der Quelle Positives geschieht, entgegen der synoptischen Tradition vor allem Samaria (3,23; 4,1ff.; 11,54) und das Jordantal nebst Perea (1,28; 10,40; 11,6) sind. Man darf hierin doch wohl auch einen Reflex der Gemeindesituation der SQ erblicken: Sie setzt sich im geographischen und theologischen Sinn aus »Randsiedlern« des Judentums zusammen. Doch sieht es so aus, als gehörte man noch zur Synagoge: Abständige Aussagen wie bei E fehlen ganz. Ein Sabbatbruch (Joh 5; 9) ist noch ein wirklicher Konfliktfall. Nathanael ist vorbildlicher Christ und »wahrer Israelit« (1,47). Die christologischen Aussagen in 1,35ff. sind messianisch ausgerichtet. Auch die Konkurrenz der Täufergemeinde ist innerjüdisch verstanden (1,19ff.; 3,22ff.). Die SQ scheint demnach einen Geist zu atmen, der den Gemeinden der Hellenisten analog ist: Bei noch synagogaler Eingebundenheit verwischt man die Grenzen, die das offizielle Judentum zieht (typisch für die Hellenisten: Apg 8).

Klar ist auch, diese Gemeinde lebt in Konkurrenzverhältnissen. Ein Manko des Täufers ist es, daß er nicht Wundertäter ist (10,41). So erwehrt man sich seiner Ansprüche. Überhaupt: die gesteigerten Wunder weisen allgemein auf das Feld der Konkurrenz anderer und ähnlicher missionarischer Tätigkeiten neben der christlichen Gemeinde. Wer so mit Freude und Massivität Wunder als Anlaß, Jesus zu glauben, darstellt, will andere, die von ihren Meistern ähnliches berichten, verdrängen. Besonders gut paßt solche durch das Wunder sich legitimierende Missionstätigkeit u. a. nach Samaria und Syrien (vgl. Apg 8,4–25). Daß überhaupt »Zeichen und Wunder« zur missionarischen Legitimation gehören, Vertrauen und Glauben an die Botschaft des Wundertäters intendieren und dabei die Konkurrenz zu anderen Missionaren überwinden müssen, zeigen Stellen wie Apg 13,6–12; 14,3f. 8–13; 15,12; 16,14–40; 19,8–40. Auch Paulus selbst weiß seine Botschaft ausgewiesen durch Zeichen und Wunder (Röm 15,18; 2Kor 12,12). Ebenso ist verständlich, daß solche Legitimation durchaus auf

Ablehnung stieß (vgl. etwa Apg 14,2.4; 16,19ff.; 19,9). Die SQ reflektiert diesen Umstand mit dem jesajanischen Verstockungsmotiv (Joh 12,38–40; vgl. Jes 6,9f.), das auch sonst in christlicher Tradition für solche Erfahrung benützt wird (vgl. nur Apg 19,9) und insbesondere auch zur Kennzeichnung der Haltung des Pharao angesichts der göttlichen Semeia in 2 Mose 6–12 begegnet. So gehört also die SQ in den religionsgeschichtlichen Zusammenhang einer bestimmten Art missionarischer Tätigkeit, die damals weit verbreitet war (Georgi, Haufe, Petzke, Theißen, Corrington). Dieses Milieu läßt sich noch besser erfassen, wenn man die joh Wunder mit den synoptischen und denen der Apg vergleicht. Hier sind überall Jesus und die Apostel Personen, durch die Gott Wunder vollbringt. Sie sind auserwählte Werkzeuge Gottes wie im AT z. B. Mose in der Darstellung 2Mose 3–14 oder die Propheten, für die Gott zur Legitimation Wunder geschehen läßt (Stolz). So sind die Wunder der synoptischen Überlieferung in der Regel der kommenden Herrschaft Gottes zugeordnet. Anders sieht das Bild in der SQ aus: Jesus ist als ein Wundertäter gezeichnet, der in eigener Vollmacht zur Selbstdarstellung und zum Aufweis seiner Herrlichkeit die Wunder vollbringt. Darum sind nicht nur die Wunder in ihrer Wunderhaftigkeit so massiv (2,1ff.; 11,1ff.), sondern es geschieht kein Wunder aus Erbarmen und zur Linderung von Not, und darum bleibt Jesu Gottesverhältnis bewußt ohne Darstellung. Das Wunder wird zur Epiphanie der göttlichen Macht des Wundertäters. Jesus ist nicht auserwählter Mann Gottes, durch den Gott wirkt, sondern göttlicher Mann, der seine göttliche Herrlichkeit im Wunder anschaulich macht. An die Stelle des Selbsterweises Gottes durch den Wundertäter tritt der Selbsterweis des Wundertäters. So gleicht der Jesus der SQ dem Typ nach eher Simon Magus aus Apg 8,9f. und der Typik der hellenistischen Wundertäter als den atl Wundertätern und dem Jesus der Synoptiker. Dazu paßt die Beobachtung, daß im Unterschied zu den Synoptikern (Mk 6,7–13 parr.), zur Apg und Paulus das Joh nirgends von Wundern der Jünger bzw. Apostel erzählt. Die Fähigkeit zum Wunder ist exklusiv Jesus zugeordnet. Sicherlich verdankt sich die Darstellung der Christologie in bezug auf die Hoheitstitel und die zur Deutung herangetragenen Heilserwartungen in der Regel jüdisch-christlicher Herkunft (vgl. vor allem 1,35ff.), sicherlich zeigen einige Wunder ihre ehemalige Zugehörigkeit zur synoptischen Tradition (vgl. 4,43ff.; 6,1–21), wie überhaupt das allgemeine jüdische Milieu der Erzählungen außerhalb jeder Diskussion steht, so daß man sogar sagen kann, die SQ steht dem Judentum noch näher als E. Aber es geht darum, die Verfärbung dieser jüdisch-christlichen Tradition durch andere, nämlich hellenistische Anschauung vom Wundertäter zu erkennen. Man hat für diese zur allgemeinen typischen Charakterisierung gern den Begriff des göttlichen Menschen *(theios aner)* verwendet. Die Diskussison um eine differenzierte Betrachtung dieses Phänomens ist z. Z. in vollem Gange (vgl.: Georgi, Habicht, Haufe, Kee, Luz, Mack, von Martitz, Petzke, Schüßler-Fiorenza, Tiede und Carrington). Mögen dadurch auch die alten Arbeiten (Bieler, Wetter) überholt sein, die pauschale Leugnung des Phänomens in seiner Relevanz für die SQ (so z. B. O. Betz) hilft nicht weiter, vielmehr gilt es zu erkennen, daß die SQ hier nicht allein steht, sondern auch z. B. die mk Wundertradition in begrenztem Umfang ähnlich hellenisiert wurde (Luz). Vor allem aber ist die deutliche Nähe der SQ zum Leben des Apollonios bei Philostratos unübersehbar (Kuhn).

Auf dem Hintergrund dieser gesamten Erwägungen kann nun Einblick in den positiven Darstellungszweck der SQ genommen werden, wie er am Schluß in 20,30f.(G) auch ausdrücklich formuliert ist: Die Wunder als *Semeia* sollen Glauben an den Wundertäter Jesus als Christus und Sohn Gottes bewirken. Typisch im Sinne der Quelle ist daran, daß die Wunder als Zeichen verstanden sind, daß sie den Glauben wecken an den Wundertäter und daß endlich dieser durch christologische Titulaturen, Bekenntnisse und Akklamationen als Antwort des Glaubens auf das Wunder näher beschrieben wird.

Der atl-jüdische Begriff *Semeion* ist dabei funktionaler Art in doppelter Weise: Er begegnet in der SQ nur in redaktionellen Stücken (2,11; 4,54; 6,2.14; 10,41; 12,37; 20,30f.), drückt also die theologische Funktion aus, die der Verfasser den Wundern zuschreibt. Außerdem ist der Begriff von der Tradition her ein funktionaler, der den hinweisenden Charakter eines wunderbaren Ereignisses zum Ausdruck bringt (Stolz). Im Urchristentum gibt es nur in Apg 2,22 einen christologischen Gebrauch des Begriffs, der relativ eng bei der SQ liegt. Der sonstige Gebrauch für apostolisches Wirken (Apg 4,30; 5,12; 6,8.13; 14,3; 15,12; Röm 15,19; 2 Kor 12,12; Hebr 2,4) zeigt jedoch an, daß die SQ in urchristlicher Tradition steht. Allerdings sind die genannten Stellen darin von der SQ unterschieden, daß hier jeweils Gott das Wunder wirkt. Dies gilt auch vom Gebrauch der LXX (dazu Rengstorf 255f.), wobei die Verwendung in 2Mose 3–12 besonders anschauliche Exempel liefert. Auch Josephus kennt das Wunder als Zeichen im funktional-legitimierenden Sinn (ant 2,280.283f.; 9,23; 10,28, vgl. O. Betz). Der Verfasser der SQ hat also diesen jüdisch-christlichen Gebrauch in seinem Sinne umgeprägt und vermeidet so die sonst üblichen hellenistischen Wunderbegriffe.

Konstitutiv für sein Verständnis der Wunder als Zeichen sind die Steigerung des wunderbaren Vorgangs bis an die Grenzen der Erträglichkeit (vgl. 11,17.39) und die Darstellung im Stil der Epiphanien (Erscheinung des Göttlichen in Jesus). Auch das Wunder als Metamorphose (Joh 2,1ff.) ist hier nochmals zu nennen. Personen und Situationen werden nur benutzt und beeinflußt wie Statisten und Requisiten, damit die Souveränität des Wundertäters zum Zuge kommt. Das Wunder wird zum Zeichen im Sinne der Transparenz der göttlichen Herrlichkeit Jesu (2,11; 20,30f.).

Dieser ist einerseits ein Mensch wie jeder andere auch (1,45; 2,1.12; 9,11). Doch ist seine Selbstdarstellung anderer Art: Er steht in Distanz selbst zu seiner Familie (2,4; 7,6) und läßt sich von niemandem Vorschriften machen (2,4; 11,6). Den Menschen zeigt er sich auf der einen Seite überlegen durch göttliche Allwissenheit. So gewinnt er Jünger (1,47ff.; 4,16ff.) und nutzt seine übernatürliche Ausstattung, um Wunder zu inszenieren und zu steigern (1,50; 11,4.11ff.). Für alle Wunder gilt sinngemäß 9,33. Diese übernatürliche Macht zum Wunder ist die andere Seite seiner göttlichen Ausstattung, die er reichlich einsetzt: Die Zahl seiner Wunder kann nicht gezählt werden (20,30). Die Szene für das Wunder wird souverän geplant (6,1ff.; 11,1ff.). Die Größe der Wunder ist unermeßlich (2,1ff.; 6,1ff.; 11,1ff.).

Im Wunder erleben die Zeugen des Wunders die epiphane Demonstration der übernatürlichen Ausstattung Jesu. Dieser Transparenzcharakter des Schauwunders führt zum Rückschluß auf den Wundertäter: Glaubend bekennen und akklamieren Menschen ihn z. B. als Sohn Gottes oder mit anderen Hoheitsaussagen (vgl. 1,49; 2,11; 4,19; 6,14; 20,30f.). So will die SQ überhaupt zum Glauben führen (20,30f.). Dabei wird die Lehre Jesu nicht entfaltet, da die SQ allein zum Ziel hat, Menschen durch Jesu Wunder die Legitimation der Lehre Jesu vorzuführen. Sie beschäftigt sich also mit der Qualifikation Jesu, nicht mit dem Inhalt seiner Botschaft.

Diese Qualifikation erfaßt die SQ durch vornehmlich titulare Bekenntnisse und Akklamationen (20,31), die planvoll ganze Einheiten strukturieren (z. B. 1,35ff.; 4,1ff.) oder am Schluß eines Wunders begegnen (vgl. etwa: 2,11; 6,14). Die Fülle der so gesammelten Aussagen, die einmal ja ihre eigene Traditionsgeschichte im christlichen und außerchristlichen Bereich hatten und sich weitgehend zueinander ehedem konkurrierend verhielten, macht klar: Die SQ verwendet sie relativ formal, so sicher die meisten jüdischen Ursprungs mit speziellem Inhalt sind. Darum gelingt es auch nicht, etwa mit Hilfe des Titels »der Prophet« (1,21.25; 6,14 vgl. 1,45) Jesus im Sinne der SQ zum Endzeitpropheten wie Mose zu machen (vgl. z. B. Nicol, zurückhaltend Fortna; vgl. Diskussion zu 1,19ff.) und sogar spezielle Einflüsse samaritanischer Theologie (Mosebild) zu konstatieren. Ähnlich spröde verhält sich das Material der SQ, will man aus ihm die Absicht begründen, es sollen typologisch-heilsgeschichtlich die Wunder des Mose oder Elia-Elisas überboten werden (so z. B. Clark; Reim; R. H. Smith; Ziener). Man ist besser beraten, die Intention der Quelle auf andere Weise zu erklären. Dabei hat insbesondere neben dem oben beschriebenen Verhältnis Wundertäter – Wunder – Glaubende die Deutung der Bekenntnisse und Akklamationen insgesamt als Ausdruck der Qualifikation des Wundertäters, nicht der eine oder andere Titel allein als grundlegend zu dienen.

Dies gilt auch für den am häufisten in der SQ verwendeten Titel »Sohn Gottes«, um den es im Zusammenhang der hellenistischen Vorstellung vom Gottmenschen *(theios aner)* eine längere Diskussion gegeben hat. Er gehört jedenfalls nicht ursprünglich und nur akzidentiell in den Bereich der charismatischen und taumaturgischen Gottmenschen (von Martitz). Für die SQ typisch ist seine Verbindung mit königlichen Herrscheraussagen (1,49; 20,30f.). Diese Tradition findet sich im antiken Herrscherkult als Folge ägyptischer Vorstellungen (von Martitz) und hat auch atl-jüdische Aufnahme gefunden (Ps 2). So gelangte sie auch ins frühe Christentum (Röm 1,3b–4). In diesem allgemeinen Rahmen läßt sich jedoch die Verwendung in der SQ noch präziser bestimmen: Einmal begegnet in der jüdisch-hellenistischen Schrift JA beim Bild Josephs die Verbindung von Herrscheraussagen und Gottessohnschaft mit epiphanen Zügen (4,7; 5,5; 6,2–8; 8,2; 13,13f.; 19,11; 21,4). Zum anderen findet sich im Zusammenhang der hellenisierten mk Wundertradition der Titel Sohn Gottes als Anleihe aus der jüdisch-christlichen Messianologie (Mk 5,7; Luz). Hier werden die eigentlichen Wurzeln für den Gebrauch in der SQ liegen.

E hat sich diese Quelle zu eigen gemacht, nicht ohne sich mit ihr auseinanderzusetzen. Er vertritt in keinem Falle ihre Theologie. Natürlich gehört auch für ihn Wundertätigkeit zum allgemeinen Bild von Jesus, und so hat er den Wundern auch die massive Wunderhaftigkeit nicht genommen. Aber er hat in jedem Fall dem Versuch der SQ widersprochen, als könne man Jesu Qualifikation ohne seine Lehre begründen, also gesondert durch das Wunder. Er stellt nicht nur durch die Reden Jesu Lehre in den Vordergrund, sondern macht auch den in den Reden erhobenen Anspruch Jesu zum eigentlichen Anstoß für die Hörer: Jesu Legitimation und die Annahme seines Wortes fallen für ihn zusammen.

Das Wunder gehört zur irdischen Erscheinungsweise Jesu, doch ist es zwiespältig. Am Wunder kann man wie an Jesu irdischer Herkunft (6,42) Anstoß nehmen (11,45–53) oder es nur irdisch mißverstehen (6,15.26). Glaube, der im Wunder die Legitimationsfrage Jesu gelöst sieht, wird entschieden zurückgewiesen (3,1–8; vgl. 2,18ff. nach 2,1ff.; auch 4,48; 20,29). Erst der, der Jesu Wort als Wort des der Menschheit fremden göttlichen Lebens erkannt hat, hat Jesu Sendung und damit das Heil für sich wahrhaft erkannt (6,60–71). In diesem Sinne kann dann wohl auch das Wunder, der Relation von Wort und Glaube nach- und untergeordnet, Glaubenserkenntnis bringen (2,11; 11,1ff.). Eine vorrangige und grundlegende Legitimationsfunktion ist ihm in jedem Fall aberkannt. Auch bedarf der Glaube an sich des Wunders nicht (14,5–9), weil das Wort Jesu Glaube und Leben schafft (3,1–21; 5,24; 6,63.68 usw.).

Dies zeigt wiederum, daß E überhaupt mit anderen Voraussetzungen als die SQ Theologie betreibt. Nicht die Offenheit für das göttliche Ephiphaniewunder, sondern die dualistische und damit negative Qualifikation der Menschheit bestimmt ihn. Diese lebt in gottloser Finsternis und ist durch Jesus mit dem ihr fremden Gott (1,18; 5,37; 6,46) konfrontiert. Dies bedingt, daß E die Einheit von Gott und seinem Sohn energisch zu Gehör bringt – im Unterschied zur SQ. In Differenz zu ihr wird ebenso die Gesandtenchristologie entfaltet: Jesus als vom Vater Gekommener kehrt über das Kreuz zu ihm zurück. Sein Kommen ist endzeitliches Gericht. So stehen nicht von ungefähr Prolog und PB an exponierter Stelle und entfalten die beiden ersten Reden (Joh 3; 5) das Thema der präsentischen Eschatologie.

B. Die ersten Konfrontationen in Jerusalem und Judäa 2,13–3,30(36)

Der zweite Abschnitt im Hauptteil 1,19–12,43(50) beginnt mit dem durch das Passahfest motivierten Weg von Galiläa nach Jerusalem (2,13). Die irenische Stimmung des Anfangs (1,19–2,12) ist jäh vergangen. Konfrontation und Kollision bestimmen die Szenen (vgl. die mk Abfolge Mk 1,16ff. und 2,1ff.). Insofern die Hochzeit zu Kana nicht als öffentliches Wunder geschildert wird, sondern nur auf den Glauben der eben zuvor berufenen Jünger abzielt, beginnt der eigentliche erste Auftritt Jesu vor den Juden, für E typisch, im Jerusalemer Tempel als harter Konflikt, den Jesus selbst beginnt. Dabei ist der Horizont des gewaltsamen Todes Jesu sofort und unmißverständlich aufgewiesen (2,13–22), so sicher schon 1,35 Jesu Todesgeschick einmal anklang. Man kann erwägen, ob nicht 1,19–2,12 aus dem Prolog 1,12 auslegen sollen, nun aber 2,13ff. von 1,11 her zu verstehen sind. Der ganze Abschnitt hat 3 Teile: 2,13–22 die Tempelreinigung, 2,23–3,21 Einleitung (2,23–25) und Nikodemusgespräch (3,1–21), und der Streit der Johannesjünger um die »Reinigung«, an dessen kompositorischem Schluß des Täufers Wort steht, daß er selbst abnehmen und Jesus wachsen muß 3,22–30 (3,31–36 sind Nachtrag). Damit ist der dritte Abschnitt vorbereitet (4,1–54; 6,1–71), der sich in Samaria und wiederum in Galiläa abspielt, und den Missionserfolg in Samaria, den Glauben des Königischen und seines Hauses sowie Brotrede und Festigung des Jüngerkreises durch die Krise hindurch behandelt.

1. Tempelreinigung und Zeichenforderung 2,13–22

13 Und das Passah(fest) der Juden war nahe. Und Jesus ging
nach Jerusalem hinauf. 14 Und er fand im Tempel(hof) die
Verkäufer von Rindern, Schafen und Tauben wie auch die
Geldwechsler (an den Tischen) sitzen. 15 Da machte er eine
Peitsche aus Stricken und trieb alle aus dem Tempel(hof)
hinaus, auch die Schafe und die Rinder, schüttete die Münzen
der Wechsler aus und stieß ihre Tische um. 16 Und zu den
Taubenverkäufern sagte er: »Schafft das fort von hier! Macht
das Haus meines Vaters nicht zum Kaufhaus!« 17 Seine
Jünger erinnerten sich, daß geschrieben steht: »Der Eifer für
dein Haus wird mich aufzehren.«
18 Da antworteten die Juden und sprachen zu ihm: »Welches
Zeichen zeigst du uns, daß du dies tun darfst?« 19 Jesus
entgegnete und sprach zu ihnen: »Brecht diesen Tempel ab,
dann will ich ihn in drei Tagen wieder aufrichten!« 20 Da
erwiderten die Juden: »46 Jahre wurde an diesem Tempel

gebaut, und du willst ihn in drei Tagen aufrichten?« 21 Er meinte jedoch den Tempel seines Leibes. 22 Als er dann von den Toten auferstanden war, erinnerten sich seine Jünger, daß er dies gesagt hatte, und sie glaubten der Schrift und dem Wort, das Jesus gesprochen hatte.

Literaturauswahl: Braun, F.-M.: L'expulsion des vendeurs du Temple, RB 38 (1929) 178–200. – *Buse, I.:* The Cleansing of the Temple in the Synoptics and in John, ET 70 (1958/59) 22–24. – *Haenchen, E.:* Gott, 78–113. – *Léon-Dufour, X.:* Le signe du temple selon s. Jean, RSR 39 (1951) 155–175. – *Roloff, J.:* Das Kerygma und der irdische Jesus, Göttingen 1970, 89–110. – *Schillebeeckx, E.:* Jesus, Die Geschichte von einem Lebenden, Freiburg [3]1975, 215–220. – *Trocmé, E.:* L'expulsion des marchands du temple, NTS 15 (1968/69) 1–22. – *Ders.:* Vie de Jésus de Nazareth vu par ses témoins, Neuchâtel 1971, 127–136.

Die Doppelszene hat abermals (vgl. 1,19ff.35ff.) auf den ersten Blick einen guten Aufbau (Roloff). Doch ist er Endstufe einer längeren Entwicklung. In der Erzählung von der Tempelreinigung folgt dem Itinerar (V 13) die Aktion Jesu im Tempel (V 14f.), aus der heraus sich das deutende Wort Jesu (V 16) ergibt. Den Abschluß bildet (V 17) die Interpretation der Jünger mit Hilfe der Schrift. Die Darstellung von der Zeichenforderung beginnt mit der Frage der Juden (V 18), die Jesus mit dem Tempelwort pariert (V 19). Dieses mißverstehen die Juden (V 20); die Jünger verstehen es glaubend nach Ostern (21f.).
Die Tempelreinigung (Mk 11,15–19 parr.) ist bei den Synoptikern den letzten Tagen Jesu zugeordnet. Die Vollmachtsfrage, die wenig abgerückt in Mk 11,27ff. parr. steht, zeigt nicht nur sachliche Parallelität zur Zeichenforderung, sondern gehört wohl auch ursprünglich in einen engeren Zusammenhang zur Tempelreinigung (Mk 11,20ff. sind markinische Einfügung; Mk 11,18f.27a markinische Bearbeitung), so daß Joh in der engen Verbindung ein altes Stadium repräsentiert. Allerdings ist das Wort Jesu aufgrund der Zeichenforderung (2,19) ein ehemaliges Einzellogion (Mk 14,58; 15,29; Apg 6,14), das auch – jedenfalls durch Mk – dem Passionszusammenhang eingefügt ist. Direkte Abhängigkeit von einem der Synoptiker ist für Joh auszuschließen: Neben der selbständigen Schilderung der Szene im Tempelvorhof fehlt vor allem Mk 11,17 parr. = Jes 56,7; Jer 7,11. Die Deutung differiert also total.
Hat E das Stück seinem PB entnommen und an den Anfang des

Wirkens Jesu gesetzt? Das ist möglich, aber schwer zu entscheiden: Die Erzählung ist in sich gerundet und selbständig. Sie war jedenfalls einmal eine isolierte Einzelüberlieferung. Auch läßt sich zwischen Joh 2,13ff. und dem joh PB keine sichere literarische Brücke ausmachen, die beide schon vor E verzahnt hätte (gegen Fortna). Umgekehrt hat E nach der Einzugsgeschichte Joh 12,12ff. zunächst seinen PB verlassen und 12,20–43 eingeschaltet. Diese Einschaltung kann eine Folge der Umdisposition von 2,13ff. sein. Neben der festen Bindung von 2,13ff. an Jerusalem hat E redaktionell zu dieser Ortstradition die Zeitangabe des Passahfestes gesetzt: Tut er das, weil 2,13ff. ehemals hinter 12,12ff. stand? So sicher Einzugsgeschichte und Tempelreinigung auch im mk PB ihre ehemalige Eigenständigkeit durch innere Geschlossenheit und Rundung zeigen, so beruht doch ihre Zusammenstellung auf einem typischen Zusammenhang: königlicher Einzug und nachfolgende Tempelreinigung spiegeln die altorientalische Abfolge von Inthronisation und Kultrestauration als Beginn einer neuen Ära wider. Solcher Zusammenhang ist durchaus auch für den E vorgegebenen PB denkbar. Endlich: Mk 14,58 begegnet Joh 2,19 im Passionszusammenhang. Das kann mk Arbeit sein. Oder ist es Indiz, daß Joh 2,13–22(G) dem PB entstammen? So bleiben Fragen und Vermutungen, ohne daß Sicherheit gegeben ist. Jedenfalls empfiehlt sich in keinem Fall eine Zuordnung von 2,13ff. zur SQ: Die Reise 2,13–3,36 ist das Werk von E, und ein Wunder im Sinne der SQ geschieht in 2,13ff. nicht. Also hat E wohl eine Einzelüberlieferung, die eine gegenüber den Synoptikern eigene Traditionsgeschichte repräsentiert, benutzt, um den ersten Aufenthalt Jesu in Jerusalem zu füllen. Eine Entlehnung aus dem joh PB, wie er E vorlag, bleibt denkbar.

Dabei ist V 13 ihm ganz zuzuschreiben: Er motiviert Reisen Jesu durch Feste und benutzt dafür speziell auch das Passahfest (2,13.23; 11,55; 12,1; zu 6,4 vgl. den Kom.). Dadurch gewinnt der Zeitraum des öffentlichen Wirkens Jesu eine Spanne von mehr als drei Jahren. Das widerspricht Mk, der nur ein Passah Jesu kennt (Mk 14,1) und davor die galiläische Periode stellt, also mit rund einem Jahr für Jesu öffentliches Auftreten rechnet. Da die drei Passahreisen im Joh nicht älter sind als die Konzeption von E, und da die SQ auch von je einer galiläischen und judäischen Periode ausgeht, wird man die Überlieferung einer ca. einjährigen Wirksamkeit Jesu für älter halten und ihr auch historisch mehr Recht zugestehen als der joh Chronologie.

Es ist weiter zu beachten, daß E von den jüdischen Festen distanziert redet: Es sind Feste »der Juden« (vgl. 5,1; 7,2), so wie auch das Gesetz »der Juden« Gesetz ist (8,17; 10,34). Jesus geht anläßlich der Feste nach Jerusalem, aber nirgends ist direkt gesagt, daß er und seine Jünger sie mitfeiern. Wie er an seinem Todespassah stirbt, als die Lämmer zum Fest geschlachtet werden – also selbst nicht mitfeiern kann –, so benutzt er die Feste als Möglichkeit zur Auseinandersetzung (2,13ff.; 7,14ff.; 10,22ff.). Dies steht im Zusammenhang mit 4,20ff. und spiegelt das Selbstverständnis der joh Gemeinde wider, die so weit in Distanz zum Judentum lebt, daß sie von »den Juden« als der feindlichen Gegenseite der Offenbarung spricht und mit dem jüdischen Festkalender nichts mehr im Sinn hat.

In 2,14–16 stößt man auf den Kern der Überlieferung. Es liegt ein biographisches Apophthegma (szenischer Rahmen und Wort Jesu) vor. Vor allem ist V 15 der Satzteil »auch die Schafe und die Rinder« auffällig. Er klappt parenthetisch nach. »Auch ... und« ist im Joh ganz singulär. Die Reihenfolge der Tiere ist V 14 umgekehrt, so sicher V 14 und V 15 in dieser Beziehung zusammengehören. Endlich fehlen Rinder und Schafe in V 16. Soll ihren Verkäufern Jesu Wort nicht gelten? Nun fällt auf, daß Mk 11,15ff. parr. Rinder und Schafe gar nicht kennen. Also tut man gut daran, ihre Erwähnung in V 14 (Reihenfolge nach der Größe) und V 15 (umgekehrte Reihenfolge) als Ergänzung vor E oder danach zu betrachten. Ein Kundiger wollte nachtragen, daß im Tempel nicht nur Tauben geopfert wurden. (Ist Mk 11,16 eine formal ähnliche Ergänzung?) Nun ergibt sich für Joh 2,14–16 ein guter Aufbau: 1. Aus Jesu Blickwinkel (anders Mk) wird erzählt, daß er im Tempelhof Taubenverkäufer und Geldwechsler antrifft. 2. Er macht eine Peitsche und treibt alle aus dem Tempelbezirk. 3. Er unterbindet weiteres Geldtauschen (Chiasmus zu V 14), indem er die Münzen ausschüttet und die Münztische umwirft. 4. Ebenso macht er weiteres Taubenverkaufen im Tempelbezirk unmöglich, indem er den Taubenverkäufern befiehlt, ihre Ware fortzuschaffen. Leider gibt V 16b dabei nur an, was man aus dem Tempel nicht machen soll. Eine positive Deutung der Handlung Jesu (wie Mk 11,17 parr.) ist nicht direkt ausgesprochen.

In Joh 2,14–17 ist der Tempel – ähnlich wie bei Mk – ungenaue Ausdrucksweise (zum Tempel vgl. Jos bell V 184ff.). Gemeint sein kann nur der Tempelvorhof der Heiden. Hier erwarb man Opfertiere, die beim Priester Anerkennung erhielten, und sparte sich z. B. das Treiben der Tiere von Galiläa nach Jerusalem. Wechsler waren notwendig, weil im Tempel die alte tyrische Währung galt,

während sonst die römische und z. B. die syrische im Gebrauch waren. Jesus fertigt eine Geißel aus Stricken (nur Joh) und leert den Vorhof. Er geht also tätlich gegen Personen vor – und das allein (die Jünger sind nicht genannt) auf einem Gelände, das gut viermal so groß war wie die Akropolis Athens! Niemand hindert ihn, weder die Tempelpolizei noch die Römer von der nahen Burg Antonia, noch die Händler und Besucher. Das ist kaum vorstellbar (Haenchen), vielmehr höchst unwahrscheinlich. Daß Jesus dann auch noch die Wechslertische umwarf und die Tauben fortnehmen ließ, steigert nur noch die Unvorstellbarkeit. Man sollte also die Szene nicht historisch befragen, sondern eher an die Topik eines Gottesschreckens erinnern und bedenken, was sie durch Jesu Wort V 16 sagen will: Jesus will das Haus seines Vaters frei wissen vom Händlertreiben. Darin äußert sich ein Anspruch: Der Tempel ist »Haus seines Vaters«. Dies erinnert an Lk 2,49. Auch das im Joh typische »mein Vater« macht die Aussage noch nicht an sich johanneisch (es fehlt der Sohnestitel; vgl. SapSal 2,16; Sir 23,1). Weiter zielt das Wort auf Kritik an der Praxis im Tempelvorhof. Gottesdienstbesucher werden nicht behindert und den Händlern nur der Vorhof verboten, nicht ihr Tun überhaupt. Es geht also um Kultkritik als Verbesserung der Kultpraxis. Die Heiligkeit des Tempels wird auf den Vorhof ausgedehnt. Auch hier sollen die Menschen nicht Handel treiben sondern anbeten (vgl. Lk 18,10). Denkt der Erzähler vielleicht an Sach 14,20f.? In jedem Fall ist dies dann ein judenchristlicher Standpunkt: Der Kult selbst bleibt in Geltung. So läßt E seinen Christus sonst nie sprechen, dieser sagt vielmehr 4,20–24 das Gegenteil. Es liegt also Tradition vor.
V 17 ist ein Schriftzitat, mit Stichwortanschluß (»Haus« als Tempel) angefügt. Es wird nach Jesu Wort nicht mehr erwartet und führt auch die Jünger neu ein. Diese erinnern sich an einen der Psalmen vom leidenden Gerechten (Ps 69,10), die im Urchristentum gern benutzt wurden, um Jesu Todesgeschick zu deuten. So ist Ps 69 in solchem Sinn in Mk 15,36; Mt 27,34.48; Lk 23,36; Joh 15,25; 19,29; Röm 15,3 gebraucht. Wenn die Jünger sich »erinnern«, so muß man an 2,22a denken. Aber während hier ein nachösterliches Erinnern der Worte Jesu begegnet, erinnern sich die Jünger 2,17 unmittelbar und an die Schrift. Das hat im Joh keine Analogie. Nun kommt hinzu, daß V 17 allenfalls als Zwischenbemerkung zu verstehen ist, weil mit V 18 direkt an V 16 angeknüpft wird. So liegt es am nächsten, alle Beobachtungen so zu deuten, daß man in V 17 eine Ergänzung sieht. Schon 1,29 begegnet eine Ergänzung der KR über Jesu Todesgeschick, die ebenfalls

auf vorliegende Formulierungen umgestaltend Bezug nahm. Diese Technik ist für sie überhaupt typisch (vgl. nur 5,28f.; 6,51c–58). Doch denkbar ist auch, daß die Ergänzung an den PB erinnert, weil u. a. gerade Ps 69 (vgl. Joh 19,29) zur Deutung der Leidensgeschichte Jesu benutzt wurde. Ist V 17 also ein weiteres Indiz für die ehemalige Zugehörigkeit der Perikope zum PB?

Die Zeichenforderung beginnt mit der Frage der Juden. Dabei ist – wie häufig im Joh – die Szene sorglos gestaltet: »Die Juden« als Frager passen zwar ins Konzept von E, kommen aber in dieser Allgemeinheit nicht in Betracht. Die Priester, die Tempelwachen oder die Händler sind dafür viel geeigneter (vgl. Mk 11,27). Die Frage selbst hebt auf ein Legitimationszeichen ab: Prophetische Kultkritik soll sich ausweisen. Das entspricht sachlich der synoptischen Vollmachtsfrage (Mk 11,27ff. parr.) und Stellen wie 4,48; 6,30. Jesus entgegnet im ironischen Imperativ, der prophetischer Tradition entstammt (Bultmann; vgl. Am 4,4; Jes 8,9f.), und geht damit formal auf die Forderung ein: Die Juden sollen den Tempel abreißen, dann wird Jesus in Kürze den endzeitlichen Tempel der Heilszeit errichten! Dieses ehemalige Einzelwort ist in der joh Form gegenüber seinen o. g. Parallelen wohl das älteste Stadium. In jedem Fall weist seine Erwartung des neuen Tempels (vgl. Hes 40–44; Hag 2,7–9; Tob 13,15f.; äthHen 90,28f. u. ö.) auf alte palästinische Tradition. Als Antwort auf die Zeichenforderung besagt es: Ihr könnt nur so den Ausweis meiner Legitimation erhalten, daß ihr (absurderweise!) diesen Tempel zerstört, dann schaffe ich alsbald den endzeitlichen! Wird jedoch die Erstellung des neuen Tempels als Einlösung des erbetenen Zeichens angeboten, dann ist es zur Zeit seiner Erstellung zu spät. Zu dieser Zeit ist die Möglichkeit zu glauben überholt, dann gibt es nur noch Gericht oder Heil. Also werden die Juden auf das Endgericht als Legitimation verwiesen, vorher muß ein Zeichen versagt werden. Das heißt, Zeichenforderung wird abgelehnt. Darf man von dem Verweis auf den endzeitlichen Tempel in V 19 nochmals rückblikkend 2,14ff. bedenken und nun die Tempelreinigung als endzeitliche Vorbereitung der letzten Gegenwart Gottes im Tempel verstehen? Damit bliebe auch diese Gesamtdeutung von 2,14–16(17).18f. immer noch im judenchristlichen Rahmen.

Für E kann das Wort diesen Sinn schon darum nicht mehr haben, weil er kein futurisches Endgericht mehr kennt (Joh 3,17f.; 5,25f.), geschweige denn in der Erwartung eines endzeitlichen Tempels steht. So liegt die Vermutung nahe, er habe bereits 2,14–16 um V 18f. erweitert angetroffen. Dies wird dadurch bestätigt, daß er nun in V 20–22 das Wort zu einem mißverstandenen Rätselwort macht, dessen wahrer Sinn erst nach Ostern den Jüngern deutlich wird. Der Sinn des Wortes bezieht sich nun gar nicht auf den Tempel, sondern auf Jesus: Der Tempel ist sein Leib. Die Juden deuten so: Wenn ihr Heiligtum in 46 Jahren (die Zahl entzieht sich einer Überprüfung) erbaut wurde, so will Jesus in 3 Tagen einen irdischen (nicht den endzeitlichen!) Neubau wunderbarerweise erstellen?! Das ist ein ebenso grobes Mißverständnis, wie es wenig später in einem anderen Fall Nikodemus äußert (3,4). So können die Juden Jesus von Anfang an nur mißverstehen (vgl. den Exkurs 2).

Die Jünger erinnerten sich nach Ostern dieses Wortes. Der Leser denkt an die nachösterliche Parakletenfunktion, Jesustradition zu pflegen (14,16f. 26; 7,39). Solche geistliche Erinnerung bewahrt nicht nur archivarisch Jesusgut, sondern sorgt für seine lebendige Auslegung. In diesem Fall erhält das Wort aus V 19 folgenden Sinn: Jesus kündigt den Juden an, sie werden den Tempel, d. h. ihn, töten, weil er für sie so ärgerlich ist, wie 2,14ff. erzählt. Aber er wird nicht im Tod bleiben (5,26), denn drei Tage später wird er auferstehen. Damit wird im Sinne von E die Aussage zu einem Präludium für 3,13–15. Dieser Zeitraum von drei Tagen ist traditionellerweise schriftgemäß (20,9; vgl. 1 Kor 15,4, allgemein auch Lk 24,25–27). So führt die Erinnerung zum Glauben an die Schrift und das Wort Jesu.

Die Pflege der Schriftauslegung sowie Bewahrung und Deutung von Jesusgut war sicher im joh Gemeindeverband nicht jedermanns Sache. Hier liegt es näher, an eine Schule zu denken, der auch E angehörte und die ihre Autorität mit Hilfe der Paraklet-Vorstellung begründete. Aus ihr kennt er die Tradition 2,14–16.18–19. (Aus ihr stammen auch die Ergänzungen in V 14f. und 17). Sein Werk bestand darin, durch V 13 und V 23ff. den Rahmen für die Perikope zu schaffen, die Auslegung V 21 in eine Szene umzusetzen (V 20–22) und überhaupt 2,13ff. an den Anfang von Jesu öffentlichem Auftreten zu stellen.

Was will E dadurch ausdrücken? Nahezu durchweg wird darauf verwiesen, der tiefere Sinn bestehe in der Aufhebung des jüdischen Kultes. Nun ist solche Überholtheit zweifelsfrei 4,20–24 ausgesprochen, aber – ähnlich wie bei 2,6 – will es nicht gelingen, Hinweise zu finden, daß E diesen Sinn tatsächlich 2,13ff. beigelegt hat. Ebenso oft wird erklärt, durch die Entnahme von 2,13ff. aus dem PB habe E das Thema der Passion Jesu weit nach vorn verlagert. Aber so sicher Jesu Tod und Auferstehung 2,13ff. the-

matisiert sind, so ließ sich nicht sicher erweisen, daß 2,13ff. aus dem PB stammt. Viel eher springt als erste Verstehensanleitung der Kontrast zu 2,1ff. in die Augen und daß das Thema »Zeichen« mit seiner Ablehnung unter Verweis auf Kreuz und Erhöhung Jesu 3,1ff. weiter verhandelt wird. Es fällt auf, daß sofort nach Abschluß der Anfänge Jesu (1,19–2,12) der erste öffentliche Aufenthalt in Jerusalem von Anfang an durch Konfrontation, Feindschaft und Unverständnis geprägt ist. Das ist die wahre Situation, auf die der Gesandte in der Welt stößt: allgemeine Ablehnung und nur bei Wenigen (2,11) Glauben (vgl. 1,11–13)! Jesus muß alle vor die Frage von Glauben oder Unglauben stellen. Er kann dies nur so, daß er mit V 19 auf den Glaubensgrund und das Glaubensärgernis zugleich verweist. Das heißt in bezug auf »die Juden«: Er entlarvt ihren Unglauben und reizt sie solange, bis sie ihn töten. Denn sein Tod gehört zu seinem Heilswerk: Nur durch seine Erhöhung kann er Leben der dem Tod verfallenen Welt geben. Diese Zusammenhänge greift Joh 3 weiter auf. Für das gesamte Joh wird schon hier deutlich: Der Gesandte ist wesensmäßig von seiner Erhöhung her zu begreifen.
Wer so deutet, kann wohl noch ein Stück weitergehen. Es fällt auf, daß der erste Abschnitt Joh 1,19–2,12 Jesu Kommen, also sein Woher, thematisiert. Der zweite Abschnitt 2,13–3,30(36) behandelt demgegenüber die Kollision mit dem Judentum unter dem Gesichtspunkt von Jesu Tod als Erhöhung, spricht also von seinem Wohin. Dabei mag es kein Zufall sein, daß die Frage nach Jesu Woher galiläisch lokalisiert wird, die Wohin-Frage hingegen auf Jerusalemer Territorium entsteht. In jedem Fall ist es für E typisch, Christologie unter dieser Doppelfrage nach Herkunft und Fortgang zu behandeln (vgl. nur Joh 3; 6; 7; 13f.). Ist nun diese Doppelfrage strukturierendes Prinzip der beiden ersten Abschnitte im Hauptteil II, so ist für E von Anfang an unter dieser Doppelfrage das Thema des Todes Jesu präsent und damit unter dieser Rahmenbedingung auf seine Weise auch das Joh – formal analog zu Mk – eine Passionserzählung mit ausführlicher Einleitung.

2. Das Gespräch mit Nikodemus 2,23–3,21

23 Als er aber beim Passah in Jerusalem war, während der Festwoche, kamen viele zum Glauben an seinen Namen, weil sie seine Zeichen sahen, die er tat. 24 Jesus selbst aber vertraute sich ihnen nicht an, denn er kannte alle 25 und

hatte es nicht nötig, daß ihm jemand über den Menschen
Zeugnis ablegte. Denn er wußte selbst, was im Menschen war.
3,1 Da war jedoch ein Mann unter den Pharisäern, sein Name
war Nikodemus, ein Ratsherr der Juden. 2 Dieser kam nachts
zu ihm und sprach zu ihm: »Rabbi, wir wissen, daß du von Gott
als Lehrer gekommen bist, denn niemand kann diese Zeichen
tun, die du tust, es sei denn Gott mit ihm.« 3 Jesus antwor-
tete und sprach zu ihm: »Wahrlich, wahrlich, ich sage dir,
wenn jemand nicht von oben geboren wird, kann er das
Gottesreich nicht sehen.«
4 Nikodemus sagt zu ihm: »Wie kann ein Mensch geboren
werden, wenn er ein Greis ist? Er kann doch nicht ein zweites Mal
in den Schoß seiner Mutter eingehen und geboren werden?«
5 Jesus antwortete: »Wahrlich, wahrlich ich sage dir, wenn
jemand nicht aus Wasser und Geist geboren wird, kann er in das
Gottesreich nicht eingehen. 6 Was aus dem Fleisch geboren
ist, ist Fleisch; was aus dem Geist geboren ist, ist Geist. 7 Wun-
dere dich nicht, daß ich dir sage: ›Ihr müßt von oben geboren
werden‹! 8 Der Wind weht, wo er will, und du hörst sein
Brausen. Aber du weißt nicht, woher er kommt und wohin er
geht: So ist jeder, der aus dem Geist geboren wird.«
9 Nikodemus antwortete und sprach zu ihm: »Wie kann das
geschehen?« 10 Jesus antwortete und sprach zu ihm: »Du
bist der Lehrer Israels und verstehst das nicht? 11 Wahrlich,
wahrlich ich sage dir: Was wir wissen, reden wir; und was wir
gesehen haben, bezeugen wir, und doch nehmt ihr unser
Zeugnis nicht an. 12 Wenn ich zu euch von irdischen Dingen
redete, aber ihr nicht glaubt, wie werdet ihr glauben, wenn ich
zu euch von himmlischen Dingen rede? 13 Doch niemand ist
in den Himmel hinaufgestiegen außer dem, der vom Himmel
herabgestiegen ist, der Menschensohn. 14 Und wie Mose die
Schlange in der Wüste erhöhte, so muß der Menschensohn
erhöht werden, 15 damit jeder, der glaubt, in ihm ewiges
Leben hat. 16 Denn so hat Gott die Welt geliebt, daß er
seinen einziggeborenen Sohn gab, damit jeder, der an ihn
glaubt, nicht verloren geht, sondern ewiges Leben hat. 17
Denn Gott sandte den Sohn nicht in die Welt, daß er die Welt
richte, sondern daß die Welt durch ihn gerettet werde. 18
Wer an ihn glaubt, wird nicht gerichtet. Wer nicht glaubt, ist
schon gerichtet, weil er nicht an den Namen des einziggebore-
nen Sohnes Gottes geglaubt hat. 19 Das aber ist das Gericht:

Das Licht ist in die Welt gekommen,
aber die Menschen liebten die Finsternis, nicht das Licht,
denn ihre Werke waren böse.

20 Jeder nämlich, der Böses tut, haßt das Licht
und kommt nicht zum Licht,
damit seine Werke nicht zurechtgewiesen werden.

21 Wer jedoch die Wahrheit tut, kommt zum Licht,
damit (an) seine(n) Werke(n) offenbar werden (kann),
daß sie in (Übereinstimmung mit) Gott getan sind.«

Literaturauswahl: Beasley-Murray, G. R.: Die christliche Taufe, Kassel 1968, 286–306. – *Becker, J.:* Joh 3,1–21 als Reflex johanneischer Schuldiskussion, in: Das Wort und die Wörter (FS. G. Friedrich), Stuttgart 1973, 85–95. – *Berger, K.:* Exegese des Neuen Testaments, UTB 658, 1977, 123f. – *Beutler, J.:* Martyria, 307–313. – *Blank, J.:* Krisis, 53–108. – *Borgen, P.:* Some Jewish Exegetical Traditions as Background for Son of Man Sayings in John's Gospel (Jn 3,13–14 and context), in: M. de Jonge: L'Évangile, 243–258. – *Braun, F. M.:* La vie d'en haut. Joh 3,1–15, RSPhTh 40 (1956) 3–24. – *Braun, H.:* Qumran I, 109–113, II 118–144. – *Bühner, J.-A.:* Gesandte, 385–421. – *Cotterell, F. P.:* The Nicodemus conversation. A fresh appraisal, ET 96 (1985) 237–242. – *Cullmann, O.:* Urchristentum 74–78. – *Graf, J.:* Nikodemus (Joh 3,1–21), TThQ 132 (1952) 62–86. – *Ibuki, Y.:* Über den johanneischen Kosmosbegriff, BSU 18 (1981) 27–55. – *Jonge, M. de:* Nicodemus and Jesus, BJRL 53 (1951) 337–359. – *Kohler, H.:* Kreuz, 248–270. – *Kramer, W.:* Christos Kyrios Gottessohn, AThANT 44, 1963. – *Langbrandtner, W.:* Gott, 18–25. – *Lattke, M.:* Einheit, § 5. – *Lohse, E.:* Wort und Sakrament im Johannesevangelium, in: *ders.:* Die Einheit des Neuen Testaments, Göttingen 1973, 193–218. – *Meeks, W. A.:* The Man from Heaven in Johannine Sectarianism, JBL 91 (1972) 44–72. – *Moloney, F. J.:* Son of Man, 42–67. – *Müller, U. B.:* Die Bedeutung des Kreuzestodes Jesu im Johannesevangelium, KuD 21 (1975) 49–71. – *Neyrey, J. H.:* John III – A Debate over Johannine Epistemology and Christology, NT 23 (1981) 115–127. – *Pesch, R.:* »Ihr müßt von oben geboren werden.« Eine Auslegung von Joh 3,1–12, BiLe 7 (1966) 208–219. – *Porsch, F.:* Pneuma, 83–135. – *Potterie, I. de la:* Jésus et Nicodemus, VD 47 (1969) 257–283. – *Ders.:* Naître de l'eau et naître de l'Esprit, in: La vie selon l'Esprit, Un Sa 55, 1965, 31–63. – *Rebell, W.:* Gemeinde als Gegenwelt, BET 20, 1987, 134–176. – *Richter, G.:* Studien 327–345; 346–382. – *Ruckstuhl,* E.: Jesus, 227–310. – *Schottroff, L.:* Glaubende, 228–263. – *Schulz, S.:* Untersuchungen, 104–109. – *Söding, Th.:* Wiedergeburt aus Wasser und Geist, in: K. Kertelge (Hg.): Metaphorik und Mythos im Neuen Testament, QD 126, 1990, 168–219. – *Taeger, J.-W.:* Johannesapokalypse, 172–175.

– *Stimple, A.:* Blinde sehen, BZNW 57, 1990, 7–23. – *Suggit, J. N.:* Nicodemus – the true Jew, Neotestamentica 14 (1981) 90–110. – *Thüsing, W.:* Erhöhung, 12–31; 254–263. – *Vergote, A.:* L'exaltation du Christ en croix selon le quatrième évangile, EThL 28 (1952) 5–23.

Im Nikodemusgespräch entfaltet der joh Christus, nachdem er zuvor nur einzelne Sätze sprach, erstmals seine Botschaft in einer längeren Passage. Eingangs des Joh ist nur Jesus Objekt des Gemeindebekenntnisses (1,1–18) und des Täuferzeugnisses (1,19–34). Nachfolgewillige entlocken ihm dann die ersten Worte (1,38f.). Danach erweist sich in einzelnen Äußerungen seine Fähigkeit zum Vorherwissen, zum Wunder und zur vollmächtigen Begründung und Entgegnung. Nun jedoch folgt eine ausführliche Entfaltung seiner Botschaft durch ihn selbst. Diese Stellung von Joh 3 wie auch die verhandelten Themen erweisen den Abschnitt als erste Darstellung des Zentrums der Theologie von E (zur Entsprechung mit der letzten öffentlichen Rede Jesu vgl. 12,20–36). Das Gespräch mit Nikodemus findet im Zusammenhang der ersten Jerusalemer Reise Jesu statt (2,12–3,36) und führt – durch die Klammer 2,23–25 angedeutet – die Konfliktsituation aus 2,13ff. fort. Allerdings stellt Joh 3 vor Probleme der Gliederung und Schichtung, so daß erst diese Fragen zu erörtern sind, bevor man die Ansicht von E erhebt.

Deutlich ist, daß 2,23–25 als szenische Überleitung dient und in 3,1–21 das eigentliche Gespräch steht. 3,22–30 ist eine neue Einheit, die das Thema Täufer – Jesus aus Joh 1 fortsetzt. Sie ist als dritter Konfliktfall ans Ende der judäischen Reise verlegt. Jedenfalls läßt E (4,3) den Vorfall in Judäa spielen, was mit 3,23 nicht harmoniert (s. u.). Unmöglich ist es jedoch schon auf den ersten Blick, sich 3,31–36 im Munde des Täufers vorzustellen (Bauer, Barrett): Er könnte weder durchgängig nur indirekt von Jesus reden, noch sind in seinem Munde V 33.35f. denkbar. Formal sind die Verse jetzt Fortsetzung seiner Antwort aus V 27ff., aber sachlich sind sie nur entweder als Worte des Sohnes möglich oder, da durchgängig der Er-Stil herrscht, noch besser als redaktioneller christlicher Kommentar.

Nun ist immer wieder beobachtet worden, daß V 31ff. engste thematische Beziehungen zu 3,1ff. hat (vgl. V 31 mit V 3.6.13b; V 31c–32 mit V 11f.; V 34 mit V 6–8; V 35f. mit V 14–21). Darum lag es nahe, 3,31ff. als situationsloses Stück an seinem jetzigen Platz für deplaziert anzusehen und in das Nikodemusgespräch einzufügen. In der Regel wird dabei vorgeschlagen, V 31ff.

nach 3,21 zu stellen (Bultmann). Tiefer geht der Eingriff, fügt man 3,31ff. + 3,13ff. zu einer ehedem selbständigen Homilie zusammen (Schnackenburg), weil mit V 12 das Gespräch endet und 3,13ff. nur Monolog ist. E hätte dann dem ursprünglichen Gespräch diese Homilie, in zwei Stücke getrennt, in umgekehrter Abfolge hinzugefügt. Aber diese (vermehrbaren) Variationen zur Rekonstruktion der ursprünglichen Gestalt von Joh 3 überzeugen nicht: So sicher 3,1–21 monologisch endet, ist das bei E nichts Besonderes (vgl. nur Joh 6; 8; 14). Da sich 3,1–21 sachlich und kompositorisch als Einheit verstehen lassen, liegt auch kein Grund vor, hierfür nach einem ehedem intendierten besseren Text zu suchen. Situationslos und deplaziert steht allerdings 3,31–36. Darum der Lösungsvorschlag: Das Stück erweist sich am Schluß des Abschnitts 2,13–3,30 als ein vornehmlich vom Nikodemusgespräch, jedoch auch von der Christologie in 3,28–30 bestimmter Abschlußkommentar. Der Ort (vgl. z. B. zu 12,44ff.; 15–17) und die sachliche Abhängigkeit von einem vorgegebenen Text (vgl. 1,29; 6,51cff.) sprechen für spätere Redaktion, die den im Aufbau des Joh gewichtigen Platz von Joh 3 zu einer akzentuierenden Ergänzung ausnützte. Diese will Joh 3 nachträglich gewichten und dem Leser eine Hilfe zum Verstehen des Gelesenen anbieten. Auch Joh 3 zeigt damit drei Schichten: Das E vorliegende Material (s. u.), die Komposition von E und die KR.

Der KR ist über 3,31ff. hinaus auch 3,19–21 zugeschrieben worden (Richter, Taeger). Doch ist der Abschnitt notfalls auch für 3,1–18 entbehrlich, in Einzelheiten sperrig zur Meinung von E und typischerweise abermals am Ende eines Stückes lokalisiert, so reichen diese Beobachtungen doch nicht aus, ihn auszusondern, da E hier ebensogut Tradition verarbeitet haben kann. Zwar steht die Gerichtsaussage 3,19ff. ebenso nach der präsentischen Gerichtsaussage 3,17f. wie 5,28f. nach 5,24f., aber 3,19ff. setzen den präsentischen Gerichtsvollzug fort, 5,24f. reden futurisch. Auch läßt sich von 6,28f. her die Auffassung von E zum Gesamtzusammenhang 3,17–21 gut ablesen: Die geforderten Werke (3,19f.; 6,28) werden aufgefaßt als Glaube (3,18; 6,29) an den Gesandten des Vaters (3,17; 6,29). Dieser genuine Kommentar von E spricht dafür, daß E in 3,19–21 Tradition aufgriff, zumal auch 7,7 wohl von E im Blick auf 3,19–21 formuliert ist, vor allem aber die Hellenenrede mit ihrer Nähe zu 3,1ff. in 12,35 die Stichworte aus 3,19–21 anklingen läßt. Wer dieser Lösung zustimmt, wird die Tradition aber nicht in ihren Einzelheiten für E reklamieren können. E macht nur deutlich, wie Jesus als das jetzt anwesende Licht die endgerichtliche Scheidung vollzieht, wie es an Nikodemus sichtbar wird. Sein Glaube wird kritisiert. Er kommt nicht zum wahren Glauben, darum bleibt er letztlich in der Finsternis. So ergibt sich noch ein weiterer Zusammenhang: Formuliert 3,19ff. abschließend im Blick auf Nikodemus, so 2,23–25 vor dem Nikodemusgespräch im Blick auf Jesus. Sind beide Rahmungen auch in ihrer Personenzentriertheit unterschieden, so beschreiben sie unter ihrem je verschiedenen Blickwinkel sachlich dasselbe: Zwischen Jesus und Nikodemus bleibt die Position des Unglaubens als Trennung.

Nach dieser Einsicht in die Schichtung des Textes soll vor aller Einzelexegese ein Wort zu den verschiedenen Ebenen gesagt werden, die Joh 3 anzutreffen sind. Da ist zunächst die Ebene der erzählten Welt: Danach ist Nikodemus Jude, ein exemplarischer Fall im Sinne von 2,23–25, der ebenso typisch im Unglauben bleibt (3,19–21). Diese Ebene ist im ganzen sehr flüchtig gezeichnet und gibt dem Textgewebe nur eine brüchige Konsistenz: Nikodemus ist typisiert, seine Rolle als Gesprächspartner dürftig. Jesus beherrscht nach dem Anfang in 3,1f. das Gespräch so entschieden, daß es gar nicht auffällt, wie Nikodemus mit V 10 verschwindet. Jesus setzt nicht nur eigenständig das Thema der Rede fest (V 3), sondern eigentlich monologisiert er, indem er V 3 benutzt, um alsbald von sich selbst zu reden.

Damit steht man vor der Tiefenschicht des Dialoges, also der zweiten Ebene, die mit Jesu Entfaltung seines eigenen Themas angezeigt ist. Auch diese Schicht ist dialogisch angelegt, denn V 3.5 werden sich als Tradition erweisen und werden von E neu interpretiert. Mit dieser Tradition kommt also der innere Dialogpartner Jesu zu Wort oder, besser, der von E. Darum wundert es nicht, daß auch Nikodemus sozusagen als Christ auftritt, denn was er V 2 äußert, ist die Position der SQ. So äußern sich Jesus (V 11) und Nikodemus (V 2) als Sprecher einer Gruppe. Auf dieser Ebene erhält nun auch der Text seine innere Geschlossenheit und sein Sinngefüge. Dieses läßt sich – etwas vereinfacht – in einem Satz zusammenfassen: Es gibt nur einen Gesandten des Vaters und der offenbart sich im Wort, dessen Inhalt er selbst ist.

Von dieser Tiefenschicht her erschließt sich nun auch nochmals die Einordnung des Dialogs in das Joh: Das innere Sinngefüge erweist sich durch den Logosprolog vorbereitet. Allerdings fehlt für den kundigen Leser in Joh 3 das typische »Ich bin« des Offenbarers. Dies weist über die Zwischenstation von Joh 4 auf die Brotrede in Joh 6, in der es dann in seiner solennen vollen Gestalt erscheint.

Endlich ist nochmals daran zu erinnern, daß von Joh 3 ein Bogen zu Joh 12 verläuft: Nikodemus- und Hellenenrede als Anfangs- und Schlußrede Jesu in der Öffentlichkeit konvergieren inhaltlich und umgreifen damit Jesu Selbstoffenbarung vor der Welt.
Von diesem überblicksweisen Einstieg in das Textverständnis kann nun dem Textverlauf entlanggegangen werden. Die redaktionelle Überleitung in 2,23-25 (vgl. formal 4,43-45; 7,1-13; 11,55-57 usw.) nimmt einmal auf das Passahfest Bezug (vgl. 2,13), läßt aber zum anderen die Tempelreinigung und die Zeichenforderung (2,14ff.) unberücksichtigt. Sie steht sogar in einer gewissen Spannung zur Ablehnung der Zeichenforderung, denn nun heißt es, Jesus habe während der Festwoche (oder ist das überflüssige: »während der Festzeit« eine Glosse?) ohne weiteres Wunder getan, wodurch viele zum Glauben »an seinen Namen« (1,12; 3,18) kamen, er habe also doch die Zeichenforderung erfüllt. Diese Angabe steht zudem wie 4,45 im Widerspruch zu 2,11; 4,54. Aber man muß solche Sorglosigkeit E zutrauen, weil deutlich ist, mit welcher Absicht er die Überleitung bildete: Nikodemus (3,1f.) wird zum Vertreter der wundergläubigen Juden. Auch die Distanz, mit der Jesus diesem Juden gegenübersteht, wiederholt sich 3,3ff. (vgl. 6,14f.). Jesu Distanz wird motiviert mit seiner übernatürlichen Menschenkenntnis (vgl. 1,47). Die Vorstellung, der Gottessohn sei mit göttlichem Wissen ausgestattet, ist für die Umwelt wie wohl auch für das Christentum zu dieser Zeit üblich (vgl. zum göttlichen Wissen in der SQ Exkurs 1). Angemerkt sei noch, daß E V 23 auch in Widerspruch zu den Synoptikern gerät, die keine Jerusalemer Wunder Jesu kennen.
Das Nikodemusgespräch beginnt mit einer idealen Szene (3,1.2a): Nikodemus (ein damals häufiger Name) wird als Pharisäer und »Ratsherr der Juden« eingeführt, also als Synedriumsmitglied, das zur pharisäischen Fraktion gehört (vgl. 7,26.48). Der Ratsherrntitel ist wohl hellenistische Redeweise: Josephus nennt auch die Mitglieder der jüdischen Gerusia in den hellenistischen Städten so. Nikodemus tritt noch 7,50; 19,39 auf, doch ist es kaum im Sinne von E ein psychologisch-biographisches Bild von ihm zu konstruieren (gegen Suggit u. a.). Wie wenig E daran liegt, zeigt das Gespräch selbst: Nikodemus darf einmal einen substantiellen Gesprächsbeitrag leisten (V 2), zweimal sein Mißverständnis äußern (V 4.9), um dann ganz mitsamt der Szene ausgeblendet zu sein. So ist auch die scheinbar konkrete Auskunft, Nikodemus komme des Nachts zu Jesus, nur eine typische Angabe: Die Zeit nach Sonnenuntergang eignet sich im Orient besonders gut für

solche Unternehmung. Das Rabbinat empfiehlt nächtliches Studium. Auch das theologische Anliegen, wie es im Gesprächsverlauf sichtbar wird, zeigt, daß der Vertreter des offiziellen Judentums nur Mittel ist, damit E die Konfrontation zum Judentum (2,13ff.) auf der Ebene der erzählten Welt und zugleich implizit gegenüber Positionen in der joh Gemeinde seine Theologie zeichnen kann.
So äußert sich Nikodemus auch sofort als Gruppenvertreter: Er legt sich auf ein Bekenntnis fest, dessen Erkenntnisgrund Jesu Wunder (2,23) sind, und vertritt diese Christologie mit »Wir wissen, daß ...«, einer Wendung, die den Bekenntnisstand einer Gemeinschaft einführt (9,29.31; vgl. 11,24). Diese Christologie entspricht im Prinzip der Auffassung der SQ (2,11; 20,30f.), wird also von einer Gruppe im joh Gemeindeverband vertreten, wie ja auch das »Wir« in 1,14.16; 3,11f.; 4,42 eine analoge soziologische Basis hat. Dazu paßt, daß Nikodemus in Jesus einen von Gott autorisierten Lehrer sieht (3,2), wie auch Jesus Nikodemus auf seinen Lehrstand anspricht (3,10): Lehrmeinungen werden also durch Standesvertreter ausgetauscht. Wie schon zu 1,14–18; 1,20–22 beobachtet, bricht der nachösterliche Standpunkt von E immer wieder durch (vgl. vor allem 3,11ff.). Es ist klar: Die Theologie von E wird dabei durch Jesus vertreten, Nikodemus muß in diesem konstruierten »Schulgespräch« den Gegenpart spielen, den E ablehnen will. So ist Joh 3 ein gutes Beispiel, wie sich das Joh einer Schule im joh Gemeindeverband verdankt (Becker, Meeks und Einleitung 3a).
Der formale Aufbau zeigt (wie 12,20-36) drei Gesprächsgänge (3,1–3; 3,4–8; 3,9–21). Sie werden stets durch Nikodemus eingeleitet und durch Jesu immer ausführlichere Antworten beendet (Becker, Brown). Am Anfang der eigentlichen Antwort Jesu steht immer ein »Wahrlich, wahrlich ich sage dir, ...« (V 3,5.11; Porsch).
Im ersten Gesprächsgang stellt das Bekenntnis des Nikodemus äußerlich eine Art captatio benevolentiae dar, aber der Inhalt ist dennoch gewichtig und nicht nur eine unverbindlich-elegante Floskel: Die Lehrautorität Jesu wird anerkannt. Dies ist für Jesus nicht darum keine Gesprächsgrundlage, weil er solche Autorität ablehnt (im Gegenteil: 5,17.36; 6,32f.; 8,54ff.; 14,9ff.), sondern weil der Erkenntnisgrund, nämlich die Wunder, keine angemessene Position für solche Beurteilung abgeben, insofern sie nicht die Lehre, also die Wortoffenbarung Jesu vorab und selbständig legitimieren können. Wer vom Wunder als Basis des Glaubens her Jesus deutet, den durchschaut Jesus als nicht wahrhaft glaubend (2,23–25).

Warum? E macht dies an zwei Gedankengängen deutlich, die zu demselben Ergebnis führen: So wird Jesus irdisch mißverstanden. Der eine Gedankengang begegnet später in Joh 6: Die Welt versteht, dem Irdischen verhaftet, die Wunder als nur irdische Hilfe und Lebenserweiterung und vereinnahmt Jesus als Spender solcher Gaben. Zwar gibt es de facto auch solche Gaben, aber seine eigentliche himmlische Dimension, Brot des ewigen Lebens zu sein, wird so ausgeblendet. Um sie aber geht es im Offenbarungsvorgang fundamental (vgl. 6,14f.35). Der andere Gedankengang liegt Joh 3 vor: Wer von einem irdisch vorfindlichen Wunder Jesu eigentliches Wesen begründen wollte, müßte daran scheitern, weil Jesu eigentliches, nämlich himmlisches Wesen, wonach er der vom Vater gesandte Sohn ist (3,16), nur durch den Geist, der allein himmlische Erkenntnis bringt, geschaut werden kann (3,4-8; vgl. 1 Kor 2,10–12). Insofern nun der Geist im Wort anwesend ist (3,11ff.; 6,63; 14,16f.25f.), d. h. die Leben schaffende Überzeugungskraft des Wortes ist, die den Menschen neu schafft, kann Jesu Wesen nur im Wort der Selbstoffenbarung erkannt werden. Die Selbstoffenbarung läßt sich also nicht durch ein von ihr unabhängig irdisch beobachtbares Wunder begründen, sondern begründet sich allein selbst, weil sie den Menschen erst so schaffen muß, daß er wahrhaft erkennen kann. Glaube an Jesus basiert nicht auf etwas irdisch Schaubarem – und sei es ein Wunder Jesu –, sondern lebt von dem sich eindrücklich machenden Objekt, nämlich von eben demselben Jesus. Insofern nur durch diesen Jesus, der als Gesandter des Vaters überhaupt erst der Welt die himmlische Dimension erschließt (1,18; 5,37; 6,46 und daraufhin Worte wie 6,35; 8,12; 11,25f.; 14,6), ewiges Leben der der Vergänglichkeit verhafteten Welt angeboten wird, bleibt der, der vom Wunder her sich Jesus erschließt, auf der Seite des Todes, also im Irdischen. Darum thematisiert E im Fortgang des Dialoges mit Nikodemus diesen Heilssinn: Jesus ist, indem er sich durch sein Wort selbst erschließt, Spender ewigen Lebens (3,14–16). Diese theologische Problematik konstituiert die innere Geschlossenheit des Dialoges. In bezug auf die Bedeutung des Wunders ergibt sich: Nicht das Wunder erschließt als solches die Sendung des Sohnes, sondern die Selbstoffenbarung des Sohnes begründet auch des Glaubenden Verhältnis zum Wunder.

Insofern die theologische Position des Nikodemus die der SQ ist (vgl. Exkurs 1), hat E damit gegen sie gesprochen: Sie bleibt mit ihrer Theologie in der irdischen Sphäre, auf der Seite des Todes. Die Frage nach dem Heil stellt sich also für E radikaler als für die

SQ. Dies beruht auf seinem dualistischen Weltbild: Steht diese Welt mit dem Tod zusammen der oberen göttlichen Sphäre als dem Ort des Lebens gegensätzlich gegenüber, dann muß der Erlöser ewiges Leben bringen, indem er dem Menschen statt der irdischen eine neue himmlische Ursprungsbestimmung (»von oben«) gibt. Er ist mißverstanden und in seinem Erlösungsvorhaben negiert, wenn man ihn vom irdisch Vorfindlichen her versteht.

So wird theologisch verständlich, warum Jesus V 3 scheinbar gar nicht auf Nikodemus eingeht (was oft bemerkt wurde), sondern ein ganz anderes Thema anschneidet, nämlich die Geburt von oben. Der Aspekt der Fremdheit im joh Offenbarungsbegriff wird darin ebenso sichtbar wie in dem Umstand, daß Jesus sonst monologisiert und auf Mißverständnis stößt. Immerhin ist die Antithese zwischen Nikodemus und Jesus szenisch durch 2,18f. und 2,23–25 vorbereitet. Jesu Antwort zeigt aber zunächst nicht den erwarteten Inhalt (wie etwa V 14ff.), sondern enthält Tradition. Der im Stil der Weisheit belehrende apokalyptische Einzelspruch wird seiner Substanz nach 3,5 wiederholt und ist auch aus Mk 10,15; Mt 18,3; Justin Apol I 61,4 bekannt. Vom »Gottesreich« redet der synoptische Jesus, aber das Joh nur hier. Ebenso erstaunlich ist es, daß in dem Satz eine direkte christologische Aussage fehlt. Es ist die Frage, ob E die Tradition als V 5 (oder 3) vorlag und er sie dann in V 3 (oder 5) abwandelte, oder ob ihm zwei Varianten derselben Tradition vorgegeben waren. Die letzte Möglichkeit hat Analogien z. B. in 8,51f.; 14,21.23. Sie ist auch 3,3.5 am ehesten anzunehmen, weil E anschließend (V 7.8c) beide Varianten verarbeitet.

Für sich genommen, besagt V 3: Nur unter der Bedingung, daß jemand von oben geboren wird, kann er das oben im Himmel gelegene Gottesreich sehen. Der Satz setzt also einen horizontalen Schnitt zwischen unterer Menschenwelt und oberer Himmelswelt voraus. Allerdings hängt dieses Verständnis daran, ob man »von oben« oder »von neuem« übersetzt. Nach 3,31; 19,11.23 hat im Joh nur die Bedeutung »von oben« ihren Platz. Endlich wird durch 3,12f. die lokale Bedeutung unterstützt, insofern hier bei den christologischen Voraussetzungen der Geburt von oben derselbe horizontal geschnittene Dualismus begegnet. Erst das Mißverständnis des Nikodemus in V 4 bringt die Auslegung »von neuem« (Wiedergeburt) ein, wobei die Brücke zwischen V 3 und 4 nur das Geburtsmotiv ist. Alles andere gehört zum Mißverständnis, das nicht Grundlage des Verständnisses von E oder seiner Tradition sein kann. Setzt die Tradition also den Dualismus von oben und unten voraus, dann liegt hier eine deutliche Differenz zum Logoshymnus (1,1–18G) vor. Nun ist gesagt: Es gibt zwei mögliche Herkunftsbestimmungen des Menschen. Durch natürliche Geburt (vgl. 1,13) ist er durch das Unten bestimmt. Erst die Geburt von oben setzt den neuen Ursprung, der allein heilswirksam ist. An sich ist der Mensch heilsunfähig, doch gibt es exklusiv einen Zugang zum oberen Gottesreich: die Geburt von oben.

Schon die Tradition wird dabei das Gottesreich als Bereich ewigen Lebens gedeutet haben (vgl. Mk 9,43.47; Joh 3,14ff.). Die Geburt von oben ist Geburt zum ewigen Leben, Überwindung der Vergänglichkeit, die der gesamten Menschheit anhaftet. Man wird sich nur vorstellen können, daß jeder Christ im Urchristentum solche Aussage als Taufaussage verstand (vgl. auch das Stichwort »Gottesreich« in urchristlichen Taufzusammenhängen wie 1 Kor 6,9f.; Gal 5,21) und religionsgeschichtlich damit zugleich entsprechende Analogien aus den hellenistischen Mysterienreligionen eine Rolle spielten, nach denen gerade die heiligen Handlungen der Mysterien u. a. Überwindung des Todes bringen sollten. Auch eine Nähe zur Hochschätzung der Sakramente in Korinth (vgl. nur 15,29) ist zu notieren. Zugleich läßt sich die Funktion des Satzes im joh Gemeindeverband nun bestimmen: Die Bedingung, ausschließlich die Geburt von oben könne ewiges Leben vermitteln, erweist die Gruppe, die so denkt, als Sakramentalisten, die abermals 6,51c–58 zu Worte kommen (vgl. auch 1,13). Diese Gruppe will ihre Theologie zur fundamentalen Bedingung des Christentums erheben. In der Form ganz analog äußern sich Apg 15,1 die Judaisten, die der Beschneidung dieselbe Bedeutung beilegen.

Zu klären ist noch, wie E die Tradition deutet. Erkennbar ist zunächst nur indirekt am Gefälle des Dialoges, daß E so V 2 widersprechen will. Dabei mag sodann auch strukturell leitend gewesen sein, daß die typische Abfolge: erst durch Wunder auf Jesus aufmerksam werden, dann sich der christlichen Gemeinde durch die Taufe anschließen, so daß es ohne diesen zweiten Schritt kein wahres Christsein gibt, eine Rolle gespielt hat (soweit richtig: Berger). Wichtig ist endlich, daß E so sein 1,12 angeschlagenes Thema fortsetzt: Danach gibt es nur eine einzige Heilsmöglichkeit, nämlich durch Jesus Gotteskindschaft zu erlangen. E läßt allerdings die Tradition erst einmal kommentarlos stehen und benutzt vorrangig Nikodemus dazu, das Mißverständnis des Unglaubens zu artikulieren (V 4). So wird offenkundig, daß sein Bekenntnis V 2 nicht den wahren Glauben repräsentiert. E personalisiert also den Grundsatz und erklärt ihn nicht sofort sachlich. Ähnlich wie die Juden in 2,20 versteht auch Nikodemus Jesu Wort grob irdisch.

Die himmlische Dimension der Aussage geht ihm völlig ab. Dies ist zwangsläufige Konsequenz im dualistischen Weltbild, das sich durch solche und ähnliche Signifikanzen der Gnosis strukturverwandt erweist: Der unerlöste Mensch weiß gar nicht, daß es die himmlische Welt gibt.

Exkurs 2: Mißverständnisse im Joh

Literaturauswahl: Bultmann, R.: Kom. z. St. – *Carson, D. A.:* Understanding Misunderstandings in the Fourth Gospel, TynB 33 (1982) 59–91. – *Culpepper, R. A.:* Anatomy, 152–165. – *Leroy, H.:* Rätsel und Mißverständnis, BBB 30, 1968 (Lit.). – *Schnackenburg, R.:* Kom. I zu 2,19 und z. St. – *Wead, D. W.:* The Johannine Double Meaning, RestQ 13 (1970) 106–120. – *Ders.:* The Literary Devices in John's Gospel (ThDiss 4), Basel 1970.

In den joh Dialogen begegnen häufig Mißverständisse, die nach einem ganz bestimmten Schema funktionieren. Dabei hat ein Wort zwei Bedeutungen. Das Mißverständnis basiert auf dem irdischen Sinn, während die göttliche Bedeutung den eigentlichen Sinn erschließt. Das Mißverständnis geht also nicht von einer falschen Wortbedeutung aus, sondern wähnt nur, diese eine irdische Bedeutung sei gemeint. Die göttliche Bedeutung wird gar nicht erst in den Verstehenshorizont aufgenommen (Bultmann), denn es herrscht Gottesfinsternis im Sinne von Joh 1,18. Solche Mißverständnisse sind literarische Komposition von E und Ausdruck seiner Theologie: Mißverständnis ist Zeichen des Unglaubens. Das Verhaftetsein im Irdischen (3,6) führt zu ihm. Nur dem Glauben ist der himmlische Sinn erschlossen, weil ihm der Sohn als Interpret des Vaters eröffnet ist (14,6). So ist das Mißverständnis Ausdruck des joh Dualismus, nach dem die Ungläubigen wähnen: Es gibt nur eine Wirklichkeit, und nur die Gläubigen wissen: Uns ist eine zweite Wirklichkeit, die der irdischen qualitativ überlegen ist, durch Christus erschlossen. Darum begegnet das Mißverständnismotiv auch immer im Gespräch mit Juden als Repräsentanten des Unglaubens: 2,19–22; 3,3f.; 4,10f.31ff.; 6,41f.51f.; 7,33–36; 8,21f.31–33.51–53.56–58.
Diese Stellen sind zu unterscheiden vom Unverständnis der Jünger. Es beruht nicht auf Fehlinterpretation durch nur irdisches und darum absurdes Verständnis, sondern auf Verständnismangel, dem dann aufgeholfen wird (vgl. 13,13ff.; 14,4f.8.22; 16,17f.). Es geht also um Belehrung für jene, deren Glaubensverständnis vertieft wird (vgl. dazu etwa 1 Kor 3,1f.; Hebr 5,12; 6,1; 1 Petr 2,2). Sie erhalten Belehrung, während das Mißverständnis wegen des Unglaubens erhalten bleibt. Diese Differenzierung zwischen Miß- und Unverständnis hat nur eine Ausnahme: 4,31ff. mißverstehen die Jünger Jesus, aber zugleich klärt Jesus das Mißverständnis auf, so daß diese Ausnahme die Regel bestätigt.

Blickt man auf die Personen, die mit Miß- und Unverständnis behaftet sind, zeigt die gruppenspezifische Differenzierung, daß der theologischen Begründung für das Mißverständnis eine soziologische Ebene entspricht: In der Gemeinde kann es im Prinzip nur Unverständnis, außerhalb ihrer nur Mißverständnis geben. Die Gemeinde lebt im Bewußtsein einer »Sondersprache« (Leroy), die draußen nicht richtig gedeutet wird. Damit ist die Basis für das Mißverständnis gegeben. Die »Geburt« als geistliche Erneuerung (3,3f.), das »lebendige Wasser« als ewiges Leben (4,10ff.), das »Fortgehen« als Erhöhung Jesu usw. sind ihre sprachlichen Eigentümlichkeiten. Natürlich ist objektiv solche Sprache und ihr semantischer Gehalt in der joh Umwelt nachweisbar, d. h. sie läßt sich nicht nur in ihrem irdisch-alltäglichen Sinn, sondern auch in ihrem religiösen Verwendungszusammenhang außerhalb des Joh aufweisen. Aber auf der subjektiven Bewußtseinsebene empfindet die joh Gemeinde, daß der speziell von ihr im religiösen Verwendungsbereich gemeinte Sinn nicht angenommen wird. Ihr Offenbarungsverständnis, das sich in solchen Aussagen ausspricht, stößt auf Ablehnung. Sie weiß, ihre Theologie wird als fremdartig vornehmlich von den Juden zurückgewiesen. So ist der soziale Hintergrund des Mißverständnismotives dieser, daß ein Gemeindeverband sich als Gruppe mit einer speziellen Theologie als unverstanden, abgegrenzt und isoliert von der Umwelt erfährt. Dies trifft sich mit anderen Beobachtungen zur Gemeindesituation, die in dieselbe Richtung weisen wie z. B. der joh Dualismus (vgl. Exkurs 3) oder konkret der Synagogenausschluß (vgl. Einleitung 3c). Von dieser Situation herkommend, bildet dann E das Mißverständnis als literarisches Mittel aus, Unglauben aufzuweisen und zu demaskieren: Wer mißversteht, zeigt, daß er das anstößige und fremde jenseitige Heilsangebot, das die irdische Vergänglichkeit überwindende ewige Leben, gar nicht wahrnimmt. Zugleich drückt sich in den Mißverständnissen joh Theologie aus. Sie sind Ausdruck einer Offenbarungstheologie, in der es keinen theologisch relevanten »Anknüpfungspunkt« gibt, sondern nur den Sprung in den Glauben. Dieser vollzieht sich, indem der Geist wirkt (3,5ff.), bzw. der Vater »zieht« (6,43). Dies geschieht, indem der Sohn den Vater auslegt (1,18), bzw. sich als Gesandten bekundet (3,16ff.). Dadurch werden bei den Menschen Blindheit und Sehen vertauscht (9,39): Glaubende erkennen nun das himmlische Heil, darum verstehen sie auch die doppelte Bedeutung der Worte, die Ungläubige zum Mißverständnis führen, als Wegweiser zur doppelten – d. h. dualistischen – Wirklichkeit. So wissen sie, daß dem irdisch-einseitigen Mißverstehen des Unglaubens das Entscheidende verborgen bleibt. Nikodemus kann darum die Rede von der Geburt nur irdisch deuten (3,4). Schon daß er damit einem groben Mißverstehen unterliegt, ist ihm ebenso fremd, wie die Juden Jesu Rede von seinem Vater ganz selbstverständlich nur durch Verweis auf Joseph deuten können (6,42). Nikodemus und den Juden kann es gar nicht in den Sinn kommen, es könne mit Jesu Rede eine ihnen neue göttliche Welt erschlossen werden. Denn das Wesen des Unglaubens ist ja gerade die Verhaftung an das nur Irdische. Von 9,39 her kann man ergänzen: Bevor Jesus zu den Juden

sprach, waren sie nur irdisch sehend, nun aber sind sie, durch Jesus vor die Glaubensfrage gestellt, definitiv blind für das Himmlische geworden – wegen ihrer Glaubensverweigerung.
Mißverständnisse wie Unverständnisse erfüllen endlich gegenüber dem Leser des Evangeliums literarische Aufgaben zur Erleichterung des Lesens (Culpepper): Sie vergewissern die Glaubenden ihrer Heilslehre. Sie führen auf die zentralen Anliegen, um die es für E innerhalb des joh Christentums geht. Sie stabilisieren endlich die Grenze zu den Ungläubigen, so daß diese Grenze scharf markiert bleibt.

Jesus unternimmt in V 5ff. nicht etwa den Versuch, das Mißverständnis belehrend aufzuklären, sondern redet bei anhaltendem Mißverständnis (V 9) von derselben Sache weiter. Der mißverstehende Unglaube ist joh nicht belehrbar durch schrittweise Erklärungen, sondern nur durch Glaube und nachfolgendes Verstehen aufgrund der Geburt von oben ersetzbar. Oder anders: V 5ff. setzt wiederum die Glaubenssprache und das Glaubensverständnis voraus. Soll also der Dialog V 5ff. einen Sinn haben, dann wird nicht Nikodemus, sondern der Leser aus der Gemeinde belehrt. Er erfährt seine Glaubenswelt als Kontrast zur Welt der Anderen. Auch ein erstes Interesse an Jesus (V 2) bleibt noch auf der Außenseite. So darf man in dem Dialog weder ein pädagogisches noch ein seelsorgerliches Bemühen sehen. Die Welt der Gemeinde wird nur durch den Sprung in den Glauben konstituiert. Die Diskontinuität (Rebell) zwischen Welt und Gemeinde kann anders nicht überwunden werden.
In V 5 wird V 3 in einer anderen Variante wiederholt. Diese deutet mit dem »geboren werden aus Wasser und Geist« nun ganz unmißverständlich den Taufbezug an. Doch gerade hier empfinden die Exegeten ein Problem: Die Erwähnung des Wassers ist allzu isoliert, V 8 nimmt darauf keinen Bezug. Da auch in Joh 6 die Herrenmahlsüberlieferung nachgetragen wurde, liegt es nahe, auch hier der KR den Zusatz »Wasser und« zuzuordnen (Wellhausen, Bultmann u. a.). Diese Redaktion ist in der Tat denkbar, aber es gibt noch eine andere, bessere Möglichkeit. Da auch ohne den Zusatz die Tradition bei der Geburt aus dem Geist sicherlich an die Taufe denken läßt und E auch sonst Tradition nur teilweise benutzt (vgl. 1,17; 2,16; 6,16ff.; 14,6 usw.), kann ihm 3,5 so vorgelegen haben. Die zwei fraglichen Worte stehen zudem glatt im Text, und wer in Joh 3 Sakramentalismus eintragen wollte, hätte wohl dies etwas gründlicher getan. Ist also V 5 im ganzen Tradition, dann lautet die Aussage der Tradition für sich: Allein die christliche

Taufe vermittelt den Geist des Lebens, durch den eine Geburt von oben geschieht, und damit die Möglichkeit, in das Gottesreich einzugehen. Also ohne Sakrament gibt es kein Heil (ewiges Leben). Genau dies ist auch das Konzept in Joh 6,51c–58. Dann hat es vor, neben und nach E im joh Gemeindeverband eine sakramentale Strömung gegeben, die auch in dem häufigen Motiv der Geburt aus Gott im 1 Joh erkennbar ist (vgl. zu 1,13).

Ebenso klar ist, daß E solche Theologie nicht vertritt: War in 3,3.5 (ebenso 6,51c–58!) vom Glauben keine Rede, sondern von einem sakramentalen Wandlungsgeschehen am Menschen, so ist E daran wohl wichtig, daß der Zugang zum Heil keine Möglichkeit des Menschen, sondern göttliches Widerfahrnis ist. Insofern polemisiert er auch nicht gegen die Taufe. Sie wird indirekt als allgemeine Übung der Kirche vorausgesetzt (vgl. 3,23.26), aber nicht eigens thematisiert. Unter dieser Bedingung wird vielmehr eine bestimmte Taufposition aufgegriffen und einem anderen Gedanken dienstbar gemacht und so die vorgegebene Taufanschauung verändert, indem von E die Geburt aus dem Geist als Ermöglichung zum Glauben (also durch personale Kategorien) verstanden wird. Nicht das Sakrament im Verständnis von V 3.5, sondern die Relation Wort und Glaube ist der archimedische Punkt für das Heil, und das Taufverständnis dem unterzuordnen.

Doch bringt vorerst V 6–8 eine Exegese zur Geburt aus dem Geist, ohne schon vom Glauben direkt zu sprechen. Damit wendet sich E der ersten Hälfte der Tradition von V 3.5 zu: V 6 beginnt mit der Nennung des unüberbrückbaren Gegensatzes (vgl. 1,13) zwischen der Geburt aus dem Fleisch (dem Bereich des Irdischen) und der aus dem Geist (der göttlichen Welt). Dieser Dualismus steht hier nicht um seiner selbst willen, sondern dient dazu, die Unverfügbarkeit des Wunders einer Geburt von oben verständlich zu machen: Die Geburt von oben bleibt notwendig (V 7), und sie ist möglich (V 8). Der Vergleich mit dem Wind (Wind und Geist sind im Griechischen dasselbe Wort) will dabei sagen: Der Wind ist mit den Sinnen wahrnehmbar, aber – eine Meteorologie gab es noch nicht! – sein Entstehungsort und sein Ziel sind nicht ergründbar. So kann man zwar auch einem aus dem Geist Geborenen begegnen, doch bleibt es für Nikodemus, also vom Unglauben her, nicht wahrnehmbar, woher sich dieser Zustand verdankt (dem Geist von oben) und wohin er führt (zum ewigen Leben). Damit wird auch das Leben des Gläubigen unter die für die joh Christologie wesentlichen Grundfragen nach Jesu Woher und Wohin gestellt. Weil Jesu Herkunft vom himmlischen Vater (1,1–2,12 und passim) und seine Rückkehr zu diesem (2,20–22; 4,14ff. und passim) zusammen (vgl. 16,28) für den Menschen die Ermöglichung bilden, am himmlischen, also ewigen Leben Anteil zu gewinnen (3,16; 5,24.26; 12,32), darum ist, dem Woher Jesu analog, sein Heilsstand beschreibbar als Gabe eines neuen Ursprungs von oben und als Partizipation an dem Wohin, das Jesus eigen ist. Das Konzept eines im Irdischen fremden Offenbarers bedingt eine Soteriologie, die dieser Fremdheit Rechnung trägt, indem sie den Menschen an das christologische himmlische Woher und Wohin Anschluß gewinnen läßt, also Erlösung als Freiheit vom Kosmos und Anteilhabe am überirdischen göttlichen Bereich versteht.

Natürlich kann darauf Nikodemus nur eingangs des dritten Gesprächsganges abermals sein Unverständnis äußern (V 9), um so Jesus erneut Gelegenheit zu geben, sein Thema für den gläubigen Leser zu verfolgen. Zwar bekommt Nikodemus noch den Vorwurf, als Lehrer Israels eigentlich mehr Verständnis für Jesu Thematik zeigen zu sollen (V 10), aber damit ist er für das weitere Gespräch als eigenständiger Gesprächspartner vergessen. In V 11a ist er zwar noch formal angeredet, aber der Kern von V 11 redet von einer Mehrheit, die zu einer Gruppe spricht. Dabei ist im Joh Jesus nur ganz selten Sprecher einer Gruppe oder sein Tun mit dem der Jünger, bzw. der Gemeinde, verwoben (vgl. 4,22.35–38; 9,4). Jesu Sonderstellung gebietet es, daß er abgehoben von den Jüngern oder der Gemeinde für sich steht und redet. Aber eigentlich redet er auch V 11 nicht, sondern die Gemeinde (vgl. 1 Joh 1,1–3) zur Welt. So blickt E von der Gemeindesituation (V 13.16f.) auf das abgeschlossene Werk Jesu zurück, aus dem sich Heil für die Gemeinde und Unheil für den Rest der Menschheit ergibt (V 18–21). Nur V 14b scheint nochmals einen vorösterlichen Standort einzunehmen. Allerdings gilt für den ganzen Teil V 13–21, daß von Jesus in dritter Person gesprochen wird. E bringt also über Jesus reflektierende Aussagen und bedient sich nicht des Ich-Stils der Offenbarungsrede. Zwar kann in ihr auch der Er-Stil Verwendung finden (z. B. 6,33; 12,23f.35f.; 13,31f.), doch bei E sonst nicht in so durchgängig langer Form (3,31–36 ist Nachtrag; in 5,19ff. ist Tradition verarbeitet).

Jesu Antwort an Nikodemus in diesem letzten Gesprächsgang läßt sich in vier Stücke untergliedern: V 10–12 halten zunächst fiktiv und formal die Gesprächssituation aufrecht und führen die eigentliche Antwort ein. V 13–15 behandeln den Aufstieg des Menschensohnes als Lebensvoraussetzung für die Glaubenden. V 16–18 reden von der göttlichen Liebe, wie sie sich in der Sendung des Sohnes erweist, die als endzeitliche Gerichtssituation ausgelegt wird, für den Glauben zum Leben, für den Unglauben zum Verderben. V 19–21 beschreiben »definitorisch« abschließend die Gerichtssituation. Die Stücke sind etwa gleich groß und jeweils durch besondere Traditionen und ein je eigenes Wortfeld geprägt. Das erste Stück hat in seiner Mitte (V 11) das typische Motiv des Zeugnisses und seiner Annahmeverweigerung durch die Welt (vgl. dazu die Ausführungen zu 5,31ff. und 3,32; 1 Joh 1,3; 4,14; 5,9–12) und leitet unter Beanspruchung einer typischen Form der Steigerung in Lehrdiskussionen (Jer 12,5; Hi 38–42; Spr 9,16; 4 Esr 4,1–11.20f.; Sanh 39a; Ign Trall 5,1f.) mit V 12 zur Sachdiskussion über. Problematisch ist dabei allerdings die Frage, was die irdischen und was die himmlischen Dinge sind. In jedem Fall: die irdischen müssen vorher im Dialog, die himmlischen nachher behandelt sein. Dies erfordert die Scharnierfunktion des Verses. Dann ist mit den irdischen Dingen die Geburt von oben gemeint. Sie wird in der Tradition V 3.5 auch ausdrücklich, auf Erden geschehend, als notwendige Voraussetzung für die Gewinnung des himmlischen Gottesreiches herausgestellt. Dieses wiederum wird in 3,13–15 so thematisiert, daß der Aufstieg Jesu in den Himmel behandelt wird. Dieser gilt als die christologische Vorbedingung, unter der die Glaubenden ewiges Leben, also Anteil am Gottesreich gewinnen können. D. h. V 13–15 klären die christologische Vorbedingung der nicht christologisch orientierten Tradition V 3b.5b. Also orientiert sich E weiter an dieser Tradition, indem er sie in seinem Sinn expliziert. V 12 will diesen Fortgang in der Auslegung von V 3a.5a zu V 3b.5b markieren, nachdem in V 6–8 bisher V 3a.5a besprochen wurden.

Zugleich wird wiederum deutlich: E denkt in einem Weltbild, das konstitutiv von einem dualistischen Schnitt zwischen der oberen Welt Gottes und der irdischen Welt ausgeht. Die untere Welt ist Fleisch, d. h. dem Tod verfallen, heilsunfähig. Nur von der oberen Welt kann Erlösung kommen durch die Sendung des Sohnes, die durch das Wegschema von Abstieg und Aufstieg gekennzeichnet ist. So allein ist Geburt von oben möglich. Irdische Vergänglichkeit wird einzig überwunden durch die von oben kommende Lebensgabe, die allein im Glauben an den Sohn zu haben ist.

Der Beginn des nächsten Stückes 3,13–15 hat eingangs ein unbequemes Problem, aufgrund dessen sich zwei Auslegungstypen etabliert haben. Man kann nämlich übertragen: Kein Mensch konnte (bisher je) in den Himmel hinaufsteigen (um die himmli-

schen Dinge zu sehen und davon Kunde zu geben), nur allein der vom Himmel herabgestiegene Menschensohn (als ursprünglicher Bewohner der himmlischen Welt, der sie von Haus aus kennt, kann davon künden). Nach dieser Deutung (vertreten z. B. von Bernard, Lagrange, Moloney, Ruckstuhl) steht die Aussage in einer apologetischen Front gegenüber Apokalyptikern und Gnostikern, die dem Anspruch nach durch Himmelsreisen sich Offenbarungen verschaffen. Solche Möglichkeit wird verneint und konstatiert, daß Jesus allein durch seinen umgekehrten Weg von oben nach unten Kunde bringen kann. Die andere Auslegungsmöglichkeit (vertreten durch Odeberg, Bultmann, Wikenhauser, Schnackenburg usw.), liest den Satz so: Niemand ist (vom Blick der Gemeinde her) in den Himmel hinaufgestiegen als der, der von dort (als Gesandter) kam, nämlich der Menschensohn. Der Sinn wird kontextbezogen und christologisch bestimmt: Wenn schon die Geburt von oben als »irdisches Ding« auf Ablehnung stößt, wieviel mehr dann erst der Verkündigungsgehalt, der von den »himmlischen Dingen« spricht, nämlich vom Aufstieg des Menschensohnes als Gesandten. Und doch: Nur er ist erhöht worden und gibt so ewiges Leben.
Dabei dürfte die zweite Deutung die von E intendierte sein: Die erste Auslegung muß zuviel Wesentliches in den Text eintragen, nämlich alles oben Eingeklammerte. Neben philologischen Problemen hat sie vor allem gegen sich, daß nicht gefragt ist, wer überhaupt Kunde geben kann, und implizit geantwortet ist: Nicht, wer von unten aufsteigt, sondern wer von oben herabkommt. Vielmehr ist gefragt: Wer kann in die himmlische Welt gelangen? Und die Antwort lautet: Nur der aus ihr Kommende. So ist der Gedankengang der Rede deutlich: In das obere Gottesreich kann nur eingehen, wer von oben geboren ist, so zitiert E die Tradition und deutet nun: Aber diese Möglichkeit ist christologisch begründet, denn nur der von Haus aus ursprungsmäßig seine Heimat im Himmel hat, kann dorthin – nach einem Abstieg – aus eigener Macht (5,26) zurückkehren. Alle anderen können nur aufgrund dieses Aufstiegs daran über die »Geburt von oben« oder – was dem gleich kommt – durch das »Ziehen« des Erhöhten zu sich in die Höhe (12,32) partizipieren. So ist Jesus allein der »Weg« zum himmlischen Vater (14,6).
Warum ist nun diese Erhöhungsaussage noch schwerer verständlich als der Lehranspruch des Irdischen, nur über die Geburt von oben könne man zu Gott kommen? Ansprüche wie die letzteren sind in der joh Umwelt nicht ohne Analogie, wird doch schon z. B. die konkurrierende Täufergemeinde ihre Johannestaufe für

heilskonstitutiv gehalten haben. Aber daß ausgerechnet der Tod, also die Kreuzigung Jesu, und damit der äußerste Gegensatz zum Leben, als Erhöhung, also Triumph über den Tod, und zugleich diese Erhöhung als Voraussetzung der Gabe des ewigen Lebens für die Glaubenden gilt, das ist doch wohl ein noch härter gesteigerter Anspruch. So wird verständlich, warum der Jude Nikodemus in der Erhöhungsaussage einen gesteigerten Anstoß sehen kann. Aber E schreibt nicht einfach für Außenstehende, sondern der Dialog ist für christliche Leser geschrieben. Auch zeigt 6,60ff., daß gerade Jünger solche Erhöhungschristologie besonders ärgerlich finden. E muß also auch einen innergemeindlichen Anstoß überwinden. Er kann natürlich auch in dem eben beschrieben Sinn gedacht werden, aber vielleicht beruht er doch auf einer bestimmten christologischen Position. Er ist dann darin zu sehen, daß E eine bestimmte Epiphanien- bzw. Inkarnationschristologie korrigieren möchte. Die SQ (Exkurs 1) ist Zeuge eines christologischen Ansatzes, wonach in Jesu Wundern aufgrund der Geistbegabung des Gottessohnes Jesu Herrlichkeit recht unmittelbar geschaut werden kann. 1 Joh 1,1–3; 5,1–12 erklären die Erscheinung des ewigen Lebens – typisch für den 1 Joh – als inkarnatorische Folge des Erscheinens des Sohnes Gottes. Ein Vorläufer dieser Auffassung ist schon der Logoshymnus, insofern er Inkarnation nicht als Kenose, sondern als Anwesenheit von göttlicher Herrlichkeit deutet. Auch hat die KR in 6,51c–58 das Herrenmahl von der Sendung her beschrieben und abermals singulär im Urchristentum den Heilsgewinn des Mahles allein in der Gabe ewigen Lebens gesehen. Sie deutet dabei die Gaben des Herrenmahls als verlängerte Inkarnation, durch die Jesus als unkenotische Anwesenheit des ewigen Lebens die Gemeinde mit sich als Leben nährt. E möchte dagegen feststellen: So glatt und eindeutig ist Jesu Erscheinung nicht die Epiphanie des ewigen Lebens. Sein Anspruch, das Leben zu sein (11,25f), ist (nur als sich selbst offenbarendes Wort epiphan und vor allem) gebunden an seine Erhöhung, die erst die Ermöglichung ist, alle zu sich ins Leben zu ziehen (12,32). Dies zeigt, wie E das Wegschema der Sendungschristologie als Orientierungsmuster einsetzt, um Christologie zu betreiben. Mit solcher Aussage begegnet er einem christologischen Denken, das von Joh 1,14 und der SQ auf dem Wege ist zu Aussagen pointierter Inkarnationschristologie wie in 1 Joh.

3,13 enthält über das Erörterte hinaus noch ein weiteres Problem, das Aufmerksamkeit verdient, nämlich den christologischen Gebrauch des

Titels *Menschensohn*. (Spezialliteratur bei Schnackenburg, Kom. I Exkurs 5, und Moloney). Er begegnet von 1,51 bis 13,31f. wortstatistisch 13mal, nicht in der SQ und dem PB, sondern nahezu durchweg in Formulierungen von E. Nur in 6,27,53 hat die KR – wohl unter dem Einfluß der Herrenmahlstradition (vgl. zu 6,51c–58) – den Titel benutzt. Daß E dabei den Titel mit theologischer Absicht verwendet, muß angesichts dieses Befundes angenommen werden. Im Blick auf die religionsgeschichtlichen Voraussetzungen darf heute als anerkannt gelten, daß der Begriff erst durch christlichen Einfluß Eingang in die Gnosis fand und daß der joh Gebrauch noch seine alte, jedoch indirekte Verwurzelung im jüdischen Konzept des Menschensohnes als Weltenrichter (äth Hen 37–71) zeigt (5,27). Von wesentlicher Bedeutung ist weiter die traditionsgeschichtliche Erkenntnis, daß zur christlichen Verwendung des Begriffs in der synoptischen Tradition keine unmittelbare Beziehung herstellbar ist. Dies zeigt abermals die Selbständigkeit der joh Tradition. E partizipiert mit seinen Aussagen dennoch in bestimmter Weise an der allgemeinen urchristlichen Menschensohnthematik, selbst wenn dieser Zusammenhang auch locker und speziell durch die joh Sendungschristologie, der diese Menschensohnaussagen eingeordnet sind, gefiltert ist.

Um dies näher in den Blick zu bekommen, sollen die joh Stellen geordnet werden. Zwei Stellen, nämlich 5,27 und 9,35 in Verbindung mit 9,39 zeigen, wie E die präsentische Gerichtsaussage durch den Titel Menschensohn verbalisiert. Dies ist insofern jüdische und urchristliche Tradition, als die Erwartung des kommenden Menschensohnes zum allgemeinen Weltgericht hier eine signifikante eigene Tradition hat (vgl. nur Mk 13,26 parr.; Lk 17,22ff. par.; 12,8f. par.; aber auch die Menschensohntheologie in 1 Kor 16,22b; 1 Thess 1,10; 4,15–17 jeweils ohne den Titel). Weil jedoch E die Sendung Jesu als sich vollziehendes Endgericht versteht (vgl. 3,18; 5,24), und zwar ausdrücklich entgegen seiner eigenen Gemeindetradition (vgl. 11,24–26 und die KR zu 6,54; 12,48), hat er auch die Menschensohn-Gerichtsaussage konsequent präsentisch gefaßt.

Die zahlenmäßig stärkste Gruppe der Menschensohnaussagen ist mit den Begriffen »erhöht« und »verherrlicht werden«, sowie »aufsteigen« (zum Vater) verbunden (3,14f.; 6,62; 8,28; 12,23.34; 13,31f.) Nun ist die Verherrlichung des Menschensohnes als seine Inthronisation schon jüdische Vorstellung (äth Hen 51,3; vgl. dazu 47,3; 49,2; 61,8; 62,2), und eine der ältesten Deutungen von Ostern ist die, Jesus als den zum Menschensohn Erhöhten anzusehen. Diese Theologie spiegelt sich in der synoptischen Menschensohntradition wider, wenn hier Jesus und kommender Menschensohn identifiziert sind. Sie steht hinter dem ältesten Gebetsruf (1 Kor 16,22) und dem alten Predigtschema in 1 Thess 1,9f. Allerdings läßt sich eine Rückführung der joh Aussagen auf diese frühchristliche Theologie nicht mehr nachweisen, mag sie auch über Zwischenglieder denkbar bleiben. Eine andere Lösung ist jedenfalls noch erwägenswerter: E lebt in einer Zeit, als man ganz allgemein Theologie betrieb von der Erhöhung und Verherrlichung Christi her. Dabei ist das Kreuz Durchgangsstufe und der

Tod als überwunden angesehen. Dies vertraten schon die urchristlichen Hymnen (Phil 2,6–11; Kol 1,15–20; Hebr 1,2f.; Tim 3,16). So betreiben z. B. der Kol (1,9–23; 2,9f.), der Eph (1,20–23) und der Hebr (1,2) von der Erhöhung her Christologie, wie auch Mt (28,18–20) und Lk (24,26; Apg 1–2). E ist diesem Denken ebenfalls verpflichtet. Von hier her stammt seine Terminologie vom Erhöhen und Verherrlichen (das »aufsteigen« ist Einfluß der Gesandtenchristologie). E hat in diese Aussagen hinein den Titel Menschensohn eingefügt, weil für ihn die Kreuzigung und Erhöhung als Einheit zugleich das Gericht über diese Welt ist (12,31 und seine Auslegung des PB). Dann ist die sachliche Einheit mit der ersten Gruppe augenfällig.

Für sich steht dann nur noch 1,51. Leider gibt der Vers selbst keinen Anhaltspunkt, warum E hier den Begriff Menschensohn einführt. Nun hat allerdings der Vers die Funktion, insgesamt auf Joh 2ff. zu verweisen, ohne freilich etwas Spezielles herauszugreifen. Vielleicht ist es noch nicht zuviel Konstruktion, wenn man diese Stelle als ersten Hinweis gerade auch der anderen Menschensohnaussagen ansieht. Insofern diese nicht etwas Einzelnes aus Jesu Wirksamkeit behandeln, sondern sie unter die Gesamtperspektive des Endgerichts stellen, würde dies mit der Programmatik von 1,51 harmonieren.

Nunmehr kann zu 3,13 zusammenfassend festgehalten werden: E arbeitet die Anstößigkeit der christlichen Botschaft in seiner eigenen Theologie heraus, indem er den Aufstieg des Gesandten als Heilsermöglichung und letztes Gericht bestimmt (vgl. dazu V 17f.). Dies wird ausgeführt unter Betonung der Vorrangigkeit des Heils (V 14f.). Dabei erweist die Ausführung in V 14f., daß E sich gerade auch der Anstößigkeit des Gedankens aus V 13 bewußt ist. Darum zieht er die Schriftauslegung aus 4 Mose 21,6–9 heran. Dieser Text bot sich dafür an, wie der von E unabhängige Gebrauch in Barn 12,5–7; Justin Apol 60; Dial 91.94.112 zeigt. Da vor E kein wirklich vergleichbarer Gebrauch bekannt ist (Schnackenburg), wird man E als geistgeleitetem Schriftausleger (vgl. 2,22) zutrauen, daß er diesen Vergleich selbst aufstellt. Dabei bildet E einen Vergleich (wie ... so ...), also keine heilsgeschichtliche Theologie (Jesus überbietet das Wüstenwunder): Wie die für Israel tödliche Schlangenplage durch die Anheftung einer Schlange an einen aufgerichteten Stab insofern aufgehoben wurde, als jeder, der auf diese erhöhte Schlange blickte, vom Schlangenbiß und somit vom Tod errettet wurde, so muß der Menschensohn im Sinne von V 13 erhöht werden, damit alle, die glauben, in ihm ewiges Leben haben. Wie die erhöhte Schlange, so ist der erhöhte Christus remedium gegen den Tod.

Zunächst ist festzustellen, worauf der Vergleich basiert, nämlich auf der allgemeinen Todessituation, aus der durch eine göttliche Hilfe, nämlich der erhöhten Schlange bzw. dem erhöhten Christus, von Gott errettet wird. Sodann: Parallelisiert werden nicht das Blicken auf die Schlange und das Blicken aufs Kreuz, sondern unter Schweigen sowohl vom Kreuz als auch vom Blick auf es wird im ersten Fall vom Blick auf die Schlange, im zweiten Fall vom Glauben ohne Objektangabe gesprochen (»glauben an« würde joh mit *eis*, nicht mit *en* konstruiert). Weiter: Wenn V 14f. den Aufstieg des Menschensohnes im Sinne von V 13 erläutern will, dann sind nicht Erhöhung und Kreuzigung identisch (Thüsing), sondern Erhöhung und Aufstieg (Schnackenburg, Müller) Daß die Erhöhung sich nur so vollziehen kann, daß Jesus gekreuzigt wird (PB!), weiß natürlich auch E. Aber das Kreuz als Leidenssymbol spielt hier keine Rolle. Vielmehr stellt E gerade den Sieg über Teufel und Welt (12,31; 14,27–30) in Jesu Tod heraus. Dieser im Tod sieghafte Christus läßt an seinem Sieg partizipieren aufgrund des Glaubens (12,32). Der Tod ist demnach Durchgangsstadium und als solcher Teilaspekt der Erhöhung. Der bleibende Grund der Theologie ist also nicht das Kreuz (Paulus), sondern – dogmatisch gesprochen – die sessio ad dextram patris. Das Kreuz ist auch nicht der Ort der tiefsten Erniedrigung (Phil 2,8f.), sondern gegen alle Tradition ein Aspekt der Erhöhung. Endlich: Das göttliche Muß der Aussage zeigt keine auch nur indirekte Beziehung zur synoptischen Aussage in Mk 8,31 parr.; Mt 26,54; Lk 17,25; 24,7.26.44. Hier ist das Muß eine heilsgeschichtliche Deutekategorie, die die Schwere des Leidens aufarbeitet. Bei E steht das Muß im christologischen Zusammenhang des Sieges für die Glaubenden. Somit ergibt sich: Die Erhöhung Christi ist die Herrschaft des Lebens. Sie geschieht durch den anstößigen Kreuzestod hindurch. Die Erhöhung deklariert Jesus als Sieger über den Tod (5,26; 14,30) und zum Spender des Lebens für alle dem Tod verfallenen Menschen. Dieser Weg Christi mußte sein, damit er 12,32 erfüllen kann. Damit hat E seine Theologie in die Tradition 3,3.5 nunmehr so eingearbeitet, daß er die sakramentale Dimension durch die christologische ersetzt, also die Geburt von oben als Glaube an den Menschensohn auslegt und das Gottesreich als ewiges Leben versteht. Er sagt nun: Es sei denn, daß jemand an den erhöhten Menschensohn glaubt, sonst kann er nicht ewiges Leben erwerben.

Das nächste Stück 3,16–18 präzisiert die Ausführungen in V 13–15 in mehrfacher Hinsicht. Insgesamt ist deutlich, daß dieselbe grundsätzliche Programmatik herrscht: E will auf gedrängtem

Raum seine Theologie in Grundzügen entfalten. Als erstes erhält das Christusgeschehen aus V 13f. seinen letzten göttlichen Grund in der Liebe Gottes: Er ist es, der durch die Heilsveranstaltung im Sohn seine Liebe dokumentiert. Solcher Gedankengang ist der joh Gemeinde (1 Joh 4,9f.) und auch dem paulinischen (Röm 5,5–11; 8,31–37; 2 Kor 5,14–21) sowie deuteropaulinischen Bereich (Eph 2,4–10) vertraut. Jeweils begegnet an diesen Stellen (meistens an herausgehobenem Ort) im Sinne einer die endzeitliche Heilsveranstaltung Gottes in Christus zusammenfassenden Grundaussage eine Abfolge von drei Aspekten: 1. der Leitgedanke der Liebe Gottes (Variation: Liebe Christi), von dem her das Heilsgeschehen zu verstehen ist, 2. die Heilsverwirklichung durch Christus (eventuell in mehrfacher Variation) und 3. die Zielangabe, die das den Menschen geschenkte Heil ausspricht (z. B. als Rettung oder Lebensgabe). Diese auch in Joh 3,16 erkennbaren Elemente zeigen: E benutzt eine der Gemeinde vertraute Struktur, die schon vor E eine grundsätzliche Zusammenfassung des christlichen Glaubens bieten wollte.

Weiter verdient an 3,16 Beachtung, daß das Liebeshandeln als »Geben« und »Senden« des Sohnes beschrieben wird. Dabei ist auffällig, daß kein »Dahingeben«, also kein direkter Bezug zum Leiden ausgesprochen ist, obwohl die dreitaktige Grundaussage in der Regel auf verschiedene Weise den Heilstod Jesu beschreibt, und E in V 16b speziell einer Struktur verpflichtet ist, die von der Dahingabe des Sohnes handelt (Röm 8,32; Gal 2,20; vgl. Kramer § 26; Ibuki). Wie Gott den Sohn »gibt«, so gibt er auch den Geist (14,16). So klar die Gabe des Sohnes seinen Tod einschließt, ist er doch wie 3,13f. nicht Basisaussage. »Geben« und »Senden« sind vielmehr parallelisiert und intendieren einen Gesamtaspekt, wobei auch die Sendungsaussage einer traditionellen urchristlichen Aussagestruktur folgt (Gal 4,4f.; Röm 8,3; vgl. Kramer § 25; Ibuki). Die Betonung der Erhöhung in 3,13f. wird also nun – ohne daß ihr die Erstrangigkeit und Besonderheit genommen wird – in einen größeren Zusammenhang gestellt.

Weiter betont E: Jesus kommt nicht nur in die Welt (1 Joh 4,9f.), er sammelt nicht nur die Seinen (Joh 17), sondern Gott liebt den Kosmos, d. h. die Menschheit. Ähnlich betonte E schon durch das »alle« in 1,7.9; 12,32 diesen umfassenden Horizont (vgl. noch 5,25; 6,33; 9,39; 11,25f.; 12,36). So will er bewußt den Abkapselungstendenzen in der Gemeinde entgegenwirken (vgl. dazu noch 6,37–40.44f. und den Exkurs 3). Außerdem betont E durch Wiederholung, daß die im Joh erstmalige Angabe des Heilszieles als ewiges Leben (3,15) nicht von ungefähr gesetzt ist (V 16). Die Frage nach dem ewigen Leben ist die existentielle Grundfrage der joh Gemeinde überhaupt. Mit dem gleichen literarischen Mittel der Wiederholung schärft er auch den Blick für die Aussage, daß nur über den Glauben Leben erlangt werden kann (V 15.16.18), wie er gleichzeitig die unverrückbare Präponderanz des Heils vor dem Gericht betont (V 15.16.17).

Endlich interpretiert er die gesamte christologische Heilsveranstaltung Gottes als endzeitliches Handeln. Wer glaubt, ist durch das Endgericht hindurch im Leben (auch das präsentische ewige Leben »haben« in V 15.16 ist im strengen Sinn gemeint); wer nicht glaubt, ist schon gerichtet, denn er hatte keine andere Möglichkeit, als über Jesus aus dem Todesschicksal heraus zum Leben zu kommen. Die traditionelle futurische Parusie fällt mit der Sendung zusammen, so daß Glaube und Unglaube sich vollziehendes Endgericht im guten und schlechten Sinn, nämlich von Leben und Tod, sind. Durch diese Aussage in V 18, die 5,19–30 ausführlicher entfaltet wird, gelingt es E, die Sendung Jesu als alleiniges und endgültiges Heilsangebot Gottes zu begründen. Zugleich interpretiert er dadurch letztmalig die Tradition V 3.5, indem er die zeitlich gestreckte Abfolge: Jetzt die Geburt von oben und dann Zugang zum Gottesreich, aufhebt. Glaube und Heilsbesitz fallen zusammen.

Das letzte Stück 3,19–21 ist durch die typische definitorische Eingangsformel (1,19; 15,12; 17,3; 1 Joh 1,5; 2,25 usw.) funktional gut bestimmbar. Wie V 14f. die anstößige Erhöhungsaussage durch einen Schriftbezug erläutert, so V 19–21 die kaum weniger auffällige präsentische Eschatologie aus V 18 durch ein Traditionsstück, das das sich gegenwärtig vollziehende Gericht aufgrund des gekommenen Lichtes beschreibt, ohne freilich dabei von sich aus Endgericht und jetziges Verhalten ausdrücklich zu identifizieren. Daß Tradition vorliegt, ist so begründbar: Formal zeigen sich drei dreigliedrige Parallelismen, die inhaltlich in sich gerundet sind. Sachlich wird zwar 1,9 in Erinnerung gerufen, aber der Dualismus hat eine ganz andere Struktur als der von E. Er ist nicht an einem horizontalen Schnitt zwischen oben und unten interessiert, sondern teilt die Menschheit durch einen vertikalen Schnitt in zwei Klassen auf der Erde. Dabei werden die Guten und Bösen durch ihr dem Kommen des Lichtes vorausgehendes allgemeines Verhalten, nämlich durch ihre Werke, bestimmt. Das gekommene Licht sorgt nur dafür, daß diese Werke in ihrer guten oder bösen Qualifikation aufgedeckt werden. Dabei gibt es keinen durch das

Licht ermöglichten Übergang von einer Gruppe zur anderen. Vielmehr ein im jeweiligen Wandel sich schon immer vollziehender Determinismus wird aus der Latenz in die Sichtbarkeit gehoben. Dies nun ist neben der anderen dualistischen Struktur der stärkste Gegensatz zu E, der ja gerade erst die Ermöglichung zum neuen Ursprung (V 3.5), also zum Glauben und damit zum Leben, durch den gesandten Sohn entfaltet hat. Endlich ist V 19–21 gar nicht geleitet von der Frage nach dem ewigen Leben, sondern bestimmt durch die Anschauung, daß der Wandel einer göttlichen Beurteilung bedarf. Auch der für E so entscheidende Glaube wird verschwiegen. E muß erst – kontrollierbar an 6,28f. – das Tun der Werke stillschweigend als Glaube an Jesus bzw. Unglaube ihm gegenüber verstehen, um sich die Tradition aneignen zu können. Nimmt man die Einführung fort, ergibt sich eine Aussage, die auf einen der Zeit der Kirche eigenen und auf Jesu Sendung zurückgehenden Vorgang abhebt: Das Licht, also er und die Verkündigung der Kirche von ihm, scheidet in einem die Geschichte bestimmenden andauernden Präsens (V 20f. redet präsentisch) zwischen gut und böse. So wird die Kirche zur Sammlung der deterministischen Gotteskinder. Erst E bestimmt durch den Vorspann, der die Aussagen von V 17f. wachhält, daß das Kommen des Lichtes die endgerichtliche Sendung des Sohnes ist, und überspielt den versteckten Determinismus durch die vorangehenden Glaubensaussagen. So unterstützt 3,19–21, im Sinne von E gelesen, den Gedankenausgang in 3,1–18, kommt jedoch über die Aussagen nicht hinaus. Jedoch hinterläßt das Traditionsstück die Frage, wie die Differenz im dualistischen Konzept zwischen E und ihm, ja die dualistischen Aussagen im Joh überhaupt zu deuten sind.

Exkurs 3: Der johanneische Dualismus

Literaturauswahl: Baumbach, G.: Qumran. – *Ders.:* Gemeinde und Welt im Johannes-Evangelium, Kairos 14 (1972) 121–136. – *Becker, J.:* Das Heil Gottes, StUNT 3, 1964, 217–237. – *Ders.:* Beobachtungen zum Dualismus im Johannesevangelium, ZNW 65 (1974) 71–87. – *Bergmeier, R.:* Studien (Lit.). – *Böcher, O.:* Der johanneische Dualismus im Zusammenhang des nachbiblischen Judentums, Gütersloh 1965 (Lit.). – *Braun, H.:* Qumran I, 112f.122f.; II § 6. – *Bultmann, R.:* Theologie des Neuen Testaments, UTB 630, [8]1980 (hrgg. O. Merk) § 42–44. – *Charlesworth, J.H.:* A Critical Comparison of the Dualism in 1 QS III 13 – IV 26 and the »Dualism« contained in the Fourth Gospel, NTS 15 (1968/69) 389–418. – *Ibuki, Y.:* Wahrheit (Lit.). – *Ders.:* Über den johanneischen Kosmosbegriff, BSU 18 (1981) 27–55. – *Langbrandtner, W.:* Gott (Lit.). – *Lindemann, A.:* Gemeinde und Welt im Johannesevangelium, in: *Lührmann, D. – Strecker, G.:* Kirche (FS G. Bornkamm) Tübingen 1980, 133–161. – *Müller, J.:* The Concept of the Church in the Gospel according to John, Michigan 1976, 29–60. – *Onuki, T.:* Gemeinde (Lit.). – *Schottroff, L.:* Glaubende, 228–244 (Lit.). – *Stemberger, G.:* La symbolique du bien et du mal selon S. Jean, Paris 1970. – Weitere Literatur: Einleitung 4.

Die dualistische Begrifflichkeit des Joh und der joh Briefe ist einer der auffälligsten Unterschiede zu den Synoptikern, ja zur urchristlichen Literatur überhaupt, selbst wenn an Stellen wie Röm 13,12; 2 Kor 6,14–7,1; Eph 5,6–14; 6,11; Phil 2,15f.; 1 Thess 5,4f. dualistische Sprache auch vor und neben dem joh Schrifttum ansatzweise begegnet. Doch nicht alle Schichten im Joh sind dualistisch angelegt, noch reden die Stücke, die im dualistischen Weltbild denken, immer in derselben Weise dualistisch. Die SQ ist z. B. frei von jeder dualistischen Terminologie (vgl. Exkurs 1) und der PB kennt sie erst auf der Ebene von E. Auch Einzeltraditionen wie z. B. Joh 2,14–22 (G); 6,66–70 (G) usw. zeigen ihre Herkunft aus nichtdualistischer Tradition. Der Anfang der joh Gemeindegeschichte ist also ebenso undualistisch wie der des Urchristentums insgesamt.
Im Unterschied dazu kennt E dualistisch orientiertes Traditionsmaterial wie 3,19–21, und er wie auch die KR zeigen (verschiedene) dualistische Konzeptionen, ebenso differieren darin E und 1 Joh. Das heißt, da spätestens mit E im joh Gemeindeverband (nahezu) durchweg dualistisch geredet wird, wenn auch mit Modifikationen, hat offenbar der joh Gemeindeverband theologiegeschichtlich den Weg von undualistischer zu dualistischer Theologie genommen. Da sich zeigen läßt, daß E den Dualismus nicht neu einführt, sondern einen ihm vorgegebenen modifiziert, indem er z. B. den deterministisch bestimmten Gemeindedualismus entschränkt, wie eben zu 3,16 ausgeführt wurde, ist die dualistische Orientierung der joh Gemeinde älter als E und er nur ein Glied in dieser Geschichte.
In der Regel erörtert man die religionsgeschichtliche und theologische Problematik des joh Dualismus am Prolog (1,1–18), scheint doch er nicht nur den Weg ins Joh zu zeigen, sondern von seinem Charakter als Tradition her auch am besten geeignet, Geschichte und Herkunft des Dualismus sichtbar zu machen. Dieser Weg ist jedoch dann versperrt, wenn man erkennt, daß der verarbeitete Hymnus gar nicht im strengen Sinn dualistisch redet (vgl. die Auslegung). Sein Weltbild ist durchaus schöpfungsorientiert-monistisch. Die zu Beginn der zweiten Strophe im Kontrast zum Licht begegnende Finsternis lebt nur als Zwischenstadium von der Verneinung des Lichtes. Sie ist die Schattenbildung beim Licht und wird durch das Heilsziel eines schöpfungsgemäßen Lebens überwunden. Daß natürlich ein dualistisch bestimmter Theologe wie E den Hymnus stillschweigend dualistisch lesen wird, ist eine andere Sache. Doch kann er von sich aus nicht Basis sein, den joh Dualismus zu erklären.
Den Anfängen dualistischen Denkens in der joh Gemeinde kommt man

nahe, wenn man ein Stück wie 3,19–21 und zerstreute Aussagen, die dazu passen, betrachtet. Hier zeigt sich ein Dualismus, der die gesamte Menschheit deterministisch in zwei Gruppen aufteilt, die qualifiziert sind durch »Wahrheit tun« und »Böses tun«, also durch »Werke«. Ihr Verhalten ist »lieben« und »hassen«. So verhält man sich positiv oder negativ zu Licht und Finsternis als zwei Sphären, in denen man lebt und die man durch sein Handeln perpetuiert. Diese doppelte Bestimmtheit der Menschheit ist nicht aufzuheben, wohl aber – dies ist der einzige christliche Gedanke des Stückes – durch das Licht (Kommen Jesu) aufdeckbar: Die einen kommen zum Licht, weil sie für ihre Werke eine positive Beurteilung erwarten, die anderen meiden und hassen es, weil ihnen eine Verurteilung ihrer Taten bevorsteht. So kann man sagen: Die Christologie hat hier die Funktion, den vorgegebenen Dualismus aus seiner Latenz zu heben und ihn zum Offenlegen seines Wesens zu zwingen.

Diese geschlossene Konzeption ist so im joh Schrifttum nicht mehr als ganzes aufweisbar. Wohl aber erkennt man hier und da terminologische Nähe im Wortfeld und vor allem sachliche Nähe zu zwei für diesen Dualismus konstitutiven Elementen, nämlich für die Determination und die Orientierung am ganzheitlichen Menschenbild unter dem Gesichtspunkt des ethischen Verhaltens. Mag sich nach Ausweis des Kontextes dieser Stellen die funktionale Bedeutung solcher Angaben auch jeweils verändert haben, die ehemalige und ursprüngliche Zugehörigkeit zu einem solchen eben skizzierten dualistischen Denken ist nicht zu bestreiten. Beispielhafte Belege zum dualistischen Wortfeld sind zu finden in Joh 1,9; 8,12; 12,35.46; 1 Joh 1,7; 2,9.11 für das Begriffspaar Licht – Finsternis, in Joh 7,7; 12,25; 15,12–25; 17,14; 1 Joh 2,15; 3,10–15 für den Gegensatz lieben – hassen. Der Determinismus begegnet etwa Joh 3,6; 6,37.44; 8,43.47; 10,4f.26f.; 18,37 usw. und das am Verhalten orientierte ganzheitliche Menschenbild hat z. B. 6,28f.; 8,12.39–47; 12,35f.; 1 Joh 1,8f.; 2,9–11; 3,7–10 besonders einprägsame Belege. Wenn nun also Elemente des beschriebenen Dualismus in allen Schichten joh Literatur noch anzutreffen sind, dann ist der Schluß unausweichlich: Joh 3,19–21 ist nicht ein mühsam integrierter Fremdköprer in der joh Geschichte dualistischen Denkens, sondern er ist Repräsentant einer Anschauung, die offenbar die Anfänge joh dualistischen Denkens erkennen läßt und die in modifizierter Form in der Geschichte des joh Dualismus weiter präsent ist.

Dieser deterministisch-ethische Dualismus hat nun im Bereich der Religionsgeschichte seine nächsten terminologischen und strukturellen Analogien in 1 QS 3,13–4,26 und den Text XII (Becker, Bergmeier, Braun, Charlesworth u. a.). Somit ergibt sich als These: Die joh Gemeinde muß nach einer noch undualistischen Phase unter Einfluß eines qumrannahen Dualismus geraten sein. Dies setzt in jedem Fall Rezeptionsbereitschaft auf seiten der Gemeinde dafür voraus. Diese war wohl gegeben, als der Minoritätenstatus am Rande des Judentums durch die Konfrontation mit der Umwelt verschärft wurde. Der rezipierte Dualismus beschleunigte dann zweifelsfrei die Abkapselungstendenzen (vgl. Einleitung 3).

Diese Anfänge dualistischen Denkens hatte die Gemeinde bereits verlassen, als E seine Theologie formulierte. Er setzt eine Konzeption voraus, die, statt zwei Menschengruppen zu scheiden, den Gegensatz zwischen Gott und dem gesamten Kosmos und zugleich zwischen oben und unten setzt und als Grundfrage die Frage der Todesüberwindung betrachtet: Nun heißt, Gott kennen, Leben haben, und zum Kosmos gehören, dem Tod verfallen sein. Die neue Struktur und Grundbegrifflichkeit läßt sich so veranschaulichen:

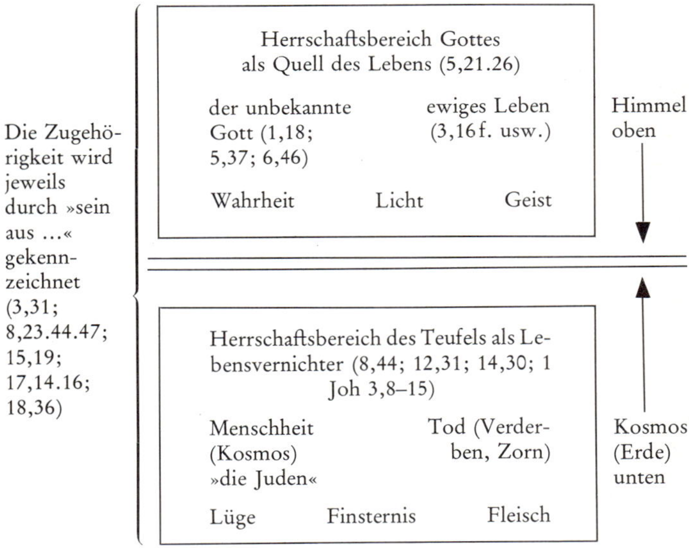

Zu dieser Skizze ist nachzutragen, daß aus dem älteren dualistischen Konzept die Orientierung am ganzheitlichen, am Verhalten ausgerichteten Menschenbild und modifiziert auch der Determinismus erhalten bleibt. Neu ist der horizontale Schnitt, von dem her sich nahezu alle anderen Veränderungen deuten lassen. Die Qualifikationen Wahrheit, Licht, Geist bzw. Lüge, Finsternis, Fleisch sind weitgehend austauschbar, weil sie bei je eigener Traditionsgeschichte nun vorherrschend am Gegensatz ewiges Leben – Tod ausgerichtet sind. Dies kommt nicht nur durch die alles bestimmende Frage nach dem ewigen Leben in jeder joh Rede zum Ausdruck, sondern speziell auch dadurch, daß z. B. die Heilsbegriffe durch »Leben« qualifiziert werden (z. B. 8,12; 14,6). Ebenso sind Charakterisierungen durch wahr, vom Himmel, von oben immer stillschweigend so zu verstehen, daß damit die Lebenssphäre bezeichnet wird. Will man diesen Dualismus durch ein Stichwort kennzeichnen, kann man – um den Gegensatz von Gott und Kosmos zu berücksichtigen – von einem kosmischen Dualismus sprechen.

In diese Skizze ist nun die Heilsveranstaltung des Vaters durch den Sohn hineinzuzeichnen: Der gesandte Sohn kommt zur Offenbarung des der Welt unbekannten Vaters auf die Erde. Er stößt auf Haß, Unverständnis und Unglaube, bei wenigen findet er Aufnahme, also Glaube, Erkennen, Liebe. Dies bedeutet: Geburt von oben, einen neuen Ursprung haben, von oben sein, also ewiges Leben haben, bzw. wenn deterministisch gedacht ist: Sammlung der Seinen. Der Sohn kehrt zum Vater zurück, denn der Teufel hat keine Macht über ihn, d.h. er kann ihn nicht töten (vgl. 5,26 mit 14,30). Erhöht von der Erde und verherrlicht beim Vater, zieht er durch Ermöglichung von Glaube und Erkennen (3,13f.; 12,31f.) bzw. durch die Sakramente (3,3.5; 6,51c–58) Menschen zu sich.

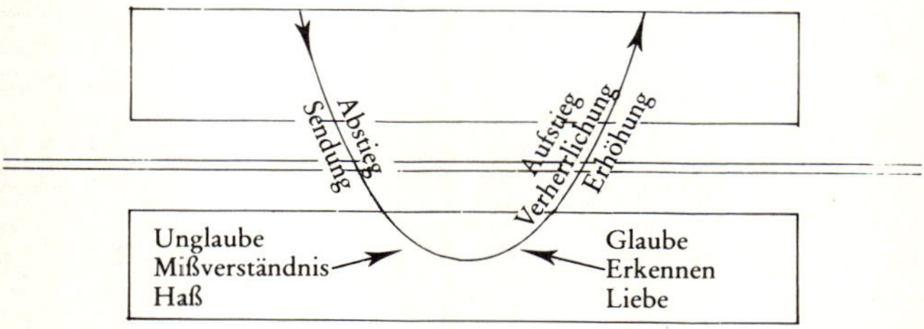

Dieses dualistische Konzept ist einerseits eine Fortentwicklung des älteren Dualismus, andererseits aber in seiner Grundposition schon so verändert, daß von einer der Gnosis nahen dualistischen Gestalt gesprochen werden muß (vgl. Einleitung 4b, Bultmann, Schottroff, Langbrandtner usw.). Offenbar wächst der joh Gemeindeverband im Rahmen eines gnostisierenden Milieus selbst zu einem gnostisierenden Christentum heran, ohne dabei das jüdisch-christliche Erbe aufzugeben, vielmehr indem dieses neu verarbeitet wird. Noch nicht enthalten ist in diesem joh Dualismus, was später jedoch in den literarisch bezeugten gnostischen Systemen erkennbar ist, z. B. eine dualistische Anthropologie, ein an Substanzen orientierter Dualismus, Kosmogonien und Emanationsspekulationen sowie eine Dämonologie.

Wie hat sich E auf diesen Dualismus eingelassen? Zunächst ist festzuhalten, daß E schon selbst an dem eben skizzierten gnostisierenden Dualismus partizipiert. Er übernimmt ihn nicht als fremden, sondern akzentuiert ihn individuell als sein Weltbild, in dem er mit seiner Gemeinde lebt. Dabei ist für ihn entscheidend, daß er den Dualismus einsetzt, um das Verhältnis des Gesandten zur Welt zu beschreiben. Im Rahmen der Frage nach der Erlangung des ewigen Lebens und der Antwort darauf, daß Leben nur als total fremdes jenseitiges erlangt werden kann, konzentriert E sein spezielles Interesse auf die Leitfrage: Wie wirkt das Kommen Jesu als das Bringen ewigen Lebens in der Welt auf diese? Es geht für ihn also perspektivisch um die Frage von Annahme und Ablehung der Offenbarung im Sohn, so daß die dualistischen Aussagen vornehmlich dazu dienen, die mit dem Gekommensein des Gesandten gesetzte Situation der Menschheit zu erfassen. Jesus legt nicht mehr einen vorgegebenen Dualismus frei und überwindet ihn, sondern sein Wort provoziert ihn. Die endzeitliche (5,19ff.) Selbstoffenbarung als Offenbarung des bisher unbekannten Vaters (1,18; 14,6–9) führt die Menschheit aus der Grauzone ihrer Geschichte in die Entscheidungssituation, durch die notwendigerweise nun die Gegensätze Glaube und Unglaube, Licht und Finsternis usw. entstehen. In diesem Sinne hat man mit Recht den joh Dualismus als soteriologischen Entscheidungsdualismus bezeichnet (Bultmann, vgl. auch Schottroff). In Verfolgung dieses Themas betont E im Kontrast zu deterministischen und streng sakramentalen Aussagen die in der Selbstoffenbarung des Sohnes gegebene Ermöglichung zum Glauben für alle (vgl. die obige Exegese zu Joh 3,1ff.), hat allerdings durchaus noch bei der Qualifizierung der Juden als Feinde Jesu deterministische Aussagen (Joh 8,30ff.; vgl. auch 12,37ff.). Die Sendung des Sohnes ist Gabe Gottes, das deterministische Festgelegtsein durch einen neuen Ursprung zu durchkreuzen (3,4–8). Solche Ermöglichung wird den Juden nach Joh 8 vorenthalten. Die Entscheidungssituation wird dabei von E zugespitzt als Endgericht ausgelegt (3,17f.; 5,24f.). So fallen Glaubensvollzug und endgültiger Heilsempfang zusammen, aber auch Glaubensverweigerung und Tod. Damit erschließt das Gegensatzpaar von Glaube und Unglaube den Sinn, den E dem Dualismus beilegt.

Die Geschichte des joh Dualismus läßt sich in der Zeit nach E weiter verfolgen. Die Zusätze der KR – hier vor allem 15,18–16,15; 17,1–26 – und die joh Briefe zeigen bei mancher Verschiedenheit im einzelnen in einer Grundposition ein gemeinsames Bild: Die Grundkategorie, in der sich der Dualismus ausspricht, ist nun nicht mehr der Antagonismus zwischen oben und unten, sondern zwischen Kirche und Welt. Es handelt sich also um einen verkirchlichten Dualismus, bei dem dualistische Aussagen den Sinn haben, Kirche und Welt so zu unterscheiden, daß die Sonderstellung der Kirche innerhalb der Welt begriffen werden kann. Dabei erhält die Determination wieder vorrangig Bedeutung (vgl. nur Joh 10,3f.14; 15,19; 17,2b.6f.9.11.14). Die Sendung Jesu und die Eschatologie werden getrennt, sakramentales Denken (zur Aneignung der Lebensgabe) ist präsent und die dualistische Terminologie verändert sich in verschiedener Weise, wobei vor allen Dingen der Begriff Kosmos (Welt) eine besondere Aufgabe erhält. Denn benutzte ihn E noch dialektisch, d. h. einerseits neutral als Offenbarungsort des Sohnes (1,9f.; 6,14.33; 7,4; 8,12; 9,5 usw.), andererseits in der Ambivalenz als Schöpfung Gottes (1,10) und Herrschaftsbereich Satans (14,30) und dabei unter der Heilsliebe Gottes in seinem Sohn stehend (3,16), so wird er für die KR betont und vornehmlich zum negativen Gegenbegriff zur Gemeinde. Dieser Gebrauch begegnet besonders gehäuft in Joh 15–17, so daß sich dem heutigen Leser des Joh der Eindruck aufdrängt, im Joh werden die Aussagen über die Welt zusehends negativer.

3. Der Streit um die Reinigung 3,22–30

22 Danach ging Jesus mit seinen Jüngern in das judäische Land und hielt sich dort mit ihnen auf und taufte. 23 Johannes jedoch taufte auch in Aenon nahe bei Salim, weil dort viel Wasser war; und man kam und ließ sich taufen. 24 Johannes war nämlich noch nicht ins Gefängnis geworfen worden. 25 Da kam es zu einer Auseinandersetzung von Seiten der Johannesjünger mit einem Juden über die Reinigung. 26 Und sie kamen zu Johannes und sagten zu ihm: »Rabbi, der bei dir war jenseits des Jordans, für den du Zeugnis abgelegt hast, siehe, der tauft, und alle laufen ihm zu.« 27 Johannes antwortete: »Kein Mensch kann etwas nehmen, wenn es ihm nicht vom Himmel gegeben ist. 28 Ihr seid selbst meine Zeugen, daß ich sagte: ›Ich bin nicht der Christus, sondern bin (nur) vor ihm hergesandt.‹ 29 Der die Braut hat, ist der Bräutigam. Der Freund des Bräutigams, der dabeisteht und ihn rufen hört, freut sich sehr, daß er die Stimme des Bräutigams hört. Diese meine Freude nun hat sich erfüllt. 30 Jener muß wachsen, ich jedoch abnehmen.«

Literaturauswahl: Beasley-Murray, G. R.: Die christliche Taufe, Kassel 1968, 96–103. – *Becker, J.:* Johannes der Täufer und Jesus von Nazareth, BSt 63, 1972, 13f. – *Boismard, M. E.:* Les traditions johanniques concernant le Baptiste, RB 70 (1963) speziell 25–30. – *Bussche, H. van den:* Les paroles de Dieu. Jean 3,22–36. BVC 55 (1964) 23–28. – *Dodd, C. H.:* Traditions, 279–287. – *Fortna, R. T.:* Gospel 179f. – *Goguel, M.:* Jean-Baptiste, Paris 1928, 86–95. – *Klaiber, W.:* Der irdische und der himmlische Zeuge, NTS 36 (1990) 205–233. – *Kraeling, C. H.:* John the Baptiste, New York – London 1951, 123–157. – *Kundsin, K.:* Überlieferungsstoffe, 25–27. – *Linnemann, E.:* Jesus und der Täufer, in: Festschrift für Ernst Fuchs, Tübingen 1973, 219–236.

Der kleine Abschnitt hat Besonderheiten, die im Joh und im Vergleich mit den Synoptikern recht auffällig sind. Dazu gehören die Ortstradition in V 23, der Streit, von dem V 25 erzählt, und die Angabe aus V 26, daß Jesus selbst getauft habe. So sicher E dies nicht einfach erfunden hat, so klar legt sich die Hypothese nahe, daß E hier auf vorgegebenem Material aufbaut. Als Fundort kommt dafür die SQ in Frage. Sie enthielt nicht nur das Täuferthema, sondern zu ihr passen besonders gut die Ortsangaben; auch fügt sich der Text gut in den Aufbau der Quelle ein (vgl. zu diesen drei Punkten Exkurs 1). Endlich löst sich so die Spannung zwischen E, der dem Täufer 1,19–51 Selbständigkeit abspricht, und dem Text, der sie dem Täufer noch bedingt zugesteht (3,23–26).

V 22 ist Überleitung von E. Sie nimmt literarisch eine ähnliche Funktion wahr wie 2,12, wobei E 3,1ff. und 3,22ff. durch den Sachbezug der Taufe (3,3.5.22f.25f.) koppelt. Die vage Ortsangabe steht im Gegensatz zur Präzision in V 23 und soll notdürftig das Itinerar von 2,23; 3,1 (Ort Jerusalem) fortsetzen. Daß Jesus taufte, ist aus V 26 entlehnt und beweist, daß E nicht gegen die Taufe als solche polemisieren will (vgl. dazu 3,3–8), sondern sie wie selbstverständlich voraussetzt. Daß Jesus getauft habe, ist auch für die joh Gemeinde eine auffällige Angabe, hat sie doch die KR in 4,2 nachträglich korrigiert. Da auch die Synoptiker davon nichts wissen, steht die Angabe allein da. Man wird in ihr wohl eine der wenigen historischen Angaben sehen können, die geeignet sind, das synoptische Jesusbild zu korrigieren (die Taufe ist hier erst nachösterlicher Auftrag Jesu Mt 28,19). Dies bedeutet, vor Jesu eigentlichem selbständigen Auftreten hat er offenbar in Anlehnung an den Täufer die Taufpraxis vollzogen (vgl. die Diskussion bei Goguel, Dodd, Beasley-Murray, Becker).

Mit V 23 kommt dann die SQ zu Wort. Die Ortstradition ist – wie oftmals – nicht sicher zu lokalisieren. So hat man vorgeschlagen, sie symbolisch zu verstehen: Aenon bedeutet »Quelle«, Salim »Heil« (vgl. die Diskussion bei Brown). Aber es gibt im Joh keine sichere symbolische Deutung eines Ortsnamens, und es wäre angesichts der Abwertung des Täufers sowohl in der SQ als auch bei E unverständlich, ihn durch solchen Symbolismus aufzuwerten. Besser passen die Angaben zum geographisch konkret gemeinten Itinerar der SQ. Zur Lokalisation bieten sich an: a. ein Ort nordöstlich des Toten Meeres gegenüber Bethabara, b. ein Ort nahe dem samaritanischen Sichem und c. ein Ort im nördlichen Jordantal von Samaria, südlich von Skythopolis. Die erste Deutung will V 22 und V 23 verbinden. Ist Jesus in Judäa, soll der Täufer unmittelbar gegenüber Perea taufen. Aber da V 22 vom geographisch sorglosen E stammt, liegt kein Zwang vor, zwischen V 22 und 23 zu vermitteln. Die beiden anderen Festlegungen weisen nach Samaria, wobei heute die letzte These bevorzugt wird (Schnackenburg). Daß der Täufer in Samaria wirkte, ist eine ähnlich singuläre Angabe wie die Tauftätigkeit Jesu. Sie setzt zumindest voraus, daß der SQ noch Täufergemeinden in dieser Gegend bekannt waren (Kundsin) und daß die christliche Mission in Samaria (4,39–42) auf die Konkurrenz der Täufergemeinde stieß. Angesichts dieser Deutung ist auch die literarische Abfolge von 3,22ff. (G) und 4,1ff. (G) in der SQ verständlich.

Sieht man in V 24 (vgl. Mk 1,14; 6,17 parr.) eine Zwischenbemerkung der SQ – E hat an solchen Angaben kein Interesse –, dann erzählte diese Quelle nach der geographischen und biographischen Einführung (V 23f.) den eigentlichen Streitfall in V 25: Jünger des Johannes beginnen mit einem Juden über die Reinigung einen Streit. Da nachher Johannes so antwortet, als bestünde zwischen seinen Jüngern und Jesus ein Disput und der Jude sonst ganz funktionslos ist, außerdem der Begriff Jude im Joh sonst nur im Plural vorkommt (begründete Ausnahme 4,9), haben schon alte Hss in »mit Juden« abgeändert. Aber diese Lesart empfiehlt sich schon darum nicht, weil im Joh nur in 4,9c in einer späten Glosse einmal bei »Juden« kein bestimmter Artikel steht. Im übrigen wären auch »Juden« ebenso funktionslos wie »ein Jude«. Andere haben darum Konjekturen vorgeschlagen, die auf geringfügiger Buchstabenveränderung beruhen. Der beste Vorschlag ist dabei »mit Jesus« zu lesen (Bentley, Loisy, Bauer u. a.). Naturgemäß gibt es für solche Textveränderung keine Sicherheit, jedoch gibt der Text dann guten Sinn und die beanstandete Lesart ließe sich leicht als Schreibfehler erklären. Unter Voraussetzung dieser Möglichkeit streiten dann Johannesjünger mit dem taufenden Jesus – dies wird ausdrücklich V 26b herausgestellt – über die Taufe, die hier mit »Reinigung« bezeichnet ist, wohl um auf den Heilssinn derselben abzuheben (vgl. Hebr 1,3; 2 Petr 1,9).

Dabei interessiert allein, daß gestritten wird, damit die Johannesjünger ihrem Meister eine Stellungnahme in bezug auf Jesu Wirken abverlangen können. So ist der ganze Abschnitt darauf angelegt, die Frage zu beantworten: Geht es bei Jesus und dem Täufer um Konkurrenz oder löst der eine den anderen legitimerweise ab? Dieses Sachproblem deutet auf die Gemeindesituation, lebt doch die joh Gemeinde in Konkurrenz zur Täufergemeinde. Also hat sie ein Interesse daran, anstelle der Konkurrenz ihre legitime vorrangige Position aus Täufermund begründet zu bekommen. Dementsprechend fragen die Johannesjünger den Täufer (V 26), wobei diese Frage bis auf den auch syntaktisch schwerfälligen Relativsatz: »für den du Zeugnis abgelegt hast« zur Quelle gehört. Durch den kleinen Zusatz erinnert E daran, daß er in 1,19–34 Johannes zum Zeugen für Jesus machte. Man darf nicht fragen, wieso die Jünger nach dem klaren Zeugnis des Täufers in 1,19ff. (SQ sowie E) überhaupt noch so reden können. Sie müssen um 3,27ff. willen so sprechen.

Die Antwort des Täufers, auf die alles zuläuft, ist wortreich, aber nicht aus einem Guß. V 27 erinnert in der Formulierung an 6,65;

19,11 und ist der Feder von E entsprungen. Sein Sinn ist schillernd. Geht man von 6,65 aus, dann liegt es nahe »kein Mensch« allgemein auf die Menschen zu beziehen: Niemand kann sich etwas (wie den Glauben) nehmen, es sei diesem Menschen denn von Gott gegeben (oder von 6,37 her: es sei denn Jesus dieser Mensch von Gott gegeben). Aber dieser Sinn ist kaum erwartet, weil nicht um das Vermögen der Menschen, sondern um das Verhältnis des Täufers zu Jesus gestritten wird. Also ist »kein Mensch« christologisch gemeint? Jesus kann sich nur nehmen, was ihm von Gott gegeben ist, darum sollen die Jünger die Vorrangigkeit Jesu anerkennen. Aber kann das allgemeine »kein Mensch« im Joh wirklich Jesus meinen? Darum sollte man den Satz auf den Täufer beziehen, der sagt: Ich kann mir nur nehmen, was Gott mir gibt, nämlich nur Hilfsfunktion für Jesus haben. Ihr Jünger wißt, daß ich so schon immer gesprochen habe (V 28).

V 28 referiert, was für die SQ in 1,19ff. wichtig war, nämlich die Erörterung der Bedeutung des Täufers, dargestellt an Hoheitstiteln. Zudem ist das Vorläufermotiv (vielleicht klingt Mal 3,1 an, vgl. Dodd) sicherlich nicht E eigen. Johannes ist nicht Zeuge für Jesus im Sinne von E, sondern die Täuferjünger Zeugen für den Täufer, daß dieser Hoheitstitel ablehnte. Redet also in V 28 die SQ, so ist ihre Fortsetzung in V 30 zu finden. Hier wird der Kontrast: nicht ich – jedoch jener, aus V 28 direkt aufgegriffen und sachlich zu einem Abschluß gebracht. Jesus muß nach göttlichem Beschluß wie ein Gestirn aufgehen, Johannes jedoch abnehmen bzw. untergehen. Später hat man dabei (vielleicht nicht ganz grundlos) an die Sonne gedacht und den Satz kalendarisch umgesetzt: Lag Jesu Geburt zur Zeit der winterlichen Tagundnachtgleiche, stieg also die Sonne wieder auf, so wurde die sommerliche Tagundnachtgleiche zum Johannistag, an dem die Sonne wieder abnahm. In der SQ hat dieser Satz jedoch literarisch die Funktion, einerseits Jesu »Zunehmen« im Sinne seines Missionserfolges anzukündigen, wie er dann 4,1ff.43ff.(G) geschildert wird. Sie (und auch E) läßt andererseits ab sofort den Täufer nicht mehr selbst auftreten (10,41 ist eine Notiz über ihn). Sachlich will die SQ (unter Zustimmung durch E V 27) die Meinung vertreten, die Täufergemeinde ist ein Anachronismus.

Zwischen V 28.30 steht noch dies allegorische Bildwort V 29. Der Satz von der erfüllten Freude ist mit 15,11; 16,20–24; 17,13 verwandt. Das deutet auf die KR. Sie liebt auch allegorische Bildworte (10,1ff.; 15,1ff.) und hat speziell kirchliches Interesse, das hier durch das Motiv der Braut als Kirche anklingt. So gibt die

KR ihre Deutung des Verhältnisses von Täufer und Jesusgemeinde, unabhängig von V 27.28.30, ja aufgrund der kontextfremden Motivik in Spannung dazu. Der Freund des Bräutigams, der nach jüdischer Sitte ein Brautführer ist und den ersten ehelichen Verkehr zwischen dem jungen Paar überwacht, steht vor der Tür des Brautgemachs und hört den Bräutigam jubeln, daß seine Braut noch Jungfrau war. Darüber freut er sich und sieht seine Aufgabe erfüllt (zur Sitte vgl. Billerbeck I 45f.; 500–517). So ist der Täufer Jesu Freund. Jesus führt die Seinen, d. h. die Kirche, heim. Darüber freut sich der Täufer und – abseits stehend – sieht er so seine Funktion beendet. Das Bild von der Hochzeit ist auch sonst im NT verwendet (Mk 2,18f.; Offb 19,7; 21,1f.), freilich in je anderer Weise. Auch das atl Bild der Ehe zwischen Gott und Israel (Jes 61,10; Jer 2,2; Hos 1–2) klingt nicht unmittelbar an.
Vielleicht kann man im Rückblick auf die Analyse noch eine Vermutung zur Geschichte des Textes vor E hinzufügen: Nimmt man an, der Verfasser der SQ komme dort zu Worte, wo Verknüpfungen zu seinem Werk vorliegen (also in V 23f.28), dann bleibt als Kern des Abschnittes V 25.26(G).27a.30. Dies wiederum ist ein selbständiges Apophthegma (szenischer Rahmen mit Problemanzeige, lösendes Wort der Zentralgestalt), das den Täufer als Protagonisten besitzt (wie auch Mk 6,14ff.). Man darf zumindest fragen, ob nicht Mt 11,11 und dieses Stück konvergieren und gemeinsam historische Wahrheit aufbewahrt haben.

4. Nachtrag: Der vom Himmel gekommene Zeuge als Lebensgabe 3,31–36

31 Der von oben kommt, ist über allen. Wer von der Erde ist, ist irdisch und redet von der Erde her. Der aus dem Himmel kommt, ist über allen.
32 Was er gesehen und gehört hat, bezeugt er, aber sein Zeugnis nimmt niemand an.
33 Wer sein Zeugnis annimmt, hat besiegelt, daß Gott wahrhaftig ist.
34 Denn der, den Gott gesandt hat, redet Gottes Worte. Denn ohne Maß gibt er den Geist.

35 Der Vater liebt den Sohn
und hat alles in seine Hand gegeben.
36 Wer an den Sohn glaubt, hat ewiges Leben.
Wer aber dem Sohn nicht gehorcht, wird Leben nicht schauen,
sondern der Zorn Gottes bleibt auf ihm.

Literaturauswahl: Becker, J.: Auferstehung der Toten im Urchristentum, SBS 82, 1976, 117–129. – *Beutler, J.:* Martyria, 313–318. – *Blank, J.:* Krisis, 63–75. – *Haaker, K.:* Stiftung, 113–115. – *Langbrandtner, W.:* Gott, 21–25. – *Schulz, S.:* Untersuchungen, 125–127.

Zum kompositorischen Nachtragcharakter des Stückes ist eingangs der Analyse zu 3,1–21 Stellung genommen. Vom Inhalt her ist hinzuzufügen: E verwendet nicht den Begriff »Erde« als dualistischen Begriff. Umgekehrt vermeidet es die KR, die Erhöhungsaussagen aus 3,13–15 aufzugreifen und redet ausschließlich von der Sendung. Auch die präsentische Eschatologie, mit der E die Sendung interpretierte (3,18), entfällt nun. 3,31–36 reinterpretieren also 3,1ff. selektiv unter Auslassung der Spezifika von E. Die sprachlichen und sachlichen Grundzüge haben um so mehr in Stücken wie 12,44–50 (KR); 1 Joh 4,4–6; 5,5–12 ihre nächsten Parallelen.

Die KR beginnt definitorisch mit dualistischer Wesensbeschreibung: Der von oben gekommene Gesandte ist lokal und zugleich von seiner Machtposition her über allen, d. h. allen Menschen (vgl. V 32f.). Diese sind von der Erde und reden von ihr her, d. h. existieren irdisch ohne Verständnis und Zugang zur himmlischen Welt. (Formal sprachlich bietet 4 Esra 4,21 eine Parallele). Darum (V 32), wenn der Gesandte bezeugt, was er gehört und gesehen hat (vgl. 1,18; 6,46; 8,28.40; 15,15; beide Verben zusammen nur 1 Joh 1,3, vgl. Joh 3,11), findet sein Zeugnis keine Annahme (vgl. 3,11). Wer aber doch sein Zeugnis annimmt, wie die Gemeinde, hat dadurch wie mit einem Siegel bestätigt, daß Gott wahrhaftig ist (V 33). Diese stereotyp gedrängte Sprache läßt sich so entschlüsseln: Nach dem Dualismus aus V 31f. kann niemand die Botschaft annehmen. Zur Annahme kann es nur ausnahmsweise durch das Wirken des göttlichen Geistes kommen (vgl. 3,3–8.34c; 6,63; 1 Joh 4,6; 5,6 u. 10). Bewirkt dieser Geist die Annahme, dann bewahrheitet sich Gott selbst durch den Geist im Akt der Annahme der Botschaft Jesu. Somit besiegelt der Annehmende, daß Gott wahrhaftig ist. Im dualistischen Umfeld hat der Umstand, daß die Botschaft nicht angenommen werden kann, zur Konsequenz und Kehrseite, daß die der Welt fremde Botschaft nur sich selbst begründen kann, also vollzieht sich im annehmenden Glauben, daß Gott sich selbst bewahrheitet.

Nun redet aber im Zeugnis nicht Gott unmittelbar, sondern vermittelt (V 34), formal durch zwei Mittler: den Gesandten und den Geist. Doch sind Gesandter und Geist im Wort des Gesandten eine

Einheit. Die Lehre vom Geist erklärt die Erfahrung, daß das Wort überzeugen kann. Doch hat gerade dieser Satz: »Denn ohne Maß gibt er den Geist« zwei Probleme. Zunächst: Wer gibt, Gott oder Jesus? Gibt Jesus (vgl. dazu 15,26; 1 Joh 3,24; 4,13), dann trägt er durch reichliche Geistesgabe dafür Sorge, daß Gottes Worte überzeugen können. Gibt Gott (14,16f. 26), dann sorgt er selbst für Evidenz in bezug auf sich. Diese zweite Deutung ist offenbar von V 33 her gefordert. Sodann: eine quantitativ geringe, aber qualitativ sonst gute Überlieferung liest nur: »Denn ohne Maß gibt er.« Der Sinn wäre dann christologisch: Gott hat Jesus das Sehen und Hören (V 32) nicht kärglich zugemessen, also seine Vollmacht (vgl. 5,19–23 als Tradition) unvorstellbar groß gehalten, so daß des Sohnes Werk vollkommen ist und keiner Ergänzung bedarf (so Bultmann). Jedoch redet von solcher Ausstattung des Sohnes erst V 35f., hingegen begründen V 34 die eigentlich unerwartete Botschaftsannahme, von der V 33 sprach. Zudem ist die Geistaussage im Zusammenhang typisch, wie die Parallelen (s. o.) zeigen. Also wird man den Satz in der Langform für ursprünglich halten, zumal der Kurztext als Satz hart klingt und aus einem Abschreibfehler erklärbar ist. Auch kann man so zwischen dem präsentischen Geben V 34 und dem Perfekt desselben Verbes in V 35 gut unterscheiden: Gott gibt kontinuierlich während des ganzen Offenbarungsvorgangs den Geist, nachdem er einmal dem Gesandten alle Vollmacht gegeben hat.

Eben darauf heben jetzt vom Kontext her V 35f. ab: Die Liebe des Vaters zum Sohn bedingte, daß dieser exklusiver Generalbevollmächtiger Gottes wurde. So bringt der Glaube allein an ihn ewiges Leben ein. Wer dem Sohn nicht folgt, bleibt, wo er ist: im Verderben, denn Erlösung am Sohn vorbei ist ausgeschlossen. Dieser Gedanke ist nach Form, Sprache und Inhalt so gebildet, daß man mit einem alten Gemeindespruch rechnen muß, den die KR an den Schluß ihrer Ausführungen setzte (Becker). Die Form (2 + 3 = 5 Zeilen) im beschreibenden Er-Stil gleicht 14,2f. Hieß es bisher: der »Gekommene« und »Gott«, so jetzt »der Sohn« und »Vater«. Von der Liebe Gottes zum Sohn reden nur Stellen der KR: 10,17; 15,9; 17,23f.26 und E vorgegebene Tradition (5,20), wobei insbesondere die Tradition 5,19–23(G) Nähe zu 3,35f. zeigt. Die Verben reden bis auf einen Fall alle präsentisch oder futurisch. Nur die Machtübergabe ist als perfektisch angegeben. Ist 3,35f. vom Kontext zu lösen, dann muß neu gefragt werden, welchen Zeitpunkt das Perfekt meint. Von der urchristlichen Christologie her legt sich konkurrenzlos die Erhöhung und nicht ein

Akt vor der Sendung nahe (vgl. nur Mt 28,18; 1 Kor 15,24–28; Phil 2,9f.; 3,21; Kol 1,18–20; Hebr 1,3f.13; 2,5–13 usw.; Schulz, Becker). Von der Sendung ist denn auch in V 35f. überhaupt nicht gesprochen. Der Glaube V 36 ist der Glaube an den Erhöhten, der Lebensspender ist (vgl. Phil 3,21). Das Verb für »nicht gehorchen« ist im joh Schrifttum wiederum singulär. Ungewöhnlich ist die futurische Aussage: »wird Leben nicht sehen« (sonst wird präsentisch formuliert), womit eine futurische Eschatologie noch durchschimmert, zu der endlich auch die abermals im joh Schrifttum singuläre Aussage vom endgerichtlichen Zorn Gottes gehört (vgl. Mt 3,7 par.; 1 Thess 1,10; 2,16; Röm 2,5.8 usw.) So zeigt 3,35f. eine alte, urchristlich verhaftete Erhöhungschristologie, die einen Blick in ein altes Stadium joh Theologie gestattet (vgl. 5,19–23(G)), jetzt aber von der KR der Sendung Christi untergeordnet ist.

Exkurs 4: Die joh Lebenserwartung

Literaturauswahl: Becker, J.: Auferstehung der Toten im Urchristentum, SBS 82, 1976, 117–148 (Lit.). – *Blank, J.:* Krisis, 143–158. – *Bultmann, R.:* Theologie des Neuen Testaments, UTB 630, [8]1980 (hrgg. O. Merk), § 45–50. – *Ders.:* Der Lebensbegriff im NT, ThW NT II, 862–874. – *Frey, J. B.:* Le concept de »Vie« dans l'Évangile de St. Jean, Bib 1 (1920) 37–58; 211–239. – *Haufe, G.:* Individuelle Eschatologie des Neuen Testaments, ZThK 83 (1986) 436–463. – *Kaiser, O. – Lohse, E.:* Tod und Leben, Kohlhammer Taschenbücher 1001, Biblische Konfrontationen, 1977. – *Mußner, F.: Zoe.* Die Anschauung vom »Leben« im vierten Evangelium, MThS.H 5, 1952 (Lit.). – *Pribnow, H.:* Die johanneische Anschauung vom »Leben«, Greifswald 1934. – *Schnackenburg, R.:* Kom. II Exkurs 12 (Lit.). – *Schottroff, L.:* Heil als innerweltliche Entweltlichung, NT 11 (1969) 294–317. – *Woschitz, K. M.:* Elpis – Hoffnung, Freiburg 1979, 669–721.

Das Christentum begann mit der Verkündigung Jesu von der kommenden und sich jetzt schon vollziehenden Gottesherrschaft. Diese legt Gott aus als schöpferischen Grund und Gewährer wahren Lebens. Zu solchem eigentlichen Leben gehörte das intakte Gottesverhältnis (Lk 11,2; 18,10–13), doch ebenso die Gesundung des Leibes (Mt 11,5f.; Lk 11,20) wie die Freude an den Gütern dieser Schöpfung (Mt 8,11f.; 11,19). In der Gottesherrschaft werden Hungernde satt und werden Weinende lachen, weil gerade den Armen die Gottesherrschaft gilt (Lk 6,20f.). Der von Jesus angekündigte Gott ist der Schöpfer, der seine Schöpfung in Kontinuitität zur jetzigen Welt unter seine endgültige Herrschaft stellt. Wegen der unmittelbaren

Nähe dieser kommenden Herrschaft ist die Todesproblematik kein Thema Jesu. Wie die Dauer des Endreiches für Menschen gewährleistet werden kann, tritt als Problem nicht auf.

Der Tod Jesu führt die Jünger erstmals radikal vor die Frage, wie dieser Tod und die angekündigte Gottesherrschaft sich zueinander verhalten. Darauf gibt die Ostererfahrung eine grundlegende Antwort: Sie bestätigt den Jüngern, daß der von Jesus angekündigte Gott ein Gott ist, der Tote auferweckt, und bringt zugleich die Glaubenserkenntnis, daß die Neuheitserfahrung des Christentums in dem auferweckten Jesus personifiziert ist (Gal 1,1; Röm 8,11). An die Stelle der Hoffnung auf das nahe Gottesreich tritt nun die Hoffnung auf den zur Rettung der Gemeinde alsbald kommenden Jesus. So wird er zum exklusiven Heilsgaranten der frühen Gemeinden (1 Kor 16,22; 1 Thess 1,9f.) – wegweisend für das nachfolgende Christentum. Von dieser Erwartung her muß dann die Erfahrung, daß die Gemeinde, trotz und angesichts solcher Hoffnung, Tote zu beklagen hat, aufgearbeitet werden (1 Thess 4,13–18). Der von Paulus eingeführte, seither grundlegende Analogieschluß lautet: Gott, der Jesus von den Toten auferweckte, wird auch tote Christen nicht im Tode lassen (1 Thess 4,14). Wenig später faßt Paulus diese Hoffnung noch umfassender: Christus ist der zweite Adam, in dem die Todesproblematik der gesamten Menschheit durch Gottes Handeln gelöst ist (1 Kor 15), ja diese Hoffnung hat Relevanz für alle Kreatur überhaupt (Röm 8,12–39). So bleiben Gott und Welt durch den Schöpfungsgedanken vereint. Zugleich wird die Signatur der Schöpfung als dem Tode verfallen so bedacht, daß erst Auferstehung als Neuschöpfung ihr wirkliches Heil bringen kann (Röm 4,17). Dabei bleibt Gott Schöpfer und Neuschöpfer, nur am Rande kann auch dem erhöhten Herrn Vollmacht zugestanden werden, ewiges Leben zu gewähren (Phil 3,20f.; vgl. auch 1 Kor 15,23–28). Auch bleibt die Lebensgabe dabei immer eine zukünftige, die erst nach dem Tode erwartet wird. Sie ist Hoffnungsgut der Gläubigen für sich und die Welt, aber noch nicht jetziger Besitz. So sicher sie dem einzelnen gilt, ist sie Erwartung für die ganze Gemeinde und für die Erneuerung der Welt und so in den Zusammenhang der jüdisch-christlichen Apokalyptik eingezeichnet (1 Thess 4,13–18; 1 Kor 15, Röm 8). Daß dennoch Christsein nicht nur hoffen auf ... bedeutet, kann Paulus so verständlich machen, daß er zwischen dem jetzigen Heilsstand der Christen und der Hoffnung sachlich und terminologisch differenziert: Der Heilsstand wird beschrieben als Erwählung oder Rechtfertigung. Aus ihm wird die Hoffnung begründet, also die endgültige Rettung aufgrund der Auferstehung von den Toten (Röm 5).

Das nachpaulinische Christentum hat sich mit manchen Varianten jedenfalls prinzipiell an den von Paulus repräsentierten Rahmen gehalten. Nur das Joh geht hier eigene Wege durch Dualisierung von Welt und Gott (vgl. Exkurs 3) und christologische Konzentration der Lebensaussage. Nirgends im Urchristentum sind Leben und Tod so ausschließlich als das entscheidende antithetische Begriffspaar für Heil und Unheil gewählt und zugleich das ewige Leben dabei so weltfern klassifiziert worden. Irdisches Leben ist

Sein im Tode, nicht nur Warten auf den Tod nach einem wie immer gelungenen Leben. Die irdisch Lebenden sind die Toten (5,25), und man bleibt im Tod, wenn man nicht zum neuen weltfernen Heil gelangt (1 Joh 3,14). Im Tode leben, heißt, den unbekannten Gott als Quelle des Lebens nicht kennen (1,18; 5,21.26.37) und dem Teufel als Lebensverneiner schlechthin zugeordnet zu sein (8,44; 1 Joh 3,8–12). Zwar will man sich als solcher Toter zum Leben irdische Speise besorgen (6,26), aber seiner konstitutiven Vergänglichkeit entrinnt man nicht, weil und indem man die Werke des Teufels tut, ja wie er Lust zum Töten hat (7,19f.; 8,37.40.44). Diese Bejahung seiner irdisch-vergänglichen Welt und Existenz ist die Sünde schlechthin (8,23f.34). Die Welt als Schöpfung ist nicht mehr explizit entfaltet (1,1f. ist alte Tradition), weil die Dunkelheit ihrer Verlorenheit es nicht mehr zuläßt, ihr dieses Licht als eigenständiges Thema zu belassen.
Ist nicht der bekannte Schöpfer Lebensspender, vielmehr der unbekannte Gott als dualistischer Gegenpol zur Welt des Todes allein Lebensquell, dann muß sich zwangsläufig alles bei der Übereignung des Lebens auf Christus konzentrieren, als dem, der allein Kenntnis von Gott und – damit identisch – die Gabe des Lebens vermitteln kann. Zugleich wird ewiges Leben weltfern und damit unanschaulich. So wird der Sohn zum exklusiven Heilsmittler und sein Heilsgut unweltlich, also ein relativ formaler Begriff. Nur 17,24; 1 Joh 3,2 (beide Stellen nicht von E) geben an, wie entweltlichte jenseitige Existenz vorgestellt wird, nämlich als ein der Welt enthobenes Schauen des himmlischen Christus und insofern als ein Partizipieren an seinem Sein. Dabei hat die joh Gemeinde zunächst wohl auch den Erhöhten zum Geber des Lebens gemacht und der Gabe den Verheißungscharakter, also das Futurum, nicht genommen (vgl. 14,2f.; 3,25f.; 5,19–23). Daß Gott dem Sohn gab, Leben wie er in sich zu haben, war wohl eine Aussage über den Auferstandenen (vgl. 5,26). Dies kommt u. a. auch darin zum Ausdruck, daß Jesus erst erhöht werden muß, um den Glaubenden Leben geben zu können (3,13f.), und daß der ausdrücklich erst nach Ostern gesandte Geist (7,39) als Lebensträger gilt (6,63). Auch die allgemeine christologische Entwicklung geht diesen Gang (vgl. z. B. Kol 2,18f.; Hebr 2,9f.).
Aber die joh Gemeinde hat dann den Weg eingeschlagen, im gesandten Sohn schon die Epiphanie des Lebens zu sehen (1 Joh 1,2f.) und im Irdischen die himmlische Herrlichkeit schon für schaubar zu erklären (1,14). So repräsentiert aufgrund seiner übernatürlichen präexistenten Ausstattung der gekommene Sohn im deutlichen Unterschied zum gesamten ntl Christentum schon irdisch die volle Anwesenheit ewigen Lebens. Dieser Weg der Konkretisierung ewigen Lebens im Irdischen war der Ausweg aus dem im dualistischen Weltbild so unweltlich fern gewordenen Leben. Eine weitere Konsequenz in dieselbe Richtung war, daß nun das Herrenmahl – gegen alle urchristliche Tradition – von der Sendung des Sohnes her gedeutet wurde und so himmlische Ewigkeitssubstanz »dinghaft« vermittelte (der Glaube wird nicht erwähnt!), die beim Tod des Einzelnen gegenüber der Vergänglichkeit resistent bleibt (6,51c–58).

E hat in dieser theologiegeschichtlichen Situation seiner Gemeinde zunächst die dualistischen Aussagen tendenziell (wenn auch nicht ausschließlich) auf die Situationsbeschreibung angesichts des gekommenen Sohnes konzentriert: Tod ist nun Unglaube gegenüber dem Sohn, Glaube an den Sohn Leben (3,16–19; 5,24f.). Allen steht die Möglichkeit offen, dem Sohn zu glauben und so Gott als Leben zu erkennen, so daß sich Licht und Finsternis, Tod und Leben des Menschen bei Jesu Kommen konstituieren. Wer durch den Sohn ermöglicht bekommt, Gott zu kennen, hat Leben, weil Gott kennen, Leben ist. Doch wird ebenso häufig christologisch formuliert: An den Gesandten glauben heißt, in ihm die Auferstehung und das Leben sehen (11,25f.), hat er doch als Gesandter Leben in sich (5,26). Um dieser Christologie und Erlösungslehre willen hat E dann weiter die traditionell futurischen Endgerichtsaussagen auf diese Situation des gekommenen Sohnes exklusiv übertragen (3,18; 5,24f.; 9,39; 12,31). Unglaube ist Endgericht als Verharren im Tod. Glaube ist Eintritt ins ewige Leben mit dem Todesschicksal als überwundenem Zustand im Rücken. Dabei kennt E durchaus noch einen zukünftigen Aspekt des Lebens, der freilich nicht ekklesiologisch oder gar kosmisch, sondern individuell bestimmt ist: Christus zieht in der jeweiligen Todesstunde die Glaubenden zu sich in die Höhe, also fort von der Welt. So wird der Tod Durchgang zur endgültigen Entweltlichung (11,25f.; 12,31; 14,2–20). Über die zurückbleibenden Ungläubigen braucht nichts gesagt zu werden. Ihre tödliche Verlorenheit ist kein Darstellungsgegenstand. E wird wohl wie 3,36; 1 Joh 2,17 gedacht haben.

E hat allerdings dort seiner Gemeinde die Gefolgschaft versagt, wo sie die Epiphanie des Lebens im Irdischen und die sakramentalistische Anschauung benutzte, um das unweltliche Leben konkret in der irdischen Welt festzumachen. Er betont gerade den irdisch unausweisbaren und anstößigen Charakter des Anspruchs Jesu (6,42) und bindet die Lebensgabe in die Relation von Wort und Glaube ein. So bleibt für ihn das ewige Leben dem Menschen unanschauliche Gabe.

Man kann die Anschauung Jesu und die des Joh als zwei Extreme begreifen. Einmal wird die Kontinuität der Schöpfung für das Endheil besonders betont, das andere Mal ganz geleugnet. In dem einen Entwurf ist die Todesproblematik nicht verarbeitet, in dem anderen die Welt dualistisch als tote Welt abgewertet. Es liegt nahe, weder bei dem einen Ansatz noch bei dem anderen weiterzudenken, sondern bei Paulus neu einzusetzen, weil hier die Welt als Schöpfung wie auch die Todesproblematik grundlegende Bedeutung gewonnen haben.

C. Glaube und Ärgernis am Sohn als der Lebensgabe in Samaria und Galiläa 4,1–54; 6,1–71

Die Gliederung setzt voraus, Joh 5 steht an falscher Stelle. Mit breiter Zustimmung der Forschung muß Joh 5 mit Joh 6 seinen Platz tauschen (Bultmann, Schnackenburg u. v. a.; vgl. Einleitung 2b). Joh 5 spielt in Jerusalem. Nach 4,3 verläßt Jesus aber via Samaria gerade diese Provinz. Ebenso setzt Joh 6 als Handlungsort den See Tiberias in Galiläa an (6,1.24 u. ö.), wobei 6,1 ausdrücklich eine geographische Situation wie 4,43–54 fordert. Umgekehrt war nach 7,1 Jesus in Judäa und nicht, wie Joh 6 sagt, in Galiläa. Auch muß sich jetzt 7,1 auf 5,18 zurückbeziehen und damit Joh 6 umgehen. Diese Ungereimtheiten beheben sich ungezwungen und vollständig, wenn Joh 6 nach Joh 4 geordnet wird und so Joh 5 vor Joh 7 steht. Man sollte nicht das Desinteresse von E bei der Gestaltung der Reiseroute so stark strapazieren (Dodd, Barrett u. a.), daß man offenkundige Ungereimtheiten in gehäufter Form auch dann als Willen von E erklärt, wenn mit kontrollierbarem vollen Erfolg eine Umstellung ein überzeugendes Itinerar ergibt.
So läßt sich für den Hauptteil Joh 4; 6 herausstellen, daß Jesu Selbstoffenbarung als »Lebenswasser« (4,10–15) und als »Lebensbrot« (6,26–59) deklariert und im abschließenden Petrusbekenntnis als »Worte ewigen Lebens« (6,68) beschrieben sind. Im Unterschied zum vorangehenden und nachfolgenden Hauptteil ist das Hauptinteresse nicht die Kollision und Konfrontation, sondern der Erfolg in der gläubigen Annahme der Botschaft. So wird die Samaritanermission als Erfolg vermerkt (4,39–42). Auch der Königische und sein Haus kommen zum Glauben (4,53). Endlich endet auch Joh 6 mit dem Glaubensbekenntnis des Petrus für den Jüngerkreis. In allen drei Fällen wird solcher Glaube nicht mehr problematisiert (6,70f. ist eine auf Judas personalisierte Ausnahme) und zugleich programmatisch ins Ziel der Darstellung gerückt. Dies hat eine Analogie im Hauptteil 1,19–2,12 und steht im Gegensatz zu Stellen wie 7,40–44; 8,30ff.; 11,45ff. usw. Trotz dieser Erfolgsschilderung wird das Befremdliche und Ärgerliche der Offenbarung nicht verschwiegen: So steht sie z. B. jenseits der Kultortfrage Jerusalem oder Garizim (4,20–26), nimmt eine kritische Haltung der Wundererwartung gegenüber ein (4,48), distanziert sich vom Mannawunder (6,32) und erregt Anstoß im Sinne von 6,42. Der Glaube der Jünger äußert sich erst nach der Steigerung des Ärgernisses (6,60–63).
Die Gliederung des Hauptteils ergibt sich zwanglos: Der Begegnung in Samaria (4,1–42) folgen die Heilungsgeschichte (4,43–54), die Brotvermehrung und der Seewandel (6,1–21) und dann die anschließende Lebensbrotrede, zu der kompositorisch das Petrusbekenntnis als Abschluß gehört (6,22–71). Es fällt auf, daß E bis auf 4,43–54 jeweils insgesamt seine Vorlagen umfassend in seine Pläne einbaute. Demgegenüber steht 4,43–54 relativ unbenutzt für sich. E scheint an dieser Wundererzählung nur geringes Interesse gehabt zu haben und übernimmt sie, weil er sie an dieser Stelle in der SQ vorfand.

1. Die Aufnahme Jesu als des Lebenswassers in Sychar 4,1–42

1 Als nun Jesus erfuhr, die Pharisäer hatten gehört, Jesus
gewinnt und tauft mehr Jünger als Johannes 2 – freilich
taufte nicht Jesus selbst sondern seine Jünger –, 3 da ver-
ließ er Judäa und zog wieder fort nach Galiläa. 4 Er mußte
jedoch den Weg durch Samaria nehmen.
5 Er kommt nun zu einem samaritanischen Ort, genannt
Sychar, nahe bei dem Grundstück, das Jakob seinem Sohn
Joseph vermacht hat. 6 Dort befand sich der Jakobsbrunnen.
Jesus, von der Wanderung ermüdet, setzte sich ohne weiteres
am Brunnen nieder. Es war um die sechste Stunde. 7 Da
kommt eine samaritanische Frau, um Wasser zu schöpfen.
Jesus spricht zu ihr: »Gib mir zu trinken!« 8 Seine Jünger
nämlich waren in den Ort gegangen, um Lebensmittel einzu-
kaufen. 9 Da sagte die samaritanische Frau zu ihm: »Wie
kannst du als Jude von mir zu trinken erbitten, wo ich doch
eine samaritanische Frau bin!« – Juden haben nämlich mit
Samaritanern keine Gemeinschaft.
10 Jesus antwortete und sprach zu ihr: »Kenntest du die Gabe
Gottes und wer es ist, der dir sagt: Gib mir zu trinken, hättest
du ihn gebeten, und er hätte dir lebendiges Wasser gege-
ben.« 11 Sagt zu ihm die Frau: »Herr, du hast kein Schöpfge-
fäß, und der Brunnen ist tief. Woher hast du lebendiges
Wasser? 12 Bist du denn etwa mehr als unser Vater Jakob,
der uns den Brunnen gab und selbst aus dem Brunnen trank
sowie seine Söhne und seine Herden?« 13 Jesus antwortete
und sprach zu ihr: »Jeder, der von diesem Wasser trinkt, den
wird wieder dürsten. 14 Wer aber von dem Wasser trinkt, das
ich ihm geben kann, den wird in Ewigkeit nicht dürsten;
vielmehr wird das Wasser, das ich ihm geben kann, in ihm zu
einer sprudelnden Wasserquelle bis ins ewige Leben wer-
den.« 15 Sagt zu ihm die Frau: »Herr, gib mir dieses Wasser,
damit ich keinen Durst mehr habe und nicht mehr zum Schöp-
fen hierher zu kommen brauche.«
16 Sagt er zu ihr: »Geh, ruf deinen Mann und komm (aber-
mals) her!« 17 Die Frau antwortete und sprach: »Ich habe
keinen Mann.« Sagt ihr Jesus: »Du hast ganz richtig gesagt,
ich habe keinen Mann: 18 Fünf Männer hast du nämlich
gehabt, und der, den du jetzt hast, ist nicht dein Mann. Du hast
also ganz richtig geantwortet. 19 Sagt zu ihm die Frau:

»Herr, ich sehe, du bist ein Prophet. 20 Unsere Väter haben
auf diesem Berg angebetet. Ihr aber sagt, in Jerusalem sei der
Ort, wo man anbeten soll.« 21 Jesus sagt zu ihr: »Glaub mir,
Frau, es kommt die Stunde, da ihr weder auf diesem Berg
noch in Jerusalem den Vater anbeten werdet. 22 Ihr betet an,
was ihr nicht kennt. Wir beten an, was wir kennen, denn das
Heil kommt von den Juden. 23 Aber es kommt die Stunde,
und zwar ist sie jetzt schon da, da die wahren Beter den Vater
in Geist und Wahrheit anbeten werden. Solche nämlich sucht
sich der Vater als seine Anbeter. 24 Geist ist Gott, und die
Anbeter müssen im Geist und in der Wahrheit anbeten.« 25
Sagt die Frau zu ihm: »Ich weiß, der Messias wird kommen
– d. h. der Christus –, wenn jener kommt, wird er uns alles
verkündigen.« 26 Jesus sagt zu ihr: »Ich bin (es), der mit dir
redet.«
27 Unterdessen kamen seine Jünger, und sie wunderten
sich, daß er mit einer Frau sprach. Doch keiner sagte: Was
suchst du? Oder: Was redest du mit ihr? 28 Die Frau aber
ließ ihren Krug stehen, eilte in den Ort zurück und sagt zu den
Leuten: 29 »Kommt, seht (euch) einen Mann an, der mir alles
sagte, was ich getan habe. Ob er nicht vielleicht der Messias
ist?« 30 Sie eilten aus dem Ort und kamen zu ihm.
31 Inzwischen baten ihn die Jünger: »Rabbi iß!« 32 Er sprach
zu ihnen: »Ich habe Speise zu essen, die ihr nicht kennt.« 33
Da sagten seine Jünger untereinander: »Hat ihm jemand zu
essen gebracht?« 34 Sagt Jesus zu ihnen: »Meine Speise
besteht darin, den Willen dessen zu tun, der mich gesandt hat,
und sein Werk zu vollenden. 35 Sagt ihr nicht: Noch vier
Monate sind's, dann kommt die Ernte? Siehe, ich sage euch:
Hebt eure Augen auf und betrachtet die Felder. Sie sind
(schon) weiß zur Ernte. 36 Schon empfängt der Schnitter
Lohn und bringt die Frucht ein für das ewige Leben, damit
sich Sämann und Schnitter gemeinsam freuen. 37 Denn
darin ist das Sprichwort wahr. Einer sät, der andere ern-
tet. 38 Ich habe euch zum Ernten dessen gesandt, wofür ihr
nicht gearbeitet habt. Andere haben gearbeitet, und ihr seid in
ihre Arbeit eingetreten.«
39 Viele Samaritaner aus jenem Ort glaubten an ihn wegen des
Wortes der Frau, die bezeugte, er habe ihr alles gesagt, was
sie getan habe. 40 Als nun die Samaritaner zu ihm kamen,
baten sie ihn, bei ihnen zu bleiben. Und er blieb dort zwei
Tage. 41 Und noch viel mehr glaubten an ihn wegen seines

Wortes. 42 Der Frau sagten sie jedoch: »Wir glauben nicht mehr um deines Redens willen. Wir haben ihn nämlich selbst gehört, und wir wissen: Dieser ist wahrhaftig der Retter der Welt.«

Literaturauswahl: Becker, J.: Johannes der Täufer und Jesus von Nazareth, BSt 63, 1972, 43–54. – *Boers, H.:* Neither on this Mountain nor in Jerusalem, SBL.MS 35, 1988 (Lit.). – *Braun, F. M.:* Avoir soif et boire, Jn 4,10–14; 7,37–39 (Mélanges B. Rigaux), Gembloux 1970, 247–258. – *Braun, H.:* Qumran I, 116f. – *Cantwell, L.:* Immortal Longings in Sermone Humili. A Study of John 4,5–26, SJTh 36 (1983) 73–86. – *Carmichael, C. M.:* Marriage and the Samaritan Woman, NTS 26 (1980) 332–346. – *Cullmann, O.:* Samarien und die Anfänge der christlichen Mission, in *ders.:* Vorträge und Aufsätze 1925–1962, Tübingen 1966, 232–240. – *Ders.:* Kreis, 49–52. – *Dehn, G.:* Jesus und die Samariter, BSt 13, 1956. – *Friedrich, G.:* Wer ist Jesus? Stuttgart 1967. – *Hahn, F.:* »Das Heil kommt von den Juden.« Erwägungen zu Joh 4,22b, in: Wort und Wirklichkeit (FS E. L. Rapp), Meisenheim 1976, 67–84. – *Ders.:* Die Worte vom lebendigen Wasser im Johannesevangelium, in: God's Christ and His People (FS. N.A. Dahl) Oslo 1977, 51–70. – *Jeremias, J.:* Art. *Samareia*, ThWNT VII, 1960, 88–94. – *Kippenberg, H. G.:* Garizim und Synagoge, RVV 30, 1971. – *Klinzing, G.:* Die Umdeutung des Kultes in der Qumrangemeinde und im Neuen Testament, StUNT 7, 1971. – *Kotila, M.:* Zeuge, 101–103. – *Lenglet, A.:* Jésus de passage parmi les Samaritains, Jn 4,4–42, Bib. 66 (1985), 493–503. – *Miranda, J. P.:* Vater, 308–388. – *Nestle, E.:* Die fünf Männer des samaritanischen Weibes, ZNW 5 (1904) 166. – *Neyrey, J. H.:* Jacob Traditions and the Interpretation of John 4,10–26, CBQ 41 (1979) 419–437. – *Okure, T.:* The Johannine Approach to Mission, WUNT 2/31, 1988 (Lit.). – *Olsson, B.:* Structure and Meaning in the Fourth Gospel, CB.NT 6 (1974) 175–208. – *Rebell, W.:* Gemeinde als Gegenwelt, BET 20, 1987, 177–210. – *Ritt, H.:* Die Frau als Glaubensbotin, in: Vom Urchristentum zu Jesus (FS J. Gnilka), Freiburg 1989, 287–306. – *Ruiz, M. R.:* Missionsgedanke, 41–72. – *Schenke, H.-M.:* Jakobsbrunnen – Josephsgrab – Sychar, ZDPV 94 (1968) 159–184. – *Schmid, L.:* Die Komposition der Samaria-Szene, Joh 4,1–42, ZNW 28 (1929) 149–158. – *Schottroff, L.:* Joh 4,5–15 und die Konsequenzen des johanneischen Dualismus, ZNW 60 (1969) 199–214. – *Taeger, J.-W.:* Johannesapokalypse, 61–87. – *Unnik, W. C. van:* A greek characteristic of prophecy in the Fourth Gospel, in: *Best. E. – Wilson, R. McL.:* Text and Interpretation (FS. M. Black), Cambridge 1979, 211–229. – *Walker, R.:* Jüngerwort und Herrenwort. Zur Auslegung von Joh 4,39–42, ZNW 57 (1966) 49–54.

Der Aufbau des Abschnittes Joh 4; 6 (vgl. die Angaben vor Joh 4) zeigt für den Leser des Joh eine spezifische Fortsetzung der Selbstoffenbarung des Gesandten. Das den voranstehenden Abschnitt beendende letzte Wort des Täufers über Jesus in 3,30 (danach wird nur noch über den Täufer geredet), das vom Wachsen des Werkes Jesu sprach, öffnet die Perspektive für Joh 4; 6. Speziell 4,31ff. am Schluß der Sychar-Perikope nimmt diesen Faden auf. Der Missionserfolg in dem samaritanischen Dorf geschieht dabei aufgrund der Selbstoffenbarung Jesu gegenüber der Samaritanerin und den Dorfbewohnern. Mit diesem im Wort sich erschließenden Zugang zu Jesus aufgrund der Einsicht in seine Sendung wird nicht nur der Grundaspekt des Nikodemusgesprächs (Joh 3,1–21) fortgesetzt, sondern auch die Brotrede in Joh 6 vorbereitet, die dann erstmals ein Offenbarungswort im Ich-bin-Stil (6,35) enthält. So wird von Joh 3 her über Joh 4 bis hin zu Joh 6 die Offenbarung Jesu als Selbstoffenbarung immer präziser und direkter (vgl. Hinrichs). Darüber hinaus gibt es zwei weitere Brücken, die Joh 4 in das Joh einbinden: 1. Joh 4 und 6 enthalten die kaum zufällige Paarung von Lebenswasser und Lebensbrot. Es ist kaum Zufall, daß 6,35 neben dem vorherrschenden Thema vom Lebensbrot und von der Stillung des Hungers auch noch vom Durststillen redet. 2. Joh 3 und 4 reden einerseits von einem männlichen Juden, der im ungläubigen Mißverstehen verweilt, andererseits von einer samaritanischen Frau, die die erste Christusanhängerin und Missionarin Samarias wird (vgl. Exkurs 14).

Joh 4 gehört zu den besonders breit ausgestalteten und in Etappen ablaufenden Großszenen wie Joh 9; 11, die man aus den Synoptikern nicht kennt: Jetzt folgt einer szenischen Einleitung (4,1–4) ein erster Block (4,5–26) in 3 Etappen (4,5–9.10–15.16–26), in dem die Samaritanerin und Jesus die Zentralfiguren sind. Zunächst wird die geographische Angabe aus V 4 präzisiert (V 5.6a) und dann entsteht ein erster, durch Jesu Initiative begonnener Dialog, der wegen seiner verschränkten Doppelproblematik (ein Mann redet eine Frau an, ein Jude eine Samaritanerin) mit V 9 endet, ja enden muß. Mit einer versteckten Selbstbekundung Jesu (V 10) beginnt ein zweiter Anlauf. Er endet wie im ersten Fall mit einem Wort der Frau. Wie sie V 9 die Unüberbrückbarkeit religiöser und sozialer Barrieren konstatiert, so drückt sie nun im typischen Mißverständnis ihren (noch) nicht überwundenen Unglauben aus (V 15). Ein drittes Mal (V 7.10.16) setzt Jesus neu ein und erweist sich als Allwissender wie bei Nathanael (1,47ff.). Das führt zu einem ersten Bekenntnis der Frau (4,19), so daß nun das Gespräch über die wahre Anbetung Gottes beginnen kann. Es endet mit einer Selbstoffenbarung Jesu (V 26).

Ein weiterer Block (4,27–42) schließt sich an. Die Frau hat nun eine zurückgezogenere Rolle. Vor allem die Jünger, jedoch am Schluß auch die Dorfbewohner treten neben Jesus in den Vordergrund. Wiederum erkennt man drei Etappen (4,27–30.31–38.39–42), wobei das Jüngergespräch in der Mitte wegen der Offenbarungsrede Jesu einen starken und eigenen Akzent trägt (Boers). Darum ist es nicht gut, Joh 4 nur als Gespräch Jesu mit der Samaritanerin zu kennzeichnen. So kommt das Jüngergespräch, das den Gesamtvorgang in Sychar für den Leser erst in einen weiteren Zusammenhang stellt, zu kurz weg. Nicht zufällig enden die beiden anderen Stücke mit einem Bekenntnis zu Jesus (V 29.42). Insbesondere das abschließende Zeugnis über Jesus als Retter der Welt wird im Sinne von E als Fortsetzung von 3,16 zu verstehen sein. Auch 6,66ff. gipfelt dann in einem abschließenden Bekenntnis (6,68f.). So kann man festhalten: Die im Nikodemusgespräch enthaltene Zentralaussage 3,16 wird zweifach entfaltet. Jesus als Lebenswasser bedingt 4,42, Jesus als Lebensbrot fordert 6,68f. heraus. So kommt die göttliche Sendung Jesu (3,16) in seiner Selbstoffenbarung als Lebenswasser und Lebensbrot zur Entfaltung und führt zum Glauben.

Allerdings zeigen bei näherem Zusehen Einzelheiten in Joh 4, daß der Abschnitt nicht einfach von E neugebildet wurde. E hat vielmehr einer eigenständig strukturierten Erzählung seine Gestaltung aufgezwungen. Dazu seien die entscheidenden Hinweise vorgestellt: 1. Die Stichworte und Motive aus 4,1–3 spielen in der Erzählung selbst keine Rolle. 2. Joh 4,10–15 respektieren (unter stiller Vorwegnahme von 4,22–26) gar nicht den Einwand der Frau aus V 9. Diesem wird erst V 16 entsprochen. 3. V 16 steht jetzt nach V 10–15 unvorbereitet und für V 9 verspätet da. 4. V 20–26 scheinen zum Stichwort »Prophet« angefügt, aber in V 27 ist die Erzählung immer noch bei dem Problem, daß ein (jüdischer) Mann nicht mit einer (samaritanischen) Frau reden kann, setzt also die Linie V 9.16 fort. 5. Konsequent verläßt nun die Frau den Ort, um die Dorfbewohner zu holen (V 28), um diese als Gesprächspartner hinzuzuziehen. So bewältigt sie die Problematik aus V 9.16, ganz gegen ihr vorangehendes Verhalten in den langen Gesprächen V 10ff.20ff. 6. In V 29 berichtet die Frau den Dorfbewohnern nur von V 16–19, läßt also die wichtigsten Gesprächsthemen aus. 7. V 39 nimmt zwar auf V 29 Bezug, steht aber vor V 40 ganz unmöglich. V 40 wiederum schließt gut an den Vorgang in V 28–30 an, so daß V 31–39 sich als Block erweisen, der einen alten Zusammenhang aufbricht.

Aus diesen (im filigranen Bereich vermehrbaren) Beobachtungen ist der Schluß zu ziehen, daß der Text eine Geschichte besitzt. Es geht nicht an, von der Einheitlichkeit des Textes einfach auszugehen (gegen Schmid, Ruckstuhl, Olsson, Okure, Boers u. a.). Auch empfiehlt es sich nicht, nur in 4,5–7.9 eine Tradition auszumachen (gegen Schottroff). Sie wäre nicht nur ein gattungsgeschichtliches Unikum (mit Hahn, Heil), sondern übersieht die Linie 4,9.16.27–29.40. Vielmehr gibt es gute Gründe, von einem häufig benutzten Modell Gebrauch zu machen, das eine ältere Erzählung vornehmlich durch Gesprächsblöcke (vor allem: V 10–15.20–26.31–39) erweitert sieht (grundlegend: Bultmann). Diese Annahme bewährt sich gerade auch im Blick auf den verbleibenden Restbestand. Er ist kein Torso, sondern eine gut gebildete Erzählung (s. u.) und besitzt zwei Strukturelemente, die die Handlung tragen: Das Problem jüdischer Mann – samaritanische Frau und die Orientierung an Hoheitstiteln (V 19.29.42). Das Letztere erinnert an 1,35ff., zumal auch dort Jesu übernatürliches Wissen (wie 4,17) Anlaß für ein Bekenntnis ist. Die Vorlage aus Joh 4 wird also zur SQ gehören (Bultmann, Fortna u. a.). Diese Annahme findet weitere Bestätigung durch das Interesse am Lokalkolorit (4,5f.), durch die Stundenangabe (4,6) und durch die Situation am Rande des Judentums (vgl. zu den Punkten Exkurs 1). Mit Hilfe dieser Annahme erklärt sich dann auch die im Joh unbefriedigende Stellung der nachfolgenden Wundererzählung 4,43–54; E folgt in 4,5ff.; 4,43ff. und 6,1ff. der SQ (vgl. Exkurs 1).
Damit ist die Basis zur Einzelanalyse gewonnen. Für sie gilt zuerst, daß 4,1–4 im wesentlichen Itinerar von E ist. Allerdings ist der Text nach E nochmals kommentiert worden (KR): Die Parenthese in V 2 will die allgemeine, im Urchristentum verbreitete Meinung über Jesus als Korrektur zur aparten Aussage, Jesus selbst habe getauft, einbringen. Dies hätte schon 3,22 geschehen sollen, kommt also eigentlich etwas spät zum Zuge. Um solchen Ausgleich mit der gängigen Tradition kümmert sich E nicht. Endlich mag V 4 der KR zugewiesen werden: das imperfektische »er mußte« ist im Joh nur hier zu finden und will dem Leser, der mit dem Lokalkolorit nicht vertraut ist, wie V 9c Verstehenshilfen bieten. 4,9c (»Juden haben mit Samaritanern keine Gemeinschaft«) ist ebenfalls von der KR eingebaut. Der Satz ist ein typisch nachträglicher Kommentar, fehlt in einigen Handschriften, sein Verb ist hapax legomenon im NT und der artikellose Gebrauch der Plurale »Juden« bzw. »Samaritaner« im Joh nicht üblich (einzige Ausnahme: 3,25 als sekundäre Lesart).
In dem Block 4,5–9 kann man die Erwähnung der Jünger (V 8) als nicht unbedingt nötig herausstellen und, da der Vers mit V 27

zusammen das Jüngergespräch V 31ff. (E) vorbereitet, ihn E zuweisen (Hahn, Heil). Aber man kann auch anders deuten: 4,8.27 waren vorgegebener Anlaß für E, das Jüngergespräch V 31ff. zu konstruieren. Die Jünger haben in der SQ zudem ihren konstitutiven Platz (1,19–50; 2,11f.; 6,5–12.19f.; 20,30 usw.). Ohne Zweifel hat dann E das Motiv des Brunnenwassers benutzt, um ein Gespräch über das »lebendige Wasser« einzubauen (4,10–15). Dabei ist jetzt der Bruch zwischen V 15 und 16 ebenso offenkundig, wie V 16 gut an V 9 anschließt. Da nach damaliger Sitte ein Mann üblicherweise keine Frau anspricht, reagiert Jesus auf das Erstaunen der Frau (V 9), indem er der Sitte wieder ihr Recht gibt (V 16). So hat die SQ in der Abfolge 4,5–9ab.16–19 eine sinnvolle Erzählung.

War mit der christologischen Erkenntnis V 19 für die SQ ein erstes Ziel erreicht, so benutzt E dies, um mit V 20–26 ein weiteres Gespräch einzubauen: Ein Prophet muß den alten Streit zwischen Judentum und Samaritanern um den Kultort schlichten können. Jesus kann das – jedoch in einem unerwarteten Sinn. Dabei macht der Auslegung noch V 22 Probleme. Inhaltlich ist der Vers schwer verständlich (s. u.), und ohne ihn der Zusammenhang glatter. In ihm erkennt man darum am besten eine Ergänzung der KR (gegen Hahn, Heil), die wie 4,4.9c am Verhältnis der Juden zu den Samaritanern Interesse hat (s. u.).

V 27–30 gehören zur SQ. Dabei findet in V 29 die bisherige Analyse eine Bestätigung. Ganz entfernt davon, daß die Frau ihrer Dorfgemeinschaft von den wesentlichen Gesprächen 4,10–15.20–26 berichtet, erwähnt sie nur das für diese vergleichsweise Uninteressante, der Fremde habe ihre Männerprobleme erkannt. Dies ist jedoch dann als alleiniger Inhalt der Rede der Frau sachgemäß, wenn über weiteres nicht gesprochen wurde. In der SQ war in der Tat nur dies Gegenstand der Unterredung. So bestätigt V 29 die Rekonstruktion. E verwendet nach V 27–30 das Jüngermotiv, um einen dritten Einschub zu starten, das Gespräch Jesu mit den Jüngern über die Mission (4,31–38). Dieses ist namentlich in V 36–38 mit manchen Problemen belastet, aber sie lassen sich auch durch Literarkritik nicht glatt lösen. V 39–42 wollen den Ertrag der Erzählung festhalten und das Thema der Samaritanermission zu Ende führen. Für E ist dabei entscheidend, daß die Dorfbewohner nicht nur glauben, weil die Frau Jesus als Propheten erfuhr (V 16–19.29.39), sondern weil Jesu Worte selbst sie überzeugten (V 41.42a). Dieser Zusammenhang von der Selbstoffenbarung Jesu im Wort und dem Glauben ist der SQ fremd. Zu ihr würde allerdings V 39 gut passen (formal vgl. 2,11; 6,14; sachlich 4,29). Aber jetzt zerstört V 39 den Zusammenhang 4,30.40 (SQ). Vielleicht darf man darum für die SQ die Abfolge V 40.39.42b annehmen, so daß E umstellte. für V 42b mag als Text der SQ gelten: »... und sie sprachen ...: Wir wissen, dieser ist wahrhaftig der Retter der Welt« (vgl. auch Fortna).

Damit ergibt sich: Der Grundstock aus Joh 4 gehört zur SQ. Sie berichtet nach einer Einleitung (4,5–6) von einem Gespräch Jesu mit einer Samaritanerin am Jakobsbrunnen in drei Gängen und abschließendem Bekenntnis aufgrund einer Allwissenheitsprobe Jesu (4,7–9b.16–19), von der missionarischen Weitergabe der Erfahrung der Frau an ihre Dorfbewohner (V 27–30) und von Jesu Aufnahme im Dorf (40.39.42b). Diese Abfolge entspricht einer Erzähltypik, die eine kulturell typische Erfahrung widerspiegelt. Man kann dies an 1Mose 24,11–33; 2Mose 2,15–21 verdeutlichen: Ein Ortsfremder sucht Kontakt über eine Frau (bzw. Frauen), die vor dem Ort Wasser holt. Die Frau ist Kontaktperson zur Dorfgemeinschaft. Der Fremde wird im Dorf aufgenommen. Dieser Dreischritt zielt auf die Aussage, wie ein Unbekannter in einer fremden Gemeinschaft Aufnahme findet. Es liegt also in der SQ mit Joh 4 eine Missionslegende vor, die Jesu Erfolg im samaritanischen Sychar erzählt. Eigentlich wollte Jesus nur außerhalb der Ortschaft am Brunnen in der Mittagshitze pausieren. Die zu solcher Zeit (vgl. dagegen 1Mose 24,11; abends) ungewöhnliche Ankunft einer wasserschöpfenden Frau ändert dann alles. Eigentlich wollte Jesus in Samaria nicht verkündigen, aber so kam es dann doch zu einem überraschenden Missionserfolg, dessen Basis Jesu Vorherwissen war (vgl. 1,47ff.) und der sich in drei Bekenntnissen äußert, die jeweils in V 19.29.42 Szenen beenden.

E verarbeitet die Erzählung im wesentlichen durch Einfügung von Blöcken: Jesus ist das »lebendige Wasser«, d. h. der Offenbarer wahren Lebens (4,10–15). Seine Offenbarung überholt dabei jüdische und samaritanische Religion, denn mit einer exklusiven Kenntnis des Vaters ist auch eine neue menschlich unerschwingliche Verehrung des Vaters verbunden (4,20–26). Endlich ist mit ihm die eschatologische Missionszeit gegeben (4,31–38).

Nach diesem Gang durch die Geschichte des Textes, gilt es nun, Einzelnes des jetzigen Textes zu bedenken. In 4,1–4 wird von E die Reise durch Samaria motiviert. Galt das Interesse der Pharisäer in 1,19.24 dem Täufer und nicht Jesus, so richten sie aufgrund von 2,22–25; 3,22 ihren Blick nun vom Täufer weg auf Jesus. Sie wissen nicht, daß sie damit dem göttlichen Willen (3,30) entsprechen. Jesus weicht der Kollision mit den Pharisäern aus. Wahrscheinlich will E auch mit 3,22ff.; 4,1 den weiteren Jüngerkreis beschreiben, von dessen Krise später 6,60f.66 berichten. Mit 4,5f. beginnt der alte Grundstock der Erzählung. Sie hat – für die SQ typisch – starkes Interesse an Lokaltraditionen. Der dem AT nicht bekannte Brunnen Jakobs wird noch heute gezeigt. Es handelt sich um einen gemauerten Brunnen mit einer Tiefe von ca. 30 m, der fließendes Quellwasser führt. Er mag sogar in alter Zeit als Heiligtum ausgebaut gewesen sein (Schenke), doch setzt die Erzählung dies nicht voraus. Für sie ist der Brunnen – wie üblich vgl. 1 Mose 24,11; 2 Mose 2,15; 1 Sam 9,11 u. ö. – Kontaktort und Ermöglichung, den Durst zur heißen Tageszeit zu stillen. Gewichtig ist hingegen der Standort des Brunnens in Sichtweite des seit Hyrkan (135–104 v. Chr., vgl. Jos ant 13,255f.) zerstören samaritanischen Zentralheiligtums auf dem Garizim, dessen Restitution man erhoffte (Jos ant 18,55f.). Die Lage des Brunnens wird definiert: Er liegt in der Nähe des Dorfes Sychar (im AT nicht bekannt, wohl identisch mit dem heutigen Askar am Fuß des Ebal. Andere setzen es mit Sichem, heute Nablus, gleich, das an das Grundstück grenzt, das Jakob dem Joseph vermachte (Kombination von 1 Mose 33,19 und 48,22; vgl. Jos 24,32). Der Brunnen liegt damit an der großen Landstraße in nordsüdlicher Richtung, nahe der Abzweigung nach Westgaliläa.

Da der Brunnen immerhin einen guten Kilometer vom Dorf entfernt liegt und zwei näher gelegene Brunnen wohl vorhanden waren (Ain Askar und Ain Defne), ist die Frage, was die Frau zu diesem Brunnen treibt (4,6f.). Da die Erzählung dies nicht angibt, kann man allenfalls raten. Dies gilt auch für die ungewöhnliche Tageszeit (die sechste Stunde ist Mittag), zu der die Frau Wasser holt. Üblich ist das Wasserschöpfen morgens und abends (doch vgl. 1 Mose 29,7). Gern erklärt man diese Auffälligkeit damit, daß die Frau als bekannte Sünderin die anderen Frauen meiden will (Schnackenburg). Aber nach V 28 hat die Frau offenbar guten Kontakt zum Dorf, und der Erzählung ist an einer Klärung der Frage nichts gelegen. Für sie ist alles Nötige für den Fortgang auch ohne solche Nebenzüge vorbereitet. Jesus redet allein mit einer fremden Frau (4,27) und diese ist Samaritanerin (4,9). Müde von Hitze und Wanderung (4,6), bittet Jesus um einen Trank (V 7). Die Jünger – so wird szenisch etwas spät nachgetragen – waren ins Dorf gegangen, um Proviant zu besorgen (V 8). Die Frau artikuliert das Ungewöhnliche des Vorgangs (V 9).

Juden und Samaritaner waren Erbfeinde (vgl. Jeremias, Kippenberg). Zur Zeit der Perserherrschaft (538–332 v. Chr.) hatte sich Judäa politisch verselbständigt und Samaria das Kultzentrum auf dem Garizim gebaut, nach damaliger Meinung dem Ort der Opferung Isaaks (vgl. 1Mose 22). Der Kultort lag seit Hyrkan in Trümmern. Im Unterschied zum offiziellen Judentum in urchristlicher Zeit anerkannten die Samaritaner nur die fünf Bücher Mose (mit rund 6000 Varianten zur jüdischen Tradition) als heilige Schriften an, also nicht den dreiteiligen Kanon (Tora, Propheten, übrige Schriften), wie er von Josephus, contra Apionem 1,8; 4Esr 14,44–46 bezeugt wird. Sie glichen darin z. B. den altgläubigen Sadduzäern und Essenern. Demzufolge gehört zur Hoffnung der Samaritaner in ntl Zeit noch nicht die Totenauferweckung (Jeremias). Sie ist ja auch in den fünf Büchern Mose nicht bezeugt und wurde darum von den Sadduzäern und Essenern nicht gelehrt. Wenn also Jesus in 4,10–15 voraussetzt, die Frage nach dem ewigen Leben treibe auch die Samaritaner um, so steht die Religionsgeschichte dagegen. Mit anderen Worten: E konstruiert den Dialog ohne historisch-biographisches Interesse und schreibt im Blick auf seine Gemeinde.

Differenzen zwischen Juden und Samaritanern tun sich auch auf, blickt man auf die für die Endzeit erwartete Heilsgestalt. Eine messianische Hoffnung im Sinne der Aktualisierung von 2Sam 7 (vgl. PsSal 17; 18) ist natürlich nicht zu erwarten. Dies wäre vom Kanon her und politisch unvorstellbar. Auch die Menschensohnvorstellung (Dan 7) gelangt erst später in den jüdischen Kanon. Vom Pentateuch als samaritanischem Kanon her ergab sich vielmehr die Erwartung eines endzeitlichen Propheten wie Mose (5 Mose 18,15.18). Diese Vorstellung wird auch von den Essenern vertreten (1QS 9,9–11; 4QTest 1–8) und wohl im offiziellen Judentum aus antisamaritanischer Tendenz unterdrückt. Nach Meinung der Samaritaner wird der Prophet wie Mose die Gesetzgebung des Mose zu Ende führen (Belege und Diskussion bei Kippenberg, Becker, Miranda). Diese Erwartung könnte helfen, 4,19ff. zu verstehen. Aber auch hier ist Vorsicht geboten: Die Einsicht in Jesu Prophetentum ist noch nicht identisch mit der Annahme, Jesus sei der endzeitliche Prophet wie Mose. Denn es fehlt sowohl ein Bezug zu 5Mose 18 als auch vor der Erwähnung des Propheten der bestimmte Artikel. So ist auch hier kaum spezielle samaritanische Erwartung als Hintergrund für Joh 4 anzusetzen.

Dies hat man endlich noch beim Messiastitel in 4,25 vermutet. Man konstruiert dann so: Der erwartete samaritanische »Messias« ist die Gestalt des Taheb, der mit dem Propheten wie Mose schon zur Zeit des NT verschmolzen war (Jeremias u. a.). Aber auch hier ist Zurückhaltung am Platz: Daß schon in der für Joh 4 in Frage kommenden Zeit der Taheb mehr als die Verkörperung der Umkehrenden bedeutete und mit dem Endzeitpropheten verschmolzen war, muß noch bewiesen werden (Kippenberg). Der älteste Beleg für eine messianische Deutung wäre überhaupt Joh 4,25 selbst. Hier ist aber der Taheb gar nicht erwähnt, und der Gebrauch des Messiastitels im Rahmen des sonstigen joh Gebrauchs, also

nicht speziell samaritanisch, hinreichend erklärbar. Auch der Verweis auf den samaritanischen Propheten unter Pilatus (Jos ant 18,85–87), der vergrabene Kultgeräte auf dem Garizim wiederfinden wollte, mag wohl die lebendige Hoffnung der Samaritaner auf den endzeitlichen Propheten wie Mose dokumentieren, aber viel mehr wird man bei kritischer Lektüre aus dem Josephusbericht kaum entnehmen dürfen.
Kurzum: Zur Interpretation von Joh 4 sind konstitutiv: die Feindschaft zwischen Juden und Samaritanern, der verschiedene Kultort und ein allgemeines Wissen um die Besonderheit christlicher Mission in Samaria. Alle anderen angeblichen samaritanischen Spezialissima sind hypothetisch in den Texthintergrund eingetragen. Der Text hat christliche Adressaten und kein Interesse, besondere samaritanische Religionsgeschichte aufzuarbeiten.

Nach V 9 unterbricht E seine Vorlage zu einem ersten Dialog (4,10–15). Dabei läßt E Jesus so antworten, als bestünde das von der Samaritanerin V 9 konstatierte Problem gar nicht. Die später ins Auge gefaßte Aufhebung religiöser Differenzen zwischen Juden und Samaritanern samt der Einheit im Geist (4,20–26) wirkt sich aus (vgl. weiter Exkurs 14).
Mit V 10 wird der durstige Wanderer zum Spender des Lebenswassers. Nicht er bedarf etwas, sondern nun soll die Frau einsehen, daß der Offenbarer ihre Bedürfnisse zufriedenstellt. Der Mangel ist auf ihrer Seite, nicht auf der Jesu. Kennte sie die »Gabe Gottes« (im joh Schrifttum singulär, jedoch sonst im analogen Sinn bekannt; vgl. speziell Röm 5,15–17; Eph 3,7; 4,7 jeweils als Inbegriff der göttlichen Heilszuwendung), wüßte sie, was sie erbitten müßte. Dieses geforderte Wissen wird noch expliziert, denn das »und« des folgenden Satzes ist explikativ gemeint (Schottroff): Wenn sie also wüßte, wer der ist, der mit ihr redet, dann würde sie ihn bitten. Typisch joh sind also Gabe und Geber identisch (vgl. Joh 6,33). Würde die Frau ihn nicht nur als jüdischen Mann zu sich als samaritanischer Frau entgegensetzen (V 9), also irdisch vergleichend sich verhalten, sondern ihn in der Qualität als Gabe Gottes, als himmlischen Gesandten, erkennen – wie es die Gemeinde tut, die Joh 4 liest –, dann würde sie ihn um lebendiges Wasser bitten. Aber diese Erkenntnis hat sie noch nicht. Darum reagiert sie auch irdisch mißverstehend. Ist »lebendiges Wasser« als vom Offenbarer zu erbittende Gabe gesetzt, dann ist insofern deutlich, daß das lebendige Wasser einen himmlischen Sinn hat. Es ist als Heilsgabe offeriert, und es kann nur noch gefragt werden, ob es einen Teilaspekt göttlicher Heilszuwendung beinhaltet (z. B. den Geist) oder die Offenbarung überhaupt. Indessen kann für das Joh kein Zweifel bestehen, daß die joh Gemeinde und E im letzten Sinn

gedeutet haben: Jesus selbst ist im gleichen Sinn »Brot des Lebens« (6,35) oder etwa »Licht des Lebens« (8,12), so nun auch »lebendiges Wasser«. Es ist dasselbe, wenn Jesus ewiges Leben hat (5,26), ewiges Leben ist (11,25) und ewiges Leben gibt (3,16). Insofern das ewige Leben Zentralbegriff joh Offenbarungsdenkens ist (vgl. Exkurs 4), ist damit die Offenbarung überhaupt bezeichnet. Dies kommt auch darin zum Ausdruck, daß Wasser, Brot, Licht durch den Lebensbegriff qualifiziert werden.

Aber dies weiß wohl der Leser, doch nicht die Frau. Sie qualifiziert sich durch ihr Mißverstehen als außerhalb der Offenbarung stehend (vgl. Exkurs 2). »Lebendiges Wasser« versteht sie nicht als Offenbarungsbegriff, wie es schon von der Umwelt des Urchristentums her nahelag. Wie Wasser gerade in orientalischer Erfahrung unentbehrlich zum Leben ist, so wurde es auch religiös verwendet. Nach dem AT ist Gott »Quelle lebendigen Wassers« (Jer 2,13; 17,13). Solche Aussagen begegnen auch im Judentum (äthHen 96,6; CD 3,16 usw.), wo speziell die Weisheit und die Tora mit der Metapher charakterisiert werden (Sir 15,3; äthHen 48,1 usw.). In 1QH 8,13f. sind Offenbarung, Leben und Wasserquell zusammengesehen und sogar das Motiv des Nichterkennens der Offenbarung verarbeitet. Nahe bei Joh stehen auch die OdSal (vgl. z. B. 6,11–18; 11,6–8). Das gesamte Material ist mehrfach besprochen worden (Bultmann, Schnackenburg, Dodd, Taeger). Kaum ratsam ist es, zwischen Offb 2,7.17; 7,16f.; 21,6; 22,1f.14–19 und Joh 4,10–15; 6,35; 37–39 eine spezielle traditionsgeschichtliche Entwicklungslinie zu konstruieren, nach der die Motive aus der Offb relativ direkt von der joh Gemeinde umgeformt wurden (gegen Hahn, Worte; richtig: Taeger). Sie wird auch dadurch problematisch, daß im Joh Paradiesesbaum und -quelle nicht begegnen. Diese und andere Beobachtungen lassen auch zögern, die Stellen der Offb in die direkte Nachgeschichte des Joh einzuordnen (gegen Taeger). Neben der Offenbarungssprache hat in der Alltagssprache »lebendiges Wasser« die Bedeutung von Quellwasser im Unterschied zum Zisternenwasser. So denkt die Frau an die Quelle des Jakobsbrunnens. Nur wie will Jesus daraus ohne Gerät schöpfen (V 11)? Oder (V 12) bietet er ihr noch besseres Quellwasser als aus dem Jakobsbrunnen an und degradiert somit Jakob (vgl. denselben ungläubigen Vorwurf angesichts des Anspruchs Jesu in 8,53 im Blick auf Abraham), dem dieses Wasser gut genug war wie auch seinem Haus (und allen Nachfahren bis heute)? So hat sie im irdischen Sinn mit Jesu Angebot Probleme (vgl. 3,4), sei es beim Vorgang des Schöpfens oder sei es bei der Herkunft des Wassers.

Jesus kontrastiert demgegenüber im dualistischen Sinn den Mangel allen irdischen Wassers mit der Qualität der göttlichen Gabe, die er meint. Damit ist einmal die Frage des Wie und Wo der Samaritanerin beiseite gestellt. Ebenso ist stillschweigend klargemacht, daß es gar nicht um Jakob und sein Ansehen geht, sondern um die Aufgabe irdischen zugunsten himmlischen Denkens. Irdisches Wasser kann den Durst nur zeitweilig stillen und ist immer wieder nötig. Himmlisches Wasser im Sinne Jesu ist ein für allemal genug: Wer durch Jesus ewiges Leben hat, besitzt es endgültig (vgl. den Nachsatz 6,35). Nicht mehr dürsten im Sinne endgültiger Lebenserfüllung im Heilsstand, ist vorgegebenes Bild (z. B. Jes 49,10). Es wird V 14d mit einem anderen Bild nicht ganz glücklich verbunden: Das Motiv des gestillten Durstes wird abgelöst von der Aussage, daß die Gabe Jesu, also sein »lebendiges Wasser« zur nie versiegenden Quelle wird, die – nun wird das Bild ungeschickt gesprengt – ins ewige Leben sprudelt. So ist die Offenbarung als unerschöpflich charakterisiert. Man kann erwägen, den klaren und geschlossenen Gedankengang V 13.14a E zuzuschreiben und V 14b als spätere Ergänzung anzusehen. Indessen ist dies nicht zwingend nötig (vgl. immerhin 6,27 KR), da trotz der Spannung auf der »Bildseite« in der Sache die Aussage glatt ist: Wer von Jesus lebendiges Wasser, die Gabe ewigen Lebens, erhalten hat, ist im endgültigen Heilsstand ohne Mangel, denn er hat weder Mangel im Sinne subjektiver Erfahrung (Durst als Abwesenheit der Lebensgabe) noch in objektiver Weise (die Gabe als begrenzte Menge).

Die Frau kann im Rahmen ihres irdischen Mißverstehens nur noch in das Zauberwesen ausweichen (V 15). Sie meint offenbar, Jesus wolle ihren Krug wunderbarerweise füllen und diese Füllung würde sich wunderbarerweise nie aufbrauchen lassen. Dann brauchte sie nicht mehr zum Brunnen zu gehen! Sie hätte ein partielles Schlaraffenland. Verständnis für sich hat Jesus also nicht erreicht. Aus dem Juden, der nicht mit ihr reden sollte, ist nur der Magier geworden. Die Frau hat nur Falsches hinzugelernt. Damit ist der Punkt erreicht, an dem E den Faden der alten Vorlage wieder aufnehmen muß.

V 16–19 haben abrupt die ehelichen Verhältnisse der Frau im Blick und zeigen ihr, daß Jesus – analog zu 1,47–49 – die prophetische Gabe der Allwissenheit besitzt. So endet der Abschnitt stilgemäß (vgl. 1,49) mit dem Bekenntnis der Frau. Zielt aber die Szene auf diese letzte Aussage, dann ist es unangebracht, in Jesu Aufdecken der Lebenssituation eine moralische Aburteilung der Frau hineinzulesen (eine wilde Ehe ist jüdisch wie sicher auch samaritanisch verboten; eine zweite, höchstens eine dritte Heirat ist jüdisch wie wohl auch samaritanisch erlaubt). Es ist ebenso unbegründet, angesichts ihrer moralischen Verkommenheit ihr nicht verschüttetes religiöses Sehnen herauszustellen (Schnackenburg), oder zu meinen, des Lebens Unruhe, durch die Verirrung des Lebenstriebes der Frau dokumentiert, würde vor dem Offenbarer aufgedeckt und so der Kontrast zum eigentlichen Leben unter der Offenbarung herausgearbeitet (Bultmann). Das Darstellungskonzept hat überhaupt solche Detailstudien zur Frau nicht im Blick. Es besteht vielmehr in einem christologischen Anliegen, wobei die Frau nur dienende Funktion hat: Die SQ will wie in 1,47–49 Christologie in erzählender Form bringen. Das christologische Bekenntnis, nicht das Schuldbekenntnis ist Ziel. E will mit diesem Abschnitt nach dem Ausgang von 4,15 neu auf die Dimension, in der der Offenbarer recht verstanden wird, zu sprechen kommen. Die Frau, die ihre Vergangenheit und Gegenwart kennt, erfährt durch Jesus in bezug auf sich selbst nichts Neues, sondern gerade unerwartet von einem Fremden genau das, was sie schon von sich weiß. Damit eröffnet sich ihr ein neues Verständnis des Fremden, den sie nun erstmals religiös einzuordnen weiß, d. h. als Prophet mit Gott in Beziehung bringt.

Diese Anlage des Abschnittes verbietet es auch, auf 2 Kön 17,24–34 abzuheben. Dort wird geschildert, bei der Neubesiedlung Samarias durch Sargon 722 v. Chr. seien fünf Fremdvölker angesiedelt worden, die ihre Götter und zugleich Jahwe verehrten. Da nun im AT das Verhältnis Jahwe – Israel auch als Eheverhältnis beschrieben wird, kann man deuten: Die Samaritaner – vertreten durch die Samaritanerin – haben fünf Gottheiten gehabt und mit Jahwe seien sie nicht rechtmäßig verbunden. So kann man also 4,16–19 symbolisch auslegen. Aber gegen diese Exegese spricht sehr viel: Abgesehen davon, daß 2 Kön sieben Götter benannt sind und diese gleichzeitig verehrt werden (die Samaritanerin kann nur nacheinander die Ehen eingegangen sein), ist die symbolische Deutung gar nicht angedeutet. Sie zerstört auch die Pointe: Jesus muß Dinge, die er eigentlich nicht wissen kann, die Frau aber wissend zu überprüfen vermag, vortragen, sonst ist der Schluß auf Prophetie nicht gegeben. Die Verhältnisse aus 2 Kön sind aber natürlich Juden und Samaritanern allgemein bekannt. Wenn weiter ein Jude einem Samaritaner Vorwürfe der Fremdgötterverehrung nach 2 Kön macht, wird dieser dies als streitsüchtig, aber nie als prophetisch verstehen. Es wäre Verschärfung des gespannten Verhältnisses durch Wiederholung bekannter Vorwürfe und widerspräche damit gerade auch dem Überspringen dieser Feindschaft im Verhalten Jesu 4,7. Solche symbolische Deutung kann endlich darum nicht im Sinne von E gewesen sein, weil er gerade durch 4,16–19 das gute Klima geschaffen sieht, in dem die Samaritanerin dem prophetischen Juden die alte Streitfrage Jerusalem oder Garizim vorlegt.

An diesem Gespräch 4,20–26 zeigt sich allerdings sofort, wie E den christlichen Standpunkt stillschweigend voraussetzt, nach dem der Streit zwischen Jerusalem und Garizim längst zugunsten der christlichen Religion entschieden ist. Wie könnte auch historisch die Frau einem jüdischen Propheten diese Frage vorlegen! Er wäre doch immer schon Partei! Eigentlich redet nach E also kein jüdischer Prophet, sondern der joh Christus. Er redet denn auch von dem »Vater« (4,21.23f.), den nur er offenbart (1,18). Das Ziel ist es auch nicht, den aktuellen Streit zu entscheiden, sondern der längst christlich entschiedene Streit wird benutzt, um im Kontrast zu ihm das Wesen christlicher Religion zu beschreiben. In ihr ist die Frage nach dem legitimen Ort der Anbetung überholt, weil es um die Anbetung in einer ganz anderen Dimension geht, nämlich in der des Geistes (4,24). So offenbart die formal von 4,19 her motivierte Frage der Frau in 4,20, daß sie nur gestellt wird, um Jesu Antwort einzubringen. Die Frau ist also Statist wie Nikodemus in Joh 3.

Das Verständnis des Abschnittes hängt im übrigen wesentlich von der Beurteilung des V 22 ab. Gleich zwei Probleme gibt die Aussage auf: Soll es heißen: »Ihr Samaritaner verehrt, was ihr nicht kennt; wir Juden verehren, was wir kennen«? Oder soll man deuten: »Ihr – Samaritaner und Juden – betet an, was ihr nicht kennt; wir – ich und alle Christen – beten an, was wir kennen.«? Das zweite Problem ist mit dem nachgestellten Begründungssatz gegeben: »denn das Heil kommt von den Juden.« Wie verhält sich dieser zum Kontext und zur joh Theologie? Bei der ersten Alternative kann man von V 20 her entscheiden, also den von der Frau gesetzten Gegensatz in Jesu Antwort aufgenommen sehen (Schnakkenburg, Hahn). Oder man kann darauf verweisen, daß es gar nicht ausgemacht ist, Jesus würde sich so glatt in das Weltbild der Frau einfügen. Jesu Antwort in V 23f. überwindet ja gerade den Gegensatz Juden – Samaritaner. Kann diese Überwindung nicht auch schon V 22 im Blick sein und dann sogar in V 21 die Anrede Jesu alle Nichtchristen meinen? Als Fortsetzung wäre dann eben auch V 22 der Gegensatz Christen (vgl. 3,11) und Nichtchristen zu setzen. Aber unbeschadet der richtigen Beziehung von V 22 zu

V 21.23f. macht dann in V 22 die Begründung Probleme und der Anschluß zu V 23 (Bultmann). Die Begründung versteht jedenfalls V 22a als Gegensatz Juden – Samaritaner, so daß Jesus sich mit den Juden und Judenchristen in dem »Wir« zusammenschließt. Dann könnte man immer noch V 22b als Glosse, die V 22a falsch versteht, auffassen, aber müßte zugleich eingestehen, daß dann V 23 der adversative Anschluß fehl am Platze und ein »denn« gefordert ist.

Man umgeht diese Schwierigkeiten, versteht man V 22 einheitlich aufgrund des Gegensatzes Juden – Samaritaner, muß allerdings dann V 22 insgesamt als Nachtrag auffassen (Bauer, Bultmann, Friedrich u. a.). Einmal wird der Restbestand so syntaktisch glatt (zu: weder ... weder ... sondern vgl. z. B. Mk 12,25; Joh 9,3) und es ergibt sich ein vorzüglicher Sinn (den Hahn zu Unrecht abwertet). Zum anderen ist damit auch die Mißlichkeit behoben, daß V 22 gar nicht auf den Kultort eingeht, sondern offenkundig im Anschluß an das letzte Wort aus V 21 das Objekt des Glaubens thematisiert: Dieses kennen die Samaritaner nicht, wohl aber die Juden und Judenchristen. Darum läßt sich auch V 22 nicht als alte Antwort auf V 20 verstehen (gegen Kotila). Drittens widerspricht V 22 der Theologie von E (gegen Schnackenburg, Hahn u. a.). Für E unerträglich ist, daß Jesus sich mit den Christen in der Anbetung des Vaters zusammenschließt, denn Jesus verehrt nicht wie die Glaubenden den Vater, sondern wird wie der Vater verehrt (5,23; 9,38). Seine Gebete (11,42f.; 12,27f.) sind Demonstrationen für das Volk und erweisen gerade seine Unterscheidung von sonstigen Betern. So ist er auch Glaubensgegenstand und steht nicht mit den Seinen dem Vater gegenüber. Wohl stehen sie zusammen in der Ausrichtung der Botschaft (3,11). Wenn weiter die Juden wissen sollen, was sie anbeten, die Samaritaner jedoch nicht, dann widerspricht das Stellen wie 1,17f.; 5,37f. usw. Danach ist Jesu Vater, abgesehen von Jesu Offenbarung, überhaupt unbekannt. V 22 vertritt ferner den jüdischen Standpunkt, der V 23f. samt dem samaritanischen zugleich außer Kurs gesetzt wird. Im übrigen kann E überhaupt nach 9,22f.; 12,42f., als aus dem Judentum ausgestoßen, nicht mehr so judenchristlich reden (vgl. Kotila). Endlich kann es im Joh auch nicht heißen, daß das Heil von den Juden käme. Nicht nur sprachlich ist der Ausdruck »Heil« singulär im Joh, sondern die Sachaussage steht sperrig zur Theologie von E. Sicher ist Jesus Jude – das leugnet auch das Joh nicht –, aber Jesu Heilsangebot ist »von oben«, »vom Vater«, nicht aber von Israel her zu erklären. Eine im qualifizierten Sinne heilsgeschichtliche

Vorrangigkeit Israels ist im Joh von Anfang an ausgeschlossen (1,11f.). Die Besonderheit Israels (z. B. 5,39.45-47; 8,37f.) ist jeweils so verarbeitet, daß sie – zugespitzt formuliert – eher am wahren Glauben hindert. Auch wäre außerdem zu diskutieren, ob nicht anstelle des Begriffes »die Juden« in V 22 »Israel« zu erwarten wäre. Sicherlich, nicht überall sind »die Juden« so hart als Typ des Unglaubens gezeichnet wie 8,30-59. Der Sprachgebrauch im Joh ist also ein differenzierter (soweit mit Recht Hahn). Es gibt auch einen »neutralen« Gebrauch (1,19; 2,6.13; 6,4 usw.). Aber eine weitere Stelle, an der so positiv wie 4,22 von »den Juden« gesprochen wird, findet sich im Joh nicht mehr. Dies alles umgeht man, deutet man V 22c nur als historische Herkunftsaussage (analog 6,42; vgl. Barrett). Aber der Satz kann als Begründung von V 22a nur heilsgeschichtlich gemeint sein. Abschließend ist endlich noch festzuhalten, daß V 22 nicht von der KR stammen kann, die 10,8 schrieb. V 22 (mit V 4.9c?) stammt (vgl. die SQ) von einem Judenchristen, der Juden und Christen in derselben Gottesverehrung stehen sah, die Samaritaner jedoch davon von Haus aus abseits ansiedelte.

Ist V 22 späterer Redaktion zugewiesen, die angesichts der den Samaritanern gegenüber offenen Haltung in Joh 4 die unverrückbare Vorrangigkeit des jüdischen Volkes betont wissen wollte, dann ist der Weg geebnet, 4,21.23f. als Antwort Jesu im Sinne von E zu deuten. Dabei sind die wahren Anbeter unter der Bedingung des Geistes allen anderen gegenübergestellt. Demzufolge müssen die in V 21 Angeredeten diese anderen sein, nicht nur die Frau und alle Samaritaner, wie es V 20 nahelegen würde. So im neuen Gegensatz denkend (himmlisch – irdisch) und dabei die irdischen Unterschiede überspielend, hatte sich Jesus auch schon im ersten Gesprächsgang V 7–15 erwiesen. Jesus nimmt die Frau nicht als Samaritanerin (V 7!) sondern als Repräsentantin der nicht-christlichen Welt. Ihre Frage nach dem Ort wahrer Anbetung wird sich als überholte Frage erweisen; ja (V 23) diese Überholtheit ist schon Gegenwart: Mit Jesus ist ein allein noch gültiger Gegensatz gesetzt, der alle anderen aufhebt: Anbetung im Geist und Wahrheit oder keine wahre Anbetung.

Die Frage nach legitimer Anbetung stellt sich also nicht als Frage nach der Legitimität eines Kultortes, dessen Heiligkeit durch spezielle Wahl Gottes begründet ist, sondern als Frage nach der Geisterfahrung (3,5–8), d. h. der durch Jesus geschenkten Gotteskindschaft (1,12f.) und nach der Kenntnis des von Jesus verkündigten Vaters (1,17f.; 5,37f.; 14,6–10). Die christliche Differenz zu

Judentum und samaritanischer Religion als Repräsentanten außerchristlicher Religion wird dabei dreifach bestimmt: Erstens wird die Ortsfrage durch die Bestimmung »Geist und Wahrheit« überholt; zum anderen das V 20 in der Frage der Frau von E geschickt vernachlässigte Objekt der Anbetung exklusiv präzisiert durch den Vater; zum dritten wird diese neue Wende im Verständnis des Gottesdienstes präsentisch-eschatologisch gefaßt. Auf einen kurzen Nenner gebracht, kann gesagt werden: Jesu Offenbarung des Vaters erfordert eine dem Vater analoge Verehrung desselben.

Diese Kultkritik steht also nicht dort, wo aufklärerisch das blutige Opfer der unblutigen Verehrung gegenübergestellt wird, oder wo in prophetischer Tradition die Differenz zwischen unerträglichem Sozialverhalten und frommer Kultausübung die Kultteilnehmer ins Zwielicht geraten läßt, oder wo aufgrund eines vornehmlich hellenistisch-philosophischen Gottesverständnisses kultische Verehrung degradiert wird, weil die Götter ihrer nicht bedürfen, oder wo im gnostischen Denken der äußerlich-fleischliche Gottesdienst gegen den mystischen ausgetauscht wird. Näher kommt vielmehr dem joh Verständnis die Anschauung der Qumrantexte, wenn in ihnen für die eschatologische Zeit, die in der Gemeinde schon angebrochen ist, Geist und Wahrheit als Gaben Gottes die Existenz der Gemeinde vor Gott bestimmen (1QS 4,20f.; 9,3–6; vgl. Schnackenburg). Allerdings ist auch diese Analogie begrenzt, denn Qumran kennt keine grundsätzliche Aufhebung des Jerusalemer Tempelkultes oder des Priestertums, vielmehr angesichts der gegenwärtigen Sündhaftigkeit desselben die Restitution in der Endzeit (Klinzing). Auch führt der Geist in Qumran zwar zur Anbetung in Geist und Wahrheit (1QH), aber damit verbunden zum Bund und unter das Gesetz (Braun). Die Differenz zwischen Juden und Samaritanern/Heiden wird in Qumran gerade nicht aufgehoben.

So ist einer gradlinigen Ableitung joh Vorstellung von Qumran her kaum das Wort zu reden, vielmehr wird man die begrenzte Analogie nur recht würdigen können, wenn man zugleich auf eine theologiegeschichtliche Linie des Urchristentums verweist, die an dieser besonderen joh Vorstellung Anteil hat. Nach wohl allgemeiner Anschauung des hellenistischen Urchristentums ist für die erste Generation der Geist der Geist der Endzeit (Apg 2,17f.; vgl. Joh 6,45) und Christen unterscheiden sich von allen anderen als die, die Gott im Geist verehren (Phil 3,3; Röm 8,9) und damit auch am Tempelkult wie an allen anderen Kulten nicht mehr teilnehmen. Der Geist Gottes ist Gabe der Taufe, begründet die

Sohnschaft und führt zur Anbetung Gottes als Vater (Röm 8,14–16; Gal. 4,6; Phil 2,11). So wird mit dem Geist die endzeitliche Neuheitserfahrung Gottes, vermittelt durch Christus, und die Differenz zu aller anderen Gottesverehrung zur Sprache gebracht. Auch wird gerade die Taufe (als Ort der Geistübereignung) verstanden als nivellierender Faktor in bezug auf die Differenz zwischen Juden und Heiden (Gal 4,26–28; 1 Kor 12,13). Berücksichtigt man die joh Theologie als Rahmenbedingung zu 4,21.23f., so wird man festhalten müssen, daß sich in Grundzügen diese Position hier bewahrt hat.

Nach dieser allgemeinen Orientierung kann nun das einzelne des Gespräches erklärt werden. Zunächst setzt E mit V 21 den Gegensatz zum Fragehorizont der Frau negativ und stellt die Negation in die futurische Dimension. Nur im Objekt der Anbetung wird schon eine inhaltlich neue Bestimmung angebracht. Die volle Aussage bringt V 23. Mit »es kommt die Stunde und (sie) ist schon da« (vgl. 5,25) wird deutlich, daß hier christologisch gesprochen wird. Die Endzeit ist da, weil der Sohn da ist (4,25f.). Mit ihm allein ist ja auch die Kenntnis des Vaters gegeben (14,6–10). Er vermittelt die neue Beziehung zum Vater, die mit Geist und Wahrheit beschrieben wird. Die Bedeutungsgehalte der beiden Begriffe sind im joh Sprachbereich eng verzahnt. Geist ist die im Glauben gewährte Gegenwart Gottes (Joh 3). Insofern sie durch das Wort Jesu gegeben ist, sind Jesu Worte Geist (6,63). Und der Geist-Paraklet wird durch Erinnerung an Jesu Worte so Jesu und des Vaters Gegenwart auch nach Jesu Tod gewähren (14,26). Dieser Geist ist zugleich der Geist der Wahrheit (14,17), ebenso wie Jesu Wort die Wahrheit bringt (8,32) oder sie mit Jesus selbst gegeben ist (1,17). Wie er die Wahrheit ist (14,6), so ist Gott Geist (4,24). Geist und Wahrheit stehen also für die Wirklichkeit des Vaters, wie ihn der Sohn exklusiv offenbart. Sie reden vom Vater als einer gegenwärtig erschlossenen Heilserkenntnis. Geist ist die Modalität, in der Jesus göttliches Leben spendet (Joh 3; 6,63; 14,6). Gottes Verehrung in Geist und Wahrheit ist also die Antwort des Glaubenden aufgrund der im Sohn erfahrenen Wirklichkeit des Vaters. So erwartet der Vater die Verehrung, denn er ist selbst Geist (V 24). Dies ist ebensowenig wie 1 Joh 4,8 eine Definition Gottes, wohl aber wird so der im Sohn offenbare Gott charakterisiert.

Die Frau reagiert auf diese Worte Jesu ähnlich wie Martha in 11,23f.; sie überhört den präsentischen Akzent der Aussage. Sie will Jesu Ausführung nicht abweisen, wohl aber auf die Zukunft vertagen: Der Messias – E überträgt für griechische Leser: der

Christus, vgl. 1,41, und nimmt 4,29 (SQ) vorweg – wird alles, also auch den Kult, endgültig regeln. In bezug auf den Messias wird gern auf den samaritanischen Taheb verwiesen (s. o.), an den die Frau denkt. Aber der Text hebt gar nicht auf die subjektive Erwartung der Frau ab, sondern zielt auf die christologische Offenbarung in Jesus. Statt des Messiastitels hätte auch ebensogut ein anderer Hoheitstitel, der der joh Gemeinde geläufig war, stehen können. Messias bzw. Christus ist also mit christlichem Sinn gebraucht. So wollen V 25f. nicht die Erfüllung samaritanischer Erwartung in Jesus beschreiben, sondern begründen, warum für die joh Gemeinde die Jetztzeit endgültige Heilszeit ist, weil nämlich der Sohn den Vater offenbart hat. Die Selbstoffenbarung des Sohnes (V 26) konstituiert die Heilszeit und das neue Gottesverhältnis. Danach kommt die Frau nicht mehr zu Wort – was abermals zeigt, daß auf ihr kein biographisches Interesse ruht. Sachlich erwartet nur der Fortgang der Erzählung, daß sie als glaubende Missionarin bei ihren Dorfgenossen wirkt (4,29f.42).

Die Szene wechselt (4,27): Die Jünger kehren zurück. Die Frau läßt den Wasserkrug stehen (d. h. sie hat es eilig, wird wiederkommen) und unterrichtet die Dorfbewohner über ihre Begegnung mit Jesus, allerdings nur über V 16–19. E liegt nichts daran, diesen Erzählfaden der SQ so zu ergänzen, daß 4,10–15.20–26 mit aufgenommen werden. Für die SQ steigert die Frau das Bekenntnis zum Propheten nun zum Bekenntnis des Messias. Ihre Begründung ist abermals die Erfahrung wunderbaren Wissens bei Jesus, sagte er ihr doch »alles«, was sie getan hat (vgl. 4,39). Diese Allwissenheit ist ein Kennzeichen der hellenistischen Gottmenschen (van Unnik; vgl. Exkurs 1). Damit schließt für die SQ die Szene ab. E hat an dieser Angabe kein Interesse, er will ein weiteres Gespräch (4,31–38) einfügen. Die Auslegung dieses Gesprächs mit den Jüngern macht allerdings ab V 35 erhebliche Schwierigkeiten. Bis dahin ist jedoch der Sinn gut erkennbar: Offenbar bringen die Jünger die aus dem Dorf geholte Speise zu Jesus und fordern ihn zum Essen auf. Das Mißverständnis der Jünger aufgrund der Antwort Jesu wird dann so aufgehoben, daß Jesus zu verstehen gibt, daß sein Leben durch sein Werk getragen ist. Diese Speise, von der Jesus redet, ist also keine besondere Gabe Gottes, mit deren Hilfe der Sohn sein Werk vollenden kann. Der Ausdruck ist Metapher. Jesus lebt insofern, und weil er den Willen Gottes tut und dessen Auftrag ausführt. Der Gesandte lebt als Beauftragter und durch dieses Werk (vgl. 5,30.36; 6,38; 9,4; 12,27f.; 19,30). Dieses Werk ist das endzeitliche Werk, zum

Glauben (Joh 3) und Leben (5,19–30) zu führen, d. h. es geht um Sendung, Mission. Davon spricht V 35.

V 35 hat eine Struktur, die nahe mit den Antithesen Mt 5,21–48 und dem Täuferwort Mt 3,9 verwandt ist: Eine gängige Annahme wird als allgemein geltende Überzeugung genannt und dazu mit betontem »Ich sage euch ...« eine grundlegende Korrektur angebracht. Unter diesem Gesichtspunkt besteht die Möglichkeit, V 35 als Tradition aufzufassen, die zur unverzüglich auszuführenden Weltmission aufruft. Damit würde sich auch die Sprache, die zum Teil für E nicht üblich ist, gut erklären lassen. Es wäre dann ein Wort, das noch in der Zeit vordualistischer Abkapselung der joh Gemeinde entstanden ist und nun von E benutzt wird, um analog zu 3,16 und verwandten Stellen den weltoffenen Bezug joh Theologie herauszustellen. Letzte Sicherheit ist hier jedoch nicht erreichbar, und die Aussage, die E verfolgt, bleibt auch ohne diese These erhalten: Die Annahme, es habe noch Zeit, wird korrigiert. Man kann nicht mehr warten, es gilt, sofort zu handeln.

Strittig ist, ob im Rahmen von V 35 die Aussage: »Noch vier Monate, dann kommt die Ernte«, eine sprichwörtliche Wendung oder frei formuliert ist. Ein Sprichwort ist darum möglich, weil es Aussagen gibt, die die Zeit zwischen Saat und Ernte mit vier Monaten angeben (Brown), selbst wenn normalerweise sechs Monate gängig sind (Schnackenburg). Bei freier Formulierung (so etwa Okure) würde sich am Sinn nichts Entscheidendes ändern: Die Aussage, auf die Ernte muß man noch warten, wird von Jesus zurückgewiesen: Jetzt ist Erntezeit! Die Felder sind schon weiß, nicht mehr grün! Erntezeit ist u. a. urchristliches Bild für die Mission (Mt 9,37f.). Dann ist zu übertragen: Jesu Werk (V 34) erheischt keinen Aufschub. Seine Botschaft als Ruf zum Glauben an ihn und den Vater ist gegenwärtiger Missionsauftrag im Sinne endzeitlich-gegenwärtiger Sendung. Durch den Kontext wird dies konkretisiert: E läßt Jesus so die Samaritanermission begründen, denn nach V 30 kommt die Frau mit den Dorfbewohnern gerade zurück. Allerdings ist es verfehlt, diese Situation so konkret in V 35 wiederzuerkennen, daß Jesus gerade die Samaritaner in weißen Gewändern kommen sieht (Schnackenburg; ähnlich Ruiz). Die Aussage bleibt landwirtschaftlich-konkret: Die Felder, nicht ankommende Menschen sind im Blick.

V 36–38 machen als Fortsetzung erhebliche Schwierigkeiten. Da zumal mit V 35 Jesu Rede gut enden könnte, wäre es möglich, V 36–38 (oder V 37f.) als Nachtrag anzusehen (vgl. Odeberg). Aber dieses Mittel hilft hier darum nicht recht weiter, weil dann immer noch Verstehensprobleme bleiben. So wird man versuchen, ohne Literarkritik auszukommen. Zwei Hauptprobleme enthält der Text: Wer ist mit den personalen Subjekten der Sätze zu identifizieren? Von wo ab verläßt der Text die Situation des Gesandten und redet im Horizont der nachösterlichen Gemeinde? Die Bandbreite der Auslegungsmöglichkeiten ist von diesen beiden Entscheiden abhängig. Diese wiederum können gefällt werden, indem man den Text von hinten – also von V 38 her – liest, oder indem man V 36 als Kommentar zu V 35 stellt und dann in V 37f. einen neuen Gedanken findet. Der zweite Weg ist (mit Schnackenburg) vorzuziehen, weil so der Leser schrittweise, wie üblich, der Textfolge entlang gehen kann. Allerdings können dann die zwischen V 36 und 37 identischen Stichworte (säen – ernten) nicht Kontinuität begründen, sondern sind mehr formale Stichwortanschlüsse. Diese Annahme wird jedoch dadurch unterstützt, daß V 36 die Gemeinsamkeit der Säenden und Erntenden, V 37 hingegen die Unterscheidung zwischen beiden Gruppen betont. Außerdem ist V 36 Neubildung, V 38 Sprichwort, das formal analog zu V 35 (Brown) anschließend (allerdings hier nicht antithetisch wie V 35) ausgelegt wird.

Sind somit die Rahmenbedingungen der Auslegung benannt, kann der Inhalt bedacht werden. V 36 kommentiert V 35, und zwar durch Zuspitzung: Die Ernte ist nicht nur schon reif, sondern Erntearbeit ist schon im Gange. Der Erntende ist dann Jesus. Wäre V 36 streng nach dem natürlichen Ernteablauf (also »bildlich«) formuliert, müßte die Belohnung nach der Erntearbeit folgen und das Motiv des ewigen Lebens hätte keinen Platz. Dies macht deutlich, daß »bildlich« Elemente und »Sachaussagen« ineinander verwoben sind: Schon (vgl. Mt 3,10) empfängt Jesus »Lohn«, d. h. hat er Erntefreude (V 36b!), denn er sammelt »Frucht« (hier Missionsterminus, vgl. Joh 12,24; Röm 1,13; 1 Kor 9,7 usw.), d. h. gewinnt Samaritaner für das ewige Leben. Diese Bestimmung ist ein gutes Beispiel, wie für das Joh die Gewinnung ewigen Lebens das zentrale Heilsanliegen ist. Mission und Freude sind also zwei Seiten derselben Sache. Darum gilt auch, daß die Freude des Säenden und des Erntenden zusammenfällt, also entgegen den Regeln der Landwirtschaft Saat und Ernte eine Einheit bilden (Bultmann), weil ja derjenige, der für Jesus gewonnen ist, im Glauben schon ewiges Leben hat (3,17f.; 5,24f.). Weniger wahrscheinlich ist es, den Säenden mit Gott und den Erntenden mit Jesus gleichzusetzen (vgl. dazu 6,37–40.44.65 usw.; so Schnackenburg), denn der Vater träte zu unvermittelt auf.

Vor V 37 setzt man am besten eine Zäsur. Ab jetzt springt die Situation aus der vorösterlichen in die Zeit der Gemeinde nach Ostern (Brown). V 37 zeigt: Es gibt ein Sprichwort: »Der eine sät, der andere erntet« (verwandte Aussagen bei Bultmann). Diese Regel gilt auch als Erfahrung bei der Mission der Jünger. Jesus hat sie gesandt (hier wird die nachösterliche Situation deutlich: 20,21), sein Werk nach der Erhöhung forzusetzen, wenn er im Geist beständig bei ihnen ist (14,17). Dabei werden die Jünger auf Vorarbeiten anderer stoßen. Sie werden ihre Missionserfolge aufgrund der Arbeit anderer bekommen. Wer sind die anderen? Die Hellenisten aus Apg 8 (Cullmann, Brown), der Täufer und seine Jünger (Robinson), Jesus und der Vater (Thüsing), der Täufer und Jesus (so die ältere Exegese, vgl. Schnackenburg) oder unbestimmte Personen? Die letzte Deutung ist solange zu vage, als eine andere konkretere Lösung vertretbar ist. Weiter ist nach 5,33f.46 Jesus allein endzeitlicher Gesandter, der Täufer nur Zeuge für Jesus (1,19–34), also kann Jesus hier nicht mit Vorgängern zusammen genannt sein. Jesus und der Vater können auch nicht gemeint sein, weil beider Werk eine Einheit ist. Vom Vater wäre auch sicherlich ein »Abmühen« kaum denkbar. Der Täufer und seine Jünger sind gerade Konkurrenten zur joh Gemeinde. So bleibt die Annahme, hinter V 38 konkrete missionsgeschichtliche Angaben zu sehen. Man kann dann so sagen: Jesu »Mission« in Samaria blieb eine Ausnahme, so will E festhalten. Die eigentliche Samaritanermission begannen die Hellenisten. Die joh Gemeinde (der Antagonismus Hellenisten – Altjünger aus Apg 8 ist nicht einzutragen, gegen Cullmann) hat, als sie in Samaria missionierte, dort bereits Anfänge vorgefunden. Ob man diese Skizze noch weiter konkretisieren darf (so Cullmann), bleibt fraglich, weil wir über die geschichtlichen Umstände zu wenig wissen. So ist Zurückhaltung am Platz (Schnackenburg), zumal unbekannt ist, was über die enigmatischen Angaben aus 4,38 hinaus E über diese Angelegenheit wußte. Sicher scheint nur dieses zu sein: Die joh Gemeinde hatte (wohl in ihrer Frühzeit) einige Erfolge in Samaria, doch wußte sie, daß die Hellenisten schon vor ihr dort missioniert hatten. Im Gegensatz zu Mt 10,5 hat übrigens auch das lk Sondergut eine freundliche Tendenz gegenüber Samaritanern (vgl. Lk 9,51–56; 10,30–37; 17,11–19).

In 4,39–42 hat E mit Hilfe der Vorlage der SQ den Schluß gebildet. Nach V 39 hat die Frau bei ihren Dorfgenossen guten Erfolg: Viele glauben an Jesus. Der Glaube hat seinen Anlaß in Jesu wunderbarer Kenntnis der Lebensgeschichte der Frau. Dies nämlich erzählt die Frau. Ist also ein Glaube wie 2,23; 3,2 gemeint, ein Glaube also, zu dem Jesus in Distanz geht (vgl. 2,24f.; 3,3ff.)? Oder ist dies ein Glaube im Sinne wahrer Jüngerschaft (Walker)? Oder ist es ein »Anfangsglaube« von der Art, daß die Tätigkeit der Frau mit dem Zeugnisablegen des Täufers parallelisiert werden kann, der dann seine Jünger Jesus zuführt (Schnackenburg)? Zur Klärung dieser Fragen liegt es nahe, in Joh 4 selbst Rat zu suchen und V 39f. mit V 28–30 zu vergleichen. War dort die Frau zu ihren Leuten mit der Frage gekommen, ob Jesus nicht der Christus sei, so glauben nun die Dorfbewohner der Frau, und damit ist der Anlaß gegeben, daß sie Jesus bitten, bei ihnen einzukehren. Nun wird weiter in V 41 nicht die Qualität dieses Glaubens angezweifelt, sondern die Quantität der Glaubenden erweitert, denn natürlich muß Jesus selbst während seiner Anwesenheit im Dorf Missionserfolg haben. Allerdings bestätigt diese Menge, zu der offenbar die Leute, die die Frau gewann, inklusiv gezählt sind, der Frau, daß sie nun aus eigener Anschauung glauben. Auch dies entspricht der Intention von V 29, denn zu solcher eigenen Begegnung mit Jesus hatte die Frau aufgefordert. So mag man den Glauben aufgrund der Rede der Frau als Anfangsglauben bezeichnen, allerdings sollte dann der Täufer als Analogie ausgeschlossen werden, weil er im Unterschied zur Frau kein Christ ist. Die Frau glaubt aufgrund unmittelbarer Begegnung mit Jesus und vermittelt ihren Nachbarn dieselbe Begegnung, die daraufhin wie sie (V 19.29) ein eigenes Bekenntnis aussprechen (V 42). So wird die Hauptlinie diese sein: Jesus hat bei der Samaritanerin und in ihrem Dorf bei vielen Glauben geweckt, bei der letzten Gruppe hat die Frau Vermittlungsdienste geleistet. Beide, die Frau und die Dorfgenossen bekennen sich zu Jesus. So begründet Jesus die Mission in Samarien, ihr folgt die der Hellenisten und die der joh Gemeinde (V 38). Ist der Abschnitt so zu verstehen, dann hat die Meinung recht, die es ablehnt, den Text aus dieser konkreten Situation in allgemeine Probleme des Glaubens in der späteren Gemeindesituation zu übertragen (Walker). Wohl mag es z. B. stimmen, daß der Glaube durch das verkündigte Wort das Wort des Offenbarers hören müsse (Bultmann), nur dieser Text sagt dazu nichts!

Zweifelsfrei will E damit den Erfolg in Sychar als Kontrast zu Jesu Aufnahme bei den Juden gesehen wissen (2,18.20, wie überhaupt 2,13–3,30). Allerdings bleibt Jesu Aufenthalt begrenzt und einmalig. Sein Weg führt nach Galiläa (4,3). Zwei Tage verweilt er nur in Sychar. Die Zeitangabe entstammt schon der SQ. Waren deren Trägerkreise wandernde Missionare, dann könnte schon Did 11,5 als Analogie herangezogen werden, wenn dort der Aufenthalt von Wanderpropheten auf höchstens zwei Tage festgelegt wird. Doch bleibt das unsicher. Für E liegt es nahe, wie in 4,43; 11,6 an eine allgemeine kurze Frist zu denken. In ihr ereignet sich allerdings Bedeutendes: Jesus, der sich mit seiner Botschaft nicht in die Alternative Judentum – Samaritaner einordnen ließ, wird als solcher akzeptiert: Er ist Retter der Welt. So lebt Sychar das, was Jesus 4,20–26 verkündigte. Damit ist zugleich 3,14–18 in Samaria Wirklichkeit geworden, denn was Jesus Nikodemus vergeblich klarzumachen versuchte, das bekennen nun die Sychariten. E, der das Schlußbekenntnis so verwendet haben wird, fand allerdings den Titel, der im joh Traditionsbereich noch einmal 1 Joh 4,14 bezeugt ist, bereits vor. Das titulare Bekenntnis beendete in der SQ die abschließende Szene (analog 4,19.29). Für die SQ ist eine traditionsgeschichtliche Ableitung des Titels aus frühchristlicher Enderwartung (vgl. 1 Thess 1,10; Phil 3,20) wenig wahrscheinlich, da sie von dieser Eschatologie nichts weiß. Näher liegt es, an den Kaiserkult und vor allem an hellenistische Mysterienkulte (z. B. Asklepios) zu denken, wo jeweils Kaiser und Kultheros als Retter (Heiland) verehrt wurden. Daß es in Joh 4 um keine Heilung geht und darum der Asklepioskult als Analogie nicht in Frage komme (Schnackenburg), ist dann ein Scheinargument, wenn man Joh 4 im Grundstock der auf das Wunderthema konzentrierten SQ zuweist. Beachtenswert ist noch, daß Retter-Aussagen im christlichen Bereich gerade in der dritten Generation, also ungefähr in der Entstehungszeit des Joh, im hellenistischen Milieu bei Lk, in den Pastoralbriefen und 1/2 Petr bezeugt sind (Lk 2,11; Apg 5,31; 13,23; 2 Tim 1,10; Tit 1,4; 2,13; 3,6; 1 Petr 1,1; 2 Petr 1,11; 2,20; 3,2.18). Dies bestätigt die vorgeschlagene Herleitung, wie es zugleich die Sonderstellung der joh Tradition beleuchtet: Der angefügte Genitiv »(Retter) der Welt« ist christlich nur bei Joh bezeugt, wiewohl er im hellenistischen Bereich vorkommt (Schnackenburg).

Exkurs 4a: Der Missionsgedanke im Joh

Literaturauswahl: Bornhäuser, K.: Das Johannesevangelium. Eine Missionsschrift für Israel, Gütersloh 1928. – *Bowman, J.:* The Fourth Gospel and the Samaritans, BJRL 40 (1958) 298–308. – *Brown, R. E.:* Other Sheep not of this Fold, JBL 97 (1978) 14–21. – *Freed, E. D.:* Did John Write His Gospel Partly to Win Samaritan Converts? NT 12 (1970) 241–

256. – *Hahn, F.:* Das Verständnis der Mission im Neuen Testament, WMANT 13, 1963. – *Hofius, O.:* Die Sammlung der Heiden zur Herde Israels (Joh 10,16; 11,51f.), ZNW 58 (1967) 288–291. – *Käsemann, E.:* Wille. – *Kuhl, J.:* Die Sendung Jesu und der Kirche nach dem Johannesevangelium, SIM 11, 1967. – *Kuhn, K. G.:* Das Problem der Mission in der Urchristenheit, EMZ 11 (1954) 161–168. – *McPolin, J.:* Mission in the Fourth Gospel, IThQ 36 (1969) 113–122. – *Oehler, W.:* Zum Missionscharakter des Johannesevangeliums, Gütersloh 1941. – *Oepke, A.:* Das missionarische Christuszeugnis des Johannesevangeliums, EMZ 2 (1941) 4–26. – *Okure, T.:* The Johannine Approach to Mission, WUNT 2/31, 1988 (Lit.). – *Onuki, T.:* Gemeinde. – *Richter, G.:* Studien 383–414. – *Ruiz, M. R.:* Missionsgedanke (Lit.). – *Schnackenburg, R.:* Das Johannesevangelium, HThK IV, 58–72. – *Wengst, K.:* Gemeinde. – *Wiefel, W.:* Die Scheidung von Gemeinde und Welt im Johannesevangelium, ThZ 35 (1979) 213–227.

Wie so vieles im Joh, ist auch das Thema Mission recht umstritten. Dies liegt auch und nicht zuletzt am Joh selbst, das auf der jetzigen Textebene einen so zwiespältigen Eindruck macht, daß man es als Missionsschrift für Juden verstand (Bornhäuser), seine Missionsabsichten gegenüber den Samaritanern diskutierte (Freed u. a.), seinem Christuszeugnis missionarische Grundzüge zuerkannte (Oepke u. a.), es in die allgemeine urchristliche Missionsgeschichte einordnete (Hahn), oder aber ihm Missionsabsichten absprach (Kuhn). In der Regel enthalten diese Ansichten Teilwahrheiten, die man durch Heranziehung anderer Stellen schnell einschränken oder auch widerlegen könnte. Denn es gibt wenige Themen joh Theologie, bei denen sich so augenfällig allein eine schichtenspezifische Behandlung des Themas nahelegt, wie das Thema Mission. Erst wenn man also das diffuse Bild auf der jetzigen Textebene durch diachrone Betrachtung erhellt, bekommt man Ergebnisse, die den komplexen Ist-Bestand nicht vorschnell vereinheitlichen. Viele Untersuchungen, die nur synchron die Texte erklären wollen, geraten in erhebliche Schwierigkeiten beim Ziel, ein einheitliches Bild zum Thema zu entwerfen. Die joh Gemeindegeschichte beginnt judenchristlich, also synagogal eingebunden (Einleitung 3c). Diese Zuordnung läßt eine Heidenmission im paulinischen Sinn im Horizont der Grenzen des römischen Reiches und auf heidenchristlicher Basis nicht zu. Doch scheint schon zu den Anfängen der joh Gemeinden dies zu gehören: Sie leben in einem hellenistisch-judenchristlichen Milieu. Man existiert geographisch und geistig am Rande Israels und verwischt dabei die Grenzen zu Randsiedlern des Judentums sowie zu den Samaritanern. Dies geht aus den Stücken des Joh hervor, die älter als E sind.

Dazu gehört die SQ (vgl. Exkurs 1). Sie versteht sich als eine Schrift, die im Eingehen auf das hellenistische Weltverstehen und Empfinden von religiösen Phänomenen Jesus Christus so zeichnet, daß die Leser solcher Herkunft zum Glauben kommen können. Natürlich ist für sie Jesus »der König Israels« (Joh 1,49). Aber er ist auch »Retter der Welt« (4,42). Darum ist etwa die Samaritanermission (Joh 4 G) Thema der SQ, ja sind die Wunder überhaupt in missionarischer Konkurrenzsituation als missionarische Plakate gezeichnet (vgl. etwa zu 9,12).

Natürlich ist in diesem Zusammenhang auch auf den Logoshymnus Joh 1,1–18 (G) zu verweisen. Mit ihm eignen sich Judenchristen ein schöpfungsorientiertes hellenistisches Judentum an und erklären mit 1,14.16, daß Jesus als inkarnierter Logos weltweit Heilsbedeutung besitzt. Die spezielle israelitische Heilsgeschichte ist an den Rand gedrängt. Die Christusbotschaft ist für alle offen. Zu dieser weisheitlichen Christologie kann man sehr gut Traditionen wie 6,35; 7,37b.38a; 8,12; 14,7 usw. stellen. Sie enthalten sicherlich keinen solennen Missionsbefehl, jedoch denken sie im Welthorizont und angesichts des Christusereignisses für die Welt.

Man wird den Gemeinden dieser joh Geschichtsperiode sicher nicht zutrauen können, Missionare nach Griechenland, Italien oder gar Spanien geschickt zu haben. Aber eine Nähe zu der nach dem Tod des Stephanus einsetzenden Mission der Hellenisten wird man annehmen dürfen. Man denkt und lebt im Blick auf die unmittelbare Nachbarschaft des Judentums, möchte noch in der Synagoge bleiben und hat darum – wie Joh 5; 9 (G) zeigen – Gesetzeskonflikte mit den Juden.

In gewisser Weise paßt dazu auch der von E verarbeitete PB (vgl. Exkurs 13 und die Einzelauslegung). Insgesamt werden die Juden recht negativ gezeichnet. Der Römer Pilatus kommt nicht ganz schlecht weg. Der Kyrios-Titel (»Herr«), den Jesus vom Erzähler mit der Auferstehung zuerkannt bekommt, soll wohl an die weltweite Bedeutung dieses Ereignisses erinnern (vgl. Phil 2,11 usw.). Bei der Auslegung zu Joh 13,15f.20; 20,21–23 ist die Vermutung geäußert, daß im Hintergrund der Aussagen Wanderprediger zu sehen sind.

Alle früheren Traditionen aus dem joh Gemeindeverband haben dies gemeinsam: Sie reden keinem dualistischen Weltverstehen das Wort. Das ändert sich jedoch in der nächsten Phase der joh Gemeindegeschichte. Dabei werden die Dualisierung der Theologie (vgl. Exkurs 3) und die Ereignisse, die mit dem Synagogenausschluß endeten (Einleitung 3c), sich gegenseitig beeinflußt haben. Dies alles hat nun zunächst tiefgreifende Folgen auch für die missionarische Ausrichtung der joh Gemeinden. Die Mission unter Juden war in dieser Zeit wohl praktisch unmöglich geworden. Der existenzbedrohliche Ausschluß aus der Synagoge wirkte sich auf den Bestand und das Selbstverständnis der joh Gemeinden tiefgreifend negativ aus. Man verlor die bisher tragende Identität, war der Verfolgung ausgesetzt und mußte einen vielleicht doch merklichen Rückzug von Anhängern verbuchen. Durch solche Krise hart erschüttert, wurde eine neue theologische Überzeugung im Gemeindeverband beherrschend, nämlich ein deterministisch-dualistisches Weltbild. Man erkennt das an Einzeltraditionen, wie z. B. in Joh 3,19–21; 6,37.44, und an der Art, wie E in Joh 3; 6 mit ihnen umgeht, oder etwa, wie er in Joh 8,43ff.; 12,37ff. den Unglauben der Juden deutet. Solche Dualisierung des Wirklichkeitsverständnisses setzt auch die KR wie selbstverständlich voraus (z. B. 10,1ff.;

17,1ff.). Nun werden Judentum und Welt als Feinde Christi und der Gemeinde »abgestoßen« (z. B. 15,18–16,4). Die Gemeinde findet eine neue Identität, indem sie sich als allein erwählt versteht, alles andere jedoch zur bösen Welt erklärt. Diese dualistische Weltsicht hat ihren Ursprung in Gottes Prädestination. So sammelt die Gemeinde die längst vor aller Geschichte Erwählten. Christus als Inhalt der Verkündigung ist das Licht, das verborgene Erwählung offenkundig macht (Joh 3,19–21). Daß bei solcher Theologie eher die Besinnung auf das Eigene im Vordergrund steht und nicht gerade missionarische Bemühungen das Gemeindeleben beherrschen, dürfte sich von selbst verstehen.

Jedenfalls scheint solche Diagnose im Prinzip auch E zur Situation seiner Gemeinden aufgestellt zu haben, sieht man ihn doch ständig am Werk, die missionarische Dimension hervorzuheben. Er beginnt sofort eingangs seines Evangeliums mit dem Welthorizont des Logos und spricht davon, daß »allen« Glaubensermöglichung zuteil werden soll (1,7.12). E übernimmt weiter die SQ mit ihrer missionarischen Grundtendenz. Er läßt Jesus dem Juden Nikodemus gegenüber die Menschheitsliebe Gottes betonen (3,16) und deutet die geistliche Kraft des Selbstzeugnisses des Gesandten als Ermöglichung zum Glauben, d. h. zur Geburt von oben, so daß der Mensch ein neues Woher als ihn fortan bestimmende endzeitliche Qualifikation erhalten kann (3,1–18). E baut innerhalb der aus der SQ stammenden Erzählung aus Joh 4 den Dialog Jesu mit seinen Jüngern so aus, daß deutliche missionarische Akzente gesetzt werden (4,31–39), und läßt das Bekenntnis zum »Retter der Welt« (4,42) am Schluß ausdrücklich stehen. Er interpretiert in Joh 6 die prädestinatianischen Traditionen so um, daß das Wort des Gesandten Glaubensermöglichung schafft. In Joh 5,19ff. versteht er das Kommen des Sohnes als endzeitliches Gericht, durch das jeder unter der Bedingung des Glaubens an den Sohn Leben erhalten kann. Gerade durch die Identifizierung von Sendung und endzeitlicher Parusie ist die Sendung in den Horizont der traditionellerweise an der Parusie haftenden kosmischen Weite gestellt. Auch des Sohnes Rückkehr zum Vater hat Menschheitsbedeutung (vgl. das »alle« 12,32). Kurz vor dem Ende seines öffentlichen Auftretens kommen missionsgeschichtlich die »Hellenen« zu früh, um Jesus zu sehen (12,20ff.). Doch E setzt ihnen offenkundig ein Denkmal, wohl doch im Wissen, daß er damit ein Stück urchristlicher Missionsgeschichte zeitlich vorzieht. So kann schon diese Auswahl keinen Zweifel aufkommen lassen: E will der eigenen Gemeinde den Blick weg von sich selbst auf die Felder der Welt richten, die reif zur Ernte sind (vgl. 4,35). Wieweit dieser theologische Ansatz zu praktischer Mission führte, ist nicht leicht zu beurteilen. Angesichts der weiteren Gemeindegeschichte wird man eher skeptisch sein, also die missionarischen Aktivitäten der joh Gemeinden eher gering einschätzen. Schon E hat im übrigen als Sonderfall die Juden als ursprungsmäßig dem Unglauben zugeordnet verstanden (vgl. 8,34ff.; 12,37ff.). Eine Mission an der Synagoge findet also für ihn wohl nicht mehr statt. Damit scheidet eine für die joh Gemeindegeschichte wesentliche Zielgruppe missionarischer Bemühung wohl ganz aus.

Erst recht muß dies für die KR gelten. Für Joh 10,1ff. kommt der Hirte Jesus nur, um seine Schafe als Teilmenge aller Schafe zu rufen. Dies ist ein fundamentaler Unterschied etwa zu Joh 3,16. Wie immer man sich um die Auslegung von Joh 17,18 streiten mag, nicht bestritten werden kann, daß Jesus in Joh 17 in gehäufter Weise immer wieder nur für die bittet, die ihm der Vater gegeben hat. Sie sind diejenigen, die nicht von dieser Welt sind und die von der Welt gehaßt werden (17,14). Sie werden von der Welt weg erlöst zur Schau der Herrlichkeit Christi (17,24), ohne daß dabei die übrige Menschheit noch in den Blick kommt. Analog wird 15,18ff. das Verhältnis der Gemeinde zur Welt durch den Haß der Welt bestimmt. Nach 16,33 gilt der Gemeinde das Wort Jesu: »In der Welt habt ihr Angst, doch seid getrost, ich habe die Welt überwunden!« Man wird diese skizzierte Aussagenreihe kaum anders verstehen können, als daß in dieser Zeit die joh Gemeinden die Brücken zur Welt weitgehend abgebrochen haben: Man lebt als kleine erwählte Gruppe mitten in einer unerlösten Welt, die ganz vom Bösen beherrscht wird (1 Joh 5,19), und die man sich selbst überläßt. Man hat auch – das kommt hinzu – in dieser Zeit mit sich selbst genug zu tun, wie der christologische Streit in 1 Joh belegt. Immerhin, nach Joh 17,20 weiß auch die KR um einen nachösterlichen Zugewinn an Gemeindegliedern.

Einen besonderen Farbtupfer zum Thema geben endlich die redaktionellen Stellen 10,16; 11,52 ab. Daß dabei von einer Gemeinde aus Juden- und Heidenchristen gesprochen ist, sollte ebensowenig bestritten werden wie die Feststellung, daß beide Stellen von einem primär judenchristlichen Standort her denken. Dieser letzte Gesichtspunkt kommt auch 4,22 – einer besonders umstrittenen, jedoch gleichfalls redaktionellen Stelle – zum Ausdruck, die ebenfalls auch über die Ränder des Juden(christen)tums hinausblickt. An diesen Textsignalen wird ersichtlich, wie die joh Gemeinden noch lange nach dem Ausschluß aus der Synagoge judenchristlich dachten. Von einer missionarischen Aktivität der joh Gemeinde ist an diesen Stellen im übrigen nicht die Rede. Das Heidenchristentum ist Christus zugeordnet. Darin kommt zum Ausdruck, daß es von den joh Gemeinden als legitimes Christentum anerkannt wird. Dabei ist die Blickrichtung so, daß das Heidenchristentum zum (joh) Judenchristentum hinzugetan wird, nicht aber ist ausgesprochen, daß die joh Gemeinde heidenchristliche Mission betreiben. Das Heidenchristentum ist vielmehr eine Größe, die perspektivisch ein Faktum auf Distanz längst ist und nun näher an die joh Gemeinde herangebracht wird: Synagogal ausgestoßenes Judenchristentum öffnet sich so den Blick für das längst existente Heidenchristentum.

Zur Würdigung dieser Geschichte der joh Gemeinden wird man zweierlei anmerken: 1. Das Judenchristentum hat im allgemeinen wohl überhaupt nur unter Juden neue Anhänger gesucht. Ihm fehlt wohl auch zu einem großen Teil die missionarische Dynamik, wie sie Paulus und seine Gemeinden entfalteten. Die Mission der Stephanusanhänger war dabei eine gewisse Ausnahme. Sie wird zu einem wesentlichen Teil an die antiochenischpaulinische Mission Anschluß gesucht haben. 2. Es sieht so aus, daß sich im Urchristentum der dritten Generation überhaupt die Akzente etwas verlagern: Man beschäftigt sich mehr mit der Konsolidierung der Gemeinde als mit der Mission. Bei aller Besonderheit des Weges der joh Gemeinden nehmen sie doch auch an dieser zweiten Entwicklung teil und gehören eher zu den der Stephanusmission nahestehenden Kreisen, die so lange als möglich synagogal gebunden geblieben sind. Man sollte also das joh Christentum nicht gleich an der paulinischen Mission messen.

2. Die Heilung des Sohnes des Königischen 4,43–54

43 Nach zwei Tagen ging er von dort fort nach Galiläa. 44
Denn Jesus selbst hat bezeugt: »Ein Prophet erlangt in seiner
Heimat keine Anerkennung.« 45 Als er nun nach Galiläa kam,
nahmen ihn die Galiläer auf, da sie alles gesehen hatten, was
er in Jerusalem auf dem Fest getan hatte, denn auch sie waren
zum Fest gekommen.
46 So kam er wieder nach Kana in Galiläa, wo er das Wasser
zu Wein gemacht hatte. Da war ein Königischer, dessen Sohn
in Kapernaum krank lag. 47 Der hörte, daß Jesus von Judäa
nach Galiläa gekommen sei, ging zu ihm und bat ihn, er möge
herabkommen, um seinen Sohn zu heilen, denn der liege im
Sterben. 48 Da sagte Jesus zu ihm: »Seht ihr nicht Zeichen
und Wunder, kommt ihr nicht zum Glauben.« 49 Der Mann
sagte zu ihm: »Herr, komm herab, bevor mein Kind
stirbt!« 50 Da sagte Jesus zu ihm: »Geh hin, dein Sohn lebt.«
Da glaubte der Mann dem Wort, das Jesus zu ihm sagte, und
ging hin. 51 Schon während er hinabging, kamen seine
Knechte ihm entgegen und sprachen: »Dein Kind lebt.« 52
Da erkundigte er sich bei ihnen nach der Stunde, in der es mit
ihm besser geworden war. Sie sagten ihm: »Gestern um die
siebente Stunde hat ihn das Fieber verlassen.« 53 Da
erkannte der Vater, daß es zu der Stunde war, da Jesus zu ihm
gesagt hatte: »Dein Sohn lebt.« Da wurde er und sein ganzes
Haus gläubig.
54 Das wiederum hat Jesus als zweites Zeichen getan, als er
auf dem Weg von Judäa nach Galiläa war.

Literaturauswahl: Bittner, W. J.: 122–135. – *Boismard, M.-E.:* Saint Luc et la rédaction du quatrième évangile (Jn 4,46–54), RB 69 (1962) 185–211. – *Dauer, A.:* Johannes, 39–125. – *Feuillet, A.:* La signification théologique du second miracle de Cana (Jn 4,46–54), RSR 48 (1960) 62–75.

– *Fortna, R. T.:* Gospel, 38–48. – *Heekerens, H.-P.:* Die Zeichenquelle der johanneischen Redaktion, SBS 113, 1984, 51–63. – *Loos, H. van der:* The Miracles of Jesus, NT.S 9, 1965, 530–550. – *Schnackenburg, R.:* Zur Traditionsgeschichte von Joh 4,46–54, BZ 8 (1964) 58–88. – *Schnider, F. – Stenger, W.:* Johannes und die Synoptiker, BiH 9, 1971, 54–88. – *Schottroff, L.:* Der Glaubende, 263–267. – *Schweizer, E.:* Die Heilung des Königlichen, Joh 4,46–54, EvTh 11 (1951/52) 64–71 = *ders.:* Neotestamentica, Zürich 1963, 407–415. – *Temple, S.:* The Two Signs in the Fourth Gospel, JBL 81 (1962) 169–174. – *Theißen, G.:* Urchristliche Wundergeschichten, StNT 8, 1974. – *Wegner, U.:* Der Hauptmann von Kafarnaum, WUNT 2/14, 1985, 18–74.

Mit V 43.45 setzt eingangs E sein Itinerar fort: Die zwei Tage gehen auf 4,40c zurück und das Reiseziel greift 4,3 auf. Von den Galiläern wird er freundlich aufgenommen, weil diese Jesu Wunder in Jerusalem sahen (2,23). Wie Jesus sich dort (2,24f.) nach E von solcher Zustimmung distanzierte, so wird er es 4,48 tun (vgl. auch 6,15.26). Dies könnte auch V 44 ausdrücken sollen, wobei man sich als Kontrast an die freundliche Aufnahme durch die Samaritaner (Joh 4) erinnern kann. Aber diese sprichwörtliche Wendung (Belege bei Schnackenburg), die in Mk 6,4 parr schon zur Deutung von Jesu Verhältnis zu seiner galiläischen Heimat verwendet wird, steht doch unbequem da. Fragt man, wo Jesus im Joh dieses bezeugt hat, fehlt eine Antwort. Auch ein literarischer Rückgriff auf die Synoptiker scheidet aus, weil V 44 zu selbständig formuliert ist (Noack 64,94f.). Nun wurde die Aussage auch sonst unliterarisch benutzt (z. B. EvTh 31), so daß man nicht fehl geht, die Quelle dazu in der mündlichen joh Tradition zu sehen. Diese wird unter Einfluß der synoptischen Tradition stehen. Aber wer schreibt, bevor Jesus überhaupt in Galiläa ankommt und die Galiläer reagieren können, solches negative Vorwegurteil (vgl. die für E typische Abfolge 2,23–25 und 4,45.48)? Oder ist Jesu Heimat nicht Galiläa sondern Judäa, so daß V 44 Jesu Fortgang aus Judäa (4,3.43) motivieren soll (Barrett, Dodd u. a.)? Aber das geht wegen der klaren Angaben in 1,45f.; 6,42; 7,3.41.52; 18,5.7; 19,19 nicht an. So wird V 44 eine Randnotiz sein, die ein Leser aus der joh Gemeinde frühzeitig an den Textrand schrieb, und die bei der Vervielfältigung des Joh dann in den Text eingebaut wurde. Sie ist ein vorauseilendes Urteil, das den Leser so bestimmen soll: In seiner Heimat fand Jesus keine Aufnahme, denn der Königische ist (nur heidnische) Ausnahme. V 46a dürfte sachlich das Itinerar der SQ sein (gegen Dauer u. a., vgl. 2,1.11; Exkurs 1). Sie muß nach ihrer Bemerkung zum Kurzaufenthalt Jesu in Kapernaum (2,12)

Jesus wieder in geographische Distanz zu diesem Ort bringen, um eine Fernheilung vorzubereiten (vgl. 4,47b.51f.). Dafür greift sie – mit V 46b beginnend (vgl. Boismard) – eine Wundererzählung aus der mündlichen Tradition auf, die dem Stoff nach auch aus Mt 8,5–13; Lk 7,1–10 bekannt ist. Dieser Stoff ist so different, daß man unter historisierender Fragestellung sogar gemeint hat, die Synoptiker und das Joh berichteten von verschiedenen Ereignissen (Zahn u. a.; dagegen Wegner). Aber mit Recht gilt heute als üblich, die Differenzen auf die mündliche Traditionsgeschichte zurückzuführen (Haenchen; Schnackenburg, Traditionsgeschichte). Doch bevor diese Vergleichsebene erreicht ist, muß die Schichtung des Textes erörtert werden.

Auffällig ist, daß E – nur vergleichbar mit 2,1–11; 6,16–21 – das Wunder nicht zu einer Redekomposition verwendete. Sein Kommentar ist vielmehr relativ sparsam: Zweimal (V 47.54) hat er »(kommend) von Judäa nach Galiläa« (vgl. 4,3.43) eingetragen und dann sich theologisch in V 48f. (Haenchen u. a.) und 4,50b (Dauer; Wegner) geäußert. Dieses Ergebnis stellt sich aufgrund folgender Erwägungen ein: Der jetzige Text enthält zweimal eine ganz analoge Spannung, nämlich in V 47 und V 48, sowie in V 50b und 53d. Zunächst muß sich der Vater, der Jesus schon mit seiner Bitte glaubendes Vertrauen entgegenbringt, zusammen mit einer Menge, die in der Wundergeschichte selbst gar nicht da ist, unterstellen lassen, er und andere glaubten nur aufgrund von Wundern. Dann glaubt er abermals vor dem Wunder dem Wort Jesu und kommt am Schluß der Erzählung nochmals (mit seinem Haus) zum Glauben, also nach dem Wunder. Diese Doppelspannung löst sich, setzt man voraus, in der SQ hätten V 47 und V 50 Platz gehabt. Hier stehen die vertrauensvolle Bitte eingangs der Erzählung und die Konstatierung des umfassenden Erfolges (»er und sein ganzes Haus«) am Schluß der Geschichte stilgemäß. E hat dann das in der SQ angelegte Glaubensmotiv, wie es V 47.50 begegnet (zu V 50 vgl. z. B. 2,11), zum Glaubensthema ausgearbeitet.

Das kann man besonders gut an V 48f. zeigen. Auffällig ist, daß der bittende Vater V 48 einfach überhört und mit V 49 szenisch nochmals dort ist (V 47), wo er vor V 48 längst war, und daß Jesus selbst nun auch auf die Bitte reagiert, als gelte V 48 gar nicht mehr. Das erinnert formal an das gattungsgeschichtlich verwandte Einleitungsgespräch in Joh 2,3–5. Aber hier bleibt mit der anfänglichen Zurückweisung Jesu die erzählte Welt integer: Jesus verweigert sich der Maria, und zwar ihr allein und es gibt keine Spannung wie zwischen V 47 und V 48. Man wird weiter sehen müssen, daß E in

V 48 wohl einen traditionellen Spruch aufgreift (»Zeichen und Wunder« ist im Joh singulär). Das mag auch der Ihr-Stil andeuten. Doch kommt der E wegen seiner Einleitung V 45 gelegen. E macht nicht nur unter Beibehaltung von V 47 und unter Hinzufügung von V 50b den Vater zum vorbildlich Glaubenden (vgl. vor allem 20,29!), sondern nun distanziert sich Jesus mit V 48 von den Galiläern aus V 45, wie er es in Joh 2,23–25 und 3,1–3 von den Judäern tat (vgl. noch 6,14f.). Mag darum V 48, für sich genommen, konstatierenden Sinn haben (so Bittner), seine Stellung nach V 47, sein Bezug zu V 45 und die Entsprechungen in 2,23ff.; 3,1ff. geben ihm jetzt die Funktion einer Distanznahme Jesu gegenüber einem Glauben, der erst dem Wunder folgt. Insofern bekommt er einen negativen Sinn (gegen Bittner, mit Haenchen u. v. a.). E will nämlich durch seine Bearbeitung darauf abheben, daß wenn es um den die Welt überwindenden Glauben geht, Wort und Glaube zusammengehören (4,50 vgl. 6,68f. nach 6,14f.). Der dem Wunder nachfolgende Glaube ist vorhanden (z. B. 4,53d), aber birgt Gefahren in sich (z. B. 6,14f.). Er muß den Weg von 2,11 zu 6,68f. gehen, ja sich 20,29 sagen lassen. Er muß den Schritt vom Wunder zu Jesus und seinem Wort gehen. Dann erfährt er, daß solcher an Jesu Wort gebundener Glaube auch ohne Wunder auskommt (20,29), so sicher man auch immer noch vom Wunder zu Jesu eigentlicher Würde kommen kann (20,31), selbst wenn andere sie verfehlen (6,14f.).

Vom Verfasser der SQ stammt mit Sicherheit V 54a, weil dieser Vers auf 2,11 Bezug nimmt. Durch diese Korrelation hat er zugleich seine Theologie benannt: Das Wunder ist Zeichen, durch das der Wundertäter sich selbst offenbart. Dementsprechend ist auch das Heilungswunder, das er aufgreift, erzählerisch angelegt. Nach dem Itinerar V 46a beginnt der Kern der Erzählung mit der Einführung des stellvertretend für den Kranken Bittenden (vgl. die Rolle Marias 2,1b; zum Stil 5,5a). Der Königische (Mt und Lk: ein Offizier) ist als Hofbeamter oder Soldat im Dienst des Tetrarchen Herodes Antipas vorzustellen, der im Volk »König« genannt wurde. Daß der Bittende Heide ist, bleibt unerwähnt, wie überhaupt das Glaubenswort des Heiden und sein Kontrast zum Unglauben Israels (Mt 8,8–10 par.) ganz entfällt. Doch wird man sinngemäß für die SQ wie auch für E anzunehmen haben, daß beide an einen Heiden denken: Das legt die Tradition nahe (Mt, Lk). Das ist wahrscheinlich im Begriff des Königischen mitgedacht. Dies harmoniert mit dem Aufbau der SQ (vgl. Exkurs 1). Die ausdrückliche Erwähnung entfällt nicht, weil E aus dem Bittenden einen Juden machen will (das ist auch nicht gesagt), sondern weil die SQ die Erzählung betont christologisch strukturiert (was E übernimmt) und dabei die Linie von der vollmächtigen Wundertat (V 50a) zum nachfolgenden Glauben (V 53) auszeichnet. Vom Kranken ist sodann die Rede, ohne daß seine Krankheit genannt wird (Mt: gelähmt). Später ist gesagt, der Sohn des bittenden Vaters (Mt, Lk: Knecht) ist vom Tod bedroht (vgl. Lk 7,2) und habe Fieber (V 47.52). Endlich ist der Ort Kapernaum als Ort des Kranken angegeben im Unterschied zu Mt und Lk: Dort ist Kapernaum Ort der Handlung, nun aber Jesus in Kana, so daß gegenüber der synoptischen Tradition die Fernheilung entschieden gesteigert ist. Diese Steigerung entsteht eingangs durch V 46a und begegnet ebenso im Kern der Erzählung V 47b.51f., geht also auf das Konto der SQ: Das gesteigerte Wunder zeigt die Transparenz für Jesu Hoheit besonders auffällig. Eine motivisch enge Parallele überliefert das Rabbinat von Rabbi Chanina ben Dosa (Billerbeck II 441).

Der Königische hört von Jesu Kommen, geht ihm 26 km von Kapernaum nach Kana entgegen und bittet ihn, herabzukommen (Kapernaum liegt am Seeufer!), um den Sohn zu heilen (V 47). Wie häufig, fallen Bitte und Vertrauensäußerung zusammen (Theißen 64). Die Schwere der Krankheit wird durch die Todesnähe gekennzeichnet (Zur Typik der Charakterisierung der Not vgl. Theißen 61f.). Kein Disput (wie jetzt V 48f. oder Mt 8,8–10 par.), kein Versuch des Wundertäters, sich zu entziehen, noch irgendwelche Vorbereitungen zum Wunder stehen zwischen Bitte und Erfüllung. Jesus hat längst schon aus der Ferne zugunsten des Kranken entschieden (V 50). Dies ist nur eine andere Darstellungsform von Jesu Souveränität als 2,3ff., auf die hin hier alles gestaltet ist (Haenchen). Dabei macht Jesus weder Anstalten, nach Kapernaum aufzubrechen, noch spricht er ein Heilungswort (Beispiele bei Theißen 73f.), sondern gibt den Auftrag zur Rückkehr des Vaters mit der Bemerkung, daß das Wunder längst eingetroffen sei (anders Mt 8,13: »Gehe hin, dir geschehe, wie du geglaubt hast.«). »Dein Sohn lebt« konstatiert dabei den Gegensatz zu V 47: »denn er lag im Sterben«, beschreibt also die Rettung von der tödlichen Krankheit.

Auf dem Heimweg (V 51) erfährt der Königische von den ihm entgegenkommenden Knechten über die Gesundung seines Kindes präzise zu der Stunde, in der Jesus ihm – unüberprüfbar für ihn – die Genesung mitteilte (V 51–53). Dabei ist die Stundenangabe erzählerische Konkretion (vgl. in der SQ 1,39; 4,6; auch 2,4).

Daraufhin glauben der Vater und sein Haus (die Verbindung steht sonst nur Apg 10,2; 11,14; 16,15.31.34; 18,8) an den Wundertäter (sachlich parallel: 2,11 SQ). Das Haus findet wohl Erwähnung, weil zu ihm die Knechte und der Sohn zählen, also soll gesagt sein: Alle Zeugen des Wunders kommen zum Glauben. Dies entspricht exakt der Theologie der SQ (Exkurs 1), die auffordern will, daß alle Leser solchen Glauben nachvollziehen (20,30f.). Spiegelt also V 53 die Interessen des Verfassers der SQ wider, dann wird V 53 mit V 46a.54 auf sein Konto gehen, zumal der Kern aus V 46b.47b.50a.51f. eine erzählerisch geschlossene Wundergeschichte ist.

Man hat sich viel bemüht, einen besonderen theologischen Sinn zu suchen, den E dem Text beimaß. Soll die Erzählung Zug um Zug den wachsenden Glauben des Vaters aufzeigen (Schweizer), aber das Thema einer Glaubensentwicklung ist der SQ und E fremd. Oder man hat das Motiv des Lebens V 50.53 doppeldeutig ausgelegt: Der Glaubende solle die himmlische Wirklichkeit ewigen Lebens in der irdischen vorläufigen Befreiung vom Tod erkennen (Schnackenburg, Schottroff). Aber auch dies ist in den Text eingetragen. Erkennbar ist für E nur, wie er V 48f. nochmals seine Polemik aus 2,23–25; 3,1–3 wiederholt und wie er in den Aufbau seines Werkes den Text seiner Vorlage so einbaut, daß sie ein Beispiel für die glaubende Annahme der Botschaft Jesu wird (vgl. den Eingang zu II C und Joh 4,50b).

3. Brotvermehrung und Seewandel 6,1–21

1 Danach ging Jesus fort zum anderen Ufer des galiläischen
Sees, (des Sees) von Tiberias. 2 Es folgte ihm eine große
(Menschen)menge, weil sie die Zeichen sahen, die er an den
Kranken tat. 3 Jesus aber bestieg den Berg und setzte sich
dort mit seinen Jüngern nieder. 4 Es war (die Zeit) kurz vor
dem Passa, dem Fest der Juden. 5 Als Jesus nun die Augen
erhob und sieht, daß viel Volk zu ihm kommt, sagt er zu
Philippus: »Woher sollen wir Brot kaufen, damit diese (Leute)
zu essen haben?« 6 Das aber sagte er (allerdings), um ihn
auf die Probe zu stellen, denn er selbst wußte (natürlich), was
er zu tun gedachte. 7 Philippus antwortete ihm: »Selbst (ein)
Brot(einkauf) für 200 Denare würde nicht ausreichen, daß
jeder nur ein bißchen bekäme.« 8 Einer von seinen Jüngern,

Andreas, der Bruder des Simon Petrus, sagt zu ihm: 9 »Hier
ist ein Kind, das besitzt fünf Gerstenbrote und zwei Fische.
Aber was ist das schon für so viele!« 10 Jesus sprach: »Laßt
sich die Leute lagern!« Es war aber viel Gras an dem Ort. So
lagerten sie sich, 5000 Männer der Zahl nach. 11 Jesus nahm
die Brote, sprach das Dankgebet, und verteilte an die Lagern-
den; ebenso von den Fischen, so viel sie wollten. 12 Als sie
satt waren, sprach er zu seinen Jüngern: »Sammelt die übrig-
gebliebenen Brocken, damit nichts verlorengeht!« 13 Da
sammelten sie und füllten zwölf Körbe mit Brocken von den
fünf Gerstenbroten, die beim Essen übriggeblieben waren.
14 Als die Menschen das Zeichen sahen, das er getan hatte,
sagten sie: »Wahrhaftig, das ist der Prophet, der in die Welt
kommen soll!« 15 Doch da Jesus erkannte, daß sie kommen
wollten und ihn ergreifen, um ihn zum König zu machen, zog
er sich wiederum auf den Berg zurück, er allein.
16 Als es Abend wurde, gingen seine Jünger zum Meer
hinab, 17 stiegen in ein Boot und fuhren über den See ans
andere Ufer nach Kapernaum. Es war schon dunkel geworden,
und Jesus war immer noch nicht zu ihnen gekommen. 18
Der See wurde aufgewühlt, da ein heftiger Sturm tobte. 19
Als sie nun etwa 25 bis 30 Stadien getrieben waren, sahen sie
Jesus auf dem Wasser einherschreiten und sich dem Boot
nähern. Da erschraken sie. 20 Er aber sprach zu ihnen: »Ich
bin es! Fürchtet euch nicht!« 21 Da wollten sie ihn ins Boot
nehmen, doch alsbald befand sich das Boot am Ufer, auf das
sie zusteuerten.

Literaturauswahl: Barrett, C. K.: John and the Synoptic Gospels, ET 85 (1973/74) 228–233. – *Braun, F. M.:* Quatre »signes« johanniques de l'unité chrétienne, NTS 9 (1962/63) speziell 147f. – *Fortna, R. T.:* Gospel, 55–70. – *Gärtner, B.:* John 6 and the Jewish Passover, CNT 17, 1959. – *Giblin, Ch. H.:* The Miraculous Crossing of the Sea (John 6,16–21), NTS 29 (1983) 96–103. – *Girard, M.:* L'unité de composition de Jean 6, au regard d'analyse structurelle, EeT 13 (1982) 79–110. – *Haenchen, E.:* Gott, 90–93. *Heil, J. P.:* Jesus Walking on the Sea, AnBib 87, 1981. – *Heising, A.:* Die Botschaft der Brotvermehrung, SBS 15, 1966. – *Johnston, E. D.:* The Johannine Version of the Feeding of the Five Thousand – an Independent Tradition? NTS 8 (1961/62) 151–154. – *Knackstedt, J.:* Die beiden Brotvermehrungen im Evangelium, NTS 10 (1963/64) 309–335. – *Kruse, H.:* Jesu Seefahrten und die Stellung von Joh 6, NTS 30 (1984) 508–530. – *Lee, E. K.:* St. Mark and the Fourth Gospel, NTS 3 (1956/57) 50–55. – *Loos, H. van der:* The Miracles of Jesus, NT.S 9, 1965, 619–669.

– *Painter, J.:* Tradition and Interpretation in John 6, NTS 35 (1989) 421–450. – *Roloff, J.:* Das Kerygma und der irdische Jesus, Göttingen 1970, 237–269. – *Schenke, L.:* Das Szenarium von Joh 6,1–25, TTZ 92 (1983) 191–203. – *Ders.:* Die wunderbare Brotvermehrung, Würzburg 1983. – *Schnelle, U.:* Christologie, 114–130. – *Theißen, G.:* Urchristliche Wundergeschichten, StNT 8, 1974. – *Wilkens, W.:* Evangelist und Tradition im Johannesevangelium, ThZ 16 (1960) 81–90. – *Wöllner, H.:* Zeichenglaube, 31–39.

Brotvermehrung und Seewandel gehören wieder zu den Stücken, die E der SQ entlehnte (Exkurs 1). Dies soll im einzelnen die Auslegung zeigen. Doch ist sofort auffällig, daß E den Seewandel praktisch unkommentiert übernimmt, und die Brotrede unter Umgehung von 6,16ff. an 6,1ff. anknüpft. Solche Übernahme ohne spezielles Eigeninteresse ist Indiz dafür, daß E quellengebunden referiert. Jetzt führt das zweite Wunder wegen der langen Brotrede ein Schattendasein. Für die SQ hatte 6,16ff. sicherlich mehr Eigenständigkeit. Das Speisungswunder ist noch Mk 6,34–44 parr. und Mk 8,1–9 = Mt 15,32–38 überliefert. Auch 6,16ff. hat synoptische Parallelen in Mk 6,45–52 = Mt 14,22–33. Daraus ergibt sich, daß die SQ durch die Erzählfolge aus Mk 6,34ff.45ff. bestimmt ist. Diese Nähe zu Mk 6 geht sogar noch ein Stück weiter: In Mk 6,53–56 folgt Jesu Rückkehr zum Volk wie sachlich auch Joh 6,22ff. Diese Akoluthie sowie die im Verhältnis zu anderen joh Wundern relative Nähe beider Wunder zu Mk 6 im einzelnen hat Joh 6,1ff. prädestiniert, ein bevorzugtes Demonstrationsobjekt für die Abhängigkeit von den Synoptikern zu sein (Einleitung 2d). Aber so wie Mk 6,34ff. und Mk 8,1ff. zwei vorliterarische Varianten desselben Stoffes sind, so erweist sich auch Joh 6,1ff. als erzählerische Variation, entstanden auf der vorliterarischen Stufe (mit Schenke, Brotvermehrung; gegen Schnelle).

Die Speisung der Fünftausend hat fünf Teile: a) die situationsbedingte Exposition V 1–4, b) die Vorbereitung des Wunders V 5–10, c) das Mahl mit der indirekten Schilderung des Wunders V 10f., d) das nachträgliche Konstatieren des Wunders V 12f. und e) die Akklamation des Volkes sowie Jesu Reaktion darauf V 14f. Die Situation eingangs beginnt mit dem Itinerar, das E (vgl. 4,43.47.54) und die SQ (vgl. 4,46) für sich reklamieren können. Allerdings setzt das Übersetzen auf die andere Uferseite voraus, Jesus befinde sich nahe am Westufer des Sees. Dahin – nämlich nach Kapernaum – kehrt er auch nach V 17.24 zurück. Aber die

4,43ff. gegebene Wegbeschreibung sagt das nicht direkt, es sei denn, man nähme an, Jesus sei nach der Fernheilung aus Kana nach Kapernaum gezogen, dorthin, wo auch der geheilte Sohn des Königischen lebte. Dies könnte in der SQ gestanden haben, die wohl in Kapernaum in Übereinstimmung mit den Synoptikern eine Wahlheimat Jesu sah (vgl. 2,12). Weder zu ihr noch zu E paßt die Doppelbenennung des Sees als See von Galiläa und (als See) von Tiberias, der Stadt, die Herodes Antipas südwestlich des Sees als seine Residenz gründete und zu Ehren des römischen Kaisers benannte. Die Bezeichnung See von Tiberias hat sich erst in nachjesuanischer Zeit langsam eingebürgert, fehlt bei den Synoptikern und wird von der KR allein benutzt (vgl. 21,1, auch 6,23). Sie will zwischen Joh 6 und dem Mahl in Kp 21 eine Brücke bauen. 6,2 gehört dann eindeutig zu E, denn das Volk kommt V 5 nochmals in störender Duplizität zu Jesus, und die Begründung der Nachfolge aufgrund der Wunder erinnert an 2,23; 4,45 (vgl. Schenke, Szenarium). E bereitet wie 2,23–3,3; 4,45.48 vor, daß er den Wunderglauben der Menge kritisieren kann (6,15).
Nach E zieht Jesus dann mit dem Volk auf einen Berg (V 3). Aber das sagt V 3 für sich nicht. Er steht Mk 6,31f. nahe, wenn er Jesus und die Jünger ohne das Volk auf dem Berg weilen läßt. Der Vergleich mit Mk zeigt auch, daß der Berg als Ort der Einsamkeit gilt, was Joh 6,15b später bestätigt. Spricht Mk 6,31ff. auch nur von einem einsamen Ort, so zeigt Mk 6,46 = Mt 14,23, daß beim Übergang der Erzählung von der Speisung zur Sturmstillung der Berg genannt war (wie Joh 6,15). Von daher ist es leicht verständlich, wenn er in der SQ schon in V 3 Erwähnung fand. Zugleich ist dann aber darüber entschieden, daß der Berg keine typologische Bedeutung hat, also etwa an den Moseberg erinnern soll (gegen Brown, Schnackenburg). So ergäbe sich: der gewählte Ort zeige, wie Jesus Mose überbiete. Aber davon steht nichts im Text. Dieser sagt nur: Jesus und seine Jünger bestiegen einen Berg (eine traditionsgeschichtlich allgemeine typische Angabe). Dort setzte Jesus sich zusammen mit seinen Jüngern, – und nun müßte eigentlich V 5 folgen. Also fällt V 4 aus dem Kontext heraus. Zwar erinnert die Erwähnung des Passafestes an E in 2,13, aber gegen die Gewohnheit von E, mit Hilfe jüdischer Feste Jesu Reisen nach Jerusalem zu motivieren, gibt V 4 für das Itinerar gar nichts her (gegen Schnelle). Der Vers muß theologischen Sinn haben: die atl Mannaerzählung (2 Mose 16) gehörte als Lesung in die Passazeit. Nun ist von der Mannagabe später 6,31ff. gesprochen, allerdings von E gerade polemisch und abwertend. Darum wird V 4 der KR

zuzuweisen sein, die den Zusammenhang vom Passa zum Herrenmahl (6,51c–58) herstellen wollte (vgl. Wilckens): Jesus ersetzt nach ihr das jüdische Passa durch das Herrenmahl, liest man von 6,4 über 6,32f. zu 6,51cff. als ihrer intendierten Linie.
Die Vorbereitung des Wunders beginnt V 5 (SQ): Jesus sieht das Volk kommen und benutzt die Situation sofort aus freien Stücken, um das Wunder vorzubereiten. Weder ist gesagt, Jesus habe das Volk sehr lange belehrt (Mk 6,35), noch der Heimweg sei zu weit (Mk 8,3), kurzum es fehlt jeder Grund zum Wunder auf seiten des Volkes. Der Grund ist Jesus allein, der in dem zweiten (vgl. 2,1ff.) »Naturwunder« der SQ sich selbst abermals als übernatürliches Wesen sichtbar machen will. Dabei hat die SQ die Frage an Philippus der Tradition entlehnt (Mk 6,37 parr.). Philippus und Andreas als Brüder des Simon Petrus (6,8) treten schon 1,40.43 in der SQ auf (vgl. noch 12,21ff.). Die Frage an Philippus ist natürlich für die SQ nicht Ausdruck der Ratlosigkeit, sondern indirekter Hinweis, daß Jesus im Kontrast zu Philippus, der so ratlos gemacht wird, schon längst weiß, was er will. So reagiert denn auch der Jünger V 7, nachdem E in V 6 noch eine unterbrechende Lesehilfe eingeflochten hat. (Ähnliche Funktion hat 11,11–15; vgl. formal auch 2,21; 9,22f.). Für Philippus sind nun selbst 200 Denare zu wenig, um jedem wenigstens etwas Nahrung zukommen zu lassen (deutliche Steigerung von Mk 6,37)! Wieder steigert die SQ also das Wunder. Andreas muß V 8f. (SQ) auf andere Weise die typische Ratlosigkeit (Theißen 66) der Menschen demonstrieren. Dabei sind die fünf Brote und die zwei Fische alte Tradition (Mk 6,38 parr.), wobei allerdings die Gerstenbrote Sonderüberlieferung darstellen. Sollen sie an Elisa (2 Kön 4,42–44) erinnern, der mit 20 Gerstenbroten 100 Mann ernährte? Wohl kaum, denn die Gerstenbrote sind übliche Speise armer Leute und bei Elisa fehlen die Fische, so daß der Bezug zu seinem Wunder zu vage ist (gegen Brown, Schnackenburg, Fortna u. a.).
Jesus überhört beide Äußerungen der Jünger und bereitet anweisend nun das Wunder selbst vor (V 10). Mk 6,39f. sind wesentlich ausführlicher, hingegen ähnelt Joh hier mehr Mk 8,6, wobei allerdings die Erwähnung des Grases – übrigens die einzige Naturbeobachtung im Joh – Mk 6,39 begegnet und die Angabe von 5000 Mann aus dem nachgestellten Schluß Mk 6,44 entnommen ist. Die joh Erzählform steht also hier in komplexer Weise zwischen beiden mk Erzählungen. Das ist typisch für mündliche Tradition. Wie in 2,7f.; 4,47.50 wird vom Wunder selbst nichts berichtet. Kein Machtwort, kein Hilfsmittel usw. Jesus tut nur das, was jeder

Hausvater tun würde (V 11). Er nimmt die Brote und spricht das Dankgebet. Solcher Brotsegen lautete im Judentum etwa: »Gepriesen seist du, Herr, König der Welt, der Brot aus der Erde hervorbringt.« (Vgl. Billerbeck IV 627–634). Jüdischer Mahlsitte folgend, verteilt Jesus dann das Brot. Da die Fische als Beilage galten, bedurfte es für sie keines besonderen Gebetes. Sie wurden ohne solches anschließend verteilt, ganz so wie 6,11 schildert. Die SQ mag so V 10f. noch gedeutet haben. E ist jüdischer Sitte ferner, aber daß er darum in dem »Dankgebet« wie später die KR in 6,23 einen eucharistischen Fingerzeig sah (wie in der Regel von denen angenommen wird, die E 6,51c–58 zuschreiben), ist durch nichts angezeigt. Daß nämlich Jesus allein die Brote »gibt«, soll nur seine Souveränität steigern (einige Hss haben die Hilfe der Jünger eingebaut, vgl. Mk 6,41). Im Unterschied zu 6,51c–58 gibt Jesus auch »Brote«, nicht »Brot« (= Speise). Er gibt, so wird ausdrücklich über die Synoptiker hinaus steigernd erwähnt, soviel jeder haben will (vgl. die Fülle des Weins in 2,1ff.).
Auch V 12f lehnen sich an jüdische Tischsitte an: Das Einsammeln der Brotreste, damit nichts verloren geht, ist ausdrücklich bezeugt (Billerbeck IV 626f.; II 479). Für die SQ ist diese Sitte Mittel, abermals die Größe des Wunders herauszustellen (Mk weiß von V 12 nichts). Die Jünger sammeln 12 Körbe Brot ein (vgl. Mk 6,43 parr.; 8,8) – wohl jeder Jünger einen Korb. – Das ist mit dem Ausgangspunkt von 5 Broten und unter der Bedingung, daß jeder soviel essen durfte, wie er wollte, ganz erstaunlich.
Die alte Wundererzählung endete hier (vgl. Mk 6,44; 8,8f.) Blickt man noch einmal um eines Gesamteindrucks willen auf die Analyse zurück, wird deutlich: Gegenüber beiden Mk-Formen hat die SQ die christologische Konzentration und die Steigerung des Wunders am weitesten eingebracht. Dies ist für sie typisch, will sie doch das gesteigerte Wunder auswerten, um sich Jesus als Gottessohn in Szene setzen zu lassen. Darum fehlt das Motiv der Notsituation, darum sind die Jünger nur Statisten. Damit dieser über alles gestellte christologische Gehalt auch klar herauskommt, hat die SQ, für sie typisch, noch einen akklamatorischen Schluß folgen lassen (er ist stilgemäß und hätte auch bei Mk stehen können). Er lautete in der SQ: »Als die Menschen das Zeichen sahen, das er getan hatte, sagten sie: ›Wahrhaftig, das ist der Prophet ...‹ (Und) ... Jesus ... zog sich wieder auf den Berg zurück, er allein.« Der Rückzug Jesu hat seine Parallele in Mk 6,46 und hilft Joh 6,16ff. vorzubereiten. Die Akklamation aufgrund des Wunders entspricht Stellen wie 1,49; 2,11; 4,19; 20,30f. usw. Der Titel

»der Prophet« (4,19; 9,17: ein Prophet) läßt fragen, ob die SQ, 6,1ff. vom mosaischen Mannawunder her verstehend, an den Propheten wie Mose (5 Mose 18,15.18) denkt (vgl. zu 1,21.25). Aber angesichts der Verwendung vieler Titel in der SQ, könnte in ihrem Sinn 6,14 auch ein anderer stehen. Auch ist in ihrer Lesart von 6,1ff. die Mannatypologie nicht angedeutet. Ihr Darstellungskonzept, 20,30f. deutlich ausgesprochen, hat offenbar überhaupt kein Interesse, solche typologischen Akzente zu setzen (gegen Fortna u. a.).
E hat das Wunder selbst – wie oft – ohne großen Kommentar übernommen. Er eilt auf sein Ziel zu, es zur Szene für die Brotrede zu benutzen. Dort wird er Theologie betreiben. Immerhin hat er in 6,2 schon vorbereitet, was er nun durch Auffüllung von 6,14f. weiter ausbaut, die Kritik am mißverstandenen Wunder. Zunächst fügt er dem Prophetentitel an: »der in die Welt kommt«. Das erinnert an 1,9; 11,27 (vgl. 3,19; 9,39; 10,36; 18,37 usw.) So wird auf die himmlische Existenz des Gesandten verwiesen, dessen Wunder irdisch mißverstanden wird (V 15). Damit erhält V 14 eine negative Deutung, die dem Vers eigentlich nicht eigen ist. Er wird vielmehr geradezu ins Gegenteil gekehrt. Wo steht im übrigen vorher, daß das Volk Jesus ergreifen will? Also auch E will durch diesen Zusatz nicht 5 Mose 18,15.18 erfüllt sehen, zumal das »Kommen in die Welt« dort gar nicht ausgesagt ist. Die Aussage ist genuiner Repräsentant joh Gesandtenchristologie (gegen Meeks, Fortna usw.). Kraft göttlichen Wissens weiß Jesus (vgl. für E etwa 2,25), daß das Volk, um irdisch immer satt zu werden (6,26), ihn zum König machen will, damit er die Weltordnung immerwährender Sättigung garantiert. So wird der, dessen Reich gerade nicht von dieser Welt ist (18,36f.), aufgrund des Wunders total mißverstanden (vgl. dazu 3,2f.). Für diese Deutung ist es also auch nicht nötig, hinter 6,14f. die Tradition eines Prophetenkönigs aufzusuchen (Meeks), zumal beide Titel sich schon literarisch auf zwei Ebenen verteilen, denn 6,15 ist in der SQ auch schon darum unmöglich, weil in ihr nie eine christologische Prädikation von Jesus abgewiesen wird. E will vielmehr durch seine Neugestaltung von V 14f. sagen: Jesus kann sich nicht nach den Vorstellungen des Volkes zum König machen lassen, weil er dann irdisch vereinnahmt wäre und nicht selbst bestimmt, wer er ist und was er gibt. Beide Gesichtspunkte sind wenig später in der Brotrede zentral: Indem Jesus selbst offenbart, wer er ist (6,36), sagt er auch neu und gegen die Volksmeinung (V 30f.), inwiefern er Heilbringer ist. Die Brotrede wird über V 14f. hinaus entfalten: Er ist der Gesandte des Vaters, der das Lebensbrot ist und gibt.
Der Seewandel (6,16–21) zeigt in der Darstellung größere Unab-

hängigkeit von den Synoptikern als die Brotvermehrung. Die engste Verwandtschaft besitzt dabei das Epiphaniewort 6,20 = Mk 6,50. Da es jedoch typisch für solche Erzählung ist, wird man literarische Abhängigkeit von Mk so schwerlich beweisen können. Die Selbständigkeit der joh Version ergibt sich (bei themenbedingter Nähe in den nautischen Vokabeln zu Mk) vor allem durch straffe, knappe Erzählform. Dabei entfällt die Sturmstillung, obwohl der Sturm noch erwähnt wird (V 18). Alles ist auf die Epiphanie des seewandelnden Jesus konzentriert (V 19f.). Am Schluß geht Jesus nicht ins Boot der Jünger, sondern inszeniert das Wunder sofortiger Ankunft am Ufer wiederum ungefragt und stillschweigend (und gegen Mk). Diese Strukturierung ist wohl schon auf die SQ zurückzuführen.

Mit beginnendem Sonnenuntergang stechen die Jünger in See. Nach Mt und Mk sind sie schon auf See, als es dunkel wird (Mt 14,23; Mk 6,47). Man benutzt das eine zur Verfügung stehende Boot (vgl. 6,22) und will über den See nach Kapernaum (V 24; Mk: nach Bethsaida, also südlicher). Bei Mk folgen dann drei Angaben: die einbrechende Nacht, das Alleinsein der Jünger und der Sturm (Mk 6,47f.). In Joh 6,17b.18 begegnen alle drei Motive in derselben Reihenfolge. Darum ist es problematisch, V 17b als einen Einschub von E zu betrachten (Fortna, Schnackenburg). Man gewinnt zwar so eine Basis, um die Aneignung der Perikope durch E zu sichern: Mitten in die Finsternis hinein (1,6) offenbart sich der Herr durch die Ich-bin-Aussage (vgl. 6,35). Aber diese Auslegung ist wohl in den Text eingetragen, zumal E auch 6,22ff. solche Deutung nicht unmittelbar aufgreift. Die Jünger treiben auf See ca. 5 km vom Ufer entfernt (6,19), also etwa auf der Seemitte (so Mk 6,47), da sehen sie Jesus auf dem See ihnen entgegenwandeln (Das dritte »Naturwunder« in der SQ, vgl. 2,1ff.; 6,1ff.!). Sie fürchten sich (Mk 6,49f. ist aufgefüllter und traditionsgeschichtlich jünger), wie stilgemäß auf die Epiphanie reagiert wird. Ebenso stilgemäß ist Jesu Selbstdarstellung: »Ich bin es, fürchtet euch nicht.« Mk 6,50 bietet darüber hinaus noch vor dem »Ich bin« eine weitere Aufforderung, sich nicht zu fürchten. Der Sturm ist nun im wahrsten Sinne des Wortes vergessen. Jesus kommt auch nicht – trotz Jüngererwartung V 21a – ins Boot (so Mk 6,51), sondern er fügt der göttlichen Selbstoffenbarung noch ein Wunder hinzu: Man ist wunderbarerweise alsbald, eben noch auf der Mitte des Sees, am Land. Daraus ist zu schließen: Die SQ hat die Thematik der Sturmstillung auf minimale erzählerische Reste zusammengestrichen, um aus der Sturmstillung einen wunderbaren Seewandel Jesu zu gestalten (Wöllner). So darf man nicht mehr fragen: Warum bleibt Jesus allein zurück? Warum legt sich der Sturm quasi von allein? Auch ist klar, daß die Erwähnung des Verhaltens der Jünger angesichts des Sturmes und ihrer Lebensgefahr entfallen muß: Ihre Furcht bezieht sich nun nicht auf den Sturm und das gefährdete Boot, sondern auf die Erscheinung Jesu (V 19c). Mit seinem Erscheinen ereignet sich denn auch noch gleich ein weiteres Wunder (V 21). Damit sind alle dort angekommen, wo auch nach der SQ das Volk Jesus sucht und so zum unverdächtigen, nachträglichen Bezeuger des wunderbaren Weges Jesu über den See wird (6,22–25g) – wie der Tafelmeister in 2,1ff. Für die SQ lag offenbar das Aussageziel im Seewandel, in der Epiphanieformel und in der Einführung des Volkes zum unfreiwilligen Zeugen, daß Jesus Herr geographischer Entfernungen und der Schwerkraft ist. Sie will ja im Wunder Jesu Herrlichkeit sichtbar machen (2,11; 20,30f.). Zur Auslegung im Sinne von E bieten sich zwei Wege an: a) V 17b mit V 20 zu kombinieren im Sinne einer Aussage wie 16,33. Doch wurde diese Möglichkeit schon bezweifelt. b) Man hat daran erinnert, daß E wenig später Ps 78,24 in 6,31 zitiert und daß dieser Psalm in V 17.20 auf das Schilfmeerwunder anspielt. Dieses sei darum für E im Seewandel Jesu typologisch abgebildet. Ein Verweis auf die jüdische Passahaggada soll dies stützen, da nämlich nach ihr zur Zeit des jüdischen Passafestes (vgl. 6,4) die Lesung der Perikope vom Wunder am Schilfmeer vorgesehen war (Gärtner). Zu dieser Deutung ist allerdings zu sagen, daß sie keinen erkennbaren Anhalt am Text hat, vielmehr eine dem Text unbekannte, kombinatorische Hypothese einträgt. So kommt man zu dem Urteil: E hat 6,16ff. aus Treue zur SQ berichtet. Auf sie geht wohl der ganze Text zurück. E hingegen beeilt sich, die Brotrede zu komponieren. Am Seewandel hat er kein besonderes theologisches Interesse. Immerhin wird man sagen können: Der Seewandel hilft E durch seine kontextuelle Einbindung, die 6,14f. anklingende Selbstbestimmung Jesu zu illustrieren: Er ist sein eigener Herr – unerwartet für die Jünger und das Volk. Insofern sich dieses Thema in der Brotrede in V 36 besonders eindrücklich bekundet, mag E auch daran gedacht haben, daß das »Ich bin es« in 6,20 diese Selbstoffenbarung vorbereitet (Hinrichs).

4. Ärgernis und Glaube an Jesus als an das vom Himmel herabgekommene Lebensbrot 6,22–71

22 Tags darauf (sah) das Volk, das am anderen Ufer des Sees
stand – sie hatten gesehen, daß kein anderes Boot dort war
als nur eines und daß Jesus nicht mit seinen Jüngern zusam-
men das Boot bestiegen hatte, vielmehr die Jünger allein
abgefahren waren. 23 Jedoch kamen andere Boote von Tibe-
rias her nahe zum Ort, wo sie das Brot gegessen hatten,
nachdem der Herr den Lobpreis gesprochen hatte – 24 als
nun die Menge sah, daß Jesus nicht dort war und auch seine
Jünger nicht, stiegen sie selbst in die Boote, kamen nach
Kapernaum auf der Suche nach Jesus. 25 Da fanden sie ihn
am anderen Seeufer und sprachen zu ihm: »Rabbi, wann bist
du hierher gekommen?« 26 Jesus antwortete ihnen und
sprach: »Wahrlich, wahrlich ich sage euch, ihr sucht mich
nicht, weil ihr Zeichen gesehen habt, sondern weil ihr von den
Broten gegessen habt und satt geworden seid. 27 Beschafft
euch nicht vergängliche Speise, sondern zum ewigen Leben
bleibende Speise, die euch der Menschensohn geben wird;
diesen nämlich hat der Vater, d. h. Gott, bevollmächtigt.« 28
Da sprachen sie zu ihm: »Was sollen wir tun, um die Werke
Gottes zu wirken?« 29 Jesus antwortete und sprach zu
ihnen: »Dies ist das Werk Gottes: Glaubt an den, den jener
gesandt hat!«
30 Da sagen sie zu ihm: »Was für ein Zeichen tust du, damit
wir sehen und dir glauben können? Was wirkst du? 31
Unsere Väter aßen das Manna in der Wüste, wie geschrieben
steht: Brot vom Himmel gab er ihnen zu essen.« 32 Da sagte
Jesus zu ihnen: »Wahrlich, wahrlich ich sage euch: Nicht
Mose hat euch das Brot vom Himmel gegeben, sondern mein
Vater gibt euch das wahre Brot vom Himmel. 33 Denn das
Brot Gottes ist der, der vom Himmel herabkommt und der Welt
Leben gibt.« 34 Da sagten sie zu ihm: »Allezeit, Herr, gib uns
dieses Brot!« 35 Jesus sprach zu ihnen:
»Ich bin das Brot des Lebens.
Wer zu mir kommt, wird nie mehr hungern,
und wer an mich glaubt, den wird nie mehr dürsten.
36 Aber ich sage euch: Ihr habt gesehen und glaubt doch
nicht! 37 Alles, was mir der Vater gibt, wird zu mir kommen,
und den, der zu mir kommt, werde ich nicht hinauswer-
fen. 38 Denn ich bin vom Himmel herabgekommen, nicht um

meinen Willen zu tun, sondern den Willen dessen, der mich
gesandt hat. 39 Das aber ist der Wille dessen, der mich
gesandt hat, daß ich nicht von dem, was er mir gegeben hat,
verloren gehen lasse, sondern daß ich es auferwecke am
letzten Tag. 40 Denn das ist der Wille dessen, der mich
gesandt hat, daß jeder, der den Sohn sieht und an ihn glaubt,
ewiges Leben hat und ich ihn auferwecke am letzten Tag.«
41 Da murrten die Juden über ihn, weil er sagte: Ich bin das
Brot, das vom Himmel herabgekommen ist, 42 und sie sag-
ten: »Ist das nicht Jesus, der Sohn Josephs, dessen Vater und
Mutter wir kennen? Wie kann er jetzt sagen: Ich bin vom
Himmel herabgekommen?« 43 Jesus antwortete und sprach
zu ihnen: »Murrt nicht untereinander! 44 Niemand kann zu
mir kommen, wenn ihn der Vater, der mich gesandt hat, nicht
zieht, und ich werde ihn auferwecken am letzten Tag. 45 Es
steht bei den Propheten geschrieben: Und sie werden alle
Gottesgelehrte sein. Jeder, der vom Vater hört und lernt,
kommt zu mir. 46 Nicht daß jemand den Vater gesehen hat,
außer dem, der von Gott her ist, der hat den Vater gese-
hen. 47 Wahrlich, wahrlich ich sage euch, wer glaubt, hat
ewiges Leben. 48 Ich bin das Brot des Lebens. 49 Eure
Väter haben das Manna in der Wüste gegessen und sind
gestorben. 50 Dies ist (Kennzeichen für) das Brot, das vom
Himmel herabkommt: Man ißt von ihm und stirbt nicht. 51
Ich bin das lebendige Brot, das vom Himmel herabgekommen
ist. Wenn jemand von diesem Brot ißt, wird er in Ewigkeit
leben.
Und zwar ist das Brot, das ich ihm geben werde, mein Fleisch
für das Leben der Welt.« 52 Da stritten die Juden untereinan-
der und sagten: »Wie kann uns dieser sein Fleisch zu essen
geben?« 53 Jesus sprach zu ihnen: »Wahrlich, wahrlich ich
sage euch, wenn ihr nicht das Fleisch des Menschensohnes
eßt und nicht sein Blut trinkt, habt ihr das Leben nicht in
euch. 54 Wer mein Fleisch ißt und mein Blut trinkt, hat
ewiges Leben, und ich werde ihn auferwecken am letzten
Tag. 55 Denn mein Fleisch ist die wahre Speise und mein
Blut ist der wahre Trank. 56 Wer mein Fleisch ißt und mein
Blut trinkt, bleibt in mir und ich in ihm. 57 So wie mich der
lebendige Vater gesandt hat und ich durch den Vater lebe, so
wird auch der, der mich ißt, durch mich leben. 58 Dies ist das
Brot, das vom Himmel herabgekommen ist: Nicht wie die Väter
aßen und starben; wer dieses Brot ißt, wird in Ewigkeit

leben.« 59 Das sprach er in der Synagoge, als er zu Kapernaum lehrte.
60 Viele seiner Jünger, die das hörten, sprachen: »Hart ist diese Rede, wer kann ihr zuhören?« 61 Jesus aber, der bei sich wußte, daß seine Jünger über diese (Rede) murrten, sprach zu ihnen: »Das ist euch schon anstößig?! 62 Wenn ihr nun den Menschensohn aufsteigen seht dorthin, wo er vorher war? 63 Der Geist ist es, der lebendig macht, das Fleisch ist zu nichts nütze. Die Worte, die ich zu euch gesprochen habe, sind Geist und Leben. 64 Aber es sind einige unter euch, die nicht glauben.« Jesus wußte nämlich von Anfang an, wer die sind, die nicht glauben und wer ihn verraten wird. 65 Da sprach er: »Deswegen habe ich euch gesagt: Niemand kann zu mir kommen, wenn es ihm nicht vom Vater gegeben wird.«
66 Seitdem zogen sich viele seiner Jünger zurück und wanderten nicht mehr mit ihm. 67 Da sagte Jesus zu den Zwölf: »Wollt ihr auch fortgehen?« 68 Simon Petrus antwortete ihm: »Herr, zu wem sollen wir weggehen? Du (allein) hast Worte des ewigen Lebens. 69 Und wir haben geglaubt und erkannt: Du bist der Heilige Gottes.« 70 Jesus antwortete ihnen: »Habe ich nicht euch Zwölf erwählt? Und doch ist einer von euch ein Teufel!« 71 Er sprach aber von Judas, dem Sohn des Simon Iskariot, denn der sollte ihn verraten, einer von den Zwölf.

Literaturauswahl: Barrett, C. K.: Das Fleisch des Menschensohnes (Joh 6,53), in: Jesus und der Menschensohn (FS. A. Vögtle) Freiburg 1975, 342–354. – *Blank, J.:* Die johanneische Brotrede, BiLe 7 (1966) 193–207.255–270. – *Borgen, P.:* Observations on the Midrashic Character of John 6, ZNW 54 (1963) 232–240. – *Ders.:* Bread from Heaven, NT.S 10, 1965. – *Bornkamm, G.:* Die eucharistische Rede im Johannesevangelium, ZNW 47 (1956) 161–169 = *ders.:* Geschichte und Glaube I, München 1968, 60–67. – *Ders.:* Vorjohanneische Tradition oder nachjohanneische Bearbeitung in der eucharistischen Rede Johannes 6? in: Geschichte und Glaube II, München 1971, 51–64. – *Burchard, Chr.:* The Importance of Joseph and Aseneth for the Study of the New Testament, NTS 33 (1987) 102ff., hier: 119–121. – *Crossan, J. D.:* It is Written: A Structuralist Analysis of John 6, Semeia 26 (1983) 3–21. – *Dunn, J. D. G.:* John 6 – A Eucharistic Discourse? NTS 17 (1970/71) 328–338. – *Feuillet, A.:* Les thèmes bibliques majeurs du discours sur le pain de vie, in: ders.: Études johanniques, Paris 1962, 47–129. – *Ders.:* Le discours sur le pain de vie, Foi vivante 47, 1967. – *Girard, M.:* L'unité de composition de Jean 6, au regard de l'analyse structurelle, EeT 13 (1982) 79–110. – *Gourgues, M.:*

Section christologique et section eucharistique en Jean VI, RB 88 (1981) 515–531. – *Hinrichs, B.:* Ich bin, 50–56. – *Jeremias, J.:* Joh 6,51c–58 redaktionell? ZNW 44 (1952/53) 256f. – *Ders.:* Die Abendmahlworte Jesu, Göttingen [4]1967, 101f. – *Kieffer, R.:* Au delà des recensions? L'évolution textuelle dans Jean VI 52–71, CB.NT 3, 1968. – *Klos, H.:* Die Sakramente im Johannesevangelium, SBS 46, 1970. – *Köster, H.:* Geschichte und Kultus im Johannesevangelium und bei Ignatius von Antiochia, ZThK 54 (1957) 56–69. – *Kotila, M.:* Zeuge, 147–161. – *Kügler, J.:* Jünger, 180–232. *Langbrandtner, W.:* Gott, 1–11. – *Lohse, E.:* Wort und Sakrament im Johannesevangelium, NTS 7 (1960/61) 110–125 = *ders.:* Die Einheit des Neuen Testaments, Göttingen 1973, 193–208. – *Léon-Dufour, X.:* Le Mystère du Pain de vie (Jean VI), RevSR 46 (1958) 481–523. – *Ders.:* Trois chiasmes johanniques, NTS 7 (1960/61) 249–255. – *Malina, B. J.:* The Palestinian Manna Tradition, Leiden 1968, speziell 42–93.102–106. – *Meeks, W. A.:* Prophet. – *Moloney, F. J.:* Son, 87–123. – *Phillips, G. A.:* »This is a Hard Saying. Who Can be Listener to it?« Semeia 26 (1983) 23–56. – *Porsch, F.:* Pneuma, 161–212. – *Richter, G.:* Studien, 88–119.199–265. – *Roberge, M.:* Le discours sur le pain de vie (Jean 6,22–59), LTP 38 (1982) 265–299. – *Ruckstuhl, E.:* Einheit, 228–271. – *Sänger, D.:* Jüdisch-hellenistische Missionsliteratur und die Weisheit, Kairos 23 (1981) 231–243. – *Schenke, L.:* Die formale und gedankliche Struktur von Joh 6,26–58, BZ 24 (1980), 21–41. – *Ders.:* Vorgeschichte von Joh 6,26–58, BZ NF 29 (1985) 68–89. – *Schlier, H.:* Joh 6 und das johanneische Verständnis der Eucharistie, in: J. Sint (hrgg.): Bibel und zeitgemäßer Glaube II, Klosterneuburg 1967, 69–95 = *ders.:* Ende der Zeit, Freiburg 1971, 102–123. – *Schnackenburg, R.:* Das Brot des Lebens, in: Tradition und Glaube (Festgabe für K. G. Kuhn) Göttingen 1971, 328–342. – *Schneider, J.:* Zur Frage der Komposition von Joh 6,27–58(59) – die Himmelsbrotrede, in: In Memoriam E. Lohmeyer, Stuttgart 1951, 132–142. – *Schürmann, H.:* Joh 6,51c – ein Schlüssel zur johanneischen Brotrede, BZ 2 (1958) 244–262 = *ders.:* Ursprung und Gestalt, Düsseldorf 1970, 151–166. – *Ders.:* Die Eucharistie als Repräsentation und Applikation des Heilsgeschehens nach Joh 6,53–58, TThZ 68 (1959) 30–45.108–118 = *ders.:* Ursprung und Gestalt, Düsseldorf 1970, 167–187. – *Schweizer, E.:* Das johanneische Zeugnis vom Herrenmahl, EvTh 12 (1952/53) 358–363 = *ders.:* Neotestamentica, Zürich 1963, 371–396. – *Segalla, G.:* La struttura circolare-chiasmatica di Gv 6,26–58, BeO 13 (1971) 191–198. – *Temple, S.:* A Key to the Composition of the Fourth Gospel, JBL 80 (1961) 220–232. *Vermes, G.:* ›He is the Bread‹, in: Neotestamentica et Semitica (FS M. Black), Edinburgh 1969, 256–263. – *Wahlde, M. C. von:* Wiederaufnahme as a Marker of Redaction in John 6,51–58, Bib. 64 (1983) 542–549. – *Weder, H.:* Die Menschwerdung Gottes, ZThK 82 (1985) 325–360. – *Wehr, L.:* Arznei der Unsterblichkeit, NTA NF 18, 1987, 182–277. – *Wilckens, U.:* Der eucharistische Abschnitt der johanneischen Rede vom Lebensbrot (Joh 6,51c–58) in: Neues Testament und

Kirche (FS. R. Schnackenburg) Freiburg 1974, 220–248. – *Wilkens, W.*: Das Abendmahlszeugnis im vierten Evangelium, EvTh 18 (1958) 354–370.

Nach Joh 3 und vor Joh 5 hat die Brotrede für E die Funktion, zum zweiten Mal ausführlich seine Theologie darzustellen. Allerdings haben die Gesprächsgänge der Brotrede eine besonders kontroverse Auslegung erfahren. Dabei ist mit Recht kaum noch umstritten, daß 6,51c–58 Herrenmahlstradition enthalten und sakramental zu deuten sind (entscheidend: Bauer, Bultmann, Bornkamm, Schnackenburg; dagegen: Borgen, Dunn). Wohl aber konzentriert sich das Gespräch um Aufbau und Gedankengang der Rede, um die verarbeiteten Traditionen bzw. Quellen, um die nähere Abgrenzung des sakramentalen Teils und um die Frage, ob 6,51c–58 bzw. 6,47(48)–58 als Tradition von E selbst verarbeitet wurde oder sich (neben kleinen Sätzen) einer späteren Neuinterpretation verdankt. Je nach Beurteilung dieser Probleme fällt damit zugleich der Entscheid, welche Stellung E und seine Gemeinde zu den Sakramenten einnehmen.

Der Aufbau der Rede wird gegenwärtig gern mit Hilfe eines *homiletischen Auslegungsschemas* (homiletic pattern) bestimmt, das bei Philo, in palästinischen Midraschim und bei Paulus begegnen und auch Joh 6 zugrunde liegen soll (Borgen, ihm folgen u. a. Brown, Schnackenburg, Richter, Bornkamm, Tradition; Wilckens). Danach nimmt das Schriftzitat in 6,31b in der Rede eine Schlüsselstellung ein, so daß in V 32ff. der erste Teil des Zitates und in V 48ff. der Schluß des Zitates ausgelegt werden. Beide Teile sollen zudem weitgehend parallel gestaltet sein. Mit Hilfe dieser Erkenntnis wollen die einen die Rede als einheitlich begründen (Borgen, Wilckens), die anderen mit einer späteren Bearbeitung rechnen (Richter, Bornkamm). Zeigt sich hieran schon, wie wenig eindeutig das Schema paßt, so könnte eine Analyse des gesamten Textmaterials erweisen, daß dieses »Schema« eher eine formale Abstraktion ist, als daß es teilweise richtig erkannte variable Auslegungsgewohnheiten zutreffend zusammenfaßt.
In jedem Fall sollte in bezug auf Joh 6 von ihm abgesehen werden. Schon dies ist nämlich bedenklich, daß dann ein Wort im Munde der Juden normierend für Jesu Rede wäre. Jesus läßt sich sonst nirgends in so glatter Weise eine seine Rede bestimmende Vorgabe von anderen geben. Er legt sich selbst und seine Sendung aus, und so offenbart er den Vater. Ebenso ist festzuhalten: Ein Midrasch legt die Schrift aus und versteht sie als Offenbarung, sich selbst als nachgeordnete Auslegung ohne eigenen Offenbarungsanspruch. Der joh Christus hat nicht nur einen eigenen, sondern sogar exklusiven Offenbarungsanspruch und kennt eine solche Distanz zur Schrift (1,17; 7,19; 8,17), wie sie in dieser Schärfe sonst dem Urchristentum fremd ist. Erst recht ist festzuhalten, daß zwar in 6,32f.42 »Brot vom

Himmel gab er« aus dem Zitat V 31b aufgegriffen ist, aber V 48ff. nicht das Stichwort »essen«, wie behauptet wird, dem Schluß des Zitates entnehmen. Das Stichwort »essen« wird bei seinem ersten Vorkommen in 6,48ff., nämlich in 6,49, nicht als Rekurs auf 6,31b eingeführt, sondern nach Ausweis seines Kontextes unter wörtlichem Rückgriff auf 6,31a verwendet. Weiter setzt die postulierte Sonderstellung von 6,31b voraus, die Rede teile sich auf in eine Basis (6,22–31) und in zwei darauf aufbauende Teile (6,32ff.48ff.). Diese Gliederung bringt mehrfache Probleme mit sich; es empfiehlt sich eine andere Gliederung (s. u.). Endlich steht das Zitat 6,31b nur zum geringen Teil als Repräsentant des Leitgedankens der Rede: Das im Wort geäußerte Selbstzeugnis Jesu, vom Himmel als Lebensgabe gekommen zu sein (V 35), verbunden mit der Ablehnung der Legitimationsforderung (V 30) und unter der Bedingung »natürlicher Geburt« (V 42), führt zum Ärgernis des Unglaubens (bei den Juden) und bei wenigen durch das Ärgernis hindurch zum Glauben (bei den Zwölfen). Dieser Spannungsbogen, der die ganze Komposition 6,22–71 zusammenhält, sollte leitend für das Verständnis sein. So sind das Ich-bin-Wort (6,35), seine Aufnahme 6,48ff. und das Petrusbekenntnis 6,68f. das Zentrum, nicht singulärerweise ein atl Zitat. Endlich wird auch die Mannathematik überhaupt nicht als exegetisches Thema behandelt, sondern als bekanntes Ereignis, das gegenüber dem Christusereignis einen entscheidenden Mangel besitzt: Es konnte nicht ewiges Leben geben (V 49f.; so richtig Wehr).

Wer von dem »Schema« als Hilfe zur Strukturierung absieht, ist daran gewiesen, textimmanente Beobachtungen zum Gedankengang und zu formalen Gesichtspunkten gemeinsam für sein Verständnis des Aufbaues zu nutzen (Überblick über Gliederungen bei Moloney. Neu und nahe beim folgenden Vorschlag: Wehr; Weder; vgl. auch Schenke). Zunächst folgt der Vorschlag, dann seine Begründung:

1. Szene: Dem Unglauben der Juden in Gestalt des mißverstandenen Wunders begegnet Jesus mit der Glaubensforderung:
a) 6,22a.24f.; b) 6,26; c) 6,28; d) 6,29.

2. Szene: Dem Unglauben der Juden – jetzt in Gestalt der Zeichenforderung (Manna) – begegnet Jesus erneut mit der Glaubensforderung: dem atl Mannawunder wird der Charakter himmlischer Gabe abgesprochen. Jesus offenbart sich selbst als vom Himmel gekommenes Lebensbrot und expliziert den Glauben als Einheit von göttlichem Geben und menschlichem Sehen des Sohnes:
a) 6,30f.; b) 6,32f.; c) 6,34; d) 6,35 + 6,36–38.40a.b.

3. Szene: Dem Unglauben der Juden – nun als Anstoß an der Differenz zwischen Jesu natürlicher Herkunft und sei-

nem göttlichen Anspruch – begegnet Jesus mit der abermaligen Glaubensforderung: Er expliziert nochmals den Glauben und dann sich selbst als alleiniges Lebensbrot:
a) 6,41f.; b) 6,43.44ab.45f. + 6,47–51b.59.

4. Szene: Dem Glaubensärgernis der Jünger (an Jesu Anspruch, vom Himmel gekommen zu sein) begegnet Jesus mit der Steigerung des Ärgernisses in Gestalt seines Aufstiegs zu Gott:
a) 6,60; b) 6,61f. + 63.64a.

5. Szene: Jesus provoziert die Zwölf zum Glaubensbekenntnis, das Petrus spricht. Jesus kontrastiert mit der Ankündigung des Judasverrats:
a) 6,66f.; b) 68f.; c) 69–71.

Zurückgestellt wurden dabei 6,22b–23.27.39.40c.44c.51c–58.64b–65. Diese Verse werden der KR zugewiesen und gesondert besprochen. Dieser literarkritische Entscheid versteht sich dabei als Variante der Hauptlinie der Diskussion, die im Kern den sakramentalen Abschnitt 6,51c–58 und die dazugehörigen Hinweise auf die endzeitliche Auferstehung in 6,39.40.44 der KR zuweist, im übrigen jedoch die Rede als einheitlich deutet und E zuspricht. Dieser Weg ist allerdings auch unter Literarkritikern nicht ganz unbestritten. Der alte Vorschlag (Wellhausen), von einer Minibasis 6,27.34f. her den Text in mehreren Stufen gewachsen sein zu lassen, hat wieder Befürworter gefunden. Man läßt z. B. 6,26f.34f. als Abschluß der beiden Wunder in Joh 6,1ff. gelten, E dann mit Hilfe eines selbständigen Dialogs, zu dem 6,28–33.49–51b.38.40.41–46 (und Stücke aus Joh 3; 5; 7; 8) gehörten, Joh 6 ausgestalten, um endlich 6,51c–58.60–71 der KR zuzuweisen (Schenke). Oder man geht in etwa vom selben Basistext aus, der nun jedoch von E aus einem erzählenden Textzusammenhang (Brotwunder, Seewandel) und seinen Zusätzen gestaltet wurde, und rechnet mit zwei weiteren Überarbeitungen (1. 6,28–33.41–48 und 2. 6,36–40.44c.51–58). Beide Lösungen sind zu kompliziert und beginnen mit einem für Kritik offenen Grundentscheid, nämlich daß V 27(a.b) in V 34 seine ursprüngliche Fortsetzung erfahren haben soll (Wellhausen). Doch die Sprache von V 27 unterscheidet sich in allen wichtigen Worten so eindeutig von V 34f., und V 34 erklärt sich relativ gut aus seinem vorangehenden Text, daß nichts für einen ehemaligen Konnex von V 27.34f. spricht. V 27 stört überhaupt im Kontext und ist sekundär (s. u.). So wird diesem Erklärungsmodell nicht das Wort geredet, vielmehr die eben skizzierten fünf Szenen als Komposition von E verstanden, der seinerseits Materialien verarbeitet. Bei dieser Gliederung ist abermals eine Grundeinsicht berücksichtigt, die sich im Joh immer wieder als hilfreich erweist: Nicht die äußere Szenerie gibt die entscheidenden Hinweise zur inneren Kohärenz, sondern das Zusammenspiel vor allem inhaltlicher und an zweiter Stelle auch formaler Signale der Dialoge bzw. Rede(n) Jesu. Das entspricht dem joh Offenbarungsverständnis: Wer der Selbstoffenbarung des Sohnes so dezidiert das Wort redet, kann natürlich auch im äußeren Bereich Szenen gut durchkomponieren. Aber er ist vor allem konzentriert auf die Darstellung der Selbstoffenbarung. Daß ihm dabei die äußere Szene nur schemenhaft geraten kann, wird man ihm nachsehen. Das heißt für Joh 6,22ff.: Es ist nicht ratsam, als erstes im Blick auf die szenischen Angaben in 6,59 zu konstatieren, hier sei die Rede abgeschlossen (Schenke, Wehr). Ortsangaben können auch im Joh abschließen, aber müssen dies nicht notwendigerweise (vgl. 1,28.43 usw.). Auch die Unterscheidung der Gesprächspartner Jesu hilft dabei nur bedingt. Zwar wechselt die Szene mit 6,60ff. von den Juden zu den Jüngern. Aber wer wollte z. B. den Wechsel von den Hellenen über die Jünger zum Volk in 12,20.22.29.34 zur Dekomposition der Hellenenrede verwenden? Kurzum, es sollen vor allem inhaltlich-theologische Beobachtungen zur Strukturbestimmung des Textes verwendet und für sie nach Unterstützung durch formale Textsignale Ausschau gehalten werden.

E kontrastiert zunächst die erste und fünfte Szene: Den ungläubigen Juden steht Petrus als Sprecher der Zwölf gegenüber. Sie als die Wenigen (1,12), die das Ärgernis überwunden haben (6,60ff.), gelangen zu der Glaubenserkenntnis: Nur bei Jesus allein sind »Worte ewigen Lebens«. Insofern diese Worte die Selbstoffenbarung des Sohnes sind, ist damit die Brotrede brennpunktartig auf einen Begriff gebracht. Weiter ist deutlich, daß die Äußerungen des Unglaubens der Juden in den ersten drei Szenen an derselben Stelle stehen und je dieselbe Funktion haben. Auch Jesu Antworten entsprechen sich in allen drei Fällen, so daß seine erste Antwort (6,29) die Kurzform aller Antworten ist und damit die Basisaussage der Rede. Wichtig ist noch anzumerken, daß in der zweiten Szene Jesu Antwort zuerst das Thema »Lebensbrot« – vorbereitend für V 35a – erörtert (V 32f.), sodann die Selbstprädikation (V 35a) und die Einladung zum Glauben (V 35b) und schließlich die Auslegung zum »zu mir kommen« (d. h. glauben) aus V 35b bringt (V 36–40). Diese Abfolge ist in der dritten Szene umgedreht, so daß nun Jesu letzte Antwort zu den Juden mit der

Selbstprädikation und Auslegung zum Lebensbrot enden kann, wobei zugleich nochmals wesentliche Aspekte der zweiten Szene aufgearbeitet werden. War hier (6,32f.) der Kontrast zu Moses Mannawunder vornehmlich mit dem Gegensatz himmlisch – irdisch aufgebaut (, der schon 6,14f.26 zugrunde lag), so verschiebt sich 6,48–51b diese Kontrastierung zu der Aussage: Das Manna überwand nicht den Tod; Jesus als Lebensbrot ist wirklicher Lebensspender. Dies klang zwar auch schon 6,33c.35a.b an, wie umgekehrt »vom Himmel gekommen« 6,50f. als Aussage nicht aufgegeben ist, aber erst beide Kontraste machen das Ganze aus: die obere himmlische Welt Gottes ist ausschließlich der Bereich des Lebens; die untere Wirklichkeit ist unentrinnbar dem Tod verfallen. Man darf also die Umakzentuierung zwischen 6,32ff. und 6,48ff. nicht zum Anlaß literarkritischer Scheidung nehmen (gegen Temple; Bornkamm, Tradition; Langbrandtner), weil so Zusammengehöriges zerrissen wird. Zu notieren ist endlich noch: Das »Wahrlich, wahrlich ich sage euch« gibt sich als strukturell beabsichtigtes Ausrufezeichen für Jesu gewichtige Antworten zu erkennen (6,26.32.47) und begegnet in jeder Szene einmal.
Diese Beobachtungen faßt folgender Überblick zusammen.

2. Szene		3. Szene	
6,32f.	»Lebensbrot«. Vorbereitung für V 35	6,49–51b	»Lebensbrot« Auslegung von 6,48
6,35a	Ich bin das Lebensbrot	6,48	Ich bin das Lebensbrot
6,35b	Einladung zum Glauben	6,47	Einladung zum Glauben
6,36–40	Auslegung des Glaubens als Exegese zu 6,35b ↓	6,44–46	Auslegung des Glaubens als Vorbereitung für 6,47 ↑

Ohne von 6,51c–58 die geringste Notiz zu nehmen, setzt die vierte Szene das Thema von Ärgernis und Glaube fort. Der Anstoß der Jünger (6,60) steht am Eingang wie in 6,30.41f. der Anstoß der Juden. 6,61f. überbieten den Anstoß, den 6,41f.50f. bilden: Der Ärgernischarakter der Offenbarung wird vom anstößigen Abstieg zum anstößigeren Aufstieg gesteigert (Bornkamm). Der lebenschaffende Geist wird dem Fleisch gegenübergestellt (6,63). Dabei

kann das »Fleisch« natürlich nicht das sakramentale Fleisch Jesu aus 6,51c–58 meinen, weil dieses dort gerade Leben schafft, hier zur Sphäre der Vergänglichkeit gehört. Vielmehr behandelt die Aussage das Thema aus 6,37–40.44–46 und steht im Aufbau an analoger Stelle: Geist und Fleisch werden wie Joh 3 als Ausdruck von Glaube und Unglaube verstanden. Das Ärgernis der Jünger ist Zeichen von Unglaube als Verhaftetsein am Fleischlichen, d. h. Irdischen. Nur der Geist, also die Worte Jesu (6,35.47f.), sind im Glaubensvollzug Leben. Damit ist für die letzte Szene die Glaubensantwort des Petrus: »Du hast Worte ewigen Lebens« (6,68) vorbereitet (zu dieser Deutung von V 63 vgl. Wilckens, Porsch).
Noch eine letzte strukturelle Beobachtung: Der Unglaube äußert sich immer in Form der Frage (6,25.28.30.41f.60) und wie in 3,4.9 wird jede Szene so eingeleitet mit einer Ausnahme: In der fünften Szene beginnt Jesus mit einer Frage (6,67), damit der bekennende Glaube sich antwortend äußern kann.
Nach diesem Überblick sollen nun die Szenen einzeln kommentiert werden. In der *ersten Szene* haben 6,22–25 die Aufgabe, Volk und Jesus erneut zusammenzubringen, damit Jesus die Brotrede halten kann. Das Volk befindet sich immer noch am Ostufer des Sees und muß am Ort von V 21 Jesus treffen. Allerdings ist mehr als umständlich geschildert, wie das erneute Zusammentreffen stattfindet. Die Schiffe für das Volk (V 23) kommen zu zufällig und müssen auch sehr zahlreich gewesen sein (Wellhausen). Von Tiberias sprechen nur 6,1.23; 21,1, alles Stellen, die kaum von E sind. Daß das Volk »das Brot« (Singular) aß (vgl. den Plural in 6,11.13.26; erst im Zitat V 31 kommt der Singular vor), setzt wohl doch die Bedeutung der Speisung als sakramentales Mahl voraus, wie dies ebenfalls die Fortsetzung »nachdem der Herr den Lobpreis gesprochen hatte« intendiert: im Griechischen sind »Lobpreis« und »Eucharistie« dasselbe Wort, und »den Lobpreis sprechen« ist spätestens seit Justin, Apol 66,1, feststehender Ausdruck für das Herrenmahl. Die Hoheitsbezeichnung »Herr« für den vorösterlichen Jesus ist im Joh ungewöhnlich (vgl. die Zusätze in 11,2; 13,13f.). Aber wer V 23 zur Bearbeitung erklärt, ist noch nicht alle Probleme los. Denn zuerst ist das Volk »am anderen Ufer« (vgl. 6,1) – also am Ort der Brotvermehrung – und hat (abends) Jesus vermißt, übernachtet dann wohl im Freien und sieht am nächsten Morgen abermals, daß Jesus fort ist (V 24). Es steigt jetzt in Schiffe und findet Jesus »am anderen Ufer«, was nun die Westseite sein muß. Dies ist für einen Autor wie E, der sonst mit knappen Worten Szenen einleitet (z. B. 3,1), merkwürdig. So

rechnet man im allgemeinen hier mit Bearbeitung (ein analoger Fall: 13,1ff.). Folgender Text mag Grundtext gewesen sein: »Tags darauf sah die Menge, die am anderen Ufer des Sees stand, ... daß Jesus nicht dort war und auch seine Jünger nicht ... Und sie kamen nach Kapernaum, Jesus zu suchen. Und fanden ihn ... und sprachen zu ihm: ›Rabbi, wie bist du hierher gekommen?‹« Nun hat solcher Text mit dem Motiv der Rückkehr zum Volk seine Entsprechung in der Szene Mk 6,53ff., so daß die drei Stücke: Speisung, Seewandel, Rückkehr zum Volk in der Reihenfolge Mk entsprechen. Dies läßt vermuten, daß der Grundstock aus Joh 6,22–25 im Prinzip zur SQ gehört (vgl. Fortna). Wie E dann V 15 als Kontrast zu V 14 sieht, so setzt er auch jetzt mit V 26 einen Kontrast zur Frage in V 25. Dies ist wohl sein redaktionelles Mittel, sich seine Vorlage anzueignen. Erst nach ihm hat dann die KR den Umfang des jetzigen Textes in V 22–25 hergestellt. Der KR sind dabei zwei Motive für die Auffüllung zu unterstellen: die sakramentale Tendenz und das Transportproblem.
Die Frage des Volkes V 25 ist für den Leser eine indirekte Konstatierung des Seewandels (vgl. 2,9f.) und Fortsetzung der Haltung des Volkes aus V 15, also Ausdruck, an Jesus wegen irdischer Speise Interesse zu haben. Dem Irdischen verhaftet, offenbart die Frage des Volkes Unglauben und hat damit analoge Funktion, wie die Volksfragen in der Brotrede überhaupt. Dementsprechend reagiert Jesus mit einem Vorwurf: Man sucht ihn, weil man sich irdisch beim Brotwunder gesättigt hat. Dem irdischen Mißverständnis verfallen, hat das Wunder für die Juden nicht bewirkt, daß man Jesus als himmlisches Lebensbrot (V 35) erkannte. Diesem Vorwurf begegnet (V 28) das Volk mit der Frage, was es dann tun müsse, um die von Gott geforderten Werke (vgl. 3,21; 9,4; CD 2,14ff.) zu vollbringen. Indem das Volk so fragt, zeigt es, daß es V 26 als Tadel auffaßt und gewillt ist, Jesu Meinung zur Beseitigung der tadelnswerten Situation zu hören. Es fragt dabei jüdisch: Was will Gott, daß wir tun? Jesu Antwort (V 29) beendet die Szene: Es gibt nur ein Werk, den Glauben an ihn als den von Gott Gesandten! Jesus führt also die allgemeine Frage christologisch eng (Kügler): Es gibt nur ein Werk, das – so wird nun ein bisher versteckter Hintergrund offenkundig – Heil bringen kann: Der Glaube an Gottes Gesandten. Das Volk versteht dabei sehr wohl, daß Jesus sich damit selbst meint (V 30).
In diesem Gesprächsgang stört V 27 (vgl. zuletzt Wehr; Kügler). Die Aussage über die Speise kommt zu früh, darf sie doch erst ab Jesu Antwort V 32ff. stehen. Sie hat einen schlechten Übergang zu

V 28 und gehört sprachlich zu 6,51c–58 (»Speise«: nur 6,55; der »Menschensohn« als Geber bleibender Speise: 6,53; das Motiv des »Bleibens«: 6,56). V 27 fordert auf, sich nicht vergängliche Speise sondern sakramentale zu besorgen, die über den Tod hinaus »bleibt« und so dem Menschen ewiges Leben bringt. Das entspricht der Sakramentsauffassung von 6,51c–58. Diese Speise wird der Menschensohn geben (gleiches Futur: 6,51c). Das widerspricht dem Präsens V 33.35. Weiter gibt sonst immer Gott das Brot, das Jesus selbst ist. Hier V 27 gibt der Menschensohn das Brot. Auch dies entspricht 6,51c–58. Deutet man V 27 sakramental, wird auch sein Abschluß klar. Der Vater – also Gott – hat Jesus wörtlich »versiegelt«, d. h. bestimmt, Geber und Gabe des sakramentalen Mahls zu sein (vgl. 17,19?). So ist das Herrenmahl göttliches Heilsinstitut.

Die *zweite Szene* (6,30–40) setzt wieder mit einer ungläubigen Frage ein. Glaube wäre dem Volk nur erschwinglich aufgrund eines Zeichens der Legitimation (vgl. 2,18). Hat nicht Jesus gerade vorher solches Zeichen gegeben (6,1ff.)? In der Tat, nur – wie V 31 zu erkennen gibt und im Verein mit V 15.34 gesichert ist – will das Volk regelmäßige wunderbare Speise zum Sattwerden wie bei der Mannaspeisung auf der Wüstenwanderung. Wollte in V 15 das Volk Jesus zum irdischen König machen, der dann immer für ihr leibliches Wohl sorgen soll, wie er es gerade einmalig getan hatte, so ist des Volkes Standpunkt in V 30f. unverändert dauerhaft aufs Irdische gerichtet – also ungläubig. Zur Provokation Jesu wird das AT zitiert, und zwar in freier Anspielung (vgl. Ps 78,24; 2 Mose 16,4.15; Neh 9,15; Weish 16,20). Zugleich erweist sich der Erwartungshorizont des Volkes damit als im Zusammenhang der jüdischen Heilserwartungen stehend. Für die Endzeit erhoffte man die unbegrenzte Mannaspeisung (syrBar 29,8; Midrasch zu Kohelet 1,9).

Jesu Antwort ist ähnlich schroff wie in 3,3: Daß Mose Brot vom Himmel gab, wird verneint. Daß Gott mit im Spiele war, gar nicht erst gesagt. Vielmehr Jesu Vater allein gibt wahrhaftiges Brot vom Himmel. Um diese Antithetik zu verstehen, muß man an zweierlei erinnern: Einmal ist nach 1,18; 5,37f.; 6,46 usw. ausschließlich Jesus der Offenbarer des Vaters. Gibt es abgesehen von Jesus keine lebenspendende Offenbarung des Vaters, dann auch keine zur Zeit des Mose. Zum anderen: Der Himmel ist für E der Ort Gottes und damit des Lebens (Joh 3; 5,26). Von diesem Himmel kann das Manna nicht gekommen sein, weil es kein ewiges Leben brachte (6,49f.) wie Jesus als Lebensbrot (6,33–35). Jesus weist also dem

Mannawunder außerhalb der allein wesentlichen Heilsoffenbarung einen Ort an als einem Ereignis, das im Irdischen aufgeht. Für die Suche nach dem ewigen Leben und für den Glauben an den Vater und seinen Gesandten ist das Manna in der Wüste irrelevant: Jesu Vater gibt allein so wahrhaftiges Brot vom Himmel, daß er Jesus als den vom Himmel Herabgekommenen der Welt als Leben gibt. Das entspricht sachlich 3,16 und hat seine strukturelle Entsprechung in bezug auf das räumliche Denken in den Begriffen oben und unten in Joh 3 und 12.

Damit ist zugleich auch über die jüdische Heilserwartung des endzeitlichen Manna entschieden, wie sie 6,30f. hinter der Volkserwartung stand: Jesus kann nicht die endzeitliche Hoffnung auf Manna erfüllen, weil das Manna nur irdisch, Jesus aber vom Himmel ist. Ebensowenig geht es an, V 31–33 so zu verstehen, daß zum Ausdruck kommt, Jesus werde als der endzeitliche Mose dargestellt (Meeks): E will von solcher Typologie theologisch nichts wissen, denn Jesus wird gar nicht Mose gegenübergestellt, sondern Mose, der kein Brot vom Himmel gab, steht Gott gegenüber, der jetzt solches erstmals und exklusiv gibt. Jesus ist nicht Wundertäter sondern Gabe Gottes. Er ist im Gegensatz zum atl Manna wahres Lebensbrot. Schon eher könnte man beim Murren des Volkes (V 41) an eine atl Analogie zu 2 Mose 16; 3 Mose 11 denken, aber auch solcher Zusammenhang ist nicht hergestellt.

Das Volk mißversteht weiterhin Jesu Rede (6,34), so daß Jesu V 32f. wiederholen kann, indem er das erste Ich-bin-Wort im Joh spricht. Es ist im bisherigen Duktus des Joh sorgfältig vorbereitet (Hinrichs). Einmal dadurch, daß andere auf Jesus verweisen (»er ist« bzw. »du bist«: 1,30.33f.49; 4,26.30). Zum anderen dadurch, daß Jesus selbst sich so offenbart, daß er immer konzentrierter hin zu 6,35 führt (3,16f.; 4,13f.; 6,20). Auch in Joh 6 selbst steht das Wort an ganz entscheidender, kompositorisch geplanter Stelle (s. o.). Doch noch eine weitere Beobachtung ist wichtig: Dieses Wort ist in sich gerundet und hat den typischen Aufbau eines Ich-bin-Wortes (s. u.). Der Ausdruck »Brot des Lebens« wird nur im Zusammenhang mit dem »Ich-bin« in 6,48; vgl. 6,51a wiederholt. Es ist in den atl Mannatexten nicht belegt, wie V 35 selbst ja auch sonst keinen erkennbaren Konnex mit dem Mannathema aufweist. Vom Dürsten ist auch in Joh 6 keine Rede mehr und das »zur mir kommen« ein neues Motiv, das dann 6,37ff. ausgelegt wird. Das Stillen von Hunger und Durst gehört zur traditionellen endzeitlichen Verheißung (vgl. Jes 55,1; Mt 5,6; Offb 7,16). Essen und Trinken, sowie Hunger und Durst finden sich als Motive insbeson-

dere auch bei der Beschreibung der personifizierten Weisheit (Sir 24,21). Wenn es dabei heißt, ihr Besitz gehe über »Honigwaben« (Sir 24,20), so läßt das an JA 15f. denken, wenn hier Aseneth eine Honigwabe als »Brot des Lebens« erhält – die einzige Stelle, an der der Ausdruck »Brot des Lebens«, abgesehen von Joh 6 bisher belegt ist. Ebenso stillt die Weisheit Durst und Mangel (Sir 51,24), so wie es auch in Joh 6,35 erwartet wird. Mit solchem Angebot lockt sie die Menschen zu sich (Sir 6,27; 51,23.26, vgl. Joh 6,35 »wer zu mir kommt ...«). Diese Beobachtungen legen es nahe, in 6,35 vorgegebene Tradition zu sehen, hat doch der Vers ein im Kontext eigenes Sprachfeld, das einem einheitlichen Traditionszusammenhang entspringt. Gestützt wird diese Vermutung durch den Fortgang 6,36ff. E legt Teile der Tradition aus, wie er es z. B. auch 3,6ff. mit 3,5 tat. Insbesondere lehrt noch ein Blick auf Philo (Sänger, Kügler), daß die Weisheit auch mit dem Manna in Verbindung gebracht wurde. Damit wird traditionsgeschichtlich verständlich, warum E in Joh 6,30ff. das Mannathema in den Gedankengang einbinden kann.
E setzt das Ich-bin-Wort gezielt im Sinne seiner Theologie ein: Für ihn ist die Gesprächsentfaltung von der Glaubensforderung V 29 über das »Brot vom Himmel« V 32f. zur Aussage von V 35 sachgemäß und beabsichtigt. Seine existentielle Grundfrage nach dem Lebensgewinn im Vollsinn (himmliches, nicht irdisches, immerwährendes, also ewiges Leben) ist für ihn in der Dimension des Glaubens allein zu beantworten. Glaube richtet sich dabei an den Einzigen, der von oben Kunde geben kann, an den Gesandten des Vaters. Dieser teilt aber – entgegen traditionellen Formulierungen, die inhaltliche Information über himmlische Dinge erwarten lassen (1,18; 3,32; 5,19 usw.), mit einer Ausnahme – nur mit, daß er der Gesandte des Vaters ist (so 6,29.33.51). Die einzige Ausnahme ist typischerweise die himmlisch vorgegebene Partizipation des Sohnes am Lebensgrund (5,26). So ist gewährleistet, daß der Offenbarer in der Welt einziger Lebensquell (4,14) ist. Wie nun der gesandte Sohn nicht Glaubenswissen mitteilt, das von ihm selbst abgelöst werden kann, vielmehr selbst ausschließlich Objekt der Glaubenserkenntnis ist, so hat er auch keine Heilsgabe zu bringen, die unabhängig von seiner Person zu haben wäre, vielmehr fallen Jesus und Lebensgabe zusammen, also sind auch Glaube und Lebensgewinn untrennbar: Wer als Glaubender Jesus »hat«, »hat« ewiges Leben, und zwar als eine vom Glaubensbeginn an dauerhafte Gabe. Wer zu Jesus kommt, d. h. glaubt, wird nie mehr hungern oder dürsten, d. h. immer ununterbrochen – auch

über den Tod als notwendigem individuellen Durchgang hinaus (11,25f.) – leben. Die Lebensgabe, vor dem Tod verliehen, läßt den Glaubenden auf Erden schon »von oben« her sein (3,3ff.; 1,12f.), macht für ihn im Unterschied zu den Ungläubigen dem Tod statt zu einem endgültigen Ende zu einem Durchgang aus dem Bereich des Kosmos in den Himmel (12,32). Dieser individuelle Aufstieg analog zu Jesu Aufstieg ist die Konsequenz von Jesu »Ziehen« (12,32), d. h. sein Aufrechterhalten der Glaubensbeziehung des Menschen zu ihm. Ist so Glaube und Leben nur in der Relation zu Jesus zu haben, dann fordert V 35 nachträglich nochmals zwingend die Einweisung des Mosewunders in den nur irdischen Bereich, denn die Ich-bin-Worte sind der schärfste Ausdruck jesuanischer Exklusivität.

Exkurs 5: Die Ich-bin-Worte

Literaturauswahl: Appold, M. L.: Oneness, 81–85. – *Becker, H.:* Reden. – *Brown, R. E.:* Kom I 533–538. – *Bühner, J.-A.:* Gesandte 118–180. – *Bultmann, R.:* Kom zu 6,35. – *Daube, D.:* The »I am« of the Messianic Presence, in: *ders.:* The New Testament and Rabbinic Judaism, London 1956, 325–329. – *Dodd, C. H.:* Interpretation, 93–96; 349f. – *Dunn, J. D. G.:* Prophetic I-sayings and the Jesustradition, NTS 24 (1977/78) 175–198. – *Feuillet, A.:* Les Ego eimi christologiques du quatrième Évangile, RSR 54 (1966) 5–22. – *Hadjuk, A.: Ego eimi* bei Jesus und seine Messianität, CV 6 (1963) 50–60. – *Hinrichs, B.:* Ich bin. – *Klein, H.:* Vorgeschichte und Verständnis der johanneischen Ich-bin-Worte, KuD 33 (1987) 120–136. – *Kundsin, K.:* Charakter und Ursprung der johanneischen Reden, Riga 1939. – *McRae, J. W.:* The Ego – Proclamation in Gnostic Sources, in: The Trial of Jesus (FS. C. F. C. Moule) SBT 2,13, 1970, 122–135. – *Norden, E.: Agnostos theos,* Stuttgart [4]1956, 177–201. – *Schnackenburg, R.:* Kom. II Exkurs 8. – *Schulz, S.:* Komposition, 70–131. – *Schweizer, E.: Ego eimi.* – *Stauffer, E.:* Art. *ego eimi,* ThWNT II, 343–352. – *Zimmermann, H.:* Das absolute *Ego eimi* als die neutestamentliche Offenbarungsformel, BZ 4 (1960) 54–69; 266–276.

Die joh Ich-bin-Aussagen gehören zum wesentlichen Teil in den Zusammenhang der Sendungschristologie. Der weiteste Rahmen dieser Sendungsvorstellung ist ein allgemein kulturgeschichtlicher, d. h. die Anschauung vom Botenverkehr im Alten Orient (Bühner). Dabei läßt sich ein dreiteiliges Schema für eine Botensendung gut erkennen: Beauftragung (Sendung), Durchführung des Auftrags und Rückkehr. Im Zusammenhang der Durchführung muß der fremde Bote zunächst sich selbst vorstellen, d. h. seine Sendung legitimieren. Dabei sind vor allem zwei formelhafte Wendungen zur Selbstpräsentation üblich: »Ich bin gekommen, um ...« und »Ich bin xy ...« (Bühner). Diese Anschauung vom Botenverkehr wird auch auf göttliche Boten angewendet. Ein besonders schönes Beispiel ist Tob 12,14–18: »Und nun *hat mich Gott gesandt,* dich ... zu heilen. *Ich bin* Rafael, einer der sieben heiligen Engel, die die Gebete der Heiligen hinauftragen, ... Denn nicht aus eigener Gunst, sondern *nach dem Willen Gottes bin ich gekommen* ...« (weiteres Material bei Bühner). Dabei gehört zur Ich-bin-Aussage der Name des Gesandten (z. B. Rafael) oder/und seine Funktionsbezeichnung (z. B.: »einer der sieben Engel, die die Gebete der Heiligen hinauftragen«). Diese Sendungsvorstellung und Terminologie ist, wie gesagt, für den gesamten Alten Orient typisch, im allgemein kulturgeschichtlichen wie religiösen Bereich. Erst wenn man die Texte spezieller betrachtet, kann man religionsgeschichtlich präzisieren.

Diese speziellere Betrachtungsweise erbringt für das Joh im formalen Klassifizierungsbereich vier Unterscheidungen: a) die Ich-bin-Worte im engeren Sinn (z. B. 6,35), b) die im unmittelbaren Kontext davon abhängigen Aussagen (z. B. 6,41.48.51), c) den absoluten formelhaften Gebrauch von »Ich bin« (z. B. 8,24.28), d) den allgemeinen Gebrauch von »Ich bin«, bei dem diese Aussage nur wegen der joh Theologie, in a)–c) erkennbar und im weiteren Kontext präsent, theologisch von Bedeutung ist (z. B. 18,5.6.8). Alle vier Typen lassen sich vom Umfang, Kontext und Inhalt her weiter differenzieren. Dabei interessieren vor allem die a) und c) zugehörigen Stellen, denn b-Texte erklären sich aus Abhängigkeit von a) und d-Texte sind zu unspezifisch, um die weitere Untersuchung zu bestimmen.

Bei den c-Texten gibt es den einzigen Beleg, der auch eine synoptische Parallele hat: 6,20 (SQ) = Mk 6,50. Hier begegnet die typische Epiphanieformel: Der »himmlische« Jesus, der den Jüngern in solcher Erscheinung unerwartet und unbekannt ist, gibt seine Identität preis. Dieser Gebrauch ist im Joh singulär. Er begegnet zudem nur in der SQ, die wiederum den sonst für das Joh typischen Gebrauch nicht kennt, wie E und die KR umgekehrt den Gebrauch der SQ nicht vermehren. Damit ist geklärt, daß die Synoptiker und die SQ zum besonderen joh Sprachgebrauch keine Erklärung bieten (anders Schnackenburg). Gesondert steht auch 8,58, insofern hier das »Ich bin« speziell durch die Präexistenzaussage bestimmt ist. Insofern hier die Einzigartigkeit und Göttlichkeit Jesu als absolute Überlegenheit zum Weltgeschehen ins Blickfeld gerät, kann man für diese Stelle analoge Gottesaussagen bei Deuterojesaja (Jes 43,11; 44,6.24; 45,5; 48,12) heranziehen. Allerdings scheitert eine breitere Ableitung joh Ich-bin-Aussagen von der atl Selbstaussage Gottes (so deuten: Dodd, Stauffer, Zimmermann) daran, daß dort die spezielle Sendungsterminologie fehlt. Diese prägt nämlich die übrigen absoluten Ich-bin-Texte wie 8,24.28; 13,19 so deutlich, daß das »Ich bin« hier als komprimierte und formelhafte Wendung im Sendungszusammenhang zu verstehen ist. Diese Wendung hat sich traditionsgeschichtlich aus dem Gebrauch der a-Texte entwickelt. Typisch dafür sind 8,24.28: hier redet E abgekürzt und formelhaft, nachdem er das ihm traditionsgeschichtlich vorliegende Material der a-Gruppe in Joh 6 und speziell 8,12 verarbeitet hat.

Zur a-Gruppe gehören 6,35; 8,12; 10,7.9; 10,11.14; 11,25f.; 14,6; 15,1.5. Hiervon sind 10,7.9; 10,11.14; 15,1.5 für sich zu nehmen. Diese Stellen sind nur der KR eigen, durch den allegorischen Identifikationsstil geprägt, reden nicht christologisch-soteriologisch, sondern aus ekklesiologischem Interesse (vgl. Klein; Hinrichs). Sie laden nicht ein, sondern beschreiben, wer z. B. guter Hirte oder wahrer Weinstock ist. Darum stößt man hier z. B. beim Bildwort auf Adjektive. Diese Ich-bin-Aussagen enthalten Polemik (Joh 10) und Ermahnung (Joh 15), die der Gemeinde den rechten Weg weisen soll. Sie gehören einem breit ausgebauten Textzusammenhang an. So kann man sie deutlich von den anderen vier Belegen unterscheiden, die knapp und gerundet aufgebaut sind, von einer soteriologischen Christologie her die Menschen ganz allgemein einladen und Heil verheißen unter der Bedingung der Annahme der eben getätigten Selbstprädikation. Diese Belege wiederum lassen sich als E vorgegebene Tradition (6,35; 8,12; 14,6) und als von E selbst kommend (11,25f.) aufteilen. Dabei hat E das traditionelle Formschema in 11,25f. benutzt, so daß nur die pointierte Aussage zur Auferstehung auf seine Theologie weist. Von der Form her zeigen diese vier Belege formale und sachliche Geschlossenheit bei zweiteiligem Aufbau (vgl. Kundsin, H. Becker, Schulz): a) Eingangs steht die Selbstprädikation, bestehend aus zwei Elementen, dem »Ich bin« und der soteriologischen Funktionsangabe als Bildwort oder Heilsbegriff, jeweils mit bestimmtem Artikel, wie z. B. »Ich bin das Brot des Lebens«, bzw.: »Ich bin die Auferstehung ...« b) Es folgt der daraus sich ergebende Ruf zur Entscheidung, bei dem die Einladung (etwa als konditionales Partizip) und die Heilszusicherung, die immer auf die Gabe ewigen Lebens zuläuft, zu erkennen sind. Dabei kann z. B. in doppelter Parallelität formuliert werden (wie 6,35) oder adversativ (8,12). Meistens ist der Ruf zur Entscheidung erheblich ausführlicher formuliert als die Selbstprädikation. So erhält er als soteriologische Explikation den Hauptakzent. Dieser Aufbau ist keine Schöpfung der joh Gemeinde. Solche soteriologische Redeform kennt die Weisheitsliteratur, wenn die von Gott gesandte einladende Weisheit auftritt (H. Becker), und die gnostische Literatur im Rahmen ihrer Gesandtenthematik (Belege bei H. Becker; Schweizer; Schulz, McRae).
Über diese Formanalyse hinaus sind vorrangig zwei Probleme in der a-Gruppe entscheidend: Woher kommt religionsgeschichtlich das Material der Bildworte und Heilsbegriffe in der Selbstprädikation? Zum anderen: Wo stößt man im religionsgeschichtlichen Bereich auf die für das Joh typische Verbindung von »Ich bin« und Bildwort? Bei der zweiten Frage sollte die Antwort klar sein, denn eine wirklich adäquate Analogie ist weder aus den Gottesprädikationen des AT beizubringen (gegen Zimmermann mit Schnackenburg), noch findet sich innerhalb der Botenaussagen des Judentums, was noch schwerer wiegt, dazu eine wirkliche Parallele. Diese Botenaussagen erhellen nur, welche Funktion das Bildwort hat, nämlich den soteriologischen Auftrag des Gesandten in einer Kurzform zu beschreiben (soweit richtig: Bühner). Umgekehrt findet sich in gnostischen Texten diese Verbindung häufig (Schweizer). Dies kann, so sicher die Texte

literarisch später als das Joh anzusetzen sind, nicht ganz Zufall sein, wird vielmehr als Indiz zu werten sein, daß die joh Gemeinde hier ihr gnostisierendes Milieu zeigt. Was nun die Bildworte selbst betrifft, so ist das atl-jüdische Material sicher beeindruckend (Schulz, Schnackenburg, vgl. die Auslegung), aber es darf dabei nicht verkannt werden, daß die konsequente Ausrichtung auf das alleinige Heilsziel des ewigen Lebens, die Exklusivität, mit der das »Ich bin« Jesus als einzige Offenbarung herausstellt, und der teilweise direkt damit in Verbindung stehende joh Dualismus (8,12: Im Kosmos als Finsternis ist Jesus exklusiv Licht des Lebens; vgl. Exkurs 3) deutlich machen, daß hier jüdische Tradition gnostisierend verarbeitet wird. So sollte es niemanden verwundern, wenn spätere gnostische Texte auch Materialverwandtschaft zeigen.

Dieser religionsgeschichtlich orientierte Fragehorizont ist neuerdings kritisiert worden (Klein), indem die Untersuchung zur christlichen Vorgeschichte der Ich-bin-Worte in den Vordergrund gestellt wurde. Aber hierbei kommt man über allgemeine Motivzusammenhänge nicht hinaus. Natürlich begegnet z. B. das Bildwort »Licht der Welt« (8,12) auch Mt 5,14–16. Aber die Nähe beider Texte bleibt doch sehr formal und dürftig. Insgesamt ergibt der Vergleich mit vorjoh christlichen Texten kein Ergebnis, das die joh Eigenheiten erklärt, so daß die religionsgeschichtliche Fragestellung den klaren Vorrang behalten muß. Dieser Befund ist ein eindringliches Indiz für die Sonderstellung des Joh im Zusammenhang des Urchristentums.

Das Verständnis der Selbstprädikation hängt weiter davon ab, auf welche Frage diese Formel antwortet. Vier Möglichkeiten sind benennbar (Bultmann zu Joh 6,35): Auf die Frage: Wer bist du? antwortet die Formel als Präsentation. Auf die Frage: Was bist du? antwortet sie als Qualifikation. Eine Identifikation liegt vor, wenn auf die Frage: Wer bist du? der Antwortende sich mit einer Person oder Größe identifiziert. Endlich bedarf die Frage: Wer ist der Erwartete? zur Antwort die Rekognition: Der Erwartete, das bin ich (hier ist »ich« dann Prädikatsnomen). Im letzten Fall steht das Konkurrenzverhältnis zu anderen Offenbarungsansprüchen im Vordergrund. Vom Kontext her legt sich z. B. für 6,35 die letzte Deutung nahe (so Bultmann), weil die Konkurrenz zu Mose, dem Mannaspender, artikuliert wird. Aber 6,35; 8,12; 14,6 sind selbständige Offenbarungsworte, der Kontext ist also nicht ihre primäre Heimat. Ist diese in dem Umfeld der Sendungsvorstellung zu suchen, dann ist die Präsentation mit soteriologischer Funktionsangabe gegeben. Dieser Grundsinn ist auch 8,12; 14,6 (und 11,25f.) im Rahmen des jetzigen Kontextes deutlich, nur 6,35 liegt eine kontextuelle Akzentverschiebung vor.

Wie kommt die joh Gemeinde dazu, im Sinne von 6,35; 8,12; 14,6 von Jesus zu reden? Nur literarisch-fiktive Rede, die Jesus in den Mund gelegt wird, kann das kaum sein, da es sich um selbständige Traditionsbildungen handelt. Vielmehr muß etwa analog den Sendschreiben in Offb. 2–3, wo der Geist des Erhöhten durch den prophetischen Seher in Ich-Form redet, auch in der joh Gemeinde Ich-Rede des Erhöhten durch den Mund von

Geistbegabten erfolgt sein (so zuerst Kundsin). Dann gehört zur Aufgabe des Parakleten (14,16f.25f.), der in den Jüngern ist und im Namen Jesu gesandt ist, diese Ich-Rede. Der Geist ist Repräsentant des erhöhten Herrn und damit der Christus praesens in der Gemeinde, darum redet er wie dieser.

Im Zusammenhang der Christologie von E sind die Ich-bin-Aussagen besonders geeignet, die theologische Absicht von E zur Geltung zu bringen. Sie verdeutlichen, wie es bei der Offenbarung um die Grundfrage nach weltüberwindendem ewigen Leben geht, wie diese ihre Antwort findet in der Exklusivität des Offenbarungsanspruchs, und sie zeigen in Kurzform, wie der Sohn mit der Offenbarung personal identisch ist. Jesus gibt ja nicht Brot des Lebens, sondern ist selbst das Brot des Lebens, weil er irdischer Repräsentant des göttlichen Lebens ist (5,26). Dies zeigt, daß Heilsaussagen wie Brot des Lebens nicht bildlich oder vergleichend ein anderes bezeichnen, sondern eigentlich gemeint sind (Schweizer). Jesus bringt nicht eine hinter dem Bildwort stehende Sache, sondern er ist selbst Leben, Wahrheit, Weg usw. Er ist es auch nicht in dem Sinne, daß er es als Gesandter einmal war, sondern wie der Geist Christus für immer vergegenwärtigt, so ist das »Ich bin« eine jederzeit geltende Anrede. E behauptet: Offenbarung, d. h. wirkliche Lebensgabe, ist für immer und alle Zeit nur als Selbstvergegenwärtigung Christi gegeben. Wo sie im Glauben erkannt wird, ist zugleich über alles, was zur Welt gehört, entschieden: Es ist ebenso ausschließlich nur Tod und Finsternis. Aber eben diese Unheilssituation soll überwunden werden, darum betonen die Ich-bin-Worte einladend den Heilsaspekt. So sind sie für E als Vollzug von 3,17f.; 5,24f. Aufforderung zum Glauben. Glaube ist nur als Glaube an den Gesandten vorstellbar, weil dieser allein Leben ist. So allein bedeutet glauben, das Leben zu haben (6,47).

Hatte E das Verständnis des Lebensbrotes bereits vorweg V 32f. verdeutlicht, so legt er nun nach dem Ich-bin-Wort das »zu mir kommen« aus V 35 aus, indem er zunächst unmittelbar an die Zeichenforderung der Juden anknüpft (V 36): Sie haben ihn als Zeichen gesehen und dennoch glauben sie nicht! Daraufhin machen V 37–40 klar: Der Glaube lebt von der Ermöglichung durch Gott. Diese Gottesgabe ist der Sohn, so daß sie sich im Sehen auf den Sohn jedem eröffnet. So wird V 37–40 ein »Exkurs über den Glauben« und eine Rekapitulation der Aussagen aus Joh 3 (Porsch): Der Geburt aus dem Geist dort (3,5) korrespondiert hier das »Geben« des Vaters (6,37), bzw. später das »Ziehen« des Vaters (6,44). Daß die Glaubensermöglichung allein im Sohn gegeben ist, wollen 3,16 und 6,40 aussagen. Da nur im Sohn Gottesoffenbarung geschieht (1,18; 5,37f.; 6,46), kann das Handeln Gottes nicht neben oder gar abseits des Sohnes erfolgen, vielmehr ist die Glaubensermöglichung als Sendung des Sohnes definiert, wie den

Vater »hören« (V 45), bedeutet, das Wort des Vaters, also den Sohn hören (14,9–11.24). So kann es 6,38 heißen: Der Wille des Vaters sei, daß Jesus die, die ihm der Vater gibt, nicht fortschickt. Das wird 6,40 ausgelegt: Der Wille des Vaters sei, daß jeder, der den Sohn sieht und an ihn glaubt, ewiges Leben hat. Beide Bestimmungen des Willens des Vaters sind zwei Formulierungen mit identischer Sachaussage. Dieses Verständnis sichert nun auch den Zusammenhang mit V 32–36: Wenn die Juden ihn sehen (V 36.40) und doch nicht glauben, haben sie sich den einzigen Zugang zu Jesus verbaut. Ihre Zeichenforderung kann abseits des Glaubens nicht erfüllt werden. Sie ist Unglaube und versperrt den Glauben.

Unbeschadet dieses Generalnenners von 6,37–40, hat der Abschnitt noch ein literarkritisches Problem: Sein Sinn ist durch 6,37f.40a.b voll repräsentiert. Dabei entspricht der präsentischen Lebensaussage in V 40b die Verheißung des Ich-bin-Wortes in V 35. Der folgende Satz über die Totenauferweckung klappt nach, ist auch V 39c und 44c stereotyp und zudem V 44 kontextfremd. Nun fällt weiter auf, daß singulärerweise in V 39 und 40a.b zwei Wiederaufnahmen desselben Satzteiles aus V 38c vorliegen. Einfache Aufnahmen mit nachgestellter exegetischer Zusatzinformation sind an sich joh Stil (vgl. z. B. Joh 3,19; 6,29.50; 7,39; 17,3; 1 Joh 5,4.6.11). Eine doppelte Wiederaufnahme ist zumindest nicht üblich. Jedoch steht außerdem in Joh 6 V 40a.b in Harmonie zu V 37f., V 39 nicht: Denn in V 40 kann man V 40c gut abtrennen. In V 39 gelingt solche Fortnahme von V 39c nur, wenn man den Zusammenhang »damit ... nicht ..., sondern ...« zerstört, so daß V 39 als ganzes quer zu V 37f. steht. Außerdem stellt V 39a das göttliche Geben aus dem Präsens (V 37a) in eine Vergangenheitsform. Das läßt an Stellen wie 6,65; 10,29; 13,3; 17,2ff. (KR) denken, wo solches Geben prädestinatianischen Klang besitzt. V 39 will also nicht nur futurische Auferstehungshoffnung nachtragen, sondern auch in Korrektur zu V 37 prädestinatianische Bestimmung. So gehört V 39 ganz zur KR (vgl. sachlich 10,28f.; 17,12; 18,9), also zu V 51c–58 (so zuletzt auch Kügler).

Die *dritte Szene* (6,41–51b.59) beginnt wiederum mit der ungläubigen Frage der Juden. Sie murren, d. h. sie nehmen Anstoß daran, daß Jesus sie – anstatt ihre Zeichenforderung zu erfüllen – vor das Selbstzeugnis stellt, vom Himmel herabgekommen zu sein (6,33). Auf diese Botschaft hin zu glauben, ist dem Unglauben ein Hohn auf seine Forderung, weil diese Behauptung dem überprüfbaren Wissen der Juden widerspricht: Man kennt Jesu Eltern, also Jesu natürliche Herkunft (vgl. auch Mk 6,3 par.; Lk 4,22). Auch die

SQ denkt über Jesu Herkunft ähnlich (1,45). Dies bedeutet: Die gesamte joh Gemeindetradition kennt das Theologumenon von der Jungfrauengeburt nicht, das zwischen Jesu irdischer Herkunft und himmlischer Heimat eine Vermittlung sucht (vgl. Mt 1,18–25; Lk 1,26–38). Dies gilt auch für Mk (vgl. Mk 6,3) und Paulus (Gal 4,4). Da die wunderbare Geburt überhaupt nur den beiden Seitenreferenten des Mk bekannt ist, ist zu urteilen, daß der Hauptstrang urchristlicher Überlieferung, zu dem hierbei auch Joh zu rechnen ist, mit einer »normalen« Herkunft Jesu rechnet. E benutzt nun diese für seinen Traditionskreis selbstverständliche Annahme, um den Anstoß von Mk 6,3 zu radikalisieren: Jesu bekannte irdische Herkunft widerspricht dem Anspruch himmlischer Abkunft. Möglicherweise war dies ein Einwand, den sich die joh Gemeinde in ihrer Umwelt gefallen lassen mußte, zumal E ihn nochmals aufgreift (7,27f.). Er ist speziell im joh Dualismus ein sich ausschließender Gegensatz und darum ein ernster Einwand. Grundsätzlich jedoch sind irdische Vaterschaft und himmlische Würde auch sonst im Hellenismus vereinbar (vgl. Vita Apollonii I 4).

Für E ist typisch, daß er ihn nicht apologetisch angeht. Er läßt ihn bestehen, um ihn Glaubensärgernis sein zu lassen. Unbeschadet des Wunderglanzes joh Offenbarung, unbeschadet der göttlich-souveränen Würde Jesu in der Passion, bleibt Jesu eigentliche Herkunft und damit sein Wesen Glaubensgegenstand, denn gerade das Wunder 6,1ff. verstellt den Juden den Blick für Jesu Sendung (6,14f.). Wundertäter ist zum Beispiel auch Mose, aber sein Mannawunder ist keine göttliche Offenbarung (6,32). Jesus ist nicht der jedermann epiphane Gottmensch, der über die Erde schreitet (gegen Käsemann). Allerdings ist E auch nicht an der Entfaltung einer Paradoxchristologie des totalen Inkognito (Bultmann in Anlehnung an Kierkegaard) gelegen, weil E von der Situation der Annahme bzw. Ablehnung her denkt, also nicht eine christologische Theorie entfalten will, sondern die anthropologische Situation der doppelten Zugangsmöglichkeit zu Jesus reflektiert. So gibt es analog dem dualistischen Übereinander von irdischer und himmlischer Welt zwei verschiedene Sehweisen, Jesus zu begegnen, nämlich ihn irdisch oder himmlisch zu verstehen (Schottroff). Allerdings arbeitet E nicht einfach die Parallelität der Sehweisen heraus, sondern qualifiziert die irdische als die übliche, die sich an dem Ärgernis von 6,42 stößt oder mißversteht (6,14f.); die Ermöglichung, himmlisch sehen zu können, versteht er als Gottes Ermöglichung zum Glauben in Überwindung des Ärgernisses, das mit dem

Gesandten gegeben ist. So weiß E, daß der Glaube nur in der Annahme der außerhalb des Glaubens nicht ausweisbaren »Worte ewigen Lebens« (6,68) besteht, und daß Gottes Ermöglichung des Glaubens mit dem anstößigen, ärgerlichen Jesus (6,29.37ff.44ff.) zusammenfällt. Das Fremde wird nur als Befremdliches erfahrbar. Dies ist Konsequenz des joh Dualismus (Exkurs 3), wie ja auch die Glaubenden in der Welt Fremde werden (14,1.27).
Im Rahmen der Brotrede ist 6,41f. nur eine neue Form, wie sich der Unglaube äußert. Der Verweis auf die Diastase zwischen Anspruch und Wirklichkeit macht eigentlich für die Juden die Zeichenforderung 6,30 nur noch dringlicher. Ebenso ist klar, daß Jesus nur wiederholen kann, was er auf sie antwortete: Glaube ist keine Möglichkeit des Menschen sondern Gottes Werk (V 44). E muß den Sinn des Satzes in Gestalt einer Exegese festlegen. In 6,65 wird er mit geringer Variation nochmals zitiert. So sind 6,44.65 Dubletten wie 3,3.5. Dabei liegt auch wohl in 6,44.65 Tradition vor in der Form zweizeiliger, in sich geschlossener Parallelismen:

1a »Niemand kann zu mir kommen,
 b wenn ihn der Vater, der mich sandte, nicht zieht.«

oder

1a »Niemand kann zu mir kommen,
 b wenn es ihm nicht vom Vater gegeben wird.«

Beide Sätze sind – für sich genommen – Ausdruck eines Denkens, das im Rahmen des joh Dualismus von der Heilsunfähigkeit des Menschen her redet. Wer so betont wie E in 6,37ff. und 6,45f. diese zuvorkommende Gnade Gottes ihrer nicht christologisch begrenzten Allgemeinheit entreißt und exklusiv in der Sendung des Sohnes konkretisiert, hat offenbar Grund dazu. Er spricht gegen eine vorgegebene Gemeindetheologie, in diesem Fall mit Hilfe einer freien Zitierung von Jes 54,13 (Jer 31,34 liegt ferner).
Wichtig ist E dabei die Universalität des Gottesgelehrtentums (»alle«). So können alle, die vom Vater hören, glauben. Vom Vater hören kann man nur in Jesus, also können alle, die Jesus sehen, zum Glauben kommen. Der Unglaube der Juden ist ihre eigene Schuld, denn Gott hat nicht vor Christus die Menschheit in zwei Gruppen, Gläubige und Ungläubige, geteilt, sondern Christus bestimmt, für alle als Glaubensermöglichung zu dienen. Aus

Gottes Bestimmen folgt die Exklusivität der Offenbarung in Jesus, nicht die vorgängige schicksalhafte Gruppierung der Menschheit. Wie darum die Juden prinzipiell glauben könnten, so ist wesenhaft die Offenbarung gebunden an die Glaubensforderung des Gesandten (6,29). Wenn Jesus sich also wiederholt, ist auch dies sachgemäß. Dieser Gedankengang hat in 6,44c einen abseitigen Schnörkel hinzubekommen, die Auferweckung zum ewigen Leben. Der Satz ist aus 6,39c.40c.54 bekannt und wie an diesen Stellen Nachtrag.
E stellt dann abermals zur Glaubensforderung die Selbstoffenbarung, damit das Glaubensobjekt nochmals zur Sprache kommt (6,47–51b). Dabei beginnt E – unter Rückgriff auf 6,40b –, den Nutzen des Glaubens erneut zu benennen, um dann Jesus und diesen Nutzen, das ewige Leben, zu identifizieren mit Hilfe einer Kurzfassung von V 35. Sodann wird der in dem Gegensatz »vom Himmel« – »nicht vom Himmel« (irdisch) mitgesetzte Unterschied von Leben und Tod (6,32f.) unter nochmaliger Abgrenzung vom Manna (V 49 = 31a) von Jesus entfaltet (6,49–51b): Weil das Manna keine Todesüberwindung brachte, sondern nur irdisches Fortleben auf Zeit verlängerte, besteht zwischen ihm und Jesus ein unüberbrückbarer Gegensatz: Nur Jesus, vom Himmel herabgekommen, gibt ewiges Leben. So ist 6,44–51b eine Wiederholung von 6,32–40 in umgekehrter Reihenfolge. Dabei erhält die abschließende Selbstoffenbarung das letzte Wort. Nun ist zu den Juden alles gesagt: Glaube und Unglaube, Leben und Tod, das ist angesichts der Selbstoffenbarung des Sohnes das Thema. Es bedarf keiner Ergänzung – schon gar nicht unter Absehung vom Glauben (so 6,51c–58), kann aber unter dem Gesichtspunkt der Variation des Glaubensthemas weiter aufgearbeitet werden (6,60ff.).
Die *vierte Szene* 6,60–64a(65) wendet sich den Jüngern zu und soll wohl auch wegen V 59 von der Rede mit den Juden abgehoben sein. Doch interessiert die Stimmigkeit der Szenerie E abermals nicht, zumal auch die Synagoge (V 59) als Gesprächsort für 6,22ff. nicht ganz harmonisch zu V 24 steht. Die »Vielen von Jesu Jüngern« (6,60) werden zunächst über V 64 für 6,66 gebraucht. Da dann V 67 ein fester Jüngerkreis übrig bleibt, wird man E die Anschauung unterstellen, daß er in der Tat mit einer Reduktion des Jüngerkreises rechnet. Dies steht im versteckten Widerspruch zu 6,1ff., wo nach 6,13 doch offenbar zwölf Jünger vorausgesetzt sind. Aber dies übernimmt E aus der SQ, und wahrscheinlich meint wohl auch 4,1 einen weiteren Jüngerkreis. E leistet sich auch in diesem Fall Sorglosigkeit auf der Textebene. Diese könnte allerdings Gründe in der Gemeindegeschichte haben: Denkt E an

Judenchristen, denen der Anspruch der »hohen« Christologie in Joh 6 unerträglich war und die darum die christliche Gemeinde wieder verließen? Zielt die Szene 6,60ff. also recht speziell auf die übriggebliebene Gemeinde, die sich an Petrus und nicht an den abgefallenen Jüngern ein Beispiel nehmen soll? Das ist möglich. Allerdings gerät man sofort in spekulative Dimensionen, wenn man diese hypothetische Möglichkeit weiter ausbaut: Weder ist ein Zusammenhang mit dem Synagogenausschluß (vgl. die Einleitung 3c) angezeigt, noch einer mit dem speziellen christologischen Streit des 1 Joh (vgl. Exkurs 15), noch mit der durch die KR eingebrachten Herrenmahlsauffassung (Joh 6,51c–58).

Die Jünger verstehen Jesu Rede als harte, ärgerliche Rede. Dieser Anstoß kann sich nicht auf die eucharistischen Aussagen in 6,51c–58 beziehen, da sie gerade ignoriert werden. Vielmehr wird das 6,51c–58 fehlende, aber die Szenen ab 6,22ff. bestimmende Gegensatzpaar: ärgern (murren) und glauben (V 64a!) weiter traktiert. Der Gegensatz von Ärgernis und Glaube entzündete sich 6,30f.41f. an der nicht ausweisbaren Legitimation und der dieses Manko verschärfenden Diastase zwischen der irdischen Geburt Jesu und dem Anspruch, vom Himmel herabgekommen zu sein. Dementsprechend tritt 6,62 der Korrenspondenzbegriff »heraufsteigen« auf. Zwar begegnet die Aussage, Jesus sei vom Himmel herabgestiegen, auch einmal innerhalb 6,51c–58, nämlich V 58. Aber V 58 ist Wiederaufnahme von 6,49.50 als Rücklenkung zum eigentlichen Thema der Brotrede, das 6,51c–57 gerade verlassen hat. Auch ist Jesus in 6,51c–58 gar nicht als Herabgekommener Ärgernis – diese Aussage ist V 58 nur ein Nebenmotiv –, denn das Ärgernis wird nach V 52 im Essen des Fleisches des Menschensohnes gesehen.

Nun äußern die Jünger in V 60 nicht direkt ihr Ärgernis. Doch erkennt Jesus – kraft übernatürlichen Wissens, vgl. 1,48; 11,7–16 – ihren Glaubensanstoß und äußert sich. Die tadelnde Frage (6,61) und die in Frageform gegebene Steigerung (6,62) gleichen 3,10.12. Auch dort wird der Inhalt der Steigerung als Erhöhung des Menschensohnes (3,13f.) angegeben. Daß jedoch 6,62 eine Steigerung vorliegt (z. B. Bultmann, Bornkamm, Wilckens), ist bestritten worden zugunsten der These, 6,62 müsse Glaubenshilfe sein (z. B. Schnackenburg). Aber eine Potenzierung des Ärgernisses setzen auch 6,63.66 voraus. Also ist zu fragen: In welchem Sinn ist diese zu verstehen? Zunächst: Wenn die irdische Geburt Kontrast zum Anspruch Jesu ist, vom Himmel gekommen zu sein, ist die Kreuzigung Kontrast zum Aufstieg in den Himmel. Beide Male spricht

das irdisch Sichtbare und Erkennbare gegen die behauptete himmlische Dimension des Ereignisses. Sodann: Bei der Kreuzigung ist dieser Gegensatz nur noch stärker, da nicht eine irdische Normalität (Geburt), sondern sogar eine irdische Anomalie, also der Kreuzestod, als Triumph interpretiert wird: Wo nichts als Tod ist (19,33f.), soll gerade die Lebensbotschaft (12,32) ihre Begründung erfahren! Die himmlische Dimension des Kreuzes ist also noch radikaler verborgen als die der Geburt. Aber wahrscheinlich ist diese Deutung eher Anstoß für Außenstehende. Für die Jünger ist noch ein speziellerer Anstoß denkbar. Die Gemeindechristologie neben E ist geprägt von einer bestimmten Epiphanien- bzw. Inkarnationschristologie (vgl. zu 3,13f. und Exkurs 4). Von hier aus läßt sich festhalten: Ist für die Gemeinde die Erscheinung Jesu die Epiphanie des Lebens (vgl. nur 1 Joh 1,1–3), dann will E demgegenüber korrigieren: Jesu Anspruch, das Leben zu sein (11,25f.), erfordert unbedingt seine Erhöhung (12,32), d. h. ist von Ostern her entworfene Glaubensaussage. Auch für den Glaubenden ist die Anstößigkeit von 6,42 dauernd gegeben.
Schwierig ist der Einblick in den Sinn von 6,63. Der Gegensatz Fleisch und Geist tritt unvermittelt auf. Daß der Geist lebendig macht, ist im Joh singulär. Dies Vermögen eignet sonst dem Vater und dem Sohn (5,21). Auch das Attribut der »Nutzlosigkeit« des Fleisches als Kennzeichnung seines Unvermögens, Heil als ewiges Leben zu beschaffen, ist eine aparte Formulierung. Da ferner die Antithese in sich gerundet ist, geht man kaum fehl, in dem Satz Tradition zu sehen (Bultmann, Bornkamm). Sie besagt: Lebensgewinn ist nur aufgrund des Zugangs zum Geist zu erlangen (1,12f.; 3,5f.). Das Existieren aus und in der Sphäre des Fleisches, also des irdischen Bereiches, ist nur Perpetuierung von Unheil. Damit ist für E wie in Joh 3 das Glaubensthema angeschnitten. Dies bestätigt die Fortsetzung 6,63f. mit der Linie: Wort – als Geist und Leben – und Glaube, wie damit zugleich die Brotrede sinnvoll fortgesetzt wird. Also hat die Antithese, die E aufgreift, für ihn eine analoge Funktion wie V 37–40 und V 44–46, während V 62 funktional dem Selbstzeugnis Jesu in V 35.47–51b zuzuordnen ist. Ihr Aussagegehalt ist dann: Fleisch und Geist entsprechen dem Verhalten von Unglaube und Glaube. Die Entscheidung zwischen Geist und Fleisch, also Glaube und Unglaube, fällt in der Begegnung mit Jesu Wort, das Geist und Leben ist (6,63b). Die Jünger werden also wie die Juden angesichts des Ärgernisses abermals vor Jesu Selbstzeugnis gestellt. Es erschließt Glauben und Leben, so wahr dem Unglauben das Selbstzeugnis Ärgernis ist. Dabei können Geist und

Leben direkt mit dem Wort identifiziert werden, weil im Offenbarungsvorgang die Einheit dieser Größen gegeben ist (vgl. 3,34): Die Sphäre des Geistes ist das Leben und im Wort der Selbstoffenbarung erschließt sich dieses Leben, weil der sich Offenbarende das Leben ist (5,26; 11,25f.; 14,6). »Geist« ist für E nach Joh 3 die im Wort sich eröffnende Glaubensmöglichkeit. So kann es ebenso 6,47 heißen, daß der Glaubende Leben hat.

Mit 6,63 ist der Inhalt der Rede eigentlich zu seinem Ende gekommen. V 64a erweist Jesu Allwissenheit (V 61a) und bilden die Brücke von 6,60 zu 6,66. »Einige« glauben nicht, so weiß Jesus. Dies nahm die KR zum Anlaß, »einige« auf »einen« zu reduzieren. Dieser »eine« ist Judas, der Verräter Jesu. Aber im Gedankengang ist nicht nur diese Reduktion auffällig, sondern auch der Umstand, daß die Abfolge: die große Jüngerzahl wird auf die Zwölf begrenzt, vorzeitig und irregulär mit dem Judasproblem zerstört wird. Judas nimmt auch gar keinen Anstoß an Jesu Selbstzeugnis, sondern gilt allgemein in der Tradition als Verräter. Seine unbegreifliche Tat kann nur so eine »Erklärung« erhalten, daß gedeutet wird: der Vater habe ihm nicht gegeben, zu Jesus zu kommen (6,65). Damit ist 6,44 in geringer Variation aufgegriffen, jedoch im Unterschied zu dem dortigen Kontext in seinem deterministischen Sinn stehen gelassen. Judas hatte von vornherein gar nicht die Möglichkeit, Jesu Selbsterschließung im Wort anzunehmen. Dies war ihm von Gottes Seite her zuvor verschlossen. So wird das Judasproblem prädestinatianisch aufgearbeitet, das E wenig später 6,71 ausspricht. Also passen 6,64b.65 nicht zur Brotrede, wohl aber zu ähnlichen Aussagen der KR, wenn diese den Unglauben deterministisch begründet und in Kontrast stellt zur Erwählungsgewißheit von Jüngern und Gemeinde (vgl. 10,26–29; 17,12; 18,8f.). Was will die KR mit dem Zusatz sagen? Der unmittelbare Kontext (6,60ff.) legt die Vermutung nahe, daß das bekannte Judasproblem Jesu Allwissenheit (6,64a) und sein Heilswerk (6,61f.) in Frage stellen konnte. Darauf reagiert die KR mit 6,64b–65: Judas ist nach dem göttlichen Planen vorherbestimmt und Jesus weiß darum. Aber diese Erklärung befriedigt noch nicht ganz. Dafür hätte es gereicht, dies an einer Stelle zu vermerken, aber die KR wird in 13,2.10b–11.18f. (vgl. auch 12,4b.6; 17,12 KR) nochmals analoge deutliche Worte zum Judasproblem eintragen. Deutet dies nicht doch auch auf ein vitales gemeindegeschichtliches Problem? Geht es z. B. um einen christologischen Streit in der Gemeinde? Sicherlich, auch die christologische Problematik ist 13,1b.3.11.18 zu finden. Aber Joh 6,60ff.66ff. und 13,19 sind doch gerade auch

Ärgernis und Abfall der Jünger herausgestellt. Also darf man doch wohl vermuten, Judas sei zur Symbolgestalt der Gemeindeglieder hochstilisiert, die nach dem Ausschluß aus der Synagoge der christlichen Gemeinde den Rücken kehrten. Allerdings wird man über diese allgemeine Form gemeindegeschichtlicher Auslegung der Judasgestalt nicht hinausgehen dürfen, wenn man nicht unkalkulierbare Hypothetik ins Spiel bringen will.

Für E ist 6,60–64a geplante Voraussetzung für die ihm aus der Tradition überkommene Perikope vom Petrusbekenntnis (Mk 8,27–33 parr.). Sie differiert von der synoptischen Überlieferung erheblich. Übereinstimmung besteht darin, daß Simon Petrus das Bekenntnis im Namen des engsten Jüngerkreises spricht und er Jesus mit: »Du bist ...« prädiziert. Auch kann man vermuten, daß die satanische Abqualifizierung, die nach Mk 8,33 Petrus gilt und die schon Lk vermeidet, in Joh 6,70f. traditionsgeschichtlich zu Judas gewandert ist. Im NT kennt sonst nur Lk solche Kennzeichnung des Verräters (Lk 22,3). Dies bedeutet: E schöpft nicht aus den Synoptikern, sondern aus seiner schon lange von der synoptischen Tradition verselbständigten joh Gemeindetradition. Auch zur SQ entsteht eine Spannung: Nach 1,42 müßte hier die Verheißung Jesu eingelöst werden, nach der Simon den Namen Petrus erhalten wird (vgl. Mt 16,17f.). So erweist sich das Petrusbekenntnis auch von der SQ als unabhängig. Doch folgt E mit der Zuordnung des Petrusbekenntnisses noch einem besonderen traditionsgeleiteten Prinzip, das im Vergleich mit Mk in bezug auf die Stoffanordnung sichtbar wird.

Die Tabelle Seite 262 zeigt, daß die Abfolge: Speisung – Zeichenforderung – Petrusbekenntnis (mit Passionsthematik) wohl doch traditionell ist, so sicher wegen der vielen Differenzen E nicht unmittelbar auf Mk 8 zurückgriff, sondern wohl seiner vormarkinischen Abfolge verpflichtet ist. Da die SQ die andere traditionelle Abfolge aus Mk 6 (Speisung – Seewandel – Rückkehr zum Volk) repräsentiert, und E diese eingangs von Joh 6 benutzt, ergibt sich eine Kontamination der Stoffreihung aus Mk 6 und 8.

Was aber gehörte aus 6,66–71 zur joh Gemeindetradition und was geht auf die Bearbeitung von E zurück? Zunächst sind V 66.67a aus der Situation formuliert und nur das Auftreten »der Zwölf« unvermittelt. Daß Simon antwortet, ist Tradition (6,68), hingegen gehört seine Antwort in V 68 wiederum zum Thema der vorangehenden Rede (vgl. speziell: V 63b). Anders steht es mit V 69: Der Titel »Heiliger Gottes« ist relativ singulär und kontextfremd, darum wohl Tradition. Auch V 70f. enthalten sicher dem Thema

Mk			Joh		
1.	8,1 –10	Speisung	*1.*	6,1 –15	Speisung
2.	8,11–13	Zeichenforderung	*2.*	6,16–21	Seewandel
3.	8,14–21	Gespräch vom Sauerteig	*3.*	6,22–31	Rückkehr zum Volk und Zeichenforderung
4.	8,22–26	Blindenheilung	*4.*	6,32–65	Brotrede
5.	8,27–33	Petrusbekenntnis und Leidensankündigung	*5.*	6,66–71	Petrusbekenntnis und Verratsansage

nach Überlieferung: So erklärt sich am besten, daß Judas im Vergleich zu den Synoptikern so früh als Verräter erscheint und mit traditionellen Angaben eingeführt wird (genealogische Einordnung, Zugehörigkeit zum Zwölferkreis, Verräter). Er ist nun extreme Gegenfigur zu Petrus. Für das Verständnis von E ist besonders bedeutsam der Kontrast zur 1. Szene (6,22–29), so daß nun aufgrund der unmittelbar vorangehenden zugespitzten Situation (6,60ff.) der antwortende Glaube zum Bekenntnis kommt. Die Jünger als kleiner Kreis nehmen die Selbstoffenbarung des Gesandten an. Diese Selbstoffenbarung ist das Wort ewigen Lebens (nicht sakramentale Speisung, wie 6,51c–58!).

V 66 spricht vom endgültigen Abfall vieler Jünger. Dies dokumentiert eine ernste Krise im Jüngerkreis aufgrund des Ärgernisses (6,60). In dieser Situation provoziert Jesus die Zwölf zum Bekenntnis (6,67). Auch bei Mk 8,28f. ist das Petrusbekenntnis mit Jesu Frage eingeleitet, allerdings fehlt (wie bei Lk) im Joh die mk Ortstradition (Cäsarea Philippi). Simon Petrus (vgl. 1,42) ist wie selbstverständlich der Sprecher der Zwölf. Wie in 1,35–51 so ist auch hier die Erzählung frei von der Konkurrenz zum Lieblingsjünger (vgl. sein erstes Auftreten in 13,21–30). Das Bekenntnis entspricht sachlich der Glaubensantwort auf Jesu Selbstoffenbarung: Der Exklusivität dieser Offenbarung entspricht die Frage: Herr, wohin sollen wir gehen?, der die selbstverständliche stillschweigende Antwort zuzugesellen ist: Nirgendwo als bei dir allein

wird Heil als ewiges Leben ermöglicht. Jesus allein hat »Worte ewigen Lebens« (6,68), wie nun das Echo auf 6,35 lautet. Damit ist die Abfolge Wort – Glaube – Leben als konstituierender Grundzug der Offenbarung im Bekenntnis als Erfahrung mit Jesu Wort anerkannt. So erschließt sich nach E Heil. Christologisch zugespitzt, »hat« aber für E Jesus nicht nur Leben, sondern er »ist« Leben. Das drückt E mit Hilfe der traditionellen Formulierung in 6,67 aus. »Der Heilige Gottes« ist kaum ein übliches Würdeprädikat für Jesus im Urchristentum (vgl. Mk 1,24 = Lk 4,34). Auch eine außerchristliche Traditionsgeschichte ist nicht erkennbar. Mit Hilfe von 10,36 kann jedoch das Bekenntnis als Aussage zur Offenbarungseinheit mit dem Vater bestimmt werden.
Dies Bekenntnis wird von Jesus akzeptiert, jedoch als Allgemeinbekenntnis des gesamten Zwölferkreises eingeschränkt. Judas ist ein »Teufel«, d. h. er steht als Verräter unter der Herrschaft Satans (13,27). Er gehört nicht in den Bereich von Jesu lebenspendendem Wort, sondern – weil er auf Jesu Tod aus ist – zum satanischen Lebensverneiner (vgl. 8,44). Nur hier in 6,71 wird übrigens der Vorname von Judas' Vater angegeben. Der Nachname Iskariot ist wohl doch am besten als Herkunftsbezeichnung (Mann aus Kariot, nach Jos 15,25 eine südjudäische Stadt) zu verstehen. Betont ist die Schwere der Judastat abschließend nochmals festgehalten: Er ist Verräter als einer der Zwölf. Auffällig ist, daß im Unterschied zu Mk 8,33 parr. nicht der Glaube des bekennenden Petrus problematisiert, sondern nur aus seinem Gruppenbekenntnis einer ausgeschlossen wird. E will also sagen: Der petrinische Glaube ist endgültiger, wahrer Glaube. Dies gilt auch für die Jünger mit einer Ausnahme, aber dieser eine ist gar kein echter Jünger. Die Ausnahme des Judas dient also nicht dazu, für jeden Glaubenden die Möglichkeit des Abfalls immer noch offen zu halten, sondern gerade umgekehrt für den wie Petrus Glaubenden die Endgültigkeit des Heilsstandes zu betonen. Wird übrigens Petrus so dargestellt, dann ist doch offenbar E daran gelegen, an diesem Urapostel als dem Repräsentanten der gesamten Christenheit festzuhalten. E läßt damit eine Möglichkeit, sich vom Christentum zu verselbständigen, für die joh Gemeinde nicht zu (vgl. Einleitung 3b).

Nach diesem Durchgang muß nun auf 6,51c–58 und auf die damit zusammenhängenden kleineren Zusätze eingegangen werden. Vorrangig ist dabei der Nachweis, dieser sakramentale Teil sei *nachträgliche Bearbeitung* (KR). In bezug auf diese Hypothese ist (seit Wellhausen) ein heftiger Streit im Gange. Die einen (z. B. Ruckstuhl, Schweizer, Schürmann, Borgen, Wilk-

kens) sehen in ihm eine sinnvolle Fortsetzung der Brotrede von E. Die anderen (z. B. Bauer, Bultmann, Bornkamm, Richter, Langbrandtner, Wehr) weisen den Teil mit unterschiedlicher Abgrenzung auf das Konto späterer Redaktion. Dieser Streit ist dabei vornehmlich im deutschsprachigen Raum quer über die Konfessionen hinweg geführt worden. Außerhalb dieses Bereiches dominiert die Tendenz, die ganze Rede als Einheit zu verstehen (repräsentativ: Barrett, Dodd). Als vermittelnd kann der Standpunkt gelten, der die Möglichkeit eines späteren Nachtrags zugesteht, jedoch eher E als seinen Autor annimmt (Schnackenburg).
Dieser Streit hat darum einiges Gewicht, weil sich an ihm die Stellung von E zu den Sakramenten entscheidet und zugleich – was meist übersehen wird – sein Glaubens- und Lebensverständnis. De facto kann auch die Regel aufgestellt werden: Wer in Joh 6 nicht literarkritisch arbeitet, wird überhaupt (von Joh 21 abgesehen) überzeugt sein, man komme dem Joh nicht literarkritisch, sondern viel eher traditionsgeschichtlich bei (typisch: Schweizer, Wilckens), d. h. E selbst trägt für die jetzige Gestalt des Joh die Alleinverantwortung, etwaige Unebenheiten deuten auf von ihm verarbeitete Tradition. Aber dieses Interpretationsmodell ist auch sonst im Joh nicht mit dem Textbefund zur Deckung zu bringen. Ebensowenig löst das Postulat der Einheitlichkeit des Joh die schwierigen Probleme. Die dreistufige Deutung: Vorgeschichte (Tradition) – E – KR bewährte sich bisher auch an Joh 6. So soll nun begründet werden, warum 6,51c–58 dem letzten Stadium (KR) zugewiesen wird.
Dabei kann zuerst auf die Einsicht in den Aufbau der Brotrede verwiesen werden: 6,60ff. griffen ohne Bezug auf 6,51c–58 auf die Anstößigkeit der Selbstoffenbarung des Herabgekommenen und auf die Glaubensproblematik zurück. Weil in 6,51c–58 das Glaubensthema fehlt und die Thematik des Ärgernisses sich auf das Fleisch als Gabe des Menschensohnes bezieht, stört der Abschnitt den sinnvollen Zusammenhang (Bornkamm). Wer 6,51c–58 der ursprünglichen Brotrede zuweist, hat eine doppelte Schwierigkeit vor sich: Er muß einmal die Verlagerung des Anstoßes von 6,22ff. zu 6,51cff. erklären und zum anderen 6,60ff. als mögliche Fortsetzung nach 6,51cff. Dabei ist die letzte Schwierigkeit um so größer, als hier das »Fleisch zu nichts nütze ist«, hingegen im sakramentalen Teil, frontal entgegengesetzt, Lebensträger. Alle Versuche, hier einen Ausgleich zu schaffen, müssen immer wieder in den Text eintragen, was nicht in ihm steht. Ebenso erschwert das in 6,51c–58 nicht zufällig fehlende Glaubensthema ganz erheblich jeden Brückenschlag zum Kontext (Richter).
Aber nicht nur aufgrund dieses Hauptgesichtspunktes als eines Arguments aus struktureller und zugleich thematischer Einsicht in Joh 6 wird man 6,51c–58 zum Fremdkörper erklären müssen. Ein nahezu gleichrangiges Argument ist der Verweis auf die Übermittlung des Lebens: Nach 6,33–35.47–51b.63.68 bringt die im Wort geschehene Selbstoffenbarung des Sohnes dort Leben, wo dieses Wort im Glauben angenommen wird. So ist die Glaubensbeziehung zum Sohn Leben. Anders verhält es sich in 6,51c–58: Hier ist die Lebensgabe jenseits der Glaubensrelation an den sakramen-

talen Genuß von Fleisch und Blut des Menschensohnes gebunden, so daß diese Substanzen Lebensträger sind und also das Leben substantiell gefaßt ist. Konstitutiv für seinen Empfang ist folgerichtig nicht mehr der Glaube sondern die Aufnahme der sakramentalen Gaben durch den Mund. Natürlich gilt auch für die KR: Nur Christen nehmen am Herrenmahl teil, also Glaubende (Kügler). Aber dieser Glaube ist nur stille Voraussetzung, nicht zentrales Thema wie in den Ausführungen von E. Ein Autor, der so durchgängig auf den Glauben insistiert wie E, hätte wohl doch – falls er 6,51c–58 als Tradition aufgegriffen hätte – hier mit seinem Glaubensthema korrigieren müssen. Ist hingegen 6,51c–58 Nachtrag eines Sakramentalisten, dann ist klar, warum dieser nach der letzten Erwähnung des Brotthemas in Joh 6 (6,60ff. fehlen die Motive: Brot und Manna!) gleichsam mit Achtergewicht der Rede eine neue Ausrichtung gab. Damit hatte er das letzte und entscheidende Wort zu diesem Thema.
Es kann weiter nicht übersehen werden, daß »essen« in 6,48–51b übertragene Bedeutung hat und Metapher für »glauben« ist, hingegen 6,51c–58 real gemeint ist. Ebenso redet die Brotrede nur vom Brot im übertragenen Sinn, 6,51c–58 abermals real und zugleich von des Menschensohnes »Fleisch« essen und sein »Blut« trinken, bzw. von seiner »Speise« und seinem »Trank«. Nach 6,35 reicht das Brot (das Jesus ißt) aus, um Hunger und Durst zu stillen, in 6,51cff. bedarf es fester und flüssiger Nahrung (Brot und Blut), um den Menschen zu nähren (Hinrichs). Entgegen der Brotrede, die Gott als Geber und Jesus als Gabe des Lebens darstellt, ist in dem sakramentalen Stück der Menschensohn der Geber und er selbst als Fleisch und Blut zugleich die Gabe. In diesem Zusammenhang entdeckt man eine weitere Differenz: In der Brotrede ist Jesus als Irdischer Lebensbrot, d. h. das Leben präsent. In 6,51c–58 wird z. T. futurisch geredet (V 27.51c), denn unbeschadet der Zuordnung der Aussagen zur Sendungschristologie (6,57) scheint noch als Problem bekannt zu sein, daß der Irdische noch nicht sakramentale Gabe sein kann, vielmehr erst der Erhöhte sich selbst im Sakrament geben wird (Richter). Demzufolge ist der Anstoß der Juden nicht die Unausweisbarkeit des Gesandten und seines christologischen Selbstzeugnisses, sondern die Heilsnotwendigkeit des Sakramentes und eine bestimmte Anschauung von den sakramentalen Elementen, nach der diese mit Fleisch und Blut des Menschensohnes identisch sind (Richter). Auch kann man mit einem Verweis auf Joh 3,3.5 nicht 6,51c–58 E zusprechen, indem man feststellt: Wenn E in Joh 3 die Taufe interpretiert, könne er in Joh 6 Herrenmahlstradition verarbeiten. Dies ist als Möglichkeit natürlich nicht auszuschließen. Wohl aber ist dann eine analoge Verwendung sakramentaler Tradition zu fordern. Eben dabei zeigt sich die Hinfälligkeit des Verweises auf Joh 3. Denn wenn dort Tauftradition im Sinne der Abfolge: Wort – Glaube – Leben verarbeitet wird, die Tauftradition Ausgangspunkt der Rede ist und in ihr die sakramentale Seite der Tradition gerade unbeachtet liegenbleibt, so verhält sich Joh 6 die Sachlage umgekehrt: Sakramentalismus wird unvermittelt und entgegen der sonst vorherrschenden Linie: Wort – Glaube – Leben zum eigentlichen Ziel der Rede.

So zeigt gerade Joh 3, wie E in Joh 6 verfahren wäre, wenn er sakramentale Tradition hätte verarbeiten wollen, und wie die konzeptionelle Differenz beider Kapitel es unerträglich erscheinen läßt, E beide sakramentale Reminiszenzen zuzuschreiben.
Endlich zeigen die sonstigen Zusätze im Joh in mehrfacher Hinsicht Verwandtschaft mit diesem Stück 6,51c–58: Dies gilt vorab von der literarischen Art der Redaktion, schon vorliegende Stücke von E neu aufzugreifen und umzuinterpretieren und dabei auf Aussagen von E aufzubauen. Umgekehrt steht die Aussage über den Heilstod Jesu in 6,51c nahe bei 1,29 und repräsentiert eine ganze Schicht der KR (vgl. zu 1,29). In Joh 1,13 bringt die KR die heilskonstitutive Bedeutung der Taufe ein. Sakramentales Interesse zeigt noch der Zusatz in 19,34b–35. Auch der Topos zukünftiger Totenauferweckung (6,54) ist 5,28f.; 12,48 Nachtrag. Die herausgestellten Zusätze in Joh 6 insgesamt erweisen die KR als eine theologisch profilierte Bearbeitung, die planvoll ans Werk ging. Sie versteht die Rede Jesu in Joh 6 als Rede, die der irdische Jesus einst hielt (Rückschluß aus den Futura in 6,27.51c!), und fragt nun: Wie kann die Gemeinde an diesem Jesus bleibenden Anteil erhalten? Sie vertritt also – wie so oft – ein ekklesiologisches Interesse. Doch während E später diese Frage mit Hilfe des Parakleten löst (14,16f.25f.), der die Jesusworte als Aufforderung zum Glauben lebendig erhält, verweist die KR auf das immer wieder in der Gemeinde gefeierte Herrenmahl: Es ist nun dauerhaft geistliche Lebensspeise für die, die im Sinne von Joh 1,13; 3,3.5 geistlich von oben geboren sind. Wer seinen neuen Ursprung von oben regelmäßig mit dem sakramentalen Fleisch und Blut des Menschensohnes nährt, darf erwarten, daß Christus ihn am Ende der Tage auferwecken wird.

Das Werk der Redaktion soll nun im einzelnen betrachtet werden. Die KR hat zunächst den Abschluß der dritten Szene mit seiner Aussage über das vom Himmel herabgestiegene Lebensbrot zum Anlaß genommen, ein neues (unvorbereitetes) Ärgernis zu konstruieren. Speziell wird dabei der Schlußsatz, der dem Stil der Ich-bin-Worte folgt, näher erläutert, so daß die Verheißung, wer von diesem Brot ißt, wird in Ewigkeit leben, in bezug auf die Bestimmung des Brotes erklärt wird: Dieses Brot – so soll man wissen – ist Jesu Fleisch »für das Leben der Welt«. Diese Aussage ist Aufgriff traditioneller Abendmahlsüberlieferung (Jeremias), liegt doch eine selbständige Fassung des Brotwortes vor (vgl. 1 Kor 11,24b). Dabei ist der alte Opfergedanke aus dem »für uns« bzw. »für viele«, wie er die synoptische und paulinische Tradition prägt, umgedeutet. Denn das »für ...« zeigt nun an, für wen und zu welchem Zweck das sakramentale Element »Fleisch« gegeben wird. Auch ist wohl der Ausdruck »Fleisch« (statt sonst: »Leib«) Eigenart joh Tradition, denn auch Ignatius spricht traditionellerweise so (Wilckens). Diese Herrenmahlsparadosis nehmen die Juden zum Anlaß, sich untereinander zu »streiten« (ein im joh Bereich singulärer Ausdruck, statt der Formulierung von E: »murren« 6,41.43.61 bzw. »sich ärgern« 6,61). Man nimmt an der Sakramentsauffassung Anstoß. Die ungläubige Frage gleicht formal 3,4.9 u. ö. Sie ahmt diesen Stil von E nach, um Jesus die Gelegenheit zu geben, sich weiter äußern zu können. So entsteht – vorbereitet durch die neue Aussage der KR in 6,51c – mit 6,52–58 eine weitere Szene, die formal den fünf Szenen von E gleichgestellt ist. Jesu Antwort beginnt mit dem betonten: »Wahrlich, wahrlich ich sage euch ...«, das schon E ähnlich benutzte. Man darf annehmen, 6,53 enthalte den Kern der gesamten Antwort Jesu. Sie ist Quasizitat von Tradition. Die negative Fassung des Bedingungssatzes macht die Aussage zu einer exklusiven wie in 3,3.5 (sonst im Joh noch 8,24; 15,6). Mit 3,3.5 gemeinsam vertritt 6,53 Sakramentalismus. War dort die Taufe heilskonstitutiv, so hier das Herrenmahl (Apg 15,1 ist es die Beschneidung). Ebenso deutlich ist, daß das Sakrament von sich aus wirkt und dabei der Glaube, der natürlich bei den getauften Mahlteilnehmern Voraussetzung für die Taufe war, keine Funktion hat, vielmehr man ißt und hat dann Leben. In Joh 6,35 besitzt das Lebensbrot übertragenen Sinn, der sich dem empfangenen Glauben erschließt. 6,53 ist die Speise sakramentaldinglich der Menschensohn selbst und direkt. Ihn nimmt man über den Mund als Lebensnahrung auf. So drückt der in sich geschlossene Satz wie 3,3.5 die Grundüberzeugung einer Gruppe aus, die sich damit als Sakramentalisten zu erkennen geben: Ohne die beiden Sakramente in der speziellen Deutung gibt es kein Heil – das ist ihre These. Daß Joh 6,53 eine traditionelle Aussage vorliegt, läßt sich so begründen: Der Vers kennt kontextfremd nicht den Ich-Stil. Nur hier im Abschnitt begegnet die Anrede in der 2. Person Plural: Angeredet ist die joh Gemeinde. Es ist der einzige negative Bedingungssatz im Kontext. Es liegt eine in sich gerundete Aussage vor, die die konstitutiven Stichworte für das Herrenmahl: Fleisch essen und Blut trinken, enthält. Die Heilsgabe (»Leben in sich haben«) ist sprachlich im Text singulär. Dabei gilt: Beide Substanzen (so auch bei Ignatius) sind Lebensträger, die der Essende real in sich aufnimmt, danach hat er Lebenssubstanz in sich. So ist das Herrenmahl für Ignatius unter bewußter Verwendung medizinisch-technischer Sprache (Wehr) »ein Heilmittel zur Unsterblichkeit, ein Gegenmittel, nicht sterben zu müssen« (Ign Eph 20,2). Der Sache nach sagt die KR in Joh 6 dasselbe. Auch der »Menschensohn« gehört (wie V 27) in diesen Zusammenhang (Barrett, Fleisch): 1 Kor 11,26; 16,22; Did 10,6, aber auch Mk 14,21; Lk 22,22 bezeugen, wie sich Menschensohnchristologie schon sehr früh nach Ostern mit der Herrenmahlsüberlieferung verbunden hat. Es ist sicher nicht zufällig, daß im Joh nur 6,27.53 Menschensohnaussagen sich diesem Traditionszusammenhang verdanken.

Man hat behauptet, dieser Sakramentalismus kämpfe gegen einen gnostischen Doketismus (Richter, Bornkamm u. a.), also der Vorstellung, weil Jesus nur einen Scheinleib gehabt habe, könne er im Sakrament nicht seinen Leib zu essen geben, also könne man vom Sakrament fernbleiben (Schnackenburg mit Verweis auf Ign Sm 7,1). Aber diese polemische Situation ist von Ignatius her in Joh 6 eingetragen. 6,53 wie 6,51c–58 überhaupt heben auf die heilskonstitutive Funktion des Sakraments ab und begründen diese mit einer sakramentalistischen Theologie, aber antidoketische Spitzen muß man erst in den Text eintragen (richtig: Wilckens). Die KR akzentuiert Joh 6 um, um für die Gemeinde über die abgeschlossene Sendung Jesu hinaus den Menschensohn als Lebensgabe dauerhaft sicherzustellen, nicht aber um eine falsche Christologie zu bekämpfen.

Die KR legt dann die Tradition 6,53 in zwei Gedankengängen aus (54a = 56a; 54b stehen analog zu 56b; 55 analog zu 57): Kauen (wohl traditionell für »essen«) des Fleisches und Trinken des Blutes (des Menschensohnes, vgl. Mt 24,38; Joh 13,18) bedeutet »ewiges Leben haben«, wie 6,53c sagte: Lebenssubstanz in sich haben. Darum kann solcher Mahlgenosse mit der Auferweckung am letzten Tag rechnen. Der Tod ist nur »Schlaf«, die Auferweckung Aktualisierung sakramental einverleibter Lebenssubstanz. Hier hat nun die Auferstehungsaussage guten Sinn, wie sie umgekehrt in nahezu unverständlicher stereotyper Formulierung in 6,39.40.44 störte. Sie wird dann noch (6,54c) begründet: Die sakramentale Speise ist »wahrhaftige« (Aufnahme von V 32? Vgl. V 27) Lebensspeise: Man kann sich auf sie verlassen. Das Mahl bewirkt aber nicht nur endzeitliche Auferweckung, sondern ebenso sakramental-mystische Vereinigung mit Jesus in diesem Leben (V 56f.): Unter Verwendung von 5,26 wird der (dort nicht sakramental vermittelte) Lebensbesitz des Sohnes als Gabe des Vaters auf das Verhältnis des Sohnes zu den Seinen ausgedehnt: Sie haben durch ihn, weil er ihnen im Mahl sich spendet, Leben. So bleibt er in ihnen und sie in ihm. E kennt verwandte Reziprozitätsformeln zur Beschreibung des Vater-Sohn-Verhältnisses (10,38; 14,10f.). Nur einmal im Zusammenhang mit dem Parakleten dehnt E die Aussage auf das Verhältnis von Sohn und Gemeinde aus (14,20). Die KR erweitert gern und oft um das Verhältnis von Sohn und Gemeinde (10,14f.; 15,9f.; 17,21–23). Dabei begegnet die Formulierung mit »bleiben« speziell noch 15,4f.; 1 Joh 4,16. So ist also für die irdische Zeit und für die Ewigkeit das Sakrament Lebensspeise. Hatte E vom Sakrament geschwiegen, so hat nun die KR nachgewiesen, wie heilskonstitutiv es ist. Die Spitze der Ausführungen gehen also auf die Unentbehrlichkeit des Sakraments, weil die Gemeinde auf diese Weise bleibenden Anteil an Jesus erhält. Da dies nun klar ist, kann die KR mit 6,58 zur ursprünglichen Rede zurückkehren. Sie tut es sichtbar, indem 6,58 zum Teil wörtlich Sätze aus 6,49–51b aufgreift und den dortigen Gedankengang wiederholt. Aber der Eingang »Dieses ist ...« – so sicher 6,50a benutzt wird – macht klar: nun ist Joh 6 sakramental zu deuten im Sinne von 6,51c–57. Diesem Ziel dienen auch die anderen kleinen Zusätze – vor allem V 27.

Exkurs 6: Die Sakramente im Joh

Literaturauswahl: Vgl. die Lit. zu Joh 3 und 6. Außerdem: *Braun, F. M.:* L'eucharistie selon SJean, RT 70 (1970) 5–29. – *Corell, A.: Consummatum est,* London 1958. – *Cosgrove, Ch. H.:* The Place where Jesus is: Allusions to Baptism and the Eucharist in the Fourth Gospel, NTS 35 (1989) 522–539. – *Craig, C. T.:* Sacramental Interest in the Fourth Gospel, JBL 58 (1939) 31–41. – *Cullmann, O.:* Urchristentum. – *Jeremias, J.:* Die Abendmahlsworte Jesu, Göttingen [4]1967. – *Klos, H.:* Die Sakramente im Johannesevangelium, SBS 46, 1970 (Lit.). – *Lohse, E.:* Wort und Sakrament im Johannesevangelium, NTS 7 (1960) 110–125 = *ders.:* Die Einheit des Neuen Testaments, Göttingen 1973, 193–208. – *MacGregor, G. H. C.:* The Eucharist in the Fourth Gospel, NTS 9 (1962/63) 111–119. – *Michaelis, W.:* Die Sakramente im Johannesevangelium, Bern 1946. – *Niewalda, P.:* Sakramentssymbolik im Johannesevangelium? Limburg 1958. – *Richter, G.:* Die Fußwaschung im Johannesevangelium, BU 1, 1967. – *Ruckstuhl, E.:* Wesen und Kraft der Eucharistie in der Sicht des Johannesevangeliums, in: Das Opfer der Kirche, Luzerner Theologische Studien 1, Luzern 1954, 47–90. – *Wilkens, W.:* Das Abendmahlszeugnis im vierten Evangelium, EvTh 18 (1958) 354–370.

Das Verständnis der Sakramente im Joh hat besonders kontroverse Auslegungen erfahren. Dabei ist schon umstritten, ob überhaupt der Begriff »Sakrament«, den das Joh nicht kennt, benutzt werden darf. Wer dies zur Sprachregelung bejaht und sich des Sakramentsbegriff als Sammelbegriff bedient, steht als nächstes vor der Frage, welche Sakramente er im Joh wiederfinden will. Definiert man für das Joh das Sakrament als eine regelmäßig gefeierte gottesdienstliche Handlung, in der heilskonstitutiv die Konstitution des Menschen als eines sterblichen Wesens dieser Welt verändert wird zur Teilhabe am himmlischen Leben, dann sind Taufe (3,3.5) und Herrenmahl (6,51c–58) die beiden Sakramente innerhalb der joh Gemeinde. Die Fußwaschung in Joh 13 wird nirgends als übliche gottesdienstliche Handlung gekennzeichnet, sondern besitzt den Charakter der Einmaligkeit. Auch der Sündenvergebung in Joh 20,22ff. fehlt ein Hinweis, ein alter Beleg für das Bußsakrament zu sein (vgl. Schnackenburg z. St. und die Auslegung zu 20,22ff.). Mit der Zweizahl der Sakramente fügen sich die joh Gemeinden der allgemeinen urchristlichen Auffassung ein, nach der Taufe und Herrenmahl die beiden herausgehobenen gottesdienstlichen Handlungen sind, die man mit der späteren Begrifflichkeit als Sakramente bezeichnen kann (vgl. 1 Kor 10,1–4 als ältesten Beleg für die gesonderte Herausstellung beider).

Strittig ist weiter, wo man überall Anspielungen auf die Sakramente sehen soll: Sind etwa 2,1–10; 13,1–30 versteckte symbolgeladene Abendmahls- bzw. Tauftexte (so z. B. Cullmann)? Dies ist mit guten Gründen bestritten worden (Michaelis, Lohse, vgl. die Exegese z. St.). Heute gilt im allgemeinen mit Recht der Grundsatz, daß Joh 3,3–8; 6,51c–58 die Basis der Erörterung abgeben müssen und daß darüber hinaus nur noch wenige kleinere Hinweise (1,13; 3,22–25; 4,1f.; 17,19; 19,34f.) hinzugezogen werden sollten, bei denen der Sakramentsbezug jedoch auch nicht immer sicher ist. Für zwei Fälle (17,19; 19,34f.) wird er im Kommentar z. St. abgelehnt.

Der nächste Grundentscheid betrifft die Frage, welches Verhältnis E zu diesen Texten hat. Man hat E betontes Interesse an den Sakramenten zugesprochen (Cullmann, Corell, Wilkens), oder ein mehr beiläufiges symbolisches Eingehen auf dieselben (Niewalda, Brown) bei ihm vorausgesetzt. Man konnte bei ihm ein selbstverständliches, kirchlich-übliches Benutzen sakramentaler Traditionen feststellen, ohne daß darin der Hauptstrang joh Theologie läge (Michaelis, Barrett, Dodd, Schnackenburg), oder E wurde ein Distanzverhältnis zu den Sakramenten zuerkannt (Lohse, Bornkamm, Schweizer) bzw. sogar eine Antistellung zu ihnen (Bultmann). Solche grundsätzlichen Beurteilungen beruhen durchweg auf einem Bündel von Vorentscheidungen. Die wesentlichste ist dabei die, ob 6,51c–58 von E stammt oder nicht. Dieser Text wurde oben der KR zugeschrieben. Sind dann ferner 1,13; 17,19; 19,34f. ebenfalls Nachträge, und zeigen 3,3–8, daß E Tauftradition aufgreift, ohne sie als eigenständiges Thema zu erörtern, sondern der Linie von Wort und Glauben einzuordnen, dann ist E in keinem Fall ein Theologe, der eine sakramentsbezogene Theologie betreibt. Doch bevor E (bzw. die KR) noch näher charakterisiert wird, ist es ratsam, noch einige allgemeinere Erwägungen anzustellen.

Unbeschadet des Entscheids, wem literarisch die joh Sakramentstexte zugestellt werden, muß geklärt werden, welche Besonderheiten die joh Tradition dabei überhaupt aufweist. Schon immer ist beobachtet worden, daß das Joh keinen Herrenmahlstext im PB hat. Daß er in Joh 13 ausgefallen ist oder die Fußwaschung dafür steht, läßt sich keinesfalls begründen. Warum steht dann 6,51c–58 ohne jeden Hinweis auf die Passion an völlig unerwarteter Stelle, wenn man von den Synoptikern (Mk 14,22–25 parr.) und Paulus (1 Kor 11,23–26) herkommt? Wenn aber das Motiv: »in der Nacht, da er verraten wurde« im Joh keine traditionsgeschichtliche Verwurzelung hatte, bestand auch keine Veranlassung, im Rahmen des joh PB davon zu sprechen. So haben denn auch weder E noch die KR in Joh 13 dergleichen getan. Im übrigen ist diese joh Besonderheit nicht so ganz ungewöhnlich, wie es zunächst im Blick auf das NT erscheinen mag: Die Eucharistie in Did 9; 10,14 wird ebenfalls so beschrieben, daß ein Bezug zum Tod Jesu fehlt.

Weiter fällt auf, daß im Joh das Herrenmahl nicht mit Deutemotiven verknüpft ist, die bei den Synoptikern und Paulus in unterschiedlicher Weise angetroffen werden. Zu diesen joh Fehlanzeigen gehören: das Opfermotiv »für euch/viele«, der Bundesgedanke, die Gedächtnisformel, der Bezug auf Jesu Tod, das Parusiemotiv, der Gemeinschaftsbezug, die sündenvergebende Wirkung. Umgekehrt ist nur im Joh von der Sendung her gedacht (6,51.57), das Heilsgut ausschließlich das ewige Leben, dieses bestimmt als Substanz des sich selbst gebenden Jesus, und wie bei der Taufe Joh 3,3.5 die heilskonstitutive Qualität des Sakraments herausgestellt (6,53). Nun muß der Einzelne dieses Heilmittel gegen den Tod empfangen (Individualisierung), die feiernde Gemeinde ist unwesentlich. Auch jede heilsgeschichtliche Dimension (z. B. Bundesgedanke) ist entbehrlich (6,4 gehört nicht zur Herrenmahlsparadosis), weil das Grundproblem der Immunität gegenüber dem Tod Problem je aller Menschen zu allen Zeiten ist. So zeigt sich, daß die joh Gemeinde eine nur ihr eigene Auffassung vom Herrenmahl hat. Sie ist ein typisches Zeichen für die Eigenständigkeit joh Theologiegeschichte.

Nach diesen Beobachtungen kann nun die Position von E erörtert werden. Sinnvollerweise kann das nur heißen, daß Übereinstimung und Differenz zu seiner Gemeinde besprochen werden. Dabei gilt: E hat nicht aus polemischer Antipathie die Einsetzung des Herrenmahls im Rahmen des PB verschwiegen (gegen Bultmann). Auch bestand kein Zwang für ihn, in jedem Fall in Joh 6 davon zu reden. Umgekehrt hat er in 3,3–8.22–25; 4,1 von der Taufe so gesprochen, daß er ihren allgemeinen Usus ganz selbstverständlich voraussetzt. Er ist hier nicht gegen das Sakrament an sich, wohl aber läßt er erkennen, wie er ein sakramentalistisches Verständnis abbiegt und es seinen Aussagen auf der Linie von Wort und Glauben unterordnet. E ist also nicht antisakramental oder steht den Sakramenten an sich kritisch gegenüber, wohl aber ist er gegen eine sakramentalistische Auslegung derselben. So hätte er auch in jedem Fall – wenn er Aussagen wie 6,51c–58 aufgegriffen hätte – um seines Glaubensverständnisses willen die Herrenmahlstradition seiner Gemeinde umgedeutet.

Fragt man weiter, woher die joh Gemeinde, vertreten durch die KR, ihre Sakramentsauffassung hat, so ist zunächst klar, daß sie am besten zum gnostisierenden Stadium des dualistischen Weltbildes paßt (vgl. Exkurs 3):

Der gesandte Sohn aus der oberen Welt ist in der Welt des Todes allein Lebensträger, so daß er exklusiv diesen Zentralmangel des Menschen, seine Todesverfallenheit, beheben kann. Diese jetzt die gesamte Brotrede beherrschende Ansicht paßt zum gnostisierenden Stadium joh Theologiegeschichte auffällig gut. Allerdings ist Sakramentalismus nicht überhaupt und immer an einen Dualismus gebunden. In der Geschichte des Urchristentums zeigt schon die korinthische Gemeinde sakramentalistische Züge, die an die joh Auffassung erinnern: Hier verschafft die Taufe Immunität gegenüber dem Tod. Ohne Taufe gibt es kein transmortales Leben (1 Kor 15,29). Das Herrenmahl ist numinose Speise, gibt Anteil an Leib und Blut Christi (1 Kor 10,2f. 14ff.), nährt das Ich des Menschen, das erstmals in der Taufe Todesimmunität erlangte. Auch die individualisierende Tendenz beim korinthischen Herrenmahl ist offenkundig (11,20ff.). Allerdings gibt es keine aufweisbaren Beziehungen zwischen den korinthischen und joh Gemeinden.

Doch ist zu fragen: Haben nicht beide einen verwandten religionsgeschichtlichen Wurzelboden? Der korinthische Enthusiasmus verdankt sich u. a. einem hellenistisch-weisheitlichen Denken (1 Kor 1–4). Nun liegt es nahe, für Joh Analoges anzunehmen. Daß gerade hellenistische Anschauungen gnostisieren können, ist bekannt. Außerdem sind SapSal, Philo und JA Zeugen für den engen Zusammenhang von Weisheit, Geist und Unsterblichkeit. Wie sich äthHen 32,3; 48,1 die Weisheit im Lebensbaum und im Weisheitsbrunnen gleichsam materialisieren kann, so verdichten sich in JA Weisheit und Lebensgabe in einer Honigwabe (Sänger, Burchard). Weisheitliche Theologie ist für die joh Gemeinde durch Joh 1,1–18 gut bezeugt. Sind etwa Joh (1,13 und) 6,51c–58 Zeugen dafür, wie man vom Logoshymnus her sakramentalistisch weiterdenken konnte? In Christus wohnte nach 1,14.16 die göttliche Fülle. Das ließ sich verlängern: Sie wohnte nachösterlich in den Elementen des Sakraments. Der undualistische Hymnus war schon von E dualistisch rezipiert worden. Sakramentalisten konnten analog verfahren und dann speziell die Fülle der Herrlichkeit und Gnade aus 1,14–16 als Gegenwart ewigen Lebens verstehen (vgl. 1 Joh 1,1–3) und dies im Sakrament verlängert sehen.

Reizvoll ist der Vergleich, mit welchen unterschiedlichen Mitteln Paulus und E den Sakramentalismus kritisieren. Paulus benutzt zwei innerlich zusammenhängende Grundgedanken: seine Kreuzestheologie (1 Kor 1–4; 15) und das betonte Einbringen des Sozialbezugs und des Gemeinschaftsgedankens (1 Kor 11; 12–14). Eine zum zweiten Grundgedanken analoge Argumentationsweise fehlt bei E ganz. Bei Paulus bewirkte die Kreuzestheologie, daß der Christ, im Glauben ausgerichtet auf das Wort vom Kreuz, die Nichtigkeit menschlicher Existenz (1 Kor 1,26–31; 2 Kor 12,1–10) angesichts der Hoffnung auf den in Christus neuschaffenden Gott ertrug, und daß der Christ der Todeswirklichkeit voll ausgesetzt war, weil gerade in ihr der Glaube an den Tote auferweckenden Gott sich bewähren sollte (1 Kor 15). Auch E kritisiert unter den Bedingungen der Relation von Wort und Glaube. Aber wer glaubt, hat nach ihm schon jetzt ewiges Leben (3,17f.; 5,24f.), weil das Glaubensverhältnis zu Christus auf den erhöhten Christus (12,32; 13,31–14,31) ausgerichtet ist. Vergänglichkeit und Tod sind für den Glaubenden jetzt schon wesenlos (11,25f.). Für E ist der Glaube der archimedische Punkt, die Bedingungen irdischer Existenz zu überspringen, für Paulus ist der Glaube Mittel, sich darin zu bewähren.

Besondere Beachtung verdient noch ein weiterer Vergleichspunkt zwischen Joh und Paulus. Die KR in 6,51c–58 ist erster und doch wohl auch einziger urchristlicher Zeuge für eine Sakramentsmystik (6,56f.): Die numinose Speise ist christushaltig und durch das Essen und Trinken im Christen. Dadurch bleibt der Sakramentsteilnehmer »im« Menschensohn und dieser »in ihm«. Er ist »innen« und »außen« seinshaft von Christus geprägt. Diese mystische Note findet man 1 Kor 10 nicht. Allerdings kennt Paulus Geist- und Christusaussagen, die eine mystische Komponente enthalten (vgl. Gal 2,20; Röm 8,9–11). Auf dieser Linie stehen auch die Aussagen von E in Joh 14,18ff. E zeigt also, daß eine mystische Tendenz im joh Kreis durchaus vorhanden war. Die KR bezeugt in Joh 6 darüber hinaus, daß diese Tendenz zum Verständnis des Herrenmahls ausgenutzt wurde. Endlich sei erwähnt, daß das Joh der einzige Zeuge dafür ist, daß eine Gemeinde judenchristlicher Herkunft solche mystischen Aussagen trifft. Dies muß als ein weiterer Beleg dafür gewertet werden, wieweit sich der joh Gemeindeverband geistig schon aus den jüdischen Denkvoraussetzungen gelöst hat.

D. Die Selbstoffenbarung des Sohnes in Jerusalem als endzeitlicher Richter der Welt 5,1–47; 7,15–24; 7,1

Daß Joh 5 nach Joh 6 zu stellen ist, wurde schon eingangs des Abschnitts IIC begründet. Hier ist darüber hinaus zu rechtfertigen, warum (mit Bultmann, Schnackenburg u. a.) das Stück 7,15–24 an Joh 5 angefügt wird. Einmal gibt 7,15–24 Anlaß, daran zu zweifeln, die Verse stünden gut an ihrem Platz, denn die Juden, die gerade 7,20 die Tötungsabsicht abweisen, gestehen sie 7,25 als bekannte Tatsache zu. Dieser Umstand wiederum paßt unter Umgehung von 7,15–24 ausgezeichnet als Fortsetzung von 7,1–13 (vgl. besonders 7,1.12f.), wie auch das Verwundern über Jesu öffentlichen Auftritt in 7,26 auf 7,10.13 Bezug nimmt. Endlich bereiten 7,11–13 vor, daß sich Volk und offizielle Repräsentanten des Judentums gegenüberstehen und das Volk dabei in seiner Meinung über Jesus gespalten ist. Diese Situation spiegelt 7,25–36 wider, während 7,15–24 die Juden ein monolithischer Block sind wie in Kap 5. Auf der anderen Seite paßt 7,15–24 ausgezeichnet als Abschluß von Joh 5: 7,21 greift auf die Heilung in Joh 5 zurück. Die Diskussion um den Sabbatbruch 7,22f. setzt sachlich 5,9b–18 fort. 7,15 schließt direkt an 5,47 an (der Ausdruck die »Schriften« wird nur hier im Joh gebraucht), 7,18 paßt zu 5,41–44, das Mosethema

7,19–23 wurde 5,45–47 schon begonnen und 7,24 steht sicher absichtlich antithetisch zu 5,30. Somit ergibt sich: Bei dieser Neuordnung erkennt man für Joh 5 und 7 einen guten und gewollten Aufbau, der durch die Deplazierung von 7,15–24 zerstört wurde. Bestätigt wird diese Annahme durch den Umstand, daß 5,31–47 und 7,15–24 zusammen die Situation des Rechtsstreites in literarisch geschlossener Komposition entfalten (s. u.). Ein sachlicher Grund für die jetzige Stellung des Stückes ist nicht erkennbar (vgl. zur Problematik die Einleitung 2b).

Mit Joh 6 wird die galiläische Wirksamkeit Jesu letztmalig dargestellt. Alle folgenden Ereignisse spielen immer in oder um Jerusalem, meistens anläßlich von Jesu Besuch der Feste. So wie dabei Joh 5 programmatisch Jesu Kommen als endzeitliches Gericht versteht (und damit den Konfrontationskurs aus 2,13–30 fortsetzt), so durchzieht dieses Thema nun alle folgenden Ereignisse bis zum Abschluß von Jesu öffentlichem Auftreten (12,31). Ebenso stößt man mit konstanter Regelmäßigkeit als Echo auf Jesu Selbstoffenbarung auf die Tötungsabsicht der Juden (vgl. 5,18; 7,1.19f.25.30.32.44f.; 8,20.37,43f.59; 9,22; 10,31.39; 11,45–54.57).

Im Rahmen dieser übergreifenden Gesichtspunkte zeigen sich weitere Gliederungshinweise. Wichtig ist dabei vor allem, daß jeder bis 12,50 noch folgende Abschnitt damit endet, daß Jesus sich zurückzieht und verbirgt, und der jeweilige Neueinsatz wiederum ganz ähnlich gestaltet ist, sei es durch ein Fest, das Anlaß zum Auftritt in Jerusalem ist, sei es durch ein Wunder, das als neue Eingangsszene weitere Kollisionen nach sich zieht. So stehen strukturell parallel der Abschluß 7,1 und der Neueinsatz 7,2 (vgl. 5,1) mit 8,59 und 9,1, mit 10,39–42 und 11,1, mit 11,54 und 11,55, endlich mit 12,36b und 13,1 (12,37ff. sind absichtlich eingeschoben als Abschluß des öffentlichen Auftretens Jesu). Die Einsicht in die Gliederungsfunktion dieser »Scharniere« macht es leicht, die Darstellung bis 12,37ff. – unter Berücksichtigung der bisherigen Zählung der Abschnitte – zu gliedern: Auf Abschnitt IID: 5,1–47; 7,15–24; 7,1 folgt Abschnitt IIE: 7,2–14.25–8,59, sodann Abschnitt II F: 9,1–10,42, sodann Abschnitt IIG: 11,1–54 und letztlich Abschnitt IIH: 11,55–12,43(50). Jeder dieser Abschnitte hat bei einer Ausnahme noch ein weiteres vergleichbares Strukturelement: Die einzelnen Szenen in ihnen sind jeweils einem jüdischen Fest zugeordnet oder in einigen Fällen solchem Fest assoziiert. Der Abschnitt IID ereignet sich am Passafest (5,1), der Abschnitt IIE auf dem Laubhüttenfest (7,2), wobei Joh 8 immer noch wie Jesu Auftreten in Joh 7 im Tempelbereich (8,20.59) und zeitlich gleich nach dem Fest spielt. Der Abschnitt IIF erwähnt in 10,22 das Tempelweihfest; die Ereignisse davor sind wohl wiederum zeitlich in unmittelbarer Nähe gedacht. In Abschnitt II G fehlt eine Festangabe, doch aus dem Anfang von Abschnitt IIH erfährt man die Nähe des Passafestes, das nach dem Abschnitt IIH dann zu Jesu Todespassa wird.

Der Abschnitt IID zeigt auch in sich eine einsichtige Gliederung: Wie häufig, benutzt E ein Wunder als szenische Einleitung zu einer langen Rede. Dieses Wunder hat keinen Selbstzweck, sondern will als Sabbatkonflikt verstanden werden und gipfelt für E in V 18. An 5,1–18 schließt sich die Gerichtsrede 5,19–30 an. Ihr folgt der Rechtsstreit über die Legitimation Jesu, der am Schluß auf die Rechtfertigung des Sabbatbruchs zurückkommt (5,31–47; 7,15–24).

1. Die Heilung des Lahmen am Sabbat 5,1–18

1 Danach war ein Fest der Juden, und Jesus ging hinauf nach
Jerusalem. 2 In Jerusalem gibt es beim Schaftor einen Teich,
der auf Hebräisch Bethesda genannt wird. Er hat fünf Säulen-
hallen. 3 In ihnen lag eine Menge Kranker: Blinder, Lahmer
und Krüppel. 5 Dort war auch ein Mensch, der schon 38
Jahre krank war. 6 Als Jesus diesen liegen sah und erkannte,
daß er schon lange Zeit (krank) war, sagt er ihm: »Willst du
gesund werden?« 7 Der Kranke antwortete ihm: »Herr, ich
habe keinen Menschen, der mir in den Teich hilft, sobald das
Wasser in Bewegung gerät. Zur Zeit, wenn ich komme, steigt
schon ein anderer vor mir herab.« 8 Sagt Jesus zu ihm:
»Steh auf, nimm dein Bett und geh umher!« 9 Und alsbald
war der Mann gesund, nahm sein Bett und ging umher.
Es war aber Sabbat an jenem Tag. 10 Da sagten die Juden
zum Geheilten: »Es ist Sabbat! Es ist dir nicht erlaubt, dein
Bett zu tragen.« 11 Er jedoch antwortete ihnen: »Der mich
gesund gemacht hat, der sprach zu mir: »Nimm dein Bett und
geh umher!« 12 Sie fragten ihn: »Wer ist der Mann, der zu dir
gesagt hat: nimm (es) und geh umher?« 13 Der Geheilte
jedoch wußte nicht, wer es war. Denn Jesus hatte sich ent-
fernt, weil ein(e) Volk(smenge) am Ort sich sammelte.
14 Danach trifft Jesus ihn im Tempel und sprach ihn an:
»Siehe, du bist gesund geworden, sündige nicht mehr, damit
dir nicht Schlimmeres zustößt!«
15 Da ging der Mann weg und teilte den Juden mit, daß Jesus
es (gewesen) sei, der ihn gesund gemacht habe. 16 Und
deswegen verfolgten die Juden (fortan) Jesus, weil er es am
Sabbat getan hatte. 17 Jesus jedoch antwortete ihnen:
»Mein Vater ist bis jetzt am Werk, und auch ich bin am
Werk.« 18 Daraufhin trachteten die Juden noch mehr
danach, ihn zu töten, weil er nicht nur den Sabbat auflöste,
sondern auch Gott seinen Vater nannte und sich selbst Gott
gleich machte.

Literaturauswahl: Cullmann, O.: Sabbat und Sonntag nach dem Johannesevangelium (Joh 5,17), in: *ders.:* Vorträge und Aufsätze 1925–1962, Tübingen 1966, 187–191. – *Duprez, A.:* Jésus et les dieux guérisseurs. A propos de Jean 5, Paris 1970. – *Fortna, R. T.:* Gospel, 48–54. – *Haenchen, E.:* Gott, 105–109. – *Jeremias, J.:* Die Wiederentdeckung von Bethesda, FRLANT 59, 1948; englische erweiterte Auflage: The Rediscovery of Bethesda, Louisville 1966. – *Kotila, M.:* Zeuge, 11–23. – *Leroy, H.:* Bethesda, EWNT I, 512f. – *Lohse, E.:* Jesu Worte über den Sabbat, in: *ders.:* Die Einheit des Neuen Testaments, Göttingen 1973, 62–72. – *Loos, H. van der:* The Miracles of Jesus, NT.S 9, 1965, 435–463. – *Maurer, L.:* Steckt hinter Joh 5,17 ein Übersetzungsfehler? WuD 5 (1957) 130–140. – *Schnelle, U.:* Christologie, 108–114. – *Wieand, D. J.:* John 5,2 and the Pool of Bethesda, NTS 12 (1965/66) 392–404. – *Witkamp, L. T.:* The Use of Traditions in John 5,1–18, JSNT 25 (1985) 19–47. – *Wöllner, H.:* Zeichenglaube, 55–58.

5,2–9b enthalten für sich eine gerundete Wundererzählung. Sie wird erst nachträglich als Sabbatkonflikt umgestaltet (V 9c–18). Dabei spielt weder für das Wunder noch für die Konfliktgestaltung das Fest eine Rolle, das V 1 Jesu Weg nach Jerusalem motiviert. Ebenso klar ist, daß V 19ff. überhaupt die ganze Szene 5,1–18 bis auf den Schlußsatz V 18c ignoriert. Denn V 19ff. wird allein erörtert, worin die Gottgleichheit Jesu besteht, jedoch sind Sabbatkonflikt und Krankenheilung vergessen. Endlich gilt es noch zu beachten, daß V 17f. situationslos in der Luft hängen, V 16 einen Schluß bildet und das in V 17f. konstitutive Vater-Sohn-Verhältnis die folgende Offenbarungsrede prägt, aber in V 1–16 fehlt. Sieht man in diesen Beobachtungen die Rahmenbedingungen für die Analyse, so ist klar: V 1 gehört zu E, der abermals durch ein Fest Jesu Weg nach Jerusalem begründet (vgl. 2,13). E hat auch V 17f. als zweiten Abschluß nach V 16 gestaltet, der einerseits die für E wichtige neue Akzentverschiebung als Hinführung zu V 19ff. bringt und andererseits über das wiederholte Sabbatmotiv die Verzahnung zum Voranstehenden enthält. Hingegen können V 9b–16 kaum von ihm stammen (gegen Fortna; Schnelle u. a.). Bis auf das dreimalige »die Juden« (V 10.15.16) weist nichts auf E. Umgekehrt ist das in 5,14b gesetzte Verhältnis von Sünde und Krankheit (vgl. 9,2 und Mk 2,5) von E in 9,3f. gerade korrigiert, und die Sprache gehäuft unjohanneisch (vgl. z. B.: »gesund« V 6.9.11.14.15 ist nur noch 7,23 aufgegriffen; »geheilt« V 10 ist hapax legomenon; »Bett« V 8.9.10.11 ebenfalls; so auch »entfernen« V 13; »verfolgen« V 16 begegnet nur noch bei der KR 15,20, E sagt V 18: »töten«). Darum lag offenbar E dieses Stück schon vor, zumal er durch V 19ff. zu erkennen gibt, daß ihn der Sabbatkonflikt als Hauptthema wie in V 9cff. gar nicht interessiert. Dann hat wohl der Verfasser der SQ eine ursprüngliche ihm vorliegende vom Sabbatkonflikt freie Wundererzählung durch V 9c–16 erweitert. Dies hat seine Parallele in Joh 9, paßt gut in den Aufbau der SQ (vgl. Exkurs 1) und läßt sich durch die Wundererzählung selbst begründen (z. B. Heilung bei besonders schwerer Krankheit, die Initiative und Eigenmächtigkeit des Wundertäters). Das Itinerar der SQ, das den Übergang zwischen 6,1–25(G) und Joh abgab, findet sich in 7,1ff.(G) als Torso wieder.

E beginnt – ähnlich wie 2,13 – durch eine Festangabe Jesu Weg nach Jerusalem zu motivieren. Es fällt auf, daß er nur allgemein »ein Fest« nennt (sekundäre Lesart: »das Fest«, damit wäre dann das Laubhütten- oder Passafest gemeint). Ihm mag diese wenig präzise Angabe reichen, zumal er durch die Wendung »Fest der Juden« deutliche Distanz zum Judentum zeigt. Man kann aber auch vielleicht so deuten: 2,13 sprach vom Passa (6,4 ist KR), 7,2 wird das Laubhüttenfest genannt, dann bleibt – zeitlich in der Mitte liegend – das Wochenfest als drittes Wallfahrtsfest übrig. Aber E will es so genau wohl gar nicht sagen. Das Fest ist für Joh 5 sonst ohne Bedeutung.

In V 2–7 steht die dreigestaffelte Einleitung und Hinführung zum Wunder mit einer allgemeinen Situationsbeschreibung, der Einführung des kranken Mannes und dem Zwiegespräch Jesu mit ihm als unmittelbare Vorbereitung auf das Wunder. Der erste Komplex (V 2f.) hat viele Probleme, von denen das archäologische als gelöst gelten kann (Jeremias; Duprez). Ausgrabungen zeigen ein Terrain mit vier Teichen, nämlich einen in der Mitte liegenden Doppelteich sowie einen nördlich und südlich davon gelegenen. Vier Säulenhallen umgaben diese Teichanlage von allen Seiten. Die fünfte Säulenhalle stand zwischen dem Doppelteich. Die gewaltige Anlage war tief in den Felsen gehauen. Doch denkt der Erzähler zu Unrecht an sie. Er verwechselt sie nämlich mit einer nahen unterirdischen Badeanlage, die einst Heilzwecken diente (Duprez).

Ein weiteres Problem geben die verschiedenen Varianten zum Namen Bethesda auf (vgl. etwa Haenchen z. St.). Doch sollte seit dem neueren Fund der Kupferrolle von Qumran (3Q 15, XI 12f.) auch hier Einigkeit herrschen: Der Name *bet eschdatajin* belegt, daß die schwachbezeugte griechische Lesart Bethesda sachlich die beste ist. Der Volksmund hat diesen Namen ohne etymologische Rücksicht als »Haus der Gnade« gedeutet.

Das nächste Problem betrifft textliche Varianten in V 2. Man kann deuten: »In Jerusalem gab es beim Schaf(teich) die auf Hebräisch Bethesda genannte (Stätte) mit fünf Säulenhallen«. Oder: »In Jerusalem gab es beim Schaf(tor) einen Teich, der auf Hebräisch Bethesda genannt wurde. Er hat fünf Säulenhallen«. Nun ist ein Schafteich erst ab dem 3. Jahrh. in dieser Gegend bezeugt, hingegen durch Neh 3,1.32; 12,39 das Schaftor. Darum spricht mehr für den zweiten Text.

Endlich hat eine Reihe sekundärer Textzeugen in V 3b.4 aufgrund der Andeutungen in V 7 im Legendenstil aufgefüllt: »... die warteten auf die Bewegung des Wassers. Denn (der) Engel des Herrn stieg von Zeit zu Zeit herab zum Teich (andere Hss: badete) und wühlte das Wasser auf. Wer nun nach der Bewegung des Wassers zuerst herabstieg, gesundete, an welcher Krankheit er auch litt.«

Nach der Angabe der äußeren Umstände, wird mit V 5 der Kranke eingeführt. Dabei herrscht eine typische erzählerische Regie: Der Erzähler kommt vom allgemeinen langsam zum Individuellen. Er beginnt nämlich mit der Bezeichnung der Stadt, um dann den Teich näher zu beschreiben. Dann kommt er von den sächlichen Angaben zu den personellen: Am Teich liegen viele Kranke. Nun endlich führt er den einen Kranken ein, um dessentwillen sich alles Folgende ereignet. Das lange Alter seiner Krankheit konkretisiert die Schwere derselben. Sie ist nicht selbst genannt. Doch spricht die Demonstration der Heilung durch Umhergehen und Tragen des Bettes (V 9) für Lähmung (vgl. Mk 2,11f.). Früher hat man auch an Blindheit gedacht. Geht es um die Heilung eines Lahmen, kann man überhaupt Mk 2,1–12 parr. vergleichen. Insbesondere demonstrieren Jesu Wort (5,8 bzw. Mk 2,9.11), der Ausdruck für »Bett« (5,8f. bzw. Mk 2,4.9.11f.) und die Korrelation von Krankheit und Sünde (5,14 bzw. Mk 2,5–10) die motivische Nähe beider Erzählungen. Doch das letzte Motiv gehört wohl nicht mehr zur alten Erzählung in 5,2–9b, und die beiden anderen sprechen allgemeine Typik an. Wegen der sonstigen Differenzen in der gesamten Szenerie wird man auf traditionsgeschichtliche Beeinflussung nicht abheben dürfen.

Das die Heilung vorbereitende Gespräch (5,6f.) wird nicht durch ein Hilfeersuchen des Kranken, vielmehr durch Jesus eröffnet. Er geht von sich aus souverän gerade auf diesen Kranken zu und weiß dabei kraft übernatürlicher Ausstattung um die Krankengeschichte. Solches göttliche Wissen hat der Wundertäter in der SQ (z. B. 1,46) und setzt es auch sonst gerade zur Planung von Wundern gezielt ein (vgl. 11,6–17G). Jesus handelt auch nicht aus Erbarmen oder Mitleid, sondern weil er ein Wunder vollbringen will. Dabei ist die Frage an den Kranken natürlich rhetorisch. Dieser soll so Gelegenheit erhalten, im Rahmen seiner Möglichkeiten die Ausweglosigkeit seiner Situation zu schildern. Er liegt, von Helfern isoliert, praktisch umsonst da, denn er kann nie, wie notwendig, erster im Wasser sein, das hier wohl als intermittierende Quelle vorgestellt ist.

Nun folgt in gedrängter Kürze die indirekte Schilderung des Wunders durch Jesu Wort (V 8) und die Demonstration der geglückten Heilung (V 9a.b). Mit dieser Konstatierung des Wunders können Wundererzählungen gut abschließen (vgl. z. B. Mk 1,31b; 3,5b; Mt 8,13c).

In V 9c–18 steht die vom Verfasser der SQ angefügte Konfliktsituation, erweitert um die Deutung von E (V 17f.). Sie umfaßt drei kleine Szenen mit je abwechselnden Personen und an je verschiedenen Orten (V 9c–13.14.15–16). Zunächst wird nachgetragen, was eigentlich hätte längst angegeben werden müssen, daß es Sabbat war. Im Unterschied zu den synoptischen Sabbatkonflikten (vgl. Mk 2,23–28 parr.; 3,1–5 parr., dazu Lohse) ist nicht Jesus direkt angesprochene Konfliktperson sondern der Geheilte, weil er das Bett trägt. Das ist eine Arbeit, die am Sabbat verboten ist (vgl. Billerbeck II 454–461). »Die Juden« entsprechen der typischen Rede von E, bei Mk und Joh 9 treten sonst die Pharisäer auf, so wird es auch in der SQ wohl geheißen haben. E ändert ab, damit 5,19ff. an das gesamte Judentum geht. Der Geheilte verweist für die Verantwortung seiner Handlung auf den Auftrag Jesu (V 11), den er allerdings nicht identifizieren kann. Wegen des Volkes hatte Jesus sich nämlich zurückgezogen (vgl. für die SQ 6,15).

Die nächste Szene spielt im vagen zeitlichen Abstand im Tempel (V 14). Jesus spricht den Geheilten nicht wegen des Sabbatkonfliktes an, sondern um ihm zu bedeuten, daß der Zusammenhang zwischen böser Tat und Unheilsfolge wieder eintreten kann. Dahinter steht ein Weltbild, nachdem Tun und Ergehen in direktem Zusammenhang stehen (Beispiele: TRub 1,8f.; 4; TSim 2,12f.; 4; TIss 3,7; TSeb 6,6; 8,1–3; TDan 5; TJos 18,1–4). Diese Vorstellung wird von E in 9,3f. ausdrücklich korrigiert. Man kann erwägen, ob nicht Jesu Wort aus V 14 einst den Abschluß der alten Wundererzählung nach V 9b bildete (Haenchen; Kotila). Dafür kann man als Analogie auf Joh 8,11c verweisen. Aber V 9a.b bedarf an sich keiner Ergänzung. Auch ist die Wundererzählung in V 2–9b an dem am Kranken orientierten Zusammenhang von Sünde und Krankheit nicht interessiert, stellt vielmehr Jesu Souveränität und Fähigkeit zum Wunder heraus. Darum ist es

besser und einfacher, V 9c–16 als blockartige Anfügung des Verfassers der SQ anzusehen.
Aufgrund dieser Begegnung in V 14 weiß der Geheilte, wer sein Wundertäter war, das soll der Leser (leider nur) stillschweigend annehmen. So beantwortet der Mann nun die V 12 gestellte Frage nachträglich in korrekter Weise. Daß er damit für heutige Leser denunziert, ist dem Erzähler fern und unwichtig (vgl. 9,11f.15). Entscheidend ist, daß die Sackgasse aus V 11–13 eine erzählerische Öffnung erhält. So kann die SQ nun die auf Jesus gerichtete Verfolgung anführen. Die Unkonkretheit des Satzes sollte auffallen. Der Erzähler will ganz allgemein festhalten, daß aufgrund etwa solchen Sabbatkonfliktes zwischen Jesus und den Juden, bzw. den Pharisäern, Feindschaft bestand. Aber beide kommen nach V 16 gar nicht in näheren Kontakt miteinander.
Situationslos beginnt die Fortsetzung von E (V 17f.). Nicht, was der Kranke in Jesu Auftrag als Arbeit am Sabbat tat, wird nun von Jesus gerechtfertigt, sondern was Jesus selbst vollzog, nämlich die Heilung am Sabbat. Wo und wann Jesus so spricht, bleibt offen. Im Unterschied zu den synoptischen Sabbatworten Jesu wird auch nicht erörtert, in welcher von Gott ursprünglich gemeinten Relation der Sabbat zum Menschen gesetzt ist (Mk 2,27), sondern in welchem exklusiven Verhältnis der Vater zum einzigen Sohn steht. Es wird also nur für den Sohn kraft seiner Sonderstellung Sabbatfreiheit reklamiert. Dies geschieht nicht, weil sonst die Sabbatgesetzgebung für jedermann eingeschärft werden soll, sondern umgekehrt, weil für die joh Gemeinde der Sabbat gar kein gesetzliches Problem mehr ist, vielmehr solche geschilderte Konfliktsituation nur noch Mittel sein kann, Jesu christologische Sonderstellung zu beschreiben: Weil Jesu Vater bis jetzt (d. h. ununterbrochen) wirkt, wirkt auch Jesus (vgl. 5,19–23). Diese Aussage soll nicht 1 Mose 2,2f.; 2 Mose 20,11; 31,17 widersprechen, sondern bezieht sich auf die jüdische Vorstellung, daß Gottes richterliches Handeln auch am Sabbat kontinuierlich weitergeht (Philo Leg All I 5; Arist 210), also Jesu Sabbatbruch als sein richterliches Handeln ebenfalls gerechtfertigt ist (so richtig Bultmann, Schnackenburg). Jesus beansprucht also Gottgleichheit als Richter. Damit ist das Thema der Gerichtsrede (5,19–30) vorbereitet.
Die Juden reagieren prompt und typisch: Ist der Sabbatbruch als solcher schon todeswürdig, so erst recht dieser blasphemische Gottgleichheitsanspruch. Gemeint ist: der exklusive Offenbarungsanspruch Jesu im Sinne der joh Christologie trennt Christentum und Judentum. Jesu Anspruch 5,18.26f. und die jüdische

Position 5,19 (vgl. 8,59; 10,31.33; 19,7) schließen sich aus. Wiederum zeigt sich damit zugleich, mit welchem Interesse E Wundererzählungen aufgreift. Nicht der Ablauf des Wunders, Einzelzüge der Erzählung oder das Wunder als solches interessieren ihn, noch fügt er versteckte Symbolik ein. Er nutzt seine Vorlage als ganze zur Überleitung für eine Rede.

2. Die Gerichtsrede: Der gekommene Jesus als der endzeitliche Richter 5,19–30

19 Da antwortete Jesus und sprach zu ihnen: »Wahrlich, wahrlich, ich sage euch,
der Sohn vermag von sich aus nichts zu tun,
außer er sieht den Vater etwas tun.
Denn das, was jener tut,
das tut gleichfalls auch der Sohn.
20 Denn der Vater liebt den Sohn
und zeigt ihm alles, was er selbst tut.
Und noch größere Werke als dieses wird er ihm zeigen, damit ihr staunen werdet.
21 Denn wie der Vater Tote auferweckt und lebendig macht,
so macht auch der Sohn lebendig, welche er will.
22 Auch richtet der Vater niemanden,
sondern er hat das gesamte Gericht dem Sohn übergeben,
23 damit alle den Sohn ehren,
wie sie den Vater ehren.
Wer den Sohn nicht ehrt, ehrt den Vater nicht, der ihn gesandt
hat. 24 Wahrlich, wahrlich, ich sage euch, wer mein Wort
hört und glaubt dem, der mich gesandt hat, hat ewiges Leben
und kommt nicht in das Gericht, sondern ist vom Tode ins
Leben hinübergeschritten. 25 Wahrlich, wahrlich ich sage
euch, es kommt die Stunde, und sie ist schon jetzt, in der die
Toten die Stimme des Sohnes Gottes hören werden, und die,
die sie hören, leben werden. 26 Denn wie der Vater Leben in
sich hat, so hat er auch dem Sohn gegeben, Leben in sich zu
haben. 27 Und er hat ihm Vollmacht verliehen, Gericht abzu-
halten, denn er ist (der) Menschensohn. 28 Wundert euch
nicht darüber, daß die Stunde kommt, in der alle, die in den
Gräbern sind, seine Stimme hören werden, 29 und die, die
Gutes getan haben, zur Auferstehung des Lebens herauskom-
men werden, aber die, die Böses getan haben, zur Auferste-

hung des Gerichts. 30 Nichts kann ich von mir aus tun. Wie ich höre, so richte ich. Und mein Gericht ist gerecht, denn ich suche nicht meinen Willen, sondern den Willen dessen, der mich gesandt hat.«

Literaturauswahl: Aune, D. E.: The Cultic Setting of realized Eschatology in early Christianity, NT.S 28, 1972, 44–135. – *Becker, J.:* Auferstehung der Toten im Urchristentum, SBS 82, 1976, 117–148. – *Blank, J.:* Krisis, 109–182. – *Ders.:* Die Gegenwartseschatologie im Johannes-Evangelium, in: K. Schubert (Hg): Vom Messias zum Christus, Wien 1964, 279–313. – *Boismard, M.-E.:* L'évolution du thème eschatologique dans les traditions johanniques, RB 68 (1961) 507–524; RB 72 (1965) 115f. – *Broer, I.:* Auferstehung und ewiges Leben im Johannesevangelium, in: *Broer, I. – Werbick, I.* (Hg.): »Auf Hoffnung hin sind wir erlöst« Röm 8,24, SBS 128, 1987, 67–94. – *Bultmann, R.:* Die Eschatologie des Johannes-Evangeliums, in: *ders.:* Glaube und Verstehen I, 71972, 134–152. – *Corell, A.: Consummatum est,* London 1958. – *Cullmann, O.:* Christus und die Zeit, Zürich 31962. – *Ellwein, E.:* Heilsgegenwart und Heilszukunft im Neuen Testament, TEH 114, 1964, 7–28. – *Gächter, P.:* Zur Form von Joh 5,19–30, in: Neutestamentliche Aufsätze (FS. J. Schmid), Regensburg 1963, 65–68. – *Hartingsveld, L. van:* Die Eschatologie des Johannesevangeliums, Assen 1962, 28–50.80–84. – *Holwerda, D. E.:* The Holy Spirit and Eschatology in the Gospel of John, Kampen 1959. – *Klein, G.:* Eschatologie IV 6, TRE 10 (1982) 288–291. – *Kümmel, W. G.:* Die Eschatologie der Evangelien, in: *ders.:* Heilsgeschehen und Geschichte, MThSt 3, 1965, 48–66. – *Ders.:* Ein Jahrhundert Forschung der Eschatologie des Neuen Testaments, ThLZ 107 (1982) 81–96. – *Langbrandtner, W.:* Gott, 11–14. – *Léon-Dufour, X.:* Trois chiasmes johanniques, NTS 7 (1960/61) 253–255. – *Moule, C. F. D.:* A Neglected Factor in the Interpretation of Johannine Eschatology, in: Studies in John (FS J. N. Sevenster), Leiden 1970, 155–160. – *Mußner, F.: Zoe.* – *Ricca, P.:* Die Eschatologie des vierten Evangeliums, Zürich 1966, 92–178. – *Richter, G.:* Präsentische und futurische Eschatologie im 4. Evangelium, in: Gegenwart und kommendes Reich (Schülergabe A. Vögtle), Stuttgart 1975, 117–152 = *ders.:* Studien, 346–382. – *Schottroff, L.:* Heil als innerweltliche Entweltlichung, NT 11 (1969) 294–317. – *Stählin, G.:* Zum Problem der johanneischen Eschatologie, ZNW 33 (1934) 225–259. – *Stimpfle, A.:* Blinde sehen, BZNW 58, 1990, 74–107. – *Taeger, J.-W.:* Johannesapokalypse, 171–199. – *Vanhoye, A.:* La Composition de Jn 5, 19–30, in: Mélanges bibliques (FS. B. Rigaux), Gembloux 1970, 259–274. – *Ders.:* L'œuvre du Christ, don du Père (Jn 5,36 et 17,4), RSR 48 (1960) 377–419. – *Wanke, J.:* Die Zukunft der Glaubenden, ThGl 71 (1981) 129–139.

Jesus hatte sich in der Auseinandersetzung des Sabbatkonfliktes gerechtfertigt durch seine Einheit mit dem Vater (5,17–19). Dieser

Anspruch ist zwar auch die Grundvoraussetzung in der Gerichtsrede, auch bezieht sich diese in Form einer Steigerung auf die Sabbatheilung (5,20b), aber im Prinzip ruht die Rede in sich. Hinweise auf ihre Struktur geben das dreimalige: »Wahrlich, wahrlich ich sage euch ...« (5,19.24.25; vgl. dazu Joh 3; 6) und die zum Teil wörtliche Wiederaufnahme von V 19 in V 30. Bei näherem Hinsehen ergibt sich eine ähnliche Kompositionstechnik wie in 6,32–51:

1.	5,19–23	Der Sohn richtet anstelle des Vaters	5,30	4.
2.	5,24	Der gesandte Sohn richtet jetzt	5,25–27	3.

Nicht in dieses Schema passen 5,28f. Beide Verse sind analog wie 6,51c–58 an gewichtiger, abschließender Stelle als Korrektur nachgetragen (KR). Dafür bietet die Einsicht in die Struktur ein erstes Argument.

Auffällig ist auch der mehrfache Wechsel von der dritten und ersten Person. Zwar ist er als Stil der Offenbarungsrede nicht ganz ungewöhnlich (Bultmann), doch erfolgt er auch nicht einfach willkürlich. Hier erklärt er sich so, daß E Materialien aufgreift. Spricht er in eigener Formulierung (V 24.30), steht das betonte Ich, hingegen benutzt er 5,19–23 und 5,25–27 Tradition und ergänzt im Stil dieser Tradition. Im ersten Fall stellt er das »Wahrlich, wahrlich ich sage euch ...« vorweg (V 19), fügt kontextgebunden V 20b ein und wiederholt am Schluß V 23c den vorangehenden Gedanken in negativer Form. Alle Zusätze sind für E wichtig: Der Eingang hilft zur Gliederung. V 20b koppelt mit dem Sabbatwunder und bringt in V 19–23 die einzige Anrede an die Hörer. V 23c signalisiert, daß der gesandte Sohn jetzt der Richter ist und bereitet so V 24 vor. Dabei zerstört V 20b den Zusammenhang zwischen V 19c.20a und 21. V 23c führt den Sendungsgedanken neu ein.

Im übrigen erweist sich der Rest als in sich geschlossene und gut aufgebaute Einheit. Sie redet im beschreibenden Präsens von der Richterfunktion des Sohnes, die er aufgrund einer einmaligen Installation in dieses Amt (V 23 bringt das einzige Perfekt) erhalten hat. Durch die Sendungsaussage von E (V 23c) fällt die Amtsübertragung mit der Sendung selbst zusammen, aber ohne diesen Zusatz muß im Sinne von 3,35 analogisiert werden. Denn der Sohn kann den Vater in seinem Wirken doch wohl nur im Himmel beobachten (V 19.20a hat Präsens!). So schafft der gemeinsame himmlische Ort die Möglichkeit der Funktionseinheit von Vater und Sohn in bezug auf ihr Wirken an der Welt. Dann ist die Erhöhung der Zeitpunkt der Einsetzung und das Präsens immer geltende Zustandsbeschreibung der Würde des erhöhten Sohnes. Dies entspricht z. B. dem Präsens im Hymnus Kol 1,15–20 (V 15a.18a), das aufgrund der einmaligen Erhöhungstat gilt (V 18–20). Anders ist das Präsens in 5,24 zu deuten: Hier markiert es zugespitzt die endzeitliche Gegenwart des ewigen Lebens durch den Gesandten für den Glaubenden. Beachtenswert ist ferner die weitgehende Deckungsgleichheit der Aussagen mit 3,35f., wobei insbesondere die Liebe des Vaters zum Sohn (V 20a) als Begründung für die Gerichtsübertragung anläßlich der Erhöhung auffällt. So ergibt sich als Tradition:

A 1a »Der Sohn vermag von sich aus nichts zu tun,
b außer er sieht den Vater etwas tun.
2a Denn was jener tut,
b das tut gleichfalls auch der Sohn.
3a Denn der Vater liebt den Sohn
b und zeigt ihm alles, was er selbst tut.
B 4a Denn wie der Vater Tote auferweckt und lebendig macht,
b so macht auch der Sohn lebendig, welche er will.
5a Auch richtet der Vater niemanden,
b sondern er hat das gesamte Gericht dem Sohn übergeben,
6a damit alle den Sohn ehren,
b wie sie den Vater ehren.«

Dieser Text zeigt innere Geschlossenheit und gute Formgebung: Die sechs Doppelzeilen als zwei Dreiergruppen folgen in einfacher Sprache denselben Formprinzipien, insofern jede Doppelzeile von denselben Verben bestimmt wird und die a- bzw. b-Glieder immer je Vater und Sohn vergleichen. Auch entsprechen sich A 1ab 2ab und B 4ab 5ab wie auch A 3ab und B 6ab. Beschrieben wird dabei die Funktionseinheit vom Vater und dem mit ihm herrschenden Sohn, wie sie sich an der Tätigkeit erweist, die als göttlich schlechthin galt: an der Fähigkeit, Tote lebendig zu machen (vgl. Röm 4,17; 2 Kor 1,9; 2. Benediktion des Schemone Esre; 2 Makk 7,23.28f.; 4 Makk 18,18; SapSal 1,13f.; JA 20,7; slav Hen 24,2 usw.). Typisch ist ebenfalls der Abschluß, der den finalen Zweck der ganzen Machtübertragung an den Sohn angibt: Der Sohn soll wie der Vater geehrt werden. So endet analog der Hymnus Phil 2,6–11. Von der Gattung her wird man die Tradition als beschreibendes Lob aufgrund der Erhöhungschristologie ansehen können.

Ähnlich ist V 25 ein traditioneller apokalyptischer Verheißungssatz urchristlicher Prophetie (vgl. 1 Thess 4,15–17) von E uminterpretiert. Er lautete:

»Es kommt die Stunde ...,
in der die Toten die Stimme des Sohnes Gottes hören werden, und die, die sie hören, leben werden.«

Dieses Traditionsgut hat die futurische Totenauferweckung durch den Gottessohn zum Inhalt. Die »Stimme« entspricht dem – nun christologisch gebrauchten – Schöpfungswort Gottes (Röm 4,17 usw.), das am Ende der Tage die Endereignisse einleitet (vgl. 1 Thess 4,17: Der Engel steht an Gottes Stelle), bzw. alles neu schafft (vgl. Ez 37,4.9.12; auch Offb 21,3 usw.). Die Verbformen sind zeitlich-futurisch zu verstehen (gegen Stimpfle), da sie ausdrücklich mit einer Zeitangabe (»jetzt«) korrigiert werden. Der Sohn-Gottes-Titel ist dabei hellenistisch-christlicher Ersatz für »Menschensohn«. Dies kann z. B. schon an dem alten Predigtschema 1 Thess 1,9f. beobachtet werden (Genaueres bei Becker). Im Kontrast zu den noch erhaltenen futurischen Verben steht eingangs die Umdeutung von E: »... (es kommt die Stunde) und sie ist schon da ...« (vgl. 4,23). Sie macht im Einklang mit V 24 das geschilderte Ereignis zu einem solchen, das sich mit der Sendung des gekommenen Sohnes jetzt vollzieht. Dies wird – den Stil von V 25 fortsetzend – wegen der unerhörten Aussage von E dann V 26f. begründet.

Deutet E jedoch so neu, kann er die futurischen Angaben in V 28f. nicht gemacht haben. Denn wird das traditionelle futurische Gericht präsentisch gedeutet als im Kommen des Sohnes schon abgegolten (vgl. 3,17–21; 11,24–27; 12,20–36), ist für seine erst noch erhoffte Ankunft kein Platz mehr. Dann müßte V 28f. wie V 25 umgedeutet sein, wollte man den Text E zuschreiben. Fehlt eine Umdeutung und stehen die Aussagen betont futurisch am Schluß, wollen sie E korrigieren: Zwar ist mit dem gekommenen Sohn Leben und Tod gegeben, aber es gibt auch noch die allgemeine zukünftige Totenauferweckung. So ergibt sich ein weiterer Aspekt, warum V 28f. der KR zugeschrieben werden muß.

Zusammenfassend erkennt man: Die Gerichtsrede ist dreischichtig: Einzelne Tradition wird von E zu einer von ihm stammenden Rede verwendet, die die KR korrigiert.

Mit Hilfe des Einblicks in die Schichtung kann der Text im einzelnen erfaßt werden. V 19–23 repräsentieren also von der Tradition her Erhöhungschristologie: Der Erhöhte hat gottgleiche Stellung; er ist wie der Vater zu ehren. Ist darin die Intention des Stückes ausgesprochen (V 23), dann kann der Anfang, der zunächst vielleicht wie eine Niedrigkeitsaussage (Subordination) klingt, nur in diesem Sinn verstanden werden: Darin besteht die exklusive Hoheit des Sohnes, daß er alles wie der Vater tut. Die allgemeine und formale Parallelisierung wird alsbald (V 21f.) konkret: Dabei sind Auferweckung und Gericht die beiden verschiedenen Taten, um die es geht. Sie sind einander so zugeordnet, daß zuerst das Positive nachdrücklich genannt ist, sodann das Negative. Nun erfolgt zwar auch in der traditionellen apokalyptischen Weltanschauung in einem breiten Traditionsstrang die allgemeine Totenauferweckung vor dem Gericht über alle. Aber der apokalyptische Horizont ist doch 5,22f. nicht recht zu entdecken: Einmal vollzieht der Erhöhte im andauernden Präsens beide Funktionen und zum anderen gilt nicht die allgemeine Auferstehung, sondern die selektive. Also ist dies die Meinung: Die einen führt der Sohn jetzt zum Leben, die anderen ins Gericht, d. h. in den Tod. So fällt jetzt am Erhöhten die Entscheidung über Leben und Tod für die auf Erden Lebenden. Wie sich dies konkret vollzieht, ist nicht ausgesprochen. Man kann an die Annahme der joh Verkündigung (vgl. die traditionellen Ich-bin-Worte wie 6,35; 8,12 als Worte des Erhöhten) oder auch im Sinne der Sakramentalisten an das Herrenmahl (6,51c–58) denken. Von V 24 her wird klar, daß E auf Wort und Glaube verweist. In jedem Fall zeigt das Stück die für Joh typische Ansicht, der Mensch müsse sich – hier vom Erhöhten – vor dem Tod Leben besorgen, um so im Tod nicht zu vergehen. Es wird also jenseits der urchristlichen Apokalyptik gesprochen, die die Lebensgabe dem Todesgeschick als Neuschöpfung Gottes nachordnet.

Das Traditionsstück 5,19bc.21–23b hilft vielleicht noch, auf ein bisher kaum befriedigend aufgehelltes Problem des Joh ein Schlaglicht zu werfen. Der *absolut gebrauchte Sohnestitel* im Zusammenhang mit der Gottesbezeichnung als Vater des Sohnes (nicht aller Menschen) ist bekanntlich (*zur Lit.: F. Hahn,* Hoheitstitel 319–222; *Schnackenburg,* Kom. II Exkurs 9; *S. Schulz,* Untersuchungen 124–142; *E. Schweizer,* ThWNT VIII 387–390) vornehmlich im Joh zuhause (vgl. etwa: 3,36f.; 5,19ff.; 6,40; 14,13; 17,1). Mag er hier auch auf der jetzigen literarischen Ebene vereinzelt mit dem Titel »Sohn Gottes« verquickt sein (3,18; 5,25), so kann »Sohn Gottes« in der joh Traditionsgeschichte seine ehemalige Eigenständigkeit in verschiedener Verwurzelung noch zeigen (vgl. 3,16f.; 5,25 und »Sohn Gottes« in der SQ). Dasselbe vermag nun auch das Paar »der Vater« – »der Sohn«. Beachtet man nämlich, daß in dem Traditionsstück 1 Kor 15,24b.25.27f. (zur Abgrenzung vgl. Becker) die Vollmachtsübertragung zur Herrschaft an Gottes Stelle dem Erhöhten gegeben ist und dabei von Gott als »Vater« und von Christus als »dem Sohn« gesprochen wird, bedenkt man ferner, daß sich Mt 28,18–20 in der Grundaussage Ähnliches findet (der Sohn hat als Erhöhter göttliche Macht und wirkt so zum Heil der Gemeinde), dann liegt es nahe, dazu Joh 5,19–23(G) zu stellen. Dieses Recht ist an dem Traditionsstück 3,35f. überprüfbar: Auch hier hat der Vater die Heilsfunktion als Herrschaft dem Sohn als Erhöhtem übergeben, begründet in der Liebe des Vaters zum Sohn. Somit läßt sich annehmen: Da titulares Vater-Sohn schon außerhalb der joh Gemeinde in demselben Kontext wie in Traditionsstücken des Joh anzutreffen ist, wird man (mit Schulz, Schweizer) in diesem Themenfeld der Herrschaft des Erhöhten seinen frühesten urchristlichen Haftpunkt anzusetzen haben, den das Joh und Pl; Mt noch bewahrt haben.

Ist damit die traditionsgeschichtliche Herkunft aufgehellt, so noch ungeklärt, warum gerade das Joh so ausgiebig von dieser Terminologie Gebrauch macht. Zunächst ist der Gebrauch neben dem Joh im Urchristentum nicht ganz ungewöhnlich, wie Hebr (1,2.8; 3,6; 5,8; 7,28) zeigen kann. Hier begegnet allerdings immer der absolut verwendete Sohnestitel ohne die Korrelation zum Vater. Auch ist der Bezug zu Ps 2; 110 zwar dem Hebr geläufig, aber nicht dem Joh. Das geringe Vorkommen bei den Synoptikern (Mt 11,27 = Lk 10,22; Mk 13,32 = Mt 24,36; Mt 28,19) ist ebenfalls kaum geeignet, die joh Sprache zu erklären, zumal der Titel aufs ganze hier eher ein Fremdkörper ist als integraler Bestandteil christologischer Reflexion.

Ist also der besondere, extensive Sprachgebrauch im Joh aufgrund religionsgeschichtlichen Einflusses zu erklären? Jedenfalls wäre dies dann die beste Lösung, wenn dieser Einfluß zusammenfiele mit dem, der bei der Geschichte des joh Dualismus beobachtet wurde (vgl. Exkurs 3), also mit gnostischen Tendenzen. Dann könnte als These gelten: Eine im frühen Christentum angelegte Aussage weitet sich zum typischen häufigen Gebrauch aus, als das religionsgeschichtliche Milieu diese Tendenz unterstützte. Diese Hypothese läßt sich nun sehr gut absichern durch Verweis auf die OdSal und spätere gnostische Texte. Hier ist ein analoger Sprachgebrauch gängig (Beispiele: OdSal 3,7; 7,7; 19,2; 23,18; 41,13; EvVer 38,4–40,29).

Diese Annahme läßt sich in einem bestimmten Punkt präzisieren: Eine signifikante Zahl joh Stellen verbinden insbesondere die Gesandtenvorstellung mit Vater-Sohn-Terminologie (z. B. 1,18; 5,36–38; 6,37–40.44f.; 8,16–19; 12,44.49; 17,1ff.) bis hin zur stereotyp-formelhaften Wendung »der Vater, der mich sandte« (im Griechischen eine kurze Partizipialkonstruktion, 5,37; 6,44; 8,16.18; 12,49; 14,24.26). Dies deutet darauf hin, daß die Ausbildung der Gesandtenchristologie als soteriologisches Konzept im dualistischen Weltbild (vgl. Exkurs 3) und gnostisierendes Milieu zusammenfallen.

E hat zwei Veränderungen an dem Traditionsstück vorgenommen: Er besetzt die Stelle des Erhöhten mit dem Gesandten (V 23c), so daß Bevollmächtigung zur Lebensvermittlung und Sendung in die Welt zusammenfallen, sich am Irdischen also Leben und Tod des Menschen entscheidet, wobei ganz analog zu 3,17f.; 4,14; 6,35 usw. die Vorrangstellung der Heilsvermittlung gesetzt ist (Blank). Weiter will E durch V 20b zum Ausdruck bringen, daß die Liebe des Vaters darin besteht, daß der Sohn nicht nur auf Erden Wunder vollbringt wie 5,1ff., sondern »größere Werke« zur allgemeinen Verwunderung gezeigt bekommen wird. Die nächsten Parallelen zu dieser Steigerung liegen 1,50; 14,12 vor. In 1,50 hatte die SQ klargemacht, noch größer als das wunderbare Vorherwissen werden die nachfolgenden Wunder sein. Eine ähnlich strukturierte Steigerung kann 5,20 nicht vorliegen, da ein noch massiver gesteigertes Wunder im folgenden vor Joh 9; 11 gar nicht begegnet, diese beiden letzten Wunder im Joh von 5,20 zu weit entfernt stehen und auch keinen direkten Bezug zu 5,20 erkennen lassen. Anders steht es mit der Stelle 14,12 (E). Hier wird nicht auf Steigerung von wunderbarem Vermögen abgehoben, sondern eine neue qualifizierende Dimension (die Dauerhaftigkeit) eingebracht. Ähnlich wird man 5,20 beurteilen: »Größer« als die Wunder ist die Funktion Jesu V 21f., also die Totenauferweckung; dabei geht es nicht um Wundertaten im innerirdischen Bereich, sondern um die Überwindung der irdischen Todesverfallenheit. Auffällig ist dann aber immer noch die futurische Formulierung. Darum hat man gemeint, der Vers wolle 5,28f., also die noch ausstehende endzeitliche Totenauferweckung vorbereiten (Blank u. a.). Dies geht aber darum schlecht, weil man dann den wichtigen Zwischentext 5,24–27 überspringen müßte, zumal man 5,28f. auch das Verwundern der 5,20b Angeredeten vermißt. Weil also von der Komposition her das Lebenspenden des Gesandten der Bezugspunkt ist, wird man das Futur V 20b im Rahmen des komperativischen Gedankens nicht zeitlich streng behandeln dürfen. Daß weiter gerade über diese Offenbarungsfunktion das Volk sich verwundert, ist nach Joh 6 selbstverständlich und durch die Anwesenheit von 5,31–47 gesichert: Wegen dieser göttlichen Funktion bedarf es gerade der Aufarbeitung der Legitimationsproblematik.
In V 24 interpretiert E dann mit eigenen Worten: Das Lebenspenden des Irdischen und das sich dabei ereignende Gericht sind so zu

qualifizieren, daß die Ereignisse vorliegen, die traditionellerweise im apokalyptischen Zusammenhang am Ende der Tage erwartet werden (vgl. 3,17f.; 11,24–27). E benutzt diese apokalyptische Sprache (»ins Gericht gehen«, »vom Tod zum Leben hinüberschreiten«, »ewiges Leben«), negiert ihren ursprünglich futurischen Sinn und läßt den Übergang vom Tod zum Leben bereits perfektisch geschehen sein, so daß jetzt präsentisch gilt: der Glaubende hat ewiges Leben. E deutet damit in einer im ganzen NT singulären Vergeschichtlichung um: Der Sohn ist als auf Erden Gesandter der endzeitliche Lebensspender und Richter (vgl. Exkurs 4). Die Sendung des Irdischen und seine Parusie zum Endgericht fallen zusammen (vgl. 12,20–36 und Exkurs 7). Wer sein Wort hört und zum Glauben kommt, hat im Akt der Botschaftsannahme sein individuelles Endgericht erlebt; er ist vom Tod – aus der Zugehörigkeit zum Irdisch-Vergänglichen – zum Leben hinübergeschritten. Er hat schon jetzt ewiges Leben und braucht kein(en) Gericht(stod) mehr zu erwarten. Vielmehr wird seine Glaubensrelation, die das Leben ist, insofern über den irdischen Tod dauern, als der Tod für ihn wesenslos geworden ist. Er ist ein bloßer Durchgang und keine Lebenszerstörung (11,25f.), weil der Erhöhte – so wie er in seinem Tod durch Gott erhöht wurde – den Glaubenden anläßlich dessen individuellen Todes zu sich ziehen wird (12,32). Außerhalb des individuellen Glaubens und des individuellen Todes finden apokalyptische Endereignisse nicht mehr statt. Sie erübrigen sich. So hat E, herkommend von einer Position wie 5,19–23, die traditionelle urchristliche apokalyptische Hoffnung individualisiert. Er tat es um der Qualifizierung des Offenbarers und der Situation der Menschen angesichts derselben willen. Weil für ihn Christologie und Erlösungslehre als Einheit nur dann angemessen beschrieben sind, wenn die Selbstoffenbarung des Sohnes die Eröffnung des Lebens im qualifizierten Sinn ist, redet er so als Neuerer.

Dies praktiziert er sofort nochmals in V 25–27. Die apokalyptische Verheißung wird abermals so verstanden, daß sie sich im Sohn schon jetzt erfüllt. Die im Sinne der Apokalyptik begrabenen Toten werden nun zu den irdisch Lebenden, die als tot gelten, weil sie in Ermangelung des ewigen Lebens vergänglich sind. Sie können den Sohn hören (V 24) und so Leben gewinnen. Der Ermöglichungsgrund dafür liegt in einer Ausstattung, die der Vater dem Sohn zur Sendung gab: Wie er allein Leben in sich hat, also Urquell allen Lebens ist (Gott sein heißt, das Leben sein), so hat er die Exklusivstellung des Sohnes dadurch geschaffen, daß auch er Gott

gleich ist. So ist er wie Gott selbst das Leben (14,6). E liegt sonst prinzipiell wenig an solchen christologischen Aussagen, die vor der Sendung liegen. Kommt er ausnahmsweise auf Jesu präexistente Ausstattung zu sprechen, ist dies darum um so beachtenswerter. Sie ist hier für ihn grundlegend, weil sie parallel zu V 21f.24 den Realgrund für die Heilsfunktion des Sohnes beschreiben hilft: So ausgestattet, kann er als der Gesandte die apokalyptisch traditionelle Funktion des Menschensohnes wahrnehmen, nämlich das Endgericht an Gottes Stelle ausüben. So kann er als Irdischer Lebensspender sein. Das Motiv des Endgerichts des Menschensohnes und die Tradition V 25 erweisen also abermals (vgl. 5,24), daß E mit der traditionellen Eschatologie vertraut ist, so sicher er sie selbst nicht vertritt. Sie kommt ihm als eine Strömung seiner Gemeindetradition zu (vgl. 11,24). Er läßt sie nicht brachliegen, sondern integriert sie durch eine neue Funktionsanweisung, nämlich den Heilssinn der Sendung des Sohnes zu beschreiben.
Jedoch ist diese Auslegung insoweit umstritten, als der unvermittelt auftauchende Titel Menschensohn (singulär ohne Artikel) Probleme macht (zu ihm vgl. die Ausführungen zu 3,13). Ist also V 27a allein der Abschluß des Gedankens und gehört V 27b zu V 28f. (Schnackenburg, vgl. auch Bultmann)? Prinzipiell ist das möglich, weil auch 5,28f. zur Menschensohnvorstellung gehören. Aber kann V 27a wirklich allein stehen? Ist das neue Auftauchen des Titels nicht darum wenig auffällig, weil die beiden anderen Titulaturen (Sohn, Sohn Gottes) sich durch Traditionsübernahme erklären und E mit V 24 schon Menschensohntradition übernahm? Wenn dem Menschensohn zudem in der jüdisch-apokalyptischen (äthHen 51–71) und urchristlichen Tradition etwas zukam, dann das Richteramt. Auch gehört gerade die Vollmachtsübergabe Gottes, die sie Joh 5,27a steht, z. B. an den Menschensohn (Dan 7,14) oder an die endzeitliche Heilsgestalt (Phil 3,20f.) zum festen Bestand der Tradition. Diesen allgemeinen Gedankenkontext kann man E als bekannt zutrauen. Außerdem bleibt festzuhalten: Gerade der ganze V 27 trifft die Meinung von E besonders prägnant: Der gesandte Sohn ist der zur Parusie gekommene Menschensohn, der für diese Sendung einmal mit »Leben« (V 26), zum anderen mit »Vollmacht« zum »Gericht« (V 27), d. h. zur Weitergabe des Lebens im Sinne von V 24f. ausgestattet wurde (vgl. dasselbe Verb V 26 und V 27). So begründen (vgl. das »denn« V 26) V 26f. zusammen den vorangehenden Gedankengang. Damit ist die ganze Gerichtsrede auf einen Nenner gebracht. V 27 leitet also auch nicht zu V 28f. über (gegen Stimpfle).

Mit der Doppelausführung in V 24 und 25–27 ist die Christologie und Heilslehre von E hinreichend beschrieben. So bedarf es für ihn nur noch eines Abschlusses (V 30). Dabei wiederholt V 30a präzise V 19b. 30b gibt nochmals das eigentliche Thema der Rede an (vgl. 8,16 und den Kontrast 7,24). Der Schlußsatz entspricht 6,38: Nicht nur beim Sabbatbruch sind Gottes und Jesu Wirken eine Einheit (5,17), sondern erst recht beim Gerichtüben.

Entgegen dieser Theologie von E sprechen 5,28f. doch wieder vom noch ausstehenden Endgericht, konträr zum Glauben als alleinigem Heilskriterium von den guten und bösen Werken als heilsentscheidend, und – anstelle der Auferstehung als Lebensgabe an die Glaubenden – von der allgemeinen Auferstehung aller, die Voraussetzung dafür ist, daß die gesamte Menschheit gerichtet und dann zwei verschiedenen Auferstehungsweisen, einer positiven und einer negativen, zugewiesen werden kann. Auch sprachlich zeigt sich das sonst bekannte Bild der KR: Einerseits wird E nachgeahmt (zu V 28 vgl. 3,7; 5,25), andererseits stößt man auf sprachliche Besonderheiten (z. B. Auferstehung des Lebens bzw. des Gerichts. Eine vollständige Liste bei Schnackenburg). Daß E diese futurische allgemeine Auferstehung nicht zugewiesen werden darf, ergibt sich aus Joh 11,24–26: Der Marthaglaube, der als Repräsentant derselben Vorstellung wie 5,28f. gelten kann, wird so korrigiert wie E in 5,19–27 formuliert. Wenn nun diese verworfene Eschatologie 5,28f. als unkorrigierte Schlußaussage zu stehen kommt, kann dies nicht E gemacht haben: 5,28f. sind also sekundär (Wellhausen, Bultmann, Schnackenburg, Richter, Taeger u. v. a.). Diesem Schluß kann man nicht dadurch entgehen, daß man in V 28f. nur eine Doppelung zu V 24f. mit anderen sprachlichen Mitteln sieht (Stimpfle). Dies gelingt nur unter mehrfacher Vergewaltigung des Textes. So muß man die futurischen Verbformen als logische Futura deuten, was von 5,25 her unmögich ist und die Abfolge von 11,25f. auf 11,24 gegen sich hat. Man muß zugleich die Rede von denen »in den Gräbern« als grobes Bildwort für Ungläubige und die »Auferweckung zum Tod« als zynische Beschreibung derer, die nicht glauben, verstehen (Stimpfle 89f.). Wer der Literarkritik mit solchen Mitteln entgehen will, demonstriert gegen die eigene Absicht ihre Notwendigkeit: V 28f. sind nur als Nachtrag verstehbar, eingebracht als Korrektur zu E.

Dabei erweist sich, daß im Rahmen joh Gemeindetradition E der Neuerer ist und 5,28f. die KR einer traditionellen Strömung wieder Geltung verschafft. Ihr Ziel ist eine Harmonisierung zwischen E und ihrer Position zu einem: sowohl – als auch. Diesen Weg gehen auch alle diejenigen, die 5,28f. E zutrauen (Stählin, Kümmel, Blank, Ellwein u. v. a.). Sie müssen dann durchweg Brücken zwischen 5,19–27 und 5,28f. konstruieren, von denen der Text nichts weiß. Die grundlegende und beliebteste ist die, daß man die Überführung der Verborgenheit der Vorgänge in 5,19–27 in die allgemeine Sichtbarkeit als notwendig postuliert. Aber daran hat E im gesamten Joh nirgends Interesse. Sind die Gläubigen in ihrem Tod von Jesus in die Höhe gezogen (12,32), dann mag die Welt vergehen. Eine allen sichtbare Parusie und ein öffentliches Gericht sind nicht vorgesehen.

Theologiegeschichtlich gehört die Vorstellung vom allgemeinen Gericht nach den Werken nicht zu den alten Erwartungen des Urchristentums, sondern ist erst in der dritten Generation allgemein verbreitet (Mt 25,3ff.; Apg 10,42; 17,31; 24,15; Hebr 6,2; 2 Tim 4,1; 1 Petr 4,4–6; Offb 20f.; vgl. Becker). Sie ist auch nicht einfach vereinbar mit der KR in Joh 6, wenn dort nur denen ewiges Leben zugestanden wird, die hier am Sakrament teilnehmen. 5,28f. reden weder sakramental (sondern betonen den Wandel als entscheidend), noch nennt Joh 6 die allgemeine Auferstehung und das Gericht nach den Werken (als Zukunft kann auch Joh 12,31f. gedacht sein). Immerhin zeigt 1 Joh, wie man innerjoh durch Abschleifen des Heilspräsens (1 Joh 1,1–4; 2,23f.; 3,8.14 usw.), indem man nämlich den endzeitlichen Gerichtsgedanken als Interpretament des gekommenen Sohnes vermeidet, zugleich ohne Widerspruch von Parusie und Endgericht reden kann (1 Joh 3,2f.; 4,17). So wird wohl auch die KR in Joh 5 sich das sowohl – als auch vorgestellt haben. Eine analoge Vermittlung läßt sich natürlich auch zwischen der sakramentalen Heilsgabe und den geforderten Werken, die im Endgericht geprüft werden, herstellen (vgl. der Struktur nach Joh 15,1–17).

Vielleicht darf man über diese Erwägungen hinaus aus Joh 5 noch einen Hinweis entnehmen, aus welchem speziellen Interesse die KR die Rede von E ergänzte. Die KR bringt zwei Gesichtspunkte aufgrund des einen Gerichtsthema ein: die heilsverbindliche Lebensführung der Christen (5,29a) und die aus der Gottesbeziehung bis ans Ende der Tage nicht entlassene übrige Menschheit (5,29b). Die KR scheint damit E in doppelter Weise korrigieren zu wollen. Sie fragt etwa: Bergen nicht die zugespitzten Aussagen von E für die Kirchen- und Weltgeschichte nach Christi Kommen zwei Probleme? Einmal die Frage nach der Verbindlichkeit der Lebensführung der Christen. Hier stellt die KR fest: Unbeschadet der Erstrangigkeit des Glaubens (V 24 bleibt vor 5,28f. erhalten), müssen die Werke im Blick auf die endgültige Heilserlangung dem Glauben zugeordnet werden. Heilsnotwendig sind Glaube und Werke. Also redet die KR – wie z. B. Mt und Jak – aus judenchristlicher Tradition. E denkt hier strukturell eher wie Paulus: Der Glaube allein rettet. Der durch ihn erneuerte Mensch vollbringt aus Dankbarkeit und wie selbstverständlich »gute Werke«. Zum anderen: Wenn E die Hoffnung der Christen aufgrund von Joh 5,24f. individualisiert (11,25f.; 12,31f.), bleibt die Welt sich selbst überlassen. Dagegen plädiert die KR dafür, daß Gott bis ans Ende der Tage der Welt Herr und Richter bleibt. Sie korrigiert also den gnostisierenden Ansatz von E mit Hilfe jüdisch-urchristlicher Tradition.

Exkurs 7: Die Eschatologie im Joh

Literaturauswahl: Vgl. die Lit. zu Exkurs 4 und zu 5,19–30.

Johannes der Täufer predigte als Prophet die unmittelbare Nähe des Gerichts (Mt 3,10.12 par.). Von dieser Zukunft her deutete er die Gegenwart. Jesus lebt strukturell in derselben Naherwartung: Die Nähe der kommenden Gottesherrschaft autorisiert ihn, das mit ihr gemeinte Heil jetzt schon zu vollziehen. So ist für ihn die Spannung zwischen »jetzt schon« und »noch nicht« kennzeichnend, denn Gott ist als der alsbald kommende schon heilvoll präsent (vgl. Lk 11,2 mit Lk 11,20). Die Ostererfahrung führt dann zu neuen Akzentsetzungen: Der in Kürze zum Heil der Gemeinde kommende Herr (Menschensohnchristologie) ist nun Heilsgarant für das mit der Gottesherrschaft angesagte Heil (vgl. 1 Thess 2,12 mit 1,9f.; 4,17; außerdem 1 Kor 16,22). Die Hoffnung ist dominant, doch wird die Gegenwart bestimmt durch Erwählung und Heiligung (1 Thess 1,5; 2,12 und 4,3f.7), so daß sie aufgrund des abwesenden Herrn nicht einfach heilsleer ist. In den Gemeinden mit überwiegend heidenchristlicher Theologie kann dann die präsentische Heilserfahrung auch stärker akzentuiert werden, z. B. als Einssein der Gemeinde in Christus aufgrund der Taufe (1 Kor 12,12f.; Gal 3,26–28).

Das Taufverständnis führt sicherlich später im deuteropaulinischen Bereich (Kol 2,9–13; 3,1–4; Eph 2,5f.; 5,14) zur Anschauung, mit Christus schon gestorben und auferstanden, schon in das obere Reich des Sohnes versetzt zu sein, also zur oberen Welt Gottes und nicht mehr zur Erde zu gehören. Diese neue Dominanz des Denkens in einer oberen und einer unteren Sphäre hindert aber Kol und Eph noch nicht, die horizontal-zeitliche Dimension ganz zu verdrängen. Diese Zukunft wird nämlich öffentlich sichtbar machen, wer die Christen sind (Kol 3,4). Nur ist ganz deutlich, daß sich hier die Akzentuierung im Heilsverständnis von der Zukunft auf die Gegenwart verlagert hat und zugleich das räumliche Denken vorherrschende Orientierungsfunktion erhält. Wahrscheinlich hat Paulus schon Röm 6 ein solches Taufverständnis umgedeutet. Er sagt nun: jetzt gilt das Mitsterben mit Christus, dann folgt das Auferstehen. Dem Mitsterben bleibt unmittelbar nur der neue Wandel zugeordnet.

Starke präsentische Akzente trägt in jedem Fall die Anschauung der korinthischen Gemeinde; sie glaubt, schon mit dem erhöhten Christus zu herrschen (1 Kor 4,8). Sie erlebt in der überschäumenden Geisterfahrung die Identifikation mit dem Erhöhten und demonstriert schon irdisch Weltenthobenheit (1 Kor 4,8–13; 12–14). Doch ist bei ihr die Hoffnung auf den kommenden Herrn noch nicht aufgegeben (1 Kor 1,7f.; 3,13–15; 4,5; 11,26; 16,22). Sie hat also mit der präsentischen Heilserfahrung, die sich in räumlichen Kategorien von oben und unten ausspricht, die Dimension futurischer Hoffnung gekoppelt. Allerdings: War dem Zusammenhang futurischer Erwartung seit spätestens 1 Thess 4,13ff. die Todesüberwindung zugeordnet (Auferweckung folgt erst nach dem Sterben bei der Parusie des Herrn), so haben die Korinther wohl wie Kol; Eph die eigentliche Todesüberwindung als Todesimmunität des »inneren Menschen« schon in die Taufe gelegt (1 Kor 15,29). Jedenfalls muß Paulus 1 Kor 15 gegen eine Front kämpfen, die sagt, erst muß der Mensch immun gegenüber der Verweslichkeit sein, also auferstehen, dann könne er getrost sterben.

Pl seinerseits hat gerade in der korinthischen Korrespondenz und auch später die Heilspräsenz aufs stärkste akzentuiert, so besonders deutlich in der Rechtfertigungsbotschaft (vgl. Röm 5,1.9–11), aber hat die Reihenfolge: erst sterben, dann durch göttliches Neuschaffen aus dem Nichts auferweckt werden, kompromißlos festgehalten (1 Kor 15). Für ihn gehört das christliche Leben jetzt auf die Seite des Kreuzes und der Christ erst bei der Parusie zum erhöhten Herrn. Schon jetzt gerettet zu sein, ist Hoffnungsgut (Röm 8,24), freilich durch Gewißheit geprägt (Röm 8,38f.), weil der Gott, der Tote lebendig macht, sowohl eben als dieser den Gottlosen jetzt rechtfertigt (Röm 4,5) als auch dann als derselbe für die Neuschöpfung am Ende der Tage sorgen wird (1 Kor 15; Röm 8).

Die Linien in der nachpaulinischen Zeit sind angesichts der Quellenlage nicht besonders gut zu zeichnen. Erkennbar ist, daß die Logienquelle die Dominanz der futurischen Dimension aufweist. Beginnend mit der Gerichtspredigt des Täufers und endend mit der Parusierede Jesu (Lk 17), vertritt sie modifiziert die alte Menschensohnchristologie der Frühzeit. Auch die Offb, der futurischen apokalyptischen Erwartung ganz verschrieben, denkt analog. Nur mag in der Logienquelle das Problem der zeitlichen Verzögerung des in Bälde erwarteten Herrn schon sichtbar werden, so ist die Offb wieder ganz – wohl aufgrund der kleinasiatischen Verfolgungssituation – durch Naherwartung geprägt (Offb 22,20). Kennzeichnend ist für beide: Die Gegenwart ist als geduldiges Einstellen auf das Kommende bestimmt. Die Abwesenheit des Herrn wird durch sein Kommen aufgehoben, das nahe ist oder dessen Verzögerung aufzuarbeiten ist.

Wo umgekehrt die Heilspräsenz betont und auch räumliches Denken dominant ist, kann Parusieverzögerung oder neuerwachte Naherwartung kaum grundlegende Bedeutung haben. Dies gilt für die nachpaul Vertreter wie Kol; Eph. Hierher gehören auch die Gegner, die 2 Tim 2,18 bekämpft werden. Geisterfahrung und Tauftheologie und Primärorientierung am räumlichen Denken drängen in unterschiedlicher Weise den alten weltbildhaften futurisch-apokalyptischen Rahmen an den Rand.

In der Mitte zwischen beiden Positionen kann man jedenfalls zur Groborientierung die Theologien von Mt; Lk-Apg; Past; Hebr ansiedeln. Jeweils ist die Jetztzeit unter kirchlichen Gesichtspunkten ausgelegt, als Zeit der Nachfolge des Irdischen, als Zeit der Kirche unter der Leitung des Geistes, als Zeit von Amt und heilvoller Lehre oder als Zeit des wandernden Gottesvolkes. Diese kirchliche Qualifikation der Gegenwart erlaubt es einerseits, das »Noch nicht« nicht nur als Abwesenheit des Herrn und seines Heils zu sehen, bedeutet andererseits, daß man die traditionelle futurische Erwartung als Fernerwartung und Ziel der Zeit der Kirche festhalten kann. Nicht wann der Herr kommt, sondern daß er kommt, und darum geduldiges Ausharren nötig ist, das ist nun wichtig.

Dieser hastige, holzschnittartige Überblick soll deutlich machen: Das Joh hat in seinen verschiedenen Schichten jeweils eine theologiegeschichtliche Verwurzelung, steht aber zugleich für sich. Es repräsentiert das theologische Spektrum seiner Zeit und ist doch zugleich eigenständig. Einmal sind Reste alter Menschensohnchristologie (die Gegenwart ist Wartezeit, der bald kommende Herr bringt das Heil) noch etwa 14,2f. (E vorgegebene Tradition) erhalten. Sodann: das Gericht nach den Werken ohne zeitliche Nähe, das die Gegenwart durch ethische Beanspruchung qualifiziert (5,28f. KR; vgl. 11,24), darf man wohl zur mittleren Position stellen. In die Nähe von Kol; Eph; 2 Tim 2,18 gehören zweifelsfrei die von E umgearbeiteten oder seinem Werk nachträglich eingefügten sakramentalistischen Stücke (3,3.5; 6,51c–58). Hier gibt es Todesimmunität in der Gegenwart (unter Beibehaltung der Parusie?). Auch kann man wohl annehmen, daß eine Aussage wie Kol 3,1–4, joh eingefärbt, so aussehen wird wie Joh 17,23f. (KR); 1 Joh 3,1–3. Endlich ist klar, daß die Parusieverzögerung überhaupt kein Problem darstellt, weil seit der Gnostisierung des Dualismus (vgl. Exkurs 3) der räumliche Orientierungsrahmen oben – unten vorherrschend ist und in ihm die Lebensgabe als das Heilsgut schlechthin (vgl. Exkurs 4) in der Gegenwart über Wort, Geist und Sakrament vermittelt wird. Die Gegenwart ist somit nicht heilsleer und nur Hoffnung auf den abwesenden kommenden Herrn, sondern dadurch bestimmt, daß man den Heilsstand, das Leben, hat (3,16; 6,36; 8,12), und es darum geht, darin zu bleiben. Dies zeigt endlich, wie das Joh bestimmt ist von der seit Korinth theologiegeschichtlich nachweisbaren Vorstellung, daß man sich Leben vor dem Tod erwerben muß, damit man dem Tod nicht endgültig ausgeliefert ist. Der paulinische Gedanke des aus dem Nichts, also auch im Tode, neuschaffenden Schöpfers ist keine Leitidee.

In diesem Zusammenhang ist der Ort von E zu bestimmen. E übernimmt in

jedem Fall zwei grundlegende Voraussetzungen seiner Gemeinde: den räumlich-dualistischen Ansatz und die Vorstellung, daß der Tod vor seinem Eintreten individuell bei jedem Sterblichen überwunden sein muß, wenn er ihn überdauern will. Sein eigenes Werk besteht primär darin: Er konzentriert diese Todesüberwindung auf das Wort des gekommenen Gesandten und auf den annehmenden Glauben (vgl. z. B. Joh 3; 5; 6). Auf dieser Linie kann er sich die Gemeindetheologie aneignen und sie prägen. Viel tiefgreifender und singulär im ganzen Urchristentum ist seine Umfunktionierung der apokalyptisch – futurischen Parusieerwartung. Sendung und Parusie sind nun identisch (3,17f.; 5,24f.). So wird nicht nur die Christologie neugestaltet, sondern auch die anthropologische Situation von Glaube und Unglaube zum jeweiligen jüngsten Tag jedes Menschen. Dieser Individualisierung und Gegenwartsbestimmung der Endereignisse korrespondiert der Weltverlust in der Eschatologie, denn Zukunft ist nur noch bestimmbar als individuelles Entweltlichen durch den Tod hindurch kraft der zuvor erhaltenen Lebensgabe (11,15f.; 12,31f.). Dem Interpretationsgewinn bei Christologie und Anthropologie entspricht der Verlust im Weltbezug. E hat damit eine dem joh Dualismus inhärente Tendenz radikal ausgezogen.
Ein kurzer Hinweis auf die Religionsgeschichte mag den Abschluß der Erwägungen bilden: Man kann festhalten, daß die christlich-gnostischen Texte später strukturell auf der Bandbreite zwischen joh Gemeinde und E liegen: Die gegenwärtige Begegnung des einzelnen mit dem Offenbarer ist das über alles vorrangig Entscheidende, es ist die Erlösung. Welt und Zukunft sind höchstens zweitrangig, eher unbedeutend. Diese Analogie wird kaum zufällig sein, zumal die christlich singuläre Freiheit in der Umprägung urchristlicher Parusieerwartung bei E gnostisch üblich ist. Hier werden traditionelle Vorstellungsgehalte durch radikale Umfunktionierung integriert.

3. Der Rechtsstreit um die Legitimation des Offenbarers 5,31–47; 7,15–24; 7,1

31 »Wenn ich für mich selbst Zeugnis ablege, ist mein Zeugnis
nicht wahr. 32 Ein anderer ist es, der für mich Zeugnis
ablegt, und ich weiß, daß sein Zeugnis, das er für mich ablegt,
wahr ist.
33 Ihr habt zu Johannes gesandt, und er hat für die Wahrheit
Zeugnis abgelegt. 34 Ich aber nehme von Menschen kein
Zeugnis an, vielmehr rede ich das nur, damit ihr gerettet
werdet. 35 Jener war eine Leuchte, die brennt und scheint.
Ihr aber wolltet euch für eine Stunde in seinem Lichte
erfreuen. 36 Ich aber habe ein Zeugnis, das größer ist als das
des Johannes: Die Werke, die der Vater mir gegeben hat,

damit ich sie ausführe, eben diese Werke, die ich tue, legen für
mich Zeugnis ab, daß mich der Vater gesandt hat. 37 Und der
Vater, der mich gesandt hat, er selbst hat für mich Zeugnis
abgelegt. Seine Stimme habt ihr nie gehört noch je seine
Gestalt gesehen, 38 und sein Wort habt ihr nicht bleibend bei
euch, denn den jener gesandt hat, dem glaubt ihr nicht.
39 Ihr durchforscht die Schriften und meint in ihnen ewiges
Leben zu haben – und sie sind es, die für mich Zeugnis
ablegen. 40 Doch ihr wollt nicht zu mir kommen, um Leben
zu haben. 41 Ehre von Menschen nehme ich nicht an; 42
vielmehr habe ich euch erkannt, daß ihr die Liebe Gottes nicht
in euch habt. 43 Ich bin im Namen meines Vaters gekom-
men, und dennoch nehmt ihr mich nicht auf. Kommt ein
anderer im eigenen Namen, so werdet ihr ihn annehmen.
44 Wie könnt ihr glauben, wenn ihr Ehre voneinander
annehmt, jedoch die Ehre, die vom alleinigen Gott kommt,
nicht sucht? 45 Wähnt nicht, ich würde euch beim Vater
verklagen! Es gibt einen, der euch anklagt: Mose, auf den ihr
eure Hoffnung setzt. 46 Würdet ihr nämlich Mose glauben,
würdet ihr auch mir glauben, denn über mich hat er geschrie-
ben. 47 Wenn ihr aber seinen Schriften nicht glaubt, wie
werdet ihr dann meinen Worten glauben?«
7,15 Da verwunderten sich die Juden und sagten: »Wie kann
dieser die Schriften kennen, ohne unterrichtet worden zu
sein?« 16 Jesus antwortete ihnen: »Meine Lehre stammt
nicht von mir, sondern von dem, der mich gesandt hat. 17
Wenn jemand seinen Willen tun will, wird er in bezug auf diese
Lehre erkennen, ob sie von Gott ist oder ob ich von mir selbst
rede. 18 Wer von sich aus redet, sucht seine eigene Ehre.
Wer aber die Ehre dessen sucht, der ihn gesandt hat, ist
wahrhaftig und nichts Unrechtes gibt es an ihm.
19 Hat Mose euch nicht das Gesetz gegeben? Und niemand
von euch tut das Gesetz! Was sucht ihr mich (dann aber) zu
töten?« 20 Da antwortete die Menge: »Du bist besessen! Wer
sucht dich zu töten?« 21 Jesus antwortete ihnen: »Ein Werk
habe ich getan, und ihr alle wundert euch! 22 Darum (frage
ich euch): Mose hat euch die Beschneidung gegeben – nicht
daß sie von Mose ist, sondern von den Vätern – und ihr
beschneidet (darum selbst) am Sabbat einen Menschen. 23
Wenn (nun) ein Mensch (auch) am Sabbat die Beschneidung
empfängt, damit das Gesetz des Mose nicht aufgehoben wird,
(wie könnt) ihr (dann) mir zürnen, weil ich einen ganzen

Menschen am Sabbat gesund gemacht habe? 24 Urteilt nicht nach dem Augenschein, sondern fällt ein gerechtes Urteil!«
7,1 Und danach zog Jesus in Galiläa umher. Er wollte nämlich nicht in Judäa umherziehen, weil die Juden ihn zu töten suchten.

Literaturauswahl: Betz, H. D.: Der Apostel Paulus und die sokratische Tradition, BHTh 45 (1972) 12–137. – *Beutler, J.:* Martyria, 237–306. – *Blank, J.:* Krisis, 198–216. – *Borgen, P.:* God's Agent in the Fourth Gospel, Religions in Antiquity, Leiden 1968, 137–148. – *Bühner, J.-A.:* Gesandte, 118–267. – *Giblet, I.:* Le temoignage du Père (Jn 5,31–47), BVC 12 (1955) 49–59. – *Glasson, T. F.:* Moses in the Fourth Gospel, London 1963, 20–26. – *Kotila, M.:* Zeuge, 14–33. – *Meeks, W. H.:* Prophet-King, 286–319. – *Michel, O.:* Zeuge und Zeugnis, in: Neues Testament und Geschichte (FS. O. Cullmann), Zürich-Tübingen 1972, 15–31. – *Neugebauer, F.:* Miszelle zu Joh 5,35, ZNW 52 (1961) 130. – *Strathmann, H.: martys ...* im NT, ThWNT IV, 492–510. – *Vanhoye, A.:* L'œuvre du Christ, don du Père (Jn 5,36 et 17,4), RSR 48 (1960) 377–419. – *Wahlde, U. C. von:* Literary Structure and Theological Argument in Three Discourses with the Jews in the Fourth Gospel, JBL 103 (1984) 575–584. – *Wilkens, W.:* Zeichen, 122–126.

Im Joh gibt es vier Abschnitte, die die *literarische Gattung des Rechtsstreits* variieren: An drei Stellen, nämlich in 5,31–47; 7,15–24; sodann 8,13–20 und 10,22–25.30–39, geht es um die Legitimation des Gesandten. Anders steht es mit der vierten Stelle 15,18–16,15 (KR): Hier liegen Gemeinde und Welt im Rechtsstreit. Die drei christologisch orientierten Stellen (alle E) haben stets im Prinzip dasselbe Schema. Es ist am einfachsten an 8,13–20 erkennbar und an den beiden anderen Stellen nur durch weitere Motive ausgebaut. Außerdem ist der Ablauf zweimal verdoppelt (5,31–47; 7,14–24 und 10,22–26.30f.; 10,32–39). Formalisiert ergibt sich dabei:

1. Der Offenbarer vertritt unmittelbar davor oder eingangs des Stückes selbst den Heilsanspruch als Offenbarer: 5,17f.19–30 und 9,35–41; 10,19–21 geschieht es davor, 8,12 am Anfang der Einheit.
2. Die ungläubigen Juden stellen die Legitimationsfrage: (in 5,30ff. vorausgesetzt; vgl. 7,15) 8,13; 10,24.
3. Jesus legitimiert sich (Motiv des Zeugnisablegens) durch abermaliges Selbstzeugnis (als seiner Einheit mit dem Vater), wobei er formal zumindest zwei Zeugen benennt (z. B. seine Werke, den Vater, sich selbst), aber auch das AT zu seinen Gunsten gebraucht. Die Apologie wird dabei zur Anklage des Unglaubens der Juden gewendet: 5,30–47; 7,16–24; 8,14–19; 10,25.30.32–38.
4. Der Rechtsstreit zeigt, wie der Unglaube der Juden kompromißlose Todfeindschaft gegen Jesus ist. Kompositionstechnisch bereiten alle drei Stellen so Jesu Passion vor: 5,17; 7,19f.; 8,20; 10,31.39.

So sicher 15,18–16,15 trotz seiner Andersheit auch literarischer Rechtsstreit ist, läßt diese Stelle den ursprünglichen Sitz im Leben des Rechtsstreits am deutlichsten erkennen: Es ist der theologische Kampf des joh Christentums anläßlich seines Ausschlusses aus dem jüdischen Synagogenverband (9,22; 12,41; 16,2), der zweifelsfrei seine rechtsprozeßliche Seite hatte. Als Erinnerung der Gemeinde daran – der rechtskräftig ausgesprochene Synagogenbann ist längst vollzogen – ist noch manches wach: Das Bekenntnis zu Christus (9,22; 10,24) spielte die zentrale Rolle. Dies deutet die Gemeinde so, daß die Juden den Sohn und den Vater nicht kennen (16,3) und die Ehre untereinander mehr lieben als die Ehre Gottes (12,43; 5,44). Dabei spielte in diesem Streit sicherlich das AT eine wesentliche Rolle: Welche der beiden streitenden Parteien legt es richtig aus (vgl. 12,38–41 vor 12,42f.; 5,33f.45f.; 7,15.19.22f.; 10,34–36; auch 15,25)? Ebenso wird sich das Christentum auf die »Worte« und »Werke Jesu« berufen haben (15,20,24). Vielleicht gab es auch so extensive Verfolgung, daß die Todesbedrohung Realität war (16,2). Dies alles verstand die Gemeinde als *Martyria,* als Zeugnis für ihren Herrn und als Bekenntnis des Glaubens. So ging es um Glaube und Unglaube in diesem Prozeß, und man wußte sich damit demselben Geschick ausgeliefert wie Jesus selbst (15,20). Nach Abklingen der unmittelbaren Aktualität dieses Geschehens konnte man diesen Zusammenhang theologisch aufarbeiten: E tut es, indem er alle eben genannten Einzelmotive christologisch auswertet, also zur Darstellung der Legitimationsproblematik des Gesandten benutzt. In 15,18–16,15 wird unter der Voraussetzung eines verkirchlichten Dualismus damit das Verhältnis der Kirche zur Welt gedeutet. Die Tendenz solcher Verallgemeinerung ist aber auch schon bei E sichtbar: Der Unglaube der Juden ist für die Menschheit überhaupt typisch (5,41–44).

Man hat zur Klärung des Hintergrundes dieses Rechtsstreites verschiedentlich auf Jahwes Rechtsstreit mit Israel verwiesen (Blank), wie ihn die Propheten schildern (Jes 3,13f.; Jer 2; Hos 4,1f.; Mi 6,1–5 usw.). Dabei liegt es besonders nahe, an Deuterojesaja zu denken (Jes 43,8–12; 46,6–11), da hier der Rechtsstreit theologisches Mittel ist, Jahwes Einzigkeit gegenüber den Göttern herauszustellen. Aber aufs ganze ist diese atl Tradition vom Joh weit entfernt. Vor allem will bedacht sein, daß im jüdischen Prozeßrecht die Zeugenvernehmung im Mittelpunkt steht (vgl. Dan 13,18–62; Mk 14,55–59), während im hellenistischen Bereich die Verteidigungsrede des Angeklagten zentrale Bedeutung hat (Platons Apologie des Sokrates; Apg 24; 26). In dieser für die ganze Anlage entscheidenden Frage hat sich E ganz vom hellenistischen Recht leiten lassen: Jesus verteidigt sich selbst durch entlastende Zeugenbenennung und Gegenanklage (vgl. das detaillierte Material bei Betz).

Statt unmittelbar auf den atl Topos von Jahwes Rechtsstreit zu rekurrieren, ist es für die Exegese erhellender, die Beziehungen zum altorientalischen und speziell jüdischen Botenrecht zu beachten (Bühner). Zunächst beginnt ein Gesandter nach der Sendung mit der Auftragsdurchführung, indem er sich selbst vorstellt. So setzen alle Texte voraus, daß die Selbstoffenbarung des gesandten Sohnes der Anstoß zum Rechtsstreit ist. Da ferner die Beauftragung in der Regel mündlich ohne Zeugen auf Vertrauen hin geschieht, gerät der Gesandte, wenn seine Legitimation bezweifelt wird, in Beweisnot. Auch dies hat insofern seine Analogie bei Jesus, als seine Herkunft vom Vater und seine Beauftragung im irdischen Bereich unausweisbar sind. So sind ja auch z. B. Mose und der Täufer nicht als Zeugen für den Beauftragungsvorgang Jesu benannt (5,36.45). Sie fungieren in ganz anderer Weise, und nur dem Glauben einsichtig, als Zeugen für den Gesandten. Wenn weiter betont wird, der Gesandte habe kein eigenes Zeugnis von sich aus, es sei nicht seine Lehre, die er verkündige, oder die Werke, die er vollbringt, seien nicht seine, vielmehr sei er nur da, seinen Auftrag zu erfüllen (etwa: 5,31; 7,16; 8,13; 10,25), so entspricht auch dies dem Gesandtenrecht, denn durchweg wird erwartet, daß jede Eigenmächtigkeit des Gesandten ausgeschlossen ist, er also nur tut, wozu er bevollmächtigt wurde. Der Gesandte kommt nur »im Namen« des Sendenden (5,43). Die Identität zwischen Sendungsauftrag und seiner Ausführung (5,36) ist für einen Gesandten feststehendes Gesetz. Wenn endlich auch in der joh Christologie die Aussage: »Ich und der Vater sind eins« (10,30) mehr enthält (vgl. 5,26f.) als nur die gesandtenrechtliche Anschauung, daß des Gesandten Wort und Tat als Wort und Tat des Sendenden gelten, so ist es doch typisch, daß gerade an dieser Stelle, funktional wie im Botenrecht eingesetzt, diese Aussage begegnet. Damit ergibt sich: Das Gesandtenrecht prägt die Texte zum Rechtsstreit tiefgreifend. In dem Maße wie das geschieht, entsteht zugleich Distanz zum Rechtsstreit Jahwes im AT, weil dort diese Komponente fehlt.

In der Regel versucht man, 5,31–47 als Einheit zu begreifen. Bevorzugt ist dabei eine Gliederung, die sich an den Stichworten »Zeugnis« und »Ehre« orientiert (5,31–40.41–47). Aber solche Aufteilung wird dem komplexen Gebilde kaum gerecht, zumal beide Stichwörter dieselbe Legitimationsproblematik zum Ausdruck bringen. Ihre Bedeutung liegt eng beieinander: Ein Zeugnis von jemandem annehmen (V 34) oder von jemandem Ehre annehmen (V 44) sind in ihrer Bedeutung nahezu deckungsgleich. Wer dieser Gliederung den Abschied gibt, kann sich anderer Stimmen erinnern, die es für besonders schwierig erklären, den inneren Zusammenhang des Textes zu verstehen. Darum verwundert es auch nicht, wenn immer wieder die Literarkritik bemüht wird (vgl. Bultmann, Haenchen, Kotila).
In der Tat ist es schwierig zu erkennen, was die Kohärenz des Textes konstituiert. Denkt man etwa an Joh 3,1–21 oder 12,20–36, so sind es die Szenen, die locker, ja brüchig gestaltet sind. Jedoch sind die Redeteile Jesu in ihrer inneren Entfaltung so angelegt, daß sie die Einheitlichkeit konstituieren. 5,31ff. fehlt die

Szenerie praktisch ganz. Erst 7,15ff. wird eine entfaltet. Ist 5,31ff. vielleicht darum überhaupt sekundär (Haenchen)? Doch dagegen spricht der sachliche Zusammenhang mit der Gerichtsrede: Solche zugespitzte Selbstoffenbarung muß die Legitimationsfrage ebenso aufwerfen wie z. B. die Tempelreinigung (2,13–22). Wie dort, so gibt Jesus auch jetzt keine andere Antwort als sein Selbstzeugnis, das gerade wegen seiner Anstößigkeit nach Legitimation verlangen ließ. Diese Analogie, als Begründung herangezogen, läßt sich durch 8,12ff.; 10,22ff. abstützen.
Also worin besteht die Konsistenz in 5,31ff.? Natürlich kann man einmal mit dem literarischen Rechtsstreit antworten. Aber diese Struktur schließt noch nicht aus, daß 5,31ff. geschichtet sein kann. Klar ist auch, wer im wesentlichen auf Einheitlichkeit plädiert, muß erklären, inwiefern Jesu Zeugnis von sich selbst nicht wahr ist (5,31), aber dann doch praktisch Jesus ein Selbstzeugnis abgibt (V 43.47); und wie er zugleich auf ein anderes Zeugnis verweist, das offenbar der Vater abgibt (V 32), jedoch dann formal von vier verschiedenen Zeugnissen redet, nämlich von dem des Täufers, der Werke, des Vaters und der Schriften (V 33.36.37.39). Nun zeigt sich bei der Analyse der Reden des Joh nicht selten, daß E eine Grundsatzerklärung am Anfang postiert, die er alsbald Schritt für Schritt näher entfaltet. So sind 3,3.5 die Basis für das Nikodemusgespräch und 12,23b die Grundaussage für die Hellenenrede. Im selben Sinn dürfte auch 5,31f. die dann näher zu entfaltende Ausgangsthese des Rechtsstreits in 5,31ff. sein. Sie ist undialektisch und einfach. Ihr Inhalt ist selbstverständlich und im Einklang mit der Prozeßordnung. Sie redet ohne Anrede beschreibend.
Diese Grundaussage wird nun in einem dreigestuften Durchgang (vgl. wiederum z. B. Joh 3,1ff.; 12,20ff.) höchst dialektisch und komplex entfaltet (5,33–38.39–44.45–47). Eingangs der ersten beiden Abschnitte werden die Juden auf ihre Autoritäten für ein Zeugnis angesprochen (ihr habt gesandt; ihr durchforscht). Die Reihenfolge der Zeugen (Täufer, Schrift) entspricht der Perspektive der joh Gemeinde: Die geschichtlich enge Ursprungsbeziehung zum Täufer (vgl. zu 1,19–51) steht voran. Es folgt die allgemein jüdische, deren Behandlung dann auch dafür sorgt, daß mit 7,15 die Diskussion weitergehen kann. Beide Zeugen, die auch Joh 1,6f.11.19–34 und 1,45 nacheinander genannt sind, werden von Jesus dann problematisiert. Darum sind sie für ihn nicht Zeugen im Sinne von V 32. Der Problematisierung folgt jeweils ein durch das Ich Jesu gekennzeichnetes, dazu in Kontrast stehendes Stück (V 36–38.43): V 36f. redet von zwei Zeugen, die Jesus

aufbieten kann (seine Werke und den Vater), die aber inhaltlich identisch sind, so daß damit das Zeugnis des »anderen« aus V 32 eine für E sinnvolle Auslegung erfährt. In V 43 wird dieses Doppelzeugnis als Selbstzeugnis bestimmt, so daß damit V 31 und V 32 zur Koinzidenz gebracht sind. Typischerweise enden V 33–38 und V 39–44 mit dem Vorwurf des Unglaubens.

Mit V 44 beginnt der dritte Abschnitt. Er ist – bisher einmalig im Text – als anklagende Frage formuliert. Ging Jesus zunächst V 33 und 39 argumentierend auf die Gegner ein, so ist die Rede nun zur Frontalanklage gesteigert. Der Ankläger ihrer ungläubigen Haltung ist zwar Jesus (V 44), aber das wird wiederum dialektisch umgedreht: Die Anklage besorgt Mose, also die den Juden sonst genehme Wahrheitsautorität (V 39)! Wie begonnen, so endet der Abschnitt mit einer zweiten, den Unglauben anklagenden (vgl. die Abschlüsse V 38.43) Frage (V 47).

7,15–24 läuft strukturell ein zweites Mal der Rechtsstreit ab. Das ungläubige Verwundern der Juden, das Jesu Schriftunkundigkeit hervorhebt, setzt nicht nur gut 5,39.45–47 fort, sondern läßt nun auch eine Szenerie erkennen. Jesus antwortet abermals mit einem Selbstzeugnis, bei dem die Lehre mit dem Zeugnis Jesu gleichgesetzt ist. Ebenfalls wird das Motiv der Ehre wieder aufgenommen. Dieser mehr prinzipielle Teil (7,15–18) wird ergänzt durch einen Teil, der konkret den Sabbatkonflikt aus 5,1–18 reflektiert (7,19–25). Wie V 18 – für die Apologie typisch – mit der eigenen Unschuldsbeteuerung endete, so schließt V 25 mit der Aufforderung, ein gerechtes Gerichtsurteil zu fällen.

Mit Hilfe dieser Struktur kann nun im einzelnen interpretiert werden. Jesus beginnt die Rede (V 31) mit einem allgemein anerkannten Rechtsgrundsatz: Ein Anspruch hat als Selbstzeugnis keine Verbindlichkeit. Würde Jesus also nur behaupten, daß er gottgleich ist, hätte sein Zeugis keine rechtsgültige Legitimation. Es wäre Anmaßung, die nach dem atl Gesetz die Todesstrafe nach sich ziehen würde (5,18). So geht es darum: Entweder Jesu Anspruch läßt sich legitimieren oder er hat den Tod verdient. Dieser Zusammenhang macht deutlich, das Zeugnisablegen hat hier – wie auch sonst im Joh durchweg – juristischen Sinn: Durch eine rechtsverbindliche Aussage wird ein fraglicher Tatbestand als richtig (wahr, wirklich) bezeugt. Solches Zeugnis ist durch Wissen (oder Augenzeugenschaft) begründet und wird vor einem öffentlichen Forum abgegeben, das Recht spricht (Bultmann, Michel). Zur Rechtsfestsetzung erwartet man zwei unabhängige Zeugen (8,17). Dies entspricht jüdischem und hellenistischem Recht. Nun kann die Bezeugung des Wahrheitsanspruches natürlich bei Jesus nicht durch menschliche Instanzen erfolgen, denn als der einzige Offenbarer des Vaters kann es für ihn keine irdische Instanz geben, die die Rechtmäßigkeit seines Anspruchs bezeugt, weil dies ja Kenntnis der Offenbarung unabhängig von Jesus voraussetzt. Der Anspruch der Einzigkeit enthebt den Offenbarer der Möglichkeit, sich im üblichen Sinn auszuweisen. Doch 5,32 hat Jesus einen Zeugen. Er bleibt zunächst unbenannt, ist aber selbstverständlich der Vater, denn nur Vater und Sohn kennen sich gegenseitig. Aber weil die Welt den Vater nicht unabhängig von Jesus kennen kann, ist wiederum der Vater kein selbständiger Zeuge, und Jesus kann sein Selbstzeugnis auch als solches als wahr hinstellen (8,15). Das kommt 5,32 dadurch zum Ausdruck, daß das Urteil über die verläßliche Bezeugung des anderen Zeugen nicht den Juden freigegeben wird, sondern als Jesu Selbstbehauptung auftritt. So fallen also Jesu Zeugnis und das Zeugnis des anderen zusammen, wie in 6,37–40.44–46 das Ziehen des Vaters und Jesu Selbstoffenbarung eine Einheit sind. Wie dort der traditionelle Determinismus aufgearbeitet wird, um den Glaubensentscheid zu beschreiben, so wird hier vorgegebenes Rechtsdenken mit derselben Absicht benutzt.

Aber ist nicht doch ein Mensch, nämlich Johannes der Täufer, Zeuge für die jesuanische Wahrheit? Ja und doch wiederum nein! Zunächst: Ja. Die Juden haben mit Recht zum Täufer gesandt (1,19.24), denn er ist von Gott beauftragter Wahrheitszeuge gewesen (1,6.15.19–34). Von ihm wird dabei übrigens so gesprochen, daß sein Tod vorausgesetzt ist (vgl. V 35). Wollte man diesen Umstand biographisch ausnutzen, dann müßte Johannes zwischen 3,22–30 und Joh 5 umgekommen sein. Das ist natürlich nicht intendiert. Vielmehr schreibt E vom Blickpunkt der Gemeinde aus: Sie, die der Legitimationsproblematik in ihrer Umwelt ausgeliefert ist, blickt längst auf Historie zurück, wenn der Täufer apostrophiert wird. Johannes zeugte für die Wahrheit, aber er steht dennoch außerhalb des für Jesus akzeptablen Legitimationsvorganges. Also: Nein, er ist kein Zeuge. Seiner Offenbarung gebührt keine von Jesus unabhängige Selbständigkeit. Er ist nicht Heilbringer (1,8.20–27; 3,27–30). Er wußte nur das Identifikationszeichen für Jesus, der ihm bis zum Eintreffen des Zeichens unbekannt war. Das Zeichensetzen war Gottes Sache allein: Gottes Offenbarung über Jesus und des Täufers Identifikationsvorgang fallen zusammen (1,21–33). So hat der Täufer eine Hilfsfunktion. Er ist Hilfe, damit Menschen durch Jesus gerettet werden (1,35–51; 3,27–30). Den Wahrheitsanspruch Jesu begründen, das kann er nicht. So ist er zu beschreiben als eine (kleine) Leuchte (V 35) – im Unterschied zum eigentlichen Licht (1,7f.). Freilich war das den Juden schon genug, um sich (teilweise) eine Zeitlang daran zu erfreuen, anstatt durch Johannes den Weg zu Jesus zu finden. So hat der Unglaube der Juden verhindert, daß die Hilfsfunktion des Täufers bei ihnen zum Zuge kam.

Die Deutung der Lampe ist übrigens umstritten: Weil nach Sir 48,1 Elias' Worte wie »ein glühender Ofen« waren, soll Johannes als wiederkommender Elia nun mit der Lampe verglichen worden sein (vgl. Brown). Aber nach 1,21 ist Johannes gerade nicht Elia und der glühende Ofen in Sir 48 Gerichtsmotiv, hingegen 5,35 die Lampe Hilfe, um zu Jesus zu kommen. Ebenso unwahrscheinlich ist der Versuch, Ps 132,17 ins Spiel zu bringen (Neugebauer). Dort wird dem davidischen Gesalbten eine Leuchte bereitet. Aber davidische Messianologie ist Joh 5 fremd, und der Bezug zu 1,7f. erklärt die Aussage hinreichend, so daß die vage Annahme einer Assoziation zu Ps 132 überflüssig ist.

Jesus beruft sich auf ein größeres – im qualifizierten Sinn überlegeneres – Zeugnis als auf den Täufer: auf seine Werke und auf den Vater (V 36f.). Dabei ist vordergründig an den Grundsatz zu denken, daß zwei Zeugen zur Bewahrheitung benötigt werden (8,17). Darum ist zwischen den Werken und dem Vater unterschieden. Da man bei den Juden zwei Legitimationsnormen (Johannes und die Schriften, als deren Autor Mose gilt) benennen kann, wird hier formal jeweils das Prozeßrecht gewahrt. Aber dies sollte nicht darüber hinwegtäuschen, daß Jesus, Jesu Werke und der Vater nicht getrennt werden dürfen. Dies wird schon daran deutlich, daß die Werke Werke des Vaters sind und diese nach 5,19ff. im sonst nur göttlichen Lebenspenden bestehen. Dabei macht es auch keinen Unterschied, ob von den Werken (10,25 u. ö.) oder von dem Werk (wie 4,34; 17,4) gesprochen wird. Gemeint ist immer das Gesamtwirken des Sohnes im Auftrag des Vaters. Wenn dieses aber erweist, daß Jesus vom Vater gesandt ist, dann ist allerdings außerhalb des Glaubens an den Sohn diese Bezeugung nicht evident.

Formal neben den Werken legt also auch der Vater über Jesus Zeugnis ab, genauer: er hat es getan (V 37). Diese perfektische Aussage steht im Unterschied zu den erwarteten präsentischen aus 8,18. Nun kann das Perfekt analog zu 3,11–13 vom Standpunkt der Gemeinde aus gesprochen sein: Sie blickt auf das abgeschlossene Wirken Jesu und interpretiert dies als ein Zeugnis des Vaters wie 1 Joh 5,10. Gewöhnlich bezieht man dies Zeugnis jedoch auf die Schrift, von der im folgenden gesprochen wird (Bultmann, Blank u. v. a.). Allerdings ist dies problematisch, wenn man mit V 39f. einen neuen Redeteil beginnen läßt und erkennt, daß die Schrift auf der Stufe des Täufers zu stehen kommt. Wie sich Jesus nicht durch den Täufer legitimieren läßt, so doch offenbar auch nicht von der Schrift (Schneider). Des Vaters Zeugnis ist aber – davon abgehoben – gerade ein schlechthin konstitutives Zeugnis. Im übrigen fehlt eine direkte Aufnahme von V 37 in V 39ff. Dann könnte noch die Herabkunft des Geistes in 1,32f. als unmittelbares Zeugnis des Vaters herangezogen werden (Schneider). Aber so sicher hier ein einmaliges abgeschlossenes Ereignis vorliegt, so bleibt doch fraglich, ob E daran denkt. Die Parallelität zu den Werken als einem Gesamtaspekt des Wirkens Jesu lassen eigentlich auch beim Bezeugen des Vaters an eine Gesamtaussage zum Offenbarer denken. Also empfiehlt sich die erste Deutung. Dann aber ist auch – analog zu den Werken – das Bezeugen des Vaters mit der Selbstbekundung des Sohnes identisch, so daß die Selbstoffenbarung des Sohnes mit seinen Werken und mit dem Bezeugen des Vaters zusammenfällt. So bekommt der Glaube an Jesus nur in der Erkenntnis seines Gegenstandes seine Begründung. Glaube ist außerhalb des Glaubensvollzugs nicht legitimierbar.

Wer so auslegt, kann sich auf die Negativaussage von V 37b.38 berufen. Gottes Stimme haben die Juden niemals gehört, geschweige denn seine Gestalt anschauen können (2 Mose 19; 24; 33; 5 Mose 4,12). Diese Anklänge an die Sinaitheophanie darf man nicht mit dem Gegensatz von direkter und indirekter Offenbarung verbinden (vor Jesus nur indirekte, mit Jesus direkte Offenbarung), denn solche heilsgeschichtliche Differenzierung ist E fremd, zumal er auch in bezug auf Jesu Offenbarung gar nicht von einer direkten spricht. Der Sinn erschließt sich vielmehr nur in strenger Korrelation zu dem Gegensatz in V 38 (»und« als adversatives »aber«). Dort ist gesagt, daß die Juden das Wort Gottes nicht bleibend bei sich haben, weil sie dem Gesandten Gottes nicht glauben. Also ist der Offenbarer das Wort Gottes, das die Juden wegen ihres Unglaubens nicht bleibend bei sich haben, weil sie ihn aus Unglauben (5,18; 7,19f.) töten werden. Ist aber das Wort des Vaters das Wort Jesu, dann ist V 37b dahingehend zu deuten, daß vor und abgesehen von Jesus Gott sich überhaupt nicht offenbart hat. Wird den Juden ein Zugang zu Gott, abgesehen von Jesus, verwehrt, dann kann das Bezeugen des Vaters in V 37a auch nur exklusiv christologisch verstanden werden. Damit ist der Gedankengang V 33–38 zu einem Abschluß gekommen: Er entfaltete das Zeugnis

des Vaters für den Sohn als dessen Wirken und ließ den Vater nur im Sohn wirken. Glaube und Legitimation fallen also zusammen. Eine Legitimationsforderung außerhalb des Glaubens gilt dann als Sünde und Unglauben.
Diese Position, daß nur exklusiv der Sohn den unbekannten Vater offenbart mit den entsprechenden Konsequenzen, ist dem Joh insgesamt eigen. Das bedeutet, daß Schöpfungsoffenbarung nicht thematisiert wird. 5,17; 17,5.24 zeigen, wie die Schöpfungsthematik überhaupt allenfalls Randphänomen wird. Der Prolog macht in 1,1–4.10 die Aussage, daß Gott nur im Schöpfungsmittler hätte erkannt werden können, dies aber in der Regel (1,10f.) nicht geschah. E aktualisiert diese ihm vorgegebene Schöpfungsaussage nicht, sondern läßt den Sohn die entweltlichende Geburt von oben bringen (1,12f.; 3,1ff.), d. h. die vordualistische Aussage des Logoshymnus wird dualistisch abgefangen. Dies geschieht programmatisch dadurch, daß E betont, der Sohn könne allein exklusiv Gottesoffenbarung bringen, weil vor ihm kein Mensch Kenntnis von Gott hatte, neben ihm keiner sie bekommen kann und weitere Gottesoffenbarung nach Christus nicht stattfinden wird (1,18; 5,24–27.37f.; 6,32f.46f.; 8,19.42–47.54f.; 14,9f.). Diese These ist innere Konsequenz aus Dualismus (Exkurs 3) und Lebensvorstellung (Exkurs 4; 7). Ist die Welt dem »Herrscher dieser Welt« (12,31; 14,30) als dem Lebensverneiner (8,44) unterstellt und nur Gott Leben, der an seinem Leben allein den Sohn partizipieren läßt (5,26), so daß sowohl diesen Gott haben wie das Leben haben zusammenfallen, als auch Offenbarung des Sohnes und Lebensgabe, dann kann nur im Sohn der Vater erkannt werden.
Parallel zur Zurückdrängung der Schöpfungsoffenbarung verläuft auch die Behandlung atl-heilsgeschichtlicher Offenbarungsthematik: Auch hier gibt es keine Kenntnis des vor Christus unbekannten Gottes als Lebensgrund. Moses Mannawunder bleibt dem Irdischen verhaftet (6,32f.). Er kann nur auf Christus als die kommende einzige Offenbarung hinweisen (5,39) und wird zum Ankläger für den, der den Hinweis nicht annimmt (5,45f.). Sein Gesetz jedoch ist abgehoben von der Christusoffenbarung (1,17f.). Der Täufer ist einzig Zeuge für den ankommenden Sohn und hat ebenfalls keine selbständige Offenbarungsfunktion (1,19–34; speziell 1,32f.; 3,27–30). Auch Abraham konnte den Tag Christi schauen (8,56f.), so auch Jesaja (12,37–41). So sind auch diese beiden atl Gestalten Hinweise, daß die Christusoffenbarung kommt, doch bleibt sie allein Offenbarung und Leben. Vor der

Sendung des Sohnes wissen also einzelne, daß seine Sendung als einziger Offenbarungsvorgang erfolgen wird, aber durchweg gilt zugleich, daß vor Christus keiner Leben spenden kann, weil Gott nicht bekannt ist.

So fällt von dieser Position her ebenfalls Licht auf die Behandlung der Religionen: Jerusalem und Garizim sind überholt, ja waren nie Anbetungsstätten aufgrund wirklicher Offenbarung. Diese bringt Christus und damit zugleich eine neue Anbetungsweise, die nicht nur eine überholte alte ablöst, sondern eine grundsätzlich andere Qualität hat, nämlich allein auf der Lebensseite zu stehen (4,14.21–26). Darum nimmt der joh Christus, sooft er auch im Tempel zu Jerusalem weilt, nicht eigentlich am Kult teil. Tempel und Feste gehören distanzierend zu den Juden und sind nur Szenarium für seine Offenbarung.

Der nächste Abschnitt (5,39–43) beginnt abermals mit dem Bezug auf ein Verhalten des Judentums. Hier forscht man in den Schriften, weil man in ihnen glaubt, ewiges Leben zu haben. Dies ist Kurzreferat des typischen jüdischen Standpunktes (Sir 17,11; 45,5; Bar 4,1; PsSal 14,1f.; syrBar 38,2; Röm 2,7; 7,10; Gal 3,12). Aber er wird von Jesus genau wie beim Täufer nicht einfach bestätigt. Zwar meinen die Juden, in den Schriften – unabhängig von Jesus – ewiges Leben zu haben, aber das meinen sie nur. Eigentlich kann natürlich nur Jesus ewiges Leben geben (1,17; 6,35; 8,12 usw.). Aber dennoch hilfsweise – wie beim Täufer – hat auch die Schrift Nutzen: Sie hat ähnliche dienende Funktion, auf Jesus hinzuweisen. Aber freilich versteht wiederum nur der Glaubende solche Hinweise (2,22; 3,14; 4,25; 8,56; 12,16) und de facto zeigen die Juden durch ihre Schriftrezeption, daß sie ihnen nicht dazu verhilft, zu Jesus zu kommen. Dies ist in dem Satz festgehalten, daß sie nicht zu Jesus kommen wollen (V 40): Sie entscheiden sich für ihr Schriftverständnis und darum können sie auf Jesus als Lebensgabe verzichten.

Aber der Juden Unglaube hat noch tiefere Wurzeln. Das wollen V 40–43 offenlegen. Zwischen dem Offenbarer und den Menschen überhaupt – die Juden werden nun generalisierend zu den Repräsentanten der ungläubigen Welt – gibt es in bezug auf die »Ehre« eine grundlegende Differenz: Der Offenbarer kann sich nicht auf menschliche Ehre stützen (sondern nur auf die göttliche). Das soll heißen: Begründungszusammenhänge, die ein Werturteil über ihn als Offenbarer abgeben, kann er von Menschen nicht annehmen. So hat er das Zeugnis des Johannes und das der Schriften zurückgewiesen. Für ihn kann nur ein einziger Begründungsvorgang, der seine Bedeutung konstitutiv festhält, akzeptabel sein: das Zeugnis des Vaters. Der Vater allein ist Garant seiner Ehre, also seiner Qualifikation als Offenbarer. Die Juden hingegen haben die Liebe Gottes, d. h. zu diesem Gott (gen. Obj., weil V 43b.44 dazu parallel stehen) nicht bei sich, sonst würden sie Jesus aufnehmen, der im Namen des Vaters kommt. Kommt ein anderer im eigenen Auftrag, nehmen sie ihn auf.

Dies gilt generell, wie ganz allgemein feststeht (V 44), daß die Juden zum (wirklichen) Glauben (an Gott) gar nicht kommen können, weil sie – statt der Liebe zu Gott – die eigene Ehre suchen. Mit einer entsprechenden anklagenden Frage beginnt nun der dritte Abschnitt, der eine letzte Steigerung des Gegensatzes zwischen Jesus und seinen Gegnern bringt. Sie leben in dem Geflecht menschlicher Bestätigung, gegenseitiger Anerkennung und Wertbestimmung. Darum liegt ihnen nichts an der Anerkennung durch den alleinigen Gott. Dies ist neben Joh 8 die schärfste Anklage, die sich die Juden gefallen lassen müssen: Sie, die den Religionsanspruch erheben, den »alleinigen Gott« (vgl. 17,3; 5 Mose 6,4) zu verehren und so im Hellenismus Mission zu betreiben (solche Mission übernimmt das Christentum: 1 Thess 1,9; Röm 3,30; 1 Kor 8,6 usw.), müssen sich sagen lassen, daß sie sich diesem Gott verweigern. Dieses Urteil des Offenbarers gründet in seinem Anspruch, allein Gotteserkenntnis zu bringen. Wer sie von ihm nicht annimmt, spricht sich darum gegen Gott aus. Wer ihn ablehnt, ist des eigenen Unglaubens schuldig. So werden die Ankläger selbst zu Angeklagten.

Aber nicht Jesus, der die Frage in V 44 (und 47) anklagend stellt, ist ihr eigentlicher Ankläger. Nicht eigentlich er klagt sie an, wie er auch niemanden richtet (3,17), weil seine Aufgabe die Heilsvermittlung ist (3,14–16; 5,21.24). Dennoch geschieht in seinem Kommen auch Gericht, weil die Menschen sich der Heilsannahme entziehen (3,18; 5,22). In diesem Gericht sind andere die Ankläger. So ist es Mose, der nach damaligem Verständnis wesentliche Autor der Schriften, nämlich des Gesetzes. Der Juden (falscher) Glaube hängt an den Schriften als dem Lebensquell (V 39) oder – was mit anderen Worten dasselbe meint – die Juden hoffen auf Mose (V 45), denn er gab ihnen das Gesetz zum Lebensgewinn. Mose, ihr Heilsgarant, wird zu ihrem Feind. Ob noch – spezieller – Mose als der himmlische Fürsprecher gedacht ist, der nun seine Stellung ins Gegenteil verkehrt (Meeks, Schnackenburg), ist sehr fraglich. Der Text deutet das nicht an. Man muß solche These aus dem Gegensatz zum Ankläger erschließen und kann dies traditionsgeschichtlich mit einer schmalen jüdischen Überlieferung ergänzen (Material bei Meeks). Vom Kontext her reicht es, Mose als Gesetzgeber zu verstehen, dessen Gesetz Leben gibt, und der nun das Gerichtsurteil über die Juden begründet. Mose ist Ankläger, weil im joh Verständnis Moses Schriften als Christuszeugnis gelten (1,45; 3,14). Darum steht Mose auf Christi Seite gegen die Juden. Da nun die Juden das Mosezeugnis über Jesus nicht annehmen (was freilich auch nur dem Glaubenden verständlich ist), können sie auch Jesu Rede nicht glauben.

Die Juden sind über diese Rede (ungläubig, ärgerlich) erstaunt (7,15). Ihre Zurückweisung Jesu dokumentiert, wie sie nur gegenseitig Ehre annehmen, d. h. konkret Jesus die Legitimation zu solcher Rede mit Schriftinterpretation absprechen, weil er nicht bei einem Schriftgelehrten in die Schule gegangen ist, denn zur Schriftauslegung muß man nach ihrer Meinung durch Schulung autorisiert sein. Jesu Antwort wiederholt sachlich 5,31f.: Seine Lehre (der Ausdruck fällt nur noch 18,19; die Lehräußerung des Rabbis ist terminologisch im Hintergrund) ist autorisiert durch Gott. Wer sie befolgt, wird dabei erfahren, ob sie von Gott ist oder nur Jesu eigene Meinung (7,10f.). So redet Jesus nicht in eigener Autorität und sucht also nicht seine Ehre. Vertritt er aber die Ehre Gottes, d. h. redet er in göttlicher Legitimation, dann ist ihm Wahrhaftigkeit zuzugestehen und Anklagenswertes gibt es an ihm nicht (7,18). Dieser Unschuldsbeteuerung – sie ist in der Apologie im Rahmen des Rechtsprozesses typisch – folgt die letzte Anklage, jedoch nun nicht mehr grundsätzlich, sondern abschließend konkretisiert auf den speziellen Fall des Sabbatbruchs 5,9–18: Die Juden halten das Mosegesetz nicht (7,19). Warum wollen sie dann Jesus töten, wenn er das mosaische Sabbatgebot durchbrach? Darauf reagiert das Volk (vgl. 5,13; eine sachliche Differenz zu »den Juden« in 5,10.15.16.18; 7,15 ist kaum intendiert) zurückweisend: Tötungsabsichten wollen sie sich von ihm (trotz 5,18) nicht so schnell unterstellen lassen! Dies ist ein anderes Mittel von E (vgl. 8,20; 10,39), den Tötungsvollzug bis zur Passion hinzuhalten. Zugleich greift er den aus dem Ablösungsprozeß des Christentums von der Synagoge wohl bekannten Vorwurf der Besessenheit Jesu auf. Denn ganz allgemein war es üblich, daß offizielle Repräsentanten der Religion prophetische Ansprüche, also auf Gott unmittelbar bezogene Legitimationsansprüche, mit dem Verdikt der Besessenheit abtaten (vgl. OrSib 3,815; Jos bell 2,259; 6,303.305; Mt 11,18; speziell in bezug auf Jesus Mk 3,20f. parr.; Joh 8,48.52; 10,20). Jesus kontert unbeirrt, indem er V 19 entfaltet (V 21–23) und dabei wohl abermals traditionelle Argumentationsvorgänge aus der Streitsituation des Christentums mit dem Judentum aufgreift. Wenn das Beschneidungsgebot, das nur ein Glied des Menschen betrifft, das Arbeitsverbot des Sabbats bricht, dann erst recht – schließt man rabbinisch vom Geringeren auf das Größere, die Heilung eines ganzen Menschen (rabbinische Parallelen bei Bultmann, Schnackenburg). Einmal hat Jesus so den Sabbat gebrochen (V 21) und das schon verwundert die Juden, wo sie doch dauerhaft den Sabbat durch die Beschneidung verdrängen (vgl. die generelle Aussage V 22c)! So sollen sie nicht nach dem Augenschein (vgl. 8,15) richten, also nicht formal den Sabbatbruch konstatieren, sondern einsehen, daß auch sie formal den Sabbat brechen, ohne das als Sünde zu verstehen. Sie sollen gerecht richten, indem sie Jesu göttliche Legitimation zu seinem Handeln bedenken.

Natürlich sind 7,19–24 für E nicht mehr aktuelle Auseinandersetzung. Er benutzt die traditionellen Motive, um auch so der Juden Unglaube zu demonstrieren. Sie lehnen nicht nur Jesu Selbstoffenbarung ab, vielmehr sind ihre dazu beigebrachten Begründungszusammenhänge auch fadenscheinig. Unglaube findet eben immer Gründe der Ablehnung als Ausdruck des eigenen Unglaubens. Auch ärgern sich die Juden an einer falschen Stelle, wenn sie einen Sabbatbruch dazu zum Anlaß nehmen. Sie sollten sich darauf fixieren, wo es wirklich um Glaube und Unglaube, also Leben und Tod geht: auf seine Selbstoffenbarung als Kundtun des Vaters.

7,1 als Rahmen (vgl. die Einführung zu Abschnitt IID) schließt die Szene ab. Das »und« zeigt die enge Zugehörigkeit zum Vorangehenden. Das Tötungsmotiv ist durch 5,18; 7,19f. wohl begründet. Der Zufluchtsort Galiläa hat für E keine eigenständige Bedeutung. Er steht analog zu 10,40; 11,54, um Jesu Verbergen (8,59; 12,36) zu konkretisieren.

E. Jesu Auftritt in Jerusalem zum Laubhüttenfest und seine allgemeine Verwerfung 7,2–14.25–8,59

Die Abgrenzung des Abschnittes und die Herausnahme von 7,15–24 wurden bereits zu Abschnitt IID begründet. Die textgeschichtliche Situation gebietet es weiter, in 7,53–8,11 einen Zusatz zum vierten Evangelium zu sehen, der erst im Verlauf seiner Überlieferungsgeschichte in den Zusammenhang Eingang fand (s. u.). Der verbleibende Bestand ist in seiner Makrostruktur relativ eindeutig, enthält aber auch manche für den Evangelisten typische Sorglosigkeiten. Beobachtungen dieser Art haben dazu

geführt, den Text umzustellen und mit weiterer Bearbeitung zu rechnen (typisch Bultmann, dort weitere Angaben; Howard-Barrett; Kysar, Register). Jedoch sind diese Versuche kaum überzeugend, weil die textlichen Anstöße zu ihnen nicht eindeutig genug sind.
Problemlos in der Abgrenzung ist zunächst die Eingangsszene 7,2–13. Der Zwiespalt der Juden (7,11–13) steht absichtlich am Schluß und wird 7,26f.30f.; 7,40–43 wieder begegnen, bis er durch die Abrahamrede 8,31ff. aufgelöst wird: Auch die zunächst Glaubenden sind am Ende ungläubige Feinde Jesu (8,31.59). Weiter erkennt man, daß die Angaben über den Zeitpunkt des Festes in 7,14.37 Gliederungsfunktion wahrnehmen. In der Mitte des Textes tritt Jesus zweimal (7,14.28) im Tempel auf und entsprechend wird zweimal die Volksreaktion geschildert (7,25–27.30f.). Am Ende des Textes wiederholt sich dieser Vorgang einmal (Jesu Auftritt: 7,37–39; Volksdiskussion 7,40–44), wobei sich V 30 und 44 entsprechen. Vergleichbare Abschlüsse stehen wenig später auch 8,20.59 (8,59 gehört allerdings mit dem Motiv des Fortgehens Jesu zu den Stellen 7,1; 10,39–42; 11,54; 12,36b, wie eingangs von Abschnitt IID erklärt). Nur 8,30 enthält bei formal gleicher Stellung und Funktion eine entgegengesetzte Aussage, um 8,31 vorzubereiten. Diese Sachlage läßt fragen, ob 7,31 dann nicht nachklappt. Aber die Abfolge 7,30.31 entspricht nur der umgekehrten Reihenfolge 7,40.41a und 7,41b–44. Nach 7,14.25–31 und 7,37–44 folgt jeweils, wohl beabsichtigt, eine Szene, die durch das Eingreifen der jüdischen Behörde (durch 7,26 vorbereitet) bestimmt ist. Beide Szenen bleiben am Schluß szenisch offen. Schwierigkeiten bereitet allerdings die Feststellung, daß die in der einen Szene 7,34–44 ausgesandten Diener zur Zeit der Festmitte (7,14) erst am Ende des Festes (7,37.45) zurückkehren. Aber muß sich für E wirklich beides an einem Tag abspielen (gegen Bultmann)? Ist nicht vielleicht die Parallelität der Szenenabfolge in 7,14ff. und 7,37ff. E wichtiger? Es fällt jedenfalls schwer, nur eine solche unerwartete szenische Einzelheit als Anlaß zu nehmen, die sonst gute Szenenfolge in Joh 7 umzustellen (7,37–44 vor 7,31–36).
Jesus trat bisher in Abschnitt IIE im Tempel auf (7,14.28, sinngemäß auch 7,37). Obwohl mit Joh 7 das Laubhüttenfest beendet ist, bleibt der Tempel weiterhin Ort der Handlung (8,20.59). Da die Pharisäer zunächst (8,13a) auftreten, sind auch die Gegner Jesu aus 7,45ff. wieder auf dem Plan. So wird man die durch 8,12a.20 gerahmte Szene zeitlich in die Nähe von Joh 7 stellen. Wie in den Szenen 7,14.28f.37–39 steht eingangs Jesu Selbstzeugnis (8,12). Es hat thematisch wie vor allem auch 7,37–39 nichts mit dem Fortgang zu tun, vielmehr ist der darin zur Geltung kommende Anspruch Jesu als solcher Anlaß, die Autorität seiner Person zu diskutieren. Die Szene kommt zu dem Ergebnis, daß auch die Pharisäer wie die zuvor von ihnen gescholtenen Diener (7,45f.) Jesus noch nicht fassen können (8,20). Die sich anschließende Einheit ist szenisch besonders sorglos gestaltet (8,21–30) und dient mit ihrem Ergebnis (8,30) dazu, daß nun auch die bisher scheinbar glaubenden Juden (7,31.40.41a) aufgrund der besonders langen Abrahamrede als Jesu Feinde entlarvt werden (8,59). Damit führt

Jesu Auftreten in Jerusalem nach Joh 7; 8 zur totalen umfassenden Feindschaft.

1. Vor dem Fest 7,2–13

2 Es war aber nahe das Fest der Juden, das Laubhüttenfest. 3 Da sagten seine Brüder zu ihm: »Brich von hier auf und zieh nach Judäa, damit auch deine Jünger deine Werke sehen, die du tust! 4 Denn niemand tut etwas im Verborgenen und sucht (trotzdem) selbst öffentlich bekannt zu sein. Wenn du solche (Werke) tust, so mache dich der Welt offenbar.« 5 Seine Brüder glaubten nämlich nicht an ihn. 6 Da sagte Jesus zu ihnen: »Meine Zeit ist noch nicht da; eure Zeit ist immer bereit. 7 Die Welt kann euch nicht hassen, mich aber haßt sie, denn ich bezeuge über sie, daß ihre Werke böse sind. 8 Geht ihr nur hinauf zum Fest. Ich gehe nicht zu diesem Fest hinauf, denn meine Zeit ist noch nicht erfüllt.« 9 Das sprach er zu ihnen und blieb in Galiläa.
10 Als jedoch seine Brüder zum Fest hinaufgegangen waren, ging auch er hinauf, nicht öffentlich sondern heimlich. 11 Die Juden nun suchten ihn auf dem Fest und sagten: »Wo ist er?« 12 Und das Streiten über ihn war viel bei der Volksmenge. Die einen sagten: »Er ist gut.« Andere sagten: »Nein, sondern er verführt das Volk.« 13 Keiner jedoch redete über ihn frei heraus aus Furcht vor den Juden.

Literaturauswahl: Billerbeck, P.: II 774–812. – *Braun, H.:* Art. *planao,* ThWNT VI, 238–252. – *Fortna, R. T.:* Gospel, 196f. – *Martyn, J. L.:* History, 45–68.151–154. – *Rengstorf, K. H.:* Art. *gongyzo.* ThWNT I, 727–737. – *Schneider, J.:* Zur Komposition von Joh 7, ZNW 45 (1954) 108–119. – *Vaux, R. de:* Das Alte Testament und seine Lebensordnungen II, Freiburg 1962, 354–362.

In der Regel schreibt man das Stück E zu (Fortna, Schnackenburg). In jedem Fall kommt E weitgehend zu Wort. Doch enthält der Text Anstöße zur Analyse. 7,4a: »Denn niemand tut etwas im Verborgenen und sucht (trotzdem) selbst öffentlich bekannt zu sein«, hat nur Sinn, wenn Jesus bisher im Verborgenen Galiläas gewirkt hat, und es neu ansteht, daß er sich öffentlich vor dem Judentum in Judäa zeigen soll. Aber nach Joh 2,13ff.; 5,1ff. war Jesus schon in Judäa und in der Metropole! Dies setzt auch die

Erwähnung von Jüngern (7,3b) in Judäa voraus, so daß 7,3a.4a mit 7,3b konkurrieren. Auf der anderen Seite hat die SQ einen zweiteiligen Aufbau von ihrer Geographie her: erst Galiläa, dann Judäa, so daß ein Grundstock von 7,1ff. die Einleitung zu Joh 5 abgegeben haben kann (Bultmann). Auf die SQ weist, daß von Jesu Brüdern außer 7,3.5.10 nur noch 2,12 (SQ) gesprochen wird. Von der »Zeit« (Kairos) Jesu und anderer ist bei E nicht mehr die Rede, und das Gegensatzpaar »verborgen« – »öffentlich« ist ebenfalls singulär im Joh. Auch steht die Motivation 7,4a unabhängig vom Anlaß des Festes und der Pilgerfahrt der Brüder (7,2.8.10f. = E) und stößt sich mit der Beobachtung, daß nach E Jesus gerade schon (Joh 5) soviel öffentliches Ärgernis in Jerusalem erzeugt hat, daß man ihn – genau wie abermals in Joh 7 – töten wollte. Weiter werden 7,3a.9 zwei Provinzen, Galiläa und Judäa, gegenübergestellt, nicht aber der Wallfahrtsort Jerusalem genannt. Auffällig ist auch die Strukturparallelität zwischen 7,1ff. und Stücken aus der SQ wie 2,1ff.; 11,1ff.: Jeweils geht Jesus auf verwandtschaftliche oder freundschaftliche Vorschläge bzw. Bitten nicht ein, verweigert sich diesen vielmehr, um kurz darauf von sich aus die Handlungsinitiative zu ergreifen entgegen seinem ablehnenden Bescheid. Aufgrund dieser Beobachtungen wird man die Hypothese wagen dürfen, daß etwa in 7,3a.4a.6.9 eine fragmentarische Einleitung der SQ zu Joh 5,1ff. vorliegt. E führt dann die Pilgerfahrt zum Text ein, wie er auch sonst Jesu Wege nach Jerusalem durch ein Fest motiviert sein läßt. E kann (7,3b) von Jüngern Jesu in Jerusalem reden (vgl. 2,23), freilich um den Preis der Inkonzinnität zu V 4a. E macht aus dem Auftritt in Jerusalem eine Offenbarung vor dem Kosmos (7,4b.7) und läßt die Brüder ungläubig sein (7,5), wie alle in Joh 7, denen Jesus begegnet. Endlich gestaltet E V 10–13 für seine Zwecke so, daß 7,14ff. vorbereitet wird: Jesus steht allein den zwiespältigen Jerusalemern gegenüber, die sich nachher alle als Repräsentanten des bösen Kosmos erweisen (7,4b.7.59).

Das Laubhüttenfest (V 2) gehört zu den drei Wallfahrtsfesten des Judentums. Es dauerte eine Woche (15. bis 21. Tischri, d. h. von Ende September bis Anfang Oktober) und endete mit dem großen Schlußfesttag, der als achter Tag zählte. Das Fest war das abschließende Erntefest für die Wein-, Obst- und Olivenernte. Weil man die sieben Tage in Festhütten wohnte, bekam das Fest seinen Namen (vgl. weiter: Billerbeck, de Vaux). Für Joh 7 ist der Festablauf praktisch unwichtig. E hat wohl selbst kaum eine detaillierte Vorstellung davon: Nur für den 7. Tag (7,37, der Schlußfesttag stand gesondert) wird wahrscheinlich Jesu Selbstoffenbarung

V 27bf. an die während der Festwoche täglich vollzogene Wasserspende anknüpfen. Ausgesprochen ist auch dies nicht. Doch so sicher Jesus anläßlich des Festes nach Jerusalem zieht, lebt er nicht als einer der Wallfahrer integriert in der Festgemeinde, sondern steht dieser gegenüber und provoziert alle im Rahmen des Festes, ihn zu töten. Der Gegensatz von Offenbarer und Kosmos verbietet es, Jesus selbst als einen der Feiernden zu schildern.
Die leiblichen Brüder Jesu (vgl. 2,12) wollen anläßlich des Festes Jesus aus der Verborgenheit Galiläas zur Öffentlichkeit in Jerusalem bringen (7,3). Dort soll er seine Werke tun und sich der Welt offenbaren (7,4). Soll er für die Ehre des Familienclans eingesetzt werden? Soll er sich in Jerusalem als Person, der Wundermacht zur Verfügung steht, politisch Einfluß verschaffen (6,14f.)? Oder ist nur daran gedacht, daß Jesu öffentliches Auftreten ihm den Tod einbringen wird, die Brüder ihn also los werden? E gibt keine spezielle Motivation an, ihm genügt es, daß die Absicht der Brüder ihren Unglauben zeigt (7,5). Daß Jesus zu seiner Familie, bestehend aus (leiblichen) Eltern und weiteren sechs Geschwistern (Mk 6,3; Joh 1,45; 2,3–5.12; 6,42; vgl. Gal 4,4), in Distanz, ja Disharmonie lebte, berichten auch Mk 3,31–35 parr.; 6,1–6 parr. Jedenfalls ist Joh 7,1ff. eine Variante (vgl. auch 4,44) dieser historisch der Sache nach wohl zutreffenden Tradition. Teilweise findet die Familie wohl später Anschluß an die judenchristliche Urgemeinde (vgl. Apg 1,14; 1 Kor 15,7).
Jesu Antwort (7,6–8) reißt die Kluft zwischen den Brüdern und ihm vollends auf. Hatte die SQ Jesu Zeit als Zeit des Wundertäters von ihm selbst allein bestimmt sein lassen (vgl. zu 2,4), so deutet E die Aussage im Sinne der vom Vater festgelegten Todesstunde (7,30; 8,20; 12,23.27; 13,1; 17,1). Der Leser weiß vom Joh her: Ein nochmaliger Weg nach Jerusalem steht unter der Todesbedrohung; er kann darum den zu erwartenden Haß der Welt (7,7) als Haß der Repräsentanten in Jerusalem deuten. Den Brüdern kann in Jerusalem nichts passieren, sind sie doch ungläubig, also zur Welt gehörig. Umgekehrt besteht und bestand Jesu Werk darin, der Welt ihre bösen Taten, d. h. ihren Unglauben, aufzudecken (3,16–21; 5,31ff.). Das bedingt ursächlich den Haß (7,19–24). Dieser scharfe dualistische Gegensatz in 7,7 ist Vorbote für 8,30–59, dem Schlußteil des ganzen Abschnittes. Jesus bleibt also zunächst in Galiläa (7,9), um dann doch zum Fest aufzubrechen (7,10). So sicher damit die Brüder irregeführt werden, liegt für E dies Problem im Schatten des Interesses. Er benutzt dies Darstellungskonzept der SQ, nach dem Jesus in souveräner Eigenständig-

keit allein den Zeitpunkt seines Handelns bestimmt, um – es umgestaltend – Jesus in Jerusalem auftreten zu lassen. Auch daß Jesus zunächst heimlich in der Hauptstadt eintrifft, nimmt dem Widerspruch zwischen Wort und Handlung Jesu nichts von seiner Anstößigkeit, soll wohl auch nur V 11–13 ermöglichen. Jedenfalls wie der erste Unterteil (7,1–9) in V 6–9 sein Ziel erreicht, so der zweite das seine in V 11–13: Die widersprüchliche Volksmeinung und die angstbesetzte Gesamtstimmung sind das Szenarium, in das hinein Jesus dann öffentlich (7,14.37) auftritt.

Die Juden streiten zunächst über den für sie unverständlicherweise abwesenden Jesus (V 11). Die Darstellung gegensätzlicher Stimmen über Jesus ist (mit 7,12 beginnend) Stilmittel für E (7,40–43; 10,19-21), doch kommt auch sonst gerade in Joh 7 die unterschiedliche Volksmeinung betont zur Geltung. E deutet durch die Wortwahl (»das Streiten«) an, daß es um ein konfliktgeladenes, ungläubiges Streiten geht. Dasselbe Wort charakterisiert 6,41.43.61 das ungläubige, ablehnende Murren gegenüber Jesu Selbstoffenbarung. Da auch sonst ein neutraler Gebrauch nicht belegt ist, sollte man ihn für 7,12 nicht postulieren (gegen Rengstorf u. a.). Die positive Aussage: Jesus sei gut, ist blaß und gegenüber 7,31.40.41a unspezifisch. Jedoch will die negative Meinung mit dem Vorwurf der Verführung wohl mehr aussagen, denn sie gehört in den Zusammenhang des spätjüdischen und urchristlichen Topos von der Verführung zur Irrlehre und zum Abfall durch Pseudopropheten und falsche Messiasse (Braun). Der Vorwurf, verführt worden zu sein, wird 7,47 nochmals erhoben, als die Pharisäer die Diener zurechtweisen, weil sie Jesus nicht gefangennahmen. Möglicherweise hat er für die joh Gemeinde aktuellen Sinn. Bei ihrem Ausstoß aus der Synagoge (9,22; 12,42; 16,2) und ihrer Verfolgung (15,18ff.) spielte das Bekenntnis zu Christus eine wesentliche Rolle (vgl. die genannten Stellen). Umgekehrt hat offenbar die Gegenseite demgegenüber Jesus als Verführer hingestellt (Mt 27,63; Justin, Dial 69,7; 108,2) und so zugleich seine Hinrichtung gerechtfertigt, denn auf Verführung stand die Todesstrafe (Billerbeck I 1023f.; vgl. für die joh Gemeinde 16,2). So wird wohl für E und seine Gemeinde Jesusgeschick und eigenes Schicksal hier verschmelzen und damit Joh 7 überhaupt aktuelle Erfahrung der Gemeinde wachrufen (Martyn, Schnackenburg).

Dies wird noch einmal deutlich, wenn man auf 7,13 blickt, wonach »die Juden« (7,11) »Furcht vor den Juden« haben. Wenn anders die Juden sich nicht vor sich selbst fürchten, ist gemeint, daß das Volk offenbar vor den Führern des Volkes und den Pharisäern

(7,26.32.45) begründete Angst hat, falls es als Sympathisant Jesu erkannt wird. Aber das steht nicht da. Die Ausdrucksweise »Furcht vor den Juden« erklärt sich als typische Prägung christlicher Sprache, d. h. die verfolgte christliche Minorität bezeichnet so ihre Grundstimmung gegenüber ihrem äußeren Feind (9,22; 19,38; 20,19). Zugleich stellt E mit Hilfe dieses Motivs heraus, daß angstbesetztes Verhalten überhaupt der Hauptgrund für die Ablehnung Jesu war. Selbst Pilatus handelt nach diesem Gesetz (19,12f.) und läßt Jesus töten. Tötungsabsichten haben auch die Juden (8,44.59), die aus der Unfreiheit heraus (8,31–34) – doch wohl auch der Furcht aus 7,13 – handeln. Die Gemeinde lebt zwar auch in der Angst, aber weiß um den, der die Welt überwunden hat (15,18ff.; 18,33), ja ihre Existenzweise in der Liebe ist Weltüberwindung (1 Joh 3,14; 4,18): in ihr hat die Furcht keinen Platz, sondern das Leben.

2. Jesu Kollision mit den Juden in der Mitte der Festwoche 7,14.25–36

14 Als aber das Fest schon zur Hälfte vorüber war, ging Jesus
zum Tempel hinauf und lehrte. 25 Da sagten einige von den
Jerusalemern: »Ist das nicht der, den sie zu töten suchen? 26
Doch seht, er redet öffentlich, sie aber sagen ihm nichts. Sollten
die Oberen tatsächlich erkannt haben, daß dieser der Christus
ist? 27 Aber von diesem wissen wir, woher er ist. Wenn aber
der Christus kommt, weiß niemand, woher er ist.«
28 Da rief Jesus, während er im Tempel lehrte, und sprach:
»Ihr kennt mich und wißt, woher ich bin. Doch bin ich nicht
von mir aus gekommen, vielmehr ist der, der mich sandte,
wahrhaftig, den kennt ihr nicht. 29 Ich kenne ihn, denn ich
komme von ihm her und er hat mich gesandt.« 30 Da ver-
suchten sie ihn festzunehmen, doch keiner legte Hand an ihn,
weil seine Stunde noch nicht gekommen war. 31 Aus dem
Volk aber glaubten viele an ihn, und sie sagten: »Wenn der
Christus kommt, wird er dann mehr Zeichen tun, als dieser
getan hat?«
32 Die Pharisäer hörten, wie das Volk sich über ihn stritt. Und
die Hohenpriester und Pharisäer schickten Diener aus, um ihn
ergreifen zu lassen. 33 Jesus aber sprach:

»Nur noch kurze Zeit bin ich bei euch.
Dann gehe ich zu dem, der mich gesandt hat.

34 Ihr werdet mich suchen, aber nicht finden.
Und wo ich (dann) bin, könnt ihr nicht hinkommen.«
35 Da sagten die Juden zueinander: »Wohin will er gehen, daß
wir ihn nicht finden werden? Will er etwa in die Diaspora unter
die Griechen gehen und die Griechen lehren? 36 Was
bedeutet das Wort, das er sprach: Ihr werdet mich suchen und
nicht finden, denn wo ich (dann) bin, dorthin könnt ihr nicht
kommen?«

Literaturauswahl: Bühner, J.-A.: Gesandte, 118–268. – *Jonge, M. de:* Jewish Exspectations about the ›Messiah‹ according to the Fourth Gospel, NTS 19 (1972) 246–270. – *Leroy, H.:* Rätsel, 51,72. – *Martyn, J. L.* (vgl. zu IIE 1) 78–88. – *Ruiz, M. R.:* Missionsgedanke, 73–94. – *Schnackenburg, R.:* Die Messiasfrage im Johannesevangelium, in: Neutestamentliche Aufsätze für J. Schmid, Regensburg 1963, 240–264. – *Schneider, J.* (vgl. zu IIE 1).

Nach dem heimlichen Gang in die Hauptstadt (7,10) tritt Jesus in der Mitte der Festwoche, d. h. am vierten Tag, öffentlich im Tempel auf. Dabei bleibt der Tempel unanschaulich. Er ist gewählt als Ort der Öffentlichkeit des Festes. Dort lehrt Jesus (vgl. 6,59; 7,28.35; 8,20; 18,20). Dieser Ausdruck ist terminus technicus und faßt Jesu mündliches Selbstzeugnis zusammen. Er hat eine urchristliche Vorgeschichte, insofern auch sonst Jesu Wortverkündigung summarisch so beschrieben wird (vgl. z. B. Mt 5,2; 11,1; Mk 1,21f.; 4,1; 12,14; Apg 1,1). Wichtig ist dabei für Joh 7 nicht, was Jesus lehrt, sondern daß er öffentlich und unbehelligt auftritt (V 26). Dies entspricht den Beobachtungen zu 7,37–44; 8,12–20: Die Inhalte der Verkündigung Jesu sind ohne Einfluß auf den Fortgang der Handlung, denn der Streit geht um seine Person selbst. Darum vermißt man nichts, wenn 7,15–24 (vgl. Einführung zu IID) aus dem Text herausgenommen wird. So bleibt auch die theologische Thematik der Komposition mit ihren beiden Brennpunkten, nämlich der Frage nach Jesu Herkunft und dem Ziel seiner Rückkehr (7,27–29.33–36), ungestört.
Der öffentlich lehrende Jesus läßt bei einigen Jerusalemern die erstaunte Frage aufkommen, die nach einem Grund für den unbehelligt auftretenden Jesus sucht (7,25). Die sich in der Frage äußernde Verwunderung ist durch 7,14 unmittelbar vorbereitet, wenn 7,15–24 in Joh 5 eingeordnet wird. Das Wissen um die Tötungsabsicht ist durch 5,18 motiviert. Sollten etwa die Oberen – wie in hellenistischer Weise die Mitglieder des Hohen Rates

genannt werden – ihre Meinung über Jesus ins Gegenteil geändert haben (7,26)? Sollten auch sie bekennen: »Dieser ist der Christus«? Der aufgegriffene akklamatorische Bekenntnisstil (vgl. 1,34; 4,29.42; 6,14; 7,40f.) wie auch der Christustitel selbst (1,17; 4,29; 7,41f.; 9,22; 11,27; 17,3; 20,31; 1 Joh 2,22; 4,15; 5,1), der unvermittelt wie selbstverständlich gebraucht wird, weisen auf die joh Gemeindesituation. Sie stellt ihr Verhältnis zum Judentum so dar, daß es dabei um das Christusbekenntnis ging. Wie in 7,12 ist also abermals Jesu Geschichte mit dem Erleben der Gemeinde gezeichnet.

Natürlich soll die Frage V 26b eine Absurdität aufdecken (7,48). Darum legen sich die Jerusalemer auch selbst Jesus gegenüber negativ fest (V 27), so daß das Problem aus V 26a unbeantwortet bleibt, um alsbald in 7,32ff. eindeutig behandelt zu werden. Der Unglaube der Jerusalemer äußert sich darin, daß sich für sie ihre Messiaserwartung (er ist unbekannter Herkunft) und Kenntnis Jesu nicht decken. Nun gibt es in der Tat gerade auch etwa aus der Zeit der joh Gemeinde Belege, die im jüdisch-christlichen Streitgespräch das Thema der unbekannten Herkunft des Messias behandeln (Martyn, Schnackenburg, de Jonge), so daß erneut aktuelle Gemeindesituation durchschimmern kann. Aber es muß gesehen werden, daß für E dies nur Mittel für einen anderen Zweck ist. Jesus geht hier gar nicht auf den Christustitel ein, ihn bringen nur die Juden ins Spiel. Jesus antwortet mit der Gesandtenchristologie. In ihr hat die Frage nach Jesu Woher, dem Ursprung Jesu, unabhängig von der Christustitulatur konstitutive Bedeutung (7,28; 9,29f.; 19,9). Sie findet ihre Antwort darin, daß Jesus von oben, aus dem Himmel, vom Vater kommt (1,1f.; 3,31f.; 5,36f.; 6,32f.; 8,42 usw.). Der Frage korrespondiert die andere nach Jesu Wohin, nach dem Ziel seines Weges, das seine Antwort erhält als Rückkehr zum Vater. Seinen klassischen Ausdruck findet der Doppelaspekt als Frage nach Jesu Woher und Wohin in 8,14: »Ich weiß, woher ich kam und wohin ich gehe. Ihr jedoch wißt nicht, woher ich komme und wohin ich gehe.« Die klassische Antwort steht als Selbstoffenbarung 16,28: »Ich ging vom Vater aus und kam in die Welt. Wiederum verlasse ich die Welt und gehe zum Vater.« Das hier sichtbar werdende Wegschema von Abstieg und Aufstieg des Erlösers entstammt dem altorientalischen Botenverkehr und ist von dort – weit verbreitet – zur Kennzeichnung religiöser Gestalten als Gesandte benutzt worden (Bühner). Da das Wegschema des joh Christus im Zusammenhang des joh Dualismus (vgl. Exkurs 3) zu sehen ist, wird man bei der joh Gesandtentypik die gnostische

Komponente in Rechnung stellen müssen. E setzt nun seine Gesandtenchristologie so ein, daß er damit die außerweltliche, himmlische Dimension Jesu kennzeichnet, und die Juden mit dem Christustitel im Irdischen verhaftet bleiben läßt. So ist das jüdische Motiv des Messias unbekannter Herkunft aus dem jüdisch-christlichen Gespräch nur ein kleiner Farbtupfer in diesem Gesamtkonzept.

Wenn anders also die Doppelfrage nach Jesu Herkunft und Ziel sein dem Glauben erschlossenes Wesen eröffnet, dann muß Unkenntnis über beides den Unglauben bloßstellen. Darum ist es konsequent, wenn 7,25–36 zweiteilig so aufgebaut ist, daß zunächst der Unglaube vor dem Woher und dann vor dem Wohin steht (7,25–30.31–36).

Dabei scheitern die Jerusalemer an der Frage, woher Jesus kommt, nicht darum, weil sie davon nichts wissen, sondern weil Jesu irdische Herkunft Nazareth und seine natürlichen Eltern (1,45; 6,42) ihnen bekannt sind. Dieses irdische Wissen paßt nicht zu ihrer (auch noch irdischen) Erwartung vom Messias. Weil sie sich an der im irdischen Bereich gegebenen Differenz von Wissen und traditioneller Hoffnung reiben, bleibt ihnen das himmlische Geheimnis der Person Jesu verborgen. Der Aspekt seiner himmlischen Herkunft liegt jenseits ihrer Kenntnisnahme.

Er kann ihnen nur erschlossen werden durch Jesu Selbstzeugnis (Joh 3; 6). Darum läßt E Jesus abermals im Tempel auftreten (V 28). Sein Ausrufen (vgl. 1,15; 7,37; 12,44) hat programmatische Gültigkeit für alle Zeit. Sachlich wiederholt er, was er zuvor in 5,19.30.36; 7,18 den Jerusalemern schon gesagt hat, dort Ärgernis war und Tötungsabsichten zeitigte (5,17f.; 7,19f.). Wer ihn kennt – also nicht nur nach dem Äußeren urteilt (7,24) –, weiß, daß der himmlische Vater ihn gesandt hat, der Vater, der wahrhaftig ist. Wer diese Kenntnisnahme ungläubig verweigert, straft Gott Lügen (3,33). Nicht Jesus ist Gotteslästerer (5,17f.), sondern die ungläubigen Juden sind es. Diese Einsicht in die wirkliche, von oben kommende Offenbarung bleibt den Juden verschlossen, weil sie, dem Irdischen verhaftet, nur auf Jesu irdische Herkunft und ihren Widerspruch zu ihrem ebenfalls irdischen Messiasbild fixiert sind. Doch haben diese Scheinprobleme des Unglaubens reale Folgen: Man will Jesus festnehmen, also ausführen, was die Oberen unverständlicherweise versäumt haben zu tun (7,30). Aber man legt keine Hand an ihn, weil Jesu Stunde noch nicht gekommen ist (7,44; 8,20). Erst wenn Vater und Sohn in ihrer Einheit die Stunde für gekommen halten, beginnt Jesu Rückkehr zum Vater (12,13.27;

13,1). Unanschaulich bleibt, wie der Wille, Jesus zu ergreifen, erfolglos endet. Nicht historische Konkretion, sondern theologische Perspektive regiert die Aussage: Nicht die Juden, sondern Gott bestimmt Jesu Tod.

Vom Volk (gruppenspezifische Angaben fehlen und sollten nicht konstruiert werden) glauben dennoch im Gegensatz zu den beinahe handgreiflich gewordenen Ungläubigen »viele« an Jesus (V 31), denn sie erwarten vom Messias nicht mehr Wunder, als Jesus bereits für sie tat. Jüdische Messiaserwartung macht den Christus eigentlich nicht zum Wundertäter, woraus man ersehen kann, wie wenig sich E um jüdische Heilserwartung kümmert. Der Verweis auf die Wunder paßt zu Stellen wie 2,23; 3,2; 6,14f.; 9,16; 10,41; 11,47. Wobei diese Stellen zugleich deutlich machen, daß dieser Glaube noch nicht Glaube im echten Sinne ist (1,24f.; 3,3ff.; 4,48; 6,15), vielmehr irdischem Mißverstehen unterliegt. Statt vom irdischen Widerspruch zwischen Wissen von Jesus und traditioneller Erwartung (so V 27), lebt er vom Einklang beider Größen und verfehlt – was freilich erst 8,31.59 deutlich wird – so auch die wahre Kenntnis Jesu und steht endlich auch vor dem Ärgernis und der Tötungsabsicht.

E führt nun, szenisch neu einsetzend, die Personengruppe ein, die V 26 kurz ins Blickfeld kam (V 32). Die Pharisäer, seit 70 n. Chr. die Repräsentanten des offiziellen Judentums, vernehmen des Volkes Meinungsstreit um Jesus (V 30f.). Wie 7,12 wird der Streit durch die Wortwahl als ungläubiges Verhalten geschildert. Hohepriester und Pharisäer gemeinsam sollen offenbar den Hohen Rat repräsentieren (die ungewöhnliche Ausdrucksweise deutet auf Unkenntnis und Distanz) und schicken in dieser Funktion Diener (des Hohen Rates oder die Tempelpolizei?). Man will nun angesichts möglicher Äußerungen wie in V 26 Tatsachen schaffen. Die weitere Szenerie ist, wieder typisch für E, so knapp gezeichnet, daß nur eine formale Einleitung zu Jesu Rede übrigbleibt (V 33a.). Die Verhaftungsabsicht, die Jesus offenbar erkennt, läßt ihn seinen Fortgang aus dieser Welt thematisieren. So entsteht die Korrespondenz zur Frage nach der Herkunft (V 27–29).

Jesu Äußerung gehört zur joh Spruchtradition. Die Selbständigkeit der Überlieferung erweist sich an Kontextungebundenheit (wie z. B. auch bei 7,37f.; 8,12), innerer Geschlossenheit und variabler Wiederholbarkeit in anderen Zusammenhängen (8,21f.; 13,33; 14,16; 16,5–7.16–19), die nicht nur von E stammen. Das Wort reflektiert die Abschiedssituation, die in der joh Gemeinde besonders intensiv aufgearbeitet wurde (Joh 13–17) und zu den literarischen Abschiedsreden führte, dessen Keimzellen Spruchgut solcher Art wie 7,23f. bildeten (analoges Beispiel: 14,2f.). E zeigt an der Verarbeitung des Spruches mit Hilfe des Mißverständnisses in 7,35f.; 8,22, wie sich die joh Gemeinde selbst ihrer sondersprachlichen Situation in bezug auf den Inhalt bewußt war (Leroy). E zeigt weiter, wie der dem christologischen Konzept (vgl. 7,27–29) entsprechende Aussagegehalt Juden und Christen gilt (13,33), aber wie Jesu Fortgang überhaupt den Juden zum Gericht (7,33–36; 8,21f.) und den Jüngern zu Trost und Verheißung (14,16; nicht von E: 16,5–7.16–19) ausgelegt werden kann. Religionsgeschichtlich ist die Anlehnung an Aussagen der scheidenden Weisheit gut erkennbar: 7,34 nimmt wohl Spr 1,28b auf; vielleicht erinnert 8,21 an Spr 8,36. Sprachlich ist der Ausdruck »noch kurze Zeit« semitisierender Septuagintastil (Leroy). Man darf vielleicht nach »der« ursprünglichen Form des Spruches gar nicht fragen, sondern sollte einen gewissen Variantenreichtum einkalkulieren, wie das bei der joh Traditionsgeschichte auch sonst zu beobachten ist. Doch macht 7,33f. einen festen und nicht zersagten Eindruck bei gutem Aufbau:

»1a Nur noch kurze Zeit bin ich bei euch,
b denn ich gehe fort zu dem, der mich sandte.
2a Ihr werdet mich suchen, aber nicht finden,
b und wo ich (dann) bin, dorthin könnt ihr nicht gehen.«

Nach 2,19 (den Juden unverständlich); 3,14f. (nur zu Nikodemus gesagt); 6,62 (nur zu den Jüngern gesprochen) ist 7,33f. die erste programmatische und in aller Öffentlichkeit abgegebene Äußerung Jesu über seinen Tod als Fortgang zum Vater. Das Wort könnte für die Juden Ärgernis sein wegen der in ihm geäußerten unmittelbaren Verbindung Jesu zum Vater. Es sollte ihnen Mahnung sein, daß es für ihre Beurteilung der Person Jesu ein Zuspät gibt. Aber sie verstehen davon nichts, sondern äußern Mißverständnis in bezug auf die himmlische Dimension des Fortgehens Jesu: Will er etwa im irdischen Sinn außer Landes gehen, also in die Diaspora und dort den heidnischen Griechen verkündigen (V 35)? Aber man traut diesem Verständnis nicht ganz und wiederholt ratlos ohne verstehenden Zugang Jesu Aussage (V 36). Ob E dabei will, daß der Leser wie in 11,51f. die Ironie erkennt, daß sich das Mißverständnis der Juden später in anderer Weise bewahrheitet (12,20ff.; vgl. Mt 21,43), ist nicht angedeutet (gegen Bultmann). E läßt die kurze Zeit, die Jesus noch bei den Juden weilt, dadurch genutzt sein, daß er Jesus zunächst am Ende des Festes nochmals auftreten läßt.

3. Auseinandersetzungen am letzten Tage des Festes 7,37–52

37 Am letzten, dem großen Tag des Festes stand Jesus da und rief:
»Wenn jemand Durst hat, komme er zu mir;
und es trinke, 38 wer an mich glaubt.
Wie die Schrift gesagt hat: ›Ströme lebendigen Wassers werden aus seinem Inneren hervorströmen.‹« 39 Das sagte er
von dem Geist, den die empfangen sollten, die an ihn glaubten; denn (der) Geist war noch nicht da, denn Jesus war noch
nicht verherrlicht. 40 Aus dem Volk aber sagten (etliche), die
diese Worte gehört hatten: »Dieser ist wahrhaftig der Prophet.« 41 Andere sagten: »Dieser ist der Christus.« Noch
andere sagten: »Kommt denn der Christus aus Galiläa? 42
Hat die Schrift nicht gesagt: ›Der Christus kommt aus dem Geschlecht Davids und aus Bethlehem, dem Ort, wo David
war?‹« 43 So entstand eine Spaltung im Volk seinetwegen. 44 Einige von ihnen wollten ihn ergreifen, niemand
jedoch legte Hand an ihn.
45 Da kamen die Diener zu den Hohenpriestern und Pharisäern zurück, und diese sagten zu ihnen: »Warum hat ihr ihn
nicht (her)gebracht?« 46 Die Diener antworteten: »Noch niemals hat ein Mensch so geredet, wie dieser Mensch
redet.« 47 Da antworteten ihnen die Pharisäer: »Habt auch
ihr euch verführen lassen? 48 Ist denn einer der Oberen oder
der Pharisäer zum Glauben an ihn gekommen? 49 Aber
dieses Volk, das das Gesetz nicht kennt, sei verflucht.« 50
Sagt Nikodemus, der früher zu ihm gekommen und einer von
ihnen war, zu ihnen: 51 »Verurteilt etwa unser Gesetz einen Menschen, wenn man ihn nicht zuvor verhört hat und weiß,
was er tut?« 52 Sie antworteten und sprachen zu ihm: »Bist du etwa auch von Galiläa? Forsche und sieh: Aus Galiläa ersteht der Prophet nicht.«

Literaturauswahl: Audet, J.-P.: La Soif, l'eau et la Parole, RB 66 (1959) 379–386. – *Barrett, C. K.:* The Holy Spirit in the Fourth Gospel, JThS 1 (1950) 1–15. – *Boismard, M.-E.:* De son ventre couleront des fleuves d'eau (Joh 7,38), RB 65 (1958) 523–546. – *Ders.:* Les citations targumiques dans le quatrième Évangile, RB 66 (1959) 374–378. – *Braun, F. M.:* Avoir soif et boire (Jn 4,10–14; 7,37–39), Mélanges B. Rigaux, Gembloux 1970, 247–258. – *Burger, Chr.:* Jesus als Davidsohn, FRLANT 98, 1970, 153–

158. – *Daniélou, J.:* Joh 7,37 et Ezéch 47,1–11, StEv 2 (1964) 158–163. – *Goppelt, L.:* Art.*hydor,* ThWNT VIII 324–326. – *Grelot, P.:* ›De son ventre couleront des fleuves d'eau‹, RB 66 (1959) 369–374. – *Ders.:* Jean 7,38: Eau du rocher ou source du temple? RB 70 (1963) 43–51. – *Grigsby, B. H.:* »If Any Man Thirsts ...« Observations on the Rabbinic Background of John 7,37–39; Bib. 67 (1986) 101–108. – *Hahn, F.:* Die Worte vom lebendigen Wasser im Johannesevangelium, in: God's Christ and His People (FS. N. A. Dahl) Oslo 1977, 51–70. – *Jeremias, J.:* Golgatha, Leipzig, 1926, 80–84. – *Jonge, M. de* (zu IIE 2). – *Rahner, H.:* Flumina de ventre Christi. Die patristische Auslegung von Joh 7,37–38, Bib 22 (1941) 269–302.367–403. – *Reim, G.:* Studien, 56–88. – *Rengstorf, K. H.:* Art. *potamos,* ThWNT VI 606f. – *Schnackenburg, R.* (zu IIE 2). – *Taeger, J.-W.:* Johannesapokalypse, 62–87.

Die Doppelszene (7,37–44.45–52) entspricht den beiden Szenen 7,14.25–31 und 7,32–36 im Aufbau. Dabei ist dieses Stück nochmals zweigeteilt (7,37–39.40–44 und 7,45–49.50–52). Vor erhebliche Probleme stellt in diesem Fall die erste kleine Einheit (vgl. die Literatur; Überblick: Schnackenburg, Reim). Zunächst ist die knappe szenische Einführung jedoch noch klar: Am letzten, dem siebenten Tag der Festwoche (vgl. zu 7,2), als zum letzten Mal die Wasserspende beim Morgengebet dargebracht wird – die Priester schöpfen Wasser aus der Quelle Siloa, tragen das Wasser siebenmal um den Altar, um dann am Altar eine Libation auszuführen –, steht Jesus da und »ruft aus«, d. h. beginnt laut zu lehren (vgl. 7,28). Daß er im Tempel auftritt, ist nicht gesagt, aber wohl selbstverständlich. Doch bleiben Ort und Szene schemenhaft. Jesu Einladung, bei ihm den Durst zu stillen, und die angefügte Deutung machen dann der Auslegung viele in sich verzahnte Schwierigkeiten. Zunächst geht es um die Umfangsbestimmung des Schriftzitats in V 38. Drei Möglichkeiten sind diskutabel:

a) »Wer an mich glaubt, aus seinem Inneren werden Ströme lebendigen Wassers fließen«, ist Zitat, das durch die Zitationsformel: »Wie die Schrift gesagt hat«, unterbrochen wird.
b) Die Zitationsformel ist dem Zitat nachgeordnet, also »Wer an mich glaubt« ist allein Zitat.
c) Die Zitationsformel ist dem Zitat vorangestellt; »Ströme lebendigen Wassers werden aus seinem Inneren fließen«, ist Schriftwort.

Nun ist eine eingeschobene Zitationsformel in Joh nicht gebräuchlich. Auch die nachgeordnete Stelle derselben ist nur Joh 1,23 belegt und hier aufgrund der Antwortsituation als Ausnahme erklärlich. Da sonst im Joh die Zitationsformel immer vor dem

Zitat steht, sollte man die Lösung c vorziehen. Leider kann man diesen Entscheid nicht stützen durch Aufweis des Fundortes, aus dem das Zitat stammt. Zwar gibt es eine Reihe Stellen, die anklingen können, zumal wenn man auch die Targumine mitberücksichtigt (vgl. Jes 12,3; 28,16; 43,19f.; Sach 13,1; 14,8; Ps 78,16; Hes 47,1–12; Spr 18,4; Sir 24,30–33; weitere Diskussion bei den Kommentaren), aber es setzt sich mit Recht immer mehr die Meinung durch, daß man wie etwa bei 6,31 mit einer freien sachbezogenen Wiedergabe mehrerer atl. Stellen in kontaminierter Form zu rechnen hat. Auch ein unbekanntes apokryphes Zitat kommt noch als Möglichkeit in Frage (Zur Verbreitung verwandter Vorstellungen vgl. 1 QH 8,16).
Ein weiteres schweres Problem ist in V 37f. die Frage der Interpunktion. Zwei Möglichkeiten stehen offen:

a) »Wenn jemand Durst hat, komme er zu mir!
Und es trinke, wer an mich glaubt!«

Zitationsformel und Zitat folgen dann nach diesem Parallelismus als Prosa.

b) »Wenn jemand Durst hat, komme er zu mir und trinke!
Wer an mich glaubt, wie die Schrift sagt: »...«

Die Form b hat noch ein weiteres Sachproblem: Wessen Inneres ist im Zitat gemeint, das der Glaubenden oder das Jesu? In der Form a) ist diese Frage eindeutig zugunsten Jesu gelöst, aber im Fall b) kann man zweifach deuten: Die Glaubenden werden zur sprudelnden Quelle, also den Geist (39) weitervermitteln (so betont zuletzt: Reim), oder: Wer an Jesus glaubt, wird erfahren, wie von Jesus Ströme lebendigen Wassers ausgehen (Schnackenburg, Goppelt). Für die zweite Interpretation spricht die Parallele 4,14: Die Erfahrung des Glaubenden, Jesus ist Quelle lebendigen Wassers, bedeutet, der Glaubende wird nie mehr Durst haben (vgl. auch 6,35). Da auch 7,39 allein Christus als Geber des Geistes im Blick hat und im Glaubenden allein den Beschenkten sieht (Bultmann), sollte man diese zweite Interpretationsmöglichkeit vorziehen, so sicher natürlich religionsgeschichtlich die erste Auslegung denkbar ist (Rengstorf, Reim). Sie ist jedoch darum im joh Traditionsbereich unwahrscheinlich, weil sämtliche Geistaussagen hier stets in Gott bzw. Jesus den Geber des Geistes sehen und die Glaubenden, statt sie auch zu Vermittlern des Geistes zu machen, allein die Empfangenden sind. Ist also die Sachaussage somit bei der Interpunktion nach der Form a oder b praktisch gleich, ist der Alternative die theologische Brisanz genommen. Zudem sind sprachlich beide Formen im Prinzip johanneisch denkbar. Allerdings fehlt eine direkte Parallele für die Form b, wenn hier der Kasus pendens (»Wer an mich glaubt«) – statt unmittelbar durch den Nachsatz fortgesetzt zu werden – nach sich zuerst die Zitationsformel stehen hat. Wenn gegen die Form a eingewendet wird, es widerspreche sich darin die erste und zweite Hälfte (zunächst sollen alle Dürstenden kommen, dann aber nur die Glaubenden trinken; so Reim), so ist dies eine unjoh Exegese. Für E fallen kommen, trinken und glauben zusammen (vgl. zu 6,36–47), so daß der ganze Ruf als Einladung an alle, Jesus als Heilspender anzunehmen, verstanden werden muß.

Nun kann man allerdings die vielschichtigen Probleme auch noch anders deuten. Es fällt auf, daß in jedem Fall V 39 aus der Situation herausfällt. Aber auch das Zitat V 38b ist leicht entbehrlich. Das Volk stößt sich V 40ff. in typisch joh Form an Jesu Selbstoffenbarung als alleiniger Heilsermöglichung, also an einer Aussage wie V 37b.38a, ganz analog etwa zu 8,12. Dabei interessiert nicht im einzelnen, was Jesus sagt, sondern nur der darin zum Ausdruck kommende Anspruch (ebenso 8,12). Weiter ist die Einladung V 37b.38a in sich voll verständlich. Sie hebt, für sich genommen, auch gar nicht auf den Geist ab, sondern ist Einladung, bei Jesus allein Heil zu suchen. Das paßt zu der nahe verwandten Stelle 4,14, wo auch nicht spezifizierend auf den Geist Bezug genommen wird. So kann man erwägen, das Schriftzitat und die Deutung V 39 zusammen (Variation: je einzeln) späterer Redaktion zuzuschreiben (Bultmann: V 38b, eventuell V 39b; Rengstorf: V 38 ist sekundär). Dies würde die Szene straffen und die genannten Textprobleme erklären als entstanden aufgrund gelehrter, nachträglicher Interpretation, die die Szene sprengte. Jedoch zeigen 2,21f.; 11,51f.; 12,16.33, daß E die Typik solcher erklärenden »Nachträge« kennt. Allerdings folgt E darin auch überindividuellem Stil, so daß eine Verteilung der genannten Stellen einschließlich 7,38b–39 in je verschiedener Weise auf E oder Redaktorenhand denkbar bleibt. Sicherlich paßt ebenfalls 7,39 zur Theologie von E. Abermals gilt jedoch, die Aussage ist zugleich allgemein joh Gemeindetheologie. Vielleicht darf man jedoch noch auf eine theologische Differenz zwischen Gemeindetradition und E aufmerksam machen: Nach E ist der Vater der Spender des Parakleten (14,16f.26), nach den Texten aus der Gemeinde (15,26; 16,7) ist es der Erhöhte selbst. Das Zitat 7,38b setzt nun Jesus als Quelle des Geistes voraus. Dies spräche dafür, mit Schichtung im Text zu rechnen. Doch ist auch dies nicht ganz eindeutig: E kann ausnahmsweise 20,22 traditionsgebunden in Jesus den Geber des Geistes sehen. Nun wäre V 38b ebenfalls nicht seine freie Formulierung, und V 39 umgeht eine Festlegung auf Gott oder Christus als Geber. So bleibt der Verdacht auf Mehrschichtigkeit in V 37–39 erhalten, doch fehlt eine schlüssige Verifikation.

Jesu Einladung ist ein in sich gerundeter selbständiger Einzelspruch, der der mündlichen Tradition entstammt (Hahn). Traditionsgeschichtlich steht der Spruch in der Nähe von Aussagen der einladenden Weisheit (Spr 9,5; Sir 24,19; 51,23f.; zum Stil der Einladung vgl. auch Mt 11,28). Daß die Heilszeit nie versiegendes Wasser als Sinnbild des Lebens bringen wird, weiß schon die atl Prophetie (Jes 12,3; 43,20; 44,3; 55,1) und entsprechend die Apokalyptik (vgl. nur Offb 7,16f.; 21,6; 22,1.17). Dies zeigt die Verbreitung des Vorstellungsmaterials, das sich auch in der Gnosis findet (OdSal 6,11f.18; 11,6–9; 30,1f.; 31,6; 33,6), hier ebenfalls als Einladung an die Dürstenden. Allerdings zeigt 7,37b.38a noch keinen deterministisch-dualistischen Einfluß. Eine Erwählung nur Weniger ist nicht angedeutet. Aber der Spruch kann dann in einer dualistischen Gemeindekonzeption mit benutzt werden und so E zur Verfügung stehen. Im Rahmen der joh Theologiegeschichte wird man daran erinnern dürfen, daß der Logoshymnus (1,1–18 G) Zeuge einer dezidierten Weisheitschristologie ist. Man kann sich gut vorstellen, daß der 1,14.16 besungene Logos auch selbst analog der einladenden Weisheit im Judentum – also wie 7,37 – auftreten konnte. Eine formale Analogie ist auch Mt 11,28–30.

Die Einladung in 7,37b.38a ergeht an alle: Zu Jesus kommen, ist die Haltung des Glaubenden. Kommen und glauben, ist das Empfangen vom Lebensquell, der der Sohn ist. Wer glaubend sich Jesus öffnet, empfängt ihn als Leben. Dazu wird eingeladen. Dies ist auch sonst der Ruf des Sohnes (4,14; 6,35; 8,12 usw.). Dieser Ruf steht unabhängig vom Laubhüttenfest. Die szenische Angabe 7,37a ist also erst von E an den Einzelspruch herangetragen. Es mag sein, daß E gerade diesen Spruch hierfür auswählte, weil er und seine Leser um die Wasserspende im Zusammenhang des Festes wußten. Sie gehörte zur typischen Allgemeinkenntnis vom Fest und war wohl auch noch dort bekannt, wo man wie im Falle der joh Gemeinde längst abseits des jüdischen Kultes lebte (4,21–24).

Das V 38b angefügte Schriftzitat macht zunächst bei der Übersetzung Schwierigkeiten. Der Ausdruck, der neutral mit »Inneres«

wiedergegeben wurde, hat meistens die Bedeutung Bauch, Mutterleib und oft negativen Klang (Mt 7,19; Phil 3,19 usw.). Für V 38b ist dies sachlich undenkbar. Darum ist an vornehmlich atl-weisheitliche Texte zu erinnern, in denen der Ausdruck das »Innere« bedeutet und z. T. parallel zu »Herz« steht, also das Personenzentrum des Menschen meint (Hi 15,35; Spr 20,30.37; Klgl 1,20; Sir 19,12; 51,21).
Was will das Schriftzitat sagen? Wenn Jesus als die nie versiegende Quelle lebendigen Wassers bezeichnet und gerade dies in der Situation der Wasserspende am Laubhüttenfest angemerkt wird, dann liegt für Kenner des Judentums die Assoziation an die Ziontradition nahe, nach der die Tempelquelle am Ende der Tage immer sprudeln wird (Jes 12,3; Hes 47,1–12; Jo 3,18; Sach 13,1; 14,8; Offb 22,1f.). Diese Tradition verband sich mit der Tradition vom wasserspendenden Felsen in der Wüste (vgl. 2 Mose 17,6; 4 Mose 20,7–11; Ps 78,16), wie der Tosephta-Traktat Sukka III 3–18 zeigt (Grelot). Nun kommt hinzu, daß einige dieser Ziontexte als Lesungen für das Laubhüttenfest benutzt wurden (Hes 47,2; Sach 14,8 nach der Stelle aus dem Tosephta-Traktat), ja die »Quelle des Heils« aus Jes 12,3 auf den heiligen Geist gedeutet wurde (Jeremias), womit der Übergang von Joh 7,38 zu V 39 erklärbar wird. Dann will Joh 7,37–39 sagen: In Jesus sind diese Verheißungen erfüllt. Nicht jüdischer Kultus und jüdische Hoffnung bringen Heil, sondern Jesus erfüllt die atl Erwartungen. Allerdings bleibt diese im einzelnen noch verfeinerbare typologische Deutung dennoch recht fraglich: 7,37–39 sagen davon nichts direkt. Das Laubhüttenfest gibt nur sehr vage die Szene ab, und daß das Schriftzitat an die Ziontradition oder den wasserspendenden Felsen der Wüste erinnern soll, ist nur Vermutung. Auch ist der Zusammenhang Lehre – Wasser – Geist – Leben unabhängig von Ziontradition und Laubhüttenfest in vielfältiger Verwendung verbreitet (vgl. nur Ps 1,2f.; 23,1f.; 36,9f.; 42,2–4; Jer 2,13; 7,23; äthHen 48,1; 49,3; 62,2; Sir 24,21–33; 1 QS 4,20–22; 1 QH 8,4–8.16; CD 19,34; weiteres Material Billerbeck II 433f.492f.) und speziell auch bei der (einladenden) Weisheit anzutreffen (Spr 1,20–33; 8,32–36; 14,27.33; 18,4). Da selbst der Bezug zum Ritus der Wasserspende am Laubhüttenfest 7,37 erst erschlossen werden muß, sollte man darauf aufbauenden weiteren Rückschlüssen zumindest mit großer Zurückhaltung begegnen. Der Text läßt sich auch ohne sie gut verstehen, und es ist die Frage, ob E oder die joh Gemeinde soviel spezielle Kenntnis jüdischer Festtradition noch besaß.

Für den unmittelbaren Kontext ist allein der formale Anstoß an Jesu Selbstzeugnis von Bedeutung. Der christliche Leser bekommt mit V 38f. aber noch eine zusätzliche theologische Perspektive. Die joh Gemeinde weiß, daß der Geist erst nach der Erhöhung Jesu ihr gegeben wurde. Dann kann die Erfahrung, die Schrift habe sich erfüllt (V 38), erst eine nachösterliche Erfahrung sein, denn so sicher Jesus schon als Irdischer den Geist besitzt (1,32f.), so doch nur er. Dann ist weiter die Einladung V 37b.38a, auf dem Hintergrund des Geistes gedeutet, Einladung des erhöhten Herrn, von ihm im Glauben den Geist zu empfangen. Der Empfangende erfährt den Erhöhten als nie versiegende Quelle des Geistes. Diese Zusammenhänge lassen sich traditionsgeschichtlich auswerten: Die Einladung V 37b.38a ist ein Wort des Erhöhten, geistgewirkte Rede, durch die der Erhöhte spricht. Das Schriftverständnis V 38b ist ebenfalls geistgewirkt. Diese Auffassung der joh Gemeinde legt ihr Selbstverständnis frei: Sie ist Gemeinde aus dem Geist des Erhöhten (14,16f.; 20,22; vgl. 2,21). Dies ist sie so betont, daß sie sich selbst absetzt von der vorösterlichen Situation, denn deren Geistmangel läßt Christentum im strengen Sinn erst mit der Erhöhung Christi beginnen. Christentum ist konstituiert durch den im Geist präsenten Christus als Quelle des Lebens.

V 40–44 befassen sich abermals mit der zwiespältigen Reaktion des Volkes, das zugehört hat. Einige sehen aufgrund von Jesu Selbstoffenbarung in ihm den Propheten (vgl. 1,21; 6,14). Ist an den Propheten wie Mose gedacht (Jeremias 64; Schnackenburg, Messiasfrage), dessen Erwartung auf 5 Mos 18,15.18 zurückgeht? Dann müßten die Ströme lebendigen Wassers aus 7,38 an das Mosewunder beim Exodus erinnern. Aber dieser Bezug war schon bei 7,38 fraglich, außerdem ist dort Jesus selbst Quelle und als solche erst für die nachösterliche Gemeinde erkennbar. Endlich bleibt die Erwähnung des Propheten in V 40 formal. Für E ist es eine mögliche jüdische Bezeichnung des Heilbringers, die er, kaum erwähnt, schon verläßt. So demonstriert er die Vielfalt jüdischer Meinungen. Auch der nächste Titel Christus hat inhaltlich mit V 37ff. nichts zu tun, abermals wird für E Jesu Heilsanspruch als solcher jüdisch artikuliert durch eine traditionelle Bezeichnung der Heilsgestalt. Daß der Christustitel auch in der aktuellen Auseinandersetzung zwischen Christentum und Judentum Bedeutung hatte, wurde bei 7,27 gezeigt. Die sich an das Christusbekenntnis anschließende Diskussion wird analogen Aktualitätsgehalt besessen haben. Für die joh Gemeinde kommt Jesus aus Nazareth (1,49; 7,51; 18,5.7), und seine Abstammung aus davidischem Geschlecht ist ebenso unbekannt wie die Tradition vom Geburtsort Bethlehem (vgl. Mt 1–2; Lk 1–2). Schon allein über das AT weiß aber das joh Christentum von der wohl bekanntesten jüdischen Heilsgestalt, daß der Messias Davidide sein muß (2 Sam 7,12f.; Jes 11,2) und in der Davidstadt Bethlehem (Mi 5,1) geboren wird. Also widerspricht Jesus jüdischer Hoffnung. Damit haben andere Juden Grund, in ihm nicht den Messias zu sehen. So hindert sie das AT, sich für Jesus zu öffnen. E korrigiert diese Dissonanz zwischen AT und Jesus nicht, wie er auch nirgends sonst (1,49; 6,42; 7,52; 18,5.7) die gegenüber dem AT oder den Synoptikern ungewöhnlichen Aussagen über Jesu irdischen Ursprung zurechtrückt. Sie geben vielmehr seine Meinung korrekt wieder (Burger). Irdisch gesehen, haben die Juden in 7,42 ebenso recht wie die Juden in 6,42 und Nathanael in 1,46. Aber gerade diese Verhaftung an irdischen Phänomenen ist ihr Unglück, so verstellen sie sich den Zugang zu der himmlischen Dimension der irdisch nicht ausweisbaren Selbstoffenbarung 7,37b.38. Dieser Trend des Textes spricht gegen den Versuch, in 7,42 eine innerchristliche Kontroverse zu sehen, nach der E sich insgeheim gegen christliche Jesusdeutung wendet, die in Jesus einen Davididen aus Bethlehem sieht (so Burger). Die Begründung, die Tradition vom Geburtsort Bethlehem sei christlich und im Judentum nur schwach bezeugt, kann diese Konstruktion nicht tragen: Mi 5,1 ist dem Judentum natürlich bekannt, selbst wenn die Stelle keine so ausführliche Auslegungstradition erfahren hat wie der Topos, der Messias sei Davidide (vgl. noch Billerbeck I 82f.). Daß Mt 2,5f. Bethlehem unter Bezug auf Mi 5,1 gegen die Tradition von Jesu Heimatort Nazareth einführt, zeigt, wie für das Christentum des Mt sich nach jüdischer Tradition der Messias so legitimieren muß.

E schildert also erneut das Diffuse der jüdischen Reaktion. Diejenigen, die sich Jesus zunächst zugewendet haben, werden ihn in 8,31–59 ablehnen. Die ihm jetzt schon die Gefolgschaft verweigern, wollen handgreiflich werden (V 44), doch legt keiner die Hand an ihn. Damit endet die Diskussion wie 7,30.

Die Szene wechselt wie 7,32ff. Die Diener (7,32) kommen unverrichteter Dinge zu ihren Auftraggebern zurück (7,45). Zur Rede gestellt, begründen sie ihre Unfolgsamkeit mit dem Eindruck, den Jesu Person auf sie machte (7,46): Im irdischen Vergleich redet Jesus für sie eindrucksvoller als alle anderen (formal ähnlich hatte auch Nikodemus geurteilt 3,2). Dies ist kein Glaube, der die himmlische Offenbarung Jesu anerkennt, wohl aber hinreichender Grund, daß sie Jesus nicht ergriffen. Ähnlich wird später Pilatus reagieren: Jesu Offenbarung wird er nicht akzeptieren, wohl aber seine irdische Unschuld feststellen (18,33–40). Die Auftraggeber reagieren unwirsch und kompromißlos (wie später vor Pilatus): Die Diener werden als Verführte des Verführers abgestempelt und damit indirekt Jesus als Verführer und also des Todes Schuldiger (vgl. 7,12). Die Behörde untersucht nicht neue Aspekte, sondern beharrt auf der Durchsetzung ihres längst feststehenden Urteils (7,47). Man mag an ihr als dem Vorbild des Volkes zur Kenntnis nehmen, daß sie von Jesus nicht infiziert ist (7,48). Man weiß sich mit betonter Eindeutigkeit vom Volk, das das Gesetz nicht kennt, geschieden (7,49). Die Charakteristik scheint für die joh Gemeinde nicht ohne Erfahrung zu sein. Die Distanzierung vom gesetzesunkundigen Volk greift einen rabbinischen Fachausdruck auf (vgl. Billerbeck II 494–519). Die Verfluchung hat in 5 Mos 27,14–26 atl Hintergrund und die starre Haltung begegnet auch 9,28.34.

Aber ganz so monolithisch ist die Behörde doch nicht (7,51–52). Nikodemus – es wird an 3,1ff. erinnert – hat einen Einwand, der jedenfalls ein korrektes Verfahren intendiert, so sicher sich Nikodemus nicht als Glaubender äußert. Aber auch er wird mit Verdächtigung und dogmatischer Intransigenz abgeschmettert: Daß der Heilbringer (es ist wohl »der Prophet« zu lesen; die andere Lesart: »ein Prophet« widerspricht atl und jüdischer Anschauung) aus Galiläa kommt – so wird V 40f. zusammenfassend aufgegriffen –, ist gegen die Schrift. Dies ist nach E ein richtiges Urteil, nur ist es wie 7,42 ein irdisches, das Jesu wahres Wesen gar nicht zur Kenntnis nimmt. So zeigt sich der feindliche Unglaube gerade mit korrekter Schriftbegründung.

Von den Titulaturen Jesu im Joh kommt gerade der *Christustitel (Christos;* zweimal *Messias:* 1,41; 4,25) Joh 7 gehäuft vor. So legt sich eine Übersicht über seine Verwendung im Joh an dieser Stelle nahe. Er ist E vorgegeben als allgemeiner christlicher Gebrauch, wie 4,25; 11,27 belegen, wo E ihn wie selbstverständlich im Sinne eines positiven Bekenntnisses zu Jesus verwendet. Auch traditionelles Spruchgut (1,17) und die SQ (1,20.25.41; 4,29; 20,31; dazu Exkurs 1) bezeugen dies, wie endlich auch die KR (17,3). Doch fällt auf, daß E den Christustitel im Verhältnis zum 1/2 Joh (12mal bei viel kleinerem Textumfang) nicht besonders oft heranzieht. Für ihn ist der Vater-Sohn-Stil viel kennzeichnender (vgl. zu 5,19–23). Außer den schon genannten Stellen benutzt E ihn nur noch unspezifisch in 3,28 als Rückverweis und dann betont 7,26f.31; 10,24; 12,34 als jüdische Volksmeinung, die dem Irdischen verhaftet, keinen Zugang zur himmlischen Dimension des Gesandten hat, speziell in bezug auf seine Herkunft, sein Werk und seine Rückkehr zum Vater.

4. Nachtrag: Jesus und die Ehebrecherin 7,53–8,11

7,53 Und jeder ging in sein Haus. 8,1 Jesus jedoch ging auf den Ölberg. 2 Am frühen Morgen aber kam er wieder in den Tempel, und das ganze Volk kam zu ihm. Und er setzte sich und lehrte sie.
3 Da führten die Schriftgelehrten und Pharisäer eine Frau zu ihm, die beim Ehebruch ertappt wurde, stellten sie in die Mitte 4 und sagten zu ihm: »Meister, diese Frau wurde beim Ehebruch auf frischer Tat erwischt. 5 Im Gesetz jedoch hat uns Mose geboten, solche (Frauen) zu steinigen. Was also sagst du dazu?« 6 Das sagten sie aber, um ihn zu versuchen, um (einen Grund) zu haben, ihn anzuklagen. Jesus bückte sich nieder und schrieb mit dem Finger auf die Erde. 7 Als sie aber ihn mit Fragen weiter bedrängten, richtete er sich auf und sagte zu ihnen: »Wer unter euch ohne Sünde ist, werfe auf sie den ersten Stein!« 8 Dann bückte er sich wieder und schrieb auf die Erde. 9 Da sie das hörten, gingen sie einer nach dem anderen fort, angefangen bei den Ältesten.
Und er blieb allein zurück mit der Frau, die in der Mitte stand. 10 Da richtete sich Jesus auf und sagte ihr: »Frau, wo sind sie (geblieben)? Hat dich keiner verurteilt?« 11 Sie sprach: »Niemand, Herr.« Da sprach Jesus: »Auch ich verurteile dich nicht. Gehe hin und sündige von nun an nicht mehr!«

Literaturauswahl: Nicht alle Kommentare behandeln die Perikope, unter den Auslegungen vgl. besonders die von Schnackenburg und Brown. Weiter: *Aland, K.:* Studien zur Überlieferung des Neuen Testaments und seines Textes, Berlin 1967, 39–46. – *Baltensweiler, H.:* Die Ehe im Neuen Testament, Zürich 1967, 120–135. – *Becker, U.:* Jesus und die Ehebrecherin, BZNW 28, 1963 (Lit.). – *Blinzler, J.:* Die Strafe für Ehebruch in Bibel und Halacha. Zur Auslegung von Joh 8,5 NTS 4 (1957/58) 32–47. – *Bornhäuser, K.:* Jesus und die Ehebrecherin, NKZ 37 (1926) 353–63. – *Campenhausen, H. von:* Zur Perikope von der Ehebrecherin (Joh 7,53–8,11), ZNW 68 (1977) 164–175. – *Derrett, J. D. M.:* Law in the New Testament: The Story of the Woman taken in Adultery, NTS 10 (1963/64) 1–26. – *Ehrmann, B. D.:* Jesus and the Adulteress, NTS 34 (1988) 24–44. – *Fiedler, P.:* Jesus und die Sünder, BET 3, 1976, 116–118. – *Gerstenberger, E. S. – Schrage, W.:* Frau und Mann, Kohlhammer Taschenbücher 1013, 1980. – *Jeremias, J.:* Zur Geschichtlichkeit des Verhörs Jesu vor dem Hohen Rat, ZNW 43 (1950/51) speziell 148f. – *Köster, H.:* Die außerkanonischen Herrenworte als Produkte der christlichen Gemeinde, ZNW 48

(1957) 220–237. – *Lührmann, D.:* Die Geschichte von einer Sünderin ..., NT 32 (1990) 289–316. – *Manson, T. W.:* The Périkope de Adultera (Joh 7,53–8,11), ZNW 44 (1952/53) 255f. – *Merlier, O.:* Pericope de la femme adultère, in: *ders.:* Le Quatrième Évangile, Paris 1961, 139–149. – *Niederwimmer, K.:* Askese und Mysterium, FRLANT 113, 1975, 35–39. – *Riesenfeld, H.:* Die Perikope von der Ehebrecherin in der frühkirchlichen Tradition, SEA 17 (1952) 106–111. – *Rousseau, F.:* La femme adultère, Bib. 59 (1978) 463–480. – *Schilling, F. A.:* The Story of Jesus and the Adulteress, AThR 37 (1955) 91–106. – *Stauffer, E.:* Jesus war ganz anders, Hamburg 1967, 123–142.

Der Abschnitt fehlt in den besten Hss. Diejenigen Hss, die ihn enthalten, haben ihn meistens nach 7,52, seltener steht er auch nach 7,36; 21,24 und Lk 21,38. Hieronymus nahm die Perikope in die Vulgata auf, so verbreitete sie sich in der westlichen Tradition. Luthers Übersetzung des NT basiert auf einem (schlechten) Handschriftentyp dieses westlichen Textes, der die Perikope enthielt, so daß sie auf diese Weise auch bei den Reformationskirchen Verbreitung fand. Daß die Erzählung erst im Verlauf der Textgeschichte in das längst schon fertige Joh eingefügt wurde, bezweifelt heute keiner mehr ernsthaft (zur Textgeschichte vgl. U. Becker, Aland). Ebenso ist man sich einig, daß die Textüberlieferung im einzelnen gegenüber dem eigentlichen Joh recht schlecht, d. h. variantenreich ist. Der unjoh Charakter der Perikope wird auch im sprachlichen Bereich erkennbar (vgl. U. Becker 44–74; Schnackenburg). Schon am deutschen Text ist ersichtlich, daß der joh Dualismus fehlt und Jesus nicht in der Form der Selbstoffenbarung spricht. So paßt der Abschnitt eher zur synoptischen Überlieferung. Dieser Gesamtbefund führt eigentlich zu dem Urteil, den Abschnitt in einem Johanneskommentar gar nicht (z. B. Bultmann) oder nur anhangweise (z. B. Barrett) zu behandeln. Wenn er doch und an dieser Stelle kommentiert wird, dann darum, weil der Leser des Joh aufgrund der späteren Textgeschichte hier nach seiner Auslegung sucht.

Im Unterschied zur durchschnittlichen synoptischen Tradition ist die Perikope stark novellistisch ausgeschmückt. Statt mit knappen, zielstrebigen Angaben schnell auf den zentralen Punkt zuzusteuern (etwa 8,7b.11b), ist breit erzählt mit einer kaum verkennbaren Liebe zum Detail (vgl. 7,53–8,2.6.8a.9b–11a), so daß sich jetzt drei Teile ergeben: die allgemeine szenische Einleitung (7,53–8,2), ein erster Gesprächsgang zwischen den Anklägern und Jesus, wobei die Frau stummes Objekt ist (8,3–9a), und ein zweiter

Gesprächsgang zwischen Jesus und der Frau (8,9b–11), nachdem die Ankläger verschwunden sind. Im Gegensatz zum ersten Gespräch, in dem Jesus der Reagierende ist, ergreift er im zweiten die Initiative. In beiden Gesprächsgängen hat er das Schlußwort. Es gibt Indizien, daß die Perikope in ihrer vorliegenden Gestalt eine Erweiterung einer kürzeren Fassung ist (U. Becker): Die lange Einleitung ist sicherlich jungen Datums, denn die Volksmenge ist ab V 3 entbehrlich und die Ortsangaben für das eigentliche Doppelgespräch nebensächlich. V 3 ist eine gattungsgeschichtlich gute Einleitung. Auch V 6a hat nahe Parallelen in Lk 6,7. Joh 6,6, wird nur von einigen Hss bezeugt und ist eine die Haupthandlung unterbrechende Erläuterung. Weiter wird in V 9c nochmals V 3c aufgenommen, obwohl diese Ortsbeschreibung nach Abzug der Ankläger eigentlich nicht mehr gilt. Ist damit eine kritische Analyse angezeigt, so entstehen jedoch bei der Umfangsbestimmung im einzelnen Probleme.
Nun kann eine Analyse nicht ohne Blick auf eine Überlieferung bei Didymos von Alexandrien geschehen. Er berichtet von folgender apokrypher Evangelientradition (vgl. Lührmann):

»eine Frau ... wurde von den Juden einer Sünde wegen verurteilt, und man brachte sie zur Steinigung an den Ort, an dem das üblicherweise geschah. Als der Erlöser ... sie wahrnahm und sah, daß sie sie steinigen wollten, sprach er zu denen, die zu ihrer Steinigung bereit waren: ›Wenn jemand überzeugt ist, nicht gesündigt zu haben, nehme er einen Stein und bedränge sie!‹ Aber niemand wagte es. Im Bewußtsein ihrer Selbsterkenntnis, daß auch sie für etliches verantwortlich waren, wagten sie nicht, jene zu bewerfen.«

Die Verwandtschaft zu Joh liegt auf der Hand. Jedoch kann die kürzere Erzählung nicht einfach eine indirekte Vorlage der längeren joh sein, weil die sprachlichen, syntaktischen und strukturellen Differenzen sehr groß sind. Der Vergleich gibt allerdings einer alten These Nahrung, daß nämlich auch die joh Erzählung einst eingipflige Gestalt besaß, und ein Kernbereich aus 8,3–9a der Ausgang der Überlieferung war (Fiedler, Lührmann). Aber hier ist Vorsicht geboten: Die Tradition bei Didymos läßt Jesus initiativ in eine Strafaktion mit dem Ziel eingreifen, die Steinigung zu verhindern. Das gelingt mit Jesu Wort an die Juden, das zu deren Selbsterkenntnis führt. Eingangsszene und eingipfliges Wort Jesu sind also zusammenzusehen. Joh 8 wird Jesus gegen seinen Willen von den Anklägern zum Richter über die Angeklagte eingesetzt.

Dementsprechend muß er sich mit den Anklägern und der Angeklagten beschäftigen. Dabei sind die traditionelle Anhörung der Anklage und die übliche Befragung der Angeklagten nun zu den beiden vorliegenden Szenen gestaltet, so daß von daher die Zweigipfligkeit strukturell gefordert ist. Dadurch ergibt sich auch zweimal ein anderes Aussageziel: Bei Didymos ist Selbsterkenntnis von den Hörern gefordert. Bei Joh dreht Jesus eine ihn in Frage stellende Situation so souverän um, daß die Ankläger der Frau abziehen müssen und Jesus der Frau Vergebung anbieten kann. Also soll der Hörer wissen: Unter der Bedingung von 8,11c (»Sündige von nun an nicht mehr«) kann Ehebruch vergeben werden. D. h. der zweite Gesprächsgang in Joh 8,9b–11 ist viel tiefer mit dem im Joh gebotenen Text verwachsen, als daß er einfach in Analogie zu Didymos abgetrennt werden könnte. Bedenkt man weiter, daß Didymos die Erzählung ausdrücklich einführt, um die Notwendigkeit von steter Selbsterkenntnis zu belegen, dann muß man fragen, ob nicht sogar erst er die Erzählung um seines Zieles willen so nacherzählend strukturierte. Eine Fassung wie die joh hätte er gar nicht gebrauchen können. Doch wie dem auch sein mag, die joh Fassung ist so selbständig, daß man sie aus sich heraus erklären muß. Dabei wird man sie von der Gattung her als biographisches zweigipfliges Apophthegma bezeichnen können (Schnackenburg).

Nun kann man dann immer noch versuchen, eine möglichst knappe Erzählung aus Joh 8 zu rekonstruieren, indem man möglichst alle novellistischen Züge zu Zutaten erklärt. Dies geschieht dann gern mit der Absicht, dem Grundstock ein hohes Alter zuzuerkennen, ja sogar dem echten Jesusgut zuzurechnen. Aber die novellistische Ausgestaltung haftet viel intensiver dem Text an, als daß dieser Versuch ganz gelingt. Wachstum ist sichtbar (s. o.), aber eine Reduktion auf einen jesusnahen Kern ist zweifelhaft. Gegen ein hohes Alter sprechen im übrigen auch sachliche Gründe (vgl. von Campenhausen): Daß das Judentum zur Zeit Jesu die Halsgerichtsbarkeit besaß, ist mehr als fraglich (vgl. zu Joh 18,31); daß es sich die Pharisäer leisten würden, solchen Fall außerhalb eines geordneten Rechtsverfahrens als Lynchjustiz zu regeln, ebenso unwahrscheinlich. Vermutlich wurde er z. Z. Jesu sogar überhaupt nicht mehr mit Tötung geahndet (s. u.). In jedem Fall aber ist kaum vorstellbar, daß sie auf Jesu Einwand hin davon abließen, ja daß sie Jesus bei solchen Vorhaben überhaupt erst um Rat fragten (vgl. die Erwägungen bei Blinzler, Schnackenburg, Brown, Fiedler). Ist das ganze eine ideale und konstruierte Szene, so wird auch verständlich, warum es Probleme macht zu klären, ob z. B. schon eine pharisäische ordentliche Verurteilung vorausging, oder etwa ob die Frau verheiratet war (s. u.). Weil dem Erzähler diese und ähnliche Angaben Nebensache waren, entfallen sie: Er konstruiert auf V 7b.11b hin. Dabei liegt ihm nicht daran, eine innergemeindliche Diskussion um die Buße von Todsündern mit Jesusautorität zu lösen (Köster), denn die Ankläger sind nicht die Jünger als Repräsentanten der Gemeinde und die Ehebrecherin ist keine Jesusanhängerin, ihre Reue kein Thema der Erzählung und eine Differenzierung zwischen Sünde und Todsünde nicht angezeigt. Der Erzähler will vielmehr zeigen, wie angesichts allgemeiner Schuldverfallenheit jedes Menschen – also auch dessen, bei dem es um eine in der urchristlichen Paränese so vorrangig verurteilte Sünde wie den Ehebruch geht – derjenige, der zu Jesus kommt, also Christ wird, aufgrund von göttlicher Vergebung (Taufe) neu leben darf. Dies erinnert an die urchristliche Taufauffassung, bei der der sündige alte Wandel vergeben wird und ein neues Leben nach der Taufe beginnt (vgl. nur 1 Kor 6,9–11; Tit 3,3–7 und Röm 13,12–14). Joh 8 will also so missionieren: Das Leben des Sünders muß nicht mit dem Tod enden, es darf mit Jesu Vergebung, dargereicht durch die Taufe, als neues Leben beginnen. Es kann kein Zweifel bestehen, daß der Erzähler darin einen Grundzug von Jesu Verkündigung aktualisierte (bedingungslose Annahme des Verlorenen) und insofern autorisiert war, so sinngemäß zu konstruieren.

Die Szene setzt voraus, daß Jesus im Tempel gelehrt hat und die Jerusalemer daraufhin nach Hause gegangen waren. Jesu Lehren im Tempel ist typisches Allgemeingut der Jesusüberlieferung (Mk 14,49; Joh 18,20). Nach Lk 19,47; 20,1; 21,37 lehrte Jesus in den letzten Tagen täglich im Tempel. Die Nächtigung auf dem Ölberg (er wird nur hier im Joh erwähnt) ist wiederum lukanisch (Lk 21,37). In der Morgenfrühe (das Wort steht im NT nur bei Lk 24,1; Apg 5,21) lehrt Jesus abermals und das Volk strömt herzu. Daß Jesus beim Lehren sitzt, ist unjohanneisch (in 6,3 fehlt das Lehren), sonst »steht« er (z. B. 7,37).

Nach dieser allgemeinen Einleitung wird nun der erste Gesprächsgang vorbereitet: Schriftgelehrte und Pharisäer (die Zusammenstellung ist synoptisch, Joh nennt sonst die Schriftgelehrten nicht) bringen eine Ehebrecherin, in flagranti festgenommen, und stellen sie in die Mitte. Also stehen die Ankläger im Halbkreis darum und Jesus ihnen gegenüber. Des Volkes wird nicht ausdrücklich gedacht, wie seine Anwesenheit überhaupt 7,53–8,2 nicht mehr direkt aufgegriffen wird.

Welchen Status die Frau hat, bleibt offen. Zwar differenziert das atl Gesetz (vgl. 5 Mose 22,22f.), aber nicht der Erzähler. Jedoch wird es sich um eine Ehefrau handeln, da ausdrücklich Ehebruch angegeben ist (dazu und für weiteres vgl. Blinzler). Für diesen Fall sieht das AT die Tötung vor, gibt allerdings nicht ausdrücklich die Steinigung als Todesart an. Die Mischna erkennt später auf Erdrosselung. Doch wird man im ersten Jahrhundert die Steinigung als jüdische Todesstrafe anzusetzen haben (Blinzler). Allerdings wird man zwischen theoretisch erörterten Strafen und tatsächlich vollzogenen Sanktionen unterscheiden müssen: Schon Sir 23,22–28 und die Test XII erwähnten die Todesstrafe für Ehebruch oder Unzucht nicht mehr. Zwar sind jüdische Steinigungen zur Zeit des Urchristentums belegt (z. B. Apg 7,58f.; 14,19; vgl. Joh 8,59; 10,31; 11,8), aber wohl doch nur bei Religionsfrevel, nicht mehr bei Gemeinschaftsdelikten wie Ehebruch. Insofern ist Joh 8,5 wohl eine theoretische Frage.

Die Exegeten beschäftigt weiter die Frage, ob man zum Gerichtshof geht oder schon vom Gerichtsverfahren zur Hinrichtung gehen will, oder ob man das Recht Roms, allein die Todesstrafe aussprechen zu dürfen, durch Lynchjustiz umgeht (vgl. Jeremias, U. Becker, Derrett). Der Erzähler hat an solchen Fragen aber gar kein Interesse. Vielleicht kennt er die damit verbundenen Aspekte sogar gar nicht. Ihn interessiert allein Jesu Reaktion. Er soll Auskunft geben, ob er bei Ehebruch das atl Gesetz anzuwenden gedenkt (V 4f.). Die Frager haben dabei die Absicht, ihn zu versuchen (V 6). Diese wohl kaum ganz alte Notiz setzt also voraus, daß die Frage Jesus vor eine kaum lösbare Situation stellt. Etwa so: Will Jesus das Gesetz nicht angewendet wissen, stellt er sich gegen Gottes Willen im AT. Ist er für Bestrafung, stellt er sich in Kontrast zu seiner sonstigen Zuwendung zu den Sündern und gegen Rom, das sich allein die Todesstrafe vorbehielt. So oder so kann man ihn dann anklagen. Dies erinnert an die letzten Jerusalemer Tage Jesu, wie sie etwa in der Situationsschilderung Mk 12,13.15 zur Geltung kommen.

Jesus gibt zunächst keine verbale Antwort, sondern schreibt in den Sand (V 6b). Auf diese Angabe haben sich die Ausleger mit viel Phantasie gestützt (Überblick bei Schnackenburg und Brown): a) Schreibt Jesus die Sünden der Anklagenden (und aller Menschen) auf (seit Hieronymus, vgl. Brown)? b) Malt er, römischer Rechtsgepflogenheit folgend, das Urteil auf, um es dann zu verlesen (Manson)? c) Schreibt er Jer 17,13 in den Sand bzw. soll das Malen im Sand gleichnishaft daran erinnern (J. Jeremias)? d) Oder ist

2 Mose 23,1b im Spiel (Derrett)? Nun sind zunächst alle Deutungen, die den zweimaligen Gestus (V 6b.8) nicht einheitlich erklären, wenig wahrscheinlich. Im übrigen sind alle Auslegungen damit belastet, daß sie etwas in den Text eintragen, wo dieser wortkarg bleibt. Man wird fragen müssen, ob es überhaupt zur Gattung paßt, relativ raffinierte Bibelkenntnis so versteckt vorauszusetzen. So liegt es näher, novellistisch-ausschmückendes Detail zu vermuten: Jesus wartet ab, an den Fragenden desinteressiert, indem er sie sich selbst überläßt. Wäre der Akt des Malens konstitutiv für Jesu Antwort, hätte der Erzähler wohl substantiell mehr gesagt (Brown).

Jesu Antwort (V 7) geht nicht auf die Rechtssituation ein (Ist die Sünderin auch wirklich überführt?), noch blickt sie auf das AT, noch hebt sie auf die politische Situation ab (Erlaubt Rom solche Bestrafung?), sondern legt die Situation der Fragenden bloß: Haben sie ein Recht, im Namen des AT zu richten oder sind auch sie (nicht Ehebrecher, wohl aber) Sünder? Sind sie wirklich besser als die Sünderin? Diese Wendung der Lage erinnert an Lk 13,1–5. Sie wird Pharisäer kaum überzeugen, da 5 Mose 22,22f. jenseits dieser Fragestellung formuliert ist. Um so mehr überzeugt sie Adressaten in der Missionssituation, denen so das allgemeine Gericht Gottes über alle verstehbar wird (vgl. Röm 1,18; 3,9–18). Dafür bedarf es auch keiner Bemühung von 5 Mose 13,10; 17,7, wonach zuerst die Zeugen, dann aber das Volk die Steinigung vollziehen sollen (so Schnackenburg). Es geht ja nicht um die Frage, wer traut sich als Zeuge aufzutreten, sondern wer fühlt sich völlig sündlos und darum befähigt, hier zu richten?

Jesus zieht sich wieder durch Schreiben im Sand aus der Situation zurück (V 8). Nun muß sein auf Selbsterkenntnis gerichtetes Wort wirken. Zuerst machen sich die Ältesten aus dem Staub: Sind sie (in sorgloser Verwendung) die Ältesten aus dem Hohen Rat, obwohl sie V 3 nicht genannt sind? Sind es die Alten als Lebenserfahrene, die am ehesten Einsicht in die Sündhaftigkeit der menschlichen Natur haben? Doch sollte man auch hier in einen novellistischen Nebenzug nicht zuviel hineinlegen: Die Alten waren allgemein Vorbilder und Autoritäten. Wenn man schon angeben wollte, wer mit dem Rückzug begann, war es naheliegend, bei ihnen anzusetzen (Eine Erinnerung an Sus 5,22 scheint fernzuliegen).

Dann sind Jesus und die Frau allein (V 9b). Wenn es heißt, sie steht in der Mitte, so nimmt das einfach V 3 auf und setzt nicht notwendig das Volk als Rahmen voraus. Entscheidender als solche szenische Problematik ist dem Erzähler der theologische Aspekt, der in dem viel zitierten Wort Augustins z. St. (vgl. Schnackenburg) gut formuliert ist: »Übrig geblieben sind zwei, die Erbarmenswürdige und das Erbarmen.« Zunächst will Jesu Doppelfrage Vergewisserung verschaffen, daß der Sinn des bisherigen Geschehens von der Frau erkannt ist: Alle sind gegangen, keiner hat sie verurteilt. Damit ist dem Leser klargemacht: Alle sind Sünder wie die Frau, die wie alle nun exemplarisch erbarmendes Vergeben nötig hat. Dadurch, daß sie der Steinigung entronnen ist, ist sie ja noch nicht unschuldig. Danach kommt Jesu Antwort, die eigentlich seit V 4f. aussteht, zur Geltung. Sie enthält den Freispruch, die Vergebung (V 11a), und sie ist Ermächtigung zu einem neuen Leben (V 11b). Gnade hat den Sinn, Grundbestimmung des neuen Wandels zu sein. Gnade schließt das Verharren in der Sünde aus (Röm 6,1). Ist es Zufall, daß »von nun an« in V 11 an Formulierungen erinnert, die mit demselben »nun, jetzt« den christlichen Stand im Unterschied zum alten Wandel beschreiben (Röm 6,19.21; 8,1; 1 Kor 7,14; 2 Kor 5,16; 6,2; Eph 5,8; 1 Petr 2,10.25)? Ist diese Assoziation beabsichtigt, bestätigte sich nochmals die Auslegung, die die Missionssituation im Blick hat (allgemeine Sündenverfallenheit, neues Leben aufgrund des christlichen Gnadengebotes).

5. Im Anschluß an das Fest: Jesus, das Licht der Welt 8,12–20

12 Wiederum redete Jesus zu ihnen und sprach:
»Ich bin das Licht der Welt,
wer mir nachfolgt, wird nicht in der Finsternis wandeln,
sondern das Licht des Lebens haben.«
13 Da sagten die Pharisäer zu ihm: »Du legst für dich selbst
Zeugnis ab. Dein Zeugnis ist (darum) nicht wahr.« 14 Jesus
antwortete und sprach zu ihnen: »Auch wenn ich für mich
selbst Zeugnis ablege, ist mein Zeugnis wahr; denn ich weiß,
woher ich gekommen bin und wohin ich gehe. Ihr jedoch wißt
nicht, woher ich komme und wohin ich gehe. 15 Ihr richtet
nach dem Fleisch, ich richte über niemanden. 16 Und wenn
ich richte, dann ist mein Urteil wahr, denn ich bin nicht allein,
sondern ich und der mich gesandt hat (gehören zusammen). 17 In eurem Gesetz steht auch geschrieben, das Zeug-
nis zweier Menschen ist wahr. 18 Ich bin es, der für sich
Zeugnis ablegt, und es legt über mich der Vater, der mich

sandte, Zeugnis ab.« 19 Sie sagten nun zu ihm: »Wo ist dein Vater,« Jesus antwortete: »Ihr kennt weder mich noch meinen Vater. Würdet ihr mich kennen, würdet ihr auch meinen Vater kennen.«
20 Diese Worte sprach er bei der Schatzkammer, als er im Tempel lehrte. Und niemand nahm ihn fest, weil seine Stunde noch nicht gekommen war.

Literaturauswahl: Beutler, J.: Martyria, 265–271. – *Blank, J.:* Krisis, 183–226. – *Braun, H.:* Qumran I, 122–124. – *Bühner, J.-A.:* Gesandte, 118–137. – *Charlier, J. P.:* L'Exégèse johannique d'un Précepte légal: Jean 8,17. RB 67 (1960) 503–515. – *Conzelmann, H.:* Art. *phos* usw., ThWNT IX 302–349. – *Dupont, J.:* Jésus-Christ, Lumière du monde, in: Essais sur la Christologie de StJean, Paris 1951, 61–105. – *Kuschke, A.:* Die Menschenwege und der Weg Gottes im AT, StTh 5 (1951) 106–118. – *Neyrey, J. H.:* Jesus the Judge: Forensic Process in John 8,21–59, Bib. 68 (1987) 509–541. – *Wahlde, U. C. von:* Literary Structure and Theological Argument in Three Discourses with the Jews in the Fourth Gospel, JBL 103 (1984) 575–584. – *Wetter, G. D.:* Eine gnostische Formel im 4. Evangelium, ZNW 18 (1917/18), 49–63.

Der Abschnitt ist geprägt durch die literarische Gattung des Rechtsstreites (vgl. 5,31–47; 7,15–24): Aufgrund des Heilsanspruches des Gesandten (8,12) stellen die Pharisäer die Legitimationsfrage (8,13). Jesu Entgegnung besteht in erneuter Selbstoffenbarung und Bloßstellung des Unglaubens (8,14–19). Die szenische Schlußbemerkung (8,20) beleuchtet abermals die Todfeindschaft der Juden.
Die szenische Einführung ist sehr formal und blaß. Die Nähe zum Laubhüttenfest nur erschließbar (vgl. die Einführung zu Kp 7–8). Um das Fest selbst kümmert sich E nicht mehr, darum ist es auch unwahrscheinlich, daß Jesu Selbstoffenbarung als Licht der Welt symbolisch an die nächtliche Festbeleuchtung im Frauenvorhof anläßlich des Festes erinnern soll. Dies ist um so weniger anzunehmen, als 8,12 ein der mündlichen Tradition entnommenes Ich-bin-Wort ist, und der sich anschließende Rechtsstreit auf den Inhalt des Wortes gar nicht eingeht, vielmehr nur formal darauf abhebt, daß Jesus sich selbst verkündigt. 8,12 ist in der Komposition ersetzbar durch jedes andere Offenbarungswort, z. B. durch 7,37f., mit dem es eine ganz analoge Art der Funktion teilt.
Die formale Rundung, die typische Form (vgl. Exkurs 5), das sprachliche Gewand (»Licht des Lebens« nur hier im Joh) und die sachliche Ungebundenheit vom Kontext führen zu der These, daß

in 8,12 Spruchgut vorliegt. Durch das »Ich bin« präsentiert sich der Offenbarer in seinem Heilssinn. Dieser ist ebenso exklusiv (nur er ist das Licht) wie umfassend (er ist das Licht für alle Menschen). Diese Selbstdarstellung ist darüber hinaus zeitlich unbegrenzt, insofern nicht etwa die Einladung nur vom Irdischen her ergeht, sondern primär von der Gemeinde, die unter dem Erhöhten steht, gehört werden soll. Im einladenden Ich ist die Christusgeschichte insgesamt präsent. Weil diese in die Erhöhung mündet, hat der Ruf bleibende Gültigkeit (Blank), wie ursprünglich solche Offenbarungsworte Worte des Erhöhten waren (Exkurs 5). Exklusiver Anspruch des Offenbarers, unbegrenzter Horizont im Blick auf die Adressatengruppe und nichtterminierte Gültigkeit im zeitlich-geschichtlichen Sinn: das meint, es ist ein eschatologischer Ruf. Die Präsentation eröffnet den Menschen den Heilssinn, daß der so Redende selbst nicht nur bildlich, metaphorisch oder symbolisch, sondern eigentlich Licht der Welt ist. Das Licht als grundlegendes Heilswort in 8,12 erfährt in dreifacher Hinsicht eine Bestimmung. Es enthebt einmal aus dem ohne das Licht ausschließlich möglichen Wandel in Finsternis. Es hat also einen dualistischen Gegenpol, ist selbst die eine Seite im dualistischen Konzept. Ohne es ist die Menschheit durch den Wandel in Finsternis bestimmt (vgl. 12,35). Diesem Unwert kann man nur entrinnen durch Nachfolge aufgrund der Einladung. Sodann ist Licht als Leben ausgelegt, insofern das Heilsgut »Licht« durch den Genitiv »Leben« näher erklärt wird. Also ist Christus das Leben (11,25f.) zugleich Lebensgabe. Leben ist nicht ein beschreibbarer Zustand, sondern Nachfolge dem Licht gegenüber. Damit ist zugleich deutlich, daß Licht nicht einfach ethisch gefaßt ist, sondern das Heilsgut der Offenbarung meint. Endlich ist das Licht für die Welt da. Insofern durch den Nachsatz die Welt als Totalität aller in Finsternis Wandelnden bestimmt ist, und diese Welt als solche Einheit eben angesichts der Offenbarung des Lichtes sichtbar wird, ist der Weltbegriff von der Offenbarung her auf dualistischem Hintergrund definiert. Der Schöpfungsgedanke ist aus solchem Zusammenhang fernzuhalten. Nicht die Schöpfung wird erlöst, sondern dem dem Tod geweihten Wandel in Finsternis wird es ermöglicht, durch den Einladenden Licht des Lebens als fremde, von außen, d. h. vom bisher unbekannten Gott (vgl. 1,18; 5,37f.), kommende, gänzlich unerwartete Gabe zu erhalten. So bedeutet, »Licht des Lebens« zu haben, letztlich Abkehr von der Welt, denn die Realisation des Lebens ist Weltdistanz im doppelten Sinn: Jetzt als Glaubender schon die allgemeine und konstitutive Weltsignatur des Todes hinter sich gelassen zu haben (5,24) und im Tode vom Erhöhten zu sich in die Weltferne gezogen zu werden (12,32). Im übrigen wiederholt 8,12, was in anderer Weise 6,35; 5,24f.; 7,37f.; 14,6 usw. auch sagen wollen. Es besteht Monotonie im theologischen Gehalt bei Variabilität der Sprache: Der Sohn offenbart sich als der Welt fremdes Leben.

Hier wird die aus späteren Texten bekannte gnostische Weltsicht partiell sichtbar. Sicherlich, der Dualismus ist kein kosmologisch-substantieller (die obere Welt ist nicht Lichtsubstanz, die untere nicht als Materie Finsternis), sondern nur ausgelegt in der Relation Offenbarer – Glaubender. Auch bleibt im anthropologischen Bereich der Mensch als ganzer Glaubender oder sich der Offenbarung Versagender, er ist nicht selbst dualistisch gespalten. So läßt sich ebenfalls nicht erweisen, daß die joh Sicht schon eine voll ausgestaltete Gnosis voraussetzt, aber joh dualistisches Offenbarungsdenken ist einem Milieu verhaftet, dem sich auch die späteren gnostischen Systeme verdanken (vgl. dazu auch die Ich-Prädikation Apoc Joh C II 30,33f.). Dabei zeigt gerade ein Spruch wie 8,12, daß dieses joh Milieu von jüdisch-christlicher Tradition herkommt: So ist z. B. »Licht für die Welt« terminologisch und sachlich ungnostisch, weil die Gnosis den universalen Heilsgedanken nicht kennt. Sein jüdisch-christlicher Ort ist häufig beschrieben worden (vgl. z. B. zuletzt Schnackenburg). Dorther kommt auch das Verständnis der Existenz als Nachfolge und Wandel. Dies läßt an die atl-jüdische Tradition (Kuschke), speziell an den Qumrandualismus denken. Jedoch sollte ein differenzierteres Distanzverhältnis dazu nicht übersehen werden (vgl. die Diskussion bei Braun und Schnackenburg).

Das Selbstzeugnis Jesu nehmen die Pharisäer (vgl. 7,45) zum Anlaß, die Legitimationsproblematik vom Standpunkt des Unglaubens her zu erörtern (8,13). Der pharisäische Einwand, Selbstzeugnis habe keine Beweiskraft, soll wohl jüdischem Denken nachempfunden sein (vgl. zu 5,31ff.). Allerdings ist er hier nicht als historische Reminiszenz von Wichtigkeit, sondern dient dem christologischen Offenbarungsdenken: Jesus kann nur Selbstzeugnis ablegen, weil er allein in der Welt der Finsternis Gott und Leben offenbart (vgl. zu 1,18). Ist der Vater nur durch den Sohn erkennbar, gibt es außerhalb der Offenbarung keine Legitimation. Daran stößt sich der Unglaube – formal mit Recht, denn Jesus hatte 5,31 das Selbstzeugnis als unmöglich abgelehnt und als seine zwei Zeugen seine Werke und den sendenden Vater benannt (5,36f.). Insofern aber dies keine von ihm unabhängigen Zeugen sind, sind sie nur ein anderer Ausdruck seines Selbstzeugnisses, so daß es im Sinne von E einerlei ist, ob diese Zeugen aufgerufen werden oder Jesus selbst von sich zeugt. Die Legitimationsforderung außerhalb der glaubenden Rezeption des Selbstzeugnisses wird so zur Signatur des ungläubigen Verhaltens.

Jesu Antwort (V 14) weicht auch nicht einmal nur formal auf andere Zeugen aus, sondern steigert die Anstößigkeit seiner Offenbarung, indem er im Gegensatz zu 5,31 kontert, daß in der Tat bei ihm – nur bei ihm – Selbstoffenbarung wahres Zeugnis ist. Dies wird begründet mit einem Wissen, das er von sich hat und das anderen nicht zugängig ist. Die Anstößigkeit seines Zeugnisses gründet also in der Fremdheit des Offenbarers, sein fremdes Wesen ist der Welt unbekannt. Die Unkenntnis äußert sich als Unwissen über seine Herkunft und sein Ziel. Beides kennt nur der der Welt fremde Offenbarer selbst und die, die sein Zeugnis annehmen. Die christologische Doppelfrage: Woher? und Wohin? war gerade vorher 7,25–36 Ordnungsprinzip für Aufbau und Gedankengang. Im Rahmen des joh Dualismus (vgl. Exkurs 3) hat die Frage nach dem Abstieg und Aufstieg des Gesandten ihren allgemeinen kulturgeschichtlichen Wurzelboden im altorientalischen Botenrecht (Bühner), jedoch ihre speziell religionsgeschichtlichen Parallelen im jüdisch-gnostischen Denken. Hier in der Gnosis ist die Erhelltheit der Existenz als Erlösungsvorgang gegeben, wenn himmlischer Ursprung und himmlische Ruhe als Heilsziel bekannt sind, wobei dieses Wissen gerade nur durch Offenbarung z. B. durch den Gesandten ermöglicht wird (Belege bei Wetter, Bultmann, Schnakkenburg). Kenntnis des Gesandten und Erkenntnis des eigenen Heils, Weg des Gesandten und der eigene Weg sind im Erlösungsvorgang identisch. Wenn demgegenüber die Juden in 8,14c Jesu Weg gerade nicht kennen und damit ihn als Offenbarer nicht anerkennen, so ist dies nur ein anderer Ausdruck dafür, daß sie das V 12 gemachte Selbstzeugnis nicht annehmen oder (V 15) nur irdisch urteilen, also unwissend in Finsternis wandeln (V 12). Unkenntnis des Offenbarers ist also Ausdruck des eigenen Unheilstatus. Kennten sie den Offenbarer, d. h. seinen Weg als Abstieg und Aufstieg, kennten sie auch ihr eigenes Heilsziel, denn der Gesandte ist ja ihr Weg (14,6).

Allerdings hat die Frage nach Ursprung und Ziel des Offenbarers hier keinen Selbstzweck, der Himmel und der Vater werden ja nicht eigens thematisiert. Der Blick wird nicht auf die obere fremde Welt Gottes gelenkt. Aussagen wie 1,18; 3,32; 8,26, die solches formal ankündigen, werden nie eingelöst, weil alles dem einen

Gedanken zugeordnet wird: Im gesandten Offenbarer, in seinem Selbstzeugnis erschließen sich jetzt Gott und ewiges Leben. Dieses Ziel der Aussage erkennt man an 8,18f., wie darüber hinaus auch verständlich wird, daß dieses Ziel in Kontinuität zum Ich-bin-Wort 8,12 steht: Die Einheit mit dem Vater ist die Legitimation, warum Jesus das Ich-bin mit dem exklusiven Offenbarungsanspruch stellen kann.

Diese dem Glauben erschlossene Begründung ist freilich dem Unglauben verborgen, denn er beurteilt Jesu Anspruch nur »nach dem Fleisch« (8,15a). Wahrscheinlich liegt hier ein sprachlicher Splitter aus dem paulinischen Traditionsbereich vor (hier allerdings durchweg artikellos). Doch kennt auch das Joh die Kennzeichnung der irdischen Wirklichkeit als »Fleisch« im dualistischen Kontrast zur himmlischen Wirklichkeit als »Geist« (3,6; 6,63). Insofern nach Joh 3 »Geist« die Dimension des Glaubens ist, wäre dann das Urteilen nach dem Fleisch das ungläubige Verhalten zu Jesus. Insofern dabei solches Verhalten auf das irdisch Vorfindliche aus ist, ist es ein Urteilen »nach dem Augenschein« (7,24). Solches Urteil nimmt Jesu Herkunft von irdischen Eltern wahr (6,42), erkennt in ihm einen großen Wundertäter (3,2; 6,14f.; 7,31) und nimmt seinen übersteigerten Selbstanspruch ärgerlich zur Kenntnis (5,18; 6,41; 8,12). Aber ihm bleibt verschlossen, daß in diesem Wort der außerhalb dieser Offenbarung unbekannte Vater als alleiniger Lebensspender anwesend ist, daß also das Wort Jesu eine Wirklichkeit erschließt, die außerhalb desselben nicht zugängig ist. Glanzlose Unscheinbarkeit (6,42) oder außergewöhnlicher Wunderglanz (3,2; 7,31) sind als extreme Attribute derselben Person weltlich verrechenbar. Nur das Wort der Selbstpräsentation (wie z. B. 8,12) eröffnet das Wesen des Sohnes, damit den Vater und also ewiges Leben als der allein dieser Welt schlechthin überlegenen Wirklichkeit. So ist 8,12–20 ein gutes Beispiel, wie die Leser aus der geschilderten ungläubigen Haltung ein Plädoyer für das Wort als Offenbarungsträger lesen sollen.

Im Unterschied zu den Pharisäern, deren richtendes Urteil Ausdruck ihres Unglaubens ist, weil sie Jesu Wort nicht allein annehmen, sondern außerhalb seiner selbst verifizieren wollen, richtet Jesus niemanden. Sein eigentliches Amt ist nicht das Richten, sondern das Retten. Aber dennoch ist sein Erscheinen Gericht, insofern richtet er doch (vgl. zu dieser Dialektik 3,14ff.; 5,24ff.). Sein Gericht ist »wahr« (5,30 hieß es »gerecht«), d. h. bringt die letzte Entscheidung über Leben und Tod, weil Gott selbst in ihm da ist. Darum kann Jesus doch noch – abermals im formalen

Widerspruch zu 8,14 – auf zwei Zeugen verweisen (vgl. 5 Mose 17,6; 19,15), auf sich selbst und den Vater. Aber natürlich: beide sind nur als Jesu Selbstzeugnis da und darin eine Einheit (vgl. 14,6–11), so daß Jesu ganze Antwort V 14–18 nur den Sinn hatte, aufzuweisen, daß das Selbstzeugnis aus 8,12 nur im Selbstzeugnis, er und der Vater seien eins, begründet ist, also allein sich selbst begründet. Darum stehen die Pharisäer mit ihrer Frage: Wo Jesu Vater denn sei? – so als könne man ihn unabhängig von Jesus haben –, am Ort, den sie auch mit ihrem ersten Einwand 8,13 einnahmen. Auch Jesu letzte Entgegnung sagt nur nochmals dasselbe wie 8,14–18. Nicht schrittweises Erkennen und Verstehen, sondern Beharren beim Selbstzeugnis und beim Verweigern seiner Annahme prägen den Dialog. Es ist kein echtes Gespräch, vielmehr eine verhärtete, abermalige Standortbestimmung. Dieser Graben zwischen beiden Seiten wird noch dadurch beleuchtet, daß Jesus vom AT als »eurem Gesetz« spricht (8,17; vgl. 7,19; 10,34; 15,25). So distanziert redet die joh Gemeinde vom AT. Ihre Erfahrung mit dem jüdischen Unglauben prägt also die Szene.
Der konstruierte szenische Rahmen (8,20) schließt das Stück ab: Über V 12a hinaus erfährt man nun nachträglich, ohne daß dadurch der Gesprächsgang in ein neues Licht rücken würde, daß die Szene im Frauenvorhof bei der Schatzkammer stattfand (vgl. Mk 12,41.43 par. Lk 21,1). Wahrscheinlich ist es E ganz unwichtig, ob man die unklare Ortsangabe (entweder: die Halle mit den Opferstöcken oder: das Schatzhaus selbst) aufhellt. Er kennt wohl kaum noch aus eigener Anschauung den Tempel (Hirsch). Daß V 20 im ganzen unkonkret und typisch ist, zeigt 7,30 (weiteres siehe dort).

6. Jesu Selbstzeugnis über seinen Fortgang 8,21–30

21 Nochmals sprach er zu ihnen: »Ich gehe fort und ihr werdet mich suchen, und ihr werdet in eurer Sünde sterben. Und wohin ich gehe, könnt ihr nicht gehen.« 22 Da sagten die Juden: »Will er sich etwa selbst töten, weil er sagt: ›Wohin ich gehe, könnt ihr nicht gehen‹?« 23 Da sprach er zu ihnen: »Ihr seid von unten, ich bin von oben. Ihr seid von dieser Welt, ich bin nicht von dieser Welt. 24 Ich habe euch gesagt: ›Ihr werdet in euren Sünden sterben! Denn wenn ihr nicht glaubt, daß ich es bin, werdet ihr in euren Sünden sterben.‹« 25 Da sagten sie zu ihm: »Wer bist du?«

Jesus sagte zu ihnen: »Was rede ich überhaupt noch zu
euch? 26 Vieles hatte ich über euch zu reden und richten,
aber der mich gesandt hat, ist wahrhaftig, und was ich von ihm
gehört habe, das rede ich zur Welt.« 27 Sie erkannten nicht,
daß er vom Vater zu ihnen sprach.
28 Da sprach Jesus: »Wenn ihr den Menschensohn erhöht
habt, dann werdet ihr erkennen, daß ich es bin und daß ich von
mir aus nichts tue, sondern wie der Vater mich gelehrt hat, das
rede ich. 29 Und der mich gesandt hat, ist mit mir. Er hat
mich nicht allein gelassen, denn ich tue allzeit das, was ihm
gefällt.« 30 Als er dies redete, glaubten viele an ihn.

Literaturauswahl: Blank, J.: Krisis, 226–230. – *Delling, G.:* Wort und Werk Jesu im Johannesevangelium, Berlin 1966. – *Leroy, H.:* Rätsel, 51–74. – *Ibuki, Y.:* Wahrheit, 40–42.146f.224f. – *Reim, G.:* Studien, 171f. (vgl. Register). – *Riedl, J.:* Wenn ihr den Menschensohn erhöht habt, werdet ihr ihn erkennen (Joh 8,28), in: Jesus und der Menschensohn (Festschrift A. Vögtle) Freiburg 1970, 355–370. – *Thüsing, W.:* Erhöhung, 15–22. – Vgl. weiter zu 7,33ff.; Exkurs 5.

Struktur und Konzinnität der Komposition haben zu manchen Fragen Anlaß gegeben: Die Frage V 25a wird erst V 28f. beantwortet, so daß V 25b–27 unterbrechen. Kann nach einer Feststellung wie in V 25b: »Was rede ich überhaupt noch mit euch?« ein Gespräch fortgesetzt werden? Solche und ähnliche Fragen an den Text verkennen, daß die Einheit gar nicht auf Gesprächsfortschritt und Gedankenentfaltung aus ist. Vielmehr blockieren sich die Positionen: hier Selbstoffenbarung, dort Unglaube, so daß es nur zur typisiert monotonen Demonstration der gegenseitigen Standpunkte kommt. Diese sind ausgestaltet mit typischen Materialien und Gedanken, die für die joh Gemeinde längst bekannt sind und darum nur abgekürzt anklingen. Es ist eine Gesprächskonstruktion aus der Insiderperspektive für diese Gemeinschaft. Die Juden als Außenfront sind aufgrund des längst feststehenden Urteils nur die dunkle Folie des Unglaubens. Sie erweisen abermals, daß man sich mit Recht von ihnen abgrenzen muß. Auch das Erkenntnisangebot Jesu in V 28 an die Juden ist für sie kein ernsthaftes, sondern nur für die Gemeinde, die aus dem Glauben heraus die Erhöhung Jesu versteht, denn die Juden werden an der Kreuzigung ebensowenig die himmlische Dimension des Vorganges erkennen, wie sie an dem Irdischen die himmlische Sohnschaft sehen. Da der Selbsterweis des Sohnes überhaupt nur im Glauben angenommen werden kann,

ist auch die Erhöhung nur aus ihm zu deuten. Anders wäre V 25 ein Widerspruch zum joh Offenbarungsbegriff.
Von diesen Beobachtungen her ergibt sich eine Gliederung, die die gegenseitige Selbstartikulation der Standpunkte mit relativ monotoner Positionsdemonstration zur Perspektive für den Aufbau nimmt. D. h. konkret: viermal stoßen Offenbarung und Unglaube aufeinander durch immer wiederholte Selbstdarstellung: a) V 21.22, b) V 23f.25a, c) V 25b–26.27, d) V 28f.30. Ein Gedankenfortschritt findet praktisch dabei nicht statt. Auffällig ist dann der Abschluß: Wird die Gegenposition der Juden dreimal als Unglaube charakterisiert, so scheint dem die positive abschließende Notiz V 30 zu widersprechen. Aber V 31ff. werden schnell zeigen, wie dieser Glaube nur Schein ist und seinem Wesen nach Unglaube. Diese Funktion von V 30 macht u. a. zugleich deutlich, daß der Abschnitt nicht einfach aus dem Zusammenhang gerissen werden kann, so sicher er im Vergleich mit Kompositionen wie etwa Joh 3; 6; 14 wenig eigenes Profil zeigt.
Erstmals werden die Positionen in 8,21.22 abgesteckt. Die formale, blasse Einleitung täuscht dabei nur dürftig eine Szene vor. Solche Äußerlichkeiten sind E hier ganz unwichtig. Jesu Selbstdarstellung, die immer eingangs der vier Abschnitte steht, greift auf 7,33f. zurück. Die dort erstmals verarbeitete Tradition wird hier im Blick auf die Juden umakzentuiert. Dabei fällt vornehmlich auf, daß die Ankündigung, Jesus nicht finden zu können, zur Gerichtsaussage umgewandelt ist: Die Juden werden in ihrer Sünde sterben. Diese Gerichtsandrohung bereitet das nachfolgende Gespräch 8,30ff. vor (vgl. speziell 8,31–36.51f.). Desgleichen wird aus 8,12 die negative Konsequenz gezogen. Dabei ist der Tod kein von außen neu zur sündigen Existenz hinzukommendes Gericht, sondern »organische« Folge (vgl. die Aussage der hypostasierten Weisheit Spr 8,36; 24,9 LXX). Das Todesgeschick ist schon immer menschliches Schicksal, das Leben jedoch die neue Gabe des Sohnes, die allein nach der Weise von 12,32 zu haben ist. Sünde (Singular, V 24 Plural) ist die Gesamtposition der Juden, also ihr Unglaube. Der Unglaube verharrt in Finsternis, in der Sünde, unter dem Todesgeschick, so daß abseits von Christus die Welt an sich und durch sich selbst zugrunde geht oder – wie es auch einmal traditionell heißen kann – unter dem Zorn Gottes steht (3,36). Kann nur der Sohn Leben geben, gibt es abseits von ihm nur Tod. 8,21 legt also nur die Konsequenz ungläubigen Verhaltens offen.
Aber der Unglaube will solche folgenreiche Zukunft aus der Diskussion lassen. Er stößt sich am nächstliegendsten: Wohin soll man

Jesus denn nicht folgen können? Jesu Fortgang als Rückkehr zum Vater ist ihm verschlossen. Er muß darum alltagssprachlich und irdisch mißverstehen (Leroy). Dieses Mal zugespitzter als 7,35f. Nicht Jesu Auswandern, sondern seinen Freitod will er angedeutet sehen. Selbstmörder waren nach jüdischer Anschauung vom ewigen Leben ausgeschlossen und zwangsläufig Bewohner der Unterwelt (Billerbeck I 1027f.). Dahin können und wollen die Juden Jesus nicht folgen. Soll der Leser mithören, daß die Juden so ganz Unrecht nicht haben, sondern Jesus wirklich sein Leben geben wird (10,17f.; Bultmann)? Oder stellt E der Zuordnung nach unten (Hölle) betont Jesu Herkunft von oben gegenüber (8,23; Schnakkenburg)? Beides ist wohl für diesen Dialog zu fein empfunden, er will nur mit typischen groben Strichen das Gegenüber von Selbstoffenbarung und Unglauben beschreiben.

Die zweite positionelle Gegenüberstellung beginnt mit V 23f. Es gibt nur zwei dualistisch sich ausschließende Herkunftsbestimmungen: von oben – von unten. Von oben ist nur der Sohn als Offenbarer des Vaters. Alle Menschen sind zunächst von unten. Aber der Sohn ermöglicht Glaubenden einen neuen Ursprung aus Gott (1,13). Dann sind sie nicht mehr aus dem Fleisch, sondern aus dem Geist (3,6). Unglaube ist Verharren in Gottferne und Todesverfallenheit, ist Weiterleben »aus dieser Welt« angesichts der Offenbarung. Die natürliche Folge ist das Sterben in den eigenen Sünden – so wird V 21 aufgegriffen. Die pluralische Formulierung (eure Sünden statt eure Sünde wie V 21) ist von der Gedankenschärfe her sorglos, macht aber deutlich, daß sich der Mensch durch sein Verhalten im umfassenden Sinn den Tod zuzieht. Was immer er unternimmt, es ist sündig und zeitigt den Tod. Dieser Gedanke wird exemplarisch wenig später in 8,44–47 extrem zugespitzt. Diesem Sündersein und dieser Todesverfallenheit kann er, weil von unten, nur entkommen, wenn er dem Lebensspender, der von oben kommt, glaubt. So wird aber im Fortgang V 21 nicht rekapituliert, sondern formuliert: »Wenn ihr nicht glaubt, daß ich es bin ...« Neuere Exegeten finden in diesem absoluten »Ich bin« eine Wiederaufnahme von Jes 41,4; 43,10; 45,18.22 usw. (Bultmann, Blank, Schnackenburg, Riedl usw.), wenn an diesen Stellen Deuterojesaja mit ähnlichen Worten die Einzigkeit Gottes beschreibt. In jedem Fall kommt die Erklärung ohne solchen Bezug aus und macht ihn wohl doch auch unwahrscheinlich. Man muß sich nur vergegenwärtigen, daß hier interne, zur Abkürzung neigende Gemeindesprache vorliegt: »Daß ich es bin« (so auch V 28), faßt den gesamten joh traditionellen Gehalt der Christologie

zusammen (vgl. Exkurs 5). Hier im Kontext ist vor allem an das Wegschema mit seinem soteriologischen Sinn zu erinnern als einer der grundlegenden joh christologischen Aussagen: Glauben die Juden nicht, daß Jesus von oben ist (V 23) und dorthin zurückkehren wird (V 21), dann bleibt ihnen das Leben unerschlossen (12,31f.) und die Todesverfallenheit gewiß (8,21.24). Der Juden ungläubige Gegenfrage: Wer bist du? (V 25a) demonstriert indirekt, wie auf diese Frage der Glaube mit dem Wissen um Jesu Woher und Wohin (8,14) antworten würde. Der Unglaube, der die Frage unverständig offen läßt, erweist damit seine Gegenposition, die in dem Mißverständnis 8,22 nur einen anderen Ausdruck fand.
Der dritte Teil der Komposition (8,25b–26.27) läßt (wie auch der vierte) nur noch Jesus reden. Nachdem die Juden zweimal ungläubig fragten, wird nun ihre Haltung zweimal nur noch beschrieben. Jesus setzt ein mit der Frage: »Was rede ich überhaupt noch zu euch?« Als Ausruf übersetzt, bleibt der Sinn derselbe: »Was rede ich überhaupt mit euch noch!« Aufgrund der eingangs vorgetragenen strukturellen Voraussetzungen des Gesprächs, ist dieser Satz die präzise inhaltliche Fassung dazu: Wo Positionen beharrend festgestellt werden, ist ein Gesprächsfortschritt nicht mehr gegeben. So ist weiteres Reden unnötig. Auch hier ist im Hintergrund Gemeindesituation zu vermuten: Der Gemeinde begegnete das Judentum hart ablehnend, wenn es vor den Offenbarungsanspruch gestellt wurde. Daß dieser, vorgetragen im joh dualistischen Konzept bis hin zur Spitze der Teufelskindschaft (8,44), auch seinerseits Fragen aufkommen läßt, inwieweit nicht auch joh Christentum an der Gesprächsunfähigkeit Anteil hat, bleibt außerhalb des Horizontes.
Angesichts solcher harten Gegenüberstellung gerät der formal bisher aufrechterhaltene Dialog zum Monolog des Sohnes: Vieles könnte er über die Juden noch sagen, z. B. ihren Zustand so beschreiben, wie er es wenig später in schärfster Verurteilung tut (8,43f.). Jedoch ist dies nicht seine eigentliche Aufgabe. Sie besteht darin, das Wissen zu verkündigen, daß der sendende Vater wahrhaftig ist, d. h. zuverlässig der Welt Heil anbietet (zur Formulierung vgl. 1,18; 3,31f.; 7,28f. usw.), also das Selbstzeugnis auszurichten. Abermals ist die Reaktion so, daß die Juden das Zeugnis des Vaters (V 26) als Offenbarung des Vaters im Sinne der Kunde über den – abgesehen vom Sohn – unbekannten Gott (1,18; 5,37f.) nicht zur Kenntnis nehmen.
So redet der letzte Teil von einem zukünftigen Erkennen (V 28f.). Die gegenwärtige Verschlossenheit ist damit als unüberwindbar

zugestanden. Umstritten ist allerdings der Sinn der Ankündigung Jesu V 28f. Zunächst ist der Zusammenhang wichtig: Wenn die Juden den Vater nicht kennen (V 27), so kann dem joh nur dadurch abgeholfen werden, daß sie den Sohn kennenlernen. Denn den Sohn kennen, heißt den Vater kennen, wie überhaupt nur des Sohnes Selbstzeugnis den Vater auslegt (8,19; 14,7–11). Das Nichtkennen des Sohnes bedeutet Tod (8,24), das Kennen des Vaters über den Sohn Leben (14,4–6). Sodann: die Komposition begann mit dem Thema des Fortgangs und sie endet nun vermittels des Stichwortes vom Erhöhten (Ringkomposition vom Thema her) wieder dort. Außerdem ist der angekündigte erste Inhalt des futurischen Erkennens (»daß ich es bin«) Wiederaufnahme von V 24b. Der weitere Inhalt (V 28b) ist Neuformulierung von V 26b. Zugleich kann die Negation, Jesus tut nichts von sich aus, das Mißverständnis des Freitodes (V 22) abwehren, denn so sicher die Formulierung allgemein johanneisch ist, vermag sie speziell das Erhöhen Jesu, das die Juden vollziehen werden, zu interpretieren. Jesus vollzieht seinen Tod im Einklang mit dem Vater (V 29). Endlich gilt es zu bedenken, daß das angekündigte Erkennen nicht anders zu verstehen sein kann als das Erkennen sonst im Joh, nämlich als glaubendes Erkennen zum Heil und nicht als ungläubiges Erkennen zum Gericht (so richtig Schnakkenburg).
Nimmt man nun diese letzte Beobachtung, dann ist V 28f. zur Gemeinde gesprochen, d. h. im Blick auf den Leser geschrieben. Den Juden, die äußerlich angeredet sind, nützen diese Worte nichts. Hatten die Juden schon Jesu Fortgang V 21f. ungläubig mißverstanden und im weiteren Gesprächsverlauf nichts hinzugelernt, dann werden sie nun vor V 28f. ebenfalls ungläubig stehen, zumal der Erkenntnisinhalt von V 28f. wie schon aufgewiesen, nur wiederholt, was Jesus ihnen längst sagte. V 28f. ist für sie de facto in derselben Weise unverständlich und unbegründet wie Jesu Selbstoffenbarung insgesamt. Dem widerspricht der Fortgang in V 30 nicht. Er stützt diese Deutung vielmehr, denn die für den Leser unerwartete Notiz, viele seien daraufhin zum Glauben gekommen, wird durch 8,31ff. demaskiert. Ebenso darf man nicht sagen, bei diesem Grundentscheid falle V 28f. aus der Szene. Richtig ist vielmehr, daß die Szene insgesamt von vornherein für die Gemeinde und im Gemeindehorizont geschrieben wurde. Auch wird man in V 28f. nicht erkennen können, nach der Kreuzigung gelte den Juden weiterhin das Heilsangebot (Schnackenburg), denn an solcher Feststellung ist der Text gar nicht interessiert. Die negative Beurteilung der Juden in 8,44.59 ist solcher Deutung sogar hinderlich.

Die Erhöhung Jesu als Tat der Juden deutet darauf hin, daß die Erhöhung hier speziell die Kreuzigung Jesu meint. An ihr soll man erkennen, daß »ich es bin«. Diese Wiederaufnahme von V 24 läßt sich vom Kontext her inhaltlich füllen, wenn man die nachfolgenden Ausführungen als ihre nähere Bestimmung versteht (»und« V 28c.29a explikativ), nämlich als Offenbarungseinheit von Vater und Sohn in Tat und Wort. Sie soll sich speziell auch bei der Kreuzigung dem Glauben erweisen. Im Tod demonstriert der Sohn den Gehorsam dem Vater gegenüber (4,34; 6,30; 6,38; 12,27; 19,28.30). Er bleibt (18,37) bei seiner Lebensbotschaft (6,35; 8,12 usw.) auch angesichts des eigenen Todes. So bezeugt er die Machtlosigkeit des Todes (14,30). Dies im Glauben sehen, bedeutet erkennen, daß Jesus der einzige Heilbringer ist.

7. Jesu Rede über die Abrahamkindschaft 8,31–59

31 Da sprach Jesus zu den Juden, die zum Glauben an ihn
gekommen waren:
»Wenn ihr in meinem Wort bleibt,
seid ihr wahrhaftig meine Jünger,
32 und ihr werdet die Wahrheit erkennen,
und die Wahrheit wird euch frei machen.«
33 Sie antworteten ihm: »Wir sind Nachkommen Abrahams
und haben noch niemals jemandem als Knechte gedient. Wie
kannst du sagen: Ihr werdet frei werden?« 34 Jesus antwor-
tete ihnen: »Wahrlich, wahrlich ich sage euch, jeder, der die
Sünde tut, ist der Sünde Knecht. 35 Der Knecht bleibt nicht
für immer im Hause. Der Sohn bleibt (dort) für immer. 36
Wenn nun der Sohn euch frei macht, dann werdet ihr wirklich
frei sein. 37 Ich weiß, daß ihr Nachkommen Abrahams seid.
Aber ihr sucht mich zu töten, weil mein Wort unter euch keine
Bleibe findet. 38 Was ich beim Vater gesehen habe, das rede
ich. Auch ihr tut, was ihr vom Vater gehört habt.« 39 Sie
antworteten ihm: »Unser Vater ist Abraham.«
Sagt Jesus zu ihnen: »Wenn ihr Abrahams Kinder seid, würdet
ihr die Werke Abrahams tun. 40 Nun aber sucht ihr mich zu
töten, einen Menschen, der ich euch die Wahrheit gesagt
habe, die ich von Gott gehört habe. Das hat Abraham nicht
getan. 41 Ihr tut die Werke eures Vaters.« Sie entgegneten
ihm: »Wir sind nicht aus Unzucht hervorgegangen. Einen
Vater haben wir: Gott.« 42 Sagte Jesus zu ihnen: »Wäre Gott

euer Vater, liebtet ihr mich, denn ich bin von Gott ausgegan-
gen und gekommen. Denn nicht von mir aus bin ich gekom-
men, vielmehr hat er mich gesandt. 43 Warum versteht ihr
meine Rede nicht? Weil ihr mein Wort nicht hören könnt. 44
Ihr seid von dem Vater (,der) der Teufel (ist), und wollt die
Begierden eures Vaters tun. Jener war ein Mörder von Anfang
an und steht nicht in der Wahrheit, denn Wahrheit ist nicht in
ihm. Wenn er die Lüge spricht, spricht er aus seinem Eigenen,
denn er ist Lügner und ein Vater derselben. 45 Ich aber, weil
ich die Wahrheit spreche, glaubt ihr mir nicht. 46 Wer von
euch kann mich einer Sünde überführen? Spreche ich aber
die Wahrheit, warum glaubt ihr mir (dann) nicht? 47 Wer aus
Gott ist, hört die Worte Gottes. Darum hört ihr nicht, weil ihr
nicht aus Gott seid.« 48 Die Juden antworteten ihm und
sprachen: »Sagen wir nicht ganz richtig, daß du ein Samarita-
ner bist und einen Dämon hast?«
49 Jesus entgegnete: »Ich habe keinen Dämon, sondern ehre
den Vater; ihr jedoch gebt mir keine Ehre. 50 Ich suche nicht
meine Ehre. Es ist (jedoch) einer, der (dies) überprüft und
richtet. 51 Wahrlich, wahrlich ich sage euch: Wenn jemand
mein Wort hält, wird er bis in Ewigkeit den Tod nicht schmek-
ken.« 52 Die Juden sagten zu ihm: »Nun haben wir erkannt,
daß du einen Dämon hast, Abraham ist gestorben und die
Propheten (auch), und du sagst: ›Wenn jemand mein Wort
hält, wird er bis in Ewigkeit den Tod nicht schmecken‹? 53
Bist du etwa größer als unser Vater Abraham, der (doch)
gestorben ist? Auch die Propheten sind gestorben! Zu wem
machst du dich selbst?« 54 Jesus antwortete: »Wenn ich
mich selbst ehre, ist meine Ehre nichtig. Mein Vater ist es, der
mich ehrt, von dem ihr sagt, er ist unser Gott. 55 Doch ihr
habt ihn nicht erkannt, ich aber kenne ihn. Wenn ich sagen
würde, ich kenne ihn nicht, wäre ich ein Lügner wie ihr. Aber
ich kenne ihn und halte sein Wort. 56 Abraham, euer Vater,
jubelte, daß er meinen Tag sehen sollte. Er sah ihn und freute
sich.« 57 Da sagten zu ihm die Juden: »Du bist noch keine
fünfzig Jahre und willst Abraham gesehen haben?« 58 Jesus
sprach zu ihnen: »Wahrlich, wahrlich ich sage euch, ehe
Abraham wurde, bin ich.« 59 Da hoben sie Steine auf, um sie
auf ihn zu werfen. Jesus jedoch verbarg sich und ging aus
dem Tempel fort.

Literaturauswahl: Atal, D.: »Die Wahrheit wird euch freimachen«

(Joh 8,32), in: Biblische Randbemerkungen, hrgg. von H. Merklein und J. Lange, Schülerfestschrift R. Schnackenburg, Würzburg ²1974, 283–299. – *Baum, G.:* Die Juden und das Evangelium, Einsiedeln 1963, 145–193. – *Blank, J.:* Der johanneische Wahrheitsbegriff, BZ NF 7 (1963) 163–173. – *Dahl, N. A.:* Der Erstgeborene Satans und der Vater des Teufels (Polyk 7,1 und Joh 8,44) in: Apophoreta (FS für E. Haenchen), BZNW 30, 1964, 70–84. – *Delebrecque, E.:* Jésus contemporain d'Abraham selon Jean 8,57, RB 93 (1986) 85–92. – *Dodd, C. H.:* A l'arrière-plan d'un dialogue johannique (Joh 8,33–58), RHPhR 37 (1957) 5–17. – *Gräßer, E.:* Die Juden als Teufelssöhne, in: Antijudaismus im NT? hrgg. von W. Eckert, N. P. Levinson, M. Stör, München 1967, 157–170.210–212 = *ders.:* Text und Situation, Gütersloh 1973, 70–83. – *Ders.:* Die antijüdische Polemik im Johannesevangelium, in: *ders.:* Text und Situation, Gütersloh 1973, 50–69. – *Heise, J.:* Bleiben, 71–79. – *Ibuki, Y.:* Wahrheit, 88–116. – *Jocz, J.:* Die Juden im Johannesevangelium, Jud. 9 (1953) 129–142. – *Kern, W.:* Der symmetrische Gesamtaufbau von Joh 8,12–58, ZKTh (1956) 451–454. – *Leistner, R.:* Antijudaismus im Johannesevangelium? Theologie und Wirklichkeit 3, 1974. – *Leroy, H.:* Rätsel, 67–88. – *Lona, H. E.:* Abraham in Johannes 8, EHS.T 65,1976. – *Mees, M.:* Realer oder irrealer Konditionalsatz in Joh 8,39? in: E. J. Epp – G. D. Fee: New Testament Textual Criticism (FS M. M. Metzger) 1981, 119–130. – *Neyrey, J. H.:* Jesus the Judge: Forensic Process in John 8,21–59, Bib 68 (1987) 509–542. – *Osten-Sacken, P. von der:* Leistung und Grenze der johanneischen Kreuzestheologie, EvTh 36 (1976) 154–176, speziell: 165–172. – *Preiß, Th.:* Aramäisches in Joh 8,30–36, ThZ 3 (1947) 78–80. – *Reim, G.:* Joh 8,44 – Gotteskinder/Teufelskinder, NTS 30 (1984) 619–624. – *Schram, T. L.:* The Use of *Joudaios* in the Fourth Gospel, Diss. theol. Utrecht 1974. – *Trilling, W.:* Gegner Jesu – Widersacher der Gemeinde – Repräsentanten der Welt, in: H. Goldstein (Hg.): Gottesverächter und Menschenfeinde? Düsseldorf 1979, 190–210. – *Windisch, H.:* Das johanneische Christentum und sein Verhältnis zum Judentum und zu Paulus, ChW 47 (1933) 98–107.147–154.

Im wahrsten Sinne des Wortes eine tödliche Konfrontation zwischen Jesus und den Juden: Zunächst können die Juden noch von ihrem Selbstverständnis her Jesu Anspruch sachlich entgegnen, wenn auch nur in Form von stereotyper Behauptung (V 33b.39a.41b) und ungläubiger Frage (V 33c). Dann können sie nur noch der Zumutungen Jesu an sie durch Disqualifikation der Person Jesu Herr werden (V 48.52a), wobei sie zugleich ihr ungläubiges Mißverstehen eben dieser Person äußern (V 52b–53.57). Am Schluß haben sie keine Worte mehr, sondern nur noch die Steine in den Händen (V 59). So läßt E Jesus seinen Tod provozieren, indem er aus der Abrahams- und Gotteskindschaft der Juden, die diese selbst ins Spiel bringen (V 33.39.41), die gottlose Teufelskindschaft macht (V 44.47), sich selbst als alleinige unausweisbare Gottesoffenbarung hinstellt (V 31f.36.42.49–51.54–56.58) und die Juden immer wieder mit ihrer Tötungsabsicht konfrontiert (V 37.40), bis diese durch ihr Tötungsvorhaben ihre verbal entrüstet abgewiesene Teufelskindschaft durch die Tat selbst beweisen (V 59). Dabei weiß der gläubige Leser: Jesu Tod ist Erhöhung für ihn und Leben für die Gläubigen. Die Konfrontation ist also im tiefen Sinne tödlich für die Juden: Sie, die nicht aus Gott, sondern vom Teufel sind, entlarven durch die Tötungsabsicht ihr Wesen und haben an der Befreiung durch den Sohn (8,31b–32.36) vom Tod (8,51) keinen Anteil.

Dieses Gefälle des Dialoges, der durch den Gegensatz von Jesu weltüberlegener Souveränität und der ungläubig-unverständigen Ohnmacht der Juden geprägt ist, ist konstruierte, kämpferische Aufarbeitung des Judenproblems, das die joh Christen haben. Die Juden sind am Kreuzestod Jesu schuld. Sie verschließen sich der Botschaft, ja sie haben die Christen aus dem Synagogenverband ausgeschlossen (9,22; 12,42; 16,2): Die »Furcht vor den Juden« (7,13; 9,22; 19,38; 20.19) wird mit joh Mitteln von Christologie und Dualismus verarbeitet, so daß die Juden zum ungläubigen Typ der gottlosen Welt werden. Nahe verwandt ist der Nachtrag 15,18–16,4, nur daß hier nicht ungläubige Welt in den Juden typisiert, sondern jüdische Feindschaft als Haß der Welt ausgelegt wird. In beiden Fällen ist das Ergebnis gleich: Die Feinschaft von seiten der Synagoge wird mit dem Heilsausschluß der Juden als Welt oder der Welt als Juden festgestellt. Außerhalb der joh Tradition (vgl. dazu noch 12,37–41) stehen 1 Thess 2,15f.; Gal 4,21–31; Mk 4,11f.; 12,1–12; Mt 21,33–42; 27,25; Apg 28,25–28; Offb 2,9; auch Barn 4,6–8.14; 7,9f. relativ nahe. Wenn allerdings z. B. Paulus 1 Thess 2,15f. später dahingehend korrigiert, daß der Gott, der Tote auferweckt (Röm 4,17), über sein Verheißungswort (Röm 11,25–32) auch Israel vom Tod zum Leben (Röm 11,15) führen kann, so fehlt solcher Horizont im Joh. Das Joh verschärft vielmehr eine partielle antijüdische Linie im Urchristentum der dritten Generation (vgl. die oben angegebenen Stellen aus Mt; Apg; Offb; Barn) durch Einbezug in den Dualismus. Denn während diese Texte Israel den ehemaligen, nun allerdings verspielten Heilsvolkcharakter zugestehen und Jesus als Glied des Heilsvolkes beschreiben, wird Joh 8 Israel die Abrahamkindschaft abgesprochen und die Satanszugehörigkeit als Wesenszug zuerkannt. Jesus ist vom Ursprung her im Unterschied dazu nicht »von unten«, sondern »von oben«, d. h. von Gott, und redet von seinem Volk so distanziert, daß es für ihn »die Juden« werden als Ausdruck eines grundsätzlichen Feindschaftsverhältnisses. Während im allgemeinen der Gesandte des Vaters nach E für alle Menschen die prinzipielle Ermöglichung zum Glauben und damit zur Rettung bringt (Joh 3; 6), wird das Judentum von dieser Allgemeinheit nach Joh 8 ausgeschlossen; es ist vielmehr vorab und nicht revidierbar dem Teufel zugeordnet. So wird aus der bitteren Erfahrung mit dem Judentum und aus tendenziell antijüdischer Haltung ein positioneller Antijudaismus.

Joh 8,31–59 ist als Abschluß von 7,1–8,59 betonte letzte Abrechnung Jesu mit den Juden und trägt eine grundsätzliche Programmatik. Jedoch ist die Gliederung des Abschnittes umstritten. Eine tiefgreifende Neuordnung (Bultmann) ist allerdings mit Recht (seit Dodd) nicht mehr vorgeschlagen worden. Die übliche Einteilung in 8,31–36.37–47.48–59 hat aber auch Probleme, weil sie z. B. mitten in Jesu Rede V 34–38 eine Zäsur legt. Andere Gliederungsversuche (z. B. Kern; Neyrey) sind zu starr und schematisch. Der eigene Versuch geht davon aus, daß die jetzige Komposition insgesamt von E kommt, E dabei aber einzelne Traditionsmaterialien verarbeitet hat. Erneut (vgl. zu 8,12ff.) ist typisch, daß nur in bedingter Weise von einem Gedankenfortschritt gesprochen werden kann, weitgehend ist es wieder auffällig, daß sich Standpunkte in Variationen beharrend gegenüberstehen. Ein erster Abschnitt (8,31–39a) besteht aus zwei Gesprächsgängen (8,31f.33 und 8,34–38.39a): Jesus sagt, Jüngerschaft ist Befreiung durch die Wahrheit von der Knechtschaft der Sünde. Solche Befreiung ist sein Werk. Die Juden entgegnen zweimal knapp: Als Abrahamssöhne bedürfen sie keiner Befreiung. Ein zweiter Abschnitt (8,39b–48) hinterfragt die Abrahamskindschaft, so daß die Juden sich auf Gott als Vater zurückziehen. Diese Position wird zerstört: Die Juden sind Teufelskinder. Das hat zur Reaktion: Jesus ist besessen. Also ergeben sich nochmals zwei Gesprächsgänge: 8,39b–41a.41b und 8,42–47.48. Ein letzter Abschnitt folgt (8,49–59): Jesus, der Todesüberwindung verheißt, war vor Abraham. Die Juden glauben ihm wegen Abraham seine Lebensbotschaft nicht und wollen ihn töten. Diesmal ergeben sich drei Gesprächsgänge: V 49–51.52f., dann V 54–56.57 und der Abschluß V 58.59. Für diese Gliederung sprechen mehrere Beobachtungen: Die drei Teile haben je ein eigenes Thema. Jeweils liegt die Initiative bei Jesus, der stets den Gesprächsgang einleitet. Die durch »Wahrlich, wahrlich ich sage euch ...« (8,34.51.58) eingeleiteten Sätze stehen an exponierter Stelle (vgl. die Beobachtungen zu Joh 3; 6). Am Anfang des ersten und dritten Abschnitts (8,31b–32.51) ist an das dauerhafte Verhältnis zum Wort Jesu als seiner Selbstoffenbarung die Verheißung von Freiheit und Leben geknüpft; im zweiten Abschnitt wird den Juden die Unkenntnis dieses Wortes (8,42f.) als Teufelskindschaft ausgelegt. Jeder Abschnitt enthält mindestens einmal das Motiv der Legitimation durch Selbstzeugnis (V 38.42.50.54). Ebenso ist die Linie: Knechtschaft – Sünde tun – töten – Teufelskindschaft (V 34–36.37.40.44.45) sicherlich beabsichtigt. Weitere Beobachtungen folgen in der Auslegung.

Der erste Abschnitt (8,31–39a) beginnt mit einer knappen Szenenangabe, die auch durch V 59b nur unwesentlich vervollständigt wird: Die Glaubenden aus V 31 (vgl. zur Formulierung Apg 15,15; 21,20) werden nun vor die Glaubensbewährung oder das Ärgernis (vgl. 6,60f.) gestellt. Die vorangehende Gesprächslage läßt dabei nur die Erwartung zu, daß Scheinglaube aufgedeckt wird. Das bestätigt der Fortgang des Gespräches. Dies ist allerdings nicht die ursprüngliche Absicht des Jesuswortes V 31b–32: Sein Verheißungscharakter will motivieren, den Imperativ zu befolgen, in Jesu Wort zu bleiben. Vom Bleiben redet sonst die Gemeindeparänese (15,1ff.; 1 Joh 2,27f.; 2 Joh 9). Da zudem das viergliedrige Wort Jesu in sich gerundet und die Freiheit sonst kein Thema im joh Schrifttum (8,33–36 sind davon abhängig) ist, wird man mit vorgegebenem Spruchgut zu rechnen haben (Leroy). Es richtet Mahnung mit Verheißung an neugewonnene Gemeindeglieder. E verwendet es darum als Text für die gerade zum Glauben gekommenen Juden. Diese Verwendung ist literarisch und fiktiv. Denn daß E mit V 31ff. Judenchristen seiner Zeit zum Christusglauben anhalten will (so Dodd, RHPhR 37), ist angesichts der Schärfe der folgenden Auseinandersetzung wohl keine realistische Vermutung. Die Tradition:

1a »Wenn ihr in meinem Wort bleibt,
b seid ihr wahrhaftig meine Jünger,
2a und ihr werdet die Wahrheit erkennen,
b und die Wahrheit wird euch frei machen.«

ist Anrede als der nächste Schritt nach einer Einladung wie 7,37b–38a und gehört in die allgemeine gemeindliche Anfangsunterweisung. So sicher im jetzigen Kontext dabei die Wahrheit der Lüge gegenübergestellt ist (V 44), kommt dieser Dualismus in der Tradition nicht zur Geltung. Wahrheit ist vielmehr durch Jesu Wort erschlossen und hat kein Gegenüber zur Näherbestimmung. Da

Jesu Wort umfassend verstanden ist als Jesu Selbstoffenbarung überhaupt, hat auch die Wahrheit umfassenden Sinn. So sind die nächsten Parallelen 1,17; 14,6; 17,17: Wahrheit ist Selbstoffenbarung Jesu als alleiniger Gottesoffenbarung, heilvolle Erschlossenheit göttlicher Wirklichkeit im Wort Jesu, also das christliche Heil überhaupt im joh Verständnis. Es wird nicht zufällig sein, daß gerade in der dritten Generation des Urchristentums ein vergleichbarer umfassender Gebrauch des Wortes vorliegt: Wahrheit ist der eigentliche Inhalt der christlichen Botschaft (Eph 1,13; Kol 1,5f.; 1 Tim 2,4; 2 Tim 2,15.25; 3,7; Hebr 10,26; Jak 1,18; 2 Joh 1). Von 17,17 her kann man speziell für die joh Gemeinde folgern: Christsein besteht darin, daß Gott in der Wahrheit heiligt. Dies ereignet sich in, mit und unter dem Bleiben in Jesu Wort. Bleiben ist geistgewirkt, insofern der Paraklet als Geist eben dieser Wahrheit (14,17) dabei am Werk ist. So heiligt Gott, indem er sich selbst im Wort Jesu erschließt. Er erschließt sich als Befreiender, d. h. joh als Lebenspendender. Er befreit also vor allem vom Tod. So wird nicht nur die Einladung 7,37b–38a als Lebensangebot mit dieser Mahnung 8,31f. kongruent, sondern auch die Deutung der Mahnung durch E in 8,51f. beachtet. Ebenso zielt ja auch Joh 17,17 auf V 23f. Im Wort der Wahrheit bzw. des Lebens bleiben, heißt Jünger sein. Jüngerschaft als nachösterliche Nachfolge dem Erhöhten gegenüber (vgl. 13,35; 15,8) ist somit Inbegriff des Christseins (vgl. Mt 28,19; IgnMagn 9,1). Also gilt: Christentum ist Jüngerschaft, diese ist Freiheit. Diese wiederum ist im Wort des Sohnes erschlossene Wirklichkeit Gottes als Lebensgabe.

Die Juden antworten auf diese Mahnung mit ungläubigem Unverständnis (V 33), wie sie überhaupt im ganzen Gespräch nur noch als Ungläubige reagieren. Ein Widerspruch zu V 30f. besteht aber nur äußerlich, denn die Programmatik von Kp 7–8 lautet: Der Unglaube der Juden ist unüberwindlich, selbst die scheinbar zunächst Jesus Zuneigenden sind in Wahrheit ungläubige Teufelssöhne. Die Juden fühlen sich in ihrem Erwählungsbewußtsein getroffen. Sie sind Nachfahren Abrahams, Kinder aus der Ehe mit der freien Sara (vgl. Gal 4,21–29 als christliche Rezeption von 1 Mose 16f.; 21) und darum Träger der göttlichen Verheißungen an Abraham. Sie bedürfen keines Erlösers, der sie befreit (vgl. Röm 2,17–19). Ihre Erwählung steht gegen den joh Anspruch, nur im Sohn gäbe es Gotteserfahrung und Freiheit, so daß außerhalb derselben nur Knechtschaft herrscht. Sie lassen sich nicht mit der Welt auf eine Stufe stellen, das geht um Abraham und seines Gottes willen nicht.

Doch läßt sich die Notwendigkeit der Befreiung der Juden für E schnell aufweisen: »Jeder, der die Sünde tut, ist der Sünde Knecht« (V 34). Auch dies ist offenbar ein traditioneller Definitionssatz (vgl. 1 Joh 2,4–6.10f.; 3,6–9; 5,1 usw.). E benutzt ihn, um etwas deutlich zu machen, was erst später (V 37–41) präzisiert wird und von seiner Gemeindesituation her zu verstehen ist: Die joh Gemeinde blickt auf die Juden als auf diejenigen, die Jesus töteten (vgl. 1 Thess 2,15a; Mt 27,25). Dies ist ihre heilsausschließende Sünde. Dagegen verfängt keine Berufung auf Abraham. Nun muß dies allerdings in die fingierte Situation des Irdischen übertragen werden. Dies geschieht in den nicht ganz geglückten Sätzen V 34–36. Über das Stichwort »Knecht« wird zunächst ein sozialer Erfahrungssatz assoziiert: Der Knecht bleibt nicht immer im Haus, wohl aber der Sohn. Reflektiert der Satz eine generelle übliche Aussage, so spezialisiert E: der Sohn ist der Offenbarer: Jesus allein hat Ursprünglichkeit im Vaterhaus, darum kann nur er »Knechte«, d. h. alle Menschen, zu Freien machen, d. h. zu Menschen, die wie er am Vaterhaus Anteil haben. Natürlich weiß er auch, daß sie genealogisch von Abraham abstammen, aber das ist für sie heilsirrelevant, weil sie ihn zu töten trachten (5,18; 7,1.19.25.30.44), also Sünde tun und darum der Sünde Knechte sind. Sie verlegen sich aufs Töten, weil sein Wort bei ihnen keine Annahme findet. Es ist ihnen Ärgernis, und dies motiviert sie zum Töten. Daraufhin wiederholen sich die Juden (V 39a = V 33b). Sie beharren bei dem, was Jesus an sich gar nicht bestritten hat (V 37). Sie lassen sich auf nichts weiter ein und geben gerade dadurch Anlaß, sie abermals als Ungläubige zu entlarven.

Der zweite Teil des Gesprächs (8,39b–48) setzt wiederum mit einem Jesuswort ein. Die Abrahamkindschaft, von der V 37 die Rede war, einmal dahingestellt: Wenn diese Bedingung gilt, müßten die Juden »die Werke Abrahams tun«. Als Kinder Abrahams müßten sie wie Abraham handeln. Abraham hat Gott, der sich ihm zum Heil offenbarte, glaubend angenommen (1 Mose 15,4–6; 17) und den Tag des endzeitlichen Heilbringers freudig erwartet (Joh 8,56). Seine jetzigen Nachkommen nehmen des Sohnes Wahrheit als Heil vom Vater nicht an, sondern hegen Tötungsabsichten dem Gottgesandten gegenüber. Deshalb können die Juden nicht Abrahamkinder sein, wie zunächst versteckt gesagt (V 41a), aber von den Juden sofort hellhörig erkannt wird (V 41b). E spielt dabei mit verschiedenen Möglichkeiten der Vaterschaft: Irdisch-genealogisch wird die Abkunft von Abraham weder V 37 noch V 39 in Frage gestellt. Wohl aber wird ihr eine Heilsrelevanz aberkannt,

weil auf der heilsbedeutsamen Ebene der »Werke« die Juden sich von Abraham unterscheiden (vgl. die ähnliche Unterscheidung in Gal 3,6f.; Röm 4,12). Was diese allein konstitutive Ebene betrifft, müssen die Juden einen anderen Vater haben. So werden nun andeutend die Weichen für V 44 gestellt. Die Vaterschaft ist also dem physischen Bereich entnommen und als Handlungsabhängigkeit und -einheit verstanden. Verhalten legt den Ursprung als Abhängigkeitsverhältnis bloß. Die Juden mißverstehen Jesus. Sie bleiben zunächst im genealogischen Denken. Abraham hat doch nicht im Ehebruch ein Kind gezeugt, von dem sie abstammen! Sind sie keine illegitimen Abrahamnachfahren (vgl. 1 Mos 21,8ff.; Gal 4,21–31), so daß Joh 8,39 nicht aufgegeben wird, können sie sich doch einer anderen Kindschaft rühmen, die – weil rein theologischer Art – mit der Abkunft von Abraham aufs beste harmoniert: Sie haben einen Vater – so wird nun von E nicht ganz bruchlos zum Gedanken der übertragenen Vaterschaft gelenkt, damit zu V 44 die Perspektive eröffnet wird –, nämlich Gott (V 41).
Jesu Antwort – wohl die antijudaistischste Äußerung des NT – ist dreigeteilt (V 42f.44.45–47). Dabei entsprechen sich die beiden Rahmenstücke: Jesus ist Gottes Gesandter. Das können die Juden nicht annehmen, weil sie nicht aus Gott sind. Das Mittelstück kontrastiert: Sie sind vom Teufel, das erweisen ihre Werke. Der Eingang V 42f. nimmt (wie V 39) die Position der Juden zum Ausgang. Sie sehen in Gott ihren Vater? Gott kann nicht ihr Vater sein, es sei denn, sie lieben Jesus. Damit wird den Juden wahre Gotteserkenntnis abgesprochen, denn Jesusliebe bringen sie nicht auf. Eigentlich erwartet man, daß vom Glauben an Jesus gesprochen würde (z. B. wie Joh 3; 6). »Lieben« kann aber in derselben Bedeutung auftreten (vgl. 14,15.21ff.; 1 Joh 5,1f.) und kann gewählt sein, weil der Gegensatz »töten« wohl traditionell ist (1 Joh 3,14f.). Auch wird der Gegensatz lieben – hassen, der sachlich in der Rede enthalten ist, 15,18ff. zur Verhältnisbestimmung Kirche – Welt benutzt. Es folgt das Selbstzeugnis Jesu, wie es gerade auch in Joh 7–8 in vielfältiger Variation immer wieder begegnet. Es wird abermals wiederholt, obwohl es gerade der Streitpunkt ist. Dieses Bestrittene wird nicht neu aufgearbeitet, sondern stereotyp nochmals gesetzt. Die exklusive Einheit von Selbstzeugnis Jesu und alleiniger Gottesoffenbarung läßt keine andere Wahl. Wo um solcher Exklusivität willen Schöpfung und Heilsgeschichte aus dem Horizont verschwinden und theologisch nicht eingesetzt werden, ist das Offenbarungszeugnis auf monotone Wiederholung, daß

Jesus der einzige Offenbarer schlechthin ist, angewiesen. Offenbarung wird zum christologischen punctum mathematicum. Sie setzt nichts fort, ergänzt oder überbietet nicht vorher geschehene Offenbarung. Sie ist das Fremde, das sich nur allein so eindrücklich machen kann, daß sie selbst die »Geburt von oben« (3,1ff.) schafft. Ist dieses Denken wie bei Joh eingebettet in ein dualistisches Weltbild, ja in diesem erst in der joh Zuspitzung möglich, dann ist nicht nur die Isolation der Gemeinde eine Folge, sondern sind auch an die Kompetenz zur Mission Anfragen zu richten. Daß solche Gemeinde dann die nicht zu ihr Gehörenden zu Nichterwählten degradiert und als massa perditionis begreift, ist geschichtlich nicht ohne Analogie.

So stellt V 43 fest: Die Juden erkennen Jesu Worte nicht, d. h. nehmen sie nicht glaubend an, weil sie sein Wort nicht hören können. Dieses Unvermögen beruht auf ihrer diabolischen Herkunft als Bestimmtheit ihres Existierens (V 44). Ebenso sagt es später der betonte Abschluß der Rede (V 47): Die Juden können darum nicht hören, weil sie nicht aus Gott sind. Man darf hier nicht vorschnell von Joh 1,12f.; 3,1–18; 6,32–47 usw. her interpretieren, wenn dort E die Ermöglichung zum Glauben als im Wort eröffnete Gabe beschreibt und die Heilsunfähigkeit des Menschen nur als Kehrseite des von Gott allein eröffneten Heils auffaßt. Dies bedingt dort die uneingeschränkt missionarische Dimension (3,16). 8,42–47 lesen sich hierin anders: Die Todfeindschaft der Juden wird zurückprojeziert auf ihre vorgegebene konstitutionelle Haltung, die sie veranlaßt, das teuflische Geschäft des Tötens zu betreiben, und am Lieben hindert. Daß ihnen Glaubensermöglichung eröffnet werden könnte, ist ausgeschlossen, ist doch ihr Ursprung zwar identifizierbar, aber nicht als revidierbar hingestellt. Darum kann nach Anlage des ganzen Gesprächs auch an ihnen nur demonstriert werden, wer sie sind, aber nicht, was sie werden könnten. Es ist nicht gesagt: Die Juden hören nicht, weil sie nicht glauben wollen, sondern: Sie können nicht glauben, weil ihr Ursprung vom Teufel ist.

Darum wird man den prädestinatianischen Determinismus noch ungebrochen in 8,42ff. wiedererkennen. Die Nähe zu Stücken wie 3,19–21 (vgl. 12,37–41) ist nicht zu übersehen. Das engverwandte Wortfeld kann das nur bestätigen (den Offenbarer lieben: als Gegenteil: böse Werke tun, hassen bzw. töten; einer Sünde überführen; die Finsternis lieben – die Begierden des Teufels tun wollen; die Wahrheit tun – in der Wahrheit stehen). Vor allem aber die gemeinsame ethische (nicht physische) Ausrichtung des

Dualismus und die deterministische Strenge, aufgrund deren der Offenbarer nur entlarven kann, was immer schon vorhanden war, machen die Gemeinsamkeit offenkundig. Strukturell ist noch bedeutsam, daß 3,19ff. wie 8,42ff. den dualistischen Schnitt vertikal ziehen und nicht (wie etwa 3,31–36) horizontal. Man muß also davon ausgehen, daß E hier einen qumrannahen Dualismus (sachlich wie 1 QS 3,14–4,26) benutzt, um das Problem der Juden als Christusmörder zu bearbeiten und um die Feindschaft zwischen den Juden und dem Gesandten des Vaters zu beurteilen. Sein Urteil steht im Widerspruch zu seiner sonstigen theologischen Absicht: Die Juden sind als Christusmörder Teufelskinder und bleiben diesem Ursprung verhaftet. Man kann die Juden darauf fixieren, aber nicht bekehren. Es ist darum leider nicht unbegründet, wenn im Verlauf der Kirchengeschichte Stellen wie diese zur Legitimation von Antijudaismus Verwendung fanden.

Die nächsten Analogien zu diesem gesamten Deutungsvorgang geben die Geschichte der Qumrangemeinde und die Abqualifikation des Heidentums durch das Judentum im Verlauf des Bekehrungsvorganges der Aseneth in JA 12 ab. In diesem letzten Fall werden die ägyptischen Götter als teuflische Repräsentanten verstanden, die den Weg der Aseneth zur Proselytin verhindern wollen, weil diese ihrer Herkunft nach zu den vom Götzendienst Besessenen zählt und für die Anbetung des einen wahren Gottes von den Göttern nicht freigegeben wird (JA 12,9f.). Diesen einen und wahren Gott vertritt Joseph, der alle Götzenanbeter haßt (11,7f.). Doch ist diese Analogie insofern beschränkt, als hier deterministisch-dualistische Aussagen fehlen. Diese begegnen bei den Essenern in Qumran. Der spezielle theologische Anspruch ihrer Anfangsgruppe stößt auf Widerspruch am Tempel. Die Feindschaft bedingt Trennung und Sezession. Das Erwählungsbewußtsein der monastisch abgekapselten Qumrangemeinschaft mit Arkandisziplin und Sondersprache wird mit dem »neuen Bund« und Gedanken vom »heiligen Rest« entfaltet und führt zum dualistisch-prädestinatianischen Denken, wonach Gesamtisrael mit der Welt zusammen auf die Seite des Bösen, des Teufels und der Verlorenheit gehört. So lebt doch offenbar auch die joh Gemeinde zunächst im Synagogenverband, wird wegen ihres speziellen Offenbarungsanspruchs ausgestoßen (9,22; 12,42; 16,2) und reagiert darauf wie in Joh 8 zu lesen ist. Sicherlich ist die Grundtendenz des Joh innergemeindlich, so daß das Negativbild der Juden gezeichnet ist, um letztlich den Glauben der Gemeinde zu stärken (Gräßer). Aber soweit ist auch die Qumrananalogie noch da, und es bleibt, daß für solche Selbstvergewisserung des Glaubens Antijudaismus verwendet wird (soweit richtig: von der Osten-Sacken). Dieser wird in seiner Qualität nicht verändert, wenn er, statt als Selbstzweck aufzutreten, einem anderen Ziel dienstbar gemacht wird. Es bleibt auch innerjohanneisch die Spannung zwischen etwa 3,16 und 8,42ff., die zur kritischen Hinterfragung der Tendenz in Joh 8 (und 12,37ff.) führt. Denn wenn E sich die Ablehnung und Tötung des Gesandten nur deterministisch erklären kann, grenzt er den Horizont von 3,16 nachträglich für einen entscheidenden Testfall ein, an dem sich die generelle Heilsaussage gerade bewähren könnte (vgl. den textkritisch nicht gesicherten Vers Lk 23,34a). Das für E generell geltende Heilsangebot des Sohnes (3,16; 4,31ff.; 6,36ff.), das Kraft besitzt, Menschen zum Glauben zu bringen (3,3ff.), darf sich eigentlich an den ablehnenden Juden für E nicht einfach als kraftlos erweisen. Darum muß hier eine göttliche Vorbestimmung walten, die der Vater Jesu mit der Sendung des Sohnes nicht aufhebt. So ist die Feindschaft des Judentums gegen Jesus und das Christentum als Ausnahme zu begreifen: Gott hat die Juden zu Teufelskindern bestimmt (8,44; 12,37ff.), damit sie Jesus töten, so daß dieser – gegen den Willen der Juden – sein Heilswerk mit der Rückkehr zum Vater abschließen kann. Die Teufelei der Juden (vgl. 13,27) ist also Element im göttlichen Plan der Sendung Jesu. So herum kann dieser christologische Sinn der düsteren Aussage in 8,44 für die Gemeinde Vergewisserung ihres Glaubens sein.

Beachtenswert ist weiter der Unterschied, wie E und die KR solche Determinismen verwenden. E versucht so, innerhalb der Christologie das Geschick des Gesandten zu beschreiben und gerät dabei von der Basisaussage, daß Christi Sendung die Heilsermöglichung für jeden enthält, im Falle der Feindschaft der Juden gegenüber diesem Angebot auf deterministische Gleise. Die KR (vgl. etwa 10,1–18.26–29) will die Determination zum Heil als Begründung der Erwählungsgewißheit der Gemeinde herausstellen und kontrastiert dies mit der Determination zum Unheil, wie sie sich im Unglauben der Juden zeigt. Die KR denkt also von einem ekklesiologischen Grundinteresse her, das grundlegend schon immer deterministisch orientiert ist.

Besondere Probleme machen in V 44 noch die Teufelsaussagen. Der Text hat grammatische und sachliche Probleme (vgl. Wellhausen, Bultmann, Schnackenburg, Dahl). Wörtlich übersetzt, lautet der Eingang: »Ihr seid von dem Vater des Teufels«, und der Schluß: »Er ist ein Lügner und sein Vater«. Einen Ahnherrn des Teufels zu bemühen, ginge nun sicher am Text vorbei, denn der

Vaterbegriff will natürlich in antithetischer Beziehung zu Gottes Vaterschaft (V 42) gesehen werden, darum wird man in V 44a dem Genitiv einen erklärenden Sinn beilegen: »Ihr seid von dem Vater, d. h. dem Teufel«. Dieses Verständnis ist jedenfalls einer Textemendation vorzuziehen (Reim: »Ihr seid von [...] dem Teufel«), die sich des schwierigen Textbestandes zwar geistreich, aber unkontrollierbar durch Tilgung zweier Worte entledigt. Im zweiten Fall könnte man ebenfalls den Teufel (= den Lügner) und dessen Vater bemühen. Doch kann sich das Possessivpronomen auch rückbeziehen auf die Lüge (im Griechischen ein Neutrum) im Satz davor. Da dies ein etwas weiter Rückbezug ist, nehmen andere u. a. diese Stelle als Indiz für ein ehedem semitisches Original. Dies bleibt als traditionsgeschichtlich zurückliegende Stufe möglich, zumal der Inhalt semitisch (Qumrannähe) ist. Doch läßt sich dies nicht beweisen und schon gar nicht textlich präzise genug rekonstruieren, als daß man von solcher Basis aus argumentieren könnte. Die sachlichen Probleme lassen sich so beschreiben: Schimmert durch die zweite Hälfte noch hindurch, daß ehedem von Kain die Rede war (so zuletzt Dahl; Reim) oder soll V 44 an 1Mose 3 (die Schlange ist der Teufel) erinnern (Schnackenburg)? Für die erste Vermutung gäbe es im joh Traditionsbereich einen Anhaltspunkt (1 Joh 3,11–15), für die zweite spräche, daß so das Motiv der Lüge in V 44c sich gut erklären würde. Aber in beiden Fällen ist wohl in den (zugegebenermaßen nicht ganz glatten) Text zuviel hineingelegt. Insbesondere gilt: Kain ist 1 Joh 3 geschichtliche Person der Vergangenheit. Joh 8,44 ist von einer Gestalt die Rede, die jetzt das Handeln der Juden bestimmt. Das führt auf eine mythische Gestalt. Man wird darum ohne den hypothetisch eingetragenen Kain auskommen müssen und so deuten: Der Teufel ist der Vater der Juden. Darum wollen diese die Begierden (singulär im Joh) ihres Vaters tun, d. h. er regiert ihren Willen und die Qualifikation ihrer Taten (wie der Engel der Finsternis in 1 QS 3,13ff.). Er ist ein Menschentöter, also das genaue Gegenteil von Gott, dem Lebensspender. Wo er herrscht, ist Tod. Todbringend ist er »von Anfang an«, d. h. seinem Wesen nach. »In der Wahrheit steht« (singulär im Joh) er nicht, d. h. er gehört in keiner Weise zum göttlichen Heilsbereich. Sein Eigenes, also sein Wesen, ist die Lüge, der Unheilsbereich, im Gegensatz zum göttlichen Bereich der Wahrheit als dem Lebensbereich. Der Teufel ist der Gegengott: Gott ist Wahrheit und Leben (5,26), der Teufel Lüge und Tod. Also heißt, Gott haben, Leben haben, und dem Teufel gehören, dem Tod verfallen sein. Wer zu Gott gehört, glaubt an Christus und hat so

Leben. Wer zum Teufel gehört wie die Juden, lebt von der Lust zum Töten.

Nach dem schwierigen V 44 ist das Parallelstück zu V 42f. wieder gut verständlich. Es setzt mit der erneuten Selbstpräsentation ein: Der Gesandte sagt die Wahrheit, er bringt das Heil. Wer aus Gott ist, hört diese Worte. Die Juden sind nicht aus Gott, darum hören und glauben sie nicht. Die Zumutung dieser Rede V 42–47 ist nun in der Tat für Juden unerträglich. Sie fühlen sich in ihrer Meinung bestätigt: Jesus ist Samaritaner und besessen (Rückbezug auf 7,20 ist möglich, aber nicht nötig). Die Samaritaner verkörpern ein häretisch abgespaltenes Judentum und nehmen gegen die Jerusalemer Position legitime Gottesverehrung in Anspruch. Zudem spielt in der joh Geschichte die Samaritanermission (4,33–42) eine besondere Rolle. So ist es verständlich, wenn das joh Christentum im Zusammenhang des Ausschlusses aus der Synagoge als samaritanisch verketzert wurde. Dabei wird der Vorwurf der Besessenheit unmittelbar damit in Zusammenhang zu bringen sein. Er ist typisches Etikett für Götzendienst, Zauberei und nichtausgewiesenen Offenbarungsanspruch (vgl. Mt 11,18; Mk 3,20f.; Joh 10,20; OrSib 3,815; Jos bell 2,259; 6,303.305). Jesus ist Ketzer, weil er dem Judentum die Legitimität seiner Religion abspricht. Er ist besessen wegen seines zugespitzten, nichtausgewiesenen Offenbarungsanspruchs. Dies paßt in die Situation des Synagogenausschlusses als jüdische Begründung für diesen Vorgang.

Der dritte Teil des Gesprächs (V 49–59) beginnt damit, daß Jesus den Vorwurf zurückweist und dagegen die sachlich bekannte Behauptung des Dienstes nur für den Vater stellt. Sachlich ist dies eine Wiederholung des Anspruchs, der gerade zu dem Urteil V 48 führte. Daß er in diesem Streit um Anspruch und Ketzerei nicht selbst richtet, ist zwar typische Rede des joh Christus, aber nach V 42.47 doch wenig überzeugend. So steht Standpunkt gegen Standpunkt. Zu weiterer Diskussion geöffnet wird die Gesprächssituation dadurch, daß Jesus mit einem hervorgehobenen Offenbarungswort herausstellt, daß sein eigentliches Ziel das Heilsangebot des Lebens ist. Dies geschieht mit einem der Tradition entnommenen Verheißungswort, das offenbar in der Gemeinde in leichter Variation (V 52b) umlief (vgl. zur Doppelüberlieferung 3,3.5; 14,21.23):

»Wer mein Wort hält, wird bis in Ewigkeit den Tod nicht sehen, bzw. schmecken«.

E formuliert sonst: »... hat ewiges Leben« (3,16; 5,24 usw.); der vorliegende Satz enthält das vorgegebene Verständnis der Gemeinde, deren futurische Lebensaussage sachlich z. B. auch 3,3.5 begegnet. »Schmecken« ist sonst im joh Traditionsbereich ungebräuchlich, »sehen« steht singulär beim Tod. Die Verheißung ist typisch für die joh Gemeinde, weil sie deren Grundfrage nach der Überwindung des Todes und der Vergänglichkeit beantwortet, indem das Bleiben in der christologischen Wortoffenbarung mit der Verheißung versehen wird, die Lebensgabe nach sich zu ziehen. Das Wort blickt wie 8,31b–32 auf das unbeirrte, dauerhafte, von der Jesustradition nicht ablassende Gemeindeverhalten, diesem gilt die Verheißung. Dies entspricht der Vorstellung, daß der Paraklet an Jesu Worte erinnert, sie so aufbewahrt und aktualisiert (14,26). So könnte von einem solchen Wort dasselbe gelten wie vom Liebesgebot: Es ist alt und neu zugleich (1 Joh 2,7–11).
Die Juden reagieren auf das Lebensangebot mit ungläubigem, auf das Irdische gerichteten Mißverständnis (V 52). Sie finden ihre Diagnose der Besessenheit voll gerechtfertigt, denn wie kann Jesus eine unendliche irdische Lebensverlängerung ankündigen? Daß diese Deutung denkbar ist, belegt sprachlich z. B. Mk 9,1, obwohl eine traditionsgeschichtliche Beziehung zu 8,52 kaum sichtbar ist (gegen Leroy). Daß die Juden in der Tat so verstehen, zeigt ihr Aufgebot von Abraham bis zu den Propheten (vgl. Sach 1,5), die alle starben: Ist Jesus mehr als sie, daß er die Gabe der Lebensverlängerung zur Verfügung hat? (Zur Art der Frage vgl. 4,12). Zu wem macht er sich, etwa gottgleich (5,18; 10,22)? Jesus reagiert (V 54f.) abermals (vgl. V 59f.) durch Verweis darauf, daß er nur Gottes Ehre suche. Diesen Gott behaupten die Juden zu kennen und kennen ihn doch nicht (vgl. 1,18; 5,37f. usw.). Jesus allein kennt ihn. Würde er das leugnen, wäre er ein Lügner. So aber hält er sein Wort, wie V 51f. aufgenommen wird, um zu sagen, er erfüllt seinen Willen. Danach kommt die eigentliche Antwort, die auf das Sachargument der Juden eingeht (Abraham und die Propheten starben), während V 54f. den Vorwurf der Besessenheit abwiesen. Dieselbe Zweiteilung der Antwort begegnete auch V 49–51. Es bleibt unbestritten: Abraham starb. Aber das ist unwesentlich. Wichtig ist dieses: Abraham jubelte, den Tag Jesu zu sehen, konnte Jesu Kommen in seinen Tagen nicht erleben, aber er wurde gewürdigt, den Tag als zukünftigen zu schauen. So sah er ihn und freute sich (zum Offenbarungsproblem vgl. die Ausführungen zu 5,33–38). Prophetische Vorausschau der Endereignisse und der zukünftigen Welt wurde im Judentum nahezu allen Großen der israeliti-

schen Vergangenheit zugestanden. Vornehmlich in haggadischer Ausschmückung von 1Mose 15,9ff. trug man dergleichen an die Abrahamtradition heran (Billerbeck I 468; II 525f.). Natürlich schlägt der joh Standpunkt durch, wenn Abraham den Tag Jesu gesehen haben soll. Abraham sah diesen Tag, und im Unterschied zu den Juden freute er sich darüber. So zeigt sich abermals (V 39f.), daß sie keine Söhne Abrahams sind.
Die Juden mißverstehen dies erneut (V 57). Jesus ist (zum Verb vgl. 9,21. Anders Delebrecque) »noch nicht«, also fast 50 Jahre alt (eine runde, nicht verifizierbare Zahl als Sondertradition des Joh) und will mit Abraham gleichzeitig gelebt haben? Eine reichlich absurde Vorstellung! Aber man kennt Jesus nur als irdisches Wesen (6,42) und muß darum V 56 irdisch aufschlüsseln (ähnlich grob ist das Mißverständnis in 3,4). E zeigt dadurch nur, wie die Juden die himmlische Dimension Jesu durchweg gänzlich ausblenden. Für sie ist er ein besessener Mensch. Jesus jedoch hebt abermals auf diese himmlische Qualifikation seiner Person ab: Ehe Abraham geboren wurde, war er schon (V 58). So wird der Präexistenzgedanke aus 1,1f. als Ärgernis gesetzt. Präexistenz ist Partizipation an der Gottheit Gottes (vgl. 5,26; 17,5.24). So läßt E sich die Juden im Sinne der Gotteslästerung ärgern und zur Steinigung schreiten. Aber der Präexistente ist so weltüberlegen, daß er den Zeitpunkt seines Todes selbst bestimmt.

F. Jesu Auftreten als Gerichtssituation vor und am Tempelweihfest in Jerusalem und die verhärtete Feindschaft der Juden 9,1–10,42

Daß 9,1 ein neuer Einsatz ist und in 10,39–42 ein Abschluß vorliegt, wurde schon zu Abschnitt IID erörtert. Im Unterschied zu den dort genannten parallelen Abschnitten innerhalb von Joh 5–12 beginnt der Einsatz allerdings nicht mit einem Fest, zu dem Jesus in Jerusalem weilt. Dies ist zwar auch 11,1ff. nicht der Fall, hier aber eine sofort erklärbare Ausnahme: Weil E die Auferweckung des Lazarus zum Anlaß des endgültigen Todesbeschlusses nimmt, muß dies Ereignis unmittelbar vor das Todespassah (11,55) gelegt werden. Doch fehlt innerhalb von Joh 9–10 die Festangabe nicht (10,22): Wie Kap 8 dem Laubhüttenfest in Joh 7 locker assoziiert ist, so ist Joh 9 offenbar ähnlich locker vor das Tempelweihfest in 10,22 gestellt. Da nämlich die Auseinandersetzung in 10,22ff. unmittelbar auf Joh 9 aufbaut, sollte kein Zweifel aufkommen, daß E Joh 9f. zusammengesehen haben will.
Die Analyse von Kap 9–10 im einzelnen ist nicht einfach. Das auffälligste

Problem bildet dabei die Stellung der Hirtenrede 10,1–18. Zunächst ist der Einsatz in 10,1 kompositorisch und thematisch unvermittelt. Ähnlich hart folgt die sekundäre Rede 15,1ff. auf Kap 14. Ebenso schwierig ist der Übergang von 10,1–18 zu 10,19–21. Der in 10,19–21 geschilderte Zwiespalt innerhalb der Volksmeinung bezieht sich auf die Heilung des Blindgeborenen (V 21), von der 10,1–18 keine Rede war. Auch den Bezug für »diese Worte« (10,19), den man zwar auch notfalls in 10,1–18 wiederfinden könnte, sucht man viel besser in 9,39.41. Unbeschadet der formalen Situationsangleichung in V 6, könnte der Abschnitt genauso gut wie Kap 15f. zwischen 14,31 und 18,1 gestellt werden. Er hat inhaltlich mit seinem Kontext nichts zu tun.

Diese längst bekannte Problematik von 10,1–18 ist verschiedenen Lösungen zugeführt worden. Man hat die Reihenfolge des Textes für schwierig, aber möglich erklärt, indem man 10,1–18 Kommentar zu Kap 9 sein läßt, wie auch sonst Reden Kommentare zu Wundern (z. B. Kap 6) abgeben (Dodd). Aber solche Analogien helfen darum nicht, weil im Unterschied zu diesen in 10,1–18 jede direkte Bezugnahme auf Kap 9 fehlt. Weiter hat man sich mit Umstellungen geholfen. Sieht man einmal von einer Neuordnung im breiten Umfange ab (Hoare, Bultmann, Blank), weil diese nicht mehr genügend kontrollierbar ist, kann man 10,1–18 nach 10,29 einordnen (Bernard, Schweizer, Wikenhausen u. a.). Aber nicht 10,22–39 zeigen das Bedürfnis zur Auffüllung, sondern 10,1–18 haben das Problem, eine störende Stellung einzunehmen. Nur der Zwang, 10,1–18 einen neuen Platz anweisen zu wollen, läßt an 10,29 denken. Eigentlich vermißt man in 10,22–39 nichts. Im Gegenteil, hier muß noch gekürzt werden (s. u.). Stünden 10,1–18 innerhalb 10,22–39, würden sich auch die internen Probleme von 10,1–18, vor allem die ekklesiologische Ausrichtung im Rahmen eines Streitgesprächs mit Ungläubigen, nicht besser lösen lassen. Ebenso wollen sich keine glatten Übergänge einstellen, wo immer man 10,1–18 innerhalb von V 26–30 einordnet. So bleibt die Möglichkeit, in 10,1–18 einen Nachtrag der KR zu sehen (Langbrandtner). Sie hat solange als die beste Erklärung zu gelten, wie die schwierige kompositorische Stellung und die theologischen Aussagen nicht anders erklärt werden können (für Einzelheiten vgl. die Auslegung). Da nur noch Joh 21 die Gemeinde innerhalb der joh Überlieferung als Herde bezeichnet ist, kann man erwägen, beide Texte zur selben Schicht zu zählen (Näheres vgl. zu Joh 21,15ff.).

Diese Annahme bestätigt sich bei der Analyse von 10,22–42. In diesem Abschnitt taucht das Bildmaterial von Hirt und Schafen nochmals auf (10,26–29). Das war ja für viele der Anlaß, 10,1–18 nach 10,29 zu stellen. Aber auch 10,26–29 stören im Gedankengang. Sieht man nämlich, daß innerhalb der zweiteiligen Komposition (10,22–30 mit Abschluß V 31 und 10,32–38 mit Abschluß V 39–42) der zweite Dialog in V 32–38 nur das Doppelthema Jesu Werke und Einheit mit dem Vater abhandelt und dies in der ersten Szene in V 22–25.30 begegnet, dann fallen V 26–29 aus dem Aufbau heraus und zerstören den Zusammenhang V 25.30 als Darstellung

des Doppelthemas. V 26–29 sind eingefügt, indem das Motiv der Glaubensverweigerung aus V 25a nun als Determination zum Unglauben behandelt und im Kontrast dazu ein der Komposition fremdes Thema zusätzlich besprochen wird: die Heilsgewißheit der Gemeinde (V 27–29) als Zusicherung der Determination zum Heil. Aber die Gemeinde ist gar nicht thematischer Gegenstand der Gesamtkomposition, die der literarischen Gattung des Rechtsstreits zugehört (vgl. zu 5,31ff.) und demzufolge den Unglauben mit Jesu Anspruch konfrontiert. Außerdem gehören 10,1–18 und V 26–29 motivisch eng zusammen (vgl. V 27 mit V 3.14; V 28 mit V 10b.12c). Der Kontrast von Determination zum Unheil auf der einen Seite und Gewißheit der Erwählung zum Heil auf der Seite der Gemeinde ist ein beliebtes Thema der KR (vgl. 6,64b.65; 17,12). Zwar kann auch E deterministisch begründen, daß die Juden nicht glauben können (z. B. 8,43.47). Aber dies ist auf die Spitze getriebene Polemik aus christologischem Interesse, während die KR von der Basis deterministischer Theologie her ekklesiologische Erwählungslehre betreibt.
Nach der Herausnahme von 10,1–18.26–29, kann Joh 9–10 in zwei Teile gegliedert werden: 9,1–41; 10,19–21 bieten die Heilung und die Diskussion um dieselbe. 10,22–25.30–42 behandelt die Problematik von Jesu Selbstzeugnis als literarischen Rechtsstreit, da die Legitimationsfrage nach 9,35ff. nochmals dringlich geworden ist. Der Abschnitt ist durch 10,22.39–42 gut eingerahmt (Zum Abschluß vgl. die Einführung zu Abschnitt IID).

1. Die Heilung des Blindgeborenen und die anschließende Diskussion 9,1–41; 10,19–21

1 Und im Vorübergehen sah er einen Mann, der war von
Geburt an blind. 2 Da fragten ihn seine Jünger: »Rabbi, wer
hat gesündigt, er oder seine Eltern, daß er als Blinder geboren
wurde?« 3 Jesus antwortete: »Weder er noch seine Eltern
haben gesündigt, vielmehr damit die Werke Gottes an ihm
offenbar werden (, wurde er blind geboren). 4 Wir müssen
die Werke dessen tun, der mich gesandt hat, solange es Tag
ist. Es kommt die Nacht, in der niemand wirken kann. 5
Solange ich in der Welt bin, bin ich das Licht der Welt.« 6
Nach diesen Worten spuckte er auf den Boden, machte einen
Brei aus dem Speichel und strich den Brei auf seine Augen 7
und sagte zu ihm: »Geh, wasche dich im Teich Siloa.« – das
heißt übersetzt: der Gesandte. Da ging er fort, wusch sich und
kam sehend zurück.
8 Seine Nachbarn nun und alle, die ihn vorher als Bettler
gesehen hatten, sagten: »Ist das nicht der, der da saß und

bettelte?«
9 Die einen sagten: »Ja, er ist es.« Die anderen sagten: »Nein, sondern er sieht ihm ähnlich.« Er sagte: »Ich bin es.«
10 Da fragten sie ihn: »Wie sind denn deine Augen geöffnet worden?«
11 Jener antwortete: »Der Mann, der Jesus genannt wird, machte einen Brei, bestrich meine Augen und sagte mir: ›Geh zum Siloa(teich) und wasche dich! Da ging ich hin, wusch mich und konnte sehen.«
12 Sie sagten zu ihm: »Wo ist jener?« Er antwortete: »Ich weiß es nicht.«
13 Sie führten ihn, den ehemals Blinden, zu den Pharisäern.
14 Es war aber Sabbat an dem Tag, als Jesus den Brei machte und ihm seine Augen öffnete.
15 Auch die Pharisäer fragten ihn nochmals aus, wie er sehend geworden sei. Er sagte ihnen: »Er hat meine Augen mit einem Brei betrichen, und ich wusch mich und konnte sehen.«
16 Da sagten einige von den Pharisäern: »Dieser Mann ist bestimmt nicht von Gott, denn er hält den Sabbat nicht.« Andere sagten: »Wie kann ein sündiger Mensch solche Zeichen tun?« Und es entstand ein Zwiespalt unter ihnen.
17 Da sprachen sie wieder zu dem Blinden: »Was sagst du über ihn, daß er dir die Augen geöffnet hat?« Er antwortete: »Er ist ein Prophet.«

18 Nun glaubten die Juden nicht (eher) von ihm, daß er blind gewesen war und sehend wurde, bis sie seine – des sehend Gewordenen – Eltern riefen,
19 und sie fragen diese: »Ist dies euer Sohn, von dem ihr sagt, daß er blind geboren wurde? Wieso kann er jetzt sehen?«
20 Da antworteten seine Eltern und sagten: »Wir wissen, dieser ist unser Sohn und er wurde blind geboren.
21 Wieso er jetzt sieht, wissen wir nicht; oder wer seine Augen öffnete, wissen wir (auch) nicht. Fragt ihn selbst, er ist alt genug. Er kann selbst über sich aussagen.«
22 Das sprachen seine Eltern, denn sie fürchteten sich vor den Juden. Denn die Juden hatten schon beschlossen: Jeder, der ihn als Christus bekennt, soll aus der Synagoge ausgeschlossen werden.
23 Deshalb sagten seine Eltern: »Er ist alt genug, fragt ihn selbst.«

24 Da riefen sie den Mann, der blind gewesen war, ein zweites Mal und sagten zu ihm: »Gib Gott die Ehre! Wir wissen: dieser Mann ist ein Sünder.«
25 Er antwortete: »Daß er ein Sünder ist, weiß ich nicht. Eines weiß ich: Ich war blind und kann jetzt sehen.«
26 Da sagten sie zu ihm: »Was hat er dir getan? Wie hat er deine Augen geöffnet?«
27 Er antwortete: »Ich habe (es) euch schon gesagt, aber ihr habt nicht darauf gehört. Warum wollt ihr es nochmals hören? Wollt ihr etwa seine

Jünger werden?« 28 Da beschimpften sie ihn und sprachen:
»Du bist ein Jünger von ihm. Wir sind des Mose Jünger. 29
Wir wissen, zu Mose hat Gott gesprochen. Von diesem wissen
wir nicht, woher er ist.« 30 Der Mann antwortete und sprach
zu ihnen: »Darin liegt das Merkwürdige: Ihr wißt nicht woher
er ist, aber er hat mir die Augen geöffnet. 31 Wir wissen, Gott
hört nicht auf Sünder, sondern wenn jemand Gott fürchtet und
seinen Willen tut, den erhört er. 32 Noch nie hat man gehört,
daß jemand die Augen eines Blindgeborenen geöffnet
hat. 33 Stammte dieser Mann nicht von Gott, hätte er nichts
ausrichten können.« 34 Sie antworteten und sprachen zu
ihm: »Du bist ganz und gar in Sünden geboren und willst uns
belehren?« Und sie warfen ihn hinaus.
35 Jesus hörte, daß sie ihn hinausgeworfen hatten, traf ihn
und sagte: »Glaubst du an den Menschensohn?« 36 Jener
antwortete und sprach: »Und wer ist es, Herr, damit ich an ihn
glauben kann?« 37 Jesus sagte zu ihm: »Du hast ihn gese-
hen. Der mit dir redet, der ist es.« 38 Er sagte: »Ich glaube,
Herr«, und warf sich vor ihm nieder. 39 Und Jesus sprach:
»Zum Gericht bin ich in die Welt gekommen, damit die, die
nicht sehen, sehen, die Sehenden aber blind werden.«
40 Das hörten einige von den Pharisäern, die bei ihm waren,
und sagten zu ihm: »Sind etwa auch wir blind?« 41 Jesus
sagte zu ihnen: »Wäret ihr blind, hättet ihr keine Sünde. Nun
aber sagt ihr: ›Wir sehen‹; (darum) bleibt eure Sünde.«
10,19 Um dieser Worte willen kam es unter den Juden aber-
mals zu einem Zwiespalt. 20 Viele von ihnen sagten: »Er hat
einen Dämon und rast. Was hört ihr auf ihn?« 21 Andere
sagten: »Das sind nicht Worte eines Besessenen. Ein Dämon
kann doch nicht die Augen von Blinden öffnen?«

Literaturauswahl: Bornkamm, G.: Die Heilung des Blindgeborenen, in: *ders.:* Geschichte und Glaube II, Gesammelte Aufsätze IV, München 1971, 65–72. – *Burchard, Ch.: Ei* nach einem Ausdruck des Wissens oder Nichtwissens, ZNW 52 (1961) 73–82. – *Fortna, R. T.:* Gospel, 70–74. – *Fuller, R. H.:* Die Wunder Jesu in Exegese und Verkündigung, Düsseldorf 1967, 101.104f.113. – *Loos, H. van der:* The Miracles of Jesus, NT.S 9, 1965, 425–434. – *Martyn, J. L.:* History, 3–16. – *Mollat, D.:* La guérison de l'aveugle-né, BVC 23 (1958) 22–31. – *Müller, K.:* Joh 9,7 und das jüdische Verständnis des *šiloh*-Spruches (Gen 49,10; Jes 8,69), BZ NF 13 (1969) 251–256. – *Porter, C. L.:* John 9,38.39a: A liturgical Addition to the Text. NTS 13 (1966/67) 387–394. – *Reim, G.:* Joh 9 – Tradition und zeitgenössische messianische Diskussion, BZ 22 (1978) 245–253.

– *Roloff, J.:* Das Kerygma und der irdische Jesus, Göttingen 1970, 135–141. – *Schrage, W.,: typhlos,* ThWNT VIII 270–294. – *Theißen, G.:* Urchristliche Wundergeschichten, StNT 8, 1974, 72.102.149. – *Theobald, M.:* Die Fleischwerdung des Logos, NTA 20, 1988, 389f. – *Wöllner, H.:* Zeichenglaube, 59–64.

Schon auf den ersten Blick fallen die Ähnlichkeiten zu Joh 5 auf: Jesu Wundertat, erzählerisch verspätet als Sabbatheilung charakterisiert (9,14), löst eine Reihe von Dialogen mit wechselnden Szenen aus. Das Wunder selbst hat nichts mit dem Sabbat zu tun. Auf der ältesten Traditionsstufe wird man nur V 1.6f. (wobei in V 6 für »nach diesen Worten« ein »und« zu vermuten ist) ansiedeln. Dieser Text enthält eine typische Wundererzählung einer Blindenheilung, wie sie auch Mk 8,22–26; 10,46–52 (Mt 9,27–31 ist Mt 20,29–34 = Mk 10,46–52 nachgebildet) begegnen. Zur Motivik sollte auch die Heilung des Taubstummen Mk 7,32–35 verglichen werden. Die Erzählung in V 1.6f. war in sich gerundet und selbständig. Da sie, abgesehen von der Typik, keine direkte Verbindung zu den synoptischen Erzählungen zeigt, ist ihr eine davon unabhängige Traditionsgeschichte zuzugestehen (zu außerchristlichen Blindenheilungen vgl. Schrage).
Diese Tradition griff die SQ auf (vgl. Exkurs 1). In unmittelbarer Nachbarschaft zu Joh 5 und vor 12,37ff.(G) erhält die Erzählung die Funktion, mit Joh 5 die Ablehnung Jesu im offiziellen Judentum zu demonstrieren. Dies geschieht – analog zu Joh 5 – mit Hilfe der Sabbatthematik und verschiedener Dialogszenen, die abermals formal sich durch die wechselnden Gesprächspartner unterscheiden und sich teilweise auch durch Ortswechsel voneinander abheben. Man wird also nicht nur die Wundererzählung (so Fortna, Schnackenburg), sondern jedenfalls auch einen Teil der Dialoge zur SQ stellen (mit Bultmann, Wöllner u. a.). Allerdings ist klar, daß E einschneidender als in Joh 5 an den Gesprächsszenen gestaltet hat. Die SQ hatte wohl überhaupt nur vier Dialoge (9,8–12.13-17.18–23.24–34 jeweils G), so daß die letzten drei (9,35–38.39–41; 10,19–21) ganz E entstammen, wie E ja auch 5,17ff. anfügte. Die ersten vier Dialoge kennen wie Joh 5 keinen unmittelbaren Kontakt zwischen den Pharisäern und Jesus (so dann bei E in 5,17f.; 9,40f.). Die Feindschaft gegenüber Jesus – 5,16 direkt festgehalten, wenn auch allgemein formuliert – wird hier nur indirekt deutlich, wenn die SQ damit endet, daß der sich auf Jesu Seite stellende Geheilte hinausgeschmissen wird (7,34). Für die SQ ist dabei typisch, daß der Konflikt abermals als Jesu Sabbatbruch

thematisiert wird, denn dieser erweist ihn als Sünder, der das Gesetz nicht hält, darum kann sein Wunder im Gegensatz zum Verständnis des Geheilten ihn nicht legitimieren. Kennzeichnend ist auch, daß die SQ die Pharisäer auftreten läßt (9,13.15.16); E spricht von »den Juden« (9,18a.22). Somit ist das Anliegen der SQ zu zeigen, wie die Würde Jesu auch in diesem Wunder legitimiert wird. Dies geschieht mit den für die SQ bekannten Mitteln: Jesus inszeniert wieder das Wunder in eigener Machtvollkommenheit. Da der Kranke von Geburt an blind ist, ist es ein ganz auffälliges Wunder, wie 9,32 festhält. Dabei führt der Erzähler den Leser so, daß diesem ein Bezweifeln des großen Wunders unmöglich gemacht wird. Aber die SQ zeigt zugleich, wie diese Legitimation beim offiziellen Judentum wegen des Gesetzes, mit dem Jesu Tat kollidiert, abgelehnt wird. Können die Pharisäer das Wunder selbst auch nicht leugnen, so können sie doch, statt zu glauben (vgl. 20,30f.), sich dem Glauben aufgrund des Wunders verweigern, weil das göttliche Gesetz einen unüberwindlichen Makel am Wunder aufzeigt, nämlich das Ignorieren des Sabbats.
E nützt diese Vorlage nun auf seine Weise aus. Ihm wird man zuweisen: V 3b–5.7b (die Parenthese). 9,16b.18a.22f.27b–30 und die drei letzten Szenen. Dabei sind vornehmlich drei Gesichtspunkte leitend: a) die Gesandtenthematik mit der Qualifikation Jesu als Licht und Menschensohn-Richter (1,3b–5.7b.35–38.39–41) in ihrer inneren Verwobenheit (Rekurs auf 8,12 und Vorbereitung für Joh 12,31–36), wobei das betont terminierte Wirken Jesu (9,3f.) seinen Fortgang präludiert (Joh 12ff.). b) Die Zwiespältigkeit und Ablehnung Jesu, gesteigert bis zum Bezweifeln des Wunders und des Ausstoßes aus dem Synagogenverband (9,9.16b.18a.22f.; 10,19–21). c) Die Verarbeitung der Gemeindeerfahrung beim Ausschluß aus der Synagoge (9,22f.27b–30). Erst später wird noch eine weitere Absicht von E deutlich, nämlich 10,22ff. auf dem Hintergrund von Joh 9 zu gestalten.
Die Wundererzählung setzt wie etwa Mk 1,16; 2,14 ein (im Joh nur hier). Für die SQ ist Jesus noch (5,1ff.) in Jerusalem. Für E ist ein Anschluß an 8,59 formal möglich, aber E ist im allgemeinen in der Szenerie sorglos (vgl. 9,39a). Wenn Jesus den Blinden wahrnimmt, zeigt dies sofort, daß er die Initiative ergreift. Weder reagiert er auf eine Bitte noch prägt sein Handeln Erbarmen. Vielmehr will er seine Macht demonstrieren. Stilgemäß ist die Schwere der Krankheit genannt (»von Geburt an«). Die SQ betont das später absichtsvoll (9,32). Ebenso sagt sie, daß der Blinde als Bettler am Wege saß (V 8), während in der mündlichen Tradition

nur eine Nähe zum Siloateich vorausgesetzt ist (9,7), also die Erzählung nach Jerusalem gehört (Der Teich liegt am Südwesthang des Stadthügels, vgl. 2 Chr 32,30; 3 Q 15,10,15f.). Auf dieser ältesten Stufe geht Jesus auf den Kranken zu und benutzt ihn zum Objekt therapeutischer Anwendungen (vgl. Mk 8,23; vgl. Mk 7,32f.), ohne ihn anzureden oder ihm etwas zu erklären (V 6). Der Speichel ist dabei allgemeines volkstümliches Heilmittel. Das Anrühren des Breis ist für die SQ dann nachträglich Sabbatbruch (V 14f.). Nun erst redet Jesus den Blinden an (V 7), indem er ihm einen Auftrag gibt, dessen Ausführung sein Vertrauen zu Jesus zeigen könnte (vgl. in der SQ 4,50). Aber wiederum wird nicht auf den Kranken als Person gesehen. Er interessiert nur als Objekt jesuanischer Handlung. Er geht zum Siloateich, wie befohlen (vgl. formal 2 Kön 5,10–14), und kommt sehend zurück. Dies Ergebnis ist allein wichtig, weil es die Macht des Wundertäters demonstriert. So hat Jesus sich selbst abermals für die SQ als Wundertäter erwiesen, so daß der Leser wie 20,30f. reagieren kann.

Schon die SQ hat eingangs der Erzählung noch ein Jüngergespräch eingefügt (V 2.3a; zu den Jüngern in der SQ vgl. 1,35ff.; 2,2.11f.; 4,8.27; 6,1–21(G); 11,1ff.(G); 20,30f.). Ein einleitendes Gespräch kennt die SQ nur beim Seewandel 6,16ff. nicht, weil es dort keinen Platz haben kann. Der von den Jüngern angesprochene Zusammenhang von Krankheit und Sünde ist für die SQ (5,14!) in Geltung. Auf ihn wird auch nochmals 9,34 angespielt. Das Grundmodell für diesen Zusammenhang ist das Verhalten und Ergehen derselben Person (vgl. zu 5,14). Schwierig wird es bei Geburtsfehlern. Sie lassen auf eine Alternative abheben, die die Jünger formulieren: Entweder hat er pränatal gesündigt, oder der Fehler liegt bei seinen Eltern. Die erste Möglichkeit ist für das Judentum der ntl Zeit keine mögliche Aussage. Daß jedoch Kinder von den Eltern Unheil erben, ist verbreitete Anschauung (z. B. 2Mose 20,5; 5Mose 5,9; Tob 3,3f.). Aber damit ist eine echte Alternative nicht mehr gegeben. So muß man für die SQ den Sinn zumindest allgemeiner fassen: Wie ordnet sich Geburtsunheil in den geltenden Zusammenhang ein, daß jede böse Tat auf den Täter zurückschlägt? Die Antwort aus der SQ ist von E im Entscheidenden weggelassen. Rekonstruktionsversuche (etwa Wöllner als Kernaussage: »... damit die Herrlichkeit Gottes an ihm offenbar werde«, vgl. Joh 2,11) sind zu hypothetisch, als daß sie hilfreich wären.

E will – anders als die SQ – schon das Fragen nach solchem Zusammenhang aufheben, also, statt ausgerichtet auf die Vergangenheitsbewältigung, zukunftsorientiert fragen, dies jedoch nicht allgemein anthropologisch, sondern in bezug auf den Gesandten, dem dieser Fall geeignet erscheint – kurz gesprochen – 9,39 zu erweisen. Darum könnte E die Jüngerfrage schon als Ausdruck einer Absurdität und Ratlosigkeit aufgefaßt haben. Jedenfalls besagt Jesu Antwort für E: Gott will durch Jesus seine Werke an dem Kranken vollbringen (vgl. 11,4). Dabei weiß der Leser, daß E unmittelbar vorher in 5,19–30.36 diese Werke beschrieben hat und erfährt wenig später (9,39), daß dasselbe auch Joh 9 geschieht. Natürlich leugnet E nicht die Faktizität des Wunders, aber diese irdische Seite des Auftretens Jesu ist nicht ausschlaggebendes Thema. Alles ist für ihn vielmehr darauf abgestellt, die himmlische Dimension der Sendung zu beschreiben und den Anstoß des Unglaubens daran. So ist die Jüngerfrage V 2 eine irdische und darum fehl am Platz. »Wir« (also Jesus und die Jünger) müssen dem Sendungsauftrag entsprechen. Dabei läßt E Jesu Situation und Jüngersituation ineinander verwoben sein (so auch 3,11; 4,22.35–38). Dies ist so selten der Fall und an den anderen genannten Stellen immer auch Anzeichen für Tradition, topische Rede der Gemeinde oder für einen literarischen Nachtrag, daß ein analoger Sachverhalt auch 9,4 vorliegen kann. Man kann nämlich sehr leicht »... die Werke dessen, der mich gesandt hat« als Veränderung durch E erkennen und also als allgemeine Sentenz rekonstruieren (so Theobald):

»Wir müssen wirken [...],
so lange es Tag ist.
Es kommt die Nacht,
in der niemand wirken kann.«

Diese Sentenz mit ihrer Deutung des gesamten menschlichen Lebens wird von E vorrangig auf Jesus zugespitzt. Für Jesus gilt: Solange er in der Welt ist, muß er als Licht der Welt wirken. So wird an 8,12 erinnert. Für die Jünger, die in dem »Wir« mitgemeint sind, gilt: Solange es ein Heute gibt, müssen sie ebenso den göttlichen Auftrag wahrnehmen (vgl. 14,12). Demselben Zweck, nämlich die himmlische Dimension zu verdeutlichen, dient auch die etymologisch falsche, volkstümliche Deutung, Siloa weise auf den Gesandten, mit dem es der Blinde zu tun hat.

Die erste Gesprächsszene (9,8–12) verarbeitet das Zeugenmotiv. Bei Abwesenheit des Wundertäters ist der, an dem das Wunder geschah, im Mittelpunkt des Interesses. Als Bettler (vgl. zum Motiv Mk 10,46; Apg 3,2) kennen ihn viele aus dem Wohnquartier. Diese Nachbarn konstatieren erstaunt die Sehfähigkeit des vormals Blinden (V 8). So werden sie zu nachträglichen Zeugen des Wunders (vgl. für die SQ dazu Joh 2,8–10; 6,25). Man fragt ihn neugierig, wie diese Veränderung geschah (V 10). Darum kann der Geheilte in minutiöser Präzision Faktum und Umstände, die dem Leser bereits bekannt sind (V 6f.), bezeugen. V 12 zeigt sehr schön, wie Wunderberichte plakatartig auf Jesus hinweisen sollen, also missionarische Funktion haben. Da man sieht, wie sich der Bettler verändert hat, glaubt man seiner Beschreibung des Wunders und fragt neugierig nach dem Wundertäter. Der Geheilte muß aber leider die Antwort schuldig bleiben. Jesus hat sich den Menschen entzogen.

Anders muß man die Szene lesen, beachtet man den Einschub von E (V 9). Für E wird die erstaunte Frage V 8 zu einer zweifelnden, die zu ganz verschiedener Volksmeinung führt, wie E in seiner Sprache (vgl. 7,12.41; 9,16; 10,21; 12,29) ausdrückt. Darum muß der ehedem Blinde nicht nur das Geschehen berichten, sondern seine Identität ausweisen, bevor er vom Wunder sprechen kann. Wenn das Volk dann mit seiner Frage über Jesu Verbleib nicht zufriedengestellt wird, erhält der ganze Dialog einen zwielichtigen Ausgang. Die Skepsis über das Wunder wird nicht ausgeräumt. So demonstriert E die Fragwürdigkeit des Wunders überhaupt (Schnackenburg).

Der nächste Dialog (9,13–17) führt in die Verbindlichkeit offizieller Gesetzesdiskussion. Man bringt den Geheilten zu den Pharisäern als den Gesetzeshütern und den in religiösen Fragen Kompetenten (V 13). Nun erst erfährt man, daß es um eine Sabbatverletzung ging (V 14). Die Pharisäer wiederholen die Frage nach dem Geschehenen (vgl. V 10), und der Geheilte wiederholt die Schilderung des Wunders mit nahezu denselben Worten (V 15). Aber anders als die Nachbarn reagiert das Auge des Gesetzes: Wer meint, das Wunder, das als solches gar nicht bezweifelt wird (so auch nicht im ersten Gespräch in der SQ!), erweise Jesu göttliche Autorität (vgl. 3,2), der soll wissen, daß Gott Sabbatarbeit, wie Heilen mit Teig Anrühren es ist, im Gesetz verboten hat. Gott kann nicht gegen seinen schriftlich fixierten Willen jemanden legitimieren. Damit ist Jesus gesetzlich disqualifiziert. Diese Eindeutigkeit des Standpunktes verändert E (V 16b) zu einem diffusen Meinungsbild wie V 9. Konnte das Volk sich über die Faktizität des Wunders nicht einigen, so nun die Gesetzesvertreter nicht über das Legitimationsproblem. Uneinigkeit und Ratlosigkeit sind das Ergebnis. Für die SQ ist dann die Fortsetzung mit dem ersten

Bekenntnis des Geheilten (V 17) der sachliche Kontrapunkt zur abgelehnten Legitimation. Die Frage der Pharisäer dient nur dazu, ihn so zu Wort kommen zu lassen. Sein Bekenntnis ist wie bei der Samaritanerin (4,19 SQ) ein erstes Bekenntnis und besagt sachlich genau dieses: Jesus ist doch von Gott autorisiert. Durch den Einschub von E erhält dieser Schluß nun auch einen anderen Klang: Die Frage der Pharisäer ist Zeichen ihrer Ratlosigkeit. Das Bekenntnis wiederum erhält im Rückblick auf V 22f. den Aspekt des Mutes, sich religiös ächten zu lassen.

Der dritte Gesprächsgang (9,18–23) ist zunächst durch E bestimmt (V 18a). Offenbar bezweifeln die Pharisäer, die, für E üblich, als Juden bezeichnet werden, nun doch wie das Volk V 9 (E) die Identität des blinden Bettlers mit dem als geheilt auftretenden Mann. Zur Personenstandsaufnahme ruft man die Eltern. Die SQ (Text etwa: Und die Pharisäer riefen die Eltern ...) kennt dieses Motiv der Befragung nicht. Nach ihrer Version muß die Alternative: Sabbatbruch oder göttliche Autorität weiterverfolgt werden. Die Antwort der Eltern ist versteckt hämisch und durch volkstümliche Lebensklugheit geprägt. Sie verhalten sich kooperativ, soweit es gefahrlos ist, und verweigern ihre Mitarbeit, wo es abgründig wird. Natürlich ist der Geheilte ihr Sohn und selbstverständlich war er von Geburt an blind, aber wie er nun sehen kann und wer da seine Hand im Spiel hatte, das wissen sie nicht. Im übrigen: Er ist zwar ihr Sohn, aber nicht mehr ihr Kind. Er ist erwachsen und kann für sich selbst eintreten. So kommen für die SQ die Pharisäer mit der Legitimationsfrage nicht weiter. Für E ist der Dialog der Aufweis erneuter Ratlosigkeit, allerdings einer Ratlosigkeit, die sich mit harten Konsequenzen äußert (V 22f.). Die Gefährlichkeit der Schwäche der Großen für die Kleinen haben die Eltern sehr gut eingeschätzt. Sie fürchten diese Juden, weil das Bekenntnis zu Jesus zum Ausschluß aus der Synagoge führt. So verwandelt sich die innere Schwäche in gesetzliche Härte nach außen. Es unterliegt keinem Zweifel, daß E hier die Situation des Ausschlusses der joh Gemeinde aus dem Synagogenverband einzeichnet (vgl. 12,42; 16,2), deren Anlaß das Christusbekenntnis war (vgl. zum Gesamtproblem die Einleitung 3c).

Der vierte und für die SQ letzte Dialog (9,24–34) ist ein zweites Verhör des Geheilten durch die Pharisäer. Für die SQ (9,24–27.31–34) wird abermals deutlich, daß die am Wunder sich entzündende Legitimationsfrage die Szene beherrscht. Die Behörde setzt nun den freimütigen Bekenner unter Druck. Er soll Gott die Ehre geben, d. h. öffentlich vor Gott für sein Bekenntnis zu Jesus seine Schuld eingestehen und Gottes Ehre, hier sein Sabbatgesetz, wieder herstellen (vgl. Jos 7,19; PsSal 2,15–18; 8). Dies geschieht durch Zustimmung zur pharisäischen Meinung, daß Jesus wegen seines Sabbatbruchs statt ein Prophet zu sein, ein Sünder ist (9,17.24b). Wenn die Pharisäer mit »Wir wissen ...« einsetzen, also als einheitliche, in ihrer Meinung gefestigte Gruppe auftreten, entspricht das der SQ in 9,16a (9,16b = E). Der Geheilte entzieht sich diesem Ansinnen (V 25). Nun kann man V 25a doppelt verstehen. Entweder man folgt der traditionellen Übersetzung: »Ob er ein Sünder ist, weiß ich nicht.« Dann will der Geheilte in eine Gesetzesdiskussion nicht eintreten und läßt offen, ob man Jesus als Sünder bezeichnen kann. Oder man übersetzt (mit Burchard 81): »Daß er ein Sünder ist, ist mir nicht bekannt.« Dann bezweifelt der Befragte diese Meinung. Sie ist für ihn nicht erwiesen. Dies paßt zu seinem Standpunkt V 31–33. Da die Übersetzung auch grammatisch möglich ist, sollte ihr der Vorzug gegeben werden. Außerdem können die Pharisäer ihn als Geheilten mit Bezeugung der Heilung durch ihn selbst, die Nachbarn und die Eltern (V 8.11.15.19), als ein feststehendes Faktum nicht leugnen. Dies drückt der Geheilte so aus, daß er sagt: Ich kann doch nicht mein Widerfahrnis der Heilung verleugnen.

Das ist Anlaß für die Behörde, nochmals durch Nachfrage zu erreichen, ob der Mann sich bei der Schilderung seiner Heilung in Widersprüche verwickelt (V 26). Aber nun schaltet der Befragte auf stur (V 27). Er habe das schon berichtet, sie hätten es schon vernommen, also wozu wollten sie es nochmals hören! Doch nicht etwa, um ihn durch Wortklauberei zu fangen? Er selbst und sie (so wird nun das pharisäische »Wir« aus V 24b benutzt, so daß es den Geheilten nicht exkludiert) sind sich doch wohl darin einig, daß Gott nicht auf Sünder hört, sondern die Erfüller seines Willens erhört (V 31). Dies steht schließlich auch im AT und ist allen als geltender Grundsatz bekannt (Jes 1,10–20; Ps 66,16–20; 109,7; PsSal 2,32–37; 4,23–25. Rabbinisches bei Billerbeck zu Joh 9,16bB). Diesen Grundsatz benutzt die SQ nun, um ihn mit ihrer Theologie des Wunders zu verbinden (V 32f.), indem der ehedem Blinde sein zweites Bekenntnis (vgl. V 17) ablegt. Ein Wunder, wie an ihm geschehen, ist einmalig in der Geschichte. Wäre der Wundertäter nicht von Gott, hätte er es nicht vollbringen können (sachlich vgl. 3,2; 20,30f.). Das provoziert die Aburteilung durch die Behörde (V 34), wobei nochmals auf V 2 (vgl. Ps 51,7) eingegangen wird: Wer so krank war, wer jetzt so gesetzlos und halsstarrig ist und Gott nicht die Ehre gibt, ist durch und durch ein

unverbesserlicher Sünder von Geburt an. Solcher Sünder hat keine Kompetenz, Pharisäer wie V 31–33 zu belehren. Man setzt ihn als religiös Disqualifizierten an die Luft.
E benutzt den Dialog, um wie V 22f. die für die Gemeinde leidvolle Erfahrung des Synagogenausschlusses und die damit verbundenen Diskussionen nochmals einzutragen (V 27b–30). Darum wird für ihn auch stillschweigend V 34 zum Synagogenausschluß. Typisch ist dabei, daß es um die Alternative der Jüngerschaft des Mose und der Jesu geht. Ironisch wird dem Geheilten die Frage in den Mund gelegt mit der absurden Möglichkeit, ob denn auch die Pharisäer Jesusjünger werden wollen. Die Angeredeten sind in ihrem Stolz getroffen und schmähen den Redner, indem sie ihn geringschätzig nun Jünger »von jenem« da nennen. Sie sind des Mose Jünger, zu dem Gott gesprochen hat. In wessen Auftrag jener redet, entzieht sich ihrer Kenntnis. Weil er ein Sünder ist (V 24), ist er sicherlich nicht von Gott. Dazu macht der Geheilte sein übliches ceterum censeo (V 30).
Im Gegensatz zu den Juden wirft Jesus den Geheilten nicht hinaus (vgl. 6,37f.). So setzt E nun allein die Dialogabfolge fort, indem zunächst Jesus den Geheilten aufsucht und ihm zum vollen Bekenntnis verhilft (V 35–38). Dem beharrlichen Eintreten für Jesus vor Volk und Behörde folgt die Anbetung des Herrn selbst (vgl. sachlich 20,28). Die überholte Frage nach der Anbetung in Jerusalem oder auf dem Garizim wird nochmals neu gefaßt und beantwortet: Die Anbetung Gottes in Geist und Wahrheit ist die Anbetung Jesu (4,20–24; 14,6.17f.). Der Titel »Menschensohn« für Jesus erinnert an die letzte Redekomposition von E, die ihn enthielt (5,19–30, speziell 5,27) und weist auf dieselbe Gerichtsthematik in V 39. Der Geheilte bekennt, daß Jesus als der endzeitliche Richter für ihn der Heilbringer ist. Sehend werden (im Sinne von 5,21.24 auferweckt werden) und an Jesus glauben, sind nun dasselbe. Damit ist für den ehemals Blinden 9,3b.4 in Erfüllung gegangen.
Der Dialog hat in V 38.39a noch ein auffälliges textkritisches Problem, da einige gute Hss V 37 und V 39b.c unmittelbar aneinander fügen, also V 38.39a diffus bezeugt sind. Dies hat man neuerdings (Brown, Porter) gern mit einer wirkungsgeschichtlichen Beobachtung in Zusammenhang gebracht. In der alten Kirche ist später nämlich Joh 9 als Tauftext ausgelegt worden: Die Taufe erleuchtet (vgl. schon Eph 5,14; Hebr 6,4; 2 Kor 4,4–6) von der bisherigen Verblendung. Auf diesem Hintergrund gibt es dann für den Langtext 9,36–39 die Möglichkeit, in ihm die alte Taufliturgie

wiederzufinden. Also erklärt man V 38.39a als Nachtrag zur Verdeutlichung des liturgischen Interesses und kann in Apg 8,36f. ein formal ähnliches Beispiel registrieren. Aber diese These scheitert an zweierlei: Einmal gehört der Langtext in eine Zeit, als Joh 9 als Tauftext noch nicht bezeugt ist. Zum anderen ist V 39 nicht als Abschluß zum Dialog V 35ff. zu deuten, wie man voraussetzen muß, sondern aufgrund des parallelen Aufbaus von V 35–38 und V 39–41 an den Anfang des neuen Dialogs zu stellen. D. h. V 38 bildet den notwendigen Abschluß für V 35ff. und V 39a die notwendige Einleitung für V 39ff.

Ein sechster Dialog (9,39–41) wird nochmals (vgl. 9,35) von Jesus provoziert. Diente V 35–38 dazu, die vorrangige und positive Seite jesuanischen Endgerichts aufzuzeigen, so dieser Dialog dazu, um die negative Seite zu kennzeichnen: Wer nicht glaubt, ist schon gerichtet, weil er in Tod und Finsternis verharrt (vgl. 3,17f.; 5,19ff.). Nicht zufällig ist der Glaubende ein Einzelner und die Ablehnungsfront numerisch respektabel (vgl. 1,11f.). Sie wird nach der harten Abrechnung in 8,30–59 nochmals zur Artikulation der Feindschaft durch Jesu Offenbarungswort V 39 gezwungen. Jesu Gericht bedeutet, daß er Blinde im Sinne von 1,18; 5,37f., also Menschen, die Gottesblindheit besitzen, d. h. alle Menschen auf seine Gottesbotschaft hin anspricht. So entstehen Sehende, Menschen, die nun Gott kennen. Andere, die sich für sehend halten, die z. B. wie die Pharisäer aus dem Gesetz Gotteserkenntnis ableiten, werden als Blinde entlarvt. Erst Glaube und Unglaube Jesus gegenüber machen sehend oder blind, d. h. endgültig gerettet oder verloren. Die angesprochenen Pharisäer reagieren prompt (V 40), so daß Jesus V 41 ihnen klarmachen kann: Sie sind vor Gott blind, weil sie selbst gewählt haben, also schuldhaft ihr Sehen als Gesetzeserkenntnis dem Erkennen Jesu als einzigen Weg zu Gott (14,6) vorziehen.

Endlich provoziert Jesus in einem letzten Dialog (V 19–21) noch die Volksmeinung heraus. Sie ist wiederum zwiespältig (9,9) und so schon Joh 7 charakterisiert. Weder ist der Vorwurf der Besessenheit (vgl. 7,20; 8,48.52) neu, noch die positive Äußerung über Jesus (vgl. 9,16). So bleibt beim Volk alles beim alten.

2. Ein Einschub: Die Hirtenrede 10,1–18

1 »Wahrlich, wahrlich ich sage euch, wer nicht durch die Tür
zum Gehege der Schafe hineingeht, sondern anderswoher
einsteigt, der ist ein Dieb und Räuber. 2 Wer aber durch die
Tür eintritt, ist Hirte der Schafe. 3 Ihm öffnet der Wächter,
und die Schafe hören seine Stimme, und seine eigenen Schafe
ruft er mit Namen und führt sie hinaus. 4 Wenn er die
eigenen Schafe alle herausgetrieben hat, geht er vor ihnen
her, und die Schafe folgen ihm, denn sie kennen seine
Stimme. 5 Einem Fremden werden sie nicht folgen, sondern
von ihm wegfliehen, weil sie die Stimme der Fremden nicht
kennen.« 6 Diese Rätselrede sprach Jesus zu ihnen. Jene
erkannten jedoch nicht, wovon er zu ihnen sprach.
7 Jesus sprach nun abermals: »Wahrlich, wahrlich ich sage
euch, ich bin die Tür der Schafe. 8 Alle, die vor mir gekom-
men sind, sind Diebe und Räuber. Aber die Schafe haben nicht
auf sie gehört. 9 Ich bin die Tür, wer durch mich eintritt, wird
gerettet werden und ein- und ausgehen und Weide fin-
den. 10 Der Dieb kommt nur, um zu stehlen, zu töten und zu
vernichten. Ich bin gekommen, damit sie Leben haben und
Überfluß haben.
11 Ich bin der gute Hirte. Der gute Hirte setzt sein Leben für die
Schafe ein. 12 Der gemietete Arbeiter, der nicht Hirte ist,
dem die Schafe nicht gehören, sieht den Wolf kommen und
läßt die Schafe im Stich und flieht, – und so raubt der Wolf
und versprengt sie, – 13 denn er ist (nur) ein gemieteter
Arbeiter und es liegt ihm nichts an den Schafen. 14 Ich bin
der gute Hirte, ich kenne die Meinen, und die Meinen kennen
mich, 15 wie mich der Vater kennt und ich ihn kenne. Und
ich setze mein Leben ein für die Schafe. 16 Noch andere
Schafe habe ich, die nicht aus diesem Gehege stammen. Auch
die muß ich hinzuführen, und sie werden auf meine Stimme
hören. Und es wird eine Herde sein, (unter) ein(em) Hir-
te(n). 17 Darum liebt mich mein Vater, weil ich mein Leben
einsetze, um es wieder zu nehmen. 18 Niemand hat es von
mir genommen, sondern ich gebe es von mir aus hin. Ich habe
Macht, es zu geben, und habe Macht, es wieder zu nehmen.
Diesen Auftrag habe ich von meinem Vater empfangen.«

Literaturauswahl: Berger, K.: Exegese des Neuen Testaments, UTB 658, 1977, 199, – *Bishop, E. F. F.:* The Door of the Sheep. John 10,7–9, ET 71

(1959/60) 307–309. – *Busse, U.:* Offene Fragen zu Johannes 10, NTS 33 (1987) 516–531. – *Derrett, J. D. M.:* The Good Shepherd: St. John's use of Jewish Halakah and Haggadah, StTh 27 (1973) 25–50. – *Fascher, E.:* »Ich bin die Tür.« Eine Studie zu Joh 10,1–18, DTh 8 (1941) 37–66. – *Fischer, K. M.:* Der johanneische Christus und der gnostische Erlöser, in: Gnosis und Neues Testament, hrgg. von K.-W. Tröger, Gütersloh 1973, 245–266. – *George, A.:* Je suis la porte des brebis. Jean 10,1–10, BVC 51 (1963) 18–25. – *Hahn, F.:* Die Hirtenrede in Joh 10, in: Theologia crucis – Signum crucis (FS. E. Dinkler) Tübingen 1979, 185–200. – *Hofius, O.:* Die Sammlung der Heiden zur Herde Israels (Joh 10,16; 11,51), ZNW 58 (1967) 289–291. – *Jeremias, J.: thyra,* ThWNT III (1938) 173–180, speziell 178–180. – *Ders.: poimen,* ThWNT VI (1959) 484–501, speziell 493–496. – *Kiefer, O.:* Die Hirtenrede (Jo 10,1–18). Analyse und Deutung, SBS 23, 1967 (Lit.). – *Langbrandtner, W.:* Gott, 46–50. – *Meyer, P. W.:* A Note on John 10,1–18, JBL 75 (1956) 232–235. – *Miller, J.:* The Concept of the Church in the Gospel according to John, Michigan 1976, 60–74. – *Minear, P. S.:* Images of the Church in the New Testament, 1960, 84–92. – *Quasten, J.:* The Parable of the Good Shepherd Jo 10,1–21, CBQ 10 (1948) 1–12; 151–169. – *Robinson, J. A. T.:* The Parable of John 10,1–5, ZNW 46 (1955) 233–240. Nachdruck als: The Parable of the Shepherd (John 10,1–5) in: *ders:* Twelve New Testament Studies, London [2]1965, 67–75. – *Ruiz, M. R.:* Missionsgedanke, 95–111. – *Schnackenburg, R.:* Kommentar IV 4, 131–143. – *Schneider, J.:* Zur Komposition von Joh 10, CNT 11 (1948) 220–225. – *Schulz, S.:* Komposition, 76–79.103–107. – *Schweizer, E.,:* Ego eimi, 141–151. – *Ders.:* Der Kirchenbegriff im Evangelium und den Briefen des Johannes, in: *ders.:* Neotestamentica, Zürich 1963, 254–271. – *Simonis, A. J.:* Die Hirtenrede im Johannes-Evangelium, AnBib 29, 1967 (Lit.). – *Spitta, F.:* Die Hirtengleichnisse des vierten Evangeliums, ZNW 10 (1909) 59–80.103–127. – *Tragan, P.-R.:* La parole du »Pasteur« et ses explications: Jean 10,1–18, StAns 67, 1980.

Im groben macht der Einschub (vgl. die Einführung zu Joh 9f.) einen durchkomponierten Eindruck: Die szenische Angabe in V 6 gliedert zusammen mit dem zweifachen einleitenden »Wahrlich, wahrlich ich sage euch ...« (V 1.7) das Stück in die Rätselrede (V 1–5) und die Auslegung (V 7–18). Diese wiederum bringt zuerst zwei Türworte im Ich-bin-Stil (V 7f.9f.) und dann zwei Hirtenworte im gleichen Stil (V 11–13.14–18). Allerdings kann diese Grobstruktur nichts daran ändern, daß unter ihrem Dach Probleme lagern, die es verbieten, in dem Text eine Einheit zu sehen. Man wird mit vorgegebenem Material und nachträglicher Bearbeitung rechnen müssen (vgl. Schnackenburg). Diese Bestimmung hängt aufs engste mit Einzelentscheiden bei der Auslegung des oft schwierigen Textes zusammen. Die Auslegung muß auch zugleich inhaltliche Einzelbeobachtungen sammeln, um den Nachtragcharakter des ganzen Stückes abzusichern. Es wird sich zeigen, daß die joh Schule und ihre theologische Entwicklung im Hintergrund stehen.

Die »Rätselrede« V 1–5 ist ein aus sich heraus verständlicher Text, der eine sich immer wieder ereignende Situation offenkundig als Gleichnis (z. B. ohne Ich-bin-Identifikation) erzählt, von dem hinterher einzelne Züge in zum Teil überraschender Weise gedeutet werden. Erst V 6 und dann V 7ff. machen daraus einen verschlüsselten Text und entschlüsseln dann noch nicht einmal konsequent (wie etwa Mk 4,13–20), sondern willkürlich und partiell. Die Anschauung, Jesu Rede sei Rätselrede und müsse erst gedeutet werden, begegnet im Joh nur noch in den Nachträgen der Abschiedsreden (16,25.29) – ein erstes Indiz, daß nicht E, sondern die Gemeinde spricht. Die nächste Parallele ist in der mk Gleichnistheorie zu finden (Mk 4,10–20). Wenn hier die unverständliche Rede *parabolé* heißt, die allegorischer Entzifferung bedarf, so entspricht dem 10,6 *paroimia.* Beide Ausdrücke gehen auf das weitgefaßte hebräische *maschal* zurück, wobei die joh Gemeinde ihre sondersprachliche Entwicklung im Unterschied zum sonstigen urchristlichen Gebrauch zeigt (*paroimia* begegnet im NT nur noch 2 Petr 2,22).

Die positive Aussage des Gleichnisses liegt in V 2–4. Dieser Mittelteil ist gerahmt durch den Negativkontrast in V 1.5. Zuerst wird geschildert, wie der Hirte (nach der nächtlichen Ruhe) zu den Schafen kommt (V 1–3a), dann wie er sie auf die Weide führt (V 3b–5). Beide Ereignisse stehen in guter Abfolge und werden zusammengehalten durch die wesentliche Aussage, daß die Schafe die Stimme des Hirten kennen und dem Hirten folgen. Von diesen Beobachtungen her ist V 1–5 einheitlich erklärbar, darum sollte man den Text nicht in mehrere Gleichnisse zerlegen (gegen Robinson, Brown u. a.). Die Grundlage der Darstellung ist die jedermann bekannte, alltägliche Situation von Hirt und Herde. Nachts werden die Schafe entweder in eine im Freien innerhalb des Weideterrains errichtete Hürde aus Holzgattern geführt. Eine Wache bleibt am Eingangsgatter, die Hirten lagern gesondert. Oder die Schafe übernachten in einem bewachten Hof am Haus. Welche Möglichkeit in 10,1–5 gegeben ist, bleibt offen (*aule* deutet vielleicht eher auf den Hof am Haus, aber der Dieb paßt wohl eher zum freien Gelände) und ist für die Aussage unwichtig. Von Bedeutung ist jedoch, daß es sich um einen Sammelpferch handelt, in dem nachts mehrere Kleinherden untergebracht sind, denn durch die Tür geht es zu »den Schafen«, doch ruft der Hirte nur seine »eigenen« und führt sie hinaus.

Diese Normalität ist rahmend kontrastiert durch das Unliebsame und Negative. Nachts kann sich dem Schafstall Dieb und Räuber nähern. Beide Ausdrücke beschreiben eine Person (»wer ... der ist«). Daß der Dieb fremden Besitz heimlich raubt, ist in der personalen Kennzeichnung gesetzt, doch nicht gesondert ausgesprochen. Entscheidend ist dem Erzähler vielmehr, daß der Dieb nicht den regulären Weg des Zuganges wählt, sondern »anderswoher« einsteigt. Sein Zugang zur Schafhürde ist darum unrechtmäßig. Anders beim Hirten: Er kommt zur Tür und der Türhüter öffnet ihm, d. h. er ist bekannt und selbstverständlich berechtigt, sich seine Schafe zu holen. Es stehen sich also erschlichener Zugang und legitimierter Zugang gegenüber. Ersterer zielt auf Raub ab, letzterer ist im Besitzverhältnis begründet. Dieses spricht sich auch darin aus, daß der Hirte seine Schafe ruft und diese ihn hören. Die gerufenen Schafe folgen dem Hirten. Am engen Eingangstor hilft er durch Treiben nach. Er führt sie, vorangehend, zur Weide. Sie folgen seinen bekannten Lockrufen. Würde ein Fremder sie von dieser Drift ablenken durch ihnen unbekannte Lockrufe, würden sie nicht folgen, sondern erschrocken weglaufen.

Dieses Bildmaterial wird benutzt, um das Verhältnis des joh Christus zu seiner Gemeinde zu beschreiben. Christus sammelt die Seinen aus der Welt rechtmäßig. Er ist ihr legitimer Herr, sie die Seinen, die ihn kennen. Christus ist nicht zur Welt gesandt (3,16 usw.), sein Werk beschränkt sich vielmehr auf die Betreuung der längst festgelegten Gotteskinder. Kirche ist Sammlung der Determinierten aus der Welt. Dies entspricht nicht der Anschauung von E in Joh 3; 14, wohl aber dem Kirchengedanken z. B. in Joh 17. Damit ist klar: Nicht nur bezeugt diese primär ekklesiologische Grundausrichtung die Fremdheit des Abschnittes zwischen Joh 9,1ff. und 10,19ff., sondern verrät inhaltlich zugleich einen theologiegeschichtlichen Standort fern von E und nahe bei dem Nachtrag Joh 17. Sicherlich kann auch E in 8,42–47; 12,37ff. mit analogen deterministischen Mitteln reden (so Ruiz). Aber er erklärt so die ihm sonst unerklärliche Todfeindschaft speziell und nur der Juden gegenüber dem Gesandten des Vaters, dessen Auftrag die Selbstoffenbarung gegenüber allen ist. Joh 10,1–18 ist jedoch der Hirte nur zu der ihm vorab gehörenden Teilmenge der Schafe im Gehege gesandt. Kümmerte er sich um alle Schafe, wäre er für diejenigen, die nicht die Seinen sind, ein Fremder ohne Anrecht auf sie. Joh 8,42ff.; 12,37ff. sind abschließende Wertungen nach lan-

ger Offenbarung und Konfrontation. Joh 10,1–18 kennzeichnet das Werk Jesu, indem es eine prinzipielle Vorgabe für die rechte Deutung desselben gibt.
Unter dieser Voraussetzung können Einzelheiten des Textes besprochen werden. Vordringlich ist dabei die Frage, ob der diebische Räuber, außer als allgemeine Kontrastfolie zu dienen, noch speziell ausgedeutet werden darf. Derjenige, der 10,1–18 an Joh 9 anfügte, hat dies wohl getan. Er sah in diesem Motiv die pharisäischen Gesprächspartner wieder, deren Anspruch (9,41b), göttliche Offenbarung zu vertreten, er polemisch begegnen wollte. Aber davon unabhängig, bleibt wohl doch V 1 auf seine Funktion als Kontrast beschränkt. Dieser wird durch generelle Typik erreicht, so daß man allenfalls allgemein auf andere Personen mit Heilsansprüchen schließen kann, denen im Gegensatz zum einen Hirten die Legitimation abgesprochen wird. Auch der Türhüter und der Fremde sind nur solche Statisten, die den einen Hirten charakterisieren. Kaum erwähnt und begrenzt funktional eingesetzt, sind alle Figuren – abgesehen von dem einen Hirten – wieder aus dem Gesichtskreis des Erzählers verschwunden. Darum ist es kaum ratsam, hierin konkrete Gemeindegeschichte zu erkennen (anders z. B. Tragan).
Es fällt wieder auf, daß beim Hirten unmittelbar Sachaussagen in das Bildmaterial einfließen: So ist z. B. nur ein Hirte erwähnt, obwohl mehrere von der Anlage des Schafgeheges her vorausgesetzt sind. Hier dominiert die joh Christologie, die von der Einzigartigkeit und Ausschließlichkeit des Gesandten ausgeht. Wenn ferner der Hirt die Seinen alle namentlich ruft, ist das Alltagsgeschehen überzeichnet. Zwar gaben die Hirten vereinzelt den Schafen auch schon einmal Namen (Langohr, Weißnase usw.), aber V 3b drückt ein noch viel engeres Verhältnis zwischen Hirt und Schafen aus. Es ist das Verhältnis zwischen dem Sohn des Vaters und den Seinen (vgl. dazu speziell Joh 17). Der Erzähler hat also selbst angedeutet, wo sein eigentliches Interesse liegt.
So kann festgehalten werden: Die joh Gemeindetradition kennt, durch V 1–5 dokumentiert, einen selbständigen Gleichnisstoff mit ekklesiologischer Ausrichtung. Er kann durchaus als Tradition vor E schon bekannt gewesen sein und hat, durch sekundäre allegorisierende Auslegung erweitert (10,6–18), nachträglich Eingang in das Werk von E erhalten. Der Gleichnisstoff ist typisch und alltäglich. Daß er allerdings gerade benutzt wird, um das Verhältnis zwischen Jesus und seiner Gemeinde auszulegen, ist begründet in einer langen israelitisch-jüdischen Tradition (so besonders ausführ-

lich Tragan), die das Motiv Hirt-Herde gern und vielfältig zur Schilderung des Gottesvolkes verwendet (Hes 34; äthHen 88–90; Lk 15,4–6 usw.). Im übrigen gibt es im Joh nur noch ein verwandtes Bildmaterial, das ebenfalls in analoger Weise im Dienste der Ekklesiologie eingesetzt ist: Joh 15,1–17 (KR). Wie dort Jesus unmittelbar mit dem Weinstock identifiziert wird, so wird der Identifikationsvorgang in 10,7ff. nachgeliefert.

Man kann also für die selbständige Einheit 10,1–5 festhalten: Die Heilsgemeinde kennt nur einen Hirten. Im Blick auf ihn kann es sonst nur noch das Gegenteil geben: nichtlegitimierte Verderber. Der eine Hirte führt nicht alle Schafe überhaupt zum Heil, sondern nur die Seinen. Erlösung vollzieht sich nicht als Glaube oder Unglaube gegenüber dem Offenbarer, sondern als Sammlung der zuvor Auserwählten. Der Erlöser ruft aus der Menge der Schafe im Schafgehege, d. h. aus der Menschheit, die Seinen. Sie erlöst er durch Herausführen aus der Welt, indem er ihnen den Weg vorangeht (Rückkehr zum Vater). Erlösung geschieht dabei durch Rufen und Hören, also durch Wortverkündigung und Annahme des Wortes. Die Gemeinde kennt dieses Wort so gut, daß sie auf mögliche andere Prediger nicht hereinfällt. Dabei mag das Futur in V 5 (sonst begegnet präsentische Zustandsschilderung) zum Ausdruck bringen, daß die Möglichkeit der Verführung für die Gemeinde als Bedrohung gegeben ist (Kiefer).

Der Redaktor, der 10,1–18 einfügte, hat schon gezeigt, daß er einen Einzelzug (V 1) als Anlaß für die Einfügung nahm. Die nachfolgenden Ausführungen ab V 7 verfahren genauso. Das Recht zu solcher Auslegung, die in aktualisierender Isolierung von Einzelzügen und deren allegorisierender Exegese besteht, liegt für die KR offenbar in dem als »Rätselrede« gekennzeichneten (V 6) Gleichnisstoff, in den einige Sachaussagen schon eingeflossen waren. Daß die Pharisäer (V 6 bezieht sich jetzt auf 9,40) die Rätselrede nicht verstehen, also ihre Abwertung angesichts des Offenbarungsanspruches Jesu nicht den Ausführungen entnehmen, ist wegen ihres ungläubigen Unverständnisses wohl gegeben. Daß ihnen allerdings dann erklärende Auslegung zuteil wird, ist ungewöhnlich. Denn solche Belehrung hat stilgemäß die Gemeinde zum Adressaten (16,25; Mk 4,10f.). De facto kümmert sich 10,7–18 auch noch viel weniger als 10,1–5 um die Pharisäer. Der Text enthält Gemeindelehre für die Gemeinde. Von der Kontextfremdheit von 10,1–18 ausgehend, kann man darum vermuten, in V 6 seien ursprünglich die Jünger gemeint gewesen.

Der zweite Teil des Einschubs (V 7–18) setzt ein mit dem doppelten Tür-Wort (10,7–10). Die Interpretation dieses Stückes ist besonders schwierig. Man erhielte einen glatten Text, nähme man V 7b (Ich bin ...) und V 9 heraus (vgl. Schweizer, Bultmann) oder ersetzte mit der (freilich sekundären, wenn auch von Tragan bevorzugten) Lesart weniger Hss in V 7 »die Tür« durch »der Hirte« (und ließe dann auch noch V 9 fort). Der Restbestand zeigt dann zwar einen glatten Text, aber einen vergleichsweise simplen Inhalt. Trotz mancher Bedenken ist es wohl doch besser, den Text zu belassen, wie er ist, freilich mit der Konsequenz als Urteil, dem Schreiber sei die Verbalisierung seiner Gedanken nicht ganz geglückt.

Dies zeigt sich zunächst an V 7b. Vorab ist für die Deutung die Erkenntnis wichtig, daß trotz der äußeren Form kein typisches Ich-bin-Wort vorliegt (vgl. Exkurs 5), sondern eine allegorische Identifikation im Ich-Stil, die der Anfang einer umfangreichen explikativen Allegorie ist. Die in V 1–5 nebensächliche Tür wird, für allegorische Auslegung nicht ungewöhnlich, zum Hauptstichwort. Ähnliche allegorische Sprache kann man z. B. Mk 4,14–20; Gal 4,24 vergleichen. Sie ist dem ursprünglichen Joh fremd, so daß ein weiteres Indiz für den sekundären Charakter des Stückes aufgedeckt ist.

V 7b enthält noch ein inhaltliches Problem, das mit der Deutung der Genitivverbindung »die Tür der Schafe« gesetzt ist. Ist damit die Tür zu den Schafen oder die Tür für die Schafe gemeint, oder ist solche Differenzierung fehl am Platze? Da es nach V 8 um Personen geht, die sich unrechtmäßigen Zutritt zu den Schafen verschaffen, liegt es nahe, von der Funktion der Tür als offiziellem Zutritt zum Pferch her zu deuten: Nur wer durch Jesus – symbolisiert als Tür – legitimiert ist, ist rechtmäßig bei der Herde. Dies bedeutet, es gibt ein gemeindliches Hirtenamt, das durch Jesus autoritisiert ist (vgl. Joh 21,15–17). Aber dies liegt allenfalls in der versteckten Konsequenz des Textes, ist jedoch nicht ausgesprochen. Nicht ein Amt mit Jesusautorität wird begründet, sondern Jesu Kommen von dem aller Vorgänger abgehoben. Liegt es also näher, von V 9 her zu deuten: Jesus ist die Tür für die Schafe, also der einzige Heilsmittler für die Gemeinde; alle vor ihm entsprechen den Räubern im Gleichnis? Aber hätte dann die KR nicht doch besser vom Hirten als von der Tür gesprochen? Nun will der Interpret vielleicht mit V 7f. seine Deutung von V 1 geben, dann lag es nahe, Tür und Räuber als Deuteworte zu nehmen. »Tür der Schafe« ist dann nur Kurzfassung für V 1: »Tür zum Pferch der Schafe«. Da es nur um den Gegensatz Jesu zu den Räubern geht, ist dann gleichgültig, wie man den Genitiv versteht. Wichtig ist ausschließlich, daß durch Jesu Kommen alle anderen vor ihm als »Diebe und Räuber« entlarvt werden, wie nun durch Pluralisierung V 1b aufgenommen wird. Daß Jesus die einzige legitime Offenbarung und vor seinem Kommen Gott unbekannt ist, weiß auch E (vgl. 1,18; 5,37f.). Der Satz erfährt durch das keine Ausnahme zulassende »alle« am Eingang des Verses seine besondere Schärfe. Darum ist es nicht ratsam, Diebe und Räuber auf spezielle Gruppen oder Heilbringer einzuengen. Beide Begriffe sind zudem V 1 entnommen und Negativbegriffe zur Abwertung aller außer Jesus. »Die Schafe« – wahrscheinlich sorglose Formulierung für die zu Jesus gehörenden Schafe – haben diesen Verführern nicht ihre Ohren geöffnet (vgl. zum Motiv V 3.6).

Nicht die anderen, vielmehr Jesus ist einziger Heilbringer. Diese Funktion wird nun V 9 entfaltet: Jesus ist die Tür für die Seinen zum ewigen Heil. Das Ich-bin-Wort ahmt den Stil der sonstigen Ich-bin-Worte nach, aber nur formal. Es bleibt der allegorischen Auslegung von V 1–5 verhaftet bis hin zur Erwähnung der Weide, die aus dem Gleichnisstoff sinngemäß erschlossen wird. Zur Verwendung der Tür läßt sich in Joh 14,6 »der Weg« vergleichen. Beide kennzeichnen den Zugang zum Leben. In auffälliger Häufung spricht die gnostische Literatur von der Tür zur Lichtwelt als Zugang aus dieser Welt zum ewigen Leben (Bauer, Odeberg, Schnackenburg, Fischer). Jedoch ist auch Ps 118,20 herangezogen worden, um Joh 20,7.9 zu erklären (Schlatter, Jeremias, ThWNT III). Nun verdankt sich zweifelsfrei V 7.9 primär V 1 (Schnackenburg). Jedoch bleibt zu klären, warum der Interpret sich gerade einen Nebenzug aus V 1–5 aussuchte. Man kann dies auf die Freiheit allegorischer Auslegung zurückführen. Aber so sicher ein erkennbarer Bezug zu Ps 118 fehlt, so offen ist die Möglichkeit, daß im gnostisierenden Milieu der joh Gemeinde gnostische Türspekulationen schon Bedeutung hatten, zumal die vom Joh doch wohl unabhängige Stelle bei Ignatius (Phld 9,1) zeitlich wenig später solche christlich-gnostische Aussage bringt.

Wenn feststeht, daß V 9 sich an den Gleichnisstoff anlehnt, so zeigt der Vers doch zugleich erhebliche Freiheiten gegenüber seiner Vorlage: Der Anfang: »Wer durch mich eintritt, wird gerettet werden«, macht deutlich, wie Gleichnis und Vorstellung vom Himmelseingang verschmelzen. Es geht ja nicht um das Eingehen in das Gehege, sondern aus ihm als der Welt in die himmlische Region. Auch das nachfolgende Motiv vom »Ein- und Ausgehen« denkt nur formal und scheinbar an die Tür, durch die täglicher

Wechsel vom Gehege zur Weide und umgekehrt geschieht. Dem Ausdruck fehlt nicht nur die Tür als Ortsangabe, sondern er steht auch nach der Verheißung der Rettung, die den einmaligen Durchgang durch die Tür als längst geschehen voraussetzt. Er ist semitisierende Redewendung (vgl. 5 Mose 28,6; 31,2; 1 Sam 29,6 usw.) und beschreibt vertraute kontinuierliche Beheimatung. Ein- und ausgehen heißt V 20 soviel wie zu Hause sein. Also: Wer durch Jesus als der Tür zum himmlischen Leben geht, wird gerettet werden, d. h. er wird jenseits der Welt (= der Schafstall) Heimat haben und Weide finden, also immer mangelfreies Leben (vgl. V 10b) haben. Der Interpret hat demnach formal aus V 1–5 Ausdrücke und Motive aufgegriffen, sie sachlich aber weitgehend umgeprägt.

Mit der Zusammenfassung in V 10 endet dieses Teilstück: Dieb und Jesus als Tür stehen nochmals im Kontrast. Beim Dieb und seinen Funktionen könnte man an den Teufel als Lebensverneiner denken (vgl. 8,44; Kiefer), doch steht der Singular wohl in Anlehnung an V 1 und sinngemäß für den Plural in V 8. Solche Unstimmigkeiten gehören zur Typik der Sätze. Nochmals zeigt sich auch, wie der Kontrast in V 10 besser zum Gegensatz: Hirt – Dieb paßt. Ist das Tür-Motiv darum fortgelassen und einem unbildlichen »Ich bin gekommen« gewichen? Jedenfalls ist die Aussage sachlich klar: Jesus allein bringt eschatologische Heilsfülle, alle anderen Heilsbringer nur Tod und Verderben. Sprachlich ist noch auffällig, daß nur hier im Joh für »töten« *thyein* steht (sonst immer *apokteinein*) und vom endzeitlichen »Überfluß« gesprochen ist (relativ nahe stehen 15,11; 17,13; 1 Joh 1,4) – abermals Indizien für den sekundären Charakter von V 1–18.

Das zweite Teilstück der V 1–5 auslegenden Rede (V 11–18) entnimmt dem Gleichnisstoff die auch in ihm vollzogene stillschweigende Gleichsetzung von Hirt und Jesus. Allerdings verläßt die Auslegung die Szene aus V 1–5 sofort, weil ein anderes Motiv aus dem Hirtenleben nun breite Verwendung findet: Der Hirt schützt seine Herde bis zum Lebenseinsatz vor dem Wolf. Das doppelte »Ich bin« V 11.14 mit seiner strukturierenden Wirkung ist abermals nicht Anfang eines Ich-bin-Wortes, sondern allegorisierender Deutestil: Der Hirte im Gleichnis bin ich. Daraufhin folgt auch keine Einladung und Heilsverheißung, sondern der Hirte wird charakterisiert: Er ist der gute Hirte. Diese Qualität folgt aus seinem Einsatz für die Schafe. In solcher extremen Situation, wenn die Schafe vom reißenden Wolf angefallen werden, erweist sich erst die wirkliche Qualität des Hirten. Wer dann sich ganz für seine Schafe einsetzt, ist wirklich guter Hirte. Dies hat Jesus getan, darum ist er der (einzige) gute Hirte. Der semitisierende Ausdruck »das Leben einsetzen« ist im Urchristentum nur im joh Sprachbereich beheimatet (vgl. 10,11.15.17; 13,37f.; 15,13; 1 Joh 3,16). Er bedeutet zunächst allgemein den vollen Einsatz mit Lebensrisiko. Dies macht ein Hirt als Besitzer der Schafe für sein Eigentum im Unterschied zum gemieteten Knecht, der flieht (10,11–13). Allerdings geht es hier ja nicht nur um irgendeinen Hirten, sondern um Jesus, der für die Seinen sein Leben hingegeben hat. Für Jesus als dem guten Hirten ist der Lebenseinsatz immer schon Lebenshingabe (V 17f.). So erhält »das Leben einsetzen« christologisch den Sinn »das Leben hingeben« (synoptisch: sein Leben geben, Mt 20,28 = Mk 10,45). Ist Jesus aber darum der gute Hirte, weil er sich für die Gemeinde geopfert hat, dann liegen im joh Traditionsbereich Stellen wie 1,29; 6,51c; 17,19; 1 Joh 3,16 (weiteres vgl. zu diesen Stellen) als verwandt nahe. Alle diese Stellen gehören nicht zu E. E deutet Jesu Tod als Erhöhung und Verherrlichung, jedoch nicht im Sinne eines Heilstodes für ... Damit ist ein wesentliches weiteres Indiz benannt, warum 10,1–18, das mit Achtergewicht zentral durch diesen Gedanken geprägt ist, zur KR zu rechnen ist.

Überblickt man V 11–13, so ist abgesehen von V 11a im nicht auf Jesus direkt bezogenen Gleichnisstil gesprochen. Natürlich ist vorausgesetzt, daß Jesus sein Leben für die Schafe eingesetzt hat, aber von Jesu Lebenshingabe ist erst ab V 14 direkt gesprochen. Weil V 11b–13 zunächst nur Gleichnis sind, ist es unsicher, ob man z. B. im Wolf den Teufel sehen darf. Weil jedoch V 11b–13 durch V 11a und 14ff. gerahmt sind und derjenige, der gleichnishaft formulierte, es doch wohl von der Sache her tat, die er aussagen wollte, wird der Leser das gleichnishafte Reden auf die Sachaussage übertragen sollen. Dann aber muß man an 8,44; 12,31; 14,30 denken: Weil der Teufel als Lebensvernichter die Schafe, d. h. die für die Gemeinde determinierten Menschen, bedroht, opferte Jesus für die ihm gehörenden Schafe sein Leben, um sie aus dieser Bedrohung zu befreien. Der Tod für ... ist Lebenshingabe des Einzelnen für eine Gemeinschaft in drohender Gefahr; er ist nicht vom kultischen Opfergedanken oder von einer Sühnevorstellung her bestimmt. Ausdrücklich ist übrigens auf das Eigentumsverhältnis abgehoben, also 10,3f. ausgewertet. Dieses Besitzverhältnis ist die Voraussetzung und Motivation für den Lebenseinsatz. Christus gibt sein Leben für die Seinen. Seine Erhöhung ist nicht Lebensgrund für die Welt (so E, vgl. 3,14–16). Man kann weiter fragen, ob auch der Mietling konkret zu deuten ist. Doch es genügt, ihn als bildlichen Kontrast zu nehmen. Der Wolf motiviert positiv die Lebenshingabe, der Lohnknecht ist nur entbehrlicher Kontrast. Die vorgeschlagenen Deutungen auf die Repräsentanten des Judentums (vgl. Schnackenburg) sind denn auch vage und nicht überzeugend.

V 14–18 bleiben bei demselben Thema der Lebenshingabe. Dies gilt allerdings nicht für V 16. Dieser Vers fällt auch aus anderen Gründen auf (vgl. Wellhausen, Hirsch, Bultmann, Fischer u. a.). Er unterbricht den vorzüglichen Zusammenhang von V 14f.17f.: Das »darum«, das V 17 einleitet, bezieht sich auf V 15c. Daß andere Schafe, die nicht aus dem V 1–5 genannten Gehege stammen, hinzukommen, zerstört die bisherige Vorstellung. Vom »Führen« der Schafe ist nur hier die Rede. Das Motiv der »einen Herde« ist neu, sonst ist immer nur von »den Schafen« gesprochen. Auch von der Aussage her bringt V 16 fremde Gedanken. Wie meistens angenommen, können die »anderen Schafe« nur die Heidenchristen sein im Unterschied zu den Judenchristen (andere Deutungen sammelt Ruiz). Diese Differenzierung ist dem Kontext aber fremd, denn bisher repräsentierte die Gesamtheit aller Schafe (V 1) die Menschheit und die Teilmenge »der Seinen« alle Christen. Nun gibt es einen jüdischen Schafstall, aus dem Jesus einen Teil der Seinen herausführt, und weitere Schafe, die zu den Seinen zu zählen sind, die zerstreut in der Welt leben. Aus allen zusammen wird dann eine Herde. Zu den aus dem Judentum kommenden Christen werden also aus der weltweiten Zerstreuung weitere Christen zu einer Gemeinde gesammelt. Dies erinnert nicht von ungefähr an 11,51f. (KR). Wenn ein Thema mehrfach nachträglich eingebracht wird, muß es Aktualitätsgrad in der Gemeinde besessen haben. Sollte in der judenchristlich geprägten Gemeinde den Judenchristen klargemacht werden, auch Heidenchristen gehören zur Kirche Jesu Christi gleichberechtigt hinzu? Darf man daran erinnern, daß der etwa gleichzeitige Eph mit starkem Nachdruck die Einheit aus Juden- und Heidenchristen zu der einen Kirche vertritt (Eph 2,11–22)? Judenchristen werden vielleicht dann den Ausführungen eher offene Ohren geliehen haben, wenn sie die »eine Herde« auf Mi 2,12 und den »einen Hirten« auf Hes 34,23; 37,24 zurückführen und in dem göttlichen Muß, das den Satz prägt, eine Erfüllung von Jes 56,8 wiederfinden konnten (Hofius). Aber davon deutet der Text selbst nichts an. Vielmehr sind die Ausführungen Konsequenz aus dem V 14f. beschriebenen Reziprozitätsverhältnis (s. u.).

Nach Herausnahme von V 16 hat V 14–18 einen klaren Duktus. Jesus ist der einzige gute Hirte, weil er sein Leben für die Schafe hingibt. Dieser aus V 11 wiederholte Grundgedanke, der auch unter einem neuen Gesichtspunkt das Thema für V 17f. abgibt, ist allerdings durch die Erläuterung unterbrochen, daß Jesu Verhältnis zu den Schafen darin besteht, daß er die Seinen kennt und die Seinen ihn kennen. In V 11–13 stand an derselben Stelle das Besitzverhältnis. Wie dieses so stammt auch das Motiv des Kennens aus V 3f. Allerdings ist es V 14 nicht gleichnishaft formuliert. Seine Aussage ist typisch für die KR, insofern das gegenseitige Verhältnis von Vater und Sohn Anlaß ist, das gegenseitige Verhältnis von Sohn und den Seinen ebenso zu beschreiben. Die sich darin äußernde Grundstruktur kirchlichen Denkens läßt sich so darstellen:

Dieses doppelte Wechselverhältnis kann durch verschiedene Verben beschrieben werden (vgl.: 6,56f.; 15,9f.; 17,21–23). Das obere Wechselverhältnis ist dabei Modell für das untere, dessen Entsprechung mit dem oberen durch *kathos* (wie) ausgedrückt wird (vgl. 10,15; 15,9.10; 17,11.21f.). Solche Reziprozitätsaussagen haben drei eng verbundene Funktionen: Sie veranschaulichen den Erlösungsvorgang; sie dienen dem Einheitsgedanken im Kirchenbegriff, und sie zeigen, wie weltenthoben und himmlisch verankert christliche Existenz im joh Verständnis ist. Die gnostisierende Tendenz ist dabei schwerlich zu übersehen. Allerdings spricht sie sich atl-jüdisch aus, wenn sie die gegenseitige Verbundenheit mit »erkennen« umschreibt, um damit im umfassenden Sinn die gegenseitige vollkommene Liebesgemeinschaft zu kennzeichnen, jedoch eine gnostische Verwandlung oder hellenistisch-mystische Verschmelzung nicht im Sinne hat. Der Sohn bleibt ein dem Erkennenden gegenüberstehender Herr; Identität zwischen Jesus und den Seinen findet nicht statt (Fischer).

Zu dem V 15 beschriebenen gegenseitigen Vertrauensverhältnis zwischen Vater und Sohn gehört es, daß der Sohn das Gebot des Vaters (V 18c) freiwillig ausführt, indem er sein Leben für die Seinen einsetzt (V 15b). Darum wiederum liebt ihn der Vater (V 17). So ist die gegenseitige ungestörte Gemeinschaft gerade auch im Tod Jesu sichtbar. Daß der Vater den Sohn liebt (*agapan*), ist typische Aussage der KR (vgl. 3,35; 15,9; 17,23.24.26). In 5,20a hat E einmal ähnlich mit *philein* Tradition aufgegriffen. Wie der Sohn sein Leben freiwillig gibt, so nimmt er es in Vollmacht sich wieder. Sein Tod ist freiwilliges Sterben als Durchgang zum Leben, dessen er (5,26) eigentlich nie verlustig gehen kann. Aber so zu handeln, ist der Wille des Vaters. Der Sohn kann ja die Seinen nur sammeln, wenn er sich ihnen offenbart. Dies geschieht in der Sendung. Seine Rückkehr zum Vater ist nur über den Tod möglich. Wo Tod geschieht, herrscht der Teufel (V 12 und 8,44). In Jesu Tod wird er zugleich entmachtet (12,31; 14,30), weil Jesus aus eigener Kraft im Tod sich Leben geben kann. Diesem Weg können die Seinen kraft ihrer Zugehörigkeit zum Sohn folgen. So endet der Einschub 10,1–18 mit einer programmatischen Deutung des Heilswerkes Christi. Insofern dieses den leiblichen Tod Jesu für konstitutiv hält, ist es ungnostisch (Fischer).

3. Jesu Auseinandersetzung mit den Juden auf dem Tempelweihfest 10,22–42

22 Damals fand das Tempelweihfest in Jerusalem statt. Es war
Winter. 23 Und Jesus ging im Tempel in der Halle Salomos
umher. 24 Da umringten ihn die Juden und sagten zu ihm:
»Wie lange noch hältst du uns hin? Wenn du der Christus bist,
sage es uns frei heraus!« 25 Jesus antwortete ihnen: »Ich
habe es euch gesagt, aber ihr glaubt nicht. Die Werke, die ich
im Namen meines Vaters tue, die legen über mich Zeugnis
ab. 26 Doch ihr glaubt nicht, weil ihr nicht zu meinen Scha-
fen gehört. 27 Meine Schafe hören meine Stimme. Ich kenne
sie, und sie folgen mir. 28 Und ich gebe ihnen ewiges Leben,
und sie werden niemals verlorengehen, und niemand wird sie
aus meiner Hand reißen. 29 Mein Vater, der sie mir gegeben
hat, ist größer als alle, und niemand kann sie aus der Hand des
Vaters reißen. 30 Ich und der Vater sind eins.« 31 Da hoben
die Juden abermals Steine auf, um ihn zu steinigen.
32 Jesus entgegnete ihnen: »Viele Werke habe ich euch
gezeigt, gute vom Vater. Für welches von diesen Werken wollt
ihr mich steinigen?« 33 Die Juden antworteten ihm: »Nicht
wegen eines guten Werkes steinigen wir dich, sondern wegen
Gotteslästerung, und zwar weil du, der du (nur) ein Mensch
bist, dich zu Gott machst.« 34 Jesus erwiderte ihnen: »Steht
nicht in eurem Gesetz geschrieben: ›Ich habe gesagt: Götter

seid ihr‹?« 35 Wenn er also jene Götter nannte, an die das Wort Gottes erging, und wenn die Schrift nicht aufgehoben werden kann, 36 (wie könnt) ihr (dann) zu dem, den der Vater geheiligt und in die Welt gesandt hat, sagen: ›Du lästerst (Gott)‹, weil ich gesagt habe: ›Ich bin Gottes Sohn‹? 37 Tue ich die Werke meines Vaters nicht, so glaubt mir nicht! 38 Tue ich sie aber, so glaubt, wollt ihr schon mir nicht glauben, (wenigstens) meinen Werken, um zu erkennen und einzusehen, daß in mir der Vater ist und ich im Vater bin.«
39 Da versuchten sie wiederum, ihn zu ergreifen. Doch er entkam aus ihrer Hand. 40 Und er ging wieder fort auf die andere Seite des Jordans zu dem Ort, an dem Johannes zuerst getauft hatte. Und dort blieb er. 41 Und viele kamen zu ihm und sagten: »Johannes hat kein Zeichen getan. Doch alles, was Johannes über diesen gesagt hat, ist wahr.« 42 Und viele kamen dort zum Glauben an ihn.

Literaturauswahl: Vgl. die Lit. zu 10,1–18. *Ackermann, J. S.:* The Rabbinic Interpretation of Ps 82 and the Gospel of John, HThR 59 (1966) 186–191. – *Bammel, E.:* John 10,41, in: C. F. D. Moule (hrgg.): Miracles, London 1965, 179–202. – *Billerbeck, P.:* Kom. II, 539–541. – *Birdsall, J. N.:* John 10,29, JThS 11 (1960) 342–344. – *Boismard, E.:* Jésus, le Prophète par excellence d'après Jean 10,24–39, in: Neues Testament und Kirche (FS. R. Schnackenburg), Freiburg 1974, 160–171. – *Bühner, J.-A.:* Gesandte, 118–267. – *Hanson, A. T.:* Jon's Citation of Psalm 82. John 10,33–36, NTS 11 (1964/65) 158–162. – *Ders.:* John's Citation of Psalm 82 Reconsidered, NTS 13 (1966/67) 363–367. – *Pollard, T. E.:* The Exegesis of John 10,30 in the Early Trinitarian Controversies, NTS 3 (1956/57) 334–349.

Für die Analyse war schon eingangs des Abschnittes IIF begründet worden, daß der zweigestaffelt vorgetragene Rechtsstreit (vgl. die Ausführungen zu 5,31ff.) mit der Gliederung 10,22–30 sowie der ersten Zäsur V 31 und 10,32–38 mit dem Abschluß V 39–42 durch V 26–29 eine Bearbeitung der KR erhielt. Darüber hinaus ist es zumindest sehr gut möglich, daß auch der Schriftbeweis in 9,34–36 nicht von E stammt (Bultmann). Man kann ihn ohne Schwierigkeiten aus dem Text herausnehmen und erhält dann in der Abfolge V 32.33.34a.37f. einen guten Gesprächsverlauf. Wenn der Schriftbeweis begründen will, warum Jesus für sich den Titel Gottes Sohn in Anspruch nehmen darf, dann ist dieser Titel kontextfremd. Auch enthält die Schriftauslegung im Ansatz eine E sonst fremde Christologie. Will nämlich er mit den Hoheitstiteln und überhaupt in seinem christologischen Konzept Jesus in Abhebung von der gesamten Menschheit als einzigen Sohn und Gesandten des Vaters beschreiben (V 30), so ist Jesus V 34–36 nur ein besonderer Ausnahmefall im Zusammenhang aller von Gott angeredeten Menschen. Kann darum wirklich V 34–36 eine Antwort auf V 33 sein? Sicherlich nicht. So wird man daran denken, den Schriftbeweis der KR zuzuweisen und als weniger wahrscheinlichere Möglichkeit ins Auge fassen, daß E einen von Haus aus selbständigen traditionellen Schriftbeweis nicht ganz zufriedenstellend einbaute.

Die Typik des literarischen Rechtsstreites auf christologischer Basis zeigt sich sofort daran, daß das Selbstzeugnis des Sohnes unmittelbar vorangeht (9,35ff.). Es fordert die Frage V 24 heraus. Dabei ist ihr eine szenische Einführung gegeben (V 22f.). Die Juden begehen ihr Tempelweihfest. Es wurde jeweils am 25. Kislev (Dezember) beginnend, also eingangs der winterlichen Regenzeit, gefeiert in Erinnerung an die Einweihung des Tempels unter Judas Makkabäus 165 v. Chr., nachdem Antiochus IV Epiphanes den Tempel entweiht hatte (1 Makk 4,36–59. Vgl. Billerbeck). Man feierte acht Tage wie beim Laubhüttenfest (vgl. 7,2). Offenbar spielen sich die Ereignisse in Joh 9 im unmittelbaren Zusammenhang damit ab. Da Jesus nicht erst zum Fest nach Jerusalem zieht, darf man wohl auch annehmen, Jesus sei seit 7,1ff. in Jerusalem. Jesus wandelt nach E in den Hallen Salomos, d. h. auf der Ostseite des äußeren Tempelvorhofs (vgl. Jos bell 5,198) und ist wieder an dem Ort, den er 8,59 verließ, denn Joh 9 ereignet sich in der näheren Umgebung (vgl. zu 9,7).

Die Juden richten an ihn die Frage nach der Messianität (V 24), die offenbar im Ablösungsprozeß des joh Christentums aus dem Synagogenverband eine Rolle spielte (vgl. zu 5,31ff.). Jesus soll ein offenes, freies Bekenntnis ablegen, als hätte er nicht gerade das in allzu anstößiger Weise bereits immer getan! Diese Forderung hebt darum auch nur vordergründig auf die Offenheit ab, meint vielmehr die auch den Juden zugängige Einsichtigkeit, also eine Legitimation nach ihren Wünschen, bei der nicht Anspruch und begründendes Zeugnis für denselben zusammenfallen. Doch auch dieser jüdische Wunsch ist kaum von der Absicht getragen, im Falle seiner Erfüllung durch Jesus an ihn zu glauben, sondern lebt von der geheimen Erwartung, Jesus werde auf die Forderung so reagieren, daß man noch besseren Grund hat, ihm nicht zu glauben. So sucht man nicht eigentlich Jesu Legitimation, sondern die Rechtfertigung des eigenen Unglaubens. Dies wird den Juden von Jesus

denn auch streitbar vorgehalten (V 25a), so daß Jesu Apologie zur Anklage gerät und ein weiteres Strukturprinzip des literarischen Rechtsstreites sichtbar wird (vgl. zu 5,31ff.).
Ebenso typisch ist, wie Jesus bei der Art seines Selbstzeugnisses bleibt, nämlich daß er außerhalb der Einheit mit dem Vater von seinem Werk nicht reden kann (V 25b.30). Die Einheit mit dem Vater offenbart sich in dem Werk des Gesandten und die Werke sind die Folge dieser Einheit (vgl. 10,32.36f.; 5,36f.), so daß der Zugang zu Jesus nur möglich ist über die gleichzeitige Annahme von Jesu Anspruch der Gottgleichheit und seiner Werke. Diese Antwort von E zeigt, wie so oft, daß E die traditionellen Heilstitulaturen, hier den Christustitel, formalisiert in die Sendungschristologie einordnet, wie die Einheiten zum Rechtsstreit ja alle von diesem christologischen Konzept her geprägt sind. So ist die Einheit von Sendendem und Gesandtem in der Gesandtenvorstellung auch fundamentale Voraussetzung für die Aufgabenerfüllung des Gesandten. Nur so kann er seinen Repräsentationsauftrag wahrnehmen (Bühner 209–235). Doch sagt für E 10,30 noch mehr aus, daß nämlich die durch 5,26 begründete exzeptionelle Sonderstellung des Sohnes, wodurch er neben dem Vater allein das joh Attribut von Göttlichkeit schlechthin hat, nämlich Leben in sich zu haben, die Einheit definiert und damit zugleich die Werke Jesu zu dem macht, was sie nach 5,19–27; 9,39 sind. So gesehen, verweist Jesus mit 10,25.30 nur abermals auf 9,39. Das Gespräch kennt also keinen Erkenntnisfortschritt, sondern lebt von dem Beharren auf jeweiliger positioneller Abgrenzung. Darum bringt auch 10,31 nichts Neues, vielmehr Wiederholung der alten jüdischen Position (vgl. 5,18; 8,59).
In diesen Zusammenhang hat die KR 10,26–29 eingefügt, um im Kontrast zur Verlorenheit der Juden die Heilsgewißheit der Gemeinde zu predigen. Die Nähe zum verkirchlichten Dualismus (vgl. Joh 15,18ff.; 17,1ff.) ist dabei natürlich beabsichtigt. Nun glauben die Juden nicht, weil ihr Unglaube prädestiniert ist, und nicht, weil die Selbstoffenbarung Jesu ihr Ärgernis ist. Wird so E unter Aufgriff von V 25a korrigiert, so die Anlage der Rede vermittels der Heilsaussage für die Gemeinde, wie sie nun als Kontrast zu V 26 in V 27–29 in sich wiederholender Deutlichkeit akzentuiert wird, außer Kurs gesetzt. Die KR unternimmt diesen Exkurs zur Heilsgewißheit der Gemeinde, indem sie die 10,1–18 bereitgestellten Motive in Auswahl nochmals verwendet (vgl. 10,3f.12.14.16): Besitzverhältnis und »kennen« sowie »hören« und »nachfolgen« bestimmen die unerschütterliche Zusammengehörig-

keit von Jesus und Gemeinde. Die Heilsgabe für die Gemeinde ist gleich dreifach als die eine formuliert: Es ist die Gabe ewigen Lebens abseits der zum Unglauben bestimmten Juden; sie ist unverlierbar und unterliegt keiner Störung von außen. Dies wird noch besonders begründet mit Hilfe von V 29, der am Eingang allerdings im Textbestand nicht ganz sicher ist. Jedoch ist vom Kontext her sein Sinn klar. Die V 28f. ausformulierte Heilsgewißheit beruht letztlich auf dem Vater, dessen determinierende und solche Bestimmung zum Ziel bringende Macht kein Hindernis kennt, weil er schlechterdings der größte ist. Darum kann niemand einen Prädestinierten aus Jesu Hand reißen.

Ohne Kenntnis dieses Einschubs setzt 10,31ff. in einem zweiten Durchgang die Kontroverse aus 10,22–25.30 fort. Man darf dabei nicht fragen, warum die Juden die Steinigung (V 31) nicht ausführen und Jesus V 32 so anstößig wie V 30, jedoch von den Steinen unbeeindruckt, fortfahren kann. Es geht E nicht um Präzision in der Szene, sondern um christologische Sachaussage. Viele gute Werke hat ihnen Jesus vom Vater gezeigt (V 32), womit erneut die Zusammengehörigkeit von den Werken und vom Vater festgehalten ist. Diesen Zusammenhang reißen die Juden jedoch auseinander (V 33). Das ist ihr Unglaube. Über die Betrachtung der Werke für sich wollen sie schon mit sich reden lassen, aber die himmlische Dimension derselben stößt auf ihre Ablehnung. Denn daß Jesus als ein Mensch sich Gott gleich stellt, ist Blasphemie, wie nur hier im Joh gesagt wird (sachlich vgl. 5,18; 19,7). Man darf wohl diese Aussage in die Situation übertragen, in der die Gemeinde sich vom Judentum lösen mußte. Dort wird man mit den Juden um Jesu gottgleiche Stellung gestritten haben. Die Juden erkannten auf Verstoß gegen das erste Gebot (Blasphemie) und ließen allenfalls insofern mit sich über Jesus reden, als sie bereit waren, z. B. einige Heilungen Jesu anzuerkennen.

Vielleicht ist auch der folgende Schriftbeweis (V 34–36) am besten aus dieser Situation zu verstehen. Seine nicht homogene Einpassung in den Kontext (s. o.), sei sie nun von der KR oder von E erfolgt, erlaubt es, ihn für sich zu sehen. Offenbar setzt er die Situation voraus, Juden nehmen Anstoß daran, daß die christliche Gemeinde in Jesus den Sohn Gottes sieht. Christen argumentieren mit den Mitteln des Gegners, d. h. mit dem AT und der jüdischen Auslegungsmethode zugunsten ihrer Jesusinterpretation. Der apologetische Grundton zeigt, daß sich die christliche Gemeinde angegriffen und in der Defensive weiß. Inhaltlich ist der Argumentationsgang so zu verstehen: Im jüdischen Gesetz (»Gesetz« steht

wie im Judentum oft für das AT, und das »euer Gesetz« macht die Distanz deutlich) werden nach Ps 82,6 Menschen (vgl. V 33! Gegen Bühner 393f., der auf Engel deutet) als Götter angeredet. Nach rabbinischer Auslegungsmethodik wird diese Stelle von ihrem Zusammenhang isoliert und mit einem Schluß vom Geringeren auf das Größere auf den Streitfall appliziert. Bezeugt die unumstößliche Autorität des AT, daß Gott die, die er anredet, als Götter bezeichnet, dann muß Jesus noch viel eher als Sohn Gottes gelten, ist er doch von Gott besonders »geheiligt« (vgl. Jer 1,5; Sir 49,7), d. h. geweiht bzw. ausgesondert, und gesandt. So durften die Juden, die ohne die christologische Spitze Ps 82,6 ebenso verstehen (Billerbeck, Hanson), eigentlich gegen die christliche Interpretation Jesu als Sohn Gottes nichts einzuwenden haben.
V 37f. bringen dann die kontextbezogene von E komponierte Antwort Jesu. Sie stellt die Juden erneut vor die Glaubensforderung. Scheinbar erleichtert Jesus den Juden die Sachlage: Sind seine Werke nicht vom Vater, dann sollen sie ihm nicht glauben. Sind sie vom Vater, dann brauchen sie auch noch nicht ihm zu glauben, sondern nur den Werken. Aus ihnen werden sie schon erkennen, daß er als Täter der Werke mit dem Vater eins ist. Diese Einheit wird mit der joh Reziprozitätsformel ausgelegt (vgl. 14,10f.; 17,21). Sie soll als enger Ausdruck für die Einheit gelten und die Trennung beider als unvorstellbar bezeichnen. Damit steht das Gespräch an derselben Stelle, wo der erste Durchgang endete (V 30), wie ja überhaupt V 37f. nur in andere Worte kleiden, was V 25.30 sagten. Natürlich bedeutet dies, daß auch die Juden sich nun wiederholen: reagierten sie V 31 mit Tötungsabsichten, so nun auch V 39. Jesus entweicht dem – so könnte es auch hier heißen –, weil seine Stunde noch nicht gekommen ist. Wie das geschieht, ist unklar und für E bedeutungslos.
Um so genauer weiß E zu erzählen, wohin Jesus entweicht (V 40–42). Dabei bedient er sich offenbar eines Stückes aus der SQ (vgl. Exkurs 1). Auf sie weist die ungewöhnliche Ortsangabe. Zu ihr paßt die Kontrastierung von Täufer und Jesus vermittels der Zeichen und daß man aufgrund dieser Beurteilung, also wegen der jesuanischen Zeichen, zum Glauben an Jesus kommt. In ihr hat das Stück auch vom Aufbau her einen guten Platz. Der Ort, an dem der Täufer zuerst taufte, ist Bethanien, wie die SQ 1,28 angab. Dieser Rückzug auf die andere Jordanseite nach Peräa veranlaßt die umliegenden Bewohner zu einem Vergleich beider Gestalten. Der Täufer war kein Wundertäter, was mit allen Traditionen vom Täufer übereinstimmt. Aber dieser Tatbestand wird polemisch

benutzt. Jesus steht mit seinen Wundern besser da. Davon hat die SQ bereits reichliche Kostproben gegeben. Von ihnen wissen auch die Bewohner Peräas. Darum glauben sie an Jesus, wie auch der Leser der SQ aufgrund der geschilderten Wunder glauben soll (20,30f.). Dabei kommt es der SQ und E gelegen, daß sich hier wieder abseits des offiziellen Judentums Anhänger finden. Wie man in Judäa zu Jesus steht, zeigten gerade V 31,39.

E stellt 10,40–42 vor das letzte große Wunder Jesu (Joh 11). Mit diesen drei Versen schließt sich für ihn nicht nur geographisch (vgl. 1,28) ein Kreis, sondern wie die Peräer jetzt ihr abschließendes Urteil über den Täufer abgeben, so folgt nach dem letzten Wunder das Urteil über die Juden (12,37ff.). So schließt E das öffentliche Wirken Jesu zweifach ab: Des Täufers Zeugnis (1,6–8.15.26f.32–34.36; 3,26–30) hat sich rundum als wahr erwiesen. Des jüdischen Volkes Einstellung zu Jesus ist (trotzdem) negativ. Erst die Ausnahme einer kleinen Jüngerschaft (1,12; 6,66ff.) führt über diese Ablehnung Jesu hinaus (Joh 13f.) bis dahin, daß es nun eine Gemeinde gibt, die das vierte Evangelium liest (20,30f.).